관광

한 권이면
OK!

통역안내사

대성스마트평생교육원
박현우 · 변자형 공저

일진사

머리말

요즘 거리를 걷다 보면 상당히 많은 외국인들이 우리나라를 자유롭게 여행하고 있는 것을 목격할 것입니다. 바야흐로 우리는 이제 글로벌시대를 살아가고 있습니다.

우리 대한민국의 미래는 선진국처럼 어쩌면 관광자원이 산업의 매우 큰 분야를 차지할 것이며, 그 일환으로 우수한 관광 종사원의 양성이 우리 산업의 비전이 될 수 있을 것입니다.

이 책은 한국산업인력공단에서 시행하는 관광통역안내사 자격증을 취득하기 위한 수험서로서 다음 사항에 중점을 두고 구성하였습니다.

첫째, 국사 / 관광자원해설 / 관광법규 / 관광학개론 등의 과목을 출제기준에 맞추어 일목요연하게 정리하였고, 학술적이거나 교양적인 이론보다는 최소한의 분량으로 가장 쉽고 확실하게 자격시험에 합격할 수 있도록 요점정리와 예상문제 위주로 구성하였습니다.

둘째, 지금까지 출제되었던 기출문제들과 출제 가능성이 있는 예상문제들을 선별하여 반복 학습할 수 있게 구성하였으며, 또한 출제기준에는 있지만 시험에 출제된 적이 없거나 상투적인 이론은 과감하게 삭제하여 책의 분량을 최소화하였으며, 너무 까다롭거나 암기하기 힘든 내용들은 가급적 배제하였습니다.

셋째, 핵심내용과 문제만으로도 관광 종사원이 갖추어야 할 각종 지식과 시사적인 내용을 습득할 수 있게 하였고, 면접시험에서도 그 진가를 발휘할 수 있게 실용적인 내용을 체계적으로 정리하였습니다.

넷째, 부록으로 최근에 시행된 기출문제를 해설과 함께 수록함으로써 출제 경향을 분석할 수 있도록 하였습니다.

아무쪼록, 이 책을 접하는 모든 분들에게 합격의 영광이 함께하길 기원하며, 부족한 원고를 다듬어 예쁜 책으로 만들어주신 도서출판 **일진사** 편집부 직원 여러분께 깊이 감사드립니다.

본 교재의 커뮤니티는 www.86tour.net입니다.

편저자

차례

1과목 국사

2과목 관광자원해설

부록 **최근 출제 문제**

1장 문명의 형성과 고조선의 성립

1. 역사와 인류의 기원

1-1 역 사

(1) 역사의 의미

객관적 의미(넓은 의미)	• 과거에 있었던 사실, **사실**로서의 역사 → L. V. Ranke • "있는 그대로를 기록하는 보편사가 아닌 역사는 역사가 아니다"
주관적 의미(좁은 의미)	• 조사되어 기록된 과거, **기록**으로서의 역사 → E. H. Carr • "역사란 과거와 현재의 끊임없는 대화"

※ 사료(史料) 비판 : 사료(유물 · 유적 · 기록물)가 믿을 수 있는지, 오류는 없는지 등을 검토

(2) 우리 민족의 기원

　① 민족의 계통 : 황인종, 알타이어계, 요서 · 만주 · 한반도를 중심으로 분포(동북아시아)

　② 민족의 형성

　　㈎ 신석기시대에서 청동기시대를 거치는 과정에서 민족의 기틀이 이루어짐(구석기×)

　　㈏ 농경 생활을 바탕으로 독자적인 문화 이룩

1-2 인류의 기원과 선사 문화

(1) 인류의 출현과 진화

　① 오스트랄로피테쿠스 : 약 400만 년 전, **최초**의 인류, 직립보행, 간단한 도구 사용

　② 호모에렉투스(베이징인, 자와인) : 약 150만 년 전, **불과 언어** 사용

　③ 호모사피엔스(네안데르탈인) : 약 20만 년 전, 시체 매장 풍습 → 사후 세계에 관심

　④ 호모사피엔스 사피엔스(**크로마뇽인**) : 약 4만 년 전, 현생 인류의 조상, **동굴벽화** 제작, 활 · 창 등 도구

(2) 구석기시대

① 시기 : 약 **70만 년 전**

② 도구 : **뗀석기**(주먹도끼 · 찍개 · 슴베찌르개 · 긁개 · 밀개), 뼈 도구, 사람과 동물의 뼈 화석 발견

- **아슐리안형 주먹도끼** : 동아시아 최초(**1978**)로 연천 전곡리에서 발견

③ 유적지 : 평남 **상원 검은모루 동굴**, 평남 덕천 승리산 동굴, 경기도 **연천 전곡리**, 충남 공주 석장리

④ 생활 : 사냥, 고기잡이, 채집

⑤ 주거 : 동굴이나 바위 그늘, 후기에 강가의 **막집**에 거주 → **이동 생활**에 적합

⑥ 사회 : 가족 단위의 무리 생활, **평등**한 공동체 생활

⑦ 종교 · 예술 : 석회암이나 동물의 뼈 · 뿔 등에 조각, 사냥의 성공이나 다산 기원

(3) 신석기시대

① 시기 : **BC 8000년경**

② 도구 : 간석기(돌괭이 · 돌삽 · 돌보습), 갈돌과 갈판, 뼈와 간석기를 이용한 낚시도구, 뼈바늘, 가락바퀴, 토기(이른 민무늬토기 · 빗살무늬토기)

③ 유적지 : 서울 암사동, 강원 양양 오산리, 부산 동삼동, 제주 고산리 등 **강가 · 바닷가**에 분포

④ 생활 : **농경**과 **목축** 시작(**신석기 혁명**), 원시적 수공업(**가락바퀴** · 뼈바늘을 사용하여 의복 · 그물 제작)

⑤ 주거 : **정착 생활**을 위한 **움집**(원형) 제작, 화덕(중앙)과 저장 구덩이 설치, 남쪽으로 출입문

⑥ 사회 : 혈연(모계)을 바탕으로 씨족이 기본 단위인 부족사회, 족외혼, 평등 사회

⑦ 종교 · 예술

(가) 애니미즘(자연물에 정령), 샤머니즘(무당 · 주술), 토테미즘(특정 동식물 수호신), 영혼 · 조상 숭배

(나) 조개껍데기 가면, 얼굴 모양 토제품, 짐승의 뼈 · 이빨로 만든 장신구, 치레걸이

갈돌과 갈판

낚시도구

뼈바늘

가락바퀴

빗살무늬토기

구석기 문화에 관한 설명으로 옳은 것은?

① 석기인 격지, 팔매돌, 밀개는 조리 도구이다.

② 움집에 거주하였으며 난방을 위한 화덕이 있었다.

③ 석기 제작 기법은 간석기에서 뗀석기로 발전하였다.

④ 연천 전곡리 유적에서 주먹도끼 등의 유물이 출토되었다.

 구석기인들은 뼈 도구와 뗀석기를 사용하였으며, 동굴이나 막집을 짓고 무리를 지어 이동 생활을 하였다. 뗀석기는 용도에 따라 사냥용(주먹도끼·찍개·슴베찌르개·팔매돌), 조리용(긁개·밀개·자르개), 공구용(새기개·뚜르개)으로 구분할 수 있다. **정답 ④번**

다음 유적지와 관련된 시대에 관한 설명으로 옳지 않은 것은?

• 양양 오산리 • 부산 동삼동 • 봉산 지탑리 • 인천 소이도

① 가락바퀴를 이용하여 고기잡이를 하였다.

② 종교적인 필요에 의해 조개껍데기 가면이 제작되었다.

③ 진흙을 빚어 불에 구워 만든 빗살무늬토기를 사용하였다.

④ 탄화된 곡식이 출토되어 식량 생산 단계였음을 알 수 있다.

 신석기인들은 가락바퀴와 뼈바늘을 이용하여 의복이나 그물을 만들어 사용하였다. 또한, 이음낚시(뼈낚시) 도구로 물고기를 잡았다. 황해도 봉산 지탑리, 부산 동삼동 유적지에서 불에 탄 곡식과 농기구가 함께 발굴되었다. **정답 ①번**

2. 고조선의 성립과 여러 나라의 성장

2-1 청동기 문화와 고조선

(1) 청동기의 확산

① 시기 : BC 2000~1500년경 만주와 한반도에 청동기 문화 시작

② 유물 : 집터, **고인돌, 돌널무덤**, 돌무지무덤 등에서 출토 – **반달돌칼**, **비파형 동검**, 거친무늬 거울, 민무늬토기, 미송리식 토기

(가) 청동기 : 지배 계층의 무기나 장식품 · 제사용 도구로 사용(비파형 동검, 거친무늬 거울, 청동방울)

(나) 일상생활 도구는 여전히 간석기(철기시대 이후 간석기가 철기로 대체)

③ 유적 분포 : 중국의 요령성, 길림성 지방을 포함하는 만주 지역과 한반도

④ 생활 : 조 · 보리 · 콩 · 수수 등 재배, 일부 저습지에서 **벼농사 시작**

(가) 원시 농업 본격화로 생산력이 늘어남에 따라 잉여로 인해 갈등과 빈 · 부, 지배 · 피지배 출현

(나) **반달돌칼** : 곡식의 이삭을 자르는 데 사용된 수확 도구

⑤ 주거 : 나지막한 구릉지대에 자리 잡고 살았으며(배산임수의 요건), 직사각형 움집(벽면 화덕)에서 점차 지상 가옥으로 발전

⑥ 사회 : 남녀 역할 분화, 사유재산과 **계급 발생**(군장, 고인돌, **선민사상**, 제정일치)

(가) 청동기시대부터 무기가 발달하면서 전쟁으로 인하여 지배층과 피지배층의 분화가 확대

(나) **고인돌** : 지배층의 권력 · 경제력을 반영 → 북방식(탁자형), 남방식(바둑판형), 개석식(蓋石式)

⑦ 종교 · 예술 : 청동제 도구의 모양이나 장식, 토우, 바위그림 – 당시 사람들의 미의식과 생활 풍습 표현, 주술적 의미(풍성한 수확의 기원), 울주 반구대, 고령 장기리 바위

• 부족 우월 신앙(천손 의식)인 선민사상 출현

(2) 고조선의 성장과 변천

① 건국 : BC 2333년에 단군왕검이 건국, 우리 역사상 최초의 국가

(가) **단군의 건국 이야기** : 단군신화 – 『삼국유사』, 『제왕운기』, 『응제시주』, 『세종실록지리지』

(나) 정치 : 부족 연맹체 – 선진적인 환웅 집단과 곰 토템 부족의 결합

㉮ 선민사상(選民思想) : 부족이 하늘의 자손임을 내세워 우월성 과시

㉯ 홍익인간(弘益人間)의 건국이념 : 널리 인간을 이롭게 하는 것(크게 인간을 돕는 것)

(다) 경제 : 농경 사회 – 바람(풍백) · 비(우사) · 구름(운사) 주관

(라) 사회 : 계급의 분화, 지배자의 등장(요녕성의 강상무덤을 통해 엄격한 계급 질서가 있음을 짐작)

(마) 단군왕검 : **제정일치**(祭政一致)의 지배자(단군 – 제사장, 왕검 – 정치 지도자)

② 성장

(가) 요령 지방을 중심으로 성장 → 후기에는 대동강 유역을 중심으로 독자적인 문화 형성, BC 4세기경 중국의 연(燕)과 대립

(나) 고조선의 세력 범위 : **비파형 동검**, **탁자식 고인돌**, 미송리식 토기

③ 위만의 집권(BC 194)

    ㈎ 배경 : 전국시대 이후의 혼란기에 이어 진·한 교체기에 중국 유이민의 집단 이주
        －1000여 명의 무리를 이끈 위만(衛滿)의 고조선 입국

    ㈏ 사회 발전 : **철기 문화의 확산**, 중앙 정치 조직 정비, 활발한 정복 사업, 수공업 융성, 중
        계무역으로 경제적 이득 독점

    ㈐ 한(漢)의 침략과 고조선의 멸망

        ㉮ 한반도 내의 동예·옥저 등이 직접 한나라와 교역하는 것을 막고 중계무역으로 부를
          축적 → 그로 인해 한 무제(武帝)가 고조선 침략

        ㉯ 고조선은 한의 침략을 받아(조한전쟁) 1년간 완강하게 저항하였으나 결국 멸망 : 왕
          검성 함락(BC 108) → 한 군현 설치

        ㉰ 1년 동안 한나라에 대항한 것은 고조선의 철기가 상당한 수준에 이르렀음을 의미

(3) 고조선의 사회 모습

① 통치 조직 : BC 3세기경부터 왕권 안정, 왕 아래 **상**(相)·**대부**(大夫) 등의 관직 존재, 군대
  의 우두머리는 **장군**(將軍)이라 불림

② 8조법 : 『한서지리지』에 **3**개 조항만 전함

    ㈎ 고대사회 유지와 피지배계급을 통제하기 위한 지배계급을 위한 법

        ㉮ 사람을 죽인 자는 사형에 처한다. → 인간의 생명(노동력) 중시

        ㉯ 남에게 상처를 입힌 자는 곡물로 갚는다. → 사유재산 보호, 농경 사회(유목민 사회×)

        ㉰ 도둑질을 한 자는 그 집의 노비로 삼는다. 만일 그 죄를 면하려면 50만 전을 내야 한
          다. → 계급의 분화와 노예 발생, 화폐 사용

    ㈏ 노동력 중시, 농업 사회, 사유재산 제도 성립, 계급사회 및 노비 발생, 화폐 사용, 형벌
        발생, 가부장적 가족제도 확립

최신기출   2016. 4. 9 시행

고조선 사회에 관한 설명으로 옳지 않은 것은?

① 순장 풍습이 존재하였다.

② 형벌과 노비가 존재하였다.

③ 사유재산을 중시하고 보호하였다.

④ 소도라는 신성 지역이 존재하였다.

해설   소도는 신성 지역으로 삼한의 제사장인 천군이 지배하였는데, 군장(신지·읍차)의 세력이 미치지 못
하여, 죄인이라도 그곳에 숨으면 잡지 못하였다. 이를 통해 삼한이 제정 분리 사회였음을 알 수 있다.

정답 ④번

(1) 철기의 사용과 사회 변화

① 시기 : BC 5세기경 보급 시작 → BC 1세기경부터 널리 사용

② 철제 농기구의 사용, 철제 무기, 연모 제작 → 청동기의 의기화

③ 중국과의 교류 : 명도전(明刀錢) 사용, 한자 사용(경남 창원 다호리 유적의 **붓**)

④ 독자적인 청동기 문화 발전 : **세형동검**(한국식 동검), **잔무늬거울**, **거푸집** 발견

⑤ 철기의 보급과 사회·경제적 변화 → 사회계층 분화, 국가 성립

　㈎ 철제 농기구의 사용 → 농업 생산력 증대 → 인구 증가

　㈏ 철제 무기 사용 → 전투력의 증가 → 정복 전쟁 활발

⑥ 무덤 : **널무덤**(낙동강 유역), **독무덤**(영산강 유역)

　• 독무덤(甕棺墓) : 2개의 항아리를 옆으로 이어 만든 무덤으로, 철기시대 전기에는 소형이었다가 점차 대형화됨. 영산강 유역에서 대형 독무덤이 발견됨

(2) 여러 나라의 성장

① 한군현의 지배와 정치적 변화

　㈎ 한은 4군(낙랑·진번·임둔·현도)을 설치하고, 한인 태수와 현령을 보내 통치 → 막대한 경제적 이익을 얻음

　㈏ 고조선을 이어 만주와 한반도에 여러 소국 등장. 한사군도 결국 내부 토착 세력의 반격으로 물러남

② 여러 나라의 풍속과 제천 행사

구 분	정 치	경 제	풍 속	제천 행사
부 여	왕 아래의 가(加)들이 4출도 지배 : **5부족 연맹, 왕권 미약**	• 농경과 목축 • 특산물 : 말, 모피	흰옷, **순장**, 우제점법, 1책 12법	**영고**(12월)
고구려	왕 아래의 대가들이 **제가회의** 구성 : **5부족 연맹**	산악 지대(농토 부족) → 정복 활동 활발	**서옥제**	**동맹**(10월)
옥 저	• **읍군·삼로**(왕×) • 선진 문화 수용이 늦음 → 강력한 정치 세력이 등장하지 못함	토지 비옥, **해산물**(어물·소금) 풍부 → 고구려에 상납	**민며느리제**, 가족 공동 무덤	
동 예		• 방직 기술 발달 • 단궁, 과하마, 반어피	**족외혼**, 책화	**무천**(10월)
삼 한	• 마한·진한·변한 : 목지국이 삼한 주도 • **제정 분리** : 정치 지배자는 신지·읍차, 천군이 소도 주관(솟대)	• **벼농사** 발달(저수지 축조) • 변한 지역에서는 **철** 생산 → 화폐처럼 사용, 낙랑이나 일본에 수출	두레 조직	• 수릿날(5월) • 계절제(10월)

다음 기록에 해당하는 국가에 관한 설명으로 옳은 것은?

> 큰 산과 깊은 골짜기가 많고 평원과 연못이 없어서 계곡을 따라 살며, 골짜기 물을 식수로 마셨다. 좋은 밭이 없어서 힘들여 일구어도 배를 채우기는 부족하였다. 사람들의 성품은 흉악하고 급해서 노략질하기를 좋아하였다.　　　－『삼국지 위서 동이전』

① 책화라는 제도가 존재하였다.

② 서옥제라는 풍습이 존재하였다.

③ 행정 구획인 사출도가 존재하였다.

④ 신지, 읍차 등의 지배자가 존재하였다.

  고구려는 산악 지대로 농토가 부족하여 약탈 경제가 발달하였고 무예를 숭상하였다. 10월에 제천 행사인 동맹을 통해 부족의 단합을 꾀하였으며, 서옥제의 결혼 풍습이 있었다.　　　**정답 ②번**

1 구석기 시기의 생활상에 관한 설명으로 옳은 것은?

> ㉠ 가락바퀴로 실을 뽑고 뼈바늘로 옷을 지어 입었다.
> ㉡ 동굴이나 바위 그늘에서 쉬고, 후기에는 막집을 짓고 거주하였다.
> ㉢ 지상 가옥이 일반화되고, 널무덤·독무덤 형태의 무덤이 확산되었다.
> ㉣ 짐승을 사냥하고 식물의 열매나 뿌리를 채취하였으며 물고기잡이를 하였다.
> ㉤ 연천 전곡리, 공주 석장리 유적이 있다.

① ㉡, ㉢, ㉤　　　② ㉡, ㉣, ㉤　　　③ ㉠, ㉡, ㉢　　　④ ㉠, ㉡, ㉣

 해설 구석기시대의 인골이 발견된 지역으로는 덕천 승리산 동굴(승리산인), 평양 만달리(만달인), 청원 흥수굴
(흥수아이), 평양 역포구역 대현동(역포아이) 등이 있다. 연천 전곡리에서는 동아시아 최초로 아슐리안형
주먹도끼가 출토되었다.

2 다음의 유물이 등장하는 시대 생활상에 관한 설명으로 옳은 것은?

> · 평양 남경 유적의 탄화된 좁쌀　· 강원 고성 문암리의 덧무늬토기

① 조, 보리, 콩 등 밭작물과 벼농사를 본격적으로 지었다.
② 천손 사상을 내세워 주변 부족을 통합하였다.
③ 움집 중앙에 화덕을 설치하고, 남쪽으로 출입문을 내었다.
④ 거푸집을 이용하여 세형동검을 만들었다.

 해설 신석기시대에는 농경의 시작과 함께 음식물의 저장과 조리 방법의 변화에 따라 토기를 만들어 사용하게
되었다.

3 우리나라의 어느 지역을 발굴한 결과 다음과 같은 유물이 출토되었다. 어느 시대의 유적지인
가?

> · 비파형 동검　· 반달돌칼　· 민무늬토기　· 거친무늬거울

① 구석기시대　　　② 신석기시대　　　③ 청동기시대　　　④ 철기시대

정답 1 ②　2 ③　3 ③

4 다음의 유물이 사용되던 시기의 모습으로 옳지 않은 것은?

ㄱ 농경이 시작되면서 한곳에 정착하게 되었다.
ㄴ 일부 지역에서 벼농사가 시작되었다.
ㄷ 뼈바늘, 가락바퀴 등을 이용한 원시적 수공업이 등장하였다.
ㄹ 신석기 유적지는 주로 강가나 해안가에서 발견된다.
ㅁ 제주 고산리, 양양 오산리, 제천 점말동굴 유적이 있다.

① ㄱ, ㄴ　　　　② ㄴ, ㅁ　　　　③ ㄷ, ㄹ　　　　④ ㄹ, ㅁ

 구석기시대에는 무리를 지어 이동 생활을 하였다. 신석기시대에는 농경과 목축의 시작으로 식량을 찾아 이동할 필요 없이 한곳에 정착 생활을 하게 되었다. 또한 음식을 만들고 저장하기 위해 토기를 제작하였다. 제천 점말동굴은 구석기 유적지이다.

5 청동기시대의 사회상에 관한 설명으로 옳지 않은 것은?

① 사적 소유와 지배·피지배의 관계가 발생하였다.
② 약탈과 정복을 위한 집단 간의 전쟁이 잦았다.
③ 농업생산력의 증가에 따라 잉여생산물이 나타났다.
④ 혈연을 바탕으로 하는 씨족이 사회의 기본 구성 단위였다.

 씨족끼리 모여 정착 생활을 한 것은 신석기시대이다.

6 다음은 단군신화의 내용을 요약한 것이다. 제정일치(祭政一致)와 관련된 부분은?

ㄱ 환인의 아들 환웅이 널리 인간을 이롭게 하기 위해 천부인 3개와 3,000의 무리를 이끌고 태백산 신단수 아래에 내려왔는데 이곳을 신시라 하였다. 그는 ㄴ 풍백, 우사, 운사로 하여금 인간의 360여 가지의 일을 주관하게 하였는데, 그중에서 곡식, 질병, 생명, 형벌, 선악 등 다섯 가지 일이 가장 중요한 것이었다. 이로써 ㄷ 인간 세상을 교화시키고 널리 인간을 이롭게 하였다. 이때 곰과 호랑이가 사람이 되기를 원하였는데, 곰은 21일 만에 여자로 태어났다. 환웅이 임시로 변하여 웅녀와 혼인하여 단군을 낳았다. ㄹ 단군왕검은 아사달에 도읍을 정하고 나라를 세워 조선이라 하였다.

① ㄱ　　　　② ㄴ　　　　③ ㄷ　　　　④ ㄹ

 ㄱ 선민사상(천손 사상), ㄴ 농경 사회, ㄷ 홍익인간, ㄹ 제정일치

정답 4 ②　5 ④　6 ④

7 삼한에 관한 설명으로 옳은 것은?

> ㉠ 단군왕검이 소도를 지배하는 제정 분리 사회였다.
> ㉡ 5월과 10월에 계절제를 열어 하늘에 제사를 지냈다.
> ㉢ 마한에는 목지국의 지배자가 진왕으로 추대되었다.
> ㉣ 각 읍락에는 읍차나 삼로라는 군장이 있었다.
> ㉤ 한자의 기원인 갑골문자가 발견되었다.

① ㉠, ㉡   ② ㉡, ㉢   ③ ㉢, ㉣   ④ ㉣, ㉤

 해설 옥저와 동예의 군장은 읍군·삼로이고, 삼한의 군장은 신지·읍차이다.

8 다음의 무덤이 만들어진 시대에 관한 설명으로 옳지 않은 것은?

① 민무늬토기, 붉은 간토기 등을 만들어 사용하였다.
② 수장의 권위를 상징하는 청동검이 사용되었다.
③ 창원 다호리 유적지에서 붓이 출토되었다.
④ 반달돌칼을 이용하여 곡물의 이삭을 잘랐다.

 해설 창원 다호리 유적 출토 붓은 BC 1세기에 문자를 사용한 것을 보여주는 고고학적 물증으로, 삼한시대에 대외 교역이 있었음을 알 수 있다.

9 고인돌에 관한 설명으로 옳은 것은?

> ㉠ 강화, 고창, 화순 등 특정 지역에만 분포한다.
> ㉡ 석재 가공 기술과 경제력이 확보된 철기시대에 조성되었다.
> ㉢ 돌널무덤과 같은 시대에 조성된 무덤이다.
> ㉣ 큰 덮개돌을 낮은 굄돌로 괸 바둑판 형태가 대부분이다.
> ㉤ 계급사회가 형성되었음을 알 수 있다.

① ㉠, ㉡   ② ㉡, ㉢   ③ ㉢, ㉣   ④ ㉢, ㉤

 해설 고인돌은 돌널무덤과 함께 청동기시대의 대표적인 무덤이다. 주로 한강을 경계로 탁자식과 바둑판식으로 구분된다. 돌널무덤은 땅속에 널찍한 돌로 상자 모양의 널을 만든 것이다.

정답 7 ② 8 ③ 9 ④

10 고조선에 관한 설명으로 옳지 않은 것은?

① 고조선의 세력 범위는 비파형 동검이 출토되는 지역과 깊은 관계가 있다.
② 고조선은 요령 지방을 중심으로 성장하여 점차 한반도까지 세력을 확장해갔다.
③ 단군왕검은 제정일치의 지배자로 하늘의 자손이라는 인식을 갖고 있었다.
④ 고조선에는 8조법이 전하는데, 도둑질을 하면 사형에 처하였다.

 해설 ① 탁자식 고인돌과 비파형 동검을 통해 고조선의 문화 범위가 만주와 한반도 북부 지역에까지 이르렀음을 알 수 있다. ④ 8조법에서 도둑질한 자는 노비가 되거나 50만 전의 돈을 내야 한다.

11 다음 내용에 보이는 사회의 모습에 해당하지 않는 것은?

> • 사람을 죽인 자는 사형에 처한다.　• 상처를 입힌 자는 곡물로 배상한다.
> • 남의 물건을 훔친 자는 노비로 삼는다.

① 불교의 세속오계를 중요시했다.　② 개인의 생명과 사유재산을 중시하였다.
③ 농경 사회를 배경으로 하고 있다.　④ 계급과 경제력의 차이가 있었다.

해설 8조의 법 : 생명 존중, 농경 사회, 사유재산 중시, 계급사회, 형벌 제도, 화폐 사용

12 어느 박물관의 철기시대 전시실에 들어갔다. 전시실에서 볼 수 있는 유물을 모두 고르면?

> ㉠ 명도전　　　㉡ 빗살무늬토기　　　㉢ 독무덤
> ㉣ 가락바퀴　　　㉤ 슴베찌르개　　　㉥ 세형동검

① ㉠, ㉡, ㉥　　② ㉠, ㉢, ㉥　　③ ㉡, ㉢, ㉣　　④ ㉢, ㉤, ㉥

해설 철기시대 화폐인 명도전을 통해 당시 우리나라가 중국과 활발하게 교류하였음을 알 수 있다. 세형동검은 주로 청천강 이남 지역에서 발견되어 한국식 동검이라고도 불린다.

13 부여에 관한 설명 중 맞는 것은?

① 가족 공동묘가 있었다.　　② 책화라는 폐쇄적 사회가 있었다.
③ 서옥제의 결혼 풍속이 있었다.　　④ 사출도가 있었다.

해설 부여의 제가들은 따로 4출도를 다스렸다.

정답 10 ④　11 ①　12 ②　13 ④

14 신석기시대에 출현한 원시 신앙에 관한 설명이 바르게 연결된 것은?

> ㉠ 자기 부족의 기원을 특정 동식물과 연결하여 숭배
> ㉡ 태양·물·산·바위 등 자연에 영혼이 있다고 믿음
> ㉢ 영혼과 인간을 연결해주는 무당과 그 주술을 믿음

	㉠	㉡	㉢		㉠	㉡	㉢
①	토테미즘	애니미즘	샤머니즘	②	토테미즘	시오니즘	샤머니즘
③	반달리즘	애니미즘	샤머니즘	④	반달리즘	샤머니즘	애니미즘

15 청동기시대에 계급이 발생하는 가장 근본적인 원인은?

① 선민사상 유행   ② 부족사회 형성

③ 잉여생산물 발생   ④ 불교 수용

16 한반도에서 독자적인 청동기 문화가 발전하였음을 알 수 있는 유물을 모두 고르면?

> ㉠ 거푸집   ㉡ 세형동검   ㉢ 비파형 동검
> ㉣ 반달돌칼   ㉤ 잔무늬거울   ㉥ 가락바퀴

① ㉠, ㉡, ㉣   ② ㉠, ㉡, ㉤   ③ ㉡, ㉣, ㉤   ④ ㉢, ㉣, ㉥

 해설 청동기는 얻기 어렵고 무른 재질 때문에 농기구로 사용되지 못했다. 청동기시대에도 여전히 돌과 나무로 만든 농기구가 사용되었다. 반달돌칼은 곡식 이삭을 따는 도구로, 두 개의 구멍에 끈을 꿰어서 사용하였다.

17 다음 중 단군의 건국 이야기가 수록된 문헌이 아닌 것은?

① 삼국유사   ② 삼국사기   ③ 제왕운기   ④ 동국여지승람

 해설 삼국유사, 제왕운기, 세종실록지리지, 동국여지승람, 응제시주

18 철기시대의 대표적인 무덤 양식 두 가지는?

① 돌널무덤, 고인돌   ② 널무덤, 독무덤

③ 고인돌, 독무덤   ④ 돌널무덤, 널무덤

정답   14 ①   15 ③   16 ②   17 ②   18 ②

2장 삼국의 성립과 발전

1. 삼국의 형성과 팽창

1-1 고구려의 성립과 발전

(1) 성립

부여의 유이민 세력 + 압록강 유역의 토착민 집단

① 고구려는 처음에 압록강의 한 줄기인 동가강 유역에 자리 잡음(BC 37-옛 고조선의 자리)

② 중국 요녕성 환인에 있는 **오녀산성**은 **주몽**이 처음 도읍으로 삼은 졸본이라고 추정되는 요새지, 유리왕 때 국내성으로 천도

- 다물 : "옛 땅을 회복한다"

(2) 발전

고구려는 삼국 가운데 가장 먼저 고대국가 체제를 정비하고 삼국 사이의 싸움에서 주도권을 쥐면서 광개토왕·장수왕·문자왕 때에 눈부신 발전을 이룸

① **태조왕(1세기경)** : 활발한 정복 활동, 왕위의 독점 세습(계루부 고씨), 5부 체제 → 중앙집권 국가의 기틀 마련

② **고국천왕(2세기 후반)** : 부족적 전통의 5부를 **행정적 성격의 5부**로 개편, **부자 상속** 확립 → 왕권 강화와 중앙집권화 진전

③ **미천왕(4세기 초)** : 낙랑군 축출(313) → 대동강 유역 확보(남쪽 진출의 발판 마련), 요동 지방으로 진출

④ **고국원왕(4세기 중반)** : 5호 16국 중 하나인 선비족(전연)의 침입, 백제 근초고왕의 공격

⑤ **소수림왕(4세기 후반)** : 율령 반포, 불교 공인, 태학 설립, 부족 세력 통제

- 의의 : 국가 체제의 정비 → 중앙집권 체제 강화 → 비약적인 발전의 토대 마련

⑥ **광개토대왕(4세기 말~5세기 초)** : 만주 지역 정복, 한반도 남부에 영향력 행사, 영락(永

樂) 연호

 ㈎ 남쪽 : 백제 공격 → **한강 이북** 차지, 신라에 침입한 왜군 격퇴 → 신라에 영향력 확대
(금관가야 쇠퇴)

 ㈏ 북쪽 : 부여 · 숙신(말갈) 굴복, 후연 격파, 거란 공격 → 요동을 포함한 **만주 대부분** 차지

  ㉮ 광개토대왕릉비(장수왕 때) : 동북아시아의 패자로서 당당함이 묻어있음

   • 광개토대왕릉비문에 쓰인 백제 정벌에 관한 내용을 일본이 19세기 말 일부를 위작

  ㉯ 호우명 그릇 : 경주 호우총에서 발견된 그릇. 바닥에 적혀있는 글(乙卯年 國岡上 廣
開土地好太王 壺杅十)을 통해 고구려가 신라에 영향을 미쳤음을 알 수 있음

⑦ **장수왕의 남진 정책(5세기)** : 평양 천도(427), **한강 이남**까지 영토 확장(**중원고구려비**) →
나 · 제동맹 체결(433)

⑧ 고구려의 천하관

 ㈎ 천손 사상, 자주 의식(태왕 호칭, 독자적 연호)

 ㈏ 백제와 신라로부터 조공 : 백제와 신라를 종속국으로 인식, 신라는 정치적 안정을 위해
고구려에 인질을 보냄

1-2   백제의 성립과 발전

(1) 성립

한강 유역의 토착 세력 + 고구려 계통의 유이민 세력

① 백제 건국을 주도한 세력이 고구려계 유이민임을 보여주는 증거 : 백제 **건국 설화**, 서울 **석촌동
돌무지무덤**(압록강 유역의 고구려 무덤 양식과 비슷)

② 수도 역할 : 풍납토성(하남 위례성)

(2) 발전과 위기

① **고이왕(3세기 중엽)** : 한강 유역 완전 장악(목지국 병합), 관등제(6좌평제) 정비, 관복제 도
입, 율령 반포 → 중앙집권 국가의 기틀 마련

② **근초고왕(4세기 중반)** : 부자 상속 확립, 마한 완전 정복, **요서 · 산둥 · 규슈 진출**

 • 일본은 4세기 백제왕이 일본 사신을 통하여 왜왕에게 하사한 칠지도(七支刀)를 달리 해
석하여 '임나일본부'라는 한반도 지배설의 근거로 주장하고 있음

③ **침류왕(4세기 후반)** : 불교 공인(동진 마라난타) → 중앙집권 체제의 사상적 바탕

④ 개로왕 전사 : 5세기 고구려 장수왕의 공격으로 한성 함락

⑤ 문주왕 : **웅진 천도** → 귀족들의 권력 다툼으로 왕권 약화

⑥ 동성왕 : 국력 회복 노력, 신라 왕실과 혼인 동맹 체결 → 왕권 강화 도모

⑦ **무령왕의 중흥 노력** : 중국 남조의 양과 국교를 맺고 문물 교류(**무령왕릉**). 22담로 설치(왕

족 파견) → 지방에 대한 통제 강화, 왕권 강화

⑧ **성왕의 중흥 노력**(6세기 후반)

㈎ **사비 천도** : 국호 '남부여'

㈏ 중앙에 **22부**의 실무관청 설치, 행정구역 정비(수도-5부, 지방-5방) → 왕권 강화

㈐ 문물 정비 및 교류 : 불교 장려, 중국 · 일본과 교류, 일본에 불교 전파

㈑ **한강 유역 일시 회복** : 진흥왕과 연합 → 신라의 배신으로 한강 유역 상실 → 관산성 전투(충북 옥천)에서 전사 → 나 · 제동맹 결렬

최신기출 2016. 4. 9 시행

6세기 중엽 관산성 전투에 관한 설명으로 옳은 것을 모두 고른 것은?

> ㉠ 신라와 백제의 동맹이 깨졌다.
> ㉡ 백제의 공격에 의해 김무력 장군이 전사하였다.
> ㉢ 신라는 한강 하류 유역의 지배를 공고히 하게 되었다.

① ㉠, ㉡   ② ㉠, ㉢   ③ ㉡, ㉢   ④ ㉠, ㉡, ㉢

해설 사비천도를 통해 어느 정도 중흥을 이루어낸 성왕은 고구려에게 빼앗긴 한강 유역의 회복을 꾀하였고, 신라와의 연합을 통해 고구려를 공격하여 한강 하류의 6군을 회복했다. 한강 상류의 10군을 차지한 신라 진흥왕은 군사를 돌이켜 백제가 회복한 한강 하류 지역마저 점령한 뒤 신주(新州)를 설치하였다. 이에 554년 백제 왕자 여창이 관산성을 공격하여 전투가 벌어졌다. 초기에는 대가야군과 연합한 백제가 우세했으나, 신라의 신주군주 김무력의 비장인 고간 · 도도가 성왕을 급습하여 죽인 후 전투는 신라의 대승으로 끝났다. 이에 120년 동안 지속된 나제동맹은 깨지고, 백제는 멸망 때까지 신라와 적대 관계를 유지하게 된다.   정답 ②번

1-3 신라의 성립과 발전

(1) 성립

진한 12개 소국 중 하나인 사로국에서 출발(여러 세력이 연합해 국가 건설)

① 경주의 토착 세력 + 유이민 집단 → 박 · 석 · 김씨 세력이 교대로 왕위 차지

② 신라의 발전이 늦은 이유 : **한반도의 동남쪽에 치우쳐 있음**

(2) 발전

① 내물마립간(4세기 후반) : **김씨의 독점적 왕위 계승권 확립, 마립간**(대군장) 칭호 사용, 낙동강 유역 진출(진한 정복)

• 왜구 격퇴를 위하여 고구려 군대 주둔(호우명 그릇) → 고구려의 간섭

② 5세기 : 나·제동맹 체결, 고구려 간섭 배제, 6촌을 6부의 행정구역으로 개편

③ 지증왕(6세기 초) : **우경 실시**, 국호 '**新羅**', 왕호 '**王**', 우산국(울릉도) 복속(512), 순장 금지

신라 왕호의 변천	시 기	의 미
거서간	1대 혁거세	왕, 귀인, 군장
차차웅	2대 남해	무당(제사장)
이사금	3대 유리	연장자
마립간	17대 내물	최고 우두머리, 대군장
왕	22대 지증	중국식 칭호

④ **법흥왕**(6세기 전반) : 중앙집권적인 왕조 국가로써 체제 정비

㈎ 율령 반포, 병부·상대등 설치, 공복 제정, 골품제도 정비

㈏ **불교 공인(527)** → 백성의 정신적 통일 도모(이차돈의 순교), 건원 연호(자주 의식), **금관가야 정복**

⑤ **진흥왕**(6세기 중반) : 삼국의 주도권 확보, 개국 연호

㈎ 불교 장려 : 불교 교단 정비, **황룡사** 건립(신라 호국 불교의 중심)

㈏ **화랑도 개편** : 인재 양성 → 삼국 통일에 공헌

㈐ 활발한 정복 활동 전개 : **대가야 정복, 4개의 순수비**(북한산·마운령·황초령·창녕비)와 단양 적성비

㈑ **신라의 한강 유역 점령 의의** : 고구려와 백제의 연결 차단, 중국과 직접 교류 가능, 한강 유역의 풍부한 경제력 장악 → 한반도 주도권 획득 → 삼국 통일의 기틀 마련

1-4 가야 연맹의 변천

(1) 형성과 발전

낙동강 하류의 변한 지역에서 철기 문화를 토대로 여러 정치집단 등장

구 분	금관가야	대가야
위 치	**김해** 지역	**고령** 지역
주도 시기	전기	후기
발 전	• 김해의 질 좋은 철 생산 • 해상 활동에 유리한 지역	• 고구려 군대의 직접적 피해를 받지 않음 • 질 좋은 철 생산, 농사짓기에 유리
쇠퇴 원인	• **신라를 지원한 고구려군의 공격으로 위축** • 법흥왕의 침입으로 멸망(532) → 가야 연맹 약화	• 백제와 신라의 압박 • 진흥왕의 침입으로 멸망(562) → 가야 연맹 해체

(2) 가야 문화의 영향

　① 신라 문화에 영향 : 우륵이 가야금과 가야 음악 전파

　② 일본 고대 문화 발전에 영향 : 토기 제작 기술 전파(수레 토기 → 스에키 토기)

2. 삼국의 사회와 문화

2-1　삼국의 정치제도

(1) 고대사회의 성격

　왕권 강화, 부자 세습, 영토 확장, 율령 반포, 불교 수용, 관리와 군대 파견 → 중앙집권 국가

(2) 삼국의 통치 체제

구 분	고구려	백 제	신 라
왕 족	계루부(고씨)	부여씨	박 · 석 · 김씨 → 김씨
관 등	10여 관등	16관등	17관등
중앙 관제	**대대로**의 국정 총괄	6좌평, 22부 **상좌평**의 국정 총괄	병부 등 10부 **상대등**의 귀족 회의 주관
합의 제도	**제가회의**	**정사암회의**	**화백회의**(만장일치제)
수도 행정	5부	5부	6부
지방행정	5부(욕살) > 성(처려근지)	5부(방령) > 군(군장)	5주(군주) > 군, 현
특수 행정구역	3경제(국내성 · 평양성 · 한성)	22담로	2소경(동원경 · 서원경)
군사 제도	대모달, 말객	방령, 군장	서당, 6정

> **최신기출**　2016. 4. 9 시행
>
> **삼국의 관등 제도에 관한 설명으로 옳지 않은 것은?**
>
> ① 고구려의 관등 조직은 '형' 계열과 '사자' 계열로 분화 편제되었다.
>
> ② 백제는 16관품을 세 단계로 구분하고 공복 색깔로 구별하였다.
>
> ③ 신라는 골품에 따른 관등의 제한을 두었는데 이를 득난이라 한다.
>
> ④ 삼국의 관등 정비는 중앙집권적인 국가를 형성하기 위한 조치였다.
>
> 🖋 해설　신라는 엄격한 골품제 사회였는데, 6두품은 얻기 어렵다 하여 득난(得難)이라고도 했다. 6두품은 전체 17관등 중에서 제6관등인 아찬(阿湌)까지 오를 수 있었다.　　정답 ③번

(1) 삼국의 신분제도

① 고구려 : 고분벽화–지배층과 피지배층은 인물 크기에서 대조적

② 백제 : 관등 체계를 3등급으로 나누어 옷의 색깔을 자색·비색·청색으로 구분

③ 신라 : 출신에 따라 승진을 엄격하게 제한(최고 관직까지 승진할 수 있는 것은 진골뿐)

　㉮ **골품제**(骨品制) : 귀족의 신분을 혈연에 따라 구분, **신라인의 정치·사회 활동 및 일상생활 전반을 규제** → 고른 인재 등용과 신분 상승이 불가능

　㉯ **화랑도**(花郞徒) : 신라의 청소년 단체(화랑+낭도), **세속5계**의 계율(원광법사)

귀족	각종 특권, **귀족 회의**를 통해 정치에 참여, **녹읍**과 **식읍**을 통해 풍부하고 화려한 생활
평민	• 대부분 **농민** : 각종 **세금 납부**, **노동력 제공**, 군대에 동원 • 농민 생활 안정책 : 철제 농기구 보급, 저수지 축조, **진대법** 시행(고구려 고국천왕 때 재상 을파소의 건의)
천민	대부분 **노비** : 재산으로 간주하여 매매·상속·양도 가능

(2) 종교의 발달

① 불교 : 사상 통일(호국불교), 왕권 강화(왕즉불 사상), 선진 문화 수용 → 삼국 문화 중 가장 중요

　㉮ 전래 시기

　　㉠ 고구려 : **소수림왕** 2년(372–전진 순도)

　　㉡ 백제 : **침류왕** 원년(384–동진 마라난타)

　　㉢ 신라 : 5세기 전반 눌지마립간 때 고구려로부터 전래(묵호자), 귀족들의 반대로 공인되지 못하다가 이차돈 순교를 계기로 **법흥왕** 때 공인(527)

　㉯ 불교 전래의 영향 : 많은 절과 탑 건축, 일반 백성에게도 전파

② 도교

　㉮ 산천 숭배 및 신선 사상과 결합, 귀족 사회에서 환영받음

　㉯ 반영 : 백제(**산수무늬 벽돌**, **금동대향로**), 고구려(**사신도**), 신라(**화랑도**)

(3) 학문의 발달

① 유학의 발달 : 충성 윤리의 강조로 지배층의 지배 질서를 뒷받침

　㉮ 고구려 : 소수림왕 때 **태학**(국립대학), 장수왕 때 **경당** 설립(학문·무술)

　㉯ 백제 : 일찍 박사제도가 있었던 것으로 보아 유학 교육기관이 있었을 것으로 추정

　㉢ 신라 : **임신서기석**에 신라 청년들이 유교 경전을 공부했다는 내용이 있음

② 역사서 편찬 : 왕권 강화, 국력 과시, 충성심 고취

　㉮ 고구려 : **신집 5권**(영양왕 때 이문진)

　㉯ 백제 : **서기**(근초고왕 때 고흥)

　㉰ 신라 : **국사**(진흥왕 때 거칠부)

(4) 예술의 발달

삼국의 미술품은 고분에서 출토된 유물과 벽화, 그리고 불상과 탑 등으로 나눔

① 고분

고구려	• 초기 : 돌무지무덤(압록강 유역, 장군총) • 후기 : 굴식 돌방무덤(무용총, 쌍영총, 강서고분… → **벽화**가 있음)
백 제	• 한성시대 : 계단식 돌무지무덤 • 웅진시대 : 굴식 돌방무덤, 벽돌무덤(**중국 남조**의 영향 – **무령왕릉**) • 사비시대 : 굴식 돌방무덤(부여 능산리 고분)
신 라	돌무지덧널무덤[**천마총**에서 발굴된 천마도는 벽화가 아니라 말의 장니(배가리개)에 그려진 그림임] → 굴식 돌방무덤(통일 무렵)

구 분	벽 화	특 징	고 분
돌무지무덤	×	돌을 쌓아 만듦	장군총(고), 석촌동 무덤(백)
굴식 돌방무덤	○	도굴 쉬움(껴묻거리 출토 ×)	무용총 · 쌍영총 · 씨름총 · 강서고분(고) 능산리 고분(백)
돌무지덧널무덤	×	도굴 어려움(껴묻거리 출토 ○)	천마총 · 황남대총(신)

② 고분벽화 : 고구려의 것이 대부분으로 고구려인의 생활과 문화 · 종교 · 사상이 다양하게 표현되어있음

③ 불상 : 연가칠년(延嘉七年)명 금동여래입상, 서산 마애(磨崖)삼존불, 금동미륵반가사유상 등이 대표

④ 탑 : 초기에는 황룡사 9층목탑이 대표, 미륵사지 9층석탑과 정림사지 5층석탑은 우리나라 석탑 양식의 기틀 마련

　• 동아시아 문화권의 차이점 : 중국–전탑(황토), 한국–석탑(화강암), 일본–목탑(지진으로 인한 무너짐 방지)

(5) 삼국 문화의 일본 전파

① 문화 전파 : 한 지역의 문화가 다른 지역으로 옮겨가거나 주변으로 퍼져나가는 현상

② 영향 : 6세기 야마토 조정의 성립과 7세기 **아스카 문화** 형성에 큰 영향

고구려	담징(종이와 먹의 제조 방법), **혜자**(쇼토쿠 태자의 스승), 다카마쓰 고분 벽화(수산리 고분벽화와 비슷)
백 제	아직기(한자), 왕인(유학), 노리사치계(불경 · 불상), 오경박사 · 의박사 · 역박사 등. **호류사의 목탑 · 백제관음상**
신 라	배 만드는 기술, 둑 쌓는 법, 성 쌓는 기술
가 야	토기(**스에키 토기**에 영향)와 제철 기술

최신기출 2016. 4. 9 시행

삼국시대 예술에 관한 설명으로 옳은 것은?

① 천마도는 솔거가 그렸다.

② 12악곡은 왕산악이 지었다.

③ 거문고는 우륵이 만들었다.

④ 방아타령은 백결선생이 지었다.

 해설 천마도(벽화×)는 돌무지덧널무덤인 천마총에서 발견되었고, 솔거는 황룡사에 소나무 그림을 그렸다. 음악으로는 고구려의 왕산악(거문고), 신라의 백결선생(방아타령), 가야의 우륵(가야금 · 악곡)이 유명하다.

정답 ④번

1 고구려 광개토대왕에 관한 설명으로 옳은 것은?

> ㉠ 율령을 반포하여 중앙집권 국가 체제를 강화하였다.
> ㉡ 낙랑군을 몰아내고 대동강 유역을 확보하였다.
> ㉢ 영락이라는 독자적 연호를 사용하였다.
> ㉣ 동진과 교류, 중국 남북조와 각각 교류하면서 두 세력을 조종하는 외교정책을 썼다.
> ㉤ 신라에 침입한 왜를 격퇴하여 금관가야에 타격을 주었다.

① ㉠, ㉡　　　　　　② ㉡, ㉢　　　　　　③ ㉢, ㉤　　　　　　④ ㉣, ㉤

 ㉡ 서안평 점령, 낙랑군 축출은 미천왕(4세기 초반)의 업적이다. ㉤ 광개토대왕의 왜 격퇴 과정에서 금관가야가 쇠퇴하였다.

2 장수왕의 남진 정책과 관련된 것으로 볼 수 없는 것은?

> ㉠ 국내성에 세력 기반을 가진 귀족들을 약화시켜 왕권을 강화하고자 하였다.
> ㉡ 문주왕이 사비성으로 천도하였다.
> ㉢ 한강 이남까지 차지하고 그 업적을 광개토대왕릉비에 기록하였다.
> ㉣ 백제와 신라는 나·제동맹을 결성하였다.
> ㉤ 대동강 유역의 경제력을 흡수하였다.

① ㉠, ㉡　　　　　　② ㉡, ㉢　　　　　　③ ㉢, ㉤　　　　　　④ ㉣, ㉤

 ㉡ 웅진성으로 천도, ㉢ 충주(중원)고구려비(국보 제205호), ㉤ 평양성으로 천도

3 신라의 전통적인 왕호가 아닌 것은?

① 이사금(尼師今)　　　　　　② 막리지(莫離支)
③ 차차웅(次次雄)　　　　　　④ 거서간(居西干)

 1대 혁거세 거서간, 2대 남해 차차웅, 3대 유리 이사금, 17대 내물 마립간, 22대 지증王

 정답　**1** ③　**2** ②　**3** ②

4 가야 연맹에 대한 설명으로 옳은 것은?

> ㉠ 신라와 일본의 고대 문화에 영향을 주었다.
> ㉡ 중국 남조에 사신을 보내기도 하였다.
> ㉢ 각 소국이 독자적인 정치 기반을 가지고 있었다.
> ㉣ 철이 많이 생산되었으나, 해상무역이 활발하지 못했다.
> ㉤ 중국으로부터 율령과 불교를 수용하여 고대국가로 발전하였다.

① ㉠, ㉡, ㉢　　　② ㉠, ㉢, ㉤　　　③ ㉡, ㉢, ㉥　　　④ ㉡, ㉢, ㉤

 해설 ㉡ 5세기 후반

5 다음을 시대순으로 바르게 나열한 것은?

> ㉠ 관산성 전투에서 백제가 신라에 대패하였다.
> ㉡ 부여가 고구려에 병합되어 멸망하였다.
> ㉢ 금관가야가 신라에 병합되었다.
> ㉣ 고구려가 수도를 평양으로 옮겼다.

① ㉠ → ㉡ → ㉢ → ㉣　　　② ㉡ → ㉢ → ㉣ → ㉠

③ ㉢ → ㉠ → ㉡ → ㉣　　　④ ㉣ → ㉡ → ㉢ → ㉠

 해설 ㉠ 성왕(전사, 554), ㉡ 문자왕(부여 완전 병합, 494), ㉢ 법흥왕(금관가야 멸망, 532), ㉣ 장수왕(평양 천도, 427)

6 다음 백제 왕들의 업적이 바르게 연결된 것을 모두 고르면?

> ㉠ 고이왕 – 남부여 병합　　　㉡ 근초고왕 – 서기 편찬
> ㉢ 문주왕 – 사비 천도　　　㉣ 무령왕 – 동진과 교류
> ㉤ 성왕 – 한강 유역 회복　　　㉥ 무왕 – 미륵사 건립

① ㉠, ㉡　　　② ㉠, ㉤　　　③ ㉡, ㉥　　　④ ㉢, ㉣

 해설 고이왕(목지국 병합), 문주왕(웅진 천도), 침류왕(동진으로부터 불교 수용), 무령왕(남조의 양과 교류), 성왕(한강 유역 일시 회복)

7 한반도의 정세가 지도와 같았던 시기의 사실로서 옳은 것은?

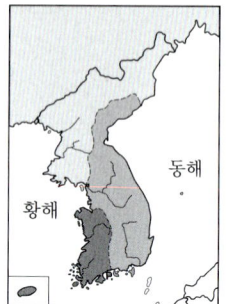

① 신라에서 김씨들의 왕위 세습이 확립되었다.

② 화랑도를 국가적인 조직으로 개편하여 인재를 양성하였다.

③ 이사부가 우산국을 정복하였다.

④ 백제와 신라가 혼인 동맹을 맺었다.

 ① 내물마립간, ② 진흥왕, ③ 지증왕, ④ 소지마립간(백제의 동성왕)

8 우리나라의 유학 보급과 역사서 편찬에 관한 설명으로 옳지 않은 것은?

① 이문진은 한문으로 유기라는 100권의 역사서를 편찬하였다.

② 임신서기석은 우리말 순서에 따라 한문을 기록하였다.

③ 광개토대왕비와 사택지적비는 중국식 문장으로 작성되었다.

④ 백제는 오경박사, 의박사, 역박사를 설치하였다.

 영양왕 대의 이문진은 신집 5권을 편찬하였으나 현재 전하지 않는다.

9 삼국시대 금석문 자료에 관한 설명으로 옳은 것은?

㉠ 사택지적비의 내용은 도교적인 색채를 지니고 있다.

㉡ 단양 적성비를 통해 법흥왕 대의 정복 사업을 알 수 있다.

㉢ 임신서기석을 통해 신라 청소년들이 유학을 공부하였음을 추론할 수 있다.

㉣ 중원고구려비를 통해 광개토대왕의 업적을 알 수 있다.

㉤ 창녕비를 통해 금관가야 정복 사실을 알 수 있다.

① ㉠, ㉡   ② ㉠, ㉢   ③ ㉢, ㉣   ④ ㉣, ㉤

10 고분 종류와 유적 명칭의 연결이 옳지 않은 것은?

① 돌널무덤 – 장군총   ② 벽돌무덤 – 무령왕릉

③ 돌무지덧널무덤 – 천마총   ④ 굴식 돌방무덤 – 무용총

정답 7 ② 8 ① 9 ② 10 ①

11 다음 유적이 만들어졌을 당시의 상황에 관한 설명으로 옳은 것은?

① 중국의 동진으로부터 불교를 받아들여 왕실의 권위를 높였다.
② 중앙에 22부의 실무관청이 설치되었다.
③ 관등제를 마련하고, 관복을 제정하였다.
④ 22담로제가 실시되었고 왕족을 파견해 지방을 통치하였다.

 해설 ① 침류왕, ② 성왕, ③ 고이왕, ④ 무령왕

12 다음은 고구려에 대한 설명이다. (   )에 들어갈 말을 순서대로 바르게 나열한 것은?

> • 초기에 (   ) 연맹체 국가로 성장하여 (   ) 고씨가 왕위를 계승하였다.
> • 귀족 회의로 (   )가 있었다.
> • (   )왕 때 율령 반포, 불교 수용, 태학 설립이 이루어졌다.

① 5부족 – 계루부 – 제가회의 – 소수림　　　② 4출도 – 계루부 – 화백회의 – 광개토
③ 5부족 – 절노부 – 화백회의 – 소수림　　　④ 4출도 – 절노부 – 제가회의 – 광개토

13 신라의 골품제에 대한 설명으로 옳지 않은 것은?

① 지배층의 서열을 나타낸 것이었다.
② 각 부족장들이 중앙 귀족으로 편입되는 과정에서 만들어졌다.
③ 혈연보다는 능력을 중시한 신분제도였다.
④ 혼인은 물론 집의 크기, 의복의 색깔까지 규제하는 데 적용되었다.

14 돌무지덧널무덤에 대한 설명으로 옳은 것은?

> ㉠ 신라에서 만들어졌던 무덤이다.　　　㉡ 무용총, 쌍영총 등이 대표적이다.
> ㉢ 무덤 속에 벽화가 그려져 있다.　　　㉣ 평양 지역에서 많이 발굴되고 있다.
> ㉤ 도굴의 위험이 적은 무덤 구조였다.

① ㉠, ㉤　　　② ㉡, ㉣　　　③ ㉢, ㉣　　　④ ㉣, ㉤

정답 11 ④　12 ①　13 ③　14 ①

15 다음 유적이 만들어졌을 당시의 상황에 관한 설명으로 옳은 것은?

① 한반도와 일본열도 사이의 교류 사실을 보여준다.
② 임진왜란 이후로 많은 유물이 일본으로 유출되었다.
③ 교류의 단절로 인하여 다른 재료로 비슷한 불상이 제작되었다.
④ 동일한 양식의 불상을 당으로부터 하사받은 것이다.

 금동 미륵보살 반가상(국보 제83호)과 목조 미륵보살 반가상(일본 국보 제1호)

16 삼국과 일본의 문화 교류 내용으로 옳지 않은 것은?

① 왕인이 천자문과 논어를 가르침
② 노리사치계가 불경과 불상을 전하고 불교를 보급함
③ 심상이 일본으로 건너가 쇼토쿠 태자의 스승이 됨
④ 담징이 종이와 먹의 제조 방법을 전함

 595년(영양왕 6) 혜자가 도일하여 요메이왕(用明王)의 맏아들 쇼토쿠 태자[聖德太子]의 스승이 되었다. 담징은 610년(영양왕 21)에 백제를 거쳐 일본에 건너가 호류사 벽화를 그렸다.

17 백제의 건국 세력이 고구려계 유이민임을 알 수 있게 해주는 유물·유적으로 알맞은 것은?

① 무령왕릉
② 풍납토성
③ 몽총토성
④ 석촌동 돌무지무덤

 백제의 온조 건국 설화, 백제 왕실이 부여씨를 칭함, 서울 석촌동 돌무지무덤

18 삼국의 문화가 일본에 전파되어 큰 영향을 주었음을 보여주는 것이 아닌 것은?

| ㉠ 왕인 묘 | ㉡ 미륵보살 반가사유상 | ㉢ 난학 |
| ㉣ 가나 문자 | ㉤ 다카마쓰 고분벽화 | ㉥ 담징이 그린 호류사 금당벽화 |

① ㉠, ㉤　　　　② ㉡, ㉣　　　　③ ㉢, ㉣　　　　④ ㉣, ㉤

해설 난학(蘭學) : 에도시대 네덜란드를 통해서 들어온 유럽의 학문·기술·문화 등의 총칭

정답 15 ①　16 ③　17 ④　18 ③

3장 통일신라와 발해

1. 고구려의 대외 항쟁과 신라의 삼국 통일

1-1 고구려의 대외 항쟁

(1) 6세기 말~7세기 초 동아시아의 국제 정세의 변화

남북 세력(**돌궐** + **고구려** + **백제** + **왜**) VS 동서 세력(**수 · 당** + **신라**)의 대립

> 신라의 한강 유역 차지 → 고구려와 백제의 협공으로 신라 고립 → 신라가 수에 도움 요청 → 고구려는 돌궐과 연합하여 수에 대항, 백제는 왜와 연합하여 신라와 맞섬

(2) 고수전쟁

살수대첩(612)

> **고구려의 요서 지방 선제공격** → 수 문제의 침입, 격퇴 → 수 양제의 침입, 공격 실패 → 30만 별동대의 공격 → **을지문덕**, 살수대첩 → 수 멸망(618)

※ 여수장우중문시(與隋將于仲文詩) : 을지문덕의 적장 희롱과 오판을 유도하는 오언시(삼국사기), 현전 최고(最古)의 한시

(3) 고당전쟁

안시성 싸움(645)

> 고구려의 **천리장성 축조**(부여성~비사성) → 연개소문의 정변(**스스로 대막리지가 되어 정권 장악**) → 신라와 당에 대해 강경 정책을 폄 → 당 태종의 침입 → 요동성 · 백암성 함락 → 안시성에서 격퇴

(4) 수 · 당 침략 격퇴의 의의

① **승리의 원동력** : 잘 훈련된 군대, 성곽을 이용한 견고한 방어 체제, 요동 지방의 철광 지대 확보, 굳센 정신력

② 대내적 : 아시아 패권을 차지하려는 수 · 당의 야욕 저지, 민족의 방파제 역할

③ 대외적 : 고구려의 동아시아 강국 지위 유지

고구려와 수·당전쟁 과정을 순서대로 바르게 나열한 것은?

> ㉠ 고구려 영양왕의 수 요서 지방 공격 ㉡ 연개소문의 보장왕 옹립
>
> ㉢ 을지문덕 장군의 살수대첩 승리 ㉣ 당 태종의 안시성 공격

① ㉠ - ㉡ - ㉢ - ㉣   ② ㉠ - ㉢ - ㉡ - ㉣

③ ㉢ - ㉣ - ㉡ - ㉠   ④ ㉢ - ㉠ - ㉣ - ㉡

해설 고구려와 수·당의 전쟁
- 고·수전쟁 : 수의 통일과 팽창 → 고구려의 요서 지방 선제공격 → 수 문제의 침공 → 격퇴 → 수 양제의 침공, 별동대의 평양성 공격 → 을지문덕이 살수대첩으로 격퇴(612)
- 고·당전쟁 : 당 태종 즉위(세계 제국 건설의 야심), 연개소문의 대외 강경책 → 연개소문의 정변을 구실로 당의 침입 → 당군이 요동성·백암성 함락 → 안시성에서 고구려의 승리(645)   **정답 ②번**

1-2 신라의 삼국 통일

(1) 삼국 통일 과정

> 나·당 연합 결성(김춘추의 외교 활동) → 백제 멸망(660) → 고구려 멸망(668) → 당의 한반도 지배 야욕 → 나·당전쟁(매소성·기벌포 전투) → 삼국 통일(676)

① **나·당동맹 체결** : 신라 김춘추의 외교 활동 → 고구려에 도움 요청, 실패 → 당에 구원 요청 → 나·당동맹 결성

② **백제의 멸망(660)** : 황산벌 전투(계백)

③ **고구려의 멸망(668)** : 오랜 전쟁으로 국력 소모, 연개소문 사후 지도층의 내분 발생

④ **백제 유민들의 부흥 운동**

　㉮ 복신·도침(주류성), 흑치상지(임존성), 왕자 풍 등 : **지도층의 내분**으로 실패

　㉯ 지원 온 일본 수군 패배(백강전투)

⑤ **고구려 유민들의 부흥 운동**

　㉮ 검모잠(한성), 안승(금마저), 고연무(국내성·오골성), 보장왕·보원(요동 지방) 등

　㉯ **지도층의 내분**, 당과 신라의 회유로 실패 → 유민의 대부분은 신라와 발해에 통합

(2) 나·당전쟁

① 당의 한반도 지배 야욕 : **웅진도독부** 등 5도독부 설치(백제의 옛 땅), **안동도호부** 설치(평양), **계림도독부** 설치(신라)

② 신라의 대응 : 고구려 부흥 운동 지원(안승으로 하여금 금마저에 보덕국을 세우도록 함), 백제의 옛 땅 회복(사비성 함락 → 웅진도독부 없앰)

③ 당군 격퇴 : 육군-**매소성** 전투(675), 수군-**기벌포** 전투(676) → 대동강 이남에서 당군을 완전히 몰아냄 → 삼국 통일 이룩(676)

(3) 삼국 통일의 의미

① 의의 : 우리 민족이 이룬 최초의 통일, 새로운 민족문화 형성의 계기가 됨. 신라인의 자주적인 성격을 보여줌(당의 야욕을 물리치고 통일 완수)

② 한계 : 통일 과정에서 **외세(당)의 도움**을 얻음, 영토가 대동강 이남에 한정된 **불완전한 통일**(대동강~원산만)

2. 남북국의 발전과 문화

2-1 통일신라의 제도 정비

(1) 통일 전후의 정치적 변화

① **왕권의 전제화** : 진골 세력 약화, 6두품의 정치 활동 활발

㉮ 무열왕 : 통일 전쟁을 계기로 왕권 강화 → 무열왕 직계 자손의 왕위 세습, 집사부 시중의 기능 강화, 상대등 세력의 약화

㉯ 신문왕 : 귀족 세력 숙청(김흠돌의 난 진압), 중앙 정치기구와 군사 조직 정비, 9주 5소경 체제의 지방 행정조직 완비, 녹읍제 폐지(관료전 지급), 유교 정치 이념 도입(국학 설치)

② 전제 왕권의 동요 : 경덕왕 이후 녹읍 부활, 사원의 면세전 증가, 중앙 귀족의 특권적 지위 유지, 농민층의 부담 증가

(2) 새로운 제도의 마련

① 중앙 통치 체제

㉮ 무열왕 · 문무왕에 의해 왕의 권위가 크게 강화, 불교식 왕명 대신 유교식 왕명을 사용

㉯ **집사부(시중)의 권한 강화 : 화백 제도의 기능 축소** → 귀족 세력 약화

- 위화부-인사, 창부-재정, 예부-교육과 외교, 이방부-형벌, 예작부-토목공사, 공장부-관청수공업

② 지방행정 조직 : 9주 5소경

㉮ 전국을 9주(군주 → 총관 → 도독)로 나누고 주 밑에 **군**(태수)과 **현**(현령)을 두어 지방 통제를 강화, 촌은 토착인인 촌주가 다스림

㈏ **5소경** : 수도가 동쪽으로 치우쳐있는 것을 보완하고, 지방 세력이 성장하는 것을 감시 · 견제

통일신라의 지방행정에 관한 설명으로 옳은 것은?

① 정복한 국가의 귀족들을 소경으로 이주시켜 감시하였다.

② 지방관 감찰을 위해 관리를 파견하는 상수리 제도를 실시하였다.

③ 행정적 기능보다 군사적 기능을 강화하여 전국을 9주로 나누었다.

④ 경주의 지역적 편협성을 보완하기 위해 고구려와 백제 지역에 5소경을 설치하였다.

해설 ① 5소경 : 군사 · 행정상의 요지에 설치하여 수도의 편재성을 보완하고 지방의 균형 발전을 도모, ② 상수리 제도 : 지방 세력가의 자식을 일정 기간 동안 금성에 머무르게 함(지방 세력 견제 목적), ③ 9주 : 행정적 기능 강화   **정답 ①번**

③ 군사 조직

　㈎ 중앙군 : 9서당(**고구려 · 백제 · 말갈인도 포함** → 민족 융합 정책)

　㈏ 지방군 : 10정은 8개 주에 각각 1개, **한산주에는 2개**를 배치

④ 토지제도

　㈎ 식읍 : 큰 공을 세운 귀족들에게 나누어준 토지 녹읍, 중앙 귀족이나 지방의 유력자들의 경제 기반

　㈏ **관료전** : 신문왕이 귀족 세력을 누르기 위해 **녹읍을 폐지**하고 그 대신 관리의 등급에 따라 차등 지급 → 경덕왕 때 귀족들의 반발로 녹읍제 부활

　㈐ **정전**(丁田) : (왕토 사상에 기초하여) 성덕왕 때 일반 백성에게 나누어주어 조를 바치게 함 → 국가 수입 증대, 농민 지배 강화

　㈑ **장적**[(帳籍)−**촌락 문서**, 민정 문서] : 일본 동대사 정창원에서 발견. **서원경**(청주) 부근 4개 촌락 조사 기록. 3년마다 작성(**촌주**)하여 백성 관리, (집안의 나무그루 수까지) 세밀히 작성한 장적을 바탕으로 국가는 농민에게 세를 거두어 각종 부담을 줌. 16~60세 남성 연령을 기준으로 6등급, 호(가구)는 사람의 많고 적음에 따라 9등급으로 구분 → 조세 수취와 노동력 징발을 위함

2-2 발해의 성립과 발전

(1) 건국(698)

고구려 장군 대조영을 중심으로 한 고구려 유민과 말갈 집단에 의하여 진(震)국을 세움

① 주민 구성 : 고구려 유민(지배층) + 다수의 말갈족(피지배층)

② 발해 건국의 의의 : **고구려 계승** 의식 표출(고려 국왕 호칭, 문화의 유사성), **남북국의 형세 이룸**

(2) 성장

독자적인 연호(고왕−천통, 무왕−인안, 문왕−대흥, 선왕−건흥) 사용 → 당과 대등함, 자주성을 드러냄

① **무왕(8세기 초)** : **당의 산둥 지방 공격(대립)**, 돌궐 · 일본과 연합하여 당 · 신라 견제 → 세력 균형 유지

② **문왕(8세기 말)** : **당과 친선 관계 체결(당의 발달한 문물 수용)**, 신라와 상설 교통로 개설, 상경 천도

③ **선왕(9세기 초)** : 대부분의 말갈족 복속, 요동 진출, **해동성국**(발해의 전성기)

④ 9세기 후반 귀족들의 내분으로 **거란**에게 멸망(926), 고려의 북진정책으로 계승

(3) 발해의 정치제도

① 중앙 정치제도

㈎ 3성 6부제 : 당 제도 수용, 발해의 독자적 운영(정당성 · 선조성 · 중대성)

㈏ **정당성** : 국가의 중요한 일 결정, 정당성 아래에 **6부**(유교 덕목−충 · 인 · 의 · 지 · 예 · 신)를 둠 → 좌사정 · 우사정에서 2원적으로 운영

② 지방행정 구역 : 5경 15부 62주, 촌락은 토착 세력가가 지배

③ 군사 : 10위를 두어 왕궁과 수도 경비

2-3 남북국의 문화

(1) 통일신라의 사상과 문화

불교와 유교 중심

① 불교

㈎ **원효**의 불교 대중화 운동 : 대 · 소승의 불교 경전을 섭렵한 많은 책을 저술(대승기신론소 · 금강삼매경 · 십문화쟁론 · 화엄경소)하여 독자적인 사상 체계 확립(화쟁 사상−모든 것은 한마음에서 나온다는 일심사상 강조)

㈑ 경주 분황사 : 원효가 불교 연구하면서 많은 저서를 남긴 곳

    ㉯ 공·유의 대립, 세간·출세간의 차별을 일심의 논리로 해결

    ㉰ 아미타불을 염불하면 누구나 서방극락에 갈 수 있다고 하여 **불교 대중화**(정토 신앙)

  (나) 불교 연구 활성 : 화엄종을 개창한 의상, 유가종의 태현이 대표

    ㉮ 불교의 교리 체계 진전 : 원효와 의상

    ㉯ **의상** : 해동 화엄종 개창(화엄일승법계도), 실천적인 측면을 강조, 평등 관계를 강조

    ㉰ **혜초** : 『왕오천축국전』 → 세계 3대 기행문

  (다) **선종**의 등장 : 신라 말기에 중국(당)에 유학하고 다녀온 승려들이 펼쳐나감, 참선 중시 (문자를 통하지 않고 마음속의 불상을 깨달을 수 있음)

    • 교종(경전과 교리에 의거)은 왕실의 후원으로 발전하였는데, 선종은 **지방 호족**들의 지지하에 등장

② 유학의 발달 : 왕을 보좌하고 나라를 다스리는 데 큰 역할

  (가) **국학** 설립(신문왕) : 한문학의 교육기관으로 6두품 출신이 9년 동안 수업을 받으면 행정 실무를 담당하는 관리로 활동

  (나) **독서삼품과**(원성왕) : 실무 관리를 뽑는 국가시험 제도 – 6두품 이상 입학(9년 연한), 관리 임용의 주된 방법은 되지 못함

    • 국학의 학생들을 성적(유교 경전 학습)별로 3등급으로 구분하여 관리로 채용하려고 했던 제도

  (다) 한문학의 성장

    ㉮ 강수 : 외교문서(답설인귀서)

    ㉯ 설총 : 「**화왕계**」(유교의 덕치주의가 담긴 이야기, 왕에게 교훈을 주기 위한 이야기), 이두 정리(우리말 어순에 따라 한자를 배열하고, 토와 어미를 한자를 차용하여 표기)

    ㉰ 김대문 : 『계림잡전』, 『화랑세기』, 『고승전』, 『한산기』

    ㉱ **최치원** : 빈공과 합격(도당 유학생), 『계원필경』, 시무 10조

③ 통일신라의 문화

  (가) 과학기술과 문화 발전, 건축과 조각의 발전(견고함·균형미, 불교미술·건축물 발달) : 석굴암, 불국사, 에밀레종 등

    • 석굴암은 신라 경덕왕 10년(751) 때 재상 김대성이 창건을 시작하여 혜공왕 10년(774)에 완성하였으며, 건립 당시에는 석불사라고 불렀음. 토함산 중턱에 백색의 화강암을 이용하여 인위적으로 석굴을 만들고(인공), 내부 공간에 본존불인 석가여래불상을 중심으로 그 주위 벽면에 보살상 및 제자상과 역사상, 천왕상 등 총 40구의 불상을 조각했으나 지금은 38구만이 남아있음

  (나) 석탑으로 석가탑, 다보탑, 해인사의 3층 석탑 등

  (다) 석가탑 속의 「무구정광대다라니경」이라는 불교 경전을 통해 인쇄술의 발전을 알 수 있음

(라) 향가문학 발달 : 국가의 평안, 불교 찬양, 죽은 사람 사모, 주술적인 목적이 있음

(2) 발해의 문화

학문의 발달, 도로망의 정비, 고분의 다양성(정혜공주 · 정효공주묘), 공예와 조각이 발달함

> **고구려 문화 바탕 + 당 문화 수용 → 국제적 · 융합적 문화**

① **고구려 문화 : 치미, 막새기와, 온돌** 장치, **석등, 이불병좌상, 정혜공주묘(굴식 돌방무덤), 정효공주묘(모줄임 천장구조)**

② **당 문화 수용 : 3성 6부제, 상경성 구조(주작대로), 정효공주묘(벽돌무덤)**

2-4 남북국의 대외 교류

(1) 통일신라의 대외 교류

① **신라인의 당 진출 :** 신라방(마을), 신라소(감독관청), 신라원(절), 신라관(숙박 시설)

② 아라비아 : 울산항

③ **장보고의 해상무역 장악 :** 완도에 청해진을 설치하고 해적 소탕 → 동아시아(당~신라~일본) 해상무역권 장악 → 막강한 부와 군사력 보유 → 왕위 쟁탈전 개입 → 진골 귀족들에게 암살당함(염장) → 신라의 해상무역 쇠퇴

(2) 발해의 대외 교류

① 문왕 때부터 당과 친선 관계 : 문물 수용, 유학생 파견, 산둥반도 덩저우에 발해관 설치

② 일본 : 신라 견제 위해 경제적 교류 활발

③ 신라 : 경쟁의식, 때때로 사신 파견, **신라도를 통해 교류** → 신라와는 대립 관계였으나 사신 교환, 무역은 행해짐

주요 수출품	**모피** · 인삼 등 토산물, 불상 · 자기 등 수공업품
주요 수입품	귀족의 수요품인 비단 · 책 등

2-5 신라 사회의 동요와 후삼국의 성립

(1) 귀족들의 왕위 쟁탈전

① 소수 진골 귀족들의 권력 독점 → 귀족 간 갈등 심화, 귀족들의 농민 수탈 심화

② 신라 말의 반란 및 봉기

(가) 혜공왕 이후(8세기 후반) : 귀족 세력 성장, 귀족들의 왕위 다툼 전개 → **김헌창의 난, 장보고의 난**

㉯ **진성여왕 때 가장 극심**(9세기 후반) : **중앙정부의 납세 독촉** → 농민 봉기 전개 - **원종·애노**(상주), 양길(북원), 기훤(죽주), 견훤(완산주) 등

③ 영향 : 중앙정부의 지방에 대한 통제력 상실

(2) 새로운 세력의 성장과 후삼국의 분열

① 사회 동요 : 귀족들의 대토지 소유 확대, 자연재해, 농민 수탈 → 농민 몰락

- 중앙 정치가 약화되면서 나타난 수취 체제의 문란과 귀족의 사치와 향락으로 국가 재정이 궁핍해짐. 더욱이 흉년과 전염병 유행으로 농민들이 몰락하게 됨

② **지방 호족의 성장** : 성주·장군 자칭, 지방의 행정·군사·경제권 행사, **6두품**과 당 유학생 및 **선종 승려**와 연결

③ **6두품**(득난) : **주로 학문과 종교 분야에서 활약**, 골품제 사회 비판, 새로운 정치 이념 제시, 호족과 연계

※ 골품제의 모순(6두품의 관직 승진 제한) : 골품 > 능력·실력. 6두품 세력의 反신라적 경향 야기

④ 새로운 사상의 유행

㉮ 선종 : 정신 수양을 통한 해탈 강조 → **지방 호족과 농민 환영, 9산 선문**의 성립 → 지방 문화의 중심지 역할

㉮ 교종(5교) : 경전과 교리 강조 → 귀족을 비롯한 지배층의 환영

㉯ 선종(9산) : 참선과 정신 수양 강조 → 전통적 권위 부정

㉯ **풍수지리설** : 도선 보급, **경주 중심의 지리 개념에서 벗어나 지방의 중요성 강조**(산세와 지형) → 지방 호족의 환영

(3) 후삼국의 성립

① 후백제 : **견훤**(군진 세력)이 지방의 군사력과 호족 세력을 토대로 **완산주(전주)**에서 건국(900), 충청도와 전라도 지역 차지

- 후백제는 반신라 정책, 지나친 수취, 호족 포섭 실패 등 한계를 보였음

② 후고구려 : **궁예**(신라 왕족 출신)가 강원도·경기도 일대의 중부 지방을 점령하고 **송악(개성)**에서 건국(901), 한강 유역과 상주 일대로 세력 확장. 국호 변천(마진 → 태봉), 광평성, 9관등제 실시

③ 신라의 축소 : 경주 부분 경상도 일대만 지배

통일신라 시대 말기에 관한 설명으로 옳지 않은 것을 모두 고른 것은?

> ㉠ 웅주 도독 김헌창이 반란을 일으켰다.
> ㉡ 군진 세력은 유력한 중앙 귀족 세력 중 하나이다.
> ㉢ 선종 9산문은 경상도를 중심으로 분포되었다.
> ㉣ 북원의 양길, 완산의 견훤 등이 대표적인 반란군이다.

① ㉠, ㉢   ② ㉠, ㉣

③ ㉡, ㉢   ④ ㉡, ㉣

 해설 ㉡ 호족의 출신 유형은 중앙에서 밀려난 진골 귀족, 군진 세력, 해상 세력, 촌주 등이다. ㉢ 9산 선문을 비롯한 선종 사찰은 주로 전라도, 충청도, 강원도 등 경주에서 멀리 떨어진 변방 지역에 분포하였다.   **정답 ③번**

1 고구려와 당의 전쟁에 관한 내용으로 옳은 것을 모두 고르면?

> ㉠ 고구려는 요서 지방을 선제공격하였다.
> ㉡ 양만춘은 안시성에서 당군을 격퇴하였다.
> ㉢ 연개소문은 수나라의 침략에 대비하기 위해 천리장성을 축조하였다.
> ㉣ 을지문덕은 당 태종에 의한 2차 침입 때 살수대첩으로 막아내었다.

① ㉡   ② ㉠, ㉡   ③ ㉠, ㉣   ④ ㉡, ㉢, ㉣

 해설 ㉠ 수가 고구려에 신하의 예를 갖출 것을 요구하자 영양왕이 요서 지방을 선제공격하였다. ㉢ 고구려는 랴오허 강 주위의 국경에 천리장성을 쌓아 당의 공격에 대비하였다.

2 신라가 삼국을 통일한 이후의 사회 변화로 옳지 않은 것은?

① 6두품이 학문적 실력을 바탕으로 중앙에 활발히 진출하였다.
② 왕권 강화를 위해 말단 촌까지 지방관을 파견하였다.
③ 무열왕계 후손이 왕위를 이었다.
④ 중앙군을 9개의 서당으로, 지방군을 10개의 정으로 개편하였다.

해설 말단 행정구역인 촌은 토착 세력인 촌주가 지방관의 통제를 받아 다스렸다.

3 신문왕 대의 사실로 옳지 않은 것은?

① 유학 교육을 위해 국학을 설립하였다.
② 관료전을 지급하고 녹읍을 폐지하였다.
③ 김흠돌의 난을 진압하고 왕권에 도전하는 진골 세력을 숙청하였다.
④ 당과의 무역 확대로 산둥반도에 법화원이 만들어졌다.

해설 법화원은 흥덕왕 대에 장보고가 신라방에 세운 신라원이다.

정답 1 ①   2 ②   3 ④

4 불교 인물에 관한 설명으로 옳지 않은 것은?

① 원효는 대승기신론소를 저술하고 아미타 신앙을 전파하였다.

② 의상은 화엄일승법계도를 저술하고 관음 신앙을 전파하였다.

③ 심상은 세속오계를 제정하여 호국 불교를 확립하였다.

④ 혜초는 당을 거쳐 인도 등을 순례한 뒤 왕오천축국전을 저술하였다.

 원광법사는 귀산·추항에게 세속오계를 알려주고, 진평왕의 명으로 수나라에 출병을 요청하는 「걸사표」를 지었다.

5 대표적 유학자와 저서명이 잘못 연결된 것은?

① 강수 – 태평송   ② 설총 – 화왕계

③ 김대문 – 화랑세기   ④ 최치원 – 계원필경

 ① 강수는 외교문서 작성에 능하였고, 태평송은 진덕여왕이 당나라 고종에게 보낸 오언고시이다. ② 설총은 이두를 정리하였다.

6 발해의 고구려 계승 의식을 보여주는 사례로 옳지 않은 것은?

① 일본에 보낸 국서에 '고려', '고려국왕'이라는 명칭을 사용했다.

② 상경 용천부는 고구려 평양성의 모습을 본떠 만들었다.

③ 정혜공주묘는 고구려의 굴식 돌방무덤이다.

④ 정효공주묘는 고구려식 모줄임천장으로 만들었다.

 상경성은 당의 장안성을 본떠 만들었다.

7 다음 유물들을 제작한 나라에 관한 설명으로 옳지 않은 것은?

① 지방행정 조직은 5경 15부 62주이다.

② 대조영이 동모산에서 건국한 나라이다.

③ 최전성기 시기의 연호는 영락이다.

④ 5도를 이용하여 주변국과 교류하였다.

 유물은 발해 석등과 정혜공주 무덤 앞의 돌사자상이다. 영락(永樂)은 고구려 광개토대왕의 연호이다.

8 통일신라 말기에 나타난 사회현상을 모두 묶은 것은?

> ㉠ 호족 세력 등장   ㉡ 해상 세력 대두   ㉢ 교종 5교 번창
> ㉣ 풍수지리설 보급   ㉤ 6두품의 역할 확대   ㉥ 정전 지급

① ㉠, ㉡, ㉣   ② ㉠, ㉢, ㉣   ③ ㉡, ㉢, ㉤   ④ ㉡, ㉣, ㉤

해설 ㉢ 선종 9산 성립, ㉤ 관직 승진 제한으로 6두품 세력의 불만, ㉥ 성덕왕 때 농민들에게 지급

9 통일신라의 민정 문서(신라 장적)에 대한 설명으로 옳지 않은 것은?

① 인구는 연령별로 6등급으로 나누어 조사되었다.
② 호는 상상호에서 하하호까지 9등급으로 나누었다.
③ 1년마다 지방관이 조사 · 기록하였다.
④ 서원경 지방의 4개 촌락의 장적이다.

해설 국가는 촌주(3년마다 작성)를 통하여 평민, 천민 집단, 노비의 노동력과 생산 자원을 철저히 관리하였다.

10 다음 유물의 공통점으로 적절한 것은?

> • 사신도   • 금동대향로   • 무령왕릉의 지석
> • 사택지적비   • 산수문전   • 정효공주 묘지

① 불교의 발달   ② 도교의 성행   ③ 유학의 발달   ④ 왕권의 강

11 교종과 선종을 비교한 내용 중 옳은 것은?

	구 분	교 종	선 종
①	주장	수양을 통한 해탈 강조	경전과 교리 중시
②	시기	신라 중대	신라 하대
③	지지	지방 호족, 농민	왕실, 중앙 귀족
④	종파	9산	5교

해설 교종은 통일 직후 안정기에, 선종은 신라 말 혼란기에 성행하였다.

정답 8 ①   9 ③   10 ②   11 ②

12 다음 왕과 연호가 잘못 연결된 것은?

① 고왕 – 천수   ② 무왕 – 인안   ③ 문왕 – 대흥   ④ 선왕 – 건흥

 해설 대조영(고왕)–천통(天統), 왕건(태조)–천수(天授), 묘청–천개(天開)

13 발해의 문화에 대한 설명으로 옳은 것은?

① 당 문화 위에 고구려의 문화를 흡수, 재구성하였다.
② 건국 초부터 유학생을 보내는 등 당과 활발히 교류하였다.
③ 외교문서와 공식 기록은 한자를 개량한 발해 문자를 사용하였다.
④ 양효렴과 양태사의 시는 높은 한문학의 수준을 보여준다.

 해설 ① 고구려 문화의 바탕 위에 당 문화를 수용하였다. ③ 외교문서 및 공식 기록, 저술 시의 사용 문자는 한문이었다.

14 발해의 중앙 정치에서 중심이 되었던 기관은?

① 중서성   ② 중대성   ③ 선조성   ④ 정당성

 해설 발해는 당의 3성 6부제를 수용하였으나 정당성 중심으로 운영하였다는 점, 정당성 아래에 6부를 설치하고 좌사정과 우사정을 두어 관장하게 하였다는 점, 유교 덕목을 6부의 명칭으로 사용하였다는 점에서 독자성을 보여준다.

15 불국사를 창건한 사람은?

① 김대문   ② 김대렴   ③ 김대성   ④ 김대건

4장 고려 귀족 사회의 형성과 변천

1. 고려의 성립과 정치발전

1-1 고려의 건국과 후삼국 통일

(1) 고려의 건국(918)
① 궁예의 실정(미륵불 자처, 포악한 정치로 민심 이반) → 궁예를 몰아내고 왕건을 국왕으로 추대
② 연호−천수, 철원에서 송악(개성)으로 천도

(2) 고려의 후삼국 통일(936)

> 후백제 건국(900) → 후고구려 건국(901) → 고려 건국(918) → **발해 멸망**(926, 발해 유민 유입) → 공산 전투(927, 견훤 승리) → 고창 전투(930, 왕건 승리) → **신라 투항**(935, 경순왕) → 견훤 귀순(935, 왕위 계승 내분) → **후백제 멸망**(936)

※ 충남 논산 개태사 : 후백제를 멸망시키고 민심 수습, 통합이 하늘의 이치라 하고 절을 창건, 삼존불은 손과 발이 강조됨(고려인의 웅장한 기상 강조)

(3) 고려 건국과 후삼국 통일의 의의
① 민족 재통일 : 지방 세력 흡수(새로운 민족문화의 토대 마련), 중국의 5대와 외교 관계 체결
② **실질적인 민족 통일 완성** : 발해 유민을 받아들이고 영토를 북으로 넓히고 자체적으로 통일을 성취

(1) 태조의 정책

북진정책	고구려 계승 의식(국호–고려), **서경(평양) 중시, 영토 확장(청천강~영흥만)**
호족 **포섭** 정책	혼인 정책, 사성 정책
호족 **견제** 정책	수도에 거주하는 공신을 자기 출신지 사심관으로 임명하여 권한을 주고 문제 발생 시 책임을 지도록 하고(사심관 제도), 지방 세력가의 자식은 수도에 볼모로 잡아두어 호족을 견제(기인 제도) → 억압정책에도 불구하고 호족 세력은 여전히 힘을 발휘
민생 안정 정책	취민 유도(세금 감면), 흑창 설치(빈민 구제)
민족 융합 정책	통일신라, 옛 고구려와 백제 출신, 발해 유민까지 포용
문화 정책	불교 · 유교 · 도교 · 풍수지리설 등 다양한 사상 수용, 외래 문물을 개방적 · 주체적으로 수용

※ 정책 방향 제시(후대 왕) : **훈요 10조** → 불교를 숭상(연등회와 팔관회 개최)하여 왕실의 안전 도모

(2) 광종의 개혁 정치(왕권 강화책)

체제 개혁	• **노비안검법** 실시 : 호족 세력 견제, 재정의 기반 마련 • **과거제도** 실시 : 학문 성적에 따라 뽑고 신 · 구 세력 교체 • 백관의 공복 제정, 불교 적극 지원
왕권 강화	공신 · 호족 세력 숙청, 칭제건원, 연호(광덕 · 준풍) 사용

(3) 성종의 유교 정치 질서 강화

① 유교 정치 실현 : 최승로의 **시무 28조** 채택 → 현재 22조만 전함. 5품 이상 관리들의 정책 건의서 제출(왕명에 응한 상소)

② 체제 정비 : 중앙 통치기구 정비(2성 6부제), 지방관 파견(12목 설치), 향리 제도 마련, 국자감 정비, 과거제도 정비, 연등회 · 팔관회 폐지, 노비환천법 시행

(4) 통치 체제의 정비

① 중앙 정치조직 : 당의 3성 6부제를 수용하여 **독자적 운영(2성 6부**제로 고쳐 적용)

㈎ 2성 : **중서문하성**(국정 총괄, 최고 관서) + 상서성(6부 통솔, 정책 집행)

㈏ 6부 : 행정 실무 담당

㈐ 고려의 독자성을 보여주는 관청

도병마사(도당)	최고 정무 기구, 도평의사사로 개편	재신 + 추밀 : 중요 정책 논의
식목도감	법 제정과 각종 시행 규정 담당	

㈑ 중추원(군사기밀, 왕명 출납), 삼사(회계 기관), 어사대(감찰 기관)

(마) **대간**(대관 + 간관) : 중서문하성의 낭사와 어사대의 대관으로 구성, **간쟁 · 봉박 · 서경권** 행사 → 견제와 균형의 정치

② 지방행정 조직 : 현종 때 정비

(가) 전국 정비 : 경기, **5도**(안찰사), **양계**(병마사) - 3경, 4도호부, 8목 - 주, 군

(나) 개경과 경기 : 왕과 문벌이 귀주, 제도에 따라 알맞게 고쳐나감

(다) 북쪽 변경 지대 : 양계 설치, 병마사 파견

(라) 양계 이남의 일반 행정구역 : 5도, 안찰사 파견

(마) 특수 행정구역 존재 : 향 · 부곡 · 소 → 일반 군 · 현보다 더 많은 세금 부담

(바) 속군과 속현 : 주현을 통하여 속현 및 향 · 부곡 · 소 등 특수 행정구역을 간접 통제, **주현보다 속현의 숫자가 많음**(중앙집권 체제의 미완성)

(사) **향리** : 토착 세력, 말단 행정 실무 담당, 향촌 사회의 지배층

③ 군사 조직

(가) 중앙군

㉮ 구성 : 2군(친위군) - 궁궐과 왕실 호위, 6위 - 수도 경비 및 국경 방어

ⓐ 특징 : 직업군인, 군적 등록, 군인전 지급 → 후에 일반 농민군으로 보충

　(나) 지방군 : 주진군－양계 주둔(상비군), 주현군－5도의 일반 군현에 배치

④ 관리 임용 제도

　(가) **과거제도** : 제술과(문학적 재능과 정책), 명경과(유교 경전), 잡과(실용 기술), 무과 없음

　(나) **음서제도** : 공신·종실·5품 이상 관리 자손의 무시험 등용, 지위 세습 → 고려 관료 체제의 귀족적 특성

⑤ 교육기관 : 국자감(개경), 향교(지방)

2. 고려의 사회 모습과 고려 전기의 문화

2-1　고려의 경제

(1) 경제정책

① **농업 중시 : 농민 생활 안정, 국가재정 확보** 목적

　(가) 시비법의 발달로 휴경지 감소, 농기구·종자의 개량

　(나) 밭농사 : 2년에 3번 농사를 지을 수 있는 윤작법이 보급되어 생산량이 증가

　(다) 논농사 : 고려 말 남부지방 일부에 이앙법 보급

② 상업 : 개경과 서경에 귀족의 생활용품을 공급하기 위한 시전이 설치

③ 수공업 : 관청에서 공인들과 소 거주민들이 생활용품과 특정 물품을 생산

(2) 토지제도

① 전시과 : 토지 분급 제도－관품에 따라 차등(18관등) 지급(**전지**－농토, **시지**－임야)

　(가) 경종 때부터 시행되어 문종 때에 최종 완비된 제도

　(나) 관리에게 <u>수조권을 지급</u>(소유권×) : 수확물의 1/4을 거둘 수 있음－토지 국유를 원칙으로 하였으나 실제로는 사유지(민전)의 인정

　(다) **관직에서 물러나거나 죽으면 국가에 반납하는 것이 원칙** : 원칙적으로 세습이 불가능하지만 실제로는 가능한 경우도 있음

시정 전시과(976, 경종 1)	전직 + 현직, 관직의 고하와 인품 반영
개정 전시과(998, 목종 1)	전직 + 현직, 관직만을 고려
경정 전시과(1076, 문종 30)	현직 관료, 지급액 감소, 관직만을 고려

② **공음전** : 5품 이상의 관리에게 지급한 **토지**(세습 가능)-**음서**와 함께 귀족의 지위를 유지하는 기반

③ 기타 : 역분전(후삼국 통일에 이바지한 공신), 내장전(왕실), **한인전**(하급 장교의 자제로 관직에 오르지 못한 사람), 구분전(하급 관료와 군인의 유가족), 군인전(하급 군인-군역의 대가로 중앙 군인에게 지급), 외역전(향리), 공해전(관청), 사원전(사원 경비 충당) 등

(3) 조세제도

생산물의 1/10인 전세(토지세), 역(병역 · 요역-16~59세 남자)의 의무, 특산물을 현물로 납부하는 공물

최신기출 2016. 4. 9 시행

고려의 경제 제도에 관한 설명으로 옳지 않은 것은?

① 한인전은 6품 이하 관리의 자제에게 지급하였다.

② 국가 재정 확충을 위하여 소금 전매제를 시행하였다.

③ 민전은 매매, 상속, 기증, 임대 등이 가능한 토지였다.

④ 양계의 조세는 13개 조창에 의해 개경으로 운송되었다.

 해설 조세는 농민을 동원하여 각 군현의 조창까지 옮긴 다음, 조운을 통해 개경의 경창으로 운반하여 보관하였다. 고려 초기 조창은 남부 5도에 12개소와 황해도 대동강 연안에 1개소로 총 13개의 조창이 있었으며, 양계의 조세는 현지의 경비로 사용되었다. **정답 ④번**

---

(4) 화폐

① 화폐 사용 저조 : 정부-재정 확보 위해 화폐 발행, 사용 장려

  ㈎ 농민 : 여전히 곡식 · 삼베로 거래

  ㈏ 귀족 : 강제적 화폐 사용 정책 반발

② 건원중보 : 성종 때 철로 만든 한국 최초의 화폐. 외형은 둥글고 가운데에는 네모의 구멍이 있음

  • 활구(은병) : 숙종 때 처음 만들어진 은화. 우리나라 지형을 본떠 은 1근으로 만든 고가의 화폐

(5) 활발한 대외 교류

① 고려 전기에는 **송**나라(해로)와 후기에는 **원**나라와 무역(육로)

  ㈎ 수입품 : 비단, 서적, 약재류 등

  ㈏ 수출품 : 자기, 금, 은, 인삼, 종이류 등

② 일본의 어용상인들과 교역이 이루어졌으나 왜구들의 노략질 등으로 활발하지 못함

③ 벽란도 : 예성강 입구에 위치, 국제무역항으로 크게 번성함

④ 아라비아 상인과의 교역으로 코리아 이름이 서방세계에 알려짐

2-2 고려의 신분제도와 생활 모습

(1) 지배층

① **문벌 귀족**이 최고위층 : 정치 주도 **예** 파평 윤씨, 해주 최씨 등

(가) 폐쇄적이고 중첩된 혼인 관계

(나) **공음전과 음서제의 혜택**을 누림

② 중류층 : 중간 계층, **주로 지배 기구의 행정 실무 담당**

(가) 향리 : 귀족 탈락층, 중앙 관리 진출 가능(과거), 지방에서는 세력이 있었음

(나) 남반(궁중), 서리(중앙 관청), 하급 장교(직업군인), 기술관 등

(2) 피지배층

① 양인 : 대다수 **농민**[白丁], 상인, 수공업자(**향 · 소 · 부곡민**)

(가) 빈민 구제 시설 : **의창**(춘대추납 – 흉년에 곡식 대여), 상평창(물가 조절), 동 · 서대비원
(환자 진료), 혜민국(의약), 제위보(빈민 구제 기금 마련)

(나) **향도**(농민 공동 조직) : 불교 신앙 공동체, 매향(埋香) 활동, 사원 건설의 주도적 역할
→ 후기에는 노역, 혼례, 상장례, 마을 제사 등 공동체 생활 주도

② 천민 : 대부분이 노비 – **부모 중 어느 한쪽이라도 노비이면 노비 신분 세습**

(가) 노비 : 공노비(입역노비 · 외거노비), 사노비(솔거노비 · 외거노비)

(나) 화척, 광대

※ 신라가 골품제라는 폐쇄적인 구조였던 데 반해, 고려는 계층의 이동이 가능하였던 개방적인 사회
였음

(3) 여성의 지위

① 혼인 제도 : 일부일처제가 일반적, 국초 왕실 내에서 친족 간의 혼인 성행

② 남녀 균분 상속, 여성도 호주가 될 수 있었음, 아들이 없는 경우 여성이 제사를 모심, 사
위가 처가의 호적에 입적, 여성의 이혼과 재혼이 자유로움(재혼한 여자의 자식도 차별받
지 않음)

(1) 유학

유학, 사학, 한문학이 발달하였고, 역사서가 편찬되었음

① 최승로의 시무 28조가 받아들여져 유학의 정치 이념 확립 → 국자감(중앙)과 향교(지방) 설치

② 사학의 발달 : **최충**의 **9재학당** 등 **사학 12도** 융성 → 관학 위축

③ 관학 진흥책 : 7재(전문 강좌), 양현고(장학 재단)

④ **삼국사기** : 김부식 편찬(기전체−본기·열전·지·표), 유교적 합리주의, 신라 계승 의식

(2) 불교

불교 숭상, 사원의 난립은 방지, 도선의 풍수지리설 중시, 연등회와 팔관회 장려

① 광종 때 승과제도 실시

② 건국 초기 선종 유행 → 점차 교종(화엄종·법상종 등)이 번성 → 교종과 선종의 대립 관계

③ 대각국사 의천의 교단 통합 운동(11세기) : 천태종을 창설하여 교종을 중심으로 선종 승려 포섭, **교관겸수** 주장

④ 불교 경전인 대장경 간행

　㈎ 종류 : 초조대장경(최초−거란 침입), 속장경(의천의 불교 서적), 팔만대장경(몽골 침입)

　㈏ 목적 : 불력을 빌려 외적을 퇴치하며 불교의 교리 정리

⑤ 불상 : 광주 춘궁리 철불(대형 철불), 논산 관촉사의 은진미륵(간결한 선으로 고려 전기의 불상 양식을 잘 보여줌) → **지방마다 다른 지역적 특색을 보임**, 조화미가 떨어짐

⑥ 석탑 : 개성 불일사 5층 석탑, 월정사 팔각 9층 석탑 → 다층다각탑

⑦ 승탑(승려의 사리 안치) : 고달사지 승탑, 법천사 지광국사 현묘탑 → 신라 후기 형태 계승

(3) 예술의 발달

① 인쇄술 발달

② 도자기 공예 성행 : **청자**(신라·발해의 전통 + 송 영향) → 독자적인 비취색

③ 공예 : **불구**(佛具) 중심으로 발전, 청동 은입사 기술, 나전칠기

④ 글씨 : 구양순체 유행, 탄연·유신·최우(신라의 김생과 함께 신품 4현)

⑤ 그림 : 예성강도(이령), 불화 유행

⑥ 음악 : 송의 대성악이 궁중음악인 아악으로 발전, 당악의 영향을 받은 향악(속악) 유행

1 고려 태조의 정책으로 옳지 않은 것은?

① 개방적 · 주체적 관점에서 다양한 사상을 수용하였다.

② 유력한 호족의 딸을 왕비로 맞이하고, 귀순한 호족에게 왕씨 성을 하사하였다.

③ 거란을 배척하고, 서경을 북진정책의 전진기지로 삼았다.

④ 향리의 자제를 개경에 불러 사심관으로 삼았다.

 ④ 기인제도(호족 자제를 볼모로 삼아 수도에 두고 지방 세력을 감시), 사심관제도(지방 세력을 출신지의 사심관으로 삼아 지방을 통제)

2 고려시대의 팔관회에 관한 설명으로 옳은 것을 모두 고르면?

> ㉠ 불교와 유교, 풍수지리 사상이 융합된 행사였다.
> ㉡ 태조의 훈요 10조에서 강조되었다.
> ㉢ 정월대보름을 기하여 3년마다 전국적으로 거행되었다.
> ㉣ 주변국의 상인과 사신들이 와서 조공을 바쳤다.

① ㉠, ㉢   ② ㉡, ㉣   ③ ㉢, ㉣   ④ ㉡, ㉢, ㉣

 팔관회(八關會)는 매년 10월 15일(개경)과 11월 15일(서경)에 토속신에게 제사 지내던 국가 최고 의식이자, 외국의 사신들과 상인들이 모여드는 국제적인 문화 교류의 장이었다.

3 ( )에 들어갈 기관을 순서대로 나열한 것은?

> • ( ) : 국방상 중요 사항 논의   • ( ) : 법제와 격식 제정

① 식목도감, 도병마사   ② 교정도감, 상서성

③ 교정도감, 법제처   ④ 도병마사, 식목도감

 도병마사, 식목도감은 중서문하성과 중추원의 재상들(재신+추밀)이 모여 국가의 중요 정책을 논의하던 회의 기구이다. 고려의 독자성과 귀족 정치의 특징을 보여준다.

정답   1 ④   2 ②   3 ④

4 고려 광종에 관한 설명으로 옳은 것은?

> ㉠ 광덕, 준풍 등의 독자적인 연호를 사용하였다.
> ㉡ 황제를 칭하고 개성을 황도로 격상시켰다.
> ㉢ 왕규의 난을 진압하고, 서경으로 천도를 추진하였다.
> ㉣ 전민변정도감을 설치하여 억울하게 노비가 된 자를 양인으로 회복시켜주었다.

① ㉠, ㉡   ② ㉠, ㉢   ③ ㉡, ㉢   ④ ㉡, ㉣

 해설   ㉢ 정종(서경 천도 추진 실패), ㉣ 공민왕(왕권 강화책)

5 최승로의 시무 28조를 수용한 성종의 정책으로 옳은 것은?

> ㉠ 연등회 · 팔관회 중단
> ㉡ 정계와 계백료서를 통한 관리의 규범을 제시
> ㉢ 12목 설치와 지방관 파견
> ㉣ 유학적 소양을 갖춘 관리를 선발하기 위한 과거제 실시

① ㉠, ㉡   ② ㉠, ㉢   ③ ㉡, ㉢   ④ ㉡, ㉣

 해설   ㉡ 태조, ㉣ 광종

6 고려시대 전시과에 관한 설명으로 옳지 않은 것은?

① 관료를 18등급으로 나누어 전지와 시지를 지급하였다.

② 사망하거나 관직에서 물러날 때에는 국가에 반납하였다.

③ 토지의 소유권이 아니라 수조권을 지급한 것이다.

④ 경종 때에는 현직 관리에게만 토지를 지급하는 경정전시과가 실시되었다.

해설   경정 전시과(문종, 1076) : 현직 관리 중심으로 지급, 문 · 무관의 차별이 거의 사라짐

7 고려의 중앙 정치기구에 관한 설명으로 옳은 것은?

① 대성 – 간쟁권과 서경권을 행사   ② 삼사 – 비리 감찰과 풍기 단속

③ 중추원 – 재정과 회계를 담당   ④ 식목도감 – 왕명 출납 및 군사기밀을 담당

 해설   ② 어사대, ③ 삼사, ④ 중추원

정답   4 ①   5 ②   6 ④   7 ①

8 전시과의 종류와 지급 대상에 관한 설명이 잘못된 것은?

① 공음전 : 5품 이상 관료

② 한인전 : 6품 이하 하급 관료의 자제로서 관직에 오르지 못한 자

③ 구분전 : 하급 관료와 군인의 유가족

④ 공해전 : 사원의 경비 충당

9 고려시대 여성의 지위에 관한 설명으로 옳지 않은 것은?

㉠ 호적에 출생순 기재	㉡ 사위나 외손자는 음서 혜택에서 제외
㉢ 남녀 차등 상속	㉣ 여성의 재가가 비교적 자유로움
㉤ 아들이 없을 경우 딸이 제사	㉥ 사위가 처가의 호적에 입적 가능

① ㉠, ㉢   ② ㉡, ㉢   ③ ㉡, ㉣   ④ ㉡, ㉤

10 고려의 교육기관인 문헌공도에 관한 설명으로 옳은 것을 모두 고른 것은?

㉠ 국립대학인 국자감의 하위 교육기관이다.	㉡ 국가로부터 경비와 토지를 지원받았다.
㉢ 사학 12도 가운데 가장 번성하였다.	㉣ 양현고를 두어 장학 기금을 마련하였다.
㉤ 문종 때 해동공자 최충이 설립한 9재 학당이다.	

① ㉠, ㉡   ② ㉠, ㉢   ③ ㉡, ㉣   ④ ㉢, ㉤

 해설 후기에 사학이 유행하자 국학이 쇠퇴하였다.

11 고려시대의 사회 모습으로 옳은 것은?

㉠ 양민은 과거를 볼 수 없었다.
㉡ 노비가 백정과 결혼하면 그 자식은 양민이 되었다.
㉢ 호적에는 아들부터 기재되었다.
㉣ 향·부곡·소의 주민은 양민이면서도 차별을 받았다.
㉤ 일부다처의 혼인 제도가 일반적이었다.
㉥ 여성의 재혼은 비교적 자유로웠다.

① ㉠, ㉡   ② ㉡, ㉢   ③ ㉣, ㉤   ④ ㉣, ㉥

정답 8 ④   9 ②   10 ④   11 ④

12 후삼국 통일 과정에서 일어난 사건을 순서대로 바르게 나열한 것은?

> ㉠ 고창 전투 ㉡ 신라 투항 ㉢ 고려 건국
> ㉣ 후백제 항복 ㉤ 공산 전투

① ㉢ → ㉠ → ㉤ → ㉡ → ㉣ ② ㉢ → ㉡ → ㉤ → ㉠ → ㉣
③ ㉢ → ㉤ → ㉠ → ㉡ → ㉣ ④ ㉤ → ㉢ → ㉠ → ㉡ → ㉣

13 고려의 지방행정 제도에 관한 설명으로 옳은 것은?

① 모든 군현에 지방관을 파견하였다.
② 성종 때 전국을 5도와 양계로 정비하였다.
③ 군사 행정구역인 향·부곡·소에는 병마사가 파견되었다.
④ 주현보다 속현의 숫자가 많았다.

✏️ 해설 ② 현종 때, ③ 양계에 병마사 파견, 양계 이남의 일반 행정구역에 안찰사 파견

14 고려시대 귀족이 특권을 유지할 수 있었던 정치적·경제적 기반 두 가지는?

① 음서제, 공음전 ② 음서제, 국자감
③ 공음전, 향도 ④ 공음전, 풍수지리설

15 다음에서 설명하고 있는 사회계층은?

> • 사회적 지위가 매우 낮았다. • 특수 행정구역에 살았다.
> • 농업 및 수공업에 종사하였다. • 다른 지역으로의 이주가 원칙적으로 금지되었다.

① 백정 ② 향리 ③ 노비 ④ 향·부곡·소민

정답 12 ③ 13 ④ 14 ① 15 ④

3. 고려 전기의 대외 관계

3-1 10세기경 동아시아의 정세

(1) 거란의 침입과 격퇴

① 원인 : 거란(요)의 송 침략을 위한 견제, 고려의 북진·친송 정책

- 고려는 경제적·문화적 목적, 송은 정치적·군사적 목적

② 경과

(가) 1차 침입(993, 성종 12) : **서희**의 **외교 담판** → 고려의 고구려 계승 인정, **강동 6주** 회복

(나) 2차 침입(1010, 현종 1) : 강조의 정변(목종 시해 → 현종 옹립) 계기, 큰 피해를 당함(개경 함락, 강화 체결), 양규의 선전

(다) 3차 침입(1018, 현종 9) : 강동 6주 반환 요구 거부, **강감찬**의 **귀주대첩**(1019), 크게 이기고 거란과 강화 체결, 국제적 지위도 상승

③ 결과 : 고려·송·요의 세력 균형, **나성**(개경 주위)과 **천리장성**(압록강 하구~도련포) 축조

(2) 여진과의 충돌

① 12세기 초에 완옌부 추장의 여진족 통합 → 정주까지 남하 → 윤관의 **별무반**(신기군·신보군·항마군) 편성, 여진족 정벌(1107), **동북 9성** 축조 → 9성 반환(여진족의 조공 조건)

- 윤관 : 9성에 고려척경입비(비석에 '고려지경'이라고 씌어있음) 세움

② 여진족이 금 건국(1115) 후 거란(요) 멸망시킴 → 고려에 사대 요구 → 이자겸의 요구 수용 굴복, 북진정책 중단

4. 문벌 귀족 사회의 동요와 무신 정권의 성립

4-1 문벌 귀족 사회의 성립과 동요

(1) 문벌의 형성

성종 이후 새로운 지배층으로 등장

① 출신 : 지방 호족으로 중앙 관료가 된 계열, 6두품 계통의 유학자

② 형성 배경 : 여러 세대에 걸쳐 중앙에서 고위 관직자 배출

③ 제도적 기반 : **음서제**−관직 세습, **공음전**−토지 세습

(2) 문벌 귀족 사회의 동요

① 문벌 귀족의 보수화 : 권력 독점 – 문벌 귀족 가문 상호 간의 결혼, 왕실과의 결혼, **전시과 토지의 사유화**

② 백성의 어려운 삶 : 귀족과 관리들의 수탈, 과중한 세금 → 유랑민의 증가

(3) 이자겸의 난(1126)

이자겸(경원 이씨) 세력과 왕의 측근 세력들의 대립 – 이자겸은 자신의 세 딸을 예종 · 인종과 혼인시킴

① 왕실의 외척으로써 비대해진 문벌 귀족이 왕권까지 넘보면서 귀족 내부의 권력 다툼이 일어난 사건

② 결과 : **왕실의 권위 하락, 문벌 귀족 사회의 동요**

(4) 묘청의 서경 천도 운동(1135)

귀족 사회 내부의 모순 노출

① 묘청의 서경 천도론(**금과의 사대 관계에 대한 불만**) → 개경 귀족(김부식)과 서경 귀족(묘청)들 간의 다툼 → 묘청의 반란(국호 – 대위, 연호 – 천개)

※ 신채호의 평가 : '조선 역사상 일천 년 이래의 제일대사건'

구 분	개경파	서경파
중심 세력	김부식 중심, 보수적 · 사대적	묘청 · 정지상 중심, 개혁적 · 자주적
사상 경향	유교 정치사상, 한학파	풍수지리설 + 전통 사상, 국풍파
대외 정책	금에 대한 사대 정책	**서경 천도, 금국 정벌, 칭제 건원**
역사의식	신라 계승 의식	고구려 계승 의식

② 김부식이 진압하였지만 개경 귀족에 대한 농민 · 노비들의 항쟁의 시발점

③ 의의 : **고려인의 북진정책과 자주 의식의 표현**

4-2 무신 정권의 수립과 하층민의 봉기

(1) 무신 정권의 수립

① 무신정변의 발생(1170)

② 배경 : 의종과 측근 세력의 사치, 군인전 미지급, 문신의 **무신에 대한 차별** · 멸시

  ㈎ 중앙의 극심한 정쟁 : 정치 지배력을 이완(이자겸의 난, 묘청의 서경 천도 운동)

  ㈏ 농민들의 유망으로 조세 수입이 크게 줄어 기존의 중앙 정치제도가 유지될 수 없었음

③ 경과 : 정중부 · 이의방 등 무신의 의종 폐위 → 문신 제거, 정권 장악, 명종 옹립 → 반무신란(김보당 · 조위총)

④ 결과 : **문벌 귀족 중심의 사회구조 붕괴**, 국가의 공병 체제가 무너지고 무인들의 사병들이 무력의 주축(사병 육성, 토지 겸병, 제도 · 법 무시 등 무신 정권의 부정적인 측면이 보임)

　㉮ 초기의 혼란

　　㉠ 무신 : **중방** 정치, 토지와 노비 확대, 사병 양성, 권력 쟁탈전 전개

　　㉡ 농민과 천민 : 중앙정부의 지방 통제력 약화 속에 대규모 봉기

　㉯ 무신 집권자의 변천 : 이의방 → 정중부 → 경대승 → 이의민 → 최충헌

⑤ 최씨 정권(1196~1258) : 4대 60여 년 동안 지속(최충헌 → 최우 → 최항 → 최의)

　㉮ 권력 기반 + 정치−교정도감(최고 집정부), 군사−도방 · 삼별초, 경제−농장 · 식읍(진주 지방)

　㉯ 최충헌의 무단정치 : 무신 정권 확립, 농민 항쟁 진압 → 사회 개혁 미진, 토지와 노비 차지, 사병 육성

　　㉠ 봉사 10조 제시 : 일부 개혁적인 요소도 있었지만 1인 독재의 발판

　　㉡ **교정도감** : 정보 수집, 인사 처리, 세금 징수

　　㉢ **도방**을 강화하여 자신을 호위하고, 흥녕부 세워 개인 재산 관리

　㉰ 최우 : 정방 설치(문무 인사권 장악), 문학적 소양과 행정 실무 능력을 갖춘 인물 등용(고문 역할)

　　㉠ **정방(인사** 처리), **서방**(문인의 정치 자문) 설치

　　㉡ **삼별초** 조직(**사병 집단**)

　㉱ 국가 질서의 악화 : 최씨 정권은 권력 유지를 위한 체제 정비에 집착, 국가 발전 및 민생안정 노력 소홀, 몽골의 침입으로 최씨 4대 60년 집권은 종결

무신 정권 최고 권력자와 지배 기구

이의방 → 정중부 → 경대승 → 이의민	최충헌	최우 → 최항 → 최의 → 김준 → 임연 → 임유무
중방	교정도감	교정도감, 정방

(2) 농민과 천민의 저항

① 배경 : 지배층의 가혹한 수탈, 신분 질서의 동요(**신분 상승에 대한 기대감 확대**), 하극상 풍조, **특수 행정구역에 대한 차별**

② 고려 후기의 전국적인 농민 봉기 : 수취 체제의 차별, 지배층의 수탈과 정부의 이완

　㉮ **망이 · 망소이의 난**(공주 명학소) : 천민 수공업자들이 수취 체제의 차별에 대한 불만으로 일으킨 민란

　㉯ **김사미 · 효심의 난**(운문 · 초전) : 농민난

　㉰ 전주 관노의 난(전주) : 지방관의 가혹한 부역 동원에 항거

(라) 노비 **만적의 봉기**(개경) : 신분 해방 운동

③ 삼국 부흥 운동 : 고구려 – 최광수(서경), 백제 – 이연년 형제(담양), 신라 – 이비 · 패좌
(경주)

5. 몽골의 침략과 저항

5-1　**몽골과의 항쟁**

(1) 몽골의 침략과 고려의 저항

무신 정권의 강화도 천도와 내부적 분열로 한계

① 첫 접촉 : 강동성의 역(1219) → 몽고의 지나친 공물 요구

② 경과 : 1차 침입(박서의 귀주성 전투) → 최우 정권의 **강화도 천도**(1232) → 2차 침입(김윤후의 활약) → 6차례의 침략 → 강화 체결, **개경 환도**(1270) → 삼별초의 대몽 항쟁 → 여 · 몽 연합군의 진압

(2) 대몽항전

① 1차 침입(1231) : 몽골이 저고여 피살을 구실로 살리타를 중심으로 침입, 개경 포위, 청주 · 충주까지 침입, 지방행정을 감독하는 **다루가치** 설치

• 절의를 지킨 낭장 문대(文大) : 끝까지 항의하다 몽고에 의해 처형당함

② 2차 침입(1232) : 최우에 의해 강화도 천도(이후 **팔만대장경 조판**), **김윤후와 부곡민들이 처인성**(용인)에서 격퇴, 초조대장경 소실

• 강화도 천도 : 몽골 침입을 피하고 항쟁의 뜻도 있지만 사치스러운 생활은 계속됨, 작은 궁궐을 짓고 국자감 등을 설치 → 원나라의 요구로 부수어버림(현재는 터만 남아있음)

③ 3차 침입(1235) : 전주 · 경주 유린, 문화재 유실(황룡사 9층 목탑), 백성들과 지방 군대
의 활약
  • 죽주성(안성) : 관리와 세력가들은 도망가고 백성들이 남아서 싸움
④ 5차 침입(1253) : 고려의 산천 쑥대밭. 백성과 삼별초, 김윤후의 활약
  • 충주성 : 김윤후와 일반 백성들, 남은 군대, 노비들까지 몽골과 싸움
⑤ 삼별초의 항쟁 : **개경 환도를 거부**하여 **진도**(배중손)를 중심으로 항전하다가 다시 **제주도**
(김통정)로 근거지를 옮겨 항쟁하다가 여몽연합 토벌군에게 진압당함
  • 의의 : 민중의 지지를 받음, **고려인의 자주 의식을 보여줌**

5-2 원의 내정 간섭과 공민왕의 반원 자주화 정책

(1) 원의 내정 간섭과 권문세족의 등장

① 원의 내정 간섭과 사회 변화

  ㈎ 영토 상실 : **쌍성총관부**(화주 – 철령 이북), **동녕부**(서경 – 자비령 이북), **탐라총관부**(제주
  도) 설치

  ㈏ 내정 간섭 : 외압에 의해 새 정권 탄생 → 권문세족(權門勢族)

  ㈐ 몽골의 제후국이 됨 : 관제 격하, **정동행성**, 다루가치 배치, 특산물 · 공녀 요구, 응방 설
  치, 몽골풍 유행(변발 · 족두리), 몽골말 사용, 복식 변화(생활상의 변화), 3성 6부 체제
  는 없고 경제적인 침탈로 어려움을 겪음

   ※ 13~14세기에 차용된 몽골어는 관직, 말(馬), 매(鷹), 군사, 음식 등에 관한 단어가 주류를 이룸 →
   아가씨, 아기, 마마, 무수리, 수라상, −치(장사치 · 벼슬아치)

  ㈑ 원 지배하의 고려왕 : 원에 충성을 맹세한다는 뜻에서 왕 이름이 충(忠)으로 시작됨
     🐾 충렬왕, 충선왕, 충숙왕, 충혜왕, 충목왕, 충정왕

(2) 권문세족과 농장

  ① 권문세족(**친원 세력**) : 원 지배하에 원과 결탁하여 권력을 잡은 세력. 국가의 위기를 이용
  해 자신의 경제적 부를 늘림

  ② **정계의 주요 관직 장악, 음서로 신분 세습, 도평의사사 장악**

  ③ **대규모의 농장 소유** : 권문세족의 경제적 기반

  ④ 백성들의 처지 : 몽고와 권문세족의 결탁으로 수취는 한층 더 심각해짐, 상률가(도톨밤의
  노래)에 비참한 상황이 잘 묘사됨

   ※ 과전법 시행 : 고려 후기의 토지 분급 제도(개혁의 한 방법)

  ⑤ 충선왕, 충목왕의 개혁 실패 : 원의 간섭과 권문세족의 반발, 개혁 추진 세력의 미약

(3) 공민왕의 개혁

  원의 압력과 권문세족의 반발로 실패

① 목적 : **자주권 회복, 왕권 강화**
② 반원 자주 정책 : 기철을 비롯한 친원 세력 숙청, **정동행성 이문소 폐지, 몽고풍 금지**, 관제 복구, 무력으로 **철령 이북 땅 수복**(쌍성총관부와 동녕부의 회복), 요동 수복 정책(요동 공략)
③ 왕권 강화 정책(권문세족 억압 정책) : 정방 폐지, 신진 사대부 등용, 신돈을 등용하고 **전민변정도감**을 설치하여 농장 개혁 단행, 국가재정 수입 확대, 성균관(유학 교육 강화), 과거제도 정비
  • 전민변정도감 : 억울하게 빼앗긴 밭[田]과 노비가 된 백성[民]을 분별하고[辨] 정리하는[整] 우두머리[都] 관청[監]
④ 실패 원인 : 권문세족의 반발, 개혁 추진 세력의 미약, 홍건적과 왜구의 침입으로 국내외 정세 불안, 공민왕의 죽음
⑤ 개혁 정책의 의의 : 원의 간섭하에서 벗어나려는 자주적 개혁이었고, 개혁은 실패했지만 **이후 신진 사대부들이 추진하는 개혁의 밑거름이 됨**

5-3 고려 후기의 정치 변동

(1) 신흥 무인 세력의 등장
① 홍건적과 왜구의 침입을 격퇴하는 과정에서 성장
② 권문세족에 대한 불만, 신진 사대부와 연합하여 고려를 개혁하고자 함
③ 최영(홍산대첩), 이성계(황산대첩), 최무선(진포대첩), 박위(쓰시마 정벌)

(2) 신진 사대부의 성장
① 성리학적 교양과 실무 능력을 갖춘 학자적 관료. 지방의 향리 자제들을 중심으로 과거를 통하여 중앙의 관리로 진출(공민왕 때 성장)
② 성리학 수용, 불교의 폐단 비판, 권문세족 비판 → 고려 사회의 개혁 주장
③ 신진 사대부의 분열
  (가) 온건파(이색, 정몽주) : 고려 왕조를 유지하고 개혁을 추진하자!
  (나) 급진파(정도전, 조준) : 새 왕조를 세우자!

권문세족과 신진 사대부

구 분	權門世族	新進士大夫
출신 배경	기존 지배층, 친원 세력	**향리층**(중류층)
경제력	대지주, 농장 소유(대토지)	중소 지주
정계 진출	음서	과거
사상, 외교	불교, 보수적, 친원	성리학, 개혁적, 친명

(3) 고려의 멸망

① 사회 혼란 : 권문세족의 횡포, 홍건적 · 왜구의 침입

② 경과 : 明의 철령 이북 땅 요구(철령위 설치 요구) → 최영의 요동정벌 추진(1388) → 이성계의 **위화도 회군(1388, 4불가론)** → 우왕 대신 창왕 옹립 → **과전법 실시(1391-공양왕)** → 정몽주 등 반대파 제거(1392) → 조선 건국(1392)

6. 고려 후기의 사상과 문화

6-1 불교 결사와 고려대장경

(1) 불교 결사

보조국사 **지눌**이 시작, **조계종** 창립

① 배경 : 무신 정권 이후 교종 타락, 일반 민중의 유리됨을 해소하기 위해 지방 사회에서 새로운 종교운동 제창

② 수선사 결사 운동 제창 : 지눌-선종을 중심으로 교종을 통합(**돈오점수, 정혜쌍수**)

   (가) 백련 결사 : 요세(천태종)

   (나) 혜심 : 유불일치설 주장. 심성의 도야를 강조하여 장차 성리학을 수용할 수 있는 사상적 토대 마련

③ 결사 불교는 원 간섭기에 세속화되면서 변질(농장 소유, 고리대 등 폐단) → 성리학에 주도권을 넘겨줌

(2) 인쇄술의 발달

① 목판

   (가) 초조대장경 : 현종 때(거란 침략) 간행, 몽골의 침략으로 소실(1011~1232)

   (나) 교장(속장경) : 의천이 고려 · 송 · 요 · 일본 등에서 수집해온 대장경(교종 중심)의 주석서를 모아 편찬(**교장도감**)

   (다) **팔만대장경** : 몽골 침략으로 최우가 부처의 가호를 얻어 승리를 기원하는 뜻으로 시작하여(**대장도감**) 완성(1236~1251, 16년간) → 일본 불교 발전에 기여

② 금속활자

   (가) 상정고금예문(1234) : 세계 최초로 금속활자로 인쇄 → 현존하지 않음

   (나) **직지심체요절**(1377, 청주 흥덕사) : 현존하는 세계에서 가장 오래된 금속활자본, 프랑스 파리 국립도서관 소장

6-2 성리학의 전래와 역사서의 편찬

(1) 성리학

남송의 주희(주자)가 집대성, **인간의 심성과 우주의 원리를 철학적으로 탐구하려는 유학**

① **안향**이 소개하여 **신진 사대부의 개혁 사상으로 수용**됨

② 충선왕(만권당-원과 고려의 유학자들 교류), 이제현(성리학 전파에 이바지)

③ 불교의 타락으로 신학문의 수용 욕구 : **권문세족과 불교의 폐단 비판**

④ 고려 문화 전반에 걸친 비판, 개혁의 계기

(2) 역사서 편찬

무신정변과 몽골의 침략 → **자주적으로 역사를 기술하려는 경향**

① 동명왕편(이규보) : 주몽 칭송 → 고구려 계승 의식

② **삼국유사**(일연) : **단군신화 기록**

③ 해동고승전(각훈) : 불교 전래 초기~고려 전기까지 활약한 승려들의 전기

④ 제왕운기(이승휴) : 한시 형태, 단군~충렬왕(단군이야기 기술-고조선 계승 의식)

6-3 과학기술과 예술의 발달

(1) 화약과 화약 무기 개발

최무선 : 화통도감 설치, 왜구 격퇴(진포싸움)

(2) 농업기술의 발달

소와 쟁기를 이용한 깊이갈이 일반화, 시비법, 윤작법(2년 3작) 보급, 남부 일부 지방에 모내기법 보급, 목화의 전래(문익점)

(3) 상감청자와 목조 건축

① 청자 문화 : 지배층의 기호품, 상감청자(**상감기법**), **전라도 강진과 부안이 유명**

② 그림 : 불화 유행-**관음보살도(혜허), 천산대렵도(공민왕)**

③ 글씨 : 전기-**구양순체**, 후기-**송설체(조맹부체)** 유행

④ 목조 건축

㉮ **주심포 양식** : 기둥 위에만 공포를 올림 → 봉정사 극락전(현존하는 가장 오래된 목조 건축물), 부석사 무량수전, 수덕사 대웅전

㉯ **다포 양식** : 기둥 사이사이(주간) 벽면 위에도 공포를 올림(원의 영향) → 조선시대 건축에 영향

⑤ 석탑 : 경천사지 10층 석탑(원의 영향) → 원각사지 10층 석탑(조선 전기)에 영향

1 외교 담판으로 유명한 서희를 주인공으로 한 드라마를 제작하고자 할 때, 등장할 수 없는 장면은?

① 송나라에 사신으로 가면서 국제 정세를 파악하는 서희의 모습

② 개혁안을 올리는 최승로를 바라보는 서희의 모습

③ 전시과에 따라 토지를 하사받는 서희의 모습

④ 목화밭 사이를 지나 소손녕에게 가는 서희 일행

 해설 　목화는 고려 말에 문익점이 처음 재배했다.

2 고려의 대외 관계를 시대순으로 바르게 나열한 것은?

> ㉠ 강감찬은 귀주에서 소배압의 거란군을 격퇴하였다.
> ㉡ 서희는 거란의 소손녕과 외교적 담판을 하여 강동 6주를 획득하였다.
> ㉢ 몽고는 저고여의 피살을 구실로 고려를 침략하였다.
> ㉣ 양규가 물러가는 거란군을 공격하여 수천 명의 포로를 탈환하였다.
> ㉤ 윤관의 건의에 따라 별무반을 조직하여 여진족을 몰아내고 동북 9성을 쌓았다.

① ㉠ → ㉡ → ㉣ → ㉤ → ㉢ 　　② ㉠ → ㉣ → ㉡ → ㉤ → ㉢

③ ㉡ → ㉠ → ㉣ → ㉤ → ㉢ 　　④ ㉡ → ㉣ → ㉠ → ㉤ → ㉢

 해설 　고려시대 이민족들의 침략 : 거란 → 여진 → 몽골 → 왜구 → 홍건적

3 고려시대 대외 교류와 경제활동에 관한 설명으로 옳지 않은 것은?

① 아라비아 상인에 의해 고려가 '코리아'로 서방에 알려졌다.

② 민전에는 국가가 조세를 거두는 공전과 개인이 조세를 거두는 사전이 있었다.

③ 숙종 때에는 활구라는 은전이 제작되어 널리 유통되었다.

④ 조세의 원활한 운반을 위해 전국에 13개 조창을 설치하고 조운제를 운영하였다.

 해설 　화폐는 널리 유통되지 못하였다. 일반적인 거래는 여전히 곡식이나 삼베를 사용하였다.

정답 　1 ④ 　2 ④ 　3 ③

4 묘청의 서경 천도 운동에 관한 설명으로 옳지 않은 것은?

① 풍수지리설이 이용되었다.

② 개경파의 수장인 윤관이 진압하였다.

③ 금나라 정벌을 주장하였다.

④ 황제국 칭호와 독자적인 연호의 사용을 건의하였다.

✎ 해설) 서경 천도 운동은 개경파의 김부식이 진압하였다. 서경파 주장 : 서경 천도, 금국 정벌, 칭제건원(稱帝建元)

5 다음 사건을 시대순으로 바르게 나열한 것은?

> ㉠ 강조의 정변 　　㉡ 묘청의 서경 천도 운동 　　㉢ 이자겸의 난
> ㉣ 천리장성 축조 　　㉤ 윤관의 여진 정벌

① ㉠ → ㉡ → ㉣ → ㉤ → ㉢ 　　　② ㉠ → ㉣ → ㉤ → ㉢ → ㉡

③ ㉡ → ㉠ → ㉣ → ㉤ → ㉢ 　　　④ ㉡ → ㉣ → ㉠ → ㉤ → ㉢

✎ 해설) ㉠ 1009년(목종 폐위), ㉡ 1135년(인종 13), ㉢ 1126년(인종 4), ㉣ 1033년(덕종 2), ㉤ 1104년(숙종 9)

6 고려 무신 정권기 신분 해방 운동과 관련된 반란은?

① 김보당의 난 　　　　　　　　② 망이 · 망소이의 난

③ 조위총의 난 　　　　　　　　④ 만적의 난

7 밑줄 친 부분과 같은 일이 일어나게 된 직접적인 원인으로 옳은 것은?

> 　근래 기강이 크게 무너져 …… 대대로 내려오는 땅을 세력 있는 집이 빼앗았다. 본 주인
> 에게 돌려주라 한 것도 그대로 가지고 있으며, 평민을 노비로 삼고 부역을 피해 도망한 백
> 성들을 모아 크게 농장을 설치하니 백성을 병들게 하고 나라를 가난하게 하였다.
> 　　　　　　　　　　　　　　　　　　　　　　　　　　　　　　　－『고려사』

① 각 지역에 독자적인 세력을 가진 호족들이 등장하였다.

② 왕실과 혼인 관계를 맺은 문벌 귀족이 권력을 확대하였다.

③ 원(元)의 세력을 등에 업은 권문세족이 성장하였다.

④ 몇몇 세도 가문이 권력을 독점하면서 매관매직이 성행하였다.

정답) 4 ② 　5 ② 　6 ④ 　7 ③

8 고려시대에 조계종을 창시하고 정혜쌍수를 제창하여 교단 통합 운동을 펼쳤던 승려는?

① 의천   ② 일연   ③ 요세   ④ 지눌

 해설   무신 정권의 후원으로 지눌이 조계종을 개창하였다.

9 고려시대의 대장경에 관한 설명으로 옳지 않은 것은?

> ㉠ 대장경은 주로 경·율·논으로 구성되어있다.
> ㉡ 의천은 두 차례의 대장경 제작을 주관하였다.
> ㉢ 초조대장경은 부인사에, 재조대장경은 해인사에 보관하였다.
> ㉣ 부처의 힘을 빌려 여진과 몽골의 침략을 물리치기 위하여 간행하였다.
> ㉤ 팔만대장경은 일본의 불교 발전에 기여를 하였다.

① ㉠, ㉡   ② ㉡, ㉢   ③ ㉡, ㉣   ④ ㉣, ㉤

 해설   초조대장경은 거란의 침입을 불력으로 물리치고자 조판했다. 재조대장경(팔만대장경)은 몽골의 침략을 부처님의 힘을 빌려서 물리치기 위해 대장도감을 설치하여 제조했다. 의천은 교장도감을 설치하여 속장경을 간행했다.

10 고려의 인쇄술에 관한 설명으로 옳은 것은?

① 해인사에 보관 중인 팔만대장경은 거란의 침입 때인 현종 때 만들어졌다.
② 대각국사 의천은 대장도감을 설치하여 속장경을 편찬하였다.
③ 상정고금예문(1234)은 현존하는 가장 오래된 금속활자본이다.
④ 직지심체요절(1377) 하권이 현재 프랑스 파리의 국립도서관에 보관되어있다.

 해설   상정고금예문은 서양보다 200년 앞서 만들어졌으나 현재 전하지 않는다.

11 위화도회군을 전후하여 일어난 일로 옳지 않은 것은?

① 공민왕은 명으로부터 돌려받은 쌍성총관부에 철령위를 설치하였다.
② 우왕과 최영의 주도 아래 요동 정벌이 추진되었다.
③ 이성계는 4불가론을 내세워 요동 정벌을 반대하였다.
④ 이성계는 위화도회군 이후 우왕을 폐위하고 급진파 신진 사대부와 연합하였다.

 해설   명이 철령 이북의 땅 요구 → 요동 정벌(최영의 주장) 추진 → 이성계의 위화도회군 → 최영을 제거하고 이성계가 정치권력 장악

정답   8 ④   9 ③   10 ④   11 ①

12 고려 말의 왜구에 관한 설명으로 옳지 않은 것은?

① 창왕 때 박위가 전함을 이끌고 쓰시마를 정벌하였다.

② 왜구의 침입은 해안을 중심으로 이루어져서 내륙에는 피해를 주지 않았다.

③ 최무선은 화포를 사용하여 진포에서 왜구를 크게 무찔렀다.

④ 왜구를 격퇴하는 과정에서 최영, 이성계 등 신흥 무인 세력이 성장하였다.

13 신진 사대부에 관한 설명으로 옳지 않은 것은?

① 공민왕의 개혁 정치 과정에서 정계 진출이 확대되었다.

② 성리학을 수용하여 학문적 기반으로 삼았다.

③ 명분과 도덕보다는 실리를 중시하였다.

④ 불교의 부패와 권문세족의 불법성을 비판하였다.

14 과전법에 관한 설명으로 옳지 않은 것은?

① 권문세족의 토지를 몰수하여 신진 관료들에게 재분배하였다.

② 과전은 경기 지방의 토지로 지급하였다.

③ 죽거나 반역을 하면 국가에 반환하도록 정하였다.

④ 풍흉에 관계없이 전세를 토지 1결당 미곡 4두로 고정시켰다.

 해설 ④ 조선 후기의 영정법(永定法)에 관한 내용이다.

15 묘청의 서경 천도 운동을 '조선 역사상 일천 년 이래의 제일 대사건'이라고 평가한 역사학자는?

① 박은식 ② 신재효 ③ 이병도 ④ 신채호

 해설 민족주의 역사학자 단재 신채호는 '연개소문이야말로 우리 4000년 역사 이래 제일로 꼽을 영웅'이라고 극찬했다. 또한 '묘청의 난'을 1000년간 민족사의 성쇠를 좌우한 사건 중 첫 번째로 평가했다.

16 고려 무신 집권자들의 변천을 순서대로 나열한 것은?

> ㉠ 이의민   ㉡ 정중부   ㉢ 최충헌   ㉣ 경대승   ㉤ 이의방

① ㉠ → ㉡ → ㉣ → ㉤ → ㉢
② ㉡ → ㉢ → ㉣ → ㉠ → ㉤
③ ㉣ → ㉤ → ㉡ → ㉠ → ㉢
④ ㉤ → ㉡ → ㉣ → ㉠ → ㉢

정답 12 ② 13 ③ 14 ④ 15 ④ 16 ④

17 묘청의 서경 천도 운동 당시 개경파와 서경파를 비교한 내용 중 옳은 것은?

	구 분	개경파	서경파
①	인물	묘청	김부식
②	사상	풍수지리설	유교
③	계승	신라	고구려
④	성격	자주적 · 개혁적	사대적 · 보수적

 개경파와 서경파의 특징을 구분하여 학습해야 한다.

18 고려시대의 역사적 사실을 순서대로 바르게 나열한 것은?

> ㉠ 천리장성 축조   ㉡ 동북 9성 축조   ㉢ 강동 6주 설치   ㉣ 삼별초 항쟁

① ㉠ → ㉡ → ㉢ → ㉣   ② ㉡ → ㉢ → ㉠ → ㉣
③ ㉢ → ㉠ → ㉡ → ㉣   ④ ㉣ → ㉠ → ㉢ → ㉡

 ㉢ 10세기 말, ㉠ 11세기 초, ㉡12세기 초, ㉣ 13세기 초

19 고려에 대한 원의 내정 간섭과 관계가 없는 기구는?

> ㉠ 쌍성총관부   ㉡ 동녕부   ㉢ 교정도감   ㉣ 정동행성   ㉤ 철령위

① ㉠, ㉢   ② ㉡, ㉤   ③ ㉢, ㉤   ④ ㉣, ㉤

20 원래 이부와 병부에서 담당했던 문무반의 인사행정을 최우가 자기의 집에 설치하여 집행한 기구는?

① 중방   ② 정방   ③ 서방   ④ 도방

5장

조선 유교 사회의 성립과 변동

1. 조선의 건국과 체제 정비

1-1 조선 건국과 국가의 기틀 마련

(1) 건국 과정

위화도회군(1388 – 정치 · 군사적 실권 장악) → **과전법 실시**(1391 – 경제적 기반 마련) → 혁명파의 온건 개혁파 제거, 도평의사사 장악 → 조선 건국(1392) → 한양 천도(1394)

① 이성계(신흥 무인 세력)는 신진 사대부와 결탁하고 위화도회군을 하여 우왕을 폐하고 창왕을 내세우면서 정국 장악

    ㉮ 이성계 : 신흥 무인 세력의 대표. 홍건적 · 왜구의 침입 등에서 승리를 거둠으로써 두각(황산대첩비)

    ㉯ 정도전 : 급진적인 개혁파로 공신 주축으로 나라를 이끌려 했음 → 이방원과 대립

② 고려 때의 체제를 계승(과전법 등)하며 조선 건국 : 양반 중심의 관료제 사회, 성리학 이념에 바탕한 유교국가

③ 도읍을 한양(한성)으로 옮김 → 물살이 모이고 왜구의 방어에 유리

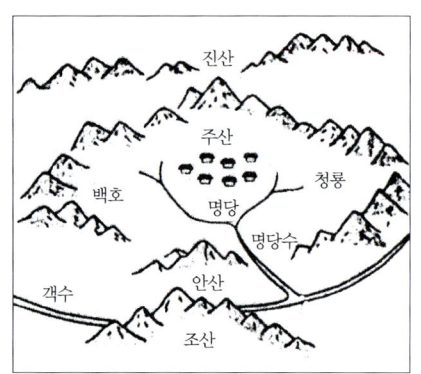

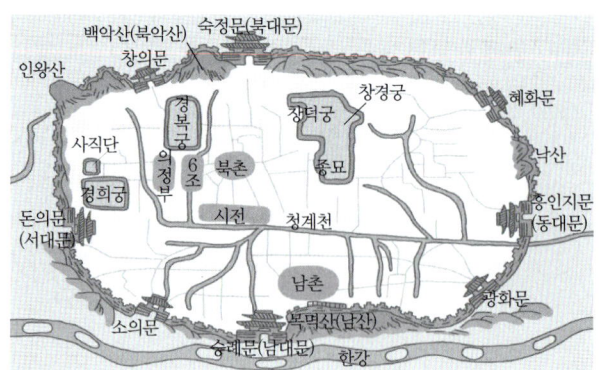

한양의 지형과 도성의 구조

- 조선 초기 도성 위치 : 인왕산(서)과 백악(북), 목멱(남), 낙산(동) 등 방어에 유리, 남쪽의 한강
④ **역성혁명** 선포 : 과거를 통한 관리 선발, 조세와 형옥 개혁, 유교 윤리의 정책 방향

(2) 국가의 기틀 마련

등급과 명칭의 일원화, 중앙집권화, 법제화 → 관료제가 더욱 발전된 강력한 왕권화

① 태조 : **정도전** 주도 – 성리학적 통치 이념 확립, 민본적 통치 규범 마련(조선경국전), 재상 중심의 정치 주장, 불교 비판(불씨잡변) → 새 왕조의 기틀 마련

② 태종 : 의정부 설치, 6조 직계제(재상 세력의 응집 방지를 통한 왕권 강화), 사간원 독립, 외척·종친의 영향력 약화, 양전 사업 실시, **호패법** 시행(조세 징수와 군역 부과에 활용), 사원전 몰수, 사병 폐지(군사권 장악), 왕의 친위군 증대, 신문고 설치, 주자소 설치(계미자 주조)

③ 세종의 유교 정치 실현 노력

　(가) **왕권과 신권의 조화** : 집현전 설치, 경연 참여, 의정부 서사제(정책 심의)

　(나) **유교적 이상 정치 실현** : 왕도 정치, 유능한 인재와 청백리 등용, 여론 존중

④ 문물제도의 정비

　(가) 세조 : 사육신 제거, 6조 직계제 복귀, 집현전과 경연 폐지, 종친 등용, **직전법** 실시(국가재정 수입 확충) → 왕권 강화

　(나) 성종 : 홍문관 설치(경연관 겸직), 경연 부활(왕과 신하들의 중요 정책 토론·심의), **경국대전 완성**·반포 → 통치 체제 마무리(세조 때부터 시작해 성종 16년 완성, 조선왕조의 통치와 기본적인 제도·규정을 담은 법전), 성종은 훈척 세력을 견제하고자 사림 등용

최신기출 2016. 4. 9 시행

조선 전기 통치 체제 정비와 관련된 사실을 순서대로 바르게 나열한 것은?

> ㉠ 호패법 실시　　㉡ 직전법 실시　　㉢ 집현전 설치

① ㉠ - ㉡ - ㉢　　　　　　② ㉠ - ㉢ - ㉡
③ ㉡ - ㉠ - ㉢　　　　　　④ ㉢ - ㉠ - ㉡

해설 ㉡ 토지 부족 발생 → 15세기 후반부터 현직 관리에게만 수조권 지급　　　**정답 ②번**

(3) 조선 전기의 대외 관계

① 기본 정책 : 사대교린(事大交隣) 정책 유지

② 명과의 관계 : 건국 초 요동 정벌 준비, 여진과의 문제로 긴장 관계 → **태종 이후 친선 관계 유지**(사대 정책 → **경제 · 문화적 실리 추구**)

③ 여진과의 관계

　㈎ **강경책** : 세종 때 **4군 6진 개척**(사민 정책, 토관 제도 실시)

　㈏ 회유책 : 귀순 장려, 조공 무역 허용, 무역소 설치

④ 일본과의 관계 : **강경책 – 쓰시마 섬 정벌**

　　　　　　　　　회유책 – 3포 개항, 계해약조 체결(1443)

⑤ 동남아시아 : 초기에 류큐(오키나와), 시암(타이), 자와 등과 교류

1-2 조선의 통치 제도

(1) 중앙 정치체제

『경국대전』에 의거

① 기본 체제 : 국왕 → 의정부 → 6조 → 속아문 체제

　㈎ 관리 : 문무 양반, 18등급, 당상관(주요 관서의 책임자)과 당하관(실무 담당)

　㈏ 관직 : 중앙 – 경관직, 지방 – 외관직

② 의정부와 6조 : 행정의 기능적 분화와 전문성의 조화

　㈎ 의정부 : 최고 통치 기구, 국가의 중요 정책을 의논하는 합의기관(3정승의 합의)

　㈏ 6조 : 속아문을 거느리고 국가의 중요한 정책을 수립 · 집행. 행정 실무 – 이 · 호 · 예 · 병 · 형 · 공조

　　• 6조, 승정원, 의금부 : 왕의 직속 기관으로 왕권 강화 기관

③ **3사**(언론 담당) : **사헌부**(관리의 비행 감찰) – **사간원**(왕에게 간쟁) – **홍문관**(왕의 정치 자문, 왕명 대필), 정사 비판 및 관리의 비리 감찰 – 언론 3사로써 왕권 견제 기구(**권력의 독점과 부정 방지**)

④ 기타 : 승정원(왕명 출납), 의금부(중대 범죄인 처벌), 춘추관(역사 편찬 및 보관), 한성부(서울의 행정 · 치안 담당), 성균관(대과를 준비하기 위한 국립대학), 장례원(공사 노비 문서의 관리와 노비 소송)

(2) 지방행정 조직

① 특징 : 일원적으로 모든 군현(330개)에 수령 파견(지방에 대한 통제력 강화), 향 · 부곡 · 소의 군현 승격, 수령의 권한 강화(행정 · 사법 · 군사권 행사), 향리의 지위 격하(세습적 아전, **지방행정의 실무 담당**)

② 행정 조직 : 8도(관찰사 파견)−부·목·군·현(수령 파견)−면·이·통(면임·이정·통주 선임)

   ⑦ 수령7사(守令七事) : 조선시대 왕을 대신하여 목민관(牧民官)으로서 백성을 다스리는데 있어 준칙으로 삼아야 할 사항으로, 수령의 근무 평가 기준이 되는 7가지 임무. 조선시대 인사고과인 포폄(포상과 폄하)은 매년 6월 15일과 12월 15일 모든 관원에 대해 관찰사와 병마절도사가 함께 의논하여 결정하게 되어있었음−농상성(農桑盛 : 농상을 성하게 함), 호구증(戶口增 : 호구를 늘림), 학교흥(學校興 : 학교를 일으킴), 군정수(軍政修 : 군정을 닦음), 부역균(賦役均 : 역의 부과를 균등하게 함), 사송간(詞訟簡 : 소송을 간명하게 함), 간활식(奸猾息 : 교활하고 간사한 버릇을 그치게 함)

③ 유향소(향청)와 경재소 : 향촌 자치 허용 + 중앙집권의 효율적 강화

   ⑦ 유향소 : 향촌의 유지(전직 관료)들로 구성된 자치 기구−**여론 수립, 수령 자문, 백성 교화, 향리 감찰**(장−좌수)

   ⑭ 경재소 : 서울의 고관이 출신지에 대한 책임자가 되어 정부와 유향소와의 연락을 담당하면서 유향소를 통제하는 기능을 가짐(통일신라−상수리제도 → 고려−기인제도 → 조선−경재소)

④ 촌락

   ⑦ 촌락 구성 : 촌락−동·이 편제, 주민 통제−면리제·오가작통법

   ⑭ 운영 : 사족 조직−동계와 동약, 농민 조직−두레와 향도

   ⑮ 촌락의 풍습 : 돌팔매 놀이(상무정신 고양), 향도계와 동린계(자생적 조직)

(3) 교육제도와 관리 등용 제도

① 교육제도 : 유교적 소양을 갖춘 관리 양성이 목적

   ⑦ 대상 : **양인 이상**, 주로 양반 자제 중심

   ⑭ 교유 기관 : 서당 → 4부학당(한양), 향교(지방) → 성균관

   ⑮ **기술 교육 : 해당 관청에서 실시**−전의감(의학), 사역원(외국어), 호조(수학), 형조(법학), 관상감(천문·지리·점복), 도화서(그림), 장악원(음악), 소격서(도학), 사용원(음식), 사복시(목축)

② 관리 등용 제도

   ⑦ 과거제도 : 문과(주로 양반 응시), 무과(주로 향리·상민의 자제), 잡과(주로 중인 응시, 해당 관청에서 선발)

   ⑭ 특별 채용 : 취재(하급 관리 채용), 음서(2품 이상 고관 자제), 천거(관의 추천)

   ⑮ 인사관리 제도 : 상피제, 서경제, 근무 성적 평가제 → 관료적 성격 강화

      ㉮ 상피제도 : 가까운 친척이 같은 관서에 근무하지 않도록 하거나 출신 지역의 지방관으로 임명하지 않는 제도

ⓐ 서경제도 : 5품 이하의 관리를 처음 임명할 때 사헌부와 사간원에서 심사를 거치도록 하는 제도

(4) 군역 제도와 군사 조직

양인개병제－정인(현역 군인), 보인(비용 부담)

① 군사 조직

㈎ 중앙군 : 5위－궁궐·서울 수비(정군을 중심으로 갑사·특수병으로 구성됨)

　㉮ 특권층 자제, 갑사 시험을 거쳐 선발된 군사

　ⓑ 양인 의무 군병인 정병 가운데 번상한 군졸

㈏ 지방군 : 육군과 수군, 진관 체제(세조 이후)

　㉮ 거진을 중심으로 하나의 지휘 단위, 군사 동원 단위로 만든 것

　ⓑ 국방상 중요한 지역에 정병이 교대로 편성

㈐ 잡색군 : 정규군 이외에 예비군 조직(서리·잡학인·천인·노비로 구성), 평상시에는 생업에 종사

㈑ 군정－병조, 중앙군－오위도총부, 지방군－병마절도사·수군절도사가 맡아 병권 견제

㈒ 군역 대상 : **16~60세까지의 양인 남자(관리·학생·향리는 면제)**

(5) 교통·통신 체제

① **조운제도** : 지방에서 거둔 세곡을 매년 수로와 해로를 통해 서울의 경창으로 운송

　• **잉류** 지역(평안도·함경도) : 세곡을 서울로 운송하지 않고 현지에서 국방비와 사신 접대비로 사용

② 역원제도 : 물자 수송과 통신을 위한 역참 설치

㈎ 역(驛) : 공무 여행자에게 역마 제공, 약 30리 간격으로 설치

㈏ 원(院) : 여행자들의 숙박 시설　**예** 이태원, 퇴계원, 인덕원, 조치원, 장호원, 사리원

③ 봉수제도 정비 : 국경 부근에서 발생한 군사적인 위급 상황을 횃불이나 연기로 중앙에 전달

1-3　민족문화의 발달

(1) 훈민정음 반포(1446)

28자의 소리글자 제작(1443－과학적·독창적 문자) → 백성들의 문자 생활 가능, **민족문화 발달의 토대 마련**, 국문학 발달

(2) 서적 편찬

① 역사서 : **조선왕조실록**, 고려사(기전체－조선 건국 합리화 목적), 고려사절요(편년체), 동국통감(편년체－고조선~고려 말)

② 지도 : 혼일강리역대국도지도, 팔도도

③ 지리서 : 팔도지리지, 동국여지승람

④ 법전, 의례서 : 경국대전, 국조오례의, **삼강행실도**(삽화)

⑤ 농서 : **농사직설**(우리 풍토에 맞는 농법 소개)

(3) 과학기술의 발달

① 천문 : 천상열차분야지도(천문도), 혼천의(천체의 위치와 운행 측정), 간의(천체 관측), 앙부일구(해시계), 자격루(물시계)

② 역법 : **칠정산(우리나라 최초의 천문 역법서)** → 한양을 기준으로 날짜 계산

③ 농업 : 측우기(강수량 측정), 인지의, 규형(토지 측량)

④ 의학 : **향약집성방(국산 약재와 치료법 수록)**, 의방유취(의학 백과사전)

⑤ 활자 인쇄술과 제지술 : 서적 편찬 활발

　(개) 태종 : 주자소 설치(계미자 주조), 조지소 설치(다종·다량의 종이 생산, 세조 때 조지 서로 개칭)

　(내) 세종 : 갑인자 주조, 식자판 조립(인쇄 능률 상승 효과)

⑥ 군사 : 국방력 강화 노력

　(개) 병서 : 총통등록(화약 무기 제작·사용법 정리), 동국병감(고조선~고려 말의 전쟁사), 병장도설(군사 훈련의 지침서)

　(내) 무기 : 화약 무기(최해산), 거북선(태종), 비거도선 제조 → 수군 전투력 향상

최신기출 2016. 4. 9 시행

조선 전기 천문학의 발달과 관련이 있는 것을 모두 고른 것은?

| ㉠ 간의　　㉡ 칠정산　　㉢ 시헌력　　㉣ 인지의 |

① ㉠, ㉡　　　　　　　　　　② ㉠, ㉣

③ ㉡, ㉢　　　　　　　　　　④ ㉢, ㉣

 해설 ㉠ 간의(천체 관측기구), ㉡ 칠정산(한양을 기준으로 7개 천체의 위치를 계산하는 우리나라 최초의 역법서), ㉢ 시헌력(서양 선교사 아담 샬 등이 편찬하여 청과 조선에서 사용된 역법), ㉣ 인지의(토지의 원근과 높낮이 측정).

정답 ①번

⑷ 예술의 발달

① 도자기 : 분청사기(15세기) → **16세기 이후 선비들 사이에서 백자 유행**(청자보다 깨끗하고 담백하여 순백의 고상함을 풍겨 선비의 취향과 어울렸기 때문에 널리 이용됨)

② 그림 : 15세기 – 몽유도원도(안견), 고사관수도(강희안)

　　　　　　16세기 이후 – 사군자 유행

③ 건축 : 15세기 – 궁궐과 도성 건축 중심, 16세기 – 서원 건축 활발

④ 문학 : 한문학 중심, 동문선 간행(서거정), 금오신화(김시습 – 우리나라 최초의 한문 소설)

1 조선 전기 정치 상황에 관한 설명으로 옳은 것을 모두 고른 것은?

> ㉠ 정도전은 민본적 통치 규범을 마련하여 재상의 권한을 축소시켰다.
> ㉡ 세조는 사병을 혁파하고 호패법을 실시하였다.
> ㉢ 세종은 의정부 서사제를 채택하여 왕의 권한을 분산시켰다.
> ㉣ 태종은 6조 직계제를 채택하고 사간원을 독립시켜 대신들을 견제하였다.
> ㉤ 성종은 충신, 효자, 열녀 등의 행적을 그림과 글로 엮은 삼강행실도를 간행하였다.

① ㉠, ㉡　　　　　　　　　　　　② ㉡, ㉢
③ ㉡, ㉣　　　　　　　　　　　　④ ㉢, ㉣

 해설　㉠ 정도전은 재상 중심의 정치를 강조, ㉤ 삼강행실도는 세종 때 간행

2 세종 때 일어난 일로 옳은 것을 모두 고르면?

> ㉠ 집현전 설치　　　　㉡ 4군 6진 설치　　　　㉢ 호패법 실시
> ㉣ 경국대전 완성　　　㉤ 칠정산 제작　　　　㉥ 계미자 주조

① ㉠, ㉡, ㉤　　　　　　　　　　② ㉠, ㉡, ㉥
③ ㉠, ㉣, ㉤　　　　　　　　　　④ ㉡, ㉣, ㉤

 해설　계미자(태종), 갑인자(세종)

3 다음의 사실로 알 수 있는 조선시대 정치의 특징은?

> • 의정부는 3정승의 재상 합의에 의해 중요 정책을 결정하였다.
> • 사간원은 왕이 바른 정치를 하도록 간쟁하였다.
> • 관리의 비행을 감찰하는 사헌부가 있었다.

① 재상 권한의 강화　　　　　　　② 양반 귀족의 정치 참여 보장
③ 관리 등용의 공정성 확보　　　　④ 권력의 독점과 부정 방지

 정답　**1** ④　**2** ①　**3** ④

4 조선의 중앙 통치 체제에 관한 설명으로 옳지 않은 것은?

> ㉠ 승정원 : 국왕의 명령을 출납하는 비서 기관
> ㉡ 춘추관 : 왕권을 견제
> ㉢ 장례원 : 나라의 죄인을 다스리는 사법기관
> ㉣ 한성부 : 서울의 치안과 행정을 담당
> ㉤ 조지서 : 종이 만드는 일을 관리
> ㉥ 의금부 : 노비 문서의 관리

① ㉡, ㉢, ㉤　　　② ㉡, ㉢, ㉤　　　③ ㉡, ㉢, ㉥　　　④ ㉢, ㉤, ㉥

 ㉡ 삼사(사헌부 · 사간원 · 홍문관), ㉢ 의금부, ㉥ 장례원

5 조선왕조실록에 관한 설명으로 옳은 것을 모두 고른 것은?

> ㉠ 임진왜란 이전에는 4부를 만들어 춘추관, 전주, 성주, 충주 사고에 보관하였다.
> ㉡ 사초(史草), 시정기 등을 바탕으로 편찬하였다.
> ㉢ 고종실록과 순종실록은 기전체 역사서로 총독부에서 편찬하였다.
> ㉣ 임진왜란 때 충주 사고본만이 남고 나머지는 소실되었다.
> ㉤ 임란 후에는 춘추관, 오대산, 마니산, 태백산, 묘향산 사고에 보관하였다.

① ㉠, ㉡　　　② ㉡, ㉢　　　③ ㉠, ㉡, ㉤　　　④ ㉠, ㉡, ㉢, ㉣

 조선왕조실록은 조선 태조부터 철종에 이르기까지 25대 472년간의 역사를 연월일 순서에 따라 편년체로
기록한 책이다. 일제강점기에 편찬된 고종황제실록, 순종황제실록은 조선왕조실록의 범주에 포함되지 않
는다.

6 현존하는 동양에서 가장 오래된 세계지도는?

① 천하도　　　　　　　　　② 혼일강리역대국도지도
③ 대동여지도　　　　　　　④ 곤여만국전도

 ② 혼일강리역대국도지도는 1402년(태종 2)에 중국에서 들여온 세계지도에 우리나라와 일본의 지도를 덧
붙여 제작하였다. 중화사상이 반영되어있다. ① 조선 중기의 천하도의 원형에는 현실 세계인 중국, 조선,
일본 등이 있으며, 띠 모양에는 상상의 세계가 그려져 있는 관념적인 지도이다. ④ 곤여만국전도는 1602
년에 예수회 신부 마테오 리치와 명나라 관리 이지조가 함께 만들어 목판으로 찍어 펴낸 세계지도이다.

정답 4 ③　5 ③　6 ②

7 다음의 사실로 알 수 있는 조선시대 정치의 특징은?

> • 향·소·부곡의 소멸   • 면리제 실시   • 전국 모든 군현에 지방관 파견

① 향촌 자치 강화

② 성리학적 질서 강화

③ 중앙집권적 행정 체제 강화

④ 사림 지배 체제 강화

8 다음 설명 중 옳지 않은 것은?

> ㉠ 동국여지승람은 군현의 연혁, 인물, 지세 등을 기록한 지리지이다.
> ㉡ 동국통감은 고조선부터 조선까지의 역사를 정리한 역사서이다.
> ㉢ 태조 때에 정도전이 조선경국전을 편찬하였다.
> ㉣ 조선왕조실록은 세종 때부터 편찬되었다.
> ㉤ 세종 때에 우리나라 풍토에 맞는 농서인 농사직설을 편찬하였다.
> ㉥ 최고의 국립 교육기관인 성균관의 입학 자격은 생원, 진사를 원칙으로 하였다.

① ㉡, ㉣   ② ㉡, ㉤   ③ ㉢, ㉣   ④ ㉣, ㉥

 동국통감(東國通鑑)은 단군조선에서 고려 말까지의 역사를 편년체로 기록한 사서이다.

9 조선의 과학기술 발달에 관한 설명으로 옳지 않은 것은?

> ㉠ 태종 때 주자소를 설치하고 계미자를 주조하였다.
> ㉡ 세종 때 갑인자를 주조하고 식자판 조립 방법을 개발하여 인쇄 능률을 올렸다.
> ㉢ 인지의와 규형을 제작하여 토지 측량과 지도 제작에 활용하였다.
> ㉣ 우리나라 역사상 최초로 서울을 기준으로 천체운동을 계산한 수시력을 만들었다.
> ㉤ 치료 예방법과 7백 종의 국산 약재를 정리한 향약구급방을 세종 때 간행하였다.
> ㉥ 화약 무기 제작과 사용법을 정리한 총통등록을 간행하였다.

① ㉠, ㉣   ② ㉡, ㉤   ③ ㉢, ㉣   ④ ㉣, ㉤

 고려시대의 향약구급방은 우리나라 최고의 의학 서적이다.

10 조선시대 일종의 예비군으로, 평상시에는 생업에 종사하다가 유사시에 병력을 동원된 군대는?

① 속오군   ② 잡색군   ③ 주진군   ④ 별기군

정답 │ 7 ③ 8 ① 9 ④ 10 ②

11 조선의 관리 등용 제도에 관한 설명으로 옳지 않은 것은?

> ㉠ 과거, 음서, 천거를 통해 관리를 선발하였다.
> ㉡ 정기 시험은 원칙적으로 3년마다 실시했다.
> ㉢ 양반 신분에게만 응시할 자격이 주어졌다.
> ㉣ 무과 예비 시험으로 소과가 있었다.
> ㉤ 잡과는 분야별로 합격 정원이 있었다.
> ㉥ 권력의 집중과 부정을 막기 위해 상피제를 실시하였다.

① ㉠, ㉥   ② ㉡, ㉤   ③ ㉢, ㉣   ④ ㉣, ㉥

12 도자기에 관한 설명으로 옳지 않은 것은?

① 고려자기는 11세기경에 독자적 경지가 개척되었다.

② 상감청자는 나전칠기나 은입사 공예의 상감법을 응용한 것이다.

③ 백자를 대량으로 생산하기 위하여 분청사기를 만들기 시작하였다.

④ 조선의 백자는 청자보다 깨끗하고 담백하여 선비의 취향에 적합하였다.

 해설　고려 말에 등장한 분청사기는 청자에 백토의 분을 칠한 그릇이다. 국가에서 백자를 안정적으로 공급하게 되면서 쇠퇴하기 시작, 16세기 중엽에 소멸하였다.

13 조선 전기 문화상에 관한 설명으로 옳은 것은?

① 정간보의 창안   ② 향약구급방의 편찬

③ 홍길동전 창작   ④ 오주연문장전산고의 편찬

 해설　① 정간보는 세종이 창안한 소리의 장단과 고저를 표현한 악보이다. ③ 홍길동전은 광해군 때에 허균이 이상 사회 건설을 묘사한 한글 소설이다. ④ 오주연문장전산고는 조선 후기의 백과사전(헌종 때 이규경)이다.

14 조선시대 법률에 대한 설명으로 옳지 않은 것은?

① 사법기관으로 사헌부, 의금부, 형조, 한성부, 장예원이 있었다.

② 민법 가운데 가족제도에 관계되는 것은 주자가례에 의거하였다.

③ 국가 질서를 어지럽히는 반역죄와 강상죄에는 연좌법이 적용되었다.

④ 일반 백성들은 신문고를 널리 활용하였다.

 해설　④ 상관이나 수령을 고발할 경우에는 오히려 벌을 주어 국민을 통제하는 데 이용하였다.

정답　11 ③　12 ③　13 ①　14 ④

15 유향소에 대한 설명으로 옳지 않은 것은?

① 수령을 지시를 받아 지방행정의 실무를 담당하였다.

② 향회를 소집하여 여론을 모으고 백성을 교화하였다.

③ 향리의 비행을 감찰하였다.

④ 지방 양반들의 자치 기구였다.

16 조선시대에 20년마다 작성한 토지대장은?

① 공안　　　　　　　② 횡간　　　　　　　③ 양안　　　　　　　④ 향안

 ① 공안(貢案) : 중앙의 각 궁(宮)·사(司)가 지방의 여러 관청에 부과, 수납할 1년 동안의 공부(貢賦)의 품
목과 수량을 기록한 책, ② 횡간(橫看) : 조선시대 국가 재정의 세출예산표, ④ 향안(鄕案) : 향촌 지배를 수
행하던 사족들의 성명·본관·내력을 기록한 장부

17 압록강 이북까지도 상세히 기록하여, 당시 북방에 대한 관심이 고조되었음을 알 수 있는 조선
전기의 지도는?

① 동국지도　　　　　　　　　　　② 조선방역지도

③ 청구도　　　　　　　　　　　　④ 혼일강리역대국도지도

 ① 세조 때 양성지가 인지의를 이용하여 작성하였다. ② 조선방역지도(16세기), ③ 청구도(순조), ④ 혼일
강리역대국도지도(태종)

18 다음의 내용들을 종합할 때 알 수 있는 사실은?

> ㉠ 측우기　　㉡ 칠정산　　㉢ 인지의　　㉣ 금양잡록

① 중국의 과학기술을 적극 수용하였다.　　② 전반적인 생산력의 증가가 이루어졌다.

③ 유학 교육이 활발하였다.　　　　　　　④ 농업 진흥에 관심이 많았다.

2. 조선 전기의 사회와 성리학적 사회질서

(1) 신분제도

양반 관료 중심의 사회

① 양천 제도(법제적) : 갑오개혁(1894) 이전까지의 기본적인 신분제도

  ㈎ **양인 : 자유민으로서 과거 응시 자격 부여, 조세·국역 부담**

  ㈏ 천인 : 비자유민, 국가·개인에 소속되어 천역 담당(조세 의무에서 제외 → 권리도 없음)

② 반상 제도(실제적) : 4신분으로 엄격히 구별(**→ 신분 이동 가능**), 양반(지배층 사족)과 상민(피지배층) 간의 차별 일반화

(2) 신분 구조

① 양반 : 문반과 무반의 명칭에서 가족·가문으로 확대되어 신분으로 정착, 과거·문음·천거로 고위 관직 독점(국역 면제), 경제적으로 지주층, 정치적으로 관료층

② **중인** : 15세기에 형성 → 조선 후기에 독립된 신분층 형성(광의 – 중간 신분, 협의 – 기술관)

  직역 세습, 문과 응시 금지, 전문 기술·행정 실무 담당

  ※ 서얼 : 신분상 중인에 속함

③ 상민 : 농민(조세·공납·역의 의무), 수공업자(공장세 부과), 상인(상인세 부과)

  법제적으로 과거 응시 가능, 현실적으로 생업 때문에 응시 불가능, 신량역천 존재

  ※ 신량역천(身良役賤) : 신분은 양인이지만 천한 역을 담당함

④ 천민 : 공·사노비, 외거노비·솔거노비 – 매매, 상속, 증여의 대상

  백정, 무당, 창기, 광대 등

최신기출 2016. 4. 9 시행

조선시대 중인 신분에 해당하지 않는 것은?

① 향리   ② 역관

③ 도고   ④ 서리

해설 ① 향리(지방의 행정 실무 담당), ② 역관(외국어의 통역·번역), ③ 도고(조선 후기에 막대한 자본력을 바탕으로 상품을 매점매석하였던 상인), ④ 서리(중앙관청 소속의 하급 관리)

정답 ③번

---

(1) 훈구와 사림

① 훈구 세력 : 세조 집권 이후의 공신, 관학파의 학풍 계승, 조선 초기의 문물제도 정비 → 정치적 실권 장악, 권력 독점, 막대한 재산과 대토지 소유

② **사림 세력** : **길재의 학풍 계승**, 성리학의 이념에 투철한 지방 사족(지방에서 학문과 교육에 힘씀), 향촌 자치와 **왕도 정치 지향**, 의리와 명분 중시

구 분	훈구(勳舊)	사림(士林)
기 원	급진파 사대부	온건파 사대부
정치 성향, 역할	중앙집권, 부국강병 → 15세기 문화 발전 주도	향촌 자치 → 16세기 이후 사회 주도
경제 기반	대농장 경영	중소 지주

(2) 사림의 성장

① 중앙 정계 진출 : 성종 때 훈구 세력 견제와 정치 개혁을 위해 **김종직**과 그 제자들을 대거 등용

② 과거를 통하여 중앙 정계에 진출, **3사의 언관직에 배치**, 훈구 세력의 비리 비판

③ **훈구(勳舊)와 사림(士林)의 대립 · 갈등 : 사화(士禍)의 발생**

(가) 무오사화(연산군, 1498) : **김종직의 '조의제문'**을 둘러싼 문제

  • 조의제문(弔義帝文) : 세조가 단종을 유배 보내고 왕위를 찬탈한 것을 비난한 글로, 항우가 초나라의 의제(회왕)를 죽인 고사에 비유

(나) 갑자사화(연산군, 1504) : 연산군의 어머니 **폐비 윤씨의 죽음**을 둘러싼 문제

(다) 기묘사화(중종, 1519) : **조광조**의 개혁 정치(위훈 삭제, **현량과** 실시, 언론 활성화, 경연 강화, 소격서 폐지, 향약 제도, 소학 교육 강화, 공납제의 폐단 시정 등)에 대한 훈구 세력의 반발(走肖爲王 : 조씨가 왕이 된다.)

  • 현량과는 신진 사림이었던 조광조의 건의에 따라 종종 때 실시된 관리 추천 제도. 이 제도가 시행되자 사림은 훈구로부터 격렬한 비판을 받게 되었고, 기묘사화의 한 원인이 되기도 하였음. 결국 기묘사화 이후 현량과는 폐지됨

(라) 을사사화(명종, 1545) : 외척 세력 간의 다툼(대윤 vs 소윤)

(마) 결과 : 사림이 큰 피해를 입음 → 향촌에서 **서원, 향약**을 바탕으로 꾸준히 세력 유지 · 확대

  • 사림 세력이 사화를 겪으면서도 꾸준히 성장할 수 있었던 배경 : 농업이 발달하자 사림은 지방의 중소 지주로서 경제적 기반을 갖추었음. 또 서원을 토대로 성리학의 학문적 기반을 다졌고, 유향소와 향약을 통해 향촌에서 사회적 기반을 갖추었음

(3) 붕당의 출현과 붕당정치

① 붕당의 발생

㈎ 배경 : 사림의 정국 주도 – 선조 즉위 이후 중앙 정계에 대거 진출

㈏ 계기 : 척신 정치의 잔재 청산을 둘러싼 갈등, **이조전랑의 임명 문제**로 대립 심화 → 동인과 서인으로 분열

- 이조전랑 : 삼사의 관리에 대한 인사를 좌우할 수 있었고, 전랑의 임명은 이조판서라도 간여하지 못하였으며, 전랑 스스로 후임자를 추천할 수 있어 큰 잘못이 없는 한 대개는 순조롭게 재상까지 오를 수 있는 요직. 동서 붕당을 초래한 심의겸과 김효원의 대립도 이조전랑직을 둘러싸고 발생

② 붕당정치

기성 사림(서인) : 심의겸	신진 사림(동인) : 김효원
명종 이후 정권에 참여, 개혁에 소극적 → 이이, 성혼의 문인 가담	선조 때 정계 등장, 철저한 원칙주의 → 이황, 조식, 서경덕 학파 중심

㈎ 성격 : 학문과 이념에 따라 결집 → 정파적 · 학파적 성격 공유

㈏ **상호 견제와 비판 → 공론 형성으로 정치발전에 이바지 → 점차 대립 심화**

사화(士禍)와 붕당(朋黨)

구 분	사화(士林의 화)	붕 당
성 격	훈구 ↔ 사림	사림 ↔ 사림
원 인	사림의 정계 진출	이조전랑직 임명 문제
과 정	훈구파의 사림 공격	사림 간의 주도권 다툼
결 과	사림의 큰 피해	붕당정치

2-3　성리학적 사회질서의 확산

(1) 성리학의 발달

조선왕조의 통치 이념, 모든 제도와 문물 정비의 기본 원리

① 대표 학자

㈎ 이황 : 주리론, 근본적 · 이상주의적, 도산서원, 일본의 성리학 발전에 큰 영향, 『성학십도』 저술

㈏ 이이 : 주기론, 현실적 · 개혁적, 10만 양병설, 『성학집요』 저술

② 성리학적 윤리의 보급(예학과 족보) : 성리학적 사회질서의 강화 → 명분론, 상하 관계 중시(**양반과 상민, 남자와 여자, 적자와 서자의 구별 엄격**), 신분제 사회의 질서 유지

㉮ 예학 : 삼강오륜 강조(가부장적 종법 질서 구현), 소학 보급(향촌 사회의 지배력 강화), 가묘와 사당 건립(성리학적 사회질서 유지)

㉯ 보학 : 종족의 종적·횡적인 내력을 기록하고 암기하는 것

    ㉮ 문벌 형성 : 친족 공동체의 유대, 신분적 우위 확보

    ㉯ 족보 편찬 : 종족의 내력 기록·암기 → 양반 문벌제도의 강화에 기여

(2) 서원의 건립

① 기능 : **선현 제사, 학문 연구**, 후진 **교육** → 지방 사족(士族)의 입지 강화 및 결집

② 최초 서원 : 중종 때 주세붕이 세운 **백운동서원**(안향 추모) → 명종 때 이황의 건의로 '소수서원'으로 사액됨(사액서원)

③ 확대 : 영남지방을 중심으로 전국적으로 확대

④ 영향 : **향촌 교화, 학문과 교육 발전에 이바지, 특정 붕당의 토대 형성**

(3) 향약의 보급

① 초기 : 중종 때 **조광조**가 중국의 「여씨향약」을 번역, 시행 → **이황**(예안향약), **이이**(해주향약) 등의 노력으로 우리 실정에 맞는 향약을 만들어 전국에 보급

② 덕목 : 덕업상권(德業相勸), 과실상규(過失相規), 예속상교(禮俗相交), 환난상휼(患難相恤) → 신분에 따라 유교적 덕목을 정한 것

③ 역할 : 유교적 예속을 통한 백성 교화

    ㉮ 긍정적 기능 : 향촌 자치 기능(**풍속 교화·질서 유지·치안 담당**), **사림의 지위 강화**와 농민 통제에 기여함

    ㉯ 부정적 기능 : 토호와 향반이 지방민을 수탈하는 배경 제공, 향약 간부들의 대립으로 풍속과 질서를 해침

3. 왜란과 호란의 극복

3-1 일본의 침략과 극복

(1) 왜군의 침입

① 왜란 전의 정세

    ㉮ 일본 : **도요토미 히데요시의 전국시대 통일** → 불만 세력 무마, 조선 침략 준비(조총 수입, 군사력 강화)

    ㉯ 중국 : 명의 혼란, **여진족의 성장**

(다) 조선 : 양반 사회의 분열, 군역 제도의 문란 → **국방력 약화**(3포 왜란, 을묘왜변, 비변사 설치, 일본 정세에 대한 붕당 간 인식 차이) → 적극적인 대책 강구 미비

② 임진왜란의 발발(1592)

(가) 원인 : 정명가도(征明假道)의 명분

(나) 경과 : 부산진(정발), 동래성(송상현) 함락 → 충주(신립) 방어선의 붕괴(탄금대) → 선조의 피난 → 일본군이 평양 · 함경도까지 북상 → 명에 지원군 요청

(2) 전란의 경과와 극복

① 이순신의 승리 : 서 · 남해의 제해권 장악 → **왜군의 수륙병진 작전 좌절, 전라도 곡창지대 보호**

- 옥포해전(조선 수군의 첫 승리), 사천해전(처음으로 거북선 투입)

② 의병의 활약 : 농민 주축(전직 관리, 향촌 사림, 승려 주도) → 향촌 방어(**향토지리를 이용한 전략 전술로 왜군에게 피해를 줌**)

- 의병장 : 곽재우(의령), 조헌(금산), 고경명(담양), 김천일(나주), 정문부(길주)

③ 조선의 반격 : 명의 원군 파병 → 조 · 명 연합군의 평양성 탈환 → 전세 변화, 관군의 반격(**진주대첩, 행주대첩**) → 일본의 휴전 제의(전열 재정비 목적)

- 조선의 재정비 : **훈련도감** 설치, 지방군을 **속오군**(양반~노비까지 모든 계층 포함)으로 편성

④ 정유재란(1597) : 휴전 결렬 → 왜군의 재침입(1597) → **명량대첩** → 도요토미 히데요시 사망 → 왜군 철수, 노량해전 → 전쟁 종결(1598)

(3) 왜란의 결과

① 조선

(가) **경제적 피해** : 국토 황폐화, 재정 궁핍(토지대장 · 호적 소실)

(나) **신분제 동요** : 노비 문서 소실, 공명첩, 민란 발생(이몽학의 난)

(다) **문화재 손실** : 경복궁 · 불국사 · 사고 등 소실, 서적 · 도자기 · 그림 등을 일본에 약탈당함

② 일본

(가) **정권 교체** : 에도막부(**도쿠가와 이에야스**)

(나) **문화적 발전** : 성리학, 도자기(임진왜란 = 도자기 전쟁)

(다) 에도막부의 요청으로 **국교 재개**(유정)

  ㉮ **통신사 파견** : **외교 활동**(외교사절)뿐 아니라 선진 학문과 기술 전파(문화 사절), 19세기 초까지 유지(1607~1811-12차례)

  ㉯ **기유약조** 체결(1609) : 부산포에 왜관 설치, 교섭 범위 제한

③ 중국 : **명의 쇠퇴, 여진족의 급성장**

3-2 　광해군의 중립 외교와 인조반정

(1) 광해군의 중립 외교

① 전후 복구 노력

(가) **재정수입 확충** : 토지대장과 호적 정리(세금 징수, 군역 문제 해결), 대동법 시행 (1608 – 공납의 폐단 시정)

(나) **국방력 강화** : 성곽과 무기 수리, 군사훈련 실시

(다) **동의보감 편찬**(허준) : 백성의 질병 치료에 이용

② 중국의 정세 변화

• 명의 쇠퇴와 여진의 성장 : 누르하치가 여진족 통일 → 후금 건국(1616) → 세력 팽창

③ 광해군의 중립 외교 : 쇠퇴하는 명과 성장하는 후금 사이에서 실리 추구

(가) 경과 : 강성해진 후금이 명 위협 → 명이 조선에 원군 요청 → 강홍립 파견(상황에 따라 대처하도록 지시) → 강홍립이 후금에 항복

(나) 결과 : 후금과의 전쟁을 피함

(2) 서인의 인조반정(1623)

① 구실 : **광해군의 중립 외교, 반인륜적 행위(영창대군 살해, 인목대비 폐위)**

② 결과 : 서인이 광해군을 몰아내고 인조를 추대 → 서인 정권 수립, 의리와 명분을 강조, 친명배금(親明排金) 정책 추진

3-3 　청의 침략과 극복

(1) 여진의 침략

① 정묘호란(1627)

(가) 배경 : 서인의 **친명배금 정책**이 후금 자극, 이괄의 난(2등 공신에 불만, 반역 혐의)으로 사회 혼란

(나) 경과 : 후금이 황해도 부근까지 침략(후금이 광해군을 위하여 보복한다는 명분을 내걸고 침략) → 의병 봉기(이립 · 정봉수)

(다) 결과 : 화의(형제 관계)

② 병자호란(1636)

(가) 배경 : 후금(後金)에서 청(淸)으로 국호 변경, 조선에 **군신 관계 요구** → 주전론(김상헌) > 주화론(최명길) → **서인 정권의 군신 관계 요구 거절**

(나) 경과 : 청 태종의 침략 → 한양 점령 → 남한산성에서 항전(45일간) → 삼전도의 치욕 (군신 관계)

㈐ 결과 : 서북지방에 큰 피해, 인질·공녀·공물 부담

(2) 북벌 운동의 전개

청에 대한 적개심과 문화적 우월감에서 전개

① 북벌론 대두

㈎ **효종 때 송시열·이완**·임경업 등 중용, 국방력 강화(군대 양성, 성곽 수리) → 실천에 옮기지 못함(효종의 사망, 청의 강성으로 현실적으로 어려웠음)

㈏ 숙종 때 청의 정세 변화 이용 : 윤휴 중심

㈐ 북벌론(北伐論)의 이면 : 서인의 정권 유지 수단으로 이용, 반대 세력 견제

② **나선 정벌** : 만주 헤이룽 강 부근으로 러시아가 남하 → 청의 지원 요청 → 2차례에 걸쳐 조총 부대 파견 → 청군과 함께 러시아군 섬멸(조선 총수병의 실력 발휘)

(3) 북학론의 등장

① 배경 : 청의 국력 신장, 청을 통한 서양 문물 수용(천리경·화포)

② 내용 : 우리에게 이로운 것은 적극적으로 배우자는 주장

1 다음 사회계층에 관한 설명으로 옳은 것은?

> • 조선시대 기술직이나 행정 실무에 종사하였다(의술 · 통역 · 산술 · 법률).
> • 조선 후기 경제변동에 부응하여 부를 축적하고 전문적 지식을 쌓았다.

① 잡과로 선발되었고, 시사(詩社)를 결성하기도 하였다.

② 양반의 서자인 경우에는 관직 진출에 제한을 받지 않았다.

③ 유향소를 구성하여 수령을 보좌하고 향촌 사회의 풍속을 바로잡았다.

④ 신분은 양인이면서 천인들이 해야 할 일을 맡았다.

2 다음 사회계층에 관한 설명으로 옳지 않은 것은?

> • 기묘명현   • 공론 정치   • 급진적 개혁

① 경연의 강화   ② 대동법 실시   ③ 소학의 보급   ④ 현량과 실시

 ② 방납의 폐단을 시정하기 위해 조광조, 이이 등도 대동법의 논리(대공수미법)를 주장했지만 시행되지 는 못했다.

3 서원(書院)에 대한 설명으로 옳은 것을 모두 고르면?

> ㉠ 소과에 합격한 생원 · 진사 이상이 입학 대상이 되었다.
> ㉡ 봄 · 가을에 향음주례(鄕飮酒禮)를 거행하였다.
> ㉢ 학문 연구와 선현(先賢)에 대한 제사를 받드는 관학 기관이다.
> ㉣ 공자(孔子)와 그 제자 및 대유(大儒)들의 제사를 받들었다.
> ㉤ 주세붕이 건립한 백운동서원이 효시이다.

① ㉠, ㉡   ② ㉡, ㉢   ③ ㉡, ㉣   ④ ㉡, ㉤

 서원은 사립 교육기관이며, 대개 한 사람을 배향한다.

정답 1 ① 2 ② 3 ④

4 다음 책의 저술자에 대한 설명 중 잘못 연결된 것은?

> ㉠ 성학십도, 주자서절요   ㉡ 성학집요, 동호문답

	㉠	㉡
①	주리론(이기이원론)	주기론(이기일원론)
②	영남학파	기호학파
③	1천 원 권	5천 원 권
④	실학사상에 영향	위정척사 사상에 영향

 해설   ㉠ 퇴계 이황, ㉡ 율곡 이이

5 임진왜란 때 전투와 지휘관의 연결이 잘못된 것은?

① 행주대첩 – 권율   ② 북관대첩 – 정문부
③ 진주대첩 – 김시민   ④ 금산전투 – 곽재우

 해설   금산전투는 조헌과 영규가 거느린 의병이 왜군과 금산에서 싸운 두 차례의 전투를 말한다.

6 다음 설명 중에서 맞는 것은?

> ㉠ 병자호란 : 조선에서 이괄의 난이 일어나자 후금의 군대가 쳐들어왔다.
> ㉡ 북벌 운동 : 조선은 두 차례 조총 부대를 출병시켜 러시아를 정벌하였다.
> ㉢ 병자호란 : 조선이 임금과 신하의 관계를 거절하자 청 태종이 쳐들어왔다.
> ㉣ 북벌 운동 : 효종, 송시열 등은 군대를 길러 두 차례의 북벌을 실천에 옮겼다.
> ㉤ 북학 운동 : 18세기 후반에는 청의 발달한 문화를 받아들여야 한다는 주장도 있었다.

① ㉠, ㉡   ② ㉡, ㉢   ③ ㉢, ㉤   ④ ㉣, ㉤

7 서원의 건립과 향약의 보급이 가져온 결과로 옳지 않은 것은?

① 유교 윤리의 보급   ② 사림의 지위 강화
③ 훈구파의 세력 강화   ④ 사림의 농민 통제 강화

해설   사림은 4차례의 사화를 겪으면서 큰 피해를 입었으나 향촌에서 서원과 향약을 기반으로 세력을 유지할 수 있었다.

정답   4 ④   5 ④   6 ③   7 ③

8 다음 해전이 일어난 순서대로 옳게 나열한 것은?

> ㉠ 옥포해전   ㉡ 한산도대첩   ㉢ 명량대첩   ㉣ 노량해전   ㉤ 사천해전

① ㉠ → ㉡ → ㉤ → ㉢ → ㉣
② ㉠ → ㉤ → ㉡ → ㉢ → ㉣
③ ㉤ → ㉠ → ㉡ → ㉢ → ㉣
④ ㉤ → ㉡ → ㉠ → ㉢ → ㉣

 해설 옥포 → 사천 → 한산도 → 부산포 → 칠천량 → 명량 → 노량

9 다음 그림에 관한 설명 중 옳은 것을 모두 고르면?

> ㉠ 외교사절이자 군사사절이었다.
> ㉡ 에도막부의 요청으로 파견되어 극진한 대접을 받았다.
> ㉢ 명의 선진 문물을 전해주기 위해 파견되었다.
> ㉣ 일본의 문화 발전에 공헌하였다.

① ㉠, ㉡
② ㉠, ㉢
③ ㉡, ㉢
④ ㉡, ㉣

10 사림이 당한 화[士禍]를 시간 순서대로 바르게 나열한 것은?

> ㉠ 무오사화   ㉡ 갑자사화   ㉢ 기묘사화   ㉣ 을사사화

① ㉠ → ㉡ → ㉢ → ㉣
② ㉡ → ㉢ → ㉠ → ㉣
③ ㉢ → ㉠ → ㉣ → ㉡
④ ㉣ → ㉠ → ㉡ → ㉢

 해설 4대 사화의 원인과 순서를 반드시 학습해야 한다.

11 조선 왕실의 족보를 무엇이라고 하는가?

① 무원록   ② 청금록   ③ 공장안   ④ 선원록

 해설 ① 무원록(無寃錄) : 영조 때 편찬한 법의학 서적, ② 청금록(靑衿錄) : 성균관, 향교, 서원 등에 있던 유생(儒生)의 명부, ③ 공장안(工匠案) : 관청에 속하는 각 공장(工匠)을 등록해놓은 장부

정답 8 ② 9 ④ 10 ① 11 ④

12 조선 후기의 5군영 중에서 후금(청)과의 항쟁 과정에서 설치된 군영은?

> ㉠ 훈련도감   ㉡ 어영청   ㉢ 총융청   ㉣ 수어청   ㉤ 금위영

① ㉠, ㉡, ㉢   ② ㉠, ㉢, ㉣   ③ ㉡, ㉢, ㉣   ④ ㉢, ㉣, ㉤

해설 훈련도감은 임진왜란 중 왜군의 조총에 대항하기 위하여 삼수병(포수·사수·살수)으로 편제, 금위영은 숙종 때 설치되었다.

13 훈구파와 사림파를 비교한 내용 중 옳은 것은?

	구 분	훈구파	사림파
①	출신	지방 양반	중앙 공신
②	활동	16세기	15세기
③	정치	중앙집권	향촌 자치
④	경제	중소 지주	대농장 경영

해설 훈구파는 부국강병과 중앙집권을 주장하였으나 사림파는 향촌 자치를 강조하였다.

14 호란 이후 효종, 송시열, 이완을 중심으로 준비되었던 청 정벌 계획은?

① 나선정벌   ② 북벌 운동   ③ 정동행성   ④ 북방 정책

15 임진왜란 이후 광해군 때 추진된 정책으로 적절한 것을 모두 고르면?

> ㉠ 토지대장과 호적을 만들어 국가재정 수입을 늘렸다.
> ㉡ 청을 쳐서 원수를 갚아야 한다는 북벌론이 있었다.
> ㉢ 허준에게 『동의보감』을 편찬하게 하였다.
> ㉣ 『농사직설』을 간행하여 농사 기술을 널리 보급하였다.
> ㉤ 중립 외교 정책을 폄으로써 주변국의 침략을 피할 수 있었다.

① ㉠, ㉡, ㉣   ② ㉠, ㉢, ㉤   ③ ㉡, ㉢, ㉤   ④ ㉡, ㉣, ㉤

정답 12 ③   13 ③   14 ②   15 ②

4. 양난 이후의 제도 개혁과 조선 후기의 정치 변화

4-1 양난 이후의 제도 개혁

(1) 정치 운영과 군사 제도

① **비변사** 강화 : 국방 문제를 다루는 임시 기구로 설치(16세기 중종 초)

㈎ 국방, 외교, 내정 총괄(**최고 정치기구화**) → **왕권 위축, 의정부의 유명무실화**

㈏ 언론 3사의 기능과 전랑의 기능 강화 : 상대 세력에 대한 비판을 통한 자기 세력의 유지와 상대 세력의 견제에 앞장

② 군사 제도의 변화

㈎ 중앙군 : 5위 → **5군영** 체제(17세기 말에 체제가 갖추어짐)로 전환, 서인 정권의 군사적 기반으로 활용

㉮ 훈련도감(선조 때) : 직업적 상비군, 서울의 경비 담당, 삼수병(포수 · 사수 · 살수)으로 구성

㉯ 어영청, 총융청, 수어청(인조 때) : 서인의 군사적 기반, 경기도 지방 방어

㉰ 금위영(숙종 때) : 수도 방어 임무

㈏ 지방 방어 체제 : 진관 체제 → 제승방략 체제 → 진관 복구

㉮ 진관 체제 : 행정단위인 '읍'과 군사 단위인 '진'이 일치하는 군 · 현 단위의 방어 체제

㉯ 제승방략 체제 : 일정한 방어처에 군사를 집결시켜 중앙에서 파견된 장수가 지휘

㉰ 속오군 체제 : 기본적으로 진관 체제와 동일한 군 · 현 단위의 방어 체제(평상시에는 생업에 종사하는 일종의 예비군), 양반과 노비까지 포함(실제로는 상민과 노비만 참여)

(2) 조세제도의 개혁

① 배경 : 지주제 강화와 과중한 부세로 농민 몰락, 재정 고갈

② 내용

㈎ **영정법(전세)** : 풍흉에 관계없이 토지 1결당 쌀 4두로 고정

㈏ **대동법(공납)** : 가호마다 부과하여 토산물을 징수하던 공물 납부 방식을 토지의 결수에 따라 쌀, 삼베나 무명, 동전 등으로 납부하게 하는 제도

> 공납(가호별로 지역 토산물을 현물로 징수)의 폐단 → 방납(관청의 서리나 특권 상인들이 공물을 대신 납부하고 그 대가를 챙김)의 유행으로 농민 부담 증가 → 토지 결수에 따라 쌀 · 옷감 · 돈으로 납부(1결당 쌀 12두)

㉮ 양반 지주들의 반대로 전국적 시행까지 100년 소요

④ 공인(관허상인×, 자유상인)은 도고(독점적 도매상인)로 성장 → 공인의 상업자본가로의 성장

(다) **균역법(군역)** : 군역 대신 군포 부과 → 군포 부담 증가, 군역 기피

⑦ 군포를 1년에 2필에서 1필로 줄임, 줄어든 조세 수입은 결작(1결당 2두)과 잡세(염세 · 어장세 · 선박세)로 보충

④ 일시적으로 농민 부담이 감소하였으나, 이후 다시 부담 증가

③ 결과 : 지주들의 부담 전가, 각종 부가세 증가로 농민 부담 여전

조선 후기 수취 체제의 개편

전세[永定法]	풍흉에 관계없이 토지 1결당 미곡 4두로 고정(기존−전분 6등법 · 연분 9등법)
공납[大同法]	토지 결수를 기준으로 쌀(1결당 12두) · 돈 · 옷감으로 납부 → 지주 반대, 공인 등장, 상품화폐경제 발달
군역[均役法]	1년에 군포 1필 납부(기존−2필), 부족한 재정은 결작 · 선무군관포 · 잡세 등으로 보충

최신기출 2016. 4. 9 시행

조선시대 공납의 폐단을 해결하기 위해 제시된 방안으로 옳은 것을 모두 고른 것은?

| ㉠ 방납 | ㉡ 환곡제 | ㉢ 수미법 | ㉣ 대동법 |

① ㉠, ㉡   ② ㉠, ㉣   ③ ㉡, ㉢   ④ ㉢, ㉣

해설 공납의 폐단 : 방납, 족징, 인징 → 농민 부담 증가, 유망 농민 급증 → 공물을 현물 대신 쌀로 거두는 수미법 주장(이이 · 류성룡 등) → 대동법이 경기도에서 시험적으로 시행, 점차 전국으로 확대

정답 ④번

4-2 붕당정치의 변질과 탕평론

(1) 붕당정치의 전개와 변질

① 붕당정치의 성격

(가) 사림의 자체 분열 : 학연과 지연을 바탕으로 붕당 조성

(나) 공론 중시 : 붕당 구성원의 의견 반영, 상대 세력과의 공존

⑦ 정국 운영 : 비변사, 3사의 언관, 이조전랑의 정치적 비중 증대

④ 지방 : 서원, 향교−지방 사족의 의견 수렴 기능

(다) 공론의 한계 : 의리 · 명분 강조로 현실 문제 소홀, 지배층에 한정된 의견 반영

② 초기 : 동인 주도 → 동인의 남인·북인 분열 → 남인 주도 → 왜란 이후 북인 집권

③ 붕당정치의 진전

 (가) 광해군 : 북인 집권, 중립 외교, 전후 복구 사업, 영창대군 살해, 인목대비 유폐 → 서인의 인조반정(1623)

 (나) 인조~현종 : 서인의 우세 속에 남인 세력 연합 → 상호 비판적 공존, 건전한 정치 풍토

 (다) 현종 때 1·2차 예송 이후 : 남인 우세, 서인 공존 → 경신환국(숙종)까지 지속

④ 붕당정치의 변질

 (가) 배경 : 상업적 이익을 독점하려는 경향, 정치적 쟁점의 변화(군영 장악), 지주제와 신분제의 동요 → 붕당정치의 기반 붕괴

 (나) 과정 : 왕이 직접 환국 주도 → 일당 전제화의 추세

  ㉮ 현종 : 2차례의 **예송** 논쟁(차남으로 왕위에 오른 효종의 정통성 문제) – 1차(서인), 2차(남인)

  ㉯ 숙종 : 여러 차례의 **환국** 발생 – 경신환국(서인), 기사환국(남인), 갑술환국(서인)

 (다) 결과 : 왕실 외척·종실 역할 증대, 3사·이조전랑 비중 축소, 비변사 기능 강화

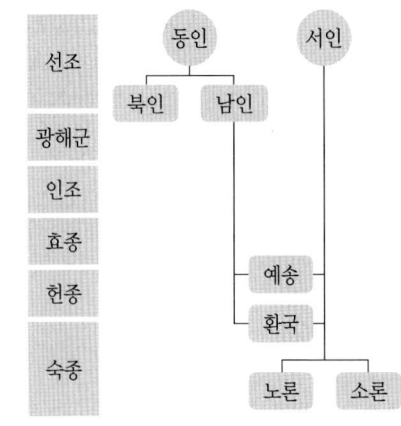

(2) **탕평책**의 실시

① 탕평론의 대두

 (가) 배경 : 붕당정치의 변질로 **정치 기강 문란, 왕권 불안** → 강한 왕권으로 세력의 균형 유지

 (나) **숙종 때 처음으로 탕평론 제기** : 숙종의 탕평론 – 명목상의 탕평론 → 환국 초래, 노론·소론의 대립 격화

② 영조의 탕평 정치

 (가) 탕평 교서 발표(**탕평비 건립**) : 노론과 소론을 교대로 등용 → 이인좌의 난 발생

 (나) 탕평파 중심의 운영 : 산림(山林)의 존재 부정, **서원의 대폭 정리**(붕당의 근거지), **이조전랑의 자천권 및 3사 관원의 선발 관행 폐지** → 국왕과 탕평파 대신에게 권력 집중

  • 자천권(自薦權, 후임자 천거권)은 정조 때 완전히 폐지

 (다) 개혁 추진 : **균역법** 시행(1750), 도성 방위 분담 체제 정비, 가혹한 형벌 폐지, 사형수에 대한 삼심제 시행, 『속대전』 편찬

③ 정조의 탕평 정치 : 척신·환관 세력 제거, 남인 계열 중용

 (가) 왕권 강화 : **규장각** 설치, **장용영**(친위 부대) 설치, **초계문신제**(신진 인물, 중·하급 관리

재교육), 붕당을 초월한 인재 등용(서얼 등용-박제가 · 유득공), **화성** 건설, 통공 정책(육의전 제외한 시전 상인의 금난전권(禁亂廛權) 폐지, 자유로운 상업 활동 허용), 『대전통편』 편찬

(나) 지방 통치 : 수령의 권한 대폭 증대, 군현 단위의 향약을 수령이 주관 → 지방 사족의 발호 억제, 국가의 백성에 대한 통치력 강화

(다) 시파와 벽파 : 영조 때 사도세자의 폐위와 사사를 둘러싸고 분열된 당파

  ㉮ 시파(時派) : 사도세자의 잘못은 인정하면서도 죽음 자체는 지나치다는 입장

  ㉯ 벽파(僻派) : 사도세자의 죽음은 당연하고 영조의 처분은 정당하다는 입장

영조와 정조의 탕평 정치

구 분	영 조	정 조
등 용	중립 온건파	소론, 남인
군 사	균역법	장용영(기존 5군영 견제)
사 회	악형 금지, 삼심제, 신문고 부활	서얼 및 노비 차별 완화, 통공 정책
문 화	**속대전**, 속오례의, 동국문헌비고	규장각 설치, **대전통편**, 동문휘고
건 립	탕평비	화성

최신기출 2016. 4. 9 시행

다음에 해당하는 국왕의 업적으로 옳은 것은?

> 1789년 아버지인 사도세자의 묘를 당시 수원 읍성이 있던 지역으로 옮겼다. 그 대신 수원 읍성은 오늘날의 수원으로 옮기고 이름을 화성부라 하였다.

① 장용영 설치   ② 별기군 설치

③ 금위영 설치   ④ 훈련도감 설치

 해설   ① 정조, ② 고종, ③ 숙종, ④ 선조

정답 ①번

(1) 세도정치의 전개

① 배경 : 탕평 정치 시기에는 왕에게 권력 집중 → 정조 사후(3대 60여 년 동안) 정치 세력 간 균형 붕괴 → 몇몇 유력 가문 출신의 인물들에게 권력 집중

② 전개 : 노론 벽파(순조) → 안동 김씨(순조) → 풍양 조씨(헌종) → 안동 김씨(철종)

③ 세도정치기의 권력 구조

   ㈎ 정치 기반 축소 : 소수 가문의 중앙 정치 주도, 권력과 이권 독점(견제 세력 없음)

   ㈏ 비변사의 권력 집중 : 의정부와 6조의 유명무실화, **왕권 약화**

④ 세도정치의 폐단

   ㈎ 사회 통합 실패 : 재야 세력의 배제, 지방 상인 · 부농층 수탈, 지방 수령직의 상품화(매 관매직 성행, 과거제 문란) → **정치 기강 문란**

   ㈏ 수령권의 절대화 : 지방 사족 배제, 향리 · 향임을 이용한 조세 수취

   ㈐ 농촌 사회의 불만 : 자연재해, 농민들의 조세 부담 과중

(2) 삼정의 문란

① 원인 : 매관매직의 성행으로 농민을 과도하게 수탈

② 내용 : 농민 부담(환곡 > 군포 > 전세)

   ㈎ 전정(田政) : 법정 액수 이상 부과, 각종 부과세 징수

   ㈏ 군정(軍政) : 군역 대상자가 아닌 사람에게도 부과 → 황구첨정, 백골징포, 인징, 족징

   ㈐ 환곡(還穀) : **고리대**처럼 이용, 법정 이자 이상 징수, 강제 대여, 겨 · 모래 섞기

③ 정부의 노력 : 암행어사 파견 → 효과를 거두지 못함

④ 결과 : 농촌 사회의 불만 고조 → 전국적으로 농민 봉기 발생

농민에게 부담이 컸던 삼정(시기별)

16세기	방납	대책 : 대동법(100년 소요)
17~18세기	군역	대책 : 균역법(영조-균역청)
세도정치기	환곡	대책 : 환곡 폐지(흥선대원군)

1 영조 대 균역법 시행으로 감소된 재정의 보충 방법이 아닌 것은?

① 지주에게 결작이라고 하여 토지 1결당 미곡 2두를 부담시켰다.

② 지방의 토호나 상류층에게 선무군관의 칭호를 주고 군포 1필을 납부하게 하였다.

③ 염세, 어장세, 선박세 등 잡세 수입으로 보충하였다.

④ 진전이나 황무지의 개간권을 주고 조세를 납부하게 하였다.

2 영조와 정조의 탕평 정치를 잘못 비교한 것을 고르면?

> ㉠ 영조 – 균역법, 정조 – 장용영　　　㉡ 영조 – 탕평비, 정조 – 화성
>
> ㉢ 영조 – 속대전, 정조 – 대전회통　　　㉣ 영조 – 서원 정리, 정조 – 규장각
>
> ㉤ 영조 – 서얼 등용, 정조 – 신문고 부활

① ㉠, ㉢　　　　② ㉡, ㉣　　　　③ ㉢, ㉤　　　　④ ㉣, ㉤

3 대동법이 실시된 초기에 가장 많은 혜택을 받은 계층은?

① 농민　　　② 지주　　　③ 양반　　　④ 사상

 해설　대동법 실시 결과(초기) 농민들의 부담이 감소하고, 상대적으로 지주의 부담은 증가하였다.

4 붕당정치의 전개와 관련된 설명으로 옳은 것은?

① 비변사의 기능이 약화되고 의정부의 기능이 확대됨에 따라 왕권은 강화되었다.

② 임진왜란 이후 의병 활동에 적극 참여했던 남인이 정치의 주도권을 장악하였다.

③ 인조반정 이후에는 서인이 우세한 가운데 남인이 참여하는 양상으로 전개되었다.

④ 최초의 붕당은 이조전랑의 임명 문제와 공론을 둘러싸고 남인과 북인으로 나뉜 것에서 비롯되었다.

 해설　사림이 동인과 서인으로 분화 → 동인의 정국 주도 → 정여립 모반 사건을 계기로 동인이 남인과 북인으로 분당 → 북인의 집권 및 권력 독점 → 인조반정으로 서인이 북인을 몰아내고 정권 장악 → 서인이 집권한 가운데 남인의 정치 참여 허용

정답　1 ④　2 ③　3 ①　4 ③

5 균역법의 실시 결과로 보기 어려운 것은?

① 농민들의 군포 부담이 1년에 2필에서 1필로 감소하였다.

② 지주들은 토지 1결당 미곡 2두의 결작을 부담하였다.

③ 양인들에게 선무군관이란 칭호를 주고 군포 1필을 납부하게 하였다.

④ 족징, 인징과 같은 폐단이 완전히 사라졌다.

 해설 황구첨정, 백골징포, 족징, 인징과 같은 폐단은 계속되었다.

6 다음이 설명하는 용어가 순서대로 나열한 것은?

> • (   ) : 효종과 효종비의 장례 때 효종의 계모인 자의대비의 상복을 입는 기간을 둘러싸고 벌어진 서인과 남인의 정치 논쟁
>
> • (   ) : 정국을 주도하는 붕당과 견제하는 붕당이 하루아침에 교체되는 것

① 예송, 환국   ② 예송, 정변   ③ 예송, 사화   ④ 사화, 환국

7 다음 글에서 글쓴이가 생각하는 붕당정치의 원인은?

> 붕당은 싸움에서 생기고, 싸움은 이해관계에서 생긴다. 이해관계가 절실하면 붕당이 깊어지고, 이해관계가 오래될수록 붕당이 견고해지는 것은 당연한 형세이다. 이렇게 되는 이유는 무엇인가? 지금 열 사람이 함께 굶주리고 있는데 한 그릇의 밥을 같이 먹게 되면 그 밥을 다 먹기도 전에 싸움이 일어날 것이다. …… 대개 과거를 자주 보아 인재를 너무 많이 뽑았고, …… 이것이 이른바 관직은 적은데 써야 할 사람은 많아서 모두 조처할 수 없다는 것이다.
>
> －이익, 『곽우록』

① 실력보다 신분을 중시하는 인재 등용   ② 한정된 관직을 둘러싼 다툼

③ 왕과 신하의 의견 대립   ④ 훈구파와 사림파의 세력 다툼

 해설 이익은 정치에 참여하려는 양반의 수가 증가한 반면, 관직과 경제적 특권이 한정되어있기 때문에 관직을 차지하려는 양반들의 경쟁으로 붕당이 형성되었다고 지적하였다.

8 다음 내용이 설명하고 있는 것은?

> 고구려의 진대법에서 연유되어 고려의 의창처럼 봄에 농민들에게 관청의 곡식을 빌려주었다가 가을에 약간의 이자를 붙여 돌려받는 제도였으나 실제로는 고리대 구실을 하였다.

① 사창   ② 대동법   ③ 환곡   ④ 상평창

 정답   5 ④   6 ①   7 ②   8 ③

5. 조선 후기 사회와 문화의 변화

5-1 상품화폐경제의 발전

(1) 농촌 사회의 변화

① 농업 생산력의 증가 : 황무지 개간, 수리 시설 확충, 농기구 · 시비법 개량

　(개) **모내기법[移秧法] 확대** : 전국적 실시, 이모작 확대

　(내) **상품작물 재배**(목화 · 채소 · 담배 · 약초 등) → 농민 소득 증대

② **농민의 계층 분화** : 토지 소유의 편중 현상 심화

　(개) 부농층 성장 : 모내기법, **광작**, 상품작물

　(내) 몰락 농민 증가 : 농촌에서 이탈하여 상공업자나 **임노동자**(품팔이)화 → 토지로부터 농민의 이탈 방지책－호패법 강화, 오가작통법 강화, 구황(救荒) 방법 확대

(2) **상공업의 발달**

① 수공업의 발달

　(개) **민영 수공업 발달** : 국가에 장인세를 내고 자유롭게 생산 활동 종사, **선대제**(先貸制) **성행** → 18세기 후반 이후 독립 수공업자 출현, 독자적으로 생산 · 판매

　　공장안(수공업자 대장) 폐지 → 수공업자들은 납포장으로 활동(납포장의 증가), 수공업자의 상품 생산자로서의 변화

　(내) 민영 광산의 증가 : 수공업 발달(광물 수요 증가), 무역 발달(청과의 무역 시 결제 수단－은)

　　㉮ 광업 정책 : 정부의 독점 → 17세기 이후 정부의 감독하에 민간인의 광물 채굴 → 18세기 이후 **민간인의 자유로운 광산 개발 허용**, **세금 징수**(설점수세제) → 잠채(潛採) 성행(비합법적)

　　㉯ 광산 경영 : 덕대－상인 물주로부터 자본을 조달받아 채굴 업자인 혈주(穴主)와 채굴 노동자, 제련 노동자 등을 고용하여 운영

② 상업의 발달 : 배경－농업 생산력 향상, 도시인구 증가, 대동법 실시, 통공 정책

　(개) **공인의 등장** : 대동법 실시로 새롭게 등장, 조선 후기 왕실 · 관청에서 필요한 수요품 조달

　　• 공인(貢人) : 공가를 미리 지급받아 필요한 물품을 구입 · 조달하거나 수공업자를 고용하여 주문생산에 의하여 물품을 관청으로 납품하는 공납 청부 상인

　(내) 사상(私商)의 성장 : 금난전권 폐지로 자유로운 상업 활동 → 18세기 이후 도고(都賈－독점판매 大商)로 성장

㉮ 송상(개성) : 송방 설치, 인삼 재배와 판매, 대외무역에 종사, 고려시대부터 사개치부
법 개발(서양 복식부기법보다 200년 앞서 개발)

㉯ **경강 상인(한강)** : 운송업 종사, 미곡·소금·어물 등 판매

㈐ 무역의 발달

㉮ **송상(개성), 만상(의주), 유상(평양)** : 청과의 **공무역(개시 무역), 사무역(후시 무역)** 성행

㉯ **내상(부산)** : 왜관 개시를 통한 일본과의 교역

㈑ 장시(場市)의 발달 : 15세기 말 남부지방 개설 → 18세기 중엽 전국에 1천여 개소 증가

㉮ 발달 : 인근 장시와 연계하여 지역적 시장권 형성, 일부 상설 시장화(종로 일대-종
루, 남대문 밖-칠패, 동대문 부근-이현)

㉯ **보부상(봇짐장수+등짐장수)** : 지방 장시를 하나의 유통망으로 연계, 생산자와 소비
자 연결

㈒ 포구(浦口)의 성장 : 18세기에 이르러 상업의 중심지로 성장

• 선상, 객주·여각(중개업·창고업·숙박업·금융업)

㈓ 화폐의 유통 : 상공업의 발달로 **상평통보**가 전국적으로 유통됨(인조 때 주조되어 효종
때 전국적으로 유통)

㉮ 전황(錢荒)의 발생 : 고리대, 재산 축적 수단 → 시중에서 동전 부족 현상 발생

㉯ 신용화폐의 사용 : 대규모의 거래에서 환·어음 등 이용

최신기출 2016. 4. 9 시행

조선 후기 상품화폐경제의 발달에 관한 설명으로 옳지 않은 것은?

① 철전인 건원중보를 만들었으며, 삼한통보, 해동통보 등의 동전도 사용하였다.

② 개성의 송상은 전국에 지점을 설치하고 대외무역에도 깊이 관여하여 부를 축적하
였다.

③ 동전의 발행량이 늘어났지만 제대로 유통되지 않아 동전 부족 현상이 발생하기도
했다.

④ 상품 매매를 중개하고 운송, 보관, 숙박, 금융 등의 영업을 하는 객주와 여각이 존
재하였다.

해설   ① 건원중보(성종), 삼한통보(숙종), 해동통보(숙종)는 고려시대의 화폐들이다. ③ 전황은 조선 후기에
나타났던 화폐 부족 현상이다. 지주와 대상인들이 재산 축적에 이용하면서 유통 화폐가 줄어들어 발
생하였다.

정답 ①번

(1) 신분제의 동요

① 배경 : 납속책, 공명첩, 군공, 재산을 이용한 신분 상승 → **양반 수 급증, 상민·노비 수 감소**

② 양반 계층의 복잡한 구성 : 일당 전제화 → 권반·향반·잔반으로 분화

   ㉮ 경제적 변화에 적응하지 못한 몰락 양반의 출현

   ㉯ 양반의 권위 하락(견제 세력의 약화) → 관권 강화(수령·향리 중심) → 농민 수탈 심화

③ 중인층의 신분 상승 운동

구 분	중간 계층의 불만	신분 상승 추구
서 얼	성리학적 명분론에 의한 사회 활동의 제약	• 왜란 이후 납속책(納粟策)을 이용한 관직 진출 • 영·정조 때 상소 운동 전개(문과 응시 자격 요구) → 정조 때 규장각 검서관 등용(유득공·박제가)
중 인	사회적 역할에 비하여 고급 관료로의 진출 제한	철종 때 대규모 소청 운동 전개 → 전문직의 역할 부각

④ 부농층의 대두 : 족보의 매입·위조, 납속, 향직 매매로 양반 신분 획득 → 향권 장악 시도(향안 참여), 수령권이나 기존 향촌 세력과 결합

⑤ 노비 해방

   ㉮ 노비의 신분 상승 : 군공과 납속으로 신분 상승, 입역노비에서 납공노비로 전환, **노비종모법**(아비가 노비고 어미가 양인인 경우 자녀는 어미 신분을 따라 양인화)의 실시로 신분 상승 촉진 → 재정 기반과 군역 대상자 확보

   ㉯ 공·사 노비제 혁파 : **공노비 혁파**(1801), 사노비 혁파(1894−갑오개혁)

(2) 가족제도의 변화

제사·재산의 적장자 우선 상속제, 양자 제도, 부계 위주의 족보 편찬, 동성 마을 형성, 과부의 재가 금지, 축첩제, 서얼차대법, 여성의 지위는 낮아짐

(3) 인구 변동

① 호적 : 3년마다 작성, 공물과 군역 부과의 자료, 실제 인구와 차이 있음

② 인구 변동 : 세종 대 400~600만 → 왜란 이후 500만 → 19세기 말 1000만 명 이상

(1) 실학(實學)의 대두

성리학에 대한 반성, 고증학과 서양 과학의 영향−實事求是(실제 사실에 바탕하여 진리 탐구)

① 성격 : 조선 후기의 사회 모순을 해결하고자 한 사회 개혁론, 실증적 · 민족적 · 근대 지향적 성격

② 발전 과정 : 17세기 전반－이수광의 『지봉유설』, 한백겸의 『동국지리지』

③ 한계 : **실학자의 주장이 국가정책에 반영되지 못함**

(2) 농업 중심의 개혁론

경세치용 학파, 경기지방의 남인 중심

① **유형원** : 『반계수록』, 균전론, 문벌 · 과거 · 노비 제도의 모순 비판

② **이익** : 성호학파 형성, 『성호사설』, 한전론, 폐전론－사회의 6가지 폐단 지적

③ **정약용** : 여전론(閭田論) → 정전제(井田制), 『목민심서』(지방행정 개혁), 『경세유표』(중앙 행정 개혁), 백성의 의사가 반영되는 정치제도의 개선 모색, 과학과 상공업에도 관심

(3) 상공업 중심의 개혁론

이용후생 학파, 북학파, 서울 지역의 노론 중심 → 19세기경 개화사상으로 계승

① **유수원** : 『우서』, 상공업의 진흥과 기술혁신 주장, 농업의 상업적 경영과 기술혁신 주장, 사농공상의 직업적 평등화와 전문화 주장

② **홍대용** : 『담헌집』(임하경륜 · 의산문답), 기술혁신, 문벌제도 철폐 주장, 부국강병의 근본으로 성리학 극복 강조, 지동설 유입 전 지전설 · 우주무한론 주장하여 중국 중심의 세계관 비판

③ **박지원** : 『열하일기』, 상공업의 진흥, 수레와 선박 이용, 화폐유통 강조, 양반 문벌제도 비판, 영농 방법 개선, 상업적 농업 장려, 수리 시설 확충 주장, 정조의 문체반정(文體反正) 유발

④ **박제가** : 『북학의』, 상공업 발달, 청과의 통상, 수레와 선박의 이용 강조, 생산의 자극을 위한 **소비**(우물에 비유)의 권장 주장

중농학파와 중상학파

농업 중심 개혁론	상공업 중심 개혁론
토지제도 개혁, 자영농 육성	상공업 진흥, 기술혁신
경세치용 학파(세상을 경륜하는 데 실제 이바지)	이용후생 학파(이롭게 쓰고 생활을 두텁게)
주로 경기 남인 출신	주로 서울 노론 출신
유형원[均田論], 이익[限田論], 정약용[閭田論]	유수원(우서), 홍대용(임하경륜), 박지원(양반전 · 호질), 박제가(북학의)

(1) 국학의 발달

실학의 영향 → 중국 중심 탈피, 우리 것에 대한 관심 고조

① 역사 연구

　㉮ 이익 : 중국 중심의 역사관 비판, 민족에 대한 주체적 자각 고취

　㉯ **안정복** : 『**동사강목**』 – 한국사의 독자적 정통론 수립, 고증 사학의 토대 마련

　㉰ 이긍익 : 『연려실기술』 – 조선시대의 정치와 문화 정리(실증적 · 객관적 서술)

　㉱ 한치윤 : 『해동역사』 – 외국 자료 인용, 민족사 인식의 폭 확대

　㉲ 고대사 연구 : 이종휘 – 『동사』, **유득공** – 『**발해고**』 → 연구 시야를 만주 지방까지 확대,
　　한반도 중심의 협소한 사관 극복

　㉳ 김정희 : 『금석과안록』 – 북한산비가 진흥왕순수비임을 밝힘

② 언어 연구 : 신경준 – 『훈민정음운해』, 유희 – 『언문지』, 이의봉 – 『고금석림』

③ 지리서와 지도 편찬

　㉮ 역사 지리서 : 한백겸 – 『동국지리지』(실증적), 정약용 – 『아방강역고』

　㉯ 인문 지리서 : **이중환** – 『**택리지**』(각 지역의 자연환경 · 물산 · 풍속 · 인심)

　㉰ 지도 : 정상기 – 동국지도(100리 척 사용), **김정호 – 대동여지도**(산맥 · 하천 · 포구 · 도로
　　망 표시 정밀, 10리마다 눈금 표시)

④ 백과사전 : 이수광 – 『지봉유설』, 이익 – 『성호사설』, 이덕무 – 『청장관전서』, 서유구 – 『임
　원경제지』, 이규경 – 『오주연문장전산고』, 홍봉한 외 – 『동국문헌비고』

(2) 서민 문화의 성장

상민층의 경제사회적 지위 향상, 서당 교육의 보급 → 서민 의식 성장

① 문학의 새 경향 : 한글 소설(**홍길동전** · 춘향전), **사설시조**, 박지원의 한문 소설, 정약용의
　한시, 중인 · 서민층의 시사 조직, 김삿갓 · 정수동 등의 풍자 시인 → 조선 후기의 사회 변
　동을 구체적으로 반영

② **판소리**와 **가면극** : 서민 자신들의 존재 자각에 기여, 인간 감정의 적나라한 묘사, 양반의
　위선과 사회 모순 풍자

(3) 다채로운 예술

① 서화의 새 경향

　㉮ **진경산수화** : 정선(인왕제색도) – 우리의 자연과 풍속에 맞춘 화법 창안

　㉯ **풍속화** : 김홍도 – 농촌 서민 생활 묘사, 신윤복 – 도시 양반과 부녀자의 생활이나 애정
　　묘사

(대) 다양한 그림 : 강세황–서양화 기법, 장승업–강렬한 필법과 채색법

　　민화 : 민중의 소원과 미적 감각을 자유롭게 표현, 소박한 정서, 다양한 소재, 생활공간 장식

(라) 서예 : 이광사–동국진체, 김정희–추사체

② 건축의 변화 : 불교의 지위 향상, 정치·경제적 변화 반영

(가) 17세기 : 금산사 미륵전, 화엄사 각황전, 법주사 팔상전

(나) 18세기 : 논산 쌍계사, 부안 개암사, 안성 석남사, 수원 화성

(대) 19세기 : 경복궁의 근정전과 경회루

③ 공예

(가) 자기공예 : 백자, **청화**·철화·진사 등 다양한 안료 사용

(나) 목공예, 화각공예 : 문갑·소반·의자·필통 제작, 쇠뿔에 무늬 조각

④ 음악 : 전반적으로 감정을 솔직하게 표현

(가) 양반 : 가곡, 시조, 줄풍류(거문고 중심)

(나) 광대와 기생 : 판소리, 산조, 잡가

(대) 서민 : 민요

최신기출　2016. 4. 9 시행

조선 후기 그림에서 나타난 새로운 경향으로 옳지 않은 것은?

① 우리의 자연을 사실적으로 그리는 화풍이 등장하였다.

② 안견 등 화원 출신 화가들의 작품 활동이 활발하였다.

③ 서양화의 기법을 반영하여 사물을 실감 나게 표현하였다.

④ 서민들의 생활과 감정이 잘 나타나는 민화가 유행하였다.

해설　몽유도원도로 유명한 안견은 조선 초기 도화서(圖畵署)에 소속되어 그림을 그렸던 화원이다.

정답 ②번

---

(4) 과학기술의 발달

① 서양 문물의 수용 : 17세기 청을 왕래하던 사신들이 전래

- 화포, 천리경, 자명종, 지전설, **시헌력(아담 샬)**, **곤여만국전도(마테오 리치)**

② 과학과 기술의 발달 : 정약용–거중기 제작·사용(수원 화성), 배다리 설계

③ 농업

(가) 농서의 편찬

　㉮ 신속 :『농가집성』–벼농사 중심의 농법 소개 → 모내기법 보급에 공헌

　　　　　ⓓ 상업적 농업기술 소개 : 박세당－『색경』,　홍만선－『산림경제』,　서호수－『해동농서』
　　　　　　　　　　　→ 농업기술의 발전에 공헌
　　　　　ⓔ 서유구 :『임원경제지』－농촌 생활 백과사전 편찬
　　　(나) 농업기술의 발달
　　　　　㉮ 논농사 : 모내기법의 확산으로 제초 노동력 절감, 생산력 증대
　　　　　㉯ 밭농사 : 이랑과 고랑의 간격 축소, 깊이갈이 일반화
　　　　　㉰ 쟁기갈이 : 소를 이용한 쟁기의 사용 보편화, 가을갈이 · 봄갈이
　　　　　㉱ 수리 관개시설 발달 : 18세기 중엽 이후 밭을 논으로 전환
　　　　　㉲ 경작지 확대 : 황무지 개간, 해안지방의 간척 사업 활발
　　　　　㉳ 새로운 작물의 전래 : 고구마(18세기 – 일본), 감자(19세기 – 청)
　④ 의학의 발달
　　　(가) 17세기 초 : 허준－『동의보감』(동방 의학의 집대성), 허임－『침구경험방』
　　　(나) 18세기 : 정약용－『마과회통』(홍역), 박제가와 함께 종두법 연구
　　　(다) 19세기 : 이제마－『동의수세보원』(사상의학, 체질의학 이론)

6. 새로운 종교의 유행과 농민 봉기

6-1　새로운 종교와 사상의 유행

(1) 예언 사상의 유행
　① 사회 불안의 심화 : 신분제의 동요, 탐관오리의 횡포, 이양선(異樣船) 출몰, 자연재해로
　　농민층 유망
　② 비기(**정감록**) · 도참설 유행, **미륵신앙** 확산, 무격신앙 번성

(2) **천주교의 전래**
　① 전파 : 17세기, **서양 학문(서학)의 일부로 소개** → 18세기 후반 이후 신앙으로 수용, 남인
　　계열 실학자 → 중인, 서민층, 부녀자 사이에 확산
　② 정부의 탄압 : **인간 평등**사상, 내세 신앙, **제사 의식 거부**(윤지충 – 진산사건) → 신유박해
　　(1801 – 순조)

(3) 동학의 성립

세도정치로 인한 사회 불안, 서학의 유행

① 최제우 창시(1860) : 민간신앙 + 유교 + 불교 + 도교의 융합 → 서학에 대응할만한 동쪽 땅의 한국 종교

② 성격 : 시천주(侍天主), **인내천**(평등주의), **후천개벽, 보국안민** 주장 → 사회 개혁적, 반외세적

③ 신분 질서 부정 → 최제우 처형, 동학 탄압(혹세무민의 종교)

④ 최시형의 교세 확대 : 『동경대전』(경전)·『용담유사』발간, 교단 조직 정비

6-2 농민 봉기의 발생

(1) 농민들의 저항

세도정치기에 탐관오리의 부정, 삼정의 문란 극심(환곡 > 군정 > 전정), 정부의 대책 부재

① 농민 생활 : 유랑민, 화전민, 품팔이로 생계 유지, 도적떼에 가담

② 농민의 저항 : 초기 유망 → 소청 운동(진정서 제출), 벽서·괘서 → 농민 봉기

　(가) 소극적 저항 : 비방, 벽보

　(나) 적극적 저항 : 납세 거부, 항의 시위, 수령 모독, 관아 습격, 관리 폭행

(2) 홍경래의 난(순조, 1811)

서북민에 대한 차별 대우, 탐관오리의 착취, 세도정치의 모순에 대항 – 최초·최대

① 신흥 상공업자, 농민, 광산 노동자 참여 → 청천강 이북 지역 장악 → 정주성 싸움에서 패배 후 진압됨

② 관리들의 부정·탐학은 시정되지 않음, 이후의 농민 봉기에 영향

(3) 임술 농민 봉기(철종 – 1862. 2. 19)

삼정의 문란, 탐관오리의 착취

① 경상우병사 백낙신의 수탈 → 유계춘을 중심으로 봉기(**진주 농민 봉기**) → 전국적으로 확대, 진주성 점령

② 결과 : 정부의 암행어사 파견, 삼정이정청(삼정의 문란 개혁 기구) 설치 → **개혁 실패**

③ 의의 : 농민들의 사회의식 성장, 양반 중심의 통치 체제 붕괴

다음 농민 봉기에 관한 설명으로 옳은 것은?

> 임술년(1862) 2월 19일, 진주민 수만 명이 머리에 흰 수건을 두르고 손에는 몽둥이를 들고 무리를 지어 진주 읍내에 모여 서리들의 가옥 수십 호를 불사르고 부수어, 그 움직임이 결코 가볍지 않았다.
>
> ─ 「임술록」

① 농민 자치 조직인 집강소를 설치하여 개혁을 주장하였다.

② 경상우병사인 백낙신의 수탈에 반발하여 일으킨 것이다.

③ 만적 등 천민의 신분 해방 운동을 촉진하는 요인이 되었다.

④ 홍경래의 지휘 아래 영세 농민, 중소 상인 등이 합세하였다.

 해설 ① 동학농민운동 1차 봉기(1894), ② 임술 농민 봉기(1862), ③ 만적의 신분 해방 운동(1198), ④ 홍경래의 난(1811)

정답 ②번

1 조선 후기의 농업에 관한 설명으로 옳지 않은 것은?

> ㉠ 종래의 직파법에서 이앙법으로 확대되었다.
> ㉡ 밭고랑에 곡식을 심는 농종법이 새로 보급되었다.
> ㉢ 담배, 인삼과 같은 상품작물이 재배되었다.
> ㉣ 소작료가 일정 액수에서 일정 비율로 변화되었다.
> ㉤ 농법 개량으로 노동력이 절감되어 광작이 성행하였다.

① ㉠, ㉡　　　　② ㉡, ㉣　　　　③ ㉡, ㉤　　　　④ ㉣, ㉤

해설 ㉡ 이랑에 심으면 농종법, 고랑에 심으면 견종법(골뿌림법), ㉣ 타조제(변동 세율) → 도조제(고정 세율)

2 정약용의 저서가 아닌 것을 모두 고르면?

> ㉠ 마과회통　　　　㉡ 경세유표　　　　㉢ 북학의
> ㉣ 아방강역고　　　　㉤ 흠흠신서　　　　㉥ 열하일기

① ㉠, ㉢　　　　② ㉠, ㉥　　　　③ ㉣, ㉤　　　　④ ㉢, ㉥

3 조선 후기 국토 연구에 관한 설명으로 옳지 않은 것은?

> ㉠ 동국지리지 – 역사 지리적 성격
> ㉡ 아방강역고 – 우리나라의 역대 강역에 대한 연구
> ㉢ 해동역사 – 자연환경과 풍속·인심 등 저술
> ㉣ 동국지도 – 최초로 100리 척 사용
> ㉤ 대동여지도 – 100리마다 눈금 표시

① ㉠, ㉢　　　　② ㉡, ㉣　　　　③ ㉢, ㉤　　　　④ ㉣, ㉤

해설 ㉢ 택리지, ㉤ 대동여지도는 거리를 알 수 있도록 10리마다 눈금이 표시되었다.

정답 | 1 ② 2 ④ 3 ③

4 조선 후기 경제상에 관한 설명으로 옳지 않은 것은?

> ㉠ 민간인에게 광산 채굴을 허용하고 세금을 징수하였다.
> ㉡ 청나라와의 관무역은 활발하였으나 사무역은 금지되었다.
> ㉢ 포구를 거점으로 선상, 객주, 여각 등이 활발한 상행위를 하였다.
> ㉣ 보부상은 생산자와 소비자를 이어주는 역할을 하였다.
> ㉤ 화폐 사용이 활발해졌으나 전황(錢荒)은 발생하지 않았다.

① ㉠, ㉤　　　　② ㉡, ㉢　　　　③ ㉡, ㉣　　　　④ ㉡, ㉤

5 조선 후기 사회 모습에 관한 설명으로 옳지 않은 것은?

> ㉠ 경제적으로 몰락한 양반들은 잔반이 되었다.
> ㉡ 경제력을 갖춘 부농층이 향촌 사회에서 영향력을 강화하였다.
> ㉢ 서얼 출신들이 규장각 검서관으로 등용되기도 하였다.
> ㉣ 혼인 후 남자가 여자 집에서 생활하는 경우가 많았다.
> ㉤ 신앙 조직의 성격을 지닌 향도가 매향 활동을 주도하였다.

① ㉠, ㉢　　　　② ㉡, ㉣　　　　③ ㉢, ㉣　　　　④ ㉣, ㉤

 ㉣ 조선 중기까지 남자가 여자 집에서 혼례를 하고 처가에서 살다가, 자녀가 성장하면 본가로 돌아오는 남귀여가(男歸女家)의 풍속이 잔존하였다. ㉤ 향도는 향약이나 두레 등에 그 역할이 넘어갔다.

6 조선 후기 역사 연구에 관한 설명으로 옳지 않은 것은?

> ㉠ 동사강목 – 고려에서 병자호란까지의 역사
> ㉡ 연려실기술 – 조선의 문화와 정치 정리
> ㉢ 해동역사 – 단군조선에서 고려까지의 역사
> ㉣ 동사 – 발해사 연구 심화
> ㉤ 금석과안록 – 황초령비와 북한산비의 두 비문을 판독 · 고증

① ㉠, ㉢　　　　② ㉠, ㉣　　　　③ ㉢, ㉣　　　　④ ㉣, ㉤

 ㉠ 동사강목(안정복) : 고조선 건국 이전 동이족부터 고려까지의 역사, ㉣ 발해고(유득공)

7 실학자와 그 주장이 잘못 연결된 것은?

① 이수광 – 폐전론　　② 유형원 – 균전론　　③ 이익 – 한전론　　④ 정약용 – 여전론

정답　4 ④　5 ④　6 ②　7 ①

8 경세치용 실학자의 토지개혁안이 공통적으로 지향했던 목표는?

① 권력에서 소외된 남인의 경제 기반 보장

② 상품화폐경제의 발달

③ 자영농 육성을 통한 농민 생활 안정

④ 농기구와 시비법의 개량

9 조선 후기 의학서에 관한 설명으로 옳은 것을 모두 고르면?

> ㉠ 동의보감 – 일본 의학 발전에 영향
> ㉡ 침구경험방 – 홍역 치료법과 종두법을 소개
> ㉢ 마과회통 – 현존하는 가장 오래된 의학 서적
> ㉣ 동의수세보원 – 사상의학 확립

① ㉠, ㉡   ② ㉠, ㉣   ③ ㉡, ㉢   ④ ㉢, ㉣

 해설 ㉡ 마과회통, ㉢ 향약구급방(고려의 독창적인 처방과 약재 소개)

10 조선 후기의 농업 분야에 관한 설명으로 옳지 않은 것은?

> ㉠ 상품작물의 재배   ㉡ 광작의 발달   ㉢ 이앙법 · 견종법의 확대
> ㉣ 직파법의 일반화   ㉤ 우경에 의한 심경법의 발달

① ㉠, ㉤   ② ㉡, ㉣   ③ ㉢, ㉣   ④ ㉣, ㉤

11 임술 농민 봉기에 관한 설명으로 옳지 않은 것은?

> ㉠ 삼정의 문란과 탐관오리의 착취가 원인이었다.
> ㉡ 신분 해방을 내세우며 봉기하였다.
> ㉢ 정주성 싸움에서 패배 후 관군에 진압되었다.
> ㉣ 농민들이 각성하는 계기가 되었다.
> ㉤ 진주의 봉기를 계기로 봉기가 전국으로 확산되었다.

① ㉠, ㉤   ② ㉡, ㉢   ③ ㉢, ㉣   ④ ㉣, ㉤

정답 8 ③ 9 ② 10 ④ 11 ②

12 조선 후기의 경제에 관한 설명으로 옳지 않은 것은?

① 광작이 발달하여 농민 대다수가 부를 축적하였다.

② 민영 수공업이 주류를 이루었다.

③ 잠채의 성행으로 유랑민의 광산 집중 현상이 발생하였다.

④ 장시가 전국에 설치되었다.

13 정약용의 저술 중 주권재민의 왕도 정치를 제시한 것은?

① 목민심서   ② 탕론   ③ 경세유표   ④ 흠흠신서

 해설 ① 목민심서 : 지방행정제도 개혁론 제시, ③ 경세유표 : 중앙관제 개혁론 제시, ④ 흠흠신서 : 형정(刑政) 개혁론 제시

14 다음이 설명하는 인물을 순서대로 나열한 것은?

- (   ) : 수레와 선박의 이용을 주장
- (   ) : 소비를 우물에 비유하여 중요성을 강조

① 박제가, 박지원   ② 유형원, 정약용   ③ 박지원, 박제가   ④ 정약용, 유형원

15 다음 중 500여 종의 외국 자료를 인용하여 민족사 인식의 폭을 확대시킨 사서는?

① 동사강목   ② 발해고   ③ 해동역사   ④ 연려실기술

16 우리나라의 천주교 수용 과정에 대한 설명으로 옳지 않은 것은?

① 처음에는 서양 학문의 한 부분으로 천주교를 연구하였다.

② 이승훈이 청에서 서양인 신부에게 세례를 받고 돌아온 뒤에 조선 교회가 창설되었다.

③ 천주교는 서양인 선교사에 의해 직접 전래되었다.

④ 처음에는 양반과 중인들이 천주교를 믿었으나 점차 서민층과 여성들도 믿게 되었다.

 해설 한국 천주교는 외부 선교사의 전교 없이 교리를 공부해 스스로 신앙 공동체를 만들고 교회를 세운 특징이 있다.

정답 12 ①   13 ②   14 ③   15 ③   16 ③

6장 근대국가 수립 운동

1. 흥선대원군의 집권과 개항

1-1 흥선대원군의 내정 개혁

(1) 19세기 중엽의 국내외 정세

① 국내 : 세도정치의 폐단 → 세도정치와 삼정의 문란으로 국가재정 궁핍, 농민 봉기 발생, 동학·천주교 확산

② 국외 : 서양 세력에 의한 중국과 일본의 개항, 러시아의 남하, 조선 연안에 이양선 출몰 → 위기의식 확산

(2) 내정 개혁

목적 : **왕권 강화, 국가재정 확보, 민생 안정**

① 왕권 강화

(개) 안동 김씨 축출, 인재(다양한 정치 세력) 등용

(내) 비변사 폐지 : 의정부·삼군부 기능 회복, 중앙집권 체제의 안정

(대) 대전회통 편찬 : 통치 체제 정비

② 국가재정 확보

(개) 삼정(三政)의 개혁

㉮ 전정(田政) : **양전** 실시, 양반들의 토지겸병 금지 → 재정 확충

㉯ 군정(軍政) : **호포제** 실시(양반에게도 군포 징수)

㉰ 환곡(還穀) : **사창제** 실시(환곡제 폐지)

③ **서원 정리** : 면세와 면역의 혜택을 누리면서 붕당의 근거지로 변질, 농민을 가혹하게 수탈 → 47개소만 남기고 철폐

④ 경복궁 중건

(개) 목적 : 왕실의 권위 회복

㉴ 당백전 발행, 원납전 강제 징수, 도성 4대문 통행료 부과, 부역 동원 → 경제 혼란, 백성들의 불만 고조

(3) 개혁 정치에 대한 평가
① 긍정 : 정치 안정, 국가재정 확보, 농민 생활 안정에 기여
② 부정 : 서원 정리와 호포제 실시에 대한 양반들의 반발, 경복궁 중건으로 백성들의 고통 가중

1-2 서양 세력의 침투와 대응

(1) 통상 수교 거부 정책
병인박해 → 제너럴 셔먼 호 사건 → 병인양요 → 오페르트 도굴 사건 → 신미양요 → 척화비 건립
① **병인박해**(1866) : 러시아의 남하를 막기 위해 프랑스와 교섭 시도 실패, 양반 유생들의 천주교 금지 주장 → 9명의 프랑스 선교사와 8000여 명 천주교도 사형
② 제너럴 셔먼 호 사건(1866) : 통상을 요구하며 행패를 부리던 제너럴 셔먼 호를 평양 관민이 불사른 사건
③ 병인양요(1866) : 프랑스 함대의 강화도 침략 → **한성근(문수산성) 부대와 양헌수(정족산성) 부대가 격퇴** → 퇴각하던 프랑스군이 외규장각에 보관된 도서와 많은 문화재를 약탈함
④ 오페르트 도굴 사건(1868) : 대원군의 아버지 남연군 묘 도굴 시도 실패
⑤ 신미양요(1871) : 미국 함대의 강화도 침략 → 어재연(광성보) 부대가 격퇴, 미군 철수
⑥ 척화비(斥和碑) 건립(1871) : 통상 수교 거부 정책 재확인
• 일본의 통상 요구 거부 → 일본에서 정한론 대두

양요(洋擾)

구 분	병인양요(1866)	신미양요(1871)
원 인	병인박해(1866)	제너럴 셔먼 호 사건(1866)
발 생	프랑스 함대(로즈)의 강화도 침입	미국 함대(로저스)의 강화도 침입
격전지	문수산성(한성근), 정족산성(양헌수)	광성보(어재연)
결 과	프랑스군 격퇴(서양과 최초로 전투)	미군 격퇴(척화비 건립)

(2) 통상 수교 거부 정책에 대한 평가
① 의의 : **외세 침략을 막으려 한 자주적 성격**
② 한계 : **변화하는 세계 정세에 주체적으로 대응하지 못함**(근대화가 늦어짐)

2. 근대적 개혁의 추진

2-1 문호 개방과 개화 정책의 추진

(1) 강화도조약(조·일수호조규)의 체결(1876)

① 배경 : 흥선대원군 하야, 민씨 정권의 정책 변화, 통상개화론자의 성장 → **운요호 사건 (1875)** → 조선에 통상수교 강요

② 내용 : 조선의 자주국 규정(청의 영향력 배제 목적), 3개 항구(부산·원산·제물포) 개항, 해안측량권·치외법권(治外法權) 인정

③ 의의 : **최초의 근대적 조약, 불평등 조약**

④ 서양 열강과의 수교 : 미국(청 주선), 영국, 독일, 프랑스 등 → 치외법권, 최혜국 대우 규정

(2) 개화 정책의 추진과 반발(위정척사 운동, 임오군란)

① 개화파 형성 : 박규수·오경석·유홍기 등이 젊은 양반 자제들에게 서구 문물 전파 → 개항 전후로 형성

② 개혁 추진 : **통리기무아문**(1880, 최초의 근대식 행정 기구) → 개화파 등용, 신식 군대 [別技軍] 조직

③ 사절단 파견 : 일본(**수신사**·조사시찰단), 청(영선사), 미국(보빙사)

(3) 위정척사 운동의 전개

의의 : 반외세·반침략의 자주적 민족운동

① 1860년대 : 통상(通商) 반대 운동−이양선(異樣船) 출몰, 병인양요 → 척화주전론(이항 로·기정진)

② 1870년대 : 개항(開港) 반대 운동−신미양요, 강화도 조약을 앞두고 → 왜양일체론, 개항 불가론(최익현)

③ 1880년대 : 개화(開化) 반대 운동, 서양과 수교 반대−개화 정책 추진과 『조선책략』(황쭌 셴) 유포에 반발 → 영남만인소(이만손)

④ 1890년대 : 항일(抗日) 의병 운동−을미사변, 단발령(斷髮令)

(4) 임오군란(1882)

구식 군인에 대한 차별 대우

① 전개 : 구식 군인들이 봉기, 하층민들 가담 → 일본 공사관과 궁궐 습격 → 대원군의 재집 권 → 청의 개입과 대원군 납치 → 민씨세력 재집권

② 결과

    ㈎ 청 : **내정간섭 심화**(군사 · 외교 고문 파견), 청 상인의 특권 인정(조 · 청상민수륙무역 장정)

    ㈏ 일본 : **제물포조약 체결**(배상금 지불, 일본군의 서울 주둔, 사절단 파견−박영효 태극기 사용)

2-2   갑신정변

(1) 개화파의 분화

청과의 관계와 개화의 방법

① 온건 개화파 : 김홍집 · 김윤식−양무운동을 모델로 점진적 개혁 추구(전통 유교 사상을 지키고 서양의 과학기술 수용)

② 급진 개화파 : **김옥균** · 박영효 · 서광범 · 홍영식−**메이지유신**을 모델로 급진적 개혁 추구 (서양의 기술과 제도, 사상까지 적극적으로 받아들일 것을 주장)

(2) **갑신정변**(1894)

급진 개화파 주도

① 배경 : 청의 내정간섭 심화, 민씨 정권의 소극적인 개화 정책

② 목표 : 메이지유신을 모델로 **자주적 근대국가 수립**

③ 경과 : 우정총국 정변 → 14개조 정강 발표 → 3일 천하(백성들의 지지 부족, 청군의 개입으로 실패)

    ㈎ 14개조 정강 : 청과의 종속 관계 청산, 내각 제도 수립, 인민 평등권 보장, 지조법 개혁 등

    ㈏ 정치 : 청에 대한 사대 관계 폐지, 내각 중심의 정치 실시(입헌군주제 수립 시도), 근대적 경찰제 시행

    ㈐ 사회 : 문벌의 폐지, 인민 평등권 확립

    ㈑ 경제 : **지조법** 개혁, 혜상공국 철폐, 모든 재정의 **호조** 관할(재정의 일원화)

④ 결과 : 일본에 배상금 지불(**한성조약**−공사관 신축 비용 지불), 청과 일본 간의 **톈진조약** (청 · 일 군대 철수, 파병 시 서로 사전 통보 약속) 체결, 청의 내정간섭 더욱 심화(친청 보수 정권의 장기 집권), 청 · 일의 경제 침략 가속화

    ㈎ 청 : 임오군란 진압을 계기로 군대를 주둔시키고 내정을 간섭, 일본의 세력 진출을 견제

    ㈏ 일본 : 갑신정변 때 정치적 진출이 위축되자 경제적 침략을 강화

⑤ 의의 : 근대국가 건설을 목표로 한 최초의 정치 개혁(위로부터의 개혁)

⑥ 한계 : 개화당의 세력 기반 미약 → 일본의 군사력에 의존, 토지개혁 소홀 → 민중의 지지를 받지 못함

(3) 조선을 둘러싼 열강의 대립

① 거문도 사건(1885) : 러시아 견제를 목적으로 영국이 거문도를 불법으로 점령
② 중립화론 제기 : **한반도를 둘러싼 열강의 대립 격화** → 부들러 · 유길준이 조선 중립화론 제기

2-3 동학농민운동과 갑오개혁

(1) 농민층의 동요와 동학의 확산

① 개항 이후 : 청 · 일 상인들의 경제 침탈 → 국내 상인들의 상권 위협
② **방곡령(1889)** : 식량이 부족해질 경우, 지방관이 곡식의 수출을 일시적으로 금지하는 명령
　(가) 내용 : 일본 상인들의 경제적 침투로 쌀 부족 현상 → 함경도 · 황해도 지방 관리가 방곡령 선포 → 일본의 배상 강요(규정 위반 주장) → 배상금 지불
　(나) 결과 : 일본 배척 기운 확산, 정부의 무능한 대응으로 불만 증대
③ 동학 확산 : 신앙의 자유, 외세 배척, 탐관오리 처벌 요구(**보은집회**−1893)

(2) 동학농민운동(1894)

① 배경 : 일본의 경제적 침투로 농촌 경제 파탄, 농민의 정치 · 사회의식 급성장 → 사회변혁의 요구 고조
② 전개
　(가) 고부 봉기 : 고부 군수 조병갑의 횡포 → 전봉준이 농민을 이끌고 관아 습격 → 정부가 농민에게 책임 전가(정부의 수습 미흡) → 전봉준 · 김개남 등이 농민군 조직(보국안민 · 제폭구민)
　(나) 1차 봉기(**반봉건**) : **황토현과 황룡촌 등지에서 관군 격퇴** → 전주성 점령 → 정부가 청에 원군 요청, 일본도 군대 파견 → 전주화약 체결 → 폐정개혁 12개조 건의, **집강소 설치** (전라도 53개 고을에 설치한 자치 기구)
　(다) 2차 봉기(**반외세**) : 일본의 침략과 내정간섭 노골화 → 농민군 재봉기 → 우금치 전투 패배 → 전봉준의 체포 · 처형, 운동의 좌절
③ 성격 : 아래로부터의 **반봉건적 · 반침략적 근대 지향 운동**, 갑오개혁과 의병 운동에 영향
④ 영향 : 일부 개혁안이 갑오개혁에 반영, 농민군이 항일 의병 투쟁에 가담

> 고부 봉기(1894. 1. 10) → 황토현 전투 승리(1894. 4. 7) → 전주성 점령(1894. 4. 27) → 청군 상륙(1894. 5. 5) → 일본군 상륙(1894. 5. 6) → 전주 화약(1894. 5. 7−정부와 농민군의 폐정개혁 합의, 집강소 설치) → 일본군의 경복궁 침입(1894. 6. 21) → 재봉기 → 우금치 전투 패배(1984. 11) → 전봉준 체포(1984. 12. 2)

(3) 갑오개혁(1894)

① 제1차 갑오개혁

(가) 배경 : 교정청 설치(조선 정부의 독자적 개혁 추진 기구) → 일본군의 경복궁 점령, 김홍집 내각 성립 → **군국기무처 설치**(교정청 폐지)

(나) 내용

㉮ 정치 : 개국(開國) 기원 사용, **과거제 폐지**, 국왕의 전제권 강화

㉯ 경제 : 재정 기관 일원화(**탁지아문**), 조세의 금납화, 화폐의 **은본위제** 채택, 도량형 통일

㉰ 사회 : **신분제 철폐**, 연좌법 폐지, 조혼 금지 및 과부 재가 허용, 재판소 설치

② 제2차 갑오개혁

(가) 배경 : 일본의 내정간섭 심화 → 군국기무처 폐지 → 김홍집 · 박영효 연립내각 구성, **홍범 14조**(우리나라 최초의 근대적 헌법의 성격) 반포

(나) 내용

㉮ 정치 : 의정부를 내각으로 개편, 8도를 23부로 개편, 각 아문의 명칭을 부로 변경, 재판소 설치 → 사법제도의 근대화 추구

㉯ 교육 : 교육 입국 조서 발표 → 한성사범학교 · 외국어학교 설립, 근대적 교육제도 마련

2-4 을미사변과 을미개혁(제3차 개혁)

(1) 을미사변(1895)

① 청 · 일전쟁(1894~95) → 일본 승리(조선에 대한 청의 종주권 포기), 랴오둥 반도 차지 (1895−시모노세키 조약)

② 삼국 간섭 : 러시아 · 독일 · 프랑스가 일본에게 랴오둥 반도 반환을 요구 → 일본의 굴복 → 국내에 친러 세력의 성장(제3차 김홍집 내각) → 일본이 세력 만회를 위해 명성황후 살해(을미사변−미우라 공사) → 제4차 김홍집 내각(친일)

(2) 을미개혁(1895)

을미사변 후 중단된 개혁 추진 : 양력 사용, 종두법 시행, 우편제도 실시, 건양 연호(태양력을 세운다) 제정, **단발령**(전통 단절−한국인의 민족정신 약화 목적) 발표

① 을미의병(이소응−춘천, 유인석−제천) 전개 : 국왕이 해산 권고, 단발령 취소 → 자진 해산(한말 최초의 의병)

② 아관파천(1896) : 고종이 러시아 공사관으로 거처를 옮김 → 김홍집 내각 붕괴, 을미개혁 중단, 열강의 **이권 침탈**(운산 금광−"No Touch" 노다지)

• 경인선 부설권 : 미국(1896) → 일본(1897)

(3) 갑오 · 을미개혁에 대한 평가

① 긍정 : 갑신정변과 동학농민운동의 요구 일부 수용, 근대적 개혁

② 부정 : 군사 면의 개혁과 토지제도의 개혁 미비 → 백성의 지지를 받지 못함

연호 변천

갑오개혁(1894)	• 개국 기원(開國紀元) 사용(1894년을 개국 503년으로 산정) • 청나라 덕종(德宗)의 연호인 광서(光緒)를 사용하지 않음 : 중국과의 관계 청산 의미, 결과적으로는 한반도에서의 일본의 우위를 상징
을미개혁(1895)	건양(建陽)
대한제국(1897)	광무(光武)
순종 즉위(1907)	융희(隆熙)

1 조선 후기의 사회문제와 정부의 개선책이 옳지 않은 것은?

① 전세의 문란 – 양전 실시

② 환곡의 폐단 – 사창제

③ 군역의 폐단 – 호포제

④ 토지의 겸병 – 대동법

2 흥선대원군의 내정 개혁으로 옳지 않은 것을 모두 고르면?

> ㉠ 안동 김씨 세력 축출
>
> ㉡ 문벌을 가리지 않고 능력에 따라 인재 등용
>
> ㉢ 통치 규범 재정비를 위한 대진통편 편찬
>
> ㉣ 서원을 47개소만 남기고 철폐
>
> ㉤ 중인에게도 군포 징수

① ㉠, ㉢　　　　② ㉡, ㉣　　　　③ ㉢, ㉣　　　　④ ㉢, ㉤

 해설 ㉣ 모든 서원을 철폐한 것이 아니다. ㉤ 군정의 폐단을 시정하기 위해 호포제를 실시하여 양반에게도 군포를 징수하였다.

3 1882년 체결한 조미수호통상조약의 내용이 아닌 것은?

> ㉠ 치외법권 허용　　㉡ 관세권 인정　　㉢ 최혜국 대우 허용
>
> ㉣ 3개 항구 개항　　㉤ 외국과 맺은 최초의 근대적 조약

① ㉠, ㉢　　　　② ㉡, ㉢　　　　③ ㉢, ㉤　　　　④ ㉣, ㉤

 해설 조미수호통상조약(1882) : 조선과 서양이 맺은 최초의 조약, 불평등 조약(치외법권 인정), 거중 조정 조항(조선이 다른 나라와 분쟁에 휘말렸을 때 미국이 중간에서 중재자 역할), 최초로 관세권 인정, 최초로 방곡령 규정 포함, 최초로 최혜국 대우 규정 포함

4 태양력 사용 및 단발령 발표와 관련된 것은?

① 갑오개혁　　　② 을미개혁　　　③ 광무개혁　　　④ 폐정개혁안

정답　1 ④　2 ④　3 ④　4 ②

5 갑신정변 개혁정강 14개조의 내용이 아닌 것은?

> ⊙ 청과의 사대 관계 폐지　　　⊙ 의회 설립과 입헌군주제 지향
> ⊙ 능력에 따른 인재 등용　　　⊙ 지조법 실시
> ⊙ 탁지아문으로 재정 일원화　　⊙ 혜상공국 폐지

① ㉠, ㉡　　　　② ㉡, ㉣　　　　③ ㉡, ㉤　　　　④ ㉡, ㉥

 해설　㉡ 의회 설립은 독립협회와 관련된 내용이다. ㉤ 호조로 재정 일원화하였다.

6 동학농민운동 때 일어난 일들이 순서대로 바르게 나열된 것은?

> ⊙ 전주 화약　　　　⊙ 우금치 전투　　　　⊙ 황토현 전투
> ⊙ 청ㆍ일전쟁 발발　⊙ 고부 농민 봉기

① ㉠ → ㉢ → ㉤ → ㉣ → ㉡　　　② ㉢ → ㉠ → ㉣ → ㉤ → ㉡
③ ㉢ → ㉣ → ㉡ → ㉠ → ㉤　　　④ ㉤ → ㉢ → ㉠ → ㉣ → ㉡

7 동학농민운동에 관한 설명으로 옳지 않은 것은?

① 아래로부터의 반봉건ㆍ반침략적 민족운동이었다.

② 갑오개혁과 청일전쟁의 계기가 되었다.

③ 정부와 전주 화약을 맺은 후 전국 각지에 집강소를 설치했다.

④ 젊은 과부의 재혼을 허락하였다.

 해설　집강소 : 동학 농민군이 전주성을 점령한 뒤 호남 지방의 각 군현에 설치한 농민 자치 기구

8 갑오개혁에 관한 설명으로 옳은 것은?

> ⊙ 신분제 철폐　　　⊙ 금본위 화폐제도　　　⊙ 조세의 금납화
> ⊙ 왕권의 강화　　　⊙ 군국기무처의 재정 관할　⊙ 헌의 6조 반포

① ㉠, ㉡　　　　② ㉠, ㉢　　　　③ ㉢, ㉣　　　　④ ㉣, ㉥

 해설　갑오개혁(1894) : 내각의 권한 강화, 왕권의 제한, 신분제 철폐, 과거제도의 폐지, 사법권의 독립, 은본위 화폐제도, 탁지아문의 국가재정 관할, 홍범 14조 반포

정답　**5** ③　**6** ④　**7** ③　**8** ②

9 고종이 러시아 공사관에 머무는 동안 일어난 열강의 이권 침탈으로 옳지 않은 것은?

① 러시아-울릉도 삼림 채벌권　　　　② 미국-은산 금광 채굴권

③ 프랑스-경의선 부설권　　　　　　④ 미국-전등·전화·전차 부설권

 해설　운산 금광 채굴권(미국, 1896), 은산 금광 채굴권(영국, 1900), 경인선 부설권(미국, 1896 → 일본, 1897),
경부선 부설권(일본, 1898), 경의선 부설권(프랑스, 1896 → 일본, 1904)

10 다음 조선의 법전을 시대순으로 바르게 나열한 것은?

> ㉠ 경국대전　　㉡ 조선경국전　　㉢ 대전회통　　㉣ 대전통편　　㉤ 속대전

① ㉠ → ㉡ → ㉢ → ㉣ → ㉤　　　　② ㉠ → ㉡ → ㉢ → ㉣ → ㉤

③ ㉡ → ㉠ → ㉣ → ㉤ → ㉢　　　　④ ㉡ → ㉠ → ㉤ → ㉣ → ㉢

 해설　㉠ 세조~성종, ㉡ 정도전, ㉢ 흥선대원군, ㉣ 정조, ㉤ 영조

11 흥선대원군의 통상 수교 거부 정책을 순서대로 바르게 나열한 것은?

> ㉠ 신미양요　　　　㉡ 오페르트 도굴 사건　　　㉢ 병인박해
> ㉣ 제너럴 셔먼 호 사건　㉤ 병인양요　　　　　　㉥ 척화비 건립

① ㉢ → ㉣ → ㉤ → ㉠ → ㉡ → ㉥　　② ㉢ → ㉣ → ㉤ → ㉡ → ㉠ → ㉥

③ ㉢ → ㉤ → ㉡ → ㉣ → ㉠ → ㉥　　④ ㉢ → ㉤ → ㉣ → ㉠ → ㉡ → ㉥

12 강화도조약에 관한 설명으로 옳지 않은 것을 모두 고르면?

> ㉠ 외국과 맺은 최초의 근대적 조약　　㉡ 러시아의 종주권을 배제하기 위한 목적
> ㉢ 일본의 조선 해안 측량 허용　　　　㉣ 부산, 원산, 진포 개항
> ㉤ 직접적 배경은 운요호 사건　　　　㉥ 치외법권 불인정

① ㉡, ㉣, ㉤　　　② ㉡, ㉢, ㉣　　　③ ㉡, ㉣, ㉥　　　④ ㉣, ㉤, ㉥

정답　9 ②　10 ④　11 ②　12 ③

13 강화도조약 체결 후 조선 정부에서 외국에 파견한 시찰단이 아닌 것은?

① 수신사   ② 조사시찰단   ③ 통신사   ④ 영선사

14 책 이름과 주요 여행국이 잘못 연결된 것은?

① 왕오천축국전 – 인도   ② 해동제국기 – 일본
③ 열하일기 – 중국   ④ 서유견문 – 중국

 왕오천축국전(혜초), 해동제국기(신숙주), 열하일기(박지원), 서유견문(유길준 – 미국 · 유럽)

15 다음에서 설명하고 있는 기구는?

> ㉠ 1880년(고종 17)에 청나라 제도를 모방하여 군국기무(軍國機務)를 총괄하던 관청으로,
> 그 아래 12사를 두어 외교, 통상, 재정 등의 개화 행정을 추진
> ㉡ 동학농민운동 이후 농민들이 제기한 문제를 정부가 독자적으로 개혁하기 위해 설치한
> 관청으로 주로 조세개혁을 결정

	㉠	㉡		㉠	㉡
①	군국기무처	교정청	②	군국기무처	집강소
③	통리기무아문	교정청	④	통리기무아문	집강소

16 다음은 1895년에 있었던 사건들이다. 순서대로 바르게 나열한 것은?

> ㉠ 청일전쟁   ㉡ 을미의병   ㉢ 삼국 간섭   ㉣ 을미개혁   ㉤ 을미사변

① ㉠ → ㉢ → ㉤ → ㉣ → ㉡   ② ㉢ → ㉠ → ㉣ → ㉤ → ㉡
③ ㉢ → ㉣ → ㉡ → ㉠ → ㉤   ④ ㉤ → ㉢ → ㉠ → ㉣ → ㉡

 삼국 간섭 후 일본 세력 약화 → 제3차 김홍집 내각(친러) → 을미사변 → 제4차 김홍집 내각(친일)

17 다음 사건들의 개혁 내용으로 옳은 것은?

> • 갑신정변   • 동학농민운동   • 갑오개혁

① 재정의 일원화   ② 신분제도 폐지   ③ 토지 균등 분배   ④ 의회정치 도입

정답   13 ③   14 ④   15 ③   16 ①   17 ②

18 조선시대를 배경으로 한 사극의 여주인공들이 활약한 시기를 순서대로 나열하면?

> ㉠ 장희빈   ㉡ 대장금   ㉢ 명성황후   ㉣ 신사임당   ㉤ 덕혜옹주

① ㉡ → ㉠ → ㉣ → ㉢ → ㉤ 　　　② ㉡ → ㉣ → ㉠ → ㉢ → ㉤

③ ㉣ → ㉠ → ㉡ → ㉢ → ㉤ 　　　④ ㉣ → ㉡ → ㉠ → ㉢ → ㉤

 ㉡ 서장금 : 중종 대의 의녀, ㉣ 신인선 : 명종 대의 문인·화가·작가, ㉠ 장옥정 : 숙종의 빈, ㉢ 민자영 : 고종의 왕비, ㉤ 이덕혜 : 고종과 귀인 양씨의 딸

19 흥선대원군의 통상 수교 거부 정책을 백성들이 지지한 시대적 배경으로 옳지 않은 것은?

① 오페르트 도굴 사건

② 중국을 무너뜨린 서양에 대한 두려움

③ 미국 상선 제너럴 셔먼 호 사건

④ 천주교의 내세사상과 평등사상

 ④ 제사를 거부하는 천주교의 교리에 대한 설명이다.

20 강화도조약 체결 이후 정부의 개화 정책으로 옳지 않은 것은?

① 일본에 김기수, 김홍집을 수신사로 파견하였다.

② 일본에서 들여온 근대 무기로 별기군을 조직하였다.

③ 개화 정책을 추진하기 위해 통리기무아문을 설치하였다.

④ 유생들을 중심으로 우리 문화를 지키려는 위정척사 운동을 전개하였다.

21 다음 사건들과 공통적으로 관계되는 나라는?

> • 거문도 사건   • 삼국 간섭   • 아관파천

① 영국   　　② 러시아   　　③ 일본   　　④ 독일

정답 18 ② 19 ④ 20 ④ 21 ②

3. 국권 수호 운동

3-1 독립협회와 대한제국

(1) 독립협회의 활동

① 창립(1896. 7) : 서재필, 정부 고관, 지식인 등이 주도

② 활동 : 자주 국권, 자유 민권, 국민 참정권 운동 → 의회 설립과 서구식 입헌군주제 실현을 목표(공화정×)

㉮ 민중 계몽 : **독립신문 발간(1896. 4. 7−최초 민간 신문)**, 독립협회 창립(전국에 지회 설립), 독립문 · 독립관 건립, 강연회 · 토론회 개최 → 자주독립 의식 고취

㉯ 자주 국권 : **만민공동회 개최(1898)**−러시아의 내정간섭과 이권 요구 규탄

• 러시아의 절영도 조차 요구 저지 : 주로 러시아의 이권 침탈만 저지했다는 한계점

㉰ 자유 민권 : 국민 참정권 운동 전개

㉱ 자강 개혁 : **관민공동회 개최(1898. 10)**−**헌의 6조** 제시 → 근대적 의회 설립 추진(중추원 관제 반포)

• 헌의 6조 : 국가 재정을 **탁지부**에서 전관하고, 예산을 국민에게 공포

③ 해산(1898. 12) : 보수 세력(황국협회)의 모함(공화국 추진설 유포) → 국왕의 해산 명령

④ 의의 : 민중 계몽에 노력(자유 민권 신장, 자주독립 의식 확산), 주권 수호 노력

(2) 대한제국과 광무개혁

① 고종의 환궁 : 아관파천 1년 후 환궁(경운궁)하여 황제 즉위(국호−대한제국, 연호−광무)

② 광무개혁 : **구본신참(舊本新參) 원칙, 점진적 개혁 추구**

㉮ 정치 : 대한국 국제 반포(1899) → 자주독립 국가, 전제 황권 강화 표방

㉯ 경제 : 양전 사업, 지계 발급 → 토지 매매 가능, 상공업 진흥책 실시, 교통 · 통신 정비

㉰ 군사 : 원수부 설치(황제가 직접 육 · 해군 통솔), 중앙의 시위대와 지방의 진위대 증강, 무관학교 설립(장교 양성)

③ 결과 : 이전의 개혁에서는 못했던 군제 개혁이 실시되었으나, 지배층의 보수적 성향과 열강의 간섭으로 효과 미약

3-2 간도와 독도

(1) 간도

① 국경 문제 : 만주 지역에 대한 청의 성역화, 우리나라 사람들의 정착 → 분쟁 발생 → **백두산정계비 건립으로 국경선 확정(1712−숙종)** → 19세기 이후 청과 분쟁

② 간도 귀속 문제 : 간도협약(1909) - 일본이 안동(단둥)~봉천(선양) 간 철도 부설권을 얻는 대가로 청의 영토로 인정(일본은 남만주에서 세력을 확보하여 만주를 침략하기 위해 안봉선 철도가 필요했음)

(2) 독도

삼국시대 이래 우리 영토 → 조선 후기에는 육지 주민을 울릉도로 이주시키고 관리 파견, 숙종 때 안용복이 일본에 건너가 조선 영토임을 확인 → 대한제국 때 **울릉도를 군으로 승격하고 독도를 관할**(대한제국 칙령 제41호) → 러 · 일전쟁 중 **일본이 불법으로 자국 영토로 편입**(1905 - 시마네현 고시 제40호)

3-3 일제의 국권 침탈

(1) 러 · 일전쟁(1904~05)

① 배경 : 러시아의 남하정책 vs 일본(영 · 일동맹 체결) → 대한제국은 중립 선언 → 일본은 러 · 일전쟁 강행, 조선에 **한 · 일의정서**(군사 요충지 사용 허용) 강요

② 경과 : 일본의 우세 - **제1차 한 · 일협약 강요**(외국인 고문 임명하여 내정간섭 심화) → **가쓰라 · 태프트 밀약 체결**(미국의 필리핀 지배와 일본의 한국 지배 승인) → 제2차 영 · 일동맹 체결 → 러 · 일전쟁 승리 → **포츠머스 조약 체결**(1905 - 한국에 대한 일본의 독자적 지배권 승인)

(2) 을사늑약(제2차 한 · 일협약)

① 대한제국의 외교권 박탈, 통감부 설치

② 저항 : 장지연 항일논설(황성신문 - 시일야방성대곡), 민영환 · 조병세 자결, 상인 철시, 학생 휴학, 조약 반대 상소, 을사의병 봉기, 의거 활동, 고종의 조약 무효 선언(헤이그 특사 파견 - 이준 · 이상설 · 이위종)
- 의거 활동 : 정명운 · 장인환(스티븐스 사살), 안중근(이토 히로부미 사살), 이재명(이완용 처단 시도), 나철 · 오기호(5적 암살단 조직 - 박제순 · 이지용 · 이근택 · 이완용 · 권중현)

③ **무효의 근거** : 조약문에 국새가 찍혀있지 않음, 고종은 끝까지 조약안을 거부하여 비준하지 않음

(3) 고종의 퇴위와 한일병합

헤이그 특사 파견(만국평화회의) → 고종 강제 퇴위(1907. 7) → **한 · 일 신협약** 체결(1907 - 정미7조약, 차관정치) → 군대 해산(1907. 8. 시위대 제1대대장 박승환 자결) → 사법권(1909 - 기유각서)과 경찰권(1910 - 경찰권 위탁각서) 박탈 → 한 · 일병합조약(1910. 8 - 이완용 & 데라우치)

- 일진회(1904~10) : 송병준·이용구 등이 조직한 친일 단체. 을사조약 체결을 요구하는 선언서를 발표하고, 국채보상운동의 책임을 물어 고종의 퇴위를 강요하였으며, 순종에게 일본과의 합방을 요구하는 등 매국 행위를 일삼았음

3-4 국권 수호 운동의 전개

(1) 항일 의병 운동

① 을미의병(1895) : 을미사변, 단발령 – **유인석**·이소응, 근대 최초의 항일 의병

② 을사의병(1905) : 을사조약 – 유생 의병장(**민종식·최익현**), 평민 출신 의병장(**신돌석**)

③ 정미의병(1907) : 고종 강제 퇴위, 군대 해산 – **해산 군인의 합류로 전투력 강화** → 13도 창의군 결성(총대장 – 이인영, 군사장 – 허위) → **서울 진공작전 전개**(1908) → 동대문 밖 30리까지 진출하였으나 실패

④ 의병 전쟁의 위축 : 호남을 중심으로 전개 → 일본군의 남한 대토벌 작전 → 간도·연해주로 이동

- 채응언 : 마지막 의병장, 1915년까지 서북지방을 무대로 활동

⑤ 한계 : 양반 유생층의 전통적 지배 질서 고집

⑥ 의의 : 국권 회복 위한 무장투쟁 주도, 항일 무장 독립 투쟁의 기반

(2) 애국 계몽 운동

교육과 산업의 진흥을 통한 부국강병 추구 → 민족 독립운동의 이념과 전략 제시, 장기적 독립운동의 기반 마련

① **보안회**(1904) : 독립협회 이후 최초, 일본의 황무지 개간권 요구 저지

② 헌정연구회(1905) : 근대적 입헌 의회 제도 도입 주장

③ 대한자강회(1905) : 모체는 헌정연구회. 교육과 산업 진흥, 고종의 강제 퇴위 반대 운동 전개 → 통감부에 의해 강제해산

④ 신민회의 활동(1907~1911) : 국권 회복을 위한 항일 비밀결사, 안창호·이승훈·양기탁 주도

(가) 목표 : **국권 회복, 공화정에 바탕을 둔 근대 국민국가 건설**

(나) 활동 : 대성학교(안창호)·오산학교(이승훈) 설립, 자기회사·태극서관 운영, **대한매일신보 발간**, 독립운동 기지 건설(만주 삼원보에 신흥학교를 세워 독립군 양성) → 105인 사건으로 해체

⑤ **국채보상운동**(1907) : 경제적 자주성을 회복하려는 민족운동의 성격

(가) 배경 : 각종 근대 시설 설치에 필요한 비용을 일본 정부로부터 차관을 얻도록 강요

(나) 활동 : 일본에 진 빚을 국민의 힘으로 갚기 위해 서상돈이 대구에서 시작 → 국채보상기성회 조직 → 금연 · 금주로 성금 모금 → 통감부의 방해로 실패

민족운동의 두 흐름

구 분	항일 의병 운동	애국 계몽 운동
주도 세력	유생층, 해산 군인, 농민	개화 지식인, 시민층, 학생
성 격	위정척사 사상, 반외세 · 반제국주의 운동	개화사상 계승, 실력 양성론, 국민주권론
항일운동	을미 · 을사 · 정미의병	국권 회복 운동, 계몽 운동

최신기출 2016. 4. 9 시행

신민회의 활동으로 옳은 것을 모두 고른 것은?

> ㉠ 만민공동회 개최 ㉡ 연통제 실시
> ㉢ 대성학교 설립 ㉣ 독립군 기지 건설

① ㉠, ㉡ ② ㉠, ㉢ ③ ㉡, ㉣ ④ ㉢, ㉣

해설 ㉠ 독립협회의 자주 국권 운동, ㉡ 대한민국 임시정부의 비밀 행정조직 **정답 ④번**

3-5 개항 이후 사회 · 문화의 변화

(1) 사회제도의 변화와 근대 의식의 성장

① 근대 교육

(가) 사립 : **원산학사**(1883 – **최초의 근대적 사립학교**, 함남 덕원 주민의 자발적 설립), 선교사들의 학교 설립(이화학당 · 배재학당)

(나) 공립 : 동문학(1883 – 통역 양성), 육영공원(1886 – 서양 학문 교육)

② 언론 활동

(가) 한성순보 : 최초 신문(1883), 정부가 개화 정책을 알리기 위해 간행(박문국)

(나) **독립신문** : 독립협회에서 발간, 최초 민간 신문, 한글과 영문으로 간행

(다) 제국신문 : 한글 위주, 서민과 부녀자 대상

(라) **황성신문** : 시일야방성대곡(장지연) 게재, 국한문 혼용

(마) **대한매일신보**(1904.7) : 양기탁 + 베델[裵說], 항일운동에 관한 기사를 실음
- 을사조약의 무효 주장, 고종의 친서 게재, 항일 언론 활동을 활발히 전개, 1907년 국채보상운동을 적극 후원, 황무지 개간권 요구 반대 운동

③ 국학 운동

   ㈎ 국어 : 국문연구소 설립(1907 – 지석영 · 주시경)

   ㈏ 국사 : 영웅전, 외국 독립운동사 등을 번역. **신채호 – 독사신론**(민족주의 역사학의 연구 방향 제시), **박은식 – 역사의식 고취**

(2) 근대 문물의 수용과 생활 · 문예 · 종교의 변화

① 근대 시설의 도입

   ㈎ 교통 : 전차 운행(한성전기회사), 철도 부설(경인선 · 경부선 · 경의선) → 이권 침탈, 침략 목적에 이용

   ㈏ 통신 : 전신 · 전화 가설(궁궐과 정부 건물 사이에 전화 설치), 우편제도(우정총국 설립)

   ㈐ 전기 : 전등 가설(1887 – 경복궁), 가로등 등장

   ㈑ 의료 : 광혜원(→ 제중원 – 1885), 경성 의학교, 세브란스 병원 → 국민 보건 향상

   ㈒ 건축 : 명동 성당(고딕식), 덕수궁 석조전(르네상스식), 독립문(개선문 모델)

② 생활 모습의 변화 : 양복 확산, 서양 음식 · 건축물 전파

③ 문예와 종교계의 변화

   ㈎ 문학 : 신소설(혈의 누, 자유종), 신체시(해에게서 소년에게), 외국 문학 번역

   ㈏ 예술

      ㉮ 음악 : 창가 유행, 판소리 체계화

      ㉯ 연극 : 원각사 설립(서양식 극장, 은세계 · 치악산 … 공연) 및 민속 가면극 성행

      ㉰ 미술 : 서양식 유화, 전통적인 동양화의 발전

   ㈐ 종교계

      ㉮ 천주교 : 1880년대 선교의 자유 획득, 사회사업

      ㉯ 개신교 : 교육 · 의료 사업, 천도교 – 손병희 활동, 불교 – 한용운의 조선 불교 유신론

      ㉰ 대종교 : 나철과 오기호가 단군 신앙을 기반으로 창시, 항일운동에 참여

1 독립협회에 관한 설명으로 옳지 않은 것은?

> ㉠ 개화파 지식인들이 중심이 되어 조직되었다.
> ㉡ 회원 자격에 제한이 없어 사회적으로 천대받던 계층도 가입하였다.
> ㉢ 중국 사신을 맞던 영은문을 헐고 독립관을 세웠다.
> ㉣ 근대적인 의회정치의 실시를 건의하였다.
> ㉤ 황국협회와 협력하여 개혁을 추구하였다.

① ㉡, ㉢　　　　② ㉢, ㉣　　　　③ ㉢, ㉤　　　　④ ㉣, ㉤

2 독도에 관한 설명으로 옳지 않은 것은?

> ㉠ 신라 지증왕 때 우리 영토에 편입되었다.
> ㉡ 세종 때 울릉도민을 본토로 이주시키면서 관리가 소홀하기도 했다.
> ㉢ 숙종 때 안용복이 일본에 가서 우리 영토임을 확인시켰다.
> ㉣ 개항 이후 울릉도에 관청을 두고 독도까지 관할하였다.
> ㉤ 청일전쟁 중에 일본이 자국의 영토로 강제 편입하였다.

① ㉠, ㉣　　　　② ㉡, ㉣　　　　③ ㉡, ㉤　　　　④ ㉣, ㉤

해설　㉡ 태종, ㉤ 러일전쟁

3 한말 사용한 연호를 순서대로 배열하면?

> ㉠ 개국 기원　　㉡ 융희　　㉢ 건양　　㉣ 광무

① ㉠ → ㉢ → ㉣ → ㉡　　　　② ㉠ → ㉣ → ㉢ → ㉡
③ ㉡ → ㉠ → ㉢ → ㉣　　　　④ ㉣ → ㉠ → ㉢ → ㉡

4 대한제국이 표방한 시정 원칙으로 옳은 것은?

① 칭제건원　　　② 동도서기　　　③ 실사구시　　　④ 구본신참

정답　1 ③　2 ③　3 ①　4 ④

5 의병의 구국 운동이 의병 전쟁으로 발전한 계기가 된 사건은?

① 단발령 공포 　　② 제2차 한일협약 　　③ 남한대토벌 　　④ 고종 강제 퇴위

 해설 1907년 고종의 강제 퇴위, 군대 해산 이후 의병 전쟁으로 발전하였다.

6 다음 글의 (　　) 안에 들어갈 말이 바르게 묶인 것은?

> 　러·일전쟁에서 승리한 일본은 우리나라에 대한 침략을 본격적으로 추진하였다. 그리하여 우리나라의 (　　)을 빼앗고 서울에 (　　)를 설치하는 것을 주요 내용으로 하는 을사조약을 강요하였다.

① 외교권, 총독부 　　　　　　　　② 군사권, 총독부
③ 군사권, 통감부 　　　　　　　　④ 외교권, 통감부

7 다음 사건을 구실로 일제가 취한 직접적인 조치는?

> 　헤이그에서 만국평화회의가 열리자 고종은 을사조약이 무효라는 것과 일본의 침략 사실을 알리기 위해 이준, 이상설, 이위종을 특사로 파견하였다.

① 고종의 강제 퇴위 　　② 군대 해산 　　　③ 외교권 박탈 　　　④ 국권 강탈

8 (　　) 안에 공통으로 들어갈 지역에 대한 설명으로 옳은 것은?

> • 조선과 청은 국경선을 정하면서 백두산정계비를 세워 (　　)을/를 조선의 영토로 표시하였다.
> • 일본은 1909년 안동과 봉천 간의 철도 부설권을 얻는 대가로 (　　)을/를 청의 영토로 인정하는 협약을 체결하였다.

① 강화도조약의 체결로 개항되었다.
② 러·일전쟁 중에 일본이 그들의 영토로 편입시켰다.
③ 조선에서 관리사를 파견하여 다스렸다.
④ 영국이 러시아의 남하를 견제하기 위해 점령하였다.

 해설 간도(間島) : 사이에 있는 섬이라는 의미로, 두만강과 쑹화강(송화강) 사이의 땅을 의미

7장

민족운동의 전개

1. 일제의 억압과 수탈

1-1 무단통치와 식민지 경제체제의 구축

(1) 무단통치(헌병 경찰 통치)의 실시 – 1910년대

① 조선총독부 설치 : 일제 식민 통치의 중추, 총독은 육·해군 대장 출신으로 입법·행정·군사 등 모든 권한 장악, 역사상 유례없는 탄압과 착취 – 웅장한 경복궁의 왕기를 꺾으려고 일제가 日자 모양으로 건축

② 무단통치

㈎ **헌병경찰제 : 즉결 처분** 가능 → 조선 **태형령** 등 비인간적 탄압

㈏ **정치 활동 금지(언론·집회·출판·결사의 자유 박탈),** 독립운동가 처단, 애국 운동 단체 해산(신민회)

㈐ **민족 신문 폐간 :** 황성신문, 대한매일신보

③ 식민지 교육

㈎ 목표 : **일제의 지배에 순응하는 한국인 육성**

㈏ 일본어 중심 교육, 초등교육과 실업교육에 치중(고등교육 기회 차단), 교원들도 제복을 입고 칼을 차고 다니게 함(공포심으로 굴복 유도)

(2) 식민지 수탈 정책

① **토지조사 사업**(1912~1918)

㈎ 목적 : 토지 소유권을 법적으로 확정, **식민 통치에 필요한 재정을 안정적으로 확보**

㈏ **지주의 소유권만** 인정(**농민의 경작권·개간권은 불인정**)

㈐ **기한부 신고주의 원칙 :** 신고한 토지만 소유지로 인정됨. 토지 소유자가 직접 신고해야 했으나 신고 절차가 복잡하고 까다로웠으며, 반일 감정과 맞물려 제때 신고하지 않는 사람이 많아 큰 피해를 입음

㈑ 결과 : 총독부는 약탈한 토지를 동양척식주식회사를 통해 일본인에게 싼값에 넘김 →
　　　다수의 일본 대지주 등장, 농민들은 소작인이 되거나 만주 · 연해주로 이주
　② 산업 침탈 : 한국을 경제발전에 필요한 상품 시장 및 원료 공급지로 이용
　　㈎ **회사령**(1910.12) : 회사 설립의 허가제 → 한국인의 기업 활동과 민족자본 성장을 억제
　　㈏ 자원 약탈 : 삼림령, 광업령, 어업령 등을 통해 경제활동을 허가제로 전환
　　㈐ 전매제 : 조선총독부의 수입 증대(인삼 · 소금 · 담배)
　　㈑ 각종 시설 설치 : 철도, 도로, 항만, 통신 시설 → 대륙 침략을 위한 발판 마련

1-2 　민족 분열 통치와 경제 침탈의 확대

(1) 민족 분열 통치(문화 통치) – 1920년대
　① 배경 : **3 · 1 운동 이후 무단통치의 한계** 인식, 국제 여론의 악화
　② **문화 통치** : 소수의 친일분자 양성, 우리 민족을 이간 · 분열시키기 위함
　　㈎ 문관도 총독 임명 가능(실제로 임명된 적 없음), 보통 경찰제로 전환(경찰관서와 경찰
　　　관 수는 증가)
　　㈏ 언론 · 집회 · 출판 · 결사의 자유 일부 허용(조선일보 · 동아일보 발행) → 치안유지법,
　　　기사 검열 및 삭제
　　㈐ 교육 기회 확대 선전 → 고등교육 및 전문교육은 극히 제한

(2) 산미 증식 계획과 경제 침탈의 확대
　① **산미 증식 계획**(1920~1934)
　　㈎ 일본 내 식량 부족 문제 해결 목적
　　㈏ 품종 개량, 수리 시설 확충, 개간 등을 통해 쌀 증산 → 계획량에 미치지 못하여 증산량
　　　보다 더 많은 쌀을 일본으로 반출(증산량 < 수탈량)
　　㈐ 결과 : **국내 식량 사정 악화, 농민 고통 심화** → 화전민 증가, 만주 · 연해주 이주 농민 증가
　② **회사령 폐지 : 신고제로 전환** → 값싼 자원과 노동력 활용
　③ 신은행령 공포(1928) : 한국인 소유 은행을 강제로 합병하여 일본 조선은행에 예속 → 민
　　족자본 억제, 일본 기업의 독점적 상권 지원

1-3 　민족 말살과 경제 수탈의 심화

(1) 민족 말살 통치(1930년대 이후)
　① 배경 : 대공황의 영향으로 일본에서 군국주의 수립(대공황의 위기를 전쟁으로 극복하려
　　함) → 일본의 대륙 침략(만주사변–1931, 중 · 일전쟁–1937) → 태평양전쟁(1941) 도발
　　→ 일제의 전시 동원 체제 발동(국가 총동원령 실시)

② 목적 : 전쟁에 필요한 인적 · 물적 수탈 강화를 위하여 한국인의 민족의식 말살 정책 실시

③ 내용 : **내선일체론, 황국신민화**

㈎ 황국신민서사 암송 강요, 신사참배 · 궁성요배 · 창씨개명 강요

㈏ 우리말과 우리 역사 교육 금지(일본어만 사용), 한글 신문 폐간

(2) 식민지 공업화 정책과 인적 · 물적 자원 수탈

① **병참기지화 정책** : 대륙 침략에 필요한 군수물자의 효율적 조달

㈎ 남면북양 정책 → 한반도를 원료 공급 기지화함(농민들은 생계를 위한 곡물 생산보다 면화 재배와 양의 방목에 노동력을 빼앗김)

㈏ 결과 : 군수산업 위주의 성장, 북부지방에 편중 → 경제 불균형

② 인적 · 물적 자원 수탈

㈎ 인적 수탈 : 침략 전쟁에 동원

㉮ 지원병제, 학도지원병제, 징병제 실시

㉯ 강제 징용(광산 · 군수공장 등에서 강제 노동), **일본군 위안부**(여성인력 착취)로 희생

㈏ 물적 수탈 : **공출제**(전쟁 물자 확보) 실시 → 쌀 배급제(군량미 확보), 고철 · 놋그릇 · 수저 · 불상 등(무기 제조 원료)

일제 통치 체제 : 토지 약탈 → 산업 침탈 → 식량 수탈 → 물적 · 인적 자원 수탈

무단통치	문화 통치	민족 말살 통치
1910년대	1920년대	1930~40년대
헌병 경찰	보통 경찰	민족 말살
토지조사 사업	산미 증식 계획	병참기지화 정책
스페인 독감 (무오년 독감-1918)	• 관동대지진(1923) → 관동대학살 • 을축년 대홍수(1925)	

2. 3 · 1 운동과 대한민국임시정부

2-1 3 · 1 운동

(1) 3 · 1 운동의 배경

① 1910년대의 민족운동

㈎ 국내 : 독립의군부, 대한광복회 등 **비밀결사** 조직

㈏ 국외 : 만주, 연해주, 미국 등지에서 **독립운동기지 건설**

② 민족자결주의(1919-파리강화회의)

　　㈎ 윌슨의 민족자결주의 : <u>신한청년당에서 파리강화회의에 대표 파견</u> → 약소민족의 독
　　　립운동 자극

　　㈏ 2 · 8 독립선언 : 재일 유학생들이 **조선청년독립단** 결성, 독립선언서 발표(1919)

(2) 3 · 1 운동의 전개

　① 준비 : 손병희를 비롯한 종교계 민족 지도자들과 학생 단체 중심

　② 계기 : 고종의 독살설(1919. 1. 21), 2 · 8 독립선언

　③ 경과

　　㈎ 1단계 : **독립선언문** 발표 – 민족대표 33인(태화관), 학생 · 시민(탑골공원)

　　㈏ 2단계 : 전국 도시로 확산

　　㈐ 3단계 : 농촌 지역으로 확산 → 5월까지 계속

　　㈑ 해외 : 만주, 연해주, 미국, 멕시코 등 해외 여러 도시로 확대

　　㈒ 학생 · 일반 시민 중심 → 농민 · 노동자 계층으로 확대, 전 민족적 운동으로 전개

　④ 일제의 탄압 : 평화적인 만세 시위를 무력으로 진압 → 폭력 시위로 변화, 일본 군경의 발
　　포로 사망자 증가, 주민 학살 사건 발생(유관순 순국, **제암리 학살 사건**)

(3) 3 · 1 운동의 결과

　① 의의 : 최대 규모의 거족적 독립운동(참가–200여만, 시위–1542회, 피살–7천5백여 명,
　　부상–1만 6천 명, 체포–4만 7천 명), 우리 민족의 독립 의지 표출

　② 영향

　　㈎ 대한민국임시정부 수립 계기

　　㈏ 일제 식민통치 방식의 변화 : **무단통치 → 민족 분열 통치**

　　㈐ **아시아 각국의 민족운동에 영향** : 중국–5 · 4 운동, 인도–반영 민족운동(간디의 비폭력
　　　불복종 운동), 베트남, 필리핀 등

　　㈑ 평화적 민족운동의 한계 인식 → **무장 독립 투쟁 활성화 계기**

2-2 　대한민국임시정부

(1) 대한민국임시정부의 수립(1919. 4)

　3 · 1 운동으로 민족의 독립 의지 강화, 조직적 · 효율적 독립운동 전개의 필요성

　① 국내외 임시정부의 통합

　　㈎ 대한국민의회(1919. 3) : 블라디보스토크 – 의회 중심

　　　※ 3 · 1 운동 이전에도 연해주에 대한광복군 정부가 있었음

(나) 대한민국임시정부(1919. 4. 13) : 상하이 – 민주주의 원칙에 의해 수립

(다) 한성정부(1919. 4) : 서울 – 3 · 1 운동 전개 과정에서 13도 대표가 모여 수립

(라) **항일 투쟁의 역량을 결집하기 위한 통합 정부의 필요성** 인식 → 상하이에 **한성정부의 정통을 계승**한 대한민국임시정부 수립(1919. 9. 11)

　　• 상하이에 위치한 이유 : 비교적 일제의 영향력이 미약하고, 각국의 조계지가 있어 외교 활동에 유리

② 대한민국임시정부의 지도 체계

(가) 임시정부 헌법 : **공화정 정치체제 바탕**, 3권 분립의 민주 정부

(나) 대통령제 채택 : 대통령 – 이승만, 국무총리 – 이동휘

(2) 대한민국임시정부의 활동

① 독립운동의 전개

(가) **연통제** : 임시정부와 국내 각 지역을 연결하는 비밀 행정 조직망

(나) 교통국 : 임시정부의 통신 기관

(다) 독립공채 발행(독립운동 자금 모집), 독립신문 간행

(라) 한 · 일 관계 사료집 편찬 : 사료 편찬소 설치, 국제연맹회의에 우리 민족의 독립을 요청하기 위해 만든 책

(마) 외교 활동 : 파리강화회의에 김규식 파견, 미국에 구미위원부 설치

(바) 군사 활동 : 군무부 설치, 만주 독립군과 연계 노력

② 갈등과 시련

(가) 일제의 감시와 탄압 : 연통제 · 교통국이 와해되어 자금 지원 중단, 강대국들의 외면

(나) 독립운동 방법의 갈등 : **외교론, 무장투쟁론, 실력양성론** 등 대립 → 국민대표회의 개최 (1923) → 갈등 심화로 많은 독립운동가들이 이탈

(다) 조직 개편 : 김구 등을 중심으로 체제 정비, 꾸준히 독립운동 전개

③ 대한민국임시정부의 의의

(가) 우리나라 **최초의 민주주의 정부**

(나) 독립운동 노선을 통일하여 **체계적이고 조직적인 독립운동 전개**

(다) 국내외 동포들에게 용기와 희망을 줌

3. 다양한 민족운동의 전개

3-1 다양한 민족운동의 전개

(1) 실력 양성 운동

① **물산장려운동** : 민족산업의 발전을 통해 경제적 자립 달성

㈎ 1920년 평양에서 조만식을 중심으로 물산장려회 조직, 자작회 · 토산애용부인회 참여

㈏ 국산품 애용, 자급자족, 근검 · 절약, 금주 · 금연 → 큰 성과는 거두지 못함

"입자! 조선인이 짠 것을, 먹자! 조선인이 만든 것을, 쓰자! 조선인의 손으로 된 것을"

② **민립대학 설립 운동** : 민립대학설립기성회 조직(이상재 · 이승훈), 모금 운동 전개 → 일제의 방해로 실패, 경성제국대학 설립(조선인의 불만 무마 의도)

③ 농촌 계몽 운동

㈎ **문자 보급 운동** : 조선일보 "아는 것이 힘, 배워야 산다."

㈏ 문맹 퇴치 운동 : 동아일보 "민중 속으로"-**브나로드 운동**

④ 사회적 차별 철폐 운동 : 소년운동, 여성운동, **형평운동**(백정-"저울처럼 평등한 세상을 만들자")

(2) 사회주의사상의 유입과 다양한 사회운동

① 사회주의 운동 : 3 · 1 운동 이후 일본 유학 청년 · 지식인이 보급 → **소작쟁의**(1929-원산총파업), **노동쟁의**(1923-암태도 소작쟁의) 전개-20년대 생존권 투쟁에서 30년대 들어서 점차 항일 투쟁으로 변모

구 분	소작쟁의	노동쟁의
배 경	일제의 수탈에 농민 부담이 가중, 사회주의사상의 유입	일제의 식민지 공업화 정책, 사회주의사상의 유입
1920년대	소작권 이전 반대나 고율 소작료 인하 등의 생존권 투쟁	임금 인상, 노동시간 단축, 작업환경 개선 등 생존권 투쟁
1930년대	식민지 수탈 정책에 대항하는 항일 민족운동으로 변모	반제국주의 항일 민족운동 전개

• 형평사(1923) : 백정의 사회적 차별 철폐 운동. 1923년 4월 진주에서 백정을 주축으로 한 천민 계급이 조직. 1930년대 중반까지 활동

② **6 · 10 만세 운동**(1926)

㈎ 순종의 장례일에 학생 주도로 만세 시위 전개 → 시민 합세, 일제의 무자비한 탄압(전국적으로 확대되지 못함)

(나) 의의 : 학생들이 주체적으로 추진, 3·1운동 이후 침체된 국내 민족운동에 활력

③ 광주학생항일운동(1929. 11. 3)

(가) 계기 : 광주에서 일어난 한·일 학생들의 충돌

(나) 전개 : 신간회의 지원, 대규모 반일 시위의 전국적 확산

(다) 의의 : 일제의 민족 차별에 대한 반대 투쟁, 3·1 운동 이후 일어난 **최대 규모의 민족운동**

(3) 신간회의 성립(1927~1931)

최대 규모의 합법 단체

① **자치론에 반대하는 비타협적 민족주의 계열과 사회주의 계열의 민족운동가들이 참여**(전국적인 규모의 좌·우 합작 단체) → **민족의 단결, 정치적·경제적 각성, 기회주의 배격**

② 농민·노동운동 지원, 광주학생항일운동의 전국 확산 → 일제의 방해, 활동 방향을 둘러싼 내부 분열로 해소

③ 근우회(1927) : 신간회 자매단체, 여성계의 민족유일당. 남녀평등 주장, 여성 노동자의 권익 보호와 생활 개선을 행동 강령으로 삼음

(4) 민족문화 수호 운동

① 국어

(가) **조선어연구회** : 『한글』 잡지 발행, '가갸날(한글날)' 제정

(나) **조선어학회** : 한글 맞춤법 통일안 제정, 『**우리말 큰사전**』 **편찬 노력** → 조선어학회 사건(1942)으로 해체

② 역사

(가) 일본의 역사 왜곡에 대항 : 식민사관(타율성론·정체성론), 조선사편수회의 역사 왜곡

(나) **민족주의 사학** : 박은식-혼, 신채호-낭가 사상, 정인보-얼, 문일평-조선심

　　사회경제 사학 : 백남운, 진단학회-이병도·손진태

③ 종교

　㈎ **대종교** : 단군 신앙 바탕, 만주 지역에서 무장투쟁에 적극 참여, 중광단 조직(→ 북로
　　군정서)

　㈏ 천도교 : 제2의 3·1 운동 계획,『개벽』·『어린이』잡지 발간

　㈐ 개신교 : 신사참배 거부 운동

　㈑ 천주교 : 만주에서 의민단 조직

　㈒ 불교 : 민족 교육 운동에 이바지, 한용운－불교유신론

　㈓ 원불교 : 박중빈 창시, 개간과 저축 운동, 생활 개선 및 새생활 운동 전개

④ 문학 : 근대문학 개척(이광수·최남선), 민족의식 표현(한용운·김소월·염상섭) →
　1920년대 중반 신경향파 문학 대두 → 1930년대 순수문학의 경향 → 일제 말기 항일 의식
　과 민족 정서 표현(심훈·이육사·윤동주)

⑤ 문예

　㈎ 음악 : 안익태(애국가·한국환상곡), 윤극영(반달), 홍난파(봉선화)

　㈏ 미술 : 안중식(동양화), 고희동·이중섭(서양화)

　㈐ 연극 : 토월회·극예술연구회(근대 연극 발전)

　㈑ 영화 : 나운규(아리랑)

3-2　무장 독립 투쟁과 한국 광복군의 활동

(1) 무장 독립 투쟁

① 독립운동 기지 건설 : 신민회 주도, 만주와 연해주에 건설－남만주의 삼원보, 밀산부의
　한흥동, 블라디보스토크의 신한촌 등 건설 → 항일 무장 독립 전쟁 준비, 산업 진흥, 민족
　교육, 군사훈련

② 항일 전쟁(1920)

　㈎ 봉오동전투(1920. 6) : 일본의 봉오동 습격 → **홍범도**의 **대한독립군** 승리(독립군 편성
　　이후 최초의 대규모 승리)

　㈏ 청산리대첩(1920. 10) : 봉오동전투의 패배 설욕 위해 청산리 일대 습격 → 김좌진의
　　북로군정서군 등 연합 부대 편성 → 일본군 대파(독립군의 최대 승리)

③ 독립군의 시련

　㈎ **간도 참변**(1920. 10) : 일제가 청산리대첩의 보복으로 간도에 거주하는 한국인 학살

　㈏ **자유시 참변**(1921) : 대한독립군단의 소련령 자유시(스보보드니) 결집, 독립군의 내부
　　갈등으로 러시아 적색군에게 무장해제당함

④ 독립군 재정비와 통합 : 만주로 이동하여 참의부·정의부·신민부 3부로 조직 정비(민정 기관과 입헌 정부 조직) → 1920년대 말 3부 통합 → **국민부**(남만주)·**혁신의회**(북만주) 설립

⑤ 1930년대 무장 독립 전쟁 : **조선혁명군, 한국독립군** 등 우리 독립군과 중국군의 연합 투쟁

1910년대	만주, 연해주 등지에 독립운동 기지 건설
1920년대	봉오동전투, 청산리대첩 → 간도 참변, 자유시 참변 → 독립군 재정비(3부 정비, 통합)
1930년대	중국군과 연합 활동(조선의용대)
1940년대	한국 광복군의 활동

(2) 의열 투쟁의 전개

① **의열단**(1919) : 김원봉 조직, 김익상(조선총독부), 김상옥(종로경찰서), 나석주(동양척식주식회사)

② **한인애국단**(1931) : 김구 조직, 이봉창(일왕 마차), **윤봉길**(홍커우 공원−24세 총살) → **중국이 대한민국임시정부를 지원하는 계기**

③ 대한노인단 : 강우규(65세−사이토 총독, 사형선고 후 서대문형무소에서 순국)

④ 박열 : 일왕 암살 모의

(3) 조선 의용대와 한국 광복군

① 조선 의용대

㈎ 중국 정부의 지원으로 김원봉 조직(1938)

㈏ 중국군과 협력하면서 대일 전투 → **일부는 한국 광복군에 가담, 일부는 화베이에서** 조선독립동맹을 결성(1942)하고 **조선 의용군을 편성**하여 중국공산당과 연합 투쟁

② 한국 광복군

㈎ 임정의 충칭 이동(대통령제 → 주석제), 대한민국임시정부의 독자적인 군대로 조직 (1940. 9. 17)−지청천(총사령관)

㈏ 태평양전쟁 때 대일 선전포고, 연합군과 협력하여 미얀마·인도에서 활약, **국내 진입 작전 계획**(미실행)

(1) 도시 발전

가로등 설치, 은행 · 백화점, 네온사인, 교통 발달(전차 · 자동차 · 자전거 · 인력거 · 철도 등)

(2) 생활 모습

① 의생활 : 양복 보급, 단발머리 여성 등장

② 식생활 : 빵 · 과자, 청요리집과 양식당 등 외식 문화 보급

③ 주생활 : 서양식 고급 주택, 북촌 빈민가 형성

(3) 대중문화

모던보이 · 모던걸 등장, 축음기 · 라디오 보급, 대중가요 유행, 영화 상영, 서양 스포츠 등장

1 다음 연표의 빗금 친 시기에 일제가 우리 민족을 통치하기 위해 시행한 내용으로 옳은 것은?

1910년	1919년	1941년	1945년
한일합방	3·1운동	태평양전쟁	광복

① 문화정치를 내세워 친일파 양성을 통해 우리 민족을 이간·분열시켰다.

② 공출이라는 명목으로 식량뿐만 아니라 고철, 수저 등 갖가지 물자를 강제로 약탈하였다.

③ 한국과 일본의 조상이 같다는 일·선 동조론과 내선 일체, 황국신민화 등의 구호를 내걸었다.

④ 비인도적인 무단통치를 위해 헌병 경찰을 전국적으로 배치하였다.

2 1910년대 국외에서 조직된 독립운동 단체를 모두 고른 것은?

> ㉠ 경학사　　㉡ 독립의군부　　㉢ 권업회　　㉣ 대한광복회

① ㉠, ㉡　　　　② ㉠, ㉢　　　　③ ㉡, ㉢　　　　④ ㉡, ㉣

✎해설 경학사(만주 유하현, 1910), 권업회(블라디보스토크, 1911)

3 3·1 운동에 관한 설명으로 옳지 않은 것을 모두 고르면?

> ㉠ 민족 지도자들과 학생 단체가 연결　　　㉡ 순종 황제의 서거로 민심 동요
> ㉢ 중국 5·4 운동 소식의 전파　　　　　　㉣ 화성 제암리 주민 학살
> ㉤ 처음부터 끝까지 비폭력주의를 견지　　　㉥ 대한민국임시정부 수립의 계기

① ㉠, ㉡, ㉤　　　② ㉡, ㉢, ㉤　　　③ ㉢, ㉣, ㉤　　　④ ㉢, ㉤, ㉥

4 대한민국임시정부의 기관지는?

① 만세보　　　　② 조선일보　　　　③ 독립신문　　　　④ 대한매일신보

정답　1 ④　2 ②　3 ②　4 ③

5 다음에서 설명하고 있는 단체는?

> ㉠ 통감부의 탄압을 피하기 위해 비밀리에 조직, 만주에 독립운동 기지 건설
> ㉡ 비타협적 민족주의 인사들과 사회주의자들이 민족협동전선으로 조직

	㉠	㉡		㉠	㉡
①	신간회	신민회	②	신민회	보안회
③	보안회	신간회	④	신민회	신간회

 해설　경술국치 이전의 신민회(1907~1911)와 이후의 신간회(1927~1931)를 구분하여 학습해두어야 한다.

6 일제의 국권 피탈 과정을 시대순으로 바르게 나열한 것은?

> ㉠ 한일의정서　　　㉡ 한일협약　　　㉢ 을사조약
> ㉣ 한일신협약　　　㉤ 기유각서　　　㉥ 한일병합조약

① ㉠ → ㉡ → ㉢ → ㉣ → ㉤ → ㉥　　② ㉠ → ㉤ → ㉡ → ㉣ → ㉢ → ㉥
③ ㉡ → ㉢ → ㉣ → ㉠ → ㉤ → ㉥　　④ ㉡ → ㉣ → ㉠ → ㉢ → ㉤ → ㉥

 해설　한일의정서(1904) → 한일협약(1904) → 제2차 한일협약(을사조약-1905) → 제3차 한일협약(한일신협
약 · 정미7조약-1907) → 기유각서(1909) → 경찰권 위탁각서(1910) → 한일합병조약(경술국치-1910)

7 일제의 토지조사 사업에 관한 설명으로 옳은 것은?

① 근대적 토지 소유권 제도의 확립이 목적이었다.
② 양반 지주의 토지는 대부분 동양척식주식회사로 이전되었다.
③ 지주의 소유권 강화와 농민의 경작권 약화가 초래되었다.
④ 봉건적 토지제도가 타파되고 경영형 부농이 몰락하였다.

8 1920년대 문화통치 시기에 관한 설명으로 옳지 않은 것은?

① 최초로 문관이 총독으로 부임하였다.　② 헌병 경찰제가 보통 경찰제로 바뀌었다.
③ 신문 기사를 검열하고 삭제하였다.　④ 산미 증식 계획으로 미곡이 수탈되었다.

 해설　① 문관이 총독으로 임명된 적은 없다.

정답　5 ④　6 ①　7 ③　8 ①

9 의열 투쟁 중 한·중 연합 항일운동의 계기가 된 것은?

① 안중근 – 하얼빈 히로부미 사살 의거   ② 이봉창 – 일본 국왕 폭살 기도 사건

③ 강우규 – 사이토 총독 저격 사건   ④ 윤봉길 – 상하이 홍커우 폭파 사건

 해설 경술국치 이전과 이후의 의열 투쟁을 구분하여 학습해두어야 한다.

10 1930년대 식민지 조선에 대한 일제의 경제정책은?

① 토지조사 사업   ② 산미 증식 계획   ③ 남면북양 정책   ④ 병참기지화 정책

 해설 1930년대 초 면화와 양모 수탈을 목적으로 실시하였다.

11 사회주의 세력의 움직임과 관련이 없는 것은?

① 조선농민총동맹   ② 조선노동공제회   ③ 한인애국단   ④ 조선혁명군

 해설 ② 1920년에 결성된 최초의 노동조직. ③ 민족주의 계열의 김구가 조직

12 의열단을 이끈 인물은?

① 김원봉   ② 김두봉   ③ 양세봉   ④ 이봉창

 해설 ③ 1930년대 조선혁명군 사령관으로 중국 의용군과 연합하여 영릉가, 흥경성 전투를 승리로 이끌었던 독립운동가

13 청산리대첩을 이끈 북로군정서와 관계 깊은 종단은?

① 천도교   ② 천주교   ③ 대종교   ④ 원불교

14 1908년 일제가 한국의 경제를 독점·착취하려고 한국에 설립한 회사는?

① 이륭양행   ② 백산상회

③ 선만척식주식회사   ④ 동양척식주식회사

 해설 ① 아일랜드계 영국인 조지 루이스 쇼(1880~1943)가 중국 단둥에 세운 무역회사로 이륭양행(怡隆洋行) 2층에 대한민국임시정부의 교통국 지부를 설치하도록 지원하였다. ④ 조선식산은행과 동양척식주식회사는 일제의 대표적인 경제 수탈 기구였다.

정답 9 ④ 10 ③ 11 ③ 12 ① 13 ③ 14 ④

8장

대한민국 정부의 수립

1. 민족의 광복과 통일 정부 수립 노력

1-1 8·15 광복

(1) 8·15 광복(1945)

① 요인

  ⑺ 내적 요인 : 우리 민족의 꾸준한 국내외의 독립운동

  ⑻ 외적 요인 : 연합국의 독립 약속(최초-1943.11. **카이로 회담**, 재확인-1945.7. 포츠담 회담) → 연합국의 승리

    • 일본에 원자폭탄 투하 : 히로시마(1945. 8. 6), 나가사키(8. 9)

② 건국 준비

  ⑺ 대한민국임시정부(상하이) : 건국강령 발표(1941) → 정부수립 준비

  ⑻ 조선독립동맹(옌안) : 중국 화북 지역 사회주의 계열, 민주공화국 건설을 위한 원칙 발표

  ⒟ 조선건국준비위원회(국내) : 광복 직후 **여운형** 주도로 조직(**조선건국동맹 계승**)

    ㉮ 치안대 설치, 전국 지부 조직 → 독립국가 건설 준비

    ㉯ 민족주의 계열 + 사회주의 계열 → 좌익이 주도권을 장악하자 일부 우익이 탈퇴하여 세력 약화됨

③ 애국지사들의 석방과 귀국 : 국내 애국지사들의 석방, 해외 애국지사들의 귀국(이승만·김구 등) → 이념에 따라 정당과 사회단체 조직, 정국의 혼란(정치적 경험 부족)

(2) 미·소의 한반도 주둔

① 남북 분단 : 38도선 설정-미국과 소련이 일본군의 무장해제를 명목으로 북위 38도선을 군사 분계선으로 한반도 분할 → 미소 대립 심화로 정치 분계선으로 변함

② 군정 실시

  ⑺ 남한 : 미군정은 한국인이 만든 정치기구와 그 활동을 인정하지 않음, 정치·사회단체

의 난립 → 민족주의와 공산주의 계열의 대립 심화
- 일제의 총독부 체제를 그대로 이용하여 친일분자들이 미군정에 참여하면서 그 세력이 그대로 보존

㈏ 북한 : 공산주의 세력의 권력 장악(김일성) → 북조선 임시인민위원회 설립, 행정·치안 담당 → 조만식 등 민족주의 세력 억압(반공 의거, 월남)

- 카이로 회담(1943. 11) : 한국 독립 최초 결의
- 얄타 회담(1945. 2) : 미·소·중 3국 신탁통치 논의, 남북 분단 가능성
- 포츠담 선언(1945. 7) : 미·영·중·소 4개국의 신탁통치, 카이로 회담의 재확인
- 모스크바 3상 회의(1945. 12) : 한반도에 통일 정부 수립, 미·소 공동위원회 설치, 5년간 4대 강국이 신탁통치

(3) 통일 정부 수립 노력

① 모스크바 3국 외상 회의

㈎ 합의 사항 : 임시 민주정부 수립, 미·소 공동위원회 설치, 신탁통치 실시 결정

㈏ 국내 반응 : 우익 – 신탁통치 반대 운동 전개

좌익 – 처음에는 반대 입장이었으나, 소련의 지령으로 찬탁으로 변경

→ 좌익과 우익의 격렬한 대립

② 미·소 공동위원회(1946. 3) : 신탁통치 문제와 한국의 임시 민주정부 수립 논의

㈎ 입장 차이 : 미국 – "참가를 희망하는 모든 단체를 회담에 참여시키자!"

소련 – "모스크바 3상 회의의 결정을 지지하는 단체만 참여시키자!"

㈏ 미국과 소련의 입장 차이로 결렬

③ 좌·우 합작 운동

㈎ 배경 : 북한의 김일성 지배권 강화, 남한만의 단독정부 수립 움직임(이승만 세력 중심)

㈏ 주도 : 여운형·김규식을 중심으로 좌우합작위원회 결성(미군정의 지원)

㈐ 주장 : 미·소 공동위원회 참가 주장, 통일 임시정부 수립 노력

㈑ 결과 : 대부분의 우익과 좌익 세력은 거부 → 제2차 미·소 공동위원회가 결렬되면서 해산

④ 유엔 총회 : 한국 문제의 유엔 상정 → 유엔 한국임시위원단 설치, 인구 비례에 따른 남북한 총선거 실시 결의 → 소련과 북한의 거부(북한의 인구가 적었기 때문) → 유엔 소총회에서 남한만의 총선거 실시 결정

⑤ 남북 협상 : 김구·김규식 등이 남한만의 선거 반대, 남북 협상 제안 → 평양에서 남북 지도자 회의 개최(1948. 4) → 성과 없이 끝남

⑥ 사회 혼란

㈎ 제주 4·3 사건(1948) : 제주도의 좌익 세력과 일부 주민들이 단독정부 수립 반대 등을 주장하며 무장봉기 → 군경의 초토화 작전으로 수만 명의 주민들이 희생됨

(나) 여수·순천 10·19 사건(1948) : 제주 4·3 사건 진압을 위해 여수 지역 주둔 부대에게 출동 명령 → 사회주의 계열의 일부 군인들이 출동 반대, 무장봉기 → 정부의 진압

최신기출 2016. 4. 9 시행

광복 직후 정부 수립을 위한 활동을 순서대로 바르게 나열한 것은?

⊙ 남북협상회의 개최
ⓛ 조선건국준비위원회 결성
ⓒ 신탁통치 반대 국민총동원위원회 결성

① ⊙-ⓛ-ⓒ ② ⊙-ⓒ-ⓛ ③ ⓛ-ⓒ-⊙ ④ ⓒ-ⓛ-⊙

해설 ⊙ 1948. 4. 19(평양 모란봉극장), ⓛ 1945. 8. 15(여운형·안재홍), ⓒ 1945. 12. 28(김구·임정 세력)

정답 ③번

1-2 대한민국 정부의 수립

(1) 대한민국의 수립

① 남한만의 **5·10 총선거**(1948. 5. 10) : 만 21세 이상 성인 남녀의 투표권을 인정한 우리나라 최초의 보통선거
② **제헌국회** 구성 : 제헌헌법 제정(1948. 7. 17), **이승만** 대통령 선출
③ 대한민국 정부 수립 선포(1948. 8. 15) → 유엔 총회에서 한반도의 유일한 합법 정부로 승인(1948.12)

(2) 북한 정부 수립

① **북조선 임시인민위원회** 설립(1946. 2. 8) : 사회주의 체제 구축 – 5정보를 상한으로 무상몰수·무상분배에 의한 토지개혁(친일파들의 토지도 몰수), 주요 산업 국유화 등
② 조선 최고인민회의 구성 : 헌법 제정(1948. 8)
③ **조선 민주주의 인민공화국** 수립 : **김일성**을 수상으로 선출(1948. 9. 9)

(3) 친일파 청산 노력과 농지 개혁

① 일제 잔재 청산 문제 : 반민족 행위 처벌법 제정 → **반민족 행위 특별 조사 위원회(반민특위)** 구성 → 친일 행위자(최린·이광수 등) 체포 → 좌우 대립과 이승만 정부의 소극적인 태도로 좌절(반민특위 해체)

② **농지 개혁법** 시행(1950)
  ㈎ **유상매수** · **유상분배**(농민보다 지주에게 유리한 개혁) 원칙 : 농가 1가구당 3정보(1정보는 3000평)로 토지 소유를 제한
  ㈏ 결과 : 토지 재분배가 이루어져 전통적인 지주 · 소작제는 거의 소멸, 대다수 농민들이 자기 땅을 가지고 농사를 지을 수 있게 됨

1-3 6 · 25 전쟁과 그 피해

(1) 6 · 25 전쟁의 전개
① 배경
  ㈎ 국제 정세 변화 : 소련의 북한 정권 지원, 주한미군 철수(1949), 미국의 **애치슨 선언**(1950. 1)
  ㈏ 국내 요인 : 남북 대립 심화, 남한 사회의 혼란(실업, 좌익의 반정부 시위, 정당과 사회 단체의 난립 등)
② 경과
  ㈎ 전쟁 발발 : 북한군 **남침**(1950. 6. 25) → 낙동강까지 후퇴, 이승만 정부는 부산(임시 수도)으로 피난
  ㈏ 유엔군 참전(1950. 7) → **인천 상륙 작전**(1950. 9. 15) 성공 → 국군 압록강까지 진격 → **중국군 개입**(1950. 10. 25) → 1 · 4 후퇴 → 서울 재탈환 → 38도선 일대에서 교착 상태 → 소련이 휴전 제의(1951. 6)
  ㈐ 휴전 협상 : 휴전회담 개최(1951. 7) → 휴전 지연(군사 분계선 설정과 포로 송환 문제로 갈등, 이승만 정부의 휴전 반대) → 휴전협정 조인(1953. 7. 27)

> **참고** **유엔 참전국(총 16개국)** : 미국, 영국, 오스트레일리아, 네덜란드, 캐나다, 뉴질랜드, 프랑스, 필리핀, 터키, 타이, 그리스, 남아프리카공화국, 벨기에, 룩셈부르크, 콜롬비아, 에티오피아

(2) 6 · 25 전쟁의 영향
① 막대한 피해 : 막대한 인명과 재산 피해, 전쟁고아와 이산가족 발생, 각종 산업 시설 파괴
② 분단의 고착화 : 남북한 간의 적대감 심화 → 분단 체제가 더욱 굳어짐
③ 남북한 독재 체제 강화
  ㈎ 남한 : 이승만 정부는 반공을 이용하여 독재 정권 강화
  ㈏ 북한 : 김일성은 남로당계 지도급 인물을 숙청하면서 독재 체제 강화

2. 민주주의 발전과 경제성장

2-1 4·19 혁명과 장면 내각 수립

(1) 이승만 정부의 장기 집권

① 발췌 개헌(1952) : 대통령 간선제를 직선제로 개정 → 이승만의 재선 성공

② 사사오입 개헌(1954) : 초대 대통령에 한하여 연임 제한 철폐 → 이승만의 3선 성공

- 이승만은 장기 집권을 위하여 1954년 초대 대통령의 중임 제한을 철폐하는 개헌을 단행하고자 했는데, 당시 재적 국회의원 203명 중 과반수 이상인 135.33명, 즉 136명의 찬성을 얻어야 개헌안이 통과될 수 있었음. 그러나 표결 결과 1표가 부족하여 부결되자 4사5입이라는 수학적 논리를 제시해 0.33을 버린 135명만으로도 가능하다고 우겨 억지로 개헌안을 통과시킴

(2) 4·19 혁명(1960)

① 배경 : 3·15 부정선거(3인조·9인조 투표, 투표함 바꿔치기 등) → 마산 의거 → 김주열의 시신 발견(4. 11)

② 과정 : 학생과 시민의 참여로 시위가 전국으로 확산, 계엄령 선포(4. 19) → 대학 교수단이 대통령 하야를 요구하며 시위(4. 25) → 이승만의 하야 성명(4. 26)

초대 당선	→	2대 당선	→	3대 당선	→	4대 실패
발췌 개헌		4사5입 개헌		3·15 부정선거		

(3) 장면 정부

① **내각책임제**와 양원제(민의원·참의원) 개헌 → 민주당 집권, 대통령(윤보선), 국무총리(장면)

- 기존 대통령 중심제에서 독재를 경험하였기 때문에 의원들을 중심으로 하는 내각책임제를 채택하는 것이 당시로서는 당연한 분위기였음(내각책임제를 골자로 한 제3차 개헌이 1960년 통과됨)

② 개혁 : 반민주 세력 처벌법 제정, 경제개발 5개년 계획안 마련

③ 시민사회의 다양한 요구에 적절히 대응하지 못함 → 사회적 혼란 수습 실패, 시민사회의 불만 심화

박정희 정부와 유신 체제

(1) 박정희 정부의 출범

① 5·16 군사정변(1961) : 박정희와 일부 군인들이 권력 장악 → 집권 9개월 만에 장면 내각 붕괴

② 군정 실시 : **국가재건최고회의 중심**(초헌법적 최고 통치 기구-2년 6개월 동안 군정 실시, 직속 기구-중앙정보부), 헌법 개정(대통령 중심제, 단원제)

③ 제3공화국 : 베트남 파병(1964), 한·일국교 정상화(1965-식민 지배에 대한 배상과 사죄 미흡), 3선 개헌(1969-장기 집권을 위해 대통령을 3회 이상 하지 못하도록 금지하는 헌법 내용을 고침) → 3선 허용, 박정희 당선(1971)

(2) 유신 체제의 성립(1972~1979)

영구 집권과 독재 권력 강화

① 배경 : 냉전 완화, 국내 경제 위축, 야당의 정치적 성장 등 → 10월 유신(1972. 10)

• 1971년 대통령 선거에서 어렵게 당선 → 선거를 통한 집권이 어렵다고 판단

② **유신헌법** : 대통령은 **통일주체국민회의**에서 간접선거로 선출, 대통령 중임 제한 철폐 → 영구 집권이 가능, 대통령 권한 극대화(국회해산권, 국회의원 1/3 임명권, **긴급조치권** 등)

③ 결과 : 유신 철폐 운동 전개 → **부·마 민주항쟁**(1979) → 권력 내부의 분열 → 10·26 사태(1979)로 박정희 피살

민주주의의 발전

(1) 5·18 민주화 운동(1980)

① 전두환을 중심으로 한 신군부가 정권 장악(12·12 사태) → 민주화 요구(1980 서울의 봄, 신군부 퇴진과 유신 철폐 요구) 탄압 → 주요 정치인 구속, 계엄령의 전국 확대(5. 17)

② 광주에서 민주화 요구 시위 → 신군부의 폭력 진압(군대의 발포 '화려한 휴가') → 광주 시민들이 시민군 조직, 계엄군과 대치 → 계엄군이 무력으로 진압

(2) 전두환 정부(제5공화국)

대통령 간선제 개헌(7년 단임) → 전두환 대통령 선출(1981)

① 강압 정책 : 언론사 통폐합, 뉴스 사전 검열, 삼청교육대 운영, 민주화 운동 탄압

② 유화 정책 : 야간 통행금지 해제, 교복 자율화, 프로야구단 창단, 해외여행 자유화 등

(3) 6월 민주항쟁(1987)

① 전두환 정부의 강압 통치, 박종철 고문치사 사건(1987. 1) → 대통령 직선제 요구 본격화

→ 전두환 정부의 개헌 거부 선언(4 · 13 호헌조치) → 개헌 요구 시위 발생

② 6 · 29 민주화 선언(5년 단임의 **대통령 직선제 개헌** 수용) → 노태우 후보 당선

(4) 민주주의의 성장

① 노태우 정부(제6공화국) : 서울올림픽 개최(사회주의 국가들이 대거 참여), 북방외교, 남북한 유엔 동시 가입(1991)

② 김영삼 정부(문민정부) : 역사 바로 세우기, 금융실명제 도입, 지방자치제 전면적 실시, **외환 위기**

③ 김대중 정부(국민의 정부) : 여야 간 평화적 정권 교체, 경제 위기 극복, **남북 정상회담**, 6 · 15 남북 공동선언(2000)

④ 노무현 정부(참여정부) : 권위주의 청산, 과거사 정리 작업, 제2차 남북 정상회담, 10 · 4 남북 공동선언(2007)

⑤ 이명박 정부 : 금융 위기 극복 노력, 선진 20개국 정상회담(G20)

⑥ 박근혜 정부

2-4 경제개발 계획의 추진과 고도성장

(1) 광복 직후의 경제 혼란과 전후 복구

① 광복 직후의 경제 혼란 : 자본 · 기술 부족, 인구 급증(해외동포 귀국, 북한동포 월남), 극심한 인플레이션, 원자재 · 소비재 · 식량 부족, 자원 · 중공업 시설의 북한 편중, 북한의 전기 공급 중단

② 경제정책(전후 복구와 미국의 경제원조)

㈎ 6 · 25 전쟁 : 남한 산업 시설의 42% 파괴, 물가 폭등과 물자 부족

㈏ 전후 복구 사업 : 정부와 국민의 노력, 우방의 원조 → 생산재 산업의 발전 부진, 농업 분야의 복구 미흡

㈐ 농 · 공의 균형 발전, 소작제 철폐, 기업 활동의 자유 보장, 사회보장제도 실시, 인플레이션 극복 → 농지개혁법 시행, 귀속 재산의 불하(일본인 소유였던 재산을 헐값에 처분), **3백산업** 발달(제분 · 제당 · 면방직 공업)

(2) 경제성장과 자본주의의 발전

① 1960년대

㈎ 정부가 주도 → 성장 위주 경제정책, 수출 주도형 경제개발, **경제개발 5개년 계획의 추진**(1962년부터 5년 단위)

㈏ 기간산업 확충, **경공업** 육성 → 수출이 획기적으로 증가, 고속 성장

② 1970년대 : **중화학공업** 중심 → 철강 · 화학 · 기계 · 전자 · 조선 공업 육성 → 수출 증대, 중화학공업 발달, 사회 간접 시설의 확충, 식량 생산의 증대, 국내 자본의 축적

③ 1980년대 이후

㈎ 전두환 정부 : 1980년대 중반 이후 **3저 호황**(저금리 · 저유가 · 저달러) → 고도성장

㈏ 노태우 정부 : 아시아 · 태평양 경제협력체(APEC) 참여

㈐ 김영삼 정부 : 경제협력개발기구(OECD) 가입, 외환 위기로 IMF 구제금융

㈑ 김대중 정부 : 외환 위기를 극복하였으나 고용 불안과 빈부 격차 심화

④ 오늘날의 한국 경제 : 국제기구 참여, 적극적인 해외 진출(무역 상대국의 다변화, 중국과 밀접한 관계)

(3) 경제성장이 가져온 사회 변화

① 산업화 · 도시화 : **이촌향도**(移村鄕都) 현상 → 도시인구 증가, 농촌인구 감소, 도 · 농 간 소득 격차(→ **새마을운동** 추진−근면 · 자조 · 협동), 실업 · 환경 · 빈민 문제 발생, 핵가족 보편화

② 노동운동 : 기업의 저임금 정책, 노동자들의 근로 환경 열악 → **전태일 분신 사건**(1970) → 노동운동 활발(임금 인상, 노동환경 개선 요구) → 6월 민주항쟁 이후 정치적 민주화와 함께 활성화(80년대 후반 노동운동에 대한 규제 완화)

③ 복지 · 교육 : 사회보장제도 확충(건강보험 · 국민연금), 의무교육 실시

3. 화해와 통일을 위한 노력

3-1 북한 사회의 변화

(1) 북한 체제의 성립과 변화

① 김일성 유일 체제의 확립 : 남로당 · 연안파 등 반대파 숙청 → 유일 독재 체제 확립(1960년대) → **국가 주석제** 신설, **주체사상**을 통치 이념으로 채택(1970년대)

② 김정일의 권력 세습 : 국방위원장 취임(1993) → 북한의 경제와 사회 통제, 핵무기 개발 등 군사력 강화에 권력 집중 → 김정은 3대 세습(2011)

(2) 북한 경제의 변화

① 사회주의 경제 건설 : **천리마 운동**(1950년대−전후 산업 시설 복구, 사상 · 기술 · 문화의 3대 혁명 강조), 사회주의 경제체제 확립

② 경제 위기와 개방 정책 : 폐쇄적인 대외 관계 → 무역의 침체, 외화 부족 → 합영법 제정 (1984-외국의 자본과 기술을 도입하기 위한 합작투자법), 두만강 경제특구 지정(나진 · 선봉 자유무역지대), 개성공단 등 제한적 경제 개방 추진 → 성과 미흡

③ 대표적 개방 지역

  ㈎ **나진 · 선봉 경제 무역지대**

    ㉮ 최초 개방 지역. 1991년 UNDP(유엔개발계획)의 주도로 설치

    ㉯ 북한 · 중국 · 러시아를 연결하는 지리적 이점을 가짐

    ㉰ 항구 발달 유리, 각종 지하자원(석탄 · 철광석 등) 풍부

  ㈏ 신의주 특별 행정구

    ㉮ 북한과 중국을 철도로 연결하는 중요한 물류 거점

    ㉯ 중국의 자본 유치 및 교역 목적

  ㈐ **개성 공업지구**

    ㉮ 수도권과 가까운 거리와 값싼 노동력 → 경공업 중심으로 남한의 기업 다수 진출

    ㉯ 남한의 자본과 기술, 북한의 토지와 노동력이 결합한 실질적인 경제협력 지역

  ㈑ 금강산 관광특구

    • 관광객 유치 목적(남한 기업이 개발 · 관리 · 경영), 남북 협력 공간

3-2 통일 한국의 미래상

(1) 남북 대화와 7 · 4 남북 공동성명

  ① 이승만 정부 : 철저한 반공정책 실시(북진통일론), 북한의 적화통일 정책

  ② 박정희 정부 : 강력한 반공정책 → 긴장 고조 → 미 · 소 냉전 완화 → 남북 간 대화 시작

    ㈎ 남북 적십자 회담(1971) : 남북 이산가족 찾기 회담, 남북 대화의 계기 마련

    ㈏ **7 · 4 남북 공동성명**(1972) : 통일의 3대 원칙 합의(**자주 · 평화 · 민족 대단결**), 남북 조절 위원회 설치 → 남북 모두 독재 체제 강화에 이용

(2) 남북 관계의 새로운 진전

  ① 전두환 정부 : 남한의 민족화합 민주통일 방안(1981), 북한의 고려 민주주의 연방 공화 국 방안(1980)

  ② 노태우 정부 : 북방 외교, 남북한 유엔 동시 가입, **남북 기본 합의서** 채택(1991-남북 사이 의 화해와 불가침 및 교류 · 협력에 관한 합의서), 한반도 비핵화 공동선언

  ③ 김영삼 정부 : 민족공동체 통일 방안 제시, 북한에 경수로 건설 사업 추진(1996)

  ④ 김대중 정부 : 대북 화해협력 정책(금강산 관광, 대북 식량 지원 등), **최초의 남북 정상회담 개최**, 6 · 15 남북 공동선언 발표(2000) → 남북 교류 활성화

⑤ 노무현 정부 : 대북 화해협력 정책 계승, 제2차 남북 정상회담 개최, 10 · 4 선언 발표 (2007)

⑥ 이명박 정부 : 5 · 24 조치(2010년 천안함 사건 이후 남북 교역을 중단한 대북 제재 조치) 로 남북 교류 전면 중단

⑦ 박근혜 정부 : 개성공단 전면 중단(2016. 2)

(3) 통일 한국의 미래

① 통일의 장애 요인

㈎ 남북한 간의 요인 : 남북한 사이의 이질화와 불신, 간헐적인 남북 간 무력 충돌, 북한 핵 문제로 인한 긴장과 갈등

㈏ 국내적 요인 : 남한 국민들의 국론 분열, 경제적 부담, 이질화로 인한 심리적 거리감

㈐ 국제적 요인 : 주변국의 복잡한 이해관계

② 통일을 위해 필요한 요인들

㈎ 다른 나라의 통일 사례와 교훈 : 통일 후 혼란을 최소화하기 위해 정치 · 경제 · 사회 · 문화 각 분야에서 교류와 협력을 늘려 상호 불신과 대립을 개선

• 독일−흡수 통일, 베트남−무력 통일, 예멘−합의 통일 후 내전, 북예멘 승리로 재통합

㈏ 남북한 불신 해소 → 화해와 협력 추진 → 항구적 평화 체제 정착

③ 통일의 필요성

㈎ 통일의 편익

㉮ 분단 비용의 소멸 : 국방비, 외교 경쟁 비용 및 전쟁 공포, 이산가족의 고통, 극단적 이념 논쟁 등

㉯ 경제적 이익 : 북한의 물적 · 인적자원 활용, 경제 규모의 확대, 대륙과 해양의 교량 역할 복원

㉰ 무형의 이익 : 국민적 자부심과 국제사회에서의 위상 상승 등

㈏ 통일로 이루는 평화와 인권

㉮ 전쟁의 위협과 불안 해소로 세계 평화에 기여, 인류가 지향하는 보편적 가치의 실현

㉯ 인권의 보장 : 인간다운 삶의 보장, 평화의 원동력

3-3 영토 문제와 역사 갈등

(1) 중국

간도 영유권 분쟁, 동북공정과 우리나라 고대사 서술 문제

① **동북공정**(東北工程) : 1990년대부터 국가 전략적 차원에서 준비−중국 정부는 국가 통합

을 유지하기 위해, 현재 자국 영토에 해당하는 지역의 역사는 모두 중국사라는 주장을 펴고 있음

② 고구려는 중국의 지방 정권일까? → 최근 중국의 일부 학자들은 중국의 많은 소수민족의 과거 활동과 현재 중국 영토에서 일어났던 과거의 사실들을 모두 중국사에 포함시키는 동북공정을 시도하고 있음. 이에 따르면 고조선·고구려·발해의 역사가 중국의 역사로 규정되고, 고구려는 한국사가 아니라 중국의 지방정권이 되어버림. 이러한 견해는 기존의 역사 인식을 뒤집는 역사 왜곡으로 많은 비판을 받고 있음.

　㈎ 역사 왜곡 문제 : 고조선, 발해까지 부정 → 시간적으로는 2000년, 공간적으로는 한강 이남까지 축소됨(실제로는 고구려가 존속한 700여 년간 중국에서는 20여 왕조가 교체됨)

　㈏ 조선족의 정체성 관리 문제

　㈐ 국경·영토 문제 : 남북통일 이후를 대비하기 위한 사전 포석

　㈑ 북한 정권 유사시 한반도 북쪽 지역에 대한 연고권

(2) 일본

독도 영유권 분쟁, 일본 역사 교과서의 한국사 왜곡 문제

① 독도의 과거

　㈎ 신라시대 : 512년 신라가 우산국(울릉도)을 편입하면서부터 우리나라의 영토

　㈏ 조선시대 : 숙종 때 안용복의 활약 → 일본 막부는 울릉도와 독도가 조선의 영토임을 인정

　㈐ 대한제국 : 울릉도를 독립된 군으로 승격, 독도는 울릉군의 소속

　㈑ 일제강점기 : 일본이 러·일전쟁 중 독도를 시마네현으로 강제 편입 → 광복 이후 독도는 우리나라에 영토로 반환

② 독도의 현재

　㈎ 독도를 둘러싼 분쟁 : 독도를 일본 영토라고 주장하고 국제사법재판소(ICJ)에 넘겨 분쟁 지역화 시도 - 그러나 독도는 명백히 우리 영토이기 때문에 분쟁 지역으로 분류되어서는 안 됨

　㈏ 독도를 지키기 위한 우리의 노력 : 실효적 지배 강화, 대외적으로 적극적인 독도 홍보, 독도와 관련된 왜곡된 정보를 바로잡으려는 노력, 독도 연구 지원, 독도에 대한 관심 증대 등 → 국민들의 애국심과 국토애를 심어주는 상징적인 장소

　㈐ 섬 전체가 천연기념물 제336호, 메탄 하이드레이트(차세대 에너지) 매장

　㈑ 주소 : 경상북도 울릉군 울릉읍 독도리 산 1~37번지

1 해방 정국의 사건을 순서대로 바르게 나열한 것은?

> ㉠ 5 · 10 총선거 실시　　　㉡ 김구의 남북 협상 제의
> ㉢ 모스크바 3국 외상회의 개최　　㉣ 제1차 미 · 소 공동위원회 개최
> ㉤ 카이로 선언

① ㉡ → ㉣ → ㉢ → ㉠ → ㉡
② ㉢ → ㉤ → ㉣ → ㉠ → ㉡
③ ㉣ → ㉢ → ㉡ → ㉤ → ㉠
④ ㉤ → ㉢ → ㉣ → ㉡ → ㉠

 해설 카이로 선언 → 광복 → 38도선 설정 → 모스크바 3국 외상회의 → 미 · 소 공동위원회 → 남북 협상 → 남한 총선거 → 제헌 국회 구성 → 헌법 제정 → 대한민국 정부 수립

2 다음 사건을 순서대로 바르게 나열한 것은?

> ㉠ 7 · 4 남북 공동 성명　㉡ 남 · 북한 유엔 동시 가입　㉢ 북한 김일성 사망
> ㉣ 6 · 15 남북 공동 선언　㉤ 10 · 4 남북 공동 선언

① ㉠ → ㉡ → ㉢ → ㉣ → ㉤
② ㉡ → ㉢ → ㉠ → ㉣ → ㉤
③ ㉢ → ㉡ → ㉠ → ㉤ → ㉣
④ ㉣ → ㉠ → ㉡ → ㉢ → ㉤

 해설 ㉠ 박정희, ㉡ 노태우, ㉢ 김영삼, ㉣ 김대중, ㉤ 노무현

3 6 · 25 전쟁의 전개 과정을 순서대로 바르게 나열한 것은?

> ㉠ 중국군 개입　㉡ 인천 상륙 작전　㉢ 북한군의 남침　㉣ 휴전협정 체결　㉤ 1 · 4 후퇴

① ㉠ → ㉡ → ㉢ → ㉣ → ㉤
② ㉡ → ㉢ → ㉠ → ㉣ → ㉤
③ ㉢ → ㉡ → ㉠ → ㉤ → ㉣
④ ㉣ → ㉠ → ㉡ → ㉢ → ㉤

 해설 북한군 남침(1950. 6. 25) → 부산 피란 → 유엔군 참전(7. 1) → 인천 상륙 작전(9. 15) → 서울 수복(9. 28) → 중국군 개입(10. 25) → 국군 압록강 진격(11. 11) → 흥남 철수(12. 9) → 1 · 4 후퇴(1951. 1. 4) → 서울 재탈환(3. 14) → 38선 재돌파(3. 24) → 반공포로 석방(1953. 6. 18) → 휴전협정 체결(7. 27)

정답　1 ④　2 ①　3 ③

1장 관광자원의 개념과 해설

1. 관광자원의 개념과 분류

1-1 관광자원의 개념

(1) 관광의 개념

① 관광의 어원

㈎ 동양 : 『주역』 **관국지광 이용빈우왕**(觀國之光 利用賓于王) – "나라의 빛을 보러 가는 것은 왕에게 귀한 손님으로 접대받기에 좋다."

　• 타국의 토지 · 풍속 · 제도 · 문물을 보기 위해 순회 · 여행하는 이동의 개념

㈏ 서양 : Tourism – '단기간의 여행'을 뜻하는 Tour의 파생어인 라틴어 Tornus(도르래의 의미)에서 기원

　• 독일어 Fremdenverkehr : Fremden(외국의 · 외국인의) + Verkehr(왕래 · 교통)

② 관광의 개념 : 인간이 일시적으로 일상생활권을 떠나서 다시 돌아올 것을 전제로 타국 · 타지의 문물 및 제도 등을 시찰하는 것 또는 경치를 감상 · 유람할 목적으로 여행하는 것

㈎ 세계관광기구(WTO : World Tourism Organization) : 즐거움, 위락, 휴가, 스포츠, 사업 · 친구 · 친척 방문, 업무, 회의 · 회합, 건강, 연구, 종교 등을 목적으로 하여 방문국을 적어도 24시간 이상 1년 이내 체재하는 행위

㈏ 관광의 개념적 구성 요소 : **이동성(본질), 탈일상성(이동 목적), 회귀성(전제)**

③ 관광의 종류

㈎ 테마 관광 : 특정 테마를 가진 관광

㈏ 의료 관광 : 의료 기관의 진료 · 치료 · 수술 등 환자와 그 동반자가 의료 서비스와 병행하는 관광

　㉮ 의료산업 : 하이테크적 속성이 강하며 진입 장벽이 높음

　㉯ 관광산업 : 수요의 가격 탄력성이 높으며 진입 장벽이 높지 않음

㈐ 생태 관광 : 환경 보존을 우선시하면서 관광 욕구를 충족하는 관광(환경을 고려하지 않는 무분별한 관광 개발을 지양)

㈑ 녹색 관광 : 저탄소 정책으로 지역 문화 발전에 기여하는 관광

㈒ 안보 관광 : 안보 영역을 탐방하여 불가피한 상황을 인식하고, 통제된 상황에서 특수 자원에 대한 이해를 충족하는 관광

④ 관광의 효과

㈎ 관광 대상 지역 : 고용 증대, 소득 증가, 세수 증가, 지역 산업 발달, 문화 교류, 국위 선양, 국제 친선, 국제수지 개선

㈏ 관광객 : 견문 확대, 교양 향상, 건강 증진, 삶의 질 향상

㈐ 기업 : 관련 산업의 발달 유발(경영 규모 확대)

㈑ 관광자원 : 관광자원의 새로운 가치 발견 → 이용 가치의 증대

⑤ 관광 공해 : 자연 파괴, 전통 지역사회의 붕괴, 풍기 문란, 폐기물 증가, 교통 혼잡, 소음·사고 다발, 물가 상승

(2) 자원의 개념

① 자원의 어원 : '다시'라는 뜻을 가진 라틴어 Resurgere(레수르게레)에서 유래

② 자원의 의미 : 인간의 생활 및 경제 생산에 이용되는 물적 자료 및 노동력, 기술 등을 통틀어 이르는 말(**유형재＋무형재**)

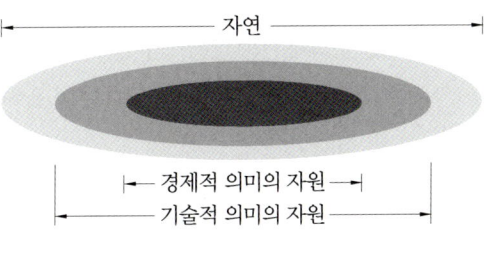

㈎ 인간이 생활을 유지하고 발전시키는 데 필요한 모든 것

㈏ 인간의 기술로 개발과 이용이 가능하고 경제적으로 가치가 있는 것

③ 자원의 분류

범위	협의	천연자원	지하자원(에너지 자원·광물 자원), 식량 자원 등
	광의	인적 자원	노동력, 기술, 지식, 창의성, 의욕 등
		문화적 자원	전통, 언어, 종교, 제도, 학문, 예술, 문화재 등
재생 여부	고갈 자원	비재생 자원	매장량이 유한한 자원
	순환 자원	재생 자원	무한히 이용 가능한 자원 **예** 태양열, 지열, 풍력 등

④ 자원의 특성

㈎ 가변성(**변화할 소지**) : 시대·기술 발달 → 자원 가치 변화　**예** 검은 물 → 석유

• 자원 가치 변화 요인 : 과학기술의 발달, 경제적 여건, 문화적 차이, 시간과 공간, 사

회 환경, 사람들의 생활 수준 등

(나) 상대성 : 같은 자원 → 민족 · 공간 · 문화에 따라 가치 다름　**예** 신(인도) ← 소 → 식량(한국)

(다) 편재성 : 생산지 ≠ 소비지 → 자원 이동 발생　**예** 석유−OPEC → 자원민족주의

(라) 유한성 : 매장량 한정 → 신 · 재생에너지 개발 필요

(마) 경제성 : 최소의 수단으로 최대의 효과를 달성

(바) 희소성 : 인간의 물질적 욕구를 충족시켜주는 물적 수단의 공급이 상대적으로 부족한 경우 → 기본적인 경제문제가 발생하는 근본적인 원인

(3) 관광자원의 개념

① 관광자원의 의미 : 관광의 주체인 관광객의 **관광 동기를 유발**하고 **관광 욕구를 충족**시켜 관광 행동을 일으키게 하는 매력성을 보유한 유 · 무형의 관광 대상 → 관광자원 개발의 대상, **관광 의욕의 대상, 관광 행동의 목표**

② 관광 구성의 3대 요소(3요소 관광 시스템)

(가) **관광 주체(관광객)** : 관광 욕구를 겸비하고 관광 활동에 참여하는 사람 → 관광 수요 발생

(나) **관광 객체(관광 대상)** : 관광객의 관광 활동의 대상이 되는 자원과 시설 → 관광 공급 요소

(다) **관광 매체(관광사업)** : 관광이 원활하게 이루어지도록 필요한 서비스를 제공하는 사업과 시설

③ 관광자원의 특성

(가) **자연과 인간의 상호작용**

(나) **범위의 다양성** : 유형 자원, 무형 자원, 자연 자원, 인문 자원 등

(다) **유인성** : 관광객의 관광 행동을 유발하는 견인성

(라) **매력성** : 자연 경관, 독자성, 특이성, 보양성

(마) **가치 변화성**(탄력적 가치) : 시대, 사회 구조, 관광객 유형에 따라 **가치 변화**

(바) **개발 요구성** : 관광자원은 개발을 통해 관광 대상으로 기능

(사) 보호 및 보존의 필요성(보호 · 보존 요구성)

④ 관광자원의 가치 결정 요인

(가) **접근성** : 관광객의 일상 거주지에서 관광 목적지까지의 접근성 → 교통수단, 거리(시간 · 비용 · 동기)

(나) **매력성** : 관광객을 유인하는 흡인력 → 희소성, 유일성, 다양성, 차별화

(다) **이미지** : 대상에 대해 갖고 있는 일련의 신념 → **관광객의 관광 행동을 유인**

(라) **부대시설** : 관광 행동에 제공되는 관광객 지향 편의 시설 → 상부 구조(숙박 · 식당 · 소매품)

㈐ **기반 시설(Infrastructure)** : 관광자원에 대한 이미지 · 접근성에 영향을 주어 관광자원의 가치를 결정하는 요소로 작용 → 하부 구조(도로 · 철도 · 터미널 · 항만 · 공항 · 전기 · 통신 · 상하수도 · 의료)

1-2 관광자원의 분류

구 분	대분류	중분류	소분류		
관광자원	자연 관광자원	유형 관광자원	산악, 구릉, 계곡, 폭포, 동굴, 하천, 호수, 온천, 약수, 해안, 섬, 암석, 평야, 지질, 동식물, 도시공원		
		무형 관광자원	기후, 기상, 일조, 자연현상(파도 등), 지질, 천문		
	인문 관광자원	사회 · 문화 관광자원	사회 관광자원	유형 관광자원	사회 시설, 무용, 토속 음식물, 스포츠
				무형 관광자원	국민성, 풍속, 관습, 전통 기술, 언어, 인심, 예절
			문화 관광자원	유형 관광자원	역사 유적지, 문화재(미술품 · 공예품 · 조각품 등), 사찰, 박물관, 휴양지
				무형 관광자원	축제, 고유 종교, 철학, 사상, 학문, 역사, 제도, 문학, 가곡, 음악
		산업 관광자원	유형 관광자원		유통단지, 공업단지, 관광 목장, 재래시장, 백화점, 전시회, 사회 공공시설, 농업, 임업, 상업, 어업, 기술 연구소
			무형 관광자원		조직, 운영, 제조 공정
		위락 관광자원	캠프장, 수영장, 놀이공원, 쇼핑센터, 수렵장, 승마장, 나이트클럽, 래프팅, 번지점프, 지형지물(랜드마크), 종합 레저 복합 센터, 스키장, 골프장, 카지노, 경마장, 경륜장		

2. 관광자원의 해설

2-1 관광자원 해설의 개념

(1) 관광자원 해설의 개념

① 관광자원 해설의 의미

㈎ 관광객의 관광 욕구를 자극하여 관광객으로 하여금 관광자원이 지니고 있는 자연적 ·

문화적 가치를 인식할 수 있도록 도와주는 모든 활동 → 단순히 많은 정보를 제공하는 것이 아님

   ㈏ 1888년 로키 산맥에서 여관을 운영하던 에노스 밀스(Enos Mills)가 사람들에게 로키 산의 자연을 안내한 것이 자연 해설의 시작

② 관광자원 해설의 목적과 기대 효과

   ㈎ 교육적 효과 : 관광객의 **경험을 풍부**하게 하고, 관광자원의 가치를 바로 인식하게 함 → **지역 주민의 관심 · 긍지 고조, 공공의 관심 · 지지** 유도

   ㈏ 관광자원의 보존 · 보호 : **불필요한 훼손 · 손상의 방지 → 관리 · 대체 비용 절감**

(2) 관광자원 해설사의 역할과 자질

① 해설사의 역할

   ㈎ 정보 전달자(생태 및 역사 · 문화적 지식) : 해설사가 가져야 하는 기초적 소양, 전체적 · 통합적 안목, 장시간 지속적인 학습 필요

   ㈏ 교육자(전문 교육자로서의 소양) : 중요성에 비해 소홀히 다뤄지는 경우가 많음

   ㈐ 프로그램 기획자(프로그램 기획과 운영 · 관리 능력) : 상황 변화에 따른 운영 능력

② 해설사의 자질 : 장소 · 대상 · 사람에 대한 열정, 자신감(지속적인 연구 · 실습을 통한 전문 지식의 축적), 명료성(분명하고 다채로운 언어 사용), 유머 감각, **침착성**(경험과 연륜이 쌓이면서 키워지는 자질), 책임감(기본에 충실하고 끝까지 최선을 다하는 것), 신뢰감

2-2   관광자원 해설 기법

(1) 인적 해설 기법(직접 해설)

해설사가 직접 안내하며 설명 → 훼손이 우려되는 곳에 방문자 제한 및 통제 유도 가능

① 담화 해설 기법(Talks, 대화성) : 말 · 몸짓 · 표정 등을 통하여 관광객을 이해시키고 반응을 유도 → 해설사의 감수성과 관광객의 수준이 높을 때 원활

② 재현 해설 기법(Demonstrations, 현장성) : 역사적 사건, 풍속 등 당시 모습을 재현(역사의 재구성)함으로써 담화 해설 기법보다 효과적 → 역사 왜곡의 우려, 투입 인력 문제와 시간 지체 현상

③ **동행 해설** 기법(Walks, 이동성) : 해설사가 관광객과 함께 움직이며 해설 → 신뢰 형성과 분위기 산만의 양면성 → 해설사 1명당 최대 35명의 관광객이 적당, 정지 시간은 5~7분이 적당

   ㈎ 정지식 해설(거점식 해설) : **해설사가 고정 배치** → 장소와 내용이 제한되는 한계점

(나) 이동식 해설 : **박물관**이나 **야외 경관** 감상 시에 적절(현실적으로 가장 많이 이용), 다수의 인원이 참가하거나 체력적 부담이 있는 경우 문제 발생

- 팀 해설 : 특성에 맞는 해설사들이 여러 명 동시에 관광객들과 함께 이동하며 해설을 분담하여 실행 → 1가지 주제나 현상에 대한 다양한 해설을 전문적으로 제공 가능

(2) 비인적 해설 기법(간접 해설)

관광지에 있는 표지판, 유인물이나 기계장치 등의 수단으로 해설사가 직접 관여하지 않는 가운데 이루어지는 해설 서비스 → 브로슈어·팸플릿·이정표·표지판·소책자 등을 참고하며 직접 여행

① **길잡이 시설 해설**(자기 안내 해설 기법, Self-guiding) : 관광객이 **해설사 없이 제시된 안내문을 읽고 이해하면서 관광 대상을 추적**하는 텍스트적 해설 기법 → 자원 해설판의 설계가 중요(논리적 일관성·정확성·명료성·신뢰성)

(가) 장점 : **운영 및 유지 비용의 감소**(해설사 양성·교육에 대한 부담이 없음), **관광객별 독해 속도 조절**(해설 시간·체류 시간을 스스로 조정), **길잡이 역할**(이정표 기능)

(나) 단점 : 일방형 의사 전달(쌍방형 질의응답 결여), 관광객에 의한 **훼손 가능성**

② 매체 이용 해설(기계장치, Gadgetry) : 평면적 자기 안내 해설 기법이 진화, **장치를 이용**하여 역사적 사실의 **재현에 효과적**(현장성·재현성·편리성) → 모형, 실물(사실·유적·인물·기술 재현), 시청각, **디오라마**[Diorama : 역사적 사실이나 큰 규모의 실경(實景)을 작게 축소해 사실감 있게 표현], 시뮬레이션(직접적 체험)

(가) 장점 : **인쇄 매체의 시각적 문제 해소**(터치스크린·비디오), **관광객의 시선 집중, 반복 용이**

(나) 단점 : 정기적인 **유지·보수** 필요, **지루함** 유발(동일 내용의 반복)

최신기출 2016. 4. 9 시행

비인적 해설 기법 중 단방향 해설 매체(길잡이식 해설)에 관한 설명으로 옳지 않은 것은?

① 안내판, 키오스크, 멀티미디어 시스템 등이 포함된다.

② 문자형과 상징형 등으로 나눌 수 있다.

③ 이용자의 선호에 따라 취사선택이 가능하다.

④ 이용자의 정보 해독 능력에 따라 다른 학습 효과를 낼 수 있다.

 해설 ①은 매체 이용 해설(기계장치, Gadgetry)에 관한 설명이다.

정답 ①번

1 관광자원에 관한 설명으로 옳지 않은 것은?

① 관광자원은 다른 자원과 구별되는 특성이 있어야 한다.
② 관광자원의 범위는 자연 및 인문 자원, 유형 및 무형의 자원을 모두 포함한다.
③ 관광객의 관광 욕구를 유인하는 매력성이 있어야 한다.
④ 관광자원의 가치는 시대의 흐름과 관계없다.

해설 ④ 가치 변화성 : 시대, 사회구조, 관광객 유형에 따라 가치는 변화한다.

2 관광자원의 유형별 특징에 관한 설명으로 옳지 않은 것은?

① 자연적 관광자원은 상대적 가치보다는 절대적 가치를 추구한다.
② 산업적 관광자원은 현대적인 각종 산업 시설을 관광자원화한 것이다.
③ 사회적 관광자원은 한 나라의 구성원들이 만들어낸 특색 있는 생활 양식이다.
④ 위락 관광자원은 이용자의 자주적, 자기 발전적 성향을 충족시킬 수 있는 동태적 관광
  자원이다.

해설 ① 해당 지역에서만 볼 수 있는 특수한 자원이어야 한다.

3 관광자원 분류 중 무형 관광자원인 것은?

① 동식물   ② 건축물   ③ 풍속   ④ 재래시장

해설 무형 관광자원 : 국민성, 풍속, 관습, 예절, 언어, 사상, 철학, 종교, 역사, 음악 등

4 동일한 내용의 반복으로 재방문자에게 지루함을 일으킬 수 있는 해설 기법은?

① 동행 해설 기법   ② 길잡이 시설 해설 기법
③ 담화 해설 기법   ④ 매체 이용 해설 기법

해설 매체 이용 해설 기법의 단점 : 설치의 제약과 정기적 보수가 필요, 동일 내용의 반복으로 지루함 유발

정답 1 ④ 2 ① 3 ③ 4 ④

5 관광자원 해설에 관한 설명으로 옳지 않은 것은?

① 시각 장애인에게는 물체를 직접 만져볼 수 있도록 배려한다.

② 관광의 효과를 내기 위한 흥미 위주의 해설은 자제한다.

③ 가능한 한 방문지에 대한 정보를 많이 알려주는 것이다.

④ 해설사가 직접 의사를 전달하는 인적 기법과 시설 및 매체를 활용하는 비인적 기법이 있다.

 해설이란 단순한 설명이나 정보 제공을 넘어 관광 대상이 가지고 있는 의미를 쉽게 풀어서 밝혀줌으로써 관광 주체의 바람직한 관광 행동을 유도하여 관리 목표를 달성하는 것이다.

6 관광을 구성하는 3대 요소가 아닌 것은?

① 관광 주체   ② 관광 욕구

③ 관광 객체   ④ 관광 매체

 관광 구성의 3대 요소 : 관광 주체(관광객), 관광 객체(관광 대상), 관광 매체(관광 사업)

7 관광자원의 특성이 아닌 것은?

① 유인성   ② 비소비성   ③ 다양성   ④ 매력성

 관광자원 역시 인간 욕구의 충족을 위해 소비되는 자원이다.

8 관광자원 해설의 기대 효과로 볼 수 없는 것은?

① 방문자 만족   ② 지역 상품 판매

③ 관광자원의 보호   ④ 공공의 관심 유도

 지역 상품은 단순히 팔고 끝나는 것이 아니라 사후 처리에도 주의해야 한다.

9 하나의 장면이나 풍경을 일정 공간 안에 입체적 구경거리로 구성한 기법은?

① 디오라마   ② 미니어처

③ 미장센   ④ 시뮬레이션

 주로 역사적 사건, 자연 풍경, 도시 경관 등을 제작하여 교육용이나 오락용으로 활용한다.

정답 5 ③   6 ②   7 ②   8 ②   9 ①

10 관광자원에 관한 설명으로 옳은 것은?

① 사회적 관광자원의 범위는 비교적 좁은 편이다.

② 낮은 연령층은 주유형에 비해 체재형 관광자원을 선호하는 경향이 있다.

③ 인간의 자본과 기술이 투여되더라도 그 원형이 보존된 것은 자연적 관광자원이다.

④ 참여형 관광에서 정태형 관광으로 변화하고 있다.

 ① 사회적 관광자원은 한 나라 또는 지역 구성원들이 만들어낸 특색 있는 모든 생활양식이므로 범위가 넓다. ②, ④ 감상형 · 보양형 · 정태형에서 활동형 · 참여형 · 레포츠형으로 관광객 행동 패턴이 변화하고 있다.

11 해설사의 역할로 옳지 않은 것은?

① 정보 전달자   ② 전문 교육자   ③ 프로그램 기획자   ④ 상품 판매자

정답   10 ③   11 ④

2장 자연적 관광자원

1. 산악 관광자원

1-1 전통적 국토관

(1) 우리나라의 산지 지형

저산성 산지	국토의 70% 이상이 산지이지만 오랜 침식작용으로 대부분 낮은 산지
잔구성 산지	암석의 경연 차로 오랫동안 차별침식을 받아 형성, 주로 관광지로 이용
경동 지형	신생대 제3기 비대칭적 요곡 운동의 결과 동고서저의 지형 형성 → 기후·문화 차이 발생, 유역 변경식 발전에 이용 ※ 해발 고도에 따른 기온 변화 : 늦봄에서 초여름에 걸쳐 태백산맥의 서쪽 사면(영서 지방)에 가뭄 피해가 나타남(높새바람의 특징)
고위평탄면	오랜 침식으로 평탄해진 지형이 지반의 융기로 고도가 높아지면서 형성 → 교통의 발달로 고랭지농업, 목장, 관광지 발달

(2) 산줄기와 분수령

산은 각각 떨어진 산봉우리가 아니라 서로 연결된 것임을 강조(전통적 국토관)

① 산경(山經) : 산의 경과(經過), 산의 흐름

산경도	산맥도
우리 조상들의 산지 인식 체계인 산경표에 수록된 산의 족보를 지도로 만든 것	일본 학자 고토 분지로가 지질구조선을 바탕으로 우리나라 산지를 분류(각 산맥에는 중생대 및 신생대의 지각변동이 반영)
백두대간을 중심으로 모든 산들은 서로 연결되어있으며(산의 연속성 강조), 이들 산줄기들이 분수령을 형성	지질구조선을 강조했기 때문에 산맥의 연결성이 약하여, 차령산맥이 남한강과 교차하는 현상 발생
하천 유역이 뚜렷이 나타남. 생활권(통혼권)이나 문화권(방언권)을 이해하는 데 도움	자원 분포 파악에 유리

② 산경표(山經表) : 산자분수령(山自分水嶺, 산은 물을 건너지 못하고 물은 산을 넘지 못함)의 원리에 따라 우리나라 모든 산을 15개의 산줄기(1대간, 1정간, 13정맥)로 분류 → 지방 문화와 생활권 이해

1-2 삼신오악사상(三神五岳思想)

(1) 삼신산(三神山)

국가의 호국신(護國神)을 모시는 산

① 중국 : 봉래산(蓬萊山), 방장산(方丈山), 영주산(瀛洲山)

② 우리나라 : 금강산, 지리산, 한라산

③ 조선시대 산신(山神) 제단 : 묘향산(상악단), 계룡산(중악단), 지리산(하악단)

(2) 오악(五岳)

국가의 중앙과 변경에서 위엄을 나타내는 산

① 중국 : 태산(泰山), 화산(華山), 형산(衡山), 항산(恒山), 숭산(嵩山)

② 신라 : 토함산(동악), 계룡산(서악), 지리산(남악), 태백산(북악), 팔공산(중악)

③ 금강산, 묘향산, 지리산, 백두산, 삼각산(북한산)

2. 자연공원

2-1 우리나라의 자연공원

(1) 자연공원

자연 풍경지를 보호하고, 적정한 이용을 도모하여 국민의 보건 휴양 및 정서 생활의 향상에 기여함을 목적으로 지정·이용·관리되는 공원

① 「**자연공원법**」 제2조 제1호에 따라 **국립**(國立)공원(환경부장관), **도립**(道立)공원(시·도지사), **군립**(郡立)공원(시장·군수·자치구의 구청장) 및 **지질**(地質)공원(환경부장관)으로 분류

② 국립공원 22개소, 도립공원 30개소, 군립공원 27개소, 지질공원 7개소

(2) 국립공원

우리나라의 풍경을 대표할만한 수려한 자연 풍경지(자연공원법)

공원명	위 치	공원명	위 치	공원명	위 치
지리산	전남, 전북, 경남	가야산	경남, 경북	월악산	충북, 경북
경주	경북	덕유산	전북, 경남	소백산	충북, 경북
계룡산	충남, 대전	오대산	강원	변산반도	전북
한려해상	전남, 경남	주왕산	경북	월출산	전남
설악산	강원	태안해안	충남	무등산	광주, 전남
속리산	충북, 경북	다도해해상	전남	태백산	강원, 경북
한라산	제주	북한산	서울, 경기		
내장산	전남, 전북	치악산	강원		

① 1872년 지정된 미국의 **옐로스톤**(Yellowstone) 국립공원이 세계 최초
② 우리나라 국립공원 현황(22개)
   ㈎ 전체 면적 : 6,726 km²(육지 3,972 km², 해상 2,753 km²). 육지 면적의 경우 전 국토의 3.96% 점유
     ㉠ 산악형 국립공원(17개) : 지리산(1967년 우리나라 최초), 계룡산, 설악산, 속리산, 한라산, 내장산, 가야산, 덕유산, 오대산, 주왕산, 북한산, 치악산, 월악산, 소백산, 월출산, 무등산, 태백산(2016)
     ㉡ 해상·해안형 국립공원(4개) : 한려해상, 태안해안, 다도해해상, 변산반도
     ㉢ 사적형 국립공원 (1개) : 경주
   ㈏ 국립공원의 지정권자 : **환경부장관**
   ㈐ 국립공원의 관리 : 환경부 산하 국립공원관리공단 → 한라산국립공원은 제주특별자치도, 한려해상국립공원 오동도 지구는 여수시에서 관리

(3) 도립공원

국립공원에 준하는 자연 풍경을 보호하고 이용할 목적으로 「자연공원법」에 따라 지정한 자연공원 → 30개소(충청북도에는 없음)

공원명	위 치	공원명	위 치	공원명	위 치
금오산	경북 (구미·칠곡·김천)	두륜산	전남(해남)	신안갯벌	전남(신안)
남한산성	경기 (광주·하남·성남)	선운산	전북(고창)	무안갯벌	전남(무안)
모악산	전북 (김제·완주·전주)	팔공산	경북 (칠곡·군위·경산·영천), 대구	마라해양	제주(서귀포시)

공원명	위치	공원명	위치	공원명	위치
덕산	충남(예산 · 서산)	**문경새재**	경북(문경)	성산일출해양	제주(서귀포시)
칠갑산	충남(청양)	경포	강원(강릉)	서귀포해양	제주(서귀포시)
대둔산	전북(완주), 충남(논산 · 금산)	청량산	경북(봉화 · 안동)	추자	제주(제주시)
낙산	강원(양양)	연화산	경남(고성)	우도해양	제주(제주시)
마이산	전북(진안)	고복	세종(연서)	수리산	경기(안양 · 안산 · 군포)
가지산	경남(양산 · 밀양) 울산(울주)	천관산	전남(장흥)	제주곶자왈	제주(제주시)
조계산	전남(순천)	연인산	경기(가평)	**벌교갯벌**	전남(보성)

① 도립공원 지정 목적 : 자연보호를 중심으로 하되 관광자원으로도 이용 → 국제수지 개선, 고용 창출, 지방자치단체의 세금원 확보, 관광객과 지역 주민의 교류

② 도립공원의 지정 · 관리 : 시 · 도지사 → 도립공원 내에서의 각종 행위는 도지사의 인허가가 필요

③ 주요 도립공원

㈎ **금오산** : 우리나라 **최초의 도립공원**(1970. 6. 1), 현월봉(976 m)

㈏ 남한산성 : 세계문화유산(2014), 병자호란의 최대 전적지

㈐ 대둔산 : 중복 소재 공원(전북 · 충남)

㈑ 우도해양 : 성산포 북동쪽 3.8 km에 위치한 제주특별자치도에서 가장 큰 섬(섬 속의 섬), 소가 누워있는 모습처럼 보인다 하여 우도(牛島)란 이름이 붙여짐

㈒ 팔영산(전남 고흥) 도립공원이 다도해해상 국립공원 팔영산 지구로 편입

㈓ 태백산(강원 태백) 도립공원이 태백산 국립공원으로 승격(2016. 8. 22)

㈔ 낙산, 경포 도립공원의 해제 가능성 : 도립공원 평균 면적의 1/4 수준, 재산권 침해 등

⑷ 군립공원

시 · 군 및 자치구의 자연 생태계나 경관을 대표할만한 지역으로 「자연공원법」에 따라 지정된 공원 → 27개소

공원명	위치	공원명	위치
강천산	전북 **순창**군 팔덕면	운문산	경북 청도군 운문면
천마산	경기 남양주시 화도읍 · 진접면 · 호평면	화왕산	경남 창원군 창녕읍
보경사	경북 포항시 송라면	구천계곡	경남 거제시 동부면
불영계곡	경북 울진군 울진읍 · 서면 · 근남면	입곡	경남 함안군 산인면

덕구온천	경북 울진군 북면	비슬산	대구 달성군 옥포면 · 유가면 · 계남면 · 번암면
상족암	경남 고성군 하이면	장안산	전북 장수군 장수읍 · 계남면 · 번암면
호구산	경남 남해군 이동면	빙계계곡	경북 의성군 춘산면
고소성	경남 하동군 악양면	아미산	강원 인제군 인제읍
봉명산	경남 사천시 곤양면 · 곤명면	명지산	경기 가평군 북면
거열산성	경남 거창군 거창읍	방어산	경남 진주시 지수면
기백산	경남 함양군 안의면	대이리	강원 삼척시 신기면
황매산	경남 합천군 대병면 · 가회면	월성계곡	경남 거창군 북상면
웅석봉	경남 산청군 산청읍	**병방산**	강원 정선군
신불산	울산 울주군 상북면 · 삼남면		

① 군립공원의 지정 · 관리 : 시 · 군 및 자치구에서 지정 관리
② 주요 군립공원

　㉮ **강천산** : 우리나라 **최초의 군립공원**(1981. 1. 7)

　㉯ 고복저수지(세종 연서) 군립공원이 도립공원으로 승격(2013. 1. 7)

최신기출 2016. 4. 9 시행

자연공원에 관한 설명으로 옳은 것은?

① 금오산은 1967년 지정된 최초의 도립공원이다.

② 천마산은 1983년 지정된 도립공원으로 스키장으로 잘 알려져 있다.

③ 소백산은 1980년 지정된 국립공원으로 단양군과 영주시에 걸쳐있다.

④ 남한산성은 1971년 지정된 도립공원이다.

 해설   ① 1970년 ② 군립공원 ③ 1987년　　　　　　　　　　　　　　　　정답 ④번

---

(5) 지질공원

지구과학적으로 중요하고 경관이 우수한 지역으로서 이를 보전하고 교육 · 관광사업 등에 활용하기 위하여 「자연공원법」에 따라 환경부장관이 인증한 공원(4년에 한 번 조사 및 점검) → 학술 조사, 체험 · 교육 프로그램, 국제 협력의 대상

　① 지질공원의 조건 : 지질 명소를 20개 이상 포함, 지구과학적 중요성 · 경관적 가치 · 희귀한 자연적 특성을 지님, 고고학적 · 생태적 · 문화적으로 우수해 보전할 필요성, 지질 유산을 보호 · 활용함으로써 경제적 부가가치가 창출돼야 함

② 국가 지질공원(7개소)

공원명	위 치
울릉도 · 독도	경북 울릉군
제주도	제주도
부산	부산 7개 자치구(금정구 · 영도구 · 진구 · 서구 · 사하구 · 남구 · 해운대구)
강원평화	강원도 5개군(철원군 · 화천군 · 양구군 · 인제군 · 고성군)
청송	경북 청송군
무등산권역	광주 2개 자치구(동구 · 북구), 전남 2개 군(화순군 · 담양군)
한탄 · 임진강	경기도 2개 시군(포천시 · 연천군)

최신기출 2016. 4. 9 시행

국가 지질공원으로 지정된 곳이 아닌 것은?

① 부산   ② 청송   ③ 지리산권   ④ 강원평화 지역

정답 ③번

(6) 전국의 걷는 길

① 주요 걷는 길 현황 : 제주올레를 선두로 각 지자체별로 다양한 코스 개발

   ㈎ 제주올레 : '올레'는 집 대문에서 마을 길까지 이어지는 아주 좁은 골목을 뜻하는 제주어. 2007년 9월 1코스를 개장한 이래, 제주도를 한 바퀴 도는 정규 코스와 중산간 및 제주의 작은 섬을 도는 알파 코스를 꾸준히 개척하여 제주 관광의 주요 자원으로 자리매김(2014년 1월 기준 총 26개 코스 운영)

   ㈏ 군산 구불길 : '이리저리 구부러지고 수풀이 우거진 길'이라는 의미. 총연장 188.4 km

   ㈐ 북한산 둘레길 : 기존의 샛길을 연결하고 다듬어서 북한산 자락을 완만하게 걸을 수 있도록 조성한 저지대 수평 산책로. 총 21구간

   ㈑ 울진 금강소나무숲길 : 산림청이 국비로 조성한 1호 숲길. 인터넷 예약 시스템으로 운영

   ㈒ 강릉 바우길 : 백두대간에서 경포와 정동진까지 산맥과 바다를 함께 걷는 총연장 350 km의 자연적이며 인간 친화적인 트레킹 코스

   ㈓ 남해 바래길 : 경남 남해군. '바래'는 남해 사람들이 척박한 환경에서 바다를 생명으로 여기고 물때에 맞추어 갯벌과 갯바위 등에서 해초류와 해산물을 캐는 행위를 뜻하는 남해의 토속말. 척박한 자연환경을 극복하며 살아온 남해 사람들의 생존을 위한 삶의 길을 걷는 트레킹 코스

㉔ 지리산 둘레길 : 지리산 둘레 3개도(전북·전남·경남), 5개 시군(남원·구례·하동·산청·함양) 21개 읍면 120여 개 마을을 잇는 285 km의 장거리 도보길. 각종 자원 조사와 정비를 통해 지리산 곳곳에 걸쳐있는 옛길·고갯길·숲길·강변길·논둑길·농로길·마을길 등을 환(環)형으로 연결

㉕ 소백산자락길 : 경북 영주시. 소백산자락을 한 바퀴 감아 도는 143 km, 12자락으로 구성

㉖ 여주 여강길 : 여강(여주에 흐르는 남한강)을 따라 걷는 길

㉗ 외씨버선길 : 청송·영양·봉화·영월 4개 군의 길이 합쳐지면 조지훈 시인의 「승무」에 나오는 외씨버선과 같다 하여 명칭 유래

㉘ 강화 나들길 : 화남 고재형 선생이 1906년 강화도의 끊어진 길을 연결. 20개 코스에 310.5 km의 나들이 가듯 걷는 길

㉙ 평화누리길 : 경기 김포·고양·파주·연천 등 DMZ 접경 4개 시군을 잇는 12개 코스, 191 km의 대한민국 최북단 걷는 길 → 반구정(황희), 화석정(이이), 넓게 펼쳐진 초록의 논, 임진강 초평도를 전망할 수 있는 장산전망대, 임진각평화누리공원

㉚ 해파랑길 : 동해의 떠오르는 해와 푸른 바다를 길동무 삼아 함께 걷는다는 의미. 부산 오륙도해맞이공원을 시작으로 강원도 고성 통일전망대에 이르는 총 770 km, 4개 테마, 50개 코스 → 동해아침(1~4코스), 화랑순례(5~18코스), 관동팔경(19~40코스), 통일기원(41~50코스)

㉛ 내포문화숲길 : 충남 예산군 덕산면. 가야산 주변의 4개 시군(서산·당진·홍성·예산)이 내포(內浦) 지역의 불교·천주교·동학의 유적지와 역사적 인물들의 흔적을 찾아 연결한 충청남도 최초·최대의 장거리 도보트레일(약 320 km)

㉜ 갑천 누리길 : 대전광역시의 갑천 수변을 따라 걷는 총 3개 코스, 총연장 39.9 km의 장태산 임도를 순환하는 코스

㉝ 양평 물소리길 : (사)제주올레에서 코스 개발에 정식으로 참여하여 2013년 4월 27일 경기도 양평에 2개 코스 개장(30.6 km)

㉞ 서울 두드림길 : 서울의 생태·역사·문화 자원을 체험할 수 있는 도보 중심의 길. 서울둘레길과 그 밖의 길로 구분

- 서울둘레길 : 서울을 한 바퀴 휘감는 총연장 157 km, 8개 코스로 조성(숲길·하천길·마을길)
- 그 밖의 길 : 한양도성길(내사산을 연결하는 총 18.6 km의 서울 한양도성을 순성하는 길), 근교산자락길(고덕산·관악산·매봉산·배봉산·북한산·서달산·신정산·안산·인왕산), 생태문화길, 한강/지천길

② 걷는 길의 조성·유지·관리

㉮ 친환경적인 코스의 개발, 지역 주민과의 협력 강화

㈏ 지자체들의 과도한 경쟁의 지양, 도보 이용객들의 성숙한 시민 의식

㈐ 정보 제공 시스템의 강화 및 연계

- 코리아 둘레길의 콘텐츠화 추진 : 우리나라 동·서·남해안과 비무장지대(DMZ) 접경 지역 등 약 4500 km의 한반도 둘레를 하나로 잇는 걷기 여행길

2-2 우리나라의 국립공원

(1) 지리산 국립공원

우리나라 최초의 국립공원(1967. 12), 해상공원 제외 최대 규모(우리나라에서 2번째로 넓은 면적), 삼신산의 하나

① 봉우리 : 천왕봉(1,915 m)

② 폭포 : 불일폭포, 구룡폭포, 칠선폭포, 무제치기 폭포

③ 사찰 : 화엄사, 법계사, 쌍계사, 천은사, 연곡사, 실상사, 대원사, 영원사

④ 문화재 : 구례 화엄사(사적 제505호), 구례 화엄사 각황전(국보 제67호), 구례 화엄사 각황전 앞 석등(국보 제12호), 화엄사 4사자 3층 석탑(국보 제35호), 남원 실상사(사적 제309호), 함양 심진동 용추폭포(명승 제85호)

⑤ 관광 연계 : 지리산둘레길

(2) 경주 국립공원

유일의 사적형(도시형) 국립공원(1968. 12), 세계 10대 유적지(1979년 유네스코)

① 세계문화유산 : **석굴암·불국사**(1995), **경주 역사 유적지구**(2000)

② 문화재 : 경주 불국사(사적 제502호), 경주 불국사 다보탑(국보 제20호), 불국사 3층 석탑(국보 제21호), 경주 불국사 연화교 및 칠보교(국보 제22호), 경주 불국사 청운교 및 백운교(국보 제23호), 경주 석굴암 석굴(국보 제24호), 경주 태종무열왕릉비(국보 제25호), 경주 고선사지 3층 석탑(국보 제38호), 경주 감은사지 동·서 3층 석탑(국보 제112호)

(3) 계룡산 국립공원

우리나라 2번째 산악형 국립공원(1968. 12), 무속 신앙·샤머니즘과 관계 깊은 산

① 봉우리 : 천황봉(845 m)

② 구역 : **동학사지구, 갑사지구**

③ 사찰 : 갑사, 동학사, 신원사

④ 문화재 : 공주 갑사 철당간(보물 제256호), 공주 갑사 승탑(보물 제257호)

⑤ 관광 연계 : 국립공주박물관, 석장리 구석기 유적지, 우금치 전적지

(4) 한려해상 국립공원

우리나라 최초의 해상 국립공원(1968. 12)

① 구역 : 전남 여수에서 경남 한산도 앞바다까지 6개 지구 → **거제, 통영**(해저 터널), 사천, **하동**, 남해, **여수** 오동도

② 관광 연계 : 이순신 장군 유적지

(5) 설악산 국립공원

우리나라 최초로 생물권 보전 지역(1982년 유네스코)으로 설정, 2005년 12월 IUCN(세계자연보호연맹) 카테고리 Ⅱ 국립공원으로 지정

① 봉우리 : **대청봉**(1,708 m – 남한에서 3번째)

② 사찰 : 신흥사, 백담사, 봉정암

　(가) **백담사**(白潭寺) : 내설악을 대표하는 사찰, 조계종 신흥사의 말사, **한용운** 스님 출가

　(나) **봉정암**(鳳頂庵) : 644년(선덕여왕 13) 자장 율사 창건(**5대 적멸보궁**)

③ 문화재 : 설악산 **천연보호구역**(천연기념물 제171호), 양양 오색리 오색약수(천연기념물 제529호)

④ 관광 연계 : 낙산해수욕장, 통일전망대

(6) 속리산 국립공원

① 봉우리 : 천왕봉(1,058 m – 소백산맥), **문장대**(1,054 m)

② 문화재 : 보은 법주사(사적 제503호), 보은 **법주사 쌍사자 석등**(국보 제5호), 보은 **법주사 팔상전**(국보 제55호), 보은 법주사 석련지(국보 제64호), 보은 속리 **정이품송**(천연기념물 제103호)

(7) 한라산 국립공원

남한에서 가장 높은 산(1,950 m), 해발고도에 따라 온대, 한대, 아고산대의 수직적 식물 분포

① 세계자연유산 : **제주 화산섬과 용암동굴**(2007) → 우리나라 최초의 유네스코 세계자연유산

② 봉우리

　(가) **화구호 : 백록담**(白鹿潭) → 흰 사슴(백록)을 탄 신선이 내려와서 술을 마셨다는 전설에서 유래, 주상절리 발달

　(나) **오름** : 약 368개의 **기생화산**

③ 문화재 : 한라산 **천연보호구역**(천연기념물 제182호), 제주 신례리 왕벚나무 자생지(천연기념물 제156호), 제주 봉개동 왕벚나무 자생지(천연기념물 제159호), 제주 김녕굴 및 만장굴(천연기념물 제98호), 제주 한림 용암동굴지대(소천굴 · 황금굴 · 협재굴 – 천연기념물 제236호)

④ 관광 연계 : 제주올레길, 성산일출제

⑻ 내장산 국립공원

호남 5대 명산(호남의 금강), 가을 단풍으로 유명(조선 8경), 본래 영은산[영은사(靈隱寺)에서 유래]으로 불리다가 산 안에 숨겨진 것이 무궁무진하다 하여 내장산(內藏山)으로 고쳐 불리게 됨

① 봉우리 : 신선봉(763 m-노령산맥)

② 사찰 : 백양사(대한 불교 조계종 8대 총림), 구암사, 내장사

⑼ 가야산 국립공원

조선 8경, 12대 명산

① 세계문화유산 : **해인사 장경판전**(1995)

② 세계기록유산 : **해인사 대장경판 및 제경판**(2007)

③ 봉우리 : 칠불봉(1,433 m), 상왕봉(1,430 m)

④ 문화재 : 합천 **해인사**(사적 제504호-대한 불교 조계종 8대 총림, 3보 사찰), 합천 해인사 고려목판(국보 제206호), 합천 해인사 대장경판(국보 제32호), 합천 해인사 장경판전(국보 제52호), 가야산 해인사 일원(명승 제62호)

⑽ 덕유산 국립공원

① 봉우리 : 향적봉(1,614 m-남한에서 4번째)

② 계곡 : **무주 구천동** 33경

• 나제 통문 : 삼국시대 신라와 백제의 경계 관문

③ 사찰 : 백련사, 안국사

⑾ 오대산 국립공원

백두대간 중심축 위치, 자장 율사가 중국 유학 시 공부하던 우타이 산(산시성 청량산의 별칭)과 자연 풍경이 흡사하다 하여 이름 붙였다고 전함

① 봉우리 : 비로봉(1,563 m), 호령봉(1,561 m)

② 사찰 : **월정사**, 상원사(月精寺 말사), 중대 적멸보궁

③ 문화재 : 평창 **월정사 8각 9층 석탑**(국보 제48호), **상원사 동종**[국보 제36호-우리나라 현존하는 범종 가운데 최고(最古)], 평창 월정사 석조보살좌상(보물 제139호), 평창 오대산 사고(사적 제37호), 명주 청학동 **소금강**(명승 제1호) → 율곡 이이가 「청학산기(淸鶴山記)」에 산이 금강산을 닮았다 하여 소금강이라 명명하였다고 전해짐

⑿ 주왕산 국립공원

우리나라 3대 암산, 기암절벽이 병풍처럼 둘러싸여있다 하여 석병산 또는 주방산이라고도 함

① 봉우리 : 왕거암(907 m)

② 4대 명물 : 수달래, 천년이끼, 송이, 회양목

- 수달래 : 산철쭉의 일종으로 수단화(壽斷花)라고도 함. 진달래와 유사한 외향을 하고 있으나 꽃잎에 검붉은 반점이 있음. 중국 당나라 때 주도(周鍍)라는 사람이 스스로 후주 천왕(後周天王)이라 칭하고 군사를 일으켜 반정을 꾀했다가 실패하고 신라로 쫓겨와 주왕산에 숨었다고 함. 주왕(周王)을 척결해달라는 당나라의 부탁에 신라왕은 마일성 장군 5형제를 파견했고, 결국 주왕은 꿈을 이루지 못하고 주왕굴에서 숨어 지내다가 마장군의 화살에 맞아 숨을 거두는데 이때 주왕의 피가 주방천을 붉게 물들이며 흘렀다고 함. 그 이듬해부터 이제까지 보지 못했던 꽃들이 주방천 물가에 흐드러지게 꽃망울을 터트렸다는 전설이 전해져 옴

③ 관광 연계 : 달기폭포, 달기약수, 의성 빙계리 얼음골(천연기념물 제527호)

(13) 태안해안 국립공원

우리나라 유일의 해안 국립공원

① 해수욕장 : 천리포, 만리포, 몽산포, 연포, 방포, 학암포, 기지포
② 태안 8경 : **백화산**, 안흥성, 안면송림, 만리포, 신두리 해안사구, 가의도, 몽산 해변, 할미 · 할아비 바위
③ 문화재 : 태안 동문리 마애삼존불입상(국보 제307호)

(14) 다도해해상 국립공원

우리나라 최대 규모 국립공원

① 구역 : 전라남도 신안군 홍도에서 여수시 돌산면까지 **8개 지구 – 흑산/홍도, 비금/도초**, 조도, 소안/청산, 거문/백도, 나로도, 금오도, 팔영산 지구
② 문화재 : 홍도 천연보호구역(천연기념물 제170호)

> **참고** **우리나라 3대 해안 공원** : 한려해상 · 태안해안 · 다도해해상 국립공원

③ 관광 연계 : 금오산 향일암, 보길도(윤선도 유적지)

(15) 북한산 국립공원

수도권 내 유일의 국립공원(세계적으로 드문 도심 속의 자연공원)

① 봉우리 : **삼각산(백운봉** 836 m, **인수봉** 810 m, **만경봉** 799 m), 나한봉, 원효봉
- 서울의 산줄기(풍수) : 백두산 → 백두대간 → 분수치 → 한북정맥 → 영봉 → 삼각산 → 보현봉 → 형제봉 → 보토현 → 구준봉 → 백악 → 경복궁
② 사찰 : 진관사, 도선사, 화계사
③ 문화재 : 북한산성(사적 제162호), 북한산성 행궁지(사적 제479호), 북한산 진흥왕순수비지(사적 제228호), 삼각산(명승 제10호), 서울 연산군묘(사적 제362호), 서울 북한사 신

라 **진흥왕순수비**(국보 제3호 – 조선 순조 때 추사 김정희가 『금석과안록』에 고증하면서 알려짐, 원래 북한산 비봉에 있었으나 현재 국립중앙박물관에 보관)

④ 관광 연계 : 북한산 둘레길

⒃ **치악산 국립공원**

강원권의 교통 요지인 원주시에 인접

① 봉우리 : 비로봉(1,288 m)

② 치악 8경 : 비로봉 미륵불탑, 상원사, 구룡사·구룡계곡, 성황림, 사다리병창, 영원산성, 태종대·부곡계곡, 기암괴석 입석대

③ 사찰 : 구룡사, 상원사

- **상원사 : 우리나라 절 가운데 가장 높은 곳에 위치**(1,050 m), 꿩이 은혜를 갚기 위해 종에 머리를 쳤다는 '**꿩의 보은 설화**'로 유명(적악산에서 치악산으로 개칭)

④ 관광 연계 : 간현국민관광지

⒄ **월악산 국립공원**

① 봉우리 : 영봉(1,097 m)

② 사찰 : 덕주사, 신륵사

③ 관광 연계 : 문경새재도립공원, 수안보 온천(충주시 수안보면), 청풍문화재단지, 제천 의림지와 제림(명승 제20호)

- **단양 8경**(명종 때 단양 군수 이황이 극찬) : **도담삼봉**(명승 제44호 – 남한강 한가운데 남봉·첩봉·처봉 3개의 기암으로 이루어진 섬), 석문, **구담봉**, 옥순봉, **상선암**, 중선암, 하선암, 사인암

⒅ **소백산 국립공원**

우리나라 12대 명산

① 봉우리 : **비로봉**[1,439 m – 왜솜다리(에델바이스) 자생], 국망봉(1,421 m), 제1연화봉 (1,394 m)

② 사찰 : **부석사**

③ 문화재 : 영주 부석사 무량수전 앞 석등(국보 제17호), 영주 **부석사 무량수전**(국보 제18호), 영주 **부석사 조사당**(국보 제19호), 영주 부석사 소조여래좌상(국보 제45호), 영주 부석사 조사당벽화(국보 제46호), 영주 북지리 석조여래좌상(보물 제220-1호, 220-2호), 영주 부석사 3층 석탑(보물 제249호), 영주 부석사 당간지주(보물 제255호), 영주 부석사 고려목판(보물 제735호), 영주 소수서원(사적 제55호)

⒆ **변산반도 국립공원**

우리나라 유일의 반도 공원

① 사찰 : 내소사

② 변산(邊山) 속의 3변(三邊)

   ㉮ 변재(邊材) : 소나무 → 조선재(造船材), 궁재(宮材), 문목(門木), 고급 건축 자재. 원나라가 고려를 침입한 후 일본 정벌을 위한 전선을 만들 재목으로 변재를 이용

   ㉯ 변란(邊蘭) : 변산에는 야생 난초가 많이 자생하여 변산의 명물로서 많은 사람들의 기호의 대상이 되고 있음

   ㉰ 변청(邊淸) : 변산에서 나오는 자연산 꿀

③ 문화재 : 부안 채석강 · 적벽강 일원(명승 제13호)

⑳ 월출산 국립공원

전남 영암군 · 강진군에 걸쳐있음

① 봉우리 : 천황봉(809 m), 구정봉 가마솥바위(나마)

② 사찰 : 무위사, 도갑사

③ 문화재 : 강진 **무위사 극락보전**(국보 제13호), 영암 **도갑사 해탈문**(국보 제50호), 영암 **월출산 마애여래좌상**(국보 제144호)

㉑ 무등산 국립공원

등급을 매길 수 없는 산이라는 뜻, 2013년 3월 지정

① 봉우리 : 천왕봉(1,187 m)

② 문화재 : 무등산 주상절리대(천연기념물 제465호)

③ 특산물 : 무등산 수박

㉒ 태백산 국립공원

가장 최근에 지정(2016. 8. 22)

① 봉우리(18) : 장군봉(1,567 m), 태백산 천제단(중요민속문화재 제228호-주목 군락지), 금대봉(검룡소-한강 수계의 발원지)

② 계곡(23) · 폭포(1) : 백천계곡(최남단 열목어 서식지), 삼등실폭포

③ 기암 : 장군바위, 병풍바위, 신선바위, 진바위

④ 소(연못-10) · 재(고개-11) : 태백 검룡소(명승 제73호)

⑤ 군락(2) : 주목 군락, 철쭉 군락

⑥ 천연기념물(10) : 봉화 대현리 열목어 서식지(제74호), 산양(제217호), 하늘다람쥐(제328호), 원앙(제327호), 독수리(제243-1호), 검독수리(제243-2호), 붉은배새매(제323-2호), 매(제323-7호), 소쩍새(제324-6호), 두견(제447호)

⑦ 관광 연계 : 황지 연못(낙동강 발원지), 용연 동굴, '태양의 후예' 촬영지

1 우리나라 국립공원에 관한 설명으로 옳지 않은 것은?

① 산악형 17개소, 해상형 4개소, 사적형 1개소가 지정되었다.

② 최초의 국립공원은 지리산이다.

③ 국립공원의 지정권자는 환경부장관이다.

④ 부여는 사적형 국립공원이다.

> **해설** 우리나라 유일의 사적형·도시형 국립공원은 경주이다.

2 우리나라 국립공원이 지정된 순서대로 나열한 것은?

㉠ 북한산	㉡ 한려해상	㉢ 태백산	㉣ 지리산	㉤ 가야산

① ㉡ → ㉣ → ㉠ → ㉢ → ㉤   ② ㉡ → ㉣ → ㉤ → ㉢ → ㉠

③ ㉣ → ㉡ → ㉢ → ㉤ → ㉠   ④ ㉣ → ㉡ → ㉤ → ㉠ → ㉢

> **해설** ㉣ 1967년, ㉡ 1968년, ㉤ 1972년, ㉠ 1983년, ㉢ 2016년

3 강원도에 있는 국립공원으로 바르게 짝지어진 것은?

㉠ 월악산	㉡ 치악산	㉢ 소백산	㉣ 태백산	㉤ 주왕산

① ㉠, ㉢   ② ㉡, ㉣   ③ ㉢, ㉣   ④ ㉣, ㉤

> **해설** ㉠ 월악산 : 충북, 경북, ㉢ 소백산 : 충북, 경북, ㉤ 주왕산 : 경북

4 우리나라의 지질공원 중 세계지질공원에 등록된 것은?

① 울릉도·독도   ② 제주도   ③ 강원평화지역   ④ 임진·한탄강

> **해설** ② 제주도 세계지질공원 → 세계지질공원으로 인증받기 위해서는 먼저 국가지질공원으로 인증되어야 하며, 유네스코 한국위원회를 통해 신청해야 한다.

정답   1 ④   2 ④   3 ②   4 ②

5 **다도해해상 국립공원에 관한 설명으로 옳지 않은 것은?**

① 전남 신안군 홍도에서 여수시 돌산읍에 걸쳐있다.

② 우리나라 국립공원 중 면적이 가장 넓다.

③ 세계적으로 유명한 리아스식 해안을 이루고 있다.

④ 우리나라 최초의 해상 국립공원으로 지정되었다.

 해설 ④ 우리나라 최초의 해상 국립공원은 한려해상 국립공원이다.

6 **팔상전으로 유명한 법주사가 있는 국립공원은?**

① 가야산   ② 속리산   ③ 지리산   ④ 오대산

 해설 보은 법주사 팔상전(국보 제55호) : 현존하는 우리나라 유일의 목조 5층탑

7 **2016년도에 도립공원에서 국립공원으로 승격된 것은?**

① 태백산   ② 무등산   ③ 마이산   ④ 팔영산

8 **다음 중 삼신산이 아닌 것은?**

① 백두산   ② 금강산   ③ 지리산   ④ 한라산

 해설 삼신산(금강산 · 지리산 · 한라산), 오악(금강산 · 묘향산 · 지리산 · 백두산 · 삼각산)

9 **다음에서 설명하는 국립공원은?**

- 설악산부터 지리산까지 이어지는 남쪽 백두대간의 허리에 해당
- 1,500년 이상 제천의식이 행해지던 천제단과 한강 수계의 발원지인 검룡소

① 무등산   ② 치악산   ③ 소백산   ④ 태백산

 해설 태백산은 2016년 8월 22일 우리나라 22번째 국립공원으로 승격되었다.

10 **변산반도의 세 가지 명물이 아닌 것은?**

① 변재   ② 변청   ③ 변란   ④ 변죽

해설 변산의 3변(三邊) : 길고 곧은 소나무(변재), 청초한 멋의 난초(변란), 독특한 맛의 자연산 꿀(변청)

정답   5 ④   6 ②   7 ①   8 ①   9 ④   10 ④

11 백두대간의 주요 산이 아닌 것은?

① 태백산　　　　② 소백산　　　　③ 내장산　　　　④ 속리산

> 🖊 해설　백두대간 산행이 가능한 남한 지역은 진부령에서 시작해서 설악산, 오대산, 태백산, 소백산, 속리산, 덕유산
> 을 거쳐 지리산에 이르는 약 680 km 거리다.

12 최고봉의 이름이 다른 산은?

① 지리산　　　　② 속리산　　　　③ 무등산　　　　④ 계룡산

> 🖊 해설　지리산 천왕봉(1,915 m), 속리산 천왕봉(1,058 m), 무등산 천왕봉(1,187 m), 계룡산 천황봉(845 m)

13 모두 국립공원으로만 짝지어진 것은?

① 지리산, 월악산, 천관산　　　　　② 주왕산, 월악산, 무등산
③ 계룡산, 화악산, 덕유산　　　　　④ 내장산, 조계산, 소백산

14 지리산 국립공원에 있는 사찰이 아닌 것은?

① 화엄사　　　　② 실상사　　　　③ 동학사　　　　④ 쌍계사

> 🖊 해설　③ 동학사는 계룡산 국립공원에 있다.

15 주왕산의 4대 명물이 아닌 것은?

① 수달래　　　　② 회양목　　　　③ 천년이끼　　　　④ 달기약수

> 🖊 해설　주왕산의 4대 명물 : 주방천에 피는 수달래, 산정의 반석 위에 자라는 회양목, 바위를 덮고 있는 천년이
> 끼, 송이

16 도립공원이 없는 행정구역은?

① 충청북도　　　　② 전라북도　　　　③ 경상북도　　　　④ 강원도

17 도립공원으로 지정되어있지 않은 곳은?

① 대둔산　　　　② 금오산　　　　③ 마이산　　　　④ 강천산

> 🖊 해설　④ 강천산은 우리나라 최초의 군립공원(1981. 1)이다.

정답　11 ③　12 ④　13 ②　14 ③　15 ④　16 ①　17 ④

18 자연공원의 분류가 다른 하나는?

① 황매산   ② 방어산   ③ 병방산   ④ 황병산

 해설 ①, ②, ③은 군립공원이다. ④ 황병산은 1,407 m의 명산으로 1975년 오대산 국립공원이 지정될 당시 오대산, 노인봉 등과 함께 국립공원에 들어갔다.

19 북한산 둘레길 21개 구간 중 사전 예약 및 신분증을 지참해야 하는 코스는?

① 옛성길   ② 충의길
③ 왕실묘역길   ④ 우이령길

 해설 서울 강북구 우이동과 경기 양주시 교현리를 연결하는 우이령길은 1968년 1월 21일 무장공비의 청와대 침투 사건으로 인하여 민간인의 출입이 전면 금지되었다가 2009년 7월 탐방 예약제로 개방된 자연 생태계가 잘 보존된 지역이다.

20 2010년 5월 8일 개장된 대한민국 최북단의 걷는 길은?

① 강릉 바우길   ② 강화 나들길
③ 평화누리길   ④ 해파랑길

 해설 총 12개 코스, 191 km의 길로 김포 3코스, 고양 2코스, 파주 4코스, 연천 3코스로 구성되어 있다.

정답   18 ④   19 ④   20 ③

3. 하천 · 해안 관광자원

3-1 하천 관광자원

(1) 우리나라 하천의 특색

① 유로(流路) : 동고서저를 이루는 지형의 영향으로 큰 하천들은 대부분 서 · 남해로 흐름

② 하상계수가 큼

  ㈎ 원인 : 여름철 집중호우, 좁은 유역 면적, 빈약한 식생 피복 등으로 하천의 유황(流況)이 불안정

  ㈏ 대책

    ㉮ 홍수 조절 및 저수 시설의 건설(다목적댐)

    ㉯ 양수식 발전 : 주간에 발전을 이용한 물을 보조 댐에 저장했다가 야간에 잉여 전력을 이용하여 상부 댐으로 양수하는 발전 방식

    ※ 하상계수 : 하천의 최소 유량을 1로 하였을 때 최대 유량의 비율. 하상계수가 클수록 하천의 유량 변동이 심한 것을 의미함

③ 감조하천 : 조차의 영향을 받아 하천 하류에서 수위가 주기적으로 오르내리는 하천

  • 농작물에 염해를 입혀 하구에 하굿둑을 건설(금강 · 영산강 · 낙동강)

(2) 하천의 형태

구 분	감입곡류 하천(Incised Meander)	자유곡류 하천(Free Meander)
분 포	하천 중 · 상류	하천 하류(대하천으로 유입하는 지류 하천)
성 격	깊은 골짜기를 따라 구불구불 흐르는 하천. 경사가 급하고 유속이 빠름	넓은 평야에서 자유롭게 구불구불 흐르는 하천. 경사가 완만하고 유속이 느림
작 용	지반의 융기 또는 해수면 하강에 의한 **하방침식** 강화	평야 지역에서 **측방침식**이 강화되어 유로 변경 활발
지 형	깊은 골짜기, 급경사 산지, 하안단구	범람원, 우각호, 구하도, 하중도
이 용	댐 건설, 관광자원(자연 경관)	농경지, 수운 발달

① 하안단구 : 지반이 융기하는 과정에서 하천의 하방침식이 진행되어 하천 양안에 계단 모양으로 형성된 평지

② 범람원 : 물이 넘쳐서 형성된 들판. 홍수 시 하천의 범람으로 형성됨

③ 우각호 : 하천의 일부가 막혀서 형성된 쇠뿔 모양의 호수

④ 구하도 : 과거에 물이 흘렀던 흔적이 남아있는 지형

⑤ 하중도 : 퇴적물이 쌓여 하천 한가운데 만들어진 섬

(3) 나루터 취락(도진 취락)

나루터 주변에는 주막과 창고가 세워지면서 취락으로 발달(삼전도 · 노량진 · 마포 · 송파)
→ 철도 · 도로 교통의 발달과 더불어 하천에 교량이 건설된 이후 쇠퇴

(4) 5대강

① **한강**(497 km) : 압록강 · 낙동강 · 두만강에 이어 4번째로 긴 강. 유역 면적은 압록강에 이어 2번째

  (개) 발원지 : 강원 태백 금대봉 **검룡소**(儉龍沼)

  (내) 댐 : 화천댐, 춘천댐, **소양강댐**(한국 최대), 의암댐, **청평댐**(양수식), **팔당댐**(저낙차 발전), 임계댐, 상월댐, 달방댐, 북평댐, 충주댐

② **낙동강**(506 km) : 남한에서 가장 긴 강. 하류는 삼각주 지형, **을숙도**(철새 도래지)

  (개) 발원지 : 강원 태백 **황지**(黃池)

  (내) 댐 : **안동댐**, 진양호, **합천댐**

③ **금강**(397 km)

  (개) 발원지 : 전북 장수 **뜬봉샘**

  (내) 댐 : **대청댐**, 금강 하구언(하굿둑)

④ **영산강**(136 km)

  (개) 발원지 : 전남 담양 가마골 **용소**(龍沼)

  (내) 댐 : 영산호, 담양 댐, 장성 댐, 나주 댐, 광주 댐

⑤ **섬진강**(223 km) : 낙동강 · 한강 · 금강에 이어 남한에서 4번째로 긴 강

  (개) 발원지 : 전북 진안 **데미샘**

  (내) 댐 : **섬진강댐**(우리나라 최초의 다목적댐), **동복댐**

(5) 호수

① 생성 원인에 따른 분류

  (개) 자연 호수 : 자연 발생적으로 형성된 호수

    ㉮ 빙저호 : 빙하로 뒤덮인 호수. 극지(남극 · 그린란드)에서 볼 수 있음 **예** 남극의 보스토크 호

    ㉯ 빙하호 : 빙하지형에 형성된 호수. 빙하가 기온 상승으로 녹은 물이 저지대에 고이면서 형성

      • 피오르 호 : 과거 피오르(협만)였다가 지형 변화로 바다와 연결된 출구가 막히면서 형성된 호수

    ㉰ 석호(潟湖) : 과거 만(灣)이었는데 퇴적작용에 의해 사주 · 사취가 만들어지면서 바다와 단절되어 형성된 호수. 해안에 많이 발달 **예** 송지호, 경호, 영랑호, 청초호

      ㉞ 우각호 : 자유곡류 하천에서 유로(流路)가 변경되면서 과거 유로였던 구간이 본류에서 격리되어 형성된 호수. 대부분 쇠뿔처럼 굽은 모양을 하고 있음

      ㉟ 지하호 : 지하 공간에 빗물 등이 스며들거나 지하수가 용승하여 형성된 호수

      ㊱ 화산호 : 화산지형에 형성된 호수

         • 칼데라 호 : 화산 정상의 칼데라 분지에 형성된 호수 🅔 백두산 천지

      ㊲ 건호 : 건기에는 말라있다가 우기에 형성되는 호수

      ㊳ 언색호 : 토사가 강물을 막아 형성된 호수

  (나) 인공 호수 : 댐·방조제 등에 의해 인공적으로 형성된 호수. 규모가 작은 인공호는 보통 저수지라고 함 🅔 파로호(1944년 화천댐 건설로 조성, 최북단에 위치), 시화호(방조제의 양 끝인 시흥과 화성에서 명칭 유래), 옥정호(섬진강댐 건설로 조성, 물안개길과 붕어섬이 유명)

② 염분 함유에 따른 분류

  (가) 담수호 : 민물호수

  (나) 함수호 : 짠물호수 🅔 카스피 해, 사해

(6) 습지

영구적 혹은 일시적으로 습윤한 상태를 유지하고 그러한 환경에 적응한 식생이 서식하는 장소

① 람사르 협약(물새 서식지로서 특히 국제적으로 중요한 습지에 관한 국제 협약) : 물새 서식 습지대를 국제적으로 보호하기 위해 1971년 2월 2일 이란의 람사르(Ramsar)에서 열린 국제회의에서 채택, 1975년 12월에 발효됨. 우리나라는 1997년 7월 28일 101번째로 람사르 협약에 가입

② 한국의 람사르 등록 습지 : 총 22개소, 191.627 km²(2016. 6 기준)

  (가) **대암산용늪**(람사르 번호 0898-1997. 3. 28) : 강원 인제군 서화면 서흥리 대암산 일원 (1.06 km²) → 희귀 야생 동·식물이 서식하는 국내 유일의 고층 습원

  (나) 우포늪(람사르 번호 0934-1998. 3. 2) : 경남 창녕군 대합면·이방면·유어면·대지면 일원(8.54 km²) → 큰부리큰기러기, 가시연꽃 등 다수의 멸종 위기 동·식물이 서식하는 국내 최대의 자연늪

  (다) 장도습지(람사르 번호 1458-2005. 3. 30) : 전남 신안군 흑산면 비리 장도(섬) 일원 (0.09 km²) → 멸종 위기종이 서식하고 이탄층이 잘 보전된 도서 지역 산지습지

  (라) **순천만·보성 갯벌**(람사르 번호 1594-2006. 1. 20) : 전남 순천시 별양면·해룡면·도사동 일대, 전남 보성군 벌교읍 해안가 일대(35.5 km²) → 멸종 위기종 흑두루미의 국내 최대 월동지이며 수산자원 풍부, 우리나라 연안습지 최초로 람사르 협약에 등록

㉤ 제주 물영아리오름습지(람사르 번호 1648-2006. 10. 18) : 제주 서귀포시 남원읍 수
망리 수령산 일대 분화구(0.309 km²) → 물장군과 맹꽁이 등 멸종 위기종이 서식하고
독특한 식생 경관을 지닌 화구호습지

㉥ 두웅습지(람사르 번호 1724-2007. 12. 20) : 충남 태안군 원동면 신두리(0.065 km²)
→ 희귀 야생 동·식물이 서식하고 해안사구 배후에 형성된 사구습지

㉦ 무제치늪(람사르 번호 1725-2007. 12. 20) : 울산 울주군 삼동면 조일리 정족산 일원
(0.04 km²) → 끈끈이주걱, 꼬마잠자리 등 희귀 야생 동·식물이 서식하고 이탄층이 잘
발달된 산지습지

㉧ 무안 갯벌(람사르 번호 1732-2008. 1. 14) : 전남 무안군 해제면·현경면 일대
(35.89 km²) → 생물 다양성이 풍부하고 지질학적 보전 가치가 있음

㉨ 강화 매화마름군락지(람사르 번호 1846-2008. 10. 13) : 인천 강화군 길상면 초지리
(0.003 km²) → 매화마름, 금개구리 등 멸종 위기종이 서식하고 국내 최초로 람사르습
지로 지정된 논습지

㉩ 제주 물장오리오름습지(람사르 번호 1847-2008. 10. 13) : 제주 제주시 봉개동
(0.628 km²) → 팔색조, 삼광조 등 멸종 위기종이 서식하고 이탄층이 발달한 산정 하구
호습지

㉪ 오대산 국립공원습지(람사르 번호 1848-2008. 10. 13) : 강원 평창군 대관령면 횡계
리 일대(소황병산늪, 질뫼늪), 홍천군 내면 명개리 일대(조개동늪)(0.017 km²) → 멸종
위기종이 서식하고 이탄층이 잘 발달된 산지습지

㉫ 제주 1100고지습지(람사르 번호 1893-2009. 10. 12) : 제주 서귀포시 색달동·중문
동~제주시 광령리(0.126 km²) → 멸기 위기종 및 희귀종이 서식하고 독특한 지형에 발
달한 고산습지

㉬ 서천 갯벌(람사르 번호 1925-2009. 12. 2) : 충남 서천군 서면, 유부도 일대(15.3 km²)
→ 다수의 멸종 위기종 조류 및 전 세계 물떼새 개체수의 1% 이상이 서식(검은머리물
떼새)

㉭ 고창·부안 갯벌(람사르 번호 1937-2010. 2. 1) : 전북 부안군 줄포면·보안면, 고창
군 부안면·심원면 일대(45.5 km²) → 다수의 멸종 위기종 조류 및 전 세계 물떼새 개체
수의 1% 이상이 서식 (흰물떼새)

㉮ 동백동산습지(람사르 번호 1947-2011. 3. 14) : 제주도 제주시 조천읍 선흘리
(0.59 km²) → 지하수 함양률이 높고 생물 다양성이 풍부한 곶자왈 지역

㉯ 운곡습지(람사르 번호 1948-2011. 4. 7) : 전북 고창군 아산면 운곡리(1.797 km²) →
생물 다양성이 풍부하고 멸종 위기종 수달 등 서식

㉰ 증도 갯벌(람사르 번호 1974-2011. 7. 29) : 전남 신안군 증도면 증도 및 병풍도 일대

(31.3 km²) → 국제적인 보호 조류가 서식하는 연안습지

㉣ **밤섬**(람사르 번호 2050-2012. 6. 20) : 서울특별시 영등포구 여의도동 밤섬 일대 (0.27 km²) → 수도권 최초 지정, 대도시 속의 습지(대도시 한복판에 있는 섬이 람사르에 등록되는 것은 매우 드문 일)

㉤ 송도 갯벌(람사르 번호 2209-2014. 7. 10) : 인천광역시 연수구 송도동(6.11 km²) → 멸종 위기종인 저어새, 검은머리갈매기 등 주요 철새 도래지이나 개발의 위험에서 온전히 벗어나지 못함

㉥ 숨은물뱅듸(람사르 번호 2225-2015. 5. 13) : 제주시 애월읍(1.175 km²) → 숨은물뱅듸(벌판)는 지표수가 흔하지 않은 한라산 산록의 완사면에 화산 쇄설물과 라하르에 의해 형성된 매우 드문 산지습지(오름 생태계의 중요한 연결 고리 역할)

㉦ 한반도습지(람사르 번호 2226-2015. 5. 13) : 강원도 영월군 한반도면 옹정리 (1.915 km²) → 국내의 대표적인 카르스트 지형으로 석회암 지대가 물에 녹아 돌리네, 카렌, 하식애 등을 형성하고 있어 지질학적으로도 매우 중요. 한반도를 빼닮은 지형, 석회동굴, 자연교 등 경관도 우수하고 생물 다양성의 보고

㉧ 순천 동천하구(람사르 번호 2269-2016. 1. 20) : 전남 순천시 도사동 · 해룡면 · 별양면 일원(5.399 km²) → 람사르습지인 순천만 갯벌과 주변 농경지(논습지)를 하나의 생태축으로 연결하여 철새 서식지 보전에 중요한 역할. 습지 보호 지역으로 지정된 논습지 중에서는 국내 최대 규모

⑺ 청계천

서울시 종로구의 북악산 · 인왕산 부근에서 발원하여 도심 동쪽으로 흘러 중랑천에 합류하는 하천. 길이 10.84 km, 유역 면적 59.83 km²

① 청계천의 역사 : 본래의 명칭은 개천(開川)이었으나 국권피탈 후 청계천(淸溪川)으로 개명됨. 태종 때에 하수로 인한 불결과 여름철 침수를 해결하기 위해 개거도감(開渠都監)을 두어 치수 사업 → 영조 때에 준설, 양안석축(兩岸石築), 유로 변경 등 개천 사업을 시행하여 직선화 → 일제강점기 초에 대대적인 준설 공사 진행 → 1958년 시작된 복개가 1961년 완공 → 2003년부터 2005년까지 5.8 km에 걸쳐 청계천 복원 사업 추진(종로구 모전교~성동구 신답 철교 구간)

② 청계천의 다리 : 24개의 다리가 있었음 → 현재는 22개

㈎ 모전교(毛廛橋) : 무교동 3번지 북쪽에 있던 첫 번째 다리. 모전은 과일 가게를 지칭

㈏ 광통교(廣通橋) : 육조거리에서 숭례문으로 이어지는 도성 안 중심 통로로 옛 도성에서 가장 많은 사람들이 왕래하던 다리(사적 제461호). 태조 때에 흙으로 축조되었다가 폭우로 무너지자 1410년(태종 10) 8월에 돌로 다시 축조. 재축조 시 정릉의 석물로 만

들었는데, 이성계가 왕위를 신덕왕후 강씨의 소생인 이방석에게 넘겨주려 하자 화가 난 이방원이 난을 일으켜 방석을 죽이고 왕위에 올라 강씨의 묘를 천장하며 일부 돌들을 사람들이 밟을 수 있게 옮겨놓은 것(돌들을 거꾸로 놓기도 함). 석교로 만들어진 광통교가 가장 역사가 오래된 다리임. 정월 대보름에 다리밟기 놀이로 유명했음

㈐ 장통교(長通橋) : 장통방 인근에 위치

㈑ 삼일교 : 삼일대로를 남북으로 잇기 때문에 유래된 명칭

㈒ 수표교 : 광통교와 함께 가장 유명한 다리로 1420년(세종 2)에 축조. 수표를 놓기 전에는 이곳에 마전이 있어서 마전교(馬廛橋, 지금의 종로 5가 마전교와는 별개)라 불렀으나 1441년(세종 23)에 다리 옆에 개천의 수위를 측정하기 위해서 수표석(水標石)을 세운 이후 수표교라 함. 1959년 청계천 복개 공사 때 장충단공원으로 옮겨 보존하고 있음. 현재 위치의 수표교는 도보를 위해 설치한 철제 다리임. 수표교는 숙종과 장희빈이 처음 만난 다리이기도 함

㈓ 관수교 : 관수(觀水)란 수위를 관찰한다는 의미이며, 옛 준천사에서 청계천의 수위를 관측하였기 때문에 붙여진 이름. 돈화문로와 충무로를 남북으로 잇고 있음

㈔ 세운교 : 세운상가와 연결된다는 의미로 지어진 이름

㈕ 배오개다리 : 옛날 배나무가 심어져 있어 이름이 유래된 배오개(배고개)가 인근에 있어 유래된 명칭. 창경궁로를 남북으로 잇고 있음

㈖ 새벽다리 : 근처 재래시장에서 이른 새벽에 많은 사람들이 지나다녔기 때문에 지어진 이름

㈗ 마전교(馬廛橋) : 부근에 우마를 팔고 사는 마전이 조선시대에 있었기 때문에 이름이 유래. 동호로를 남북으로 잇고 있음

㈘ 전태일다리(버들다리) : 청계천에 자라는 버들에서 이름이 유래했으며, 전태일(1948~1970) 열사 분신 40주년을 기해 2010년 11월 13일 현재의 이름으로 변경

㈙ 오간수교(五間水橋) : 조선시대 오간수문에서 이름이 유래. 1907년 일제가 오간수문을 헐어버린 뒤로 콘크리트 다리로 바뀌었다가 사라졌음. 율곡로와 장충단로를 남북으로 잇고 있음. 오간수교는 명종 때 임꺽정 일당 등이 비밀 통로로 이용하기도 함

㈚ 영도교(永渡橋) : 조선 성종 때 승려가 놓았다고 전함. 흥인지문 밖에 있는 동묘(東廟)와 왕십리를 연결하는 통로였음. 고종 초 흥선대원군이 경복궁을 중수할 때 헐어다가 석재로 사용하였으며, 일제강점기 콘크리트 다리로 개축됨. 현재 성동기계공고 옆 영미교길 부근에 있음

㈛ 비우당교 : 조선 세종 때 청백리인 하정 유관의 집인 비우당(庇雨堂)을 이름으로 삼음. 하정로와 마장로19길을 남북으로 잇고 있음

(1) 해안의 침식과 퇴적 지형

① 암석해안 : 해안 침식지형

㈎ 해식애 : 파랑의 침식작용으로 형성된 해안 절벽

㈏ 파식대 : 해식애가 지속적으로 파랑의 침식을 받아 육지 쪽으로 후퇴하면서 만들어진 대지

㈐ 시 스택(Sea Stack) : 해식애가 후퇴할 때 차별침식의 결과로 해안선 전면에 돌출된 바위섬

㈑ 해식동굴 : 해식애의 약한 암석 부분이 침식되어 생긴 동굴

㈒ 해안단구 : 해수면 변동과 지반 융기로 형성(계단 모양) → 평탄한 단구면은 취락, 교통로, 농경지로 이용

㈓ 주상절리(柱狀節理) : 기둥 모양으로 마디져 갈라진 바위 결(마디와 결이 있는 기둥 모양). 암괴나 지층에 대해 수직적으로 형성되어있는 형태. 용암이 분출되어 굳어진 화산암 지역에서 많이 나타남

　　🅴 제주도 정방폭포, 천지연폭포

② 모래 해안 : 해안 퇴적 지형

㈎ 사빈 : 파랑과 연안류에 의해 해안선을 따라 길게 형성된 모래밭 → 해수욕장으로 이용

㈏ 사구 : 해안의 모래가 바람에 의해 육지 쪽으로 이동, 퇴적되어 형성된 모래언덕 → 방풍림 조성

㈐ 사주(모래톱) : 연안류가 모래를 해안선과 평행하게 퇴적되어 형성

㈑ 육계도 : 사주(취)가 발달하여 육지와 연결된 섬

㈒ 석호 : 후빙기 해수면 상승으로 하구가 만입된 후 전면에 사주가 발달하여 형성된 호수(경호·영랑호·청초호). 점차 석호 면적↓, 수심↓, 수질↓ → 평상시 관광지, 매립 시 농경지 이용

㈓ 간석지 : 하천이 운반한 미립 물질이 조류에 의해 재운반·퇴적되어 형성. 조차가 크고 파랑의 영향이 적은 해안에서 잘 발달 → 염전·양식장, 간척 사업 실시로 산업 단지·농경지로 이용

(2) 우리나라 해안별 특징

동·서·남쪽 각 해안마다 특징이 있음

구 분	동해안	남해안	서해안
해 변	• 이용 가능한 평탄지가 비교적 협소 • 파도, 파랑의 영향이 다소 큼	• 평탄한 배후지가 지역에 따라 다소 협소 • 태풍의 영향권에 있는 지역이 많음	• 평탄한 배후지가 넓어 개발과 이용에 유리 • **갯벌**이 발달하여 체험 학습장 개발에 유리 • 천일 제염업 발달
해 상	• 수심 여건은 양호하나 파도, 파랑의 영향으로 방파제 등 구조물 설치에 비용이 많이 소요	• 적절한 수심과 도서, 만이 발달하여 개발에 유리	• 낮은 수심이 제약이 되는 경우도 있으나 상대적으로 파고, 파랑이 작아 유리
해중 및 해저	• 평균 수심 약 1,700 m • 수심이 깊고 급경사로 다소 개발이 어려우나 수질이 양호하고 시야 확보가 용이	• 평균 수심 약 100 m • 특히 양식장이 발달하여 활동에 따른 지역 주민과의 마찰이 우려	• 평균 수심 약 44 m • 낮은 탁도로 인하여 해중·해저 활동은 다소 어려운 경우도 있음

(3) 해안 관광자원의 분류

① 해수욕장 : 천연 또는 인공으로 조성되어 물놀이·일광욕·모래찜질·스포츠 등 레저 활동이 이루어지는 수역 및 육역으로서 지정·고시된 구역(해수욕장법)

㈎ 기후 여건으로 7~8월 중 약 6주 동안만 활동이 가능 → 계절성의 한계

㈏ 해수욕장 분포 : 해안선을 따라 약 334개가 분포하고 있으며 서해안보다 동해안에 더 많이 몰려있음

지 역	개 수	주요 해수욕장
경기·인천	4·34	을왕리, 하나개, 왕산, 십리포, 궁평리
충 남	48	대천, 만리포, 몽산포, 무창포, 방포, 학암포, 춘장대, 꽃지, 신두리, 벌천포
전 북	9	변산, 위도, 격포
전 남	65	송호, 명사십리(완도), 거문도, 돈목, 돌머리
경남·울산	28·2	상주, 진하, 몽돌, 함목, 구조라
부 산	7	해운대, 광안리, 다대포, 송정, 태종대, 임랑, 일광
경 북	26	칠포, 관성, 구룡포, 월포, 고래불, 장사
강 원	97	경포, 망상, 속초, 낙산, 주문진, 화진포, 백도, 아야진, 송지호, 옥계, 하조대
제 주	14	중문, 협재, 함덕, 김녕
계	334	

최신기출 2016. 4. 9 시행

지역과 해수욕장의 연결이 옳지 않은 것은?

① 전라북도-격포 해수욕장

② 인천광역시-하나개 해수욕장

③ 경상남도-춘장대 해수욕장

④ 경상북도-구룡포 해수욕장

 해설　③ 충청남도 서천-춘장대 해수욕장

정답 ③번

② 섬(도서) : 만조(滿潮) 시에 바다로 둘러싸인 지역(도서개발촉진법) → 방파제 또는 교량 등으로 육지와 연결된 때부터 10년이 지나면 도서(島嶼)에서 제외

㉮ 국제법상 섬 : 밀물 시에 육지와 격리되고 육상식물이 존재해야만 섬으로 인정 → 그 외의 경우에는 암초로 구분

㉯ 우리나라의 섬

　㉠ 서쪽 끝 : 경도상 백령도(124°53′), 가거도(125°7′), 격렬비열도(125°34′ → 백령도보 다 본토와 멀고 가거도보다 중국과 가까움) 순서

　　참고 북한 비단섬(마안도)

　㉡ 남쪽 끝 : 마라도(하멜 표류) ⊃ 이어도(수중에 있음) → 영토와 EEZ(배타적 경제수 역) 확대 측면

㉰ 독도 : **우리나라 가장 동쪽 끝**에 위치한 섬(경상북도 울릉군 울릉읍 독도리)

　→ 독도는 명백한 섬이지만 국제법상으로는 암초(Liancourt Rock)로 등록되어있음

　㉮ 지형 : 해저에서 화산활동에 의해 솟아오른 **화산섬**, 울릉도와 제주도보다 먼저 형성, 2개의 큰 섬(**동도**와 **서도**)과 많은 부속 섬으로 구성

　㉯ 기후 : 난류의 영향을 받는 해양성 기후, 강수량은 연중 고르며 풍부

　㉰ 군사적 요충지 : 안보에 필요한 항공 및 방어 기지

　㉱ 해저 자원 매장 : 천연가스가 주성분인 메탄 하이드레이트(Methane Hydrate), 해양 심층수(Deep Ocean Water)

　㉲ 수산자원의 보고 : 한류(북한 해류)와 난류(쓰시마 해류)가 교차하는 조경 수역으로 각종 어족 자원이 풍부

　㉳ 생태계의 보고 : 다양한 동식물 서식 → 섬 전체가 천연기념물 제336호

　㉴ 애국심과 국토애의 상징적 장소

③ 갯벌(Tidal Flat) : 밀물 때는 잠기고 썰물 때는 드러나는 해안 퇴적 지형(간석지)

  ㉮ 형성 조건 : 큰 조차, 얕은 수심, 해안선의 드나듦이 복잡함, 하천을 통한 퇴적물의 활발한 공급

  ㉯ 역할 : **다양한 생물종의 서식지**(생태적 다양성), **오염 물질을 정화하는 자연 정화조**(환경 정화), 육지와 바다 사이의 완충작용으로 자연재해(홍수 · 태풍)의 피해 감소 효과

  ㉰ 세계 5대 갯벌 : 우리나라 서해안, 캐나다 동부 해안, 미국 동부 해안, 유럽의 북해, 브라질 아마존강 하구

④ 철새 도래지 : 철새 탐조(Bird Watching) 활동 → 낙동강 하구 **을숙도**, 철원평야, 속초 청초호수, 영월 법흥사, 창원 주남저수지, 창녕 우포늪, 서산 천수만, 금강하구언, 전남 **순천만**, 해남 고천암호, 제주 성산포 등

> **참고** **관동8경** : 대관령 너머 동쪽에 있는 여덟 명승지로 동해 바다를 배경으로 한 누대와 사찰 → 통천 **총석정**, 고성 **삼일포**, 고성 **청간정**, 양양 **낙산사**, 강릉 경포대, 삼척 **죽서루**(제1경), 울진 망양정, 울진 **월송정**

최신기출 2016. 4. 9 시행

람사르 습지 목록에 등재된 곳을 모두 고른 것은?

㉠ 보령 갯벌	㉡ 여수 여자만
㉢ 신안 장도습지	㉣ 강화 매화마름군락지

① ㉠, ㉡   ② ㉠, ㉣

③ ㉡, ㉢   ④ ㉢, ㉣

정답 ④번

1 강과 그 유역에 건설된 댐의 연결이 옳지 않은 것은?

① 섬진강 – 동복댐　　② 금강 – 대청댐　　③ 한강 – 화천댐　　④ 영산강 – 합천댐

2 호수 관광자원 중 인공 호수는?

① 시화호　　　　② 경포호　　　　③ 송지호　　　　④ 영랑호

 해설　방조제의 양 끝인 시흥과 화성의 앞글자에서 이름을 따왔다.

3 동해안에 있는 해수욕장이 아닌 것은?

① 경포 해수욕장　　　　　　② 몽산포 해수욕장
③ 화진포 해수욕장　　　　　　④ 구룡포 해수욕장

4 전라남도에 있는 섬이 아닌 것은?

① 거문도　　　　② 보길도　　　　③ 마라도　　　　④ 가거도

 해설　우리나라 최남단에 위치한 마라도는 행정구역상 제주특별자치도 서귀포시 대정읍 마라리이다. 주변 일대
　　　는 천연기념물 제423호로 지정되어있다.

5 독도에 관한 설명으로 옳지 않은 것은?

① 메탄 하이드레이트가 매장되어있다.
② 독도는 천연기념물로 지정되어있다.
③ 제주도와 울릉도 다음으로 형성되었다.
④ 한류와 난류가 교차하는 조경 수역이다.

해설　신생대 제3기의 해저 활동으로 울릉도와 제주도보다 먼저 형성되었다.

6 우리나라 최북단에 있는 인공 호수로 1944년 5월에 화천댐이 완공되면서 만들어진 것은?

① 파로호　　　　② 시화호　　　　③ 송지호　　　　④ 청초호

정답　1 ④　2 ①　3 ②　4 ③　5 ③　6 ①

7 관동팔경에 해당하지 않는 것은?

① 청간정   ② 삼일포   ③ 하선암   ④ 죽서루

 관동8경(대관령 너머 동쪽에 있는 여덟 명승지로 동해 바다를 배경으로 한 누대와 사찰) : 통천 총석정, 고성 삼일포, 고성 청간정, 양양 낙산사, 강릉 경포대, 삼척 죽서루, 울진 망양정, 울진 월송

8 4대강과 그 발원지가 잘못 연결된 것은?

① 한강 – 검룡소   ② 낙동강 – 황지연못
③ 섬진강 – 용소   ④ 금강 – 뜬봉샘

 섬진강은 5대강에 속하며 발원지는 전북 진안의 데미샘이다.

9 우리나라 최대의 다목적댐은?

① 청평댐   ② 팔당댐   ③ 섬진강댐   ④ 소양강댐

 우리나라 최초의 다목적댐은 섬진강댐이다.

10 국내 내륙 습지 가운데 가장 규모가 큰 곳은?

① 운곡습지   ② 우포늪   ③ 장도습지   ④ 한반도습지

 창녕군에 있는 우포늪(천연기념물 제524호)은 2.313 km² 면적으로 국내 내륙 습지 가운데 가장 크다.

11 다음의 내용과 관계가 있는 청계천의 다리는?

> 태종 10년(1410) 큰 비로 흙으로 축조한 다리가 유실되자 신덕왕후 강씨의 정릉 옛터의 석물을 사용하여 석교로 다시 만들었다. 조선시대 한양에서 가장 많은 사람들이 왕래하던 다리이다.

① 모전교   ② 장통교   ③ 광통교   ④ 수표교

12 관동8경 중 북한 지역에 있는 것으로 짝지어진 것은?

① 통천 총석정, 고성 청간정   ② 통천 총석정, 고성 삼일포
③ 고성 청간정, 고성 삼일포   ④ 고성 삼일포, 삼척 죽서루

4. 동굴 · 온천 관광자원

(1) 동굴의 개념

땅속에 형성된 일정한 공간을 점유한 빈 굴로, 길이 10 m 이상으로 생성된 것(문화재청)을 말한다.

(2) 동굴의 종류

① 생성 원인에 따른 분류

⑦ 자연동굴 : 자연적으로 형성된 지하의 공동

㉮ **석회동굴**(종유굴) : 석회암 지대에서 석회암이 용식되어 형성된 동굴

종유석	고드름 모양으로 천장에서 성장한 것
석 순	바닥에서 위로 성장한 것
석 주	종유석과 석순이 만나 연결된 돌기둥

예 **고수굴, 고씨굴, 초당굴, 환선굴, 도담굴, 용담굴, 비룡굴, 관음굴, 연지굴, 성류굴** 등

㉯ **용암동굴**(화산동굴) : 화산 지대에서 지하에 존재하던 마그마가 지표로 분출됨에 따라 용암의 고결과 유동 작용에 의해 생성된 동굴

석회동굴		용암동굴
수직, 복잡	↔	수평, 단순

예 **만장굴, 김녕사굴**, 빌레못굴, **소천굴, 황금굴, 협재굴, 쌍용굴, 미천굴, 수산굴** 등

㉰ **해식동굴** : 해안선을 따라 파도의 영향을 받는 곳에서 형성된 동굴

예 **금산굴, 산방굴**, 용굴, 오동도굴, **정방굴, 가사굴, 쌍흥문굴** 등

⑭ 인공동굴 : 인간들이 인위적으로 만든 동굴 **예** 광명 가학광산동굴

② 생김새에 따른 분류

⑦ 수직동굴 : 땅속에서 넓은 광장을 이루거나 수직으로 내려가는 동굴

⑭ 수평동굴 : 땅 표면을 따라 땅속에서 옆으로 뻗어있는 동굴

⑮ 경사동굴 : 급한 경사면을 이루면서 내려가는 동굴

⑯ 다층동굴 : 아파트와 같이 몇 단계의 층으로 된 동굴

(3) 동굴 관광자원 현황

석회동굴이 많고, 용암동굴은 주로 제주도에서 유동성이 큰 현무암층 내에 발달하였다.

지정 번호	지정 명칭	특 징	소재지
98	제주 김녕굴 및 **만장굴** (金寧窟·萬丈窟)	• 만장굴 : **세계 최장**의 용암동굴(13,422 m) • 김녕(사)굴 : 만장굴의 연장. 굴속에 살았던 구렁이의 행패 가 심하여 판관 서린이 구렁이를 퇴치한 후 송덕비를 세운 설화(일명 **사굴**)	제주 제주시
155	울진 **성류굴**(聖留窟)	신선이 노닐 만큼 아름다워 선유굴(仙遊窟)로 불리다가, 임진 왜란 때 굴 앞의 사찰에 있던 불상을 굴속에 피난시키면서 성 류굴(**성불이 유한 곳**)로 불림	경북 울진
177	익산 천호동굴	과거 광산 허가로 상당 부분 훼손됨	전북 익산
178	삼척 대이리 동굴지대	대금굴·관음굴·환선굴 등. 동굴 생물인 환선좀딱정벌레 서식	강원 삼척
219	영월 **고씨굴**	임진왜란 때 고씨 일가가 피난하면서 이름이 유래	강원 **영월**
226	삼척 초당굴	옥좌대(玉座臺)의 경관이 유명. 희귀 생물 서식	강원 삼척
236	제주 한림 용암동굴지대 (소천굴·황금굴·협재 굴)	협재굴과 이어진 쌍룡굴 포함	제주 제주시
256	단양 고수동굴	단양8경과의 관광 루트 연계. **선사시대 주거 지역**. 사자바 위가 유명	충북 단양
260	평창 백룡동굴	백운산 기슭 남한강에서 흰색 용의 승천 이야기	강원 평창
261	단양 온달동굴	온달산성 인근에 위치	충북 단양
262	단양 노동동굴	동양 최대 수직동굴(40~50° 급경사), 공개 제한	충북 단양
342	제주 어음리 빌레못동굴	11,749 m로 단일동굴로서 세계 최장. 4·3 사건의 학살지	제주 제주시
384	제주 당처물동굴	동굴 전체에 종유석 발달	제주 제주시
466	제주 용천동굴	제주도 용암동굴의 전형적인 형태	제주 제주시
467	제주 수산동굴	빌레못동굴, 만장굴에 이어 제주도에서 3번째로 긴 용암동굴	제주 서귀포
490	제주 선흘리 벵뒤굴	벵뒤(허허벌판의 제주 방언)	제주 제주시
509	정선 산호동굴	다른 동굴에서는 관찰할 수 없는 대형 동굴산호 발달	강원 정선
510	평창 섭동굴	다양한 동굴생성물의 성장 과정을 보여줌	강원 평창
549	정선 용소동굴	국내 수중동굴 중 최대 규모(통로 길이 약 250 m, 수심 약 50 m)	강원 정선

※ 거문오름 용암동굴계(10곳)에서 유네스코 세계자연유산(2007)으로 지정된 5곳 : 만장굴, 김녕굴, 벵뒤굴,
당처물동굴, 용천동굴

천연기념물로 지정된 동굴을 모두 고른 것은?

> ㉠ 제주 만장굴   ㉡ 익산 천호동굴   ㉢ 태백 용연굴   ㉣ 정선 화암굴

① ㉠, ㉡   ② ㉠, ㉣   ③ ㉡, ㉢   ④ ㉢, ㉣

해설 ㉠ 제주 김녕굴 및 만장굴(천연기념물 제98호), 익산 천호동굴(천연기념물 제177호).   **정답 ①번**

4-2   온천 관광자원

(1) 온천의 개념

① 지하로부터 솟아나는 섭씨 25 ℃ 이상의 온수로서 그 성분이 기준에 적합하여 음용 또는 목욕용으로 사용되어도 인체에 해롭지 아니한 것(온천법)

② 온천의 3대 요소 : **수량**, 성분(수질), **온도**

(2) 온천의 분류

수온, 화학 성분, 용출 형태와 방법, 개발 정도 등에 따라 다양

① 수온에 따른 분류

분 류	온 도	온천의 예
냉천	25 ℃ 이하	도고온천 등
미온천	25~34 ℃	이천온천, 오색온천, 능암온천, 충온온천, 동학사온천, 화순온천, 경산온천, 문장대온천, 청도온천 등
온천	34~42 ℃	덕구온천 등
고온천	42 ℃ 이상	수안보온천, 척산온천, 동래온천, 해운대온천, 온양온천, 덕산온천, 유성온천, 백암온천 등

② **용출 형태**에 따른 분류

㈎ 용천 : 온천수가 계속적으로 분출

㈏ **간헐천** : 온천수가 일정한 **시간 간격을 두고 주기적**으로 분출

③ **화학적 성분**에 따른 분류

㈎ 유황천 : 우윳빛 색과 매캐한 달걀 썩는 냄새. 항산화 작용을 통해 활성산소의 발생 정도를 낮춰줌 → 피부염·신경통에 효능 **예** 도고온천, 백암온천, 부곡온천, 수안보온천

㈏ 탄산천 : 탄산가스가 체내로 흡수되는 정도가 높아 모세혈관을 확장시키고 혈액순환

을 증진 **예** 온양온천

(다) 방사능천(라듐천) : 온천수에 라듐이나 라돈이 기준치 이상 함유. 주로 화강암 지역에서 많이 발견. 미끄럽고 부드러운 수질 → 진정 작용이 뛰어나 신경통·류머티즘·부인병에 효과 **예** 백암온천, 덕산온천

(라) 염류천(식염천) : 피부에 염분을 흡착시키고 온열 작용이 뛰어나 겨울철 보습 효과에 좋음 → 관절염·근육통·아토피성 피부염에 효과 **예** 해운대온천, 동래온천, 마금산온천

(마) 알칼리천(중조천) : 위산을 억제하여 위궤양·십이지장궤양 등에 좋고, 노화 방지·피부 미용에도 효과 **예** 오색온천

④ 온천 개발 정도에 따른 분류

(가) 자연형 온천지 : 자연 상태가 우세하고 원거리에 위치하고 있어 개발 정도가 낮은 온천지

(나) 휴양(보양)형 온천지 : 자연형 온천지에 비해 교통편·숙박 시설은 발달하였으나 치료나 미용이 주가 되는 상태의 온천지
  • 쿠아하우스(KURHAUS) : 병의 예방이나 건강관리를 목적으로 한 일본의 다목적 온천보양관

(다) 관광형 온천지 : 단순 휴양(보양)뿐만 아니라 부대시설이 기업적으로 발달한 형태의 온천지

(3) 우리나라의 온천

① 온천 관광지 이용 목적 : 기분 전환, 가족 여행, 자연경관 감상, 지명도, 건강, 경유

② 온천축제 : 해운대 달맞이 온천축제, 충주 **수안보온천제**, 울진 백암온천축제, 창녕 부곡온천축제, **유성 온천문화축제**, 충주 앙성온천휴양축제

③ **관광특구** 지정 온천 : **수안보온천, 아산시온천, 백암온천, 부곡온천**

④ 주요 온천

(가) **온양온천** : 우리나라에서 **가장 오래**되고 가장 수량이 풍부한 최대 규모의 온천. 조선시대 군왕(태조·세종·세조)들이 많이 이용(온궁)

(나) 이천온천 : 효성 지극한 농부의 어머니 봉양 전설

(다) 도고온천 : 국내 몇 안 되는 유황온천

(라) 부곡온천 : 국내에서 **가장 높은 78 ℃** 수온

(마) 동래온천 : 식염 단순천(식염천)

(바) 해운대온천 : 국내 **유일의 임해온천**(해수욕장과 이웃)

(사) 덕구온천 : 국내 유일의 **노천온천**

(1) 약수의 개념

야생에서 솟아오르는 샘물 중 여러 성분이 포함되어 특별한 효과를 느낄 수 있는 광천수

① 광물질(미네랄) 함량이 높은 경우 탄산처럼 톡 쏘는 맛이 남

② 샘물 : 암반대수층(岩盤帶水層) 안의 지하수 또는 용천수 등 수질의 안전성을 계속 유지할 수 있는 자연 상태의 깨끗한 물을 먹는 용도로 사용할 원수(먹는물관리법)

(2) 주요 약수

① **초정약수**(청원구 내수읍 초정리) : 차고 매콤한 천연탄산수가 용출되는 영천

• **세계 3대 광천수**(세계광천학회) : 샤스터 광천(미국), 나포리나스 광천(영국), 초정약수(한국)

② 양양 오색리 오색약수(천연기념물 제529호) : 1500년경 성국사 승려가 발견. 나트륨 함량이 높아 특이한 맛과 색을 지님

③ 방아다리약수(평창군 진부면 척천리) : 화전을 일구고 살던 아낙네가 바위 한가운데 움푹 팬 곳에 곡식을 넣고 방아를 찧으려 하자 바위가 갈라지면서 약수가 솟았다는 전설. 숙종 때부터 약효를 인정받아옴

④ 달기약수(청송군 청송읍 부곡리) : 약수가 있는 곳은 예부터 '달이 뜨는 곳'이라 하여 달기골로 불림. 철종 때 금부도사를 지낸 권성하가 낙향하여 부곡리에 살면서 마을 사람들과 수로 공사를 하던 중 바위틈에서 솟아오르는 약수를 발견. 설탕을 타면 사이다맛과 비슷해짐

⑤ 화암약수(정선군 화암면 화암리) : 화암 8경 중 제1경. 탄산 성분이 많아서 톡 쏘는 맛이 남. 마음씨 나쁜 사람이 물을 마시려 하면 물 안에 구렁이가 똬리를 틀고 있는 형상이 보여 마실 수 없었다는 전설

⑥ 방동약수(인제군 기린면 방동리) : 심마니가 산삼을 캔 자리에서 약수가 솟았다는 전설(1670년 발견). 설탕을 넣지 않은 사이다맛. 자연보호중앙협의회에서 '한국의 명수'로 지정

⑦ 오전약수(봉화군 물야면 오전리) : 혀끝을 쏘는 듯한 청량의 탄산수. 조선시대에 전국 약수대회에서 1등 약수로 선정되었다고 전해짐(성종 때 발견). 풍기 군수 주세붕의 칭송. 부정한 여인이 물을 마시려 하자 맑게 흐르던 물이 흙탕물로 변하고 물에서 뱀이 나왔다는 전설

5. 명승과 천연기념물

5-1 명 승

(1) 명승의 개념

① 명승(名勝) : 경승지로서 예술적·경관적 가치가 큰 것(문화재보호법)

  ㈎ 유명한 건물이나 꽃·나무·새·짐승·물고기·벌레 등의 서식지, 유명한 경승지·산악·협곡·해협·곶·심연·폭포·호수·급류 등 특색 있는 하천·고원·평원·구릉·온천지 등을 명승으로 규정

  ㈏ 국가지정문화재의 종류 중 기념물에 해당 → 자연적 경관이 아름다운 곳뿐 아니라 우리 조상들이 이룩해놓은 모든 문화 예술도 명승의 대상

(2) 주요 명승

명주 청학동 소금강(1), 거제 해금강(2), 완도 정도리 구계등(3), 울진 불영사 계곡 일원(6), 여수 상백도·하백도 일원(7), 옹진 백령도 두무진(8), 문경새재(32), 단양 도담삼봉(44-단양 8경 중 제1경), 가야산 해인사 일원(62)

5-2 천연기념물

(1) 천연기념물의 개념

① 천연기념물(天然記念物) : 동물(그 서식지·번식지·도래지를 포함), 식물(그 자생지를 포함), 광물, 동굴, 지질, 생물학적 생성물 및 자연현상으로서 역사적·경관적 또는 학술적 가치가 큰 것(문화재보호법)

  ㈎ 일제강점기 조선총독부가 「고적및유물보존규칙」을 제정(1916. 7)한 이래 「조선보물고적명승천연기념물보존령」이 제정·공포(1933. 8)되고, 「천연기념물과명승의지정과해제에관한시행령」이 실시(1933. 12)됨. 1962년 1월 10일 법률 제961호로 「문화재보호법」이 제정

  ㈏ 천연기념물의 특성 : 진귀성과 희귀성, 고유성과 특수성, 분포성과 역사성

  ㈐ 문화재 가운데 명승과 천연기념물은 **기념물**의 범주에 들어감

  ㈑ 사람이 만든 역사적 인공 수림, 성황림(城隍林), 어림(魚林)도 천연기념물에 들어갈 수 있음

  ㈒ 지정권자 : **문화재청장**

(2) 천연기념물의 유형

동물 · 식물 · 지질 · 광물과 천연보호구역으로 구분

① 동물 : 동물 자체가 천연기념물인 경우, 서식지 · 번식지가 천연기념물인 경우, 특정 지역의 동물만 천연기념물인 경우로 다양

    ㈎ **광릉 크낙새 서식지**(천연기념물 제11호), 진도 고니류 도래지(천연기념물 제101호), 낙동강 하류 철새 도래지(천연기념물 제179호), 거제 연안 아비 도래지(천연기념물 제227호), 태안 난도 괭이갈매기 번식지(천연기념물 제334호)

    ㈏ **크낙새**(천연기념물 제197호) : 우리나라와 일본 대마도의 육속적(陸續的) 관계 파악에 귀중한 자연사 자료

    ㈐ **따오기**(천연기념물 제198호), **황새**(천연기념물 제199호), **팔색조**(천연기념물 제204호), **저어새**(천연기념물 제205호), **느시**(들칠면조-천연기념물 제206호), 흑비둘기(천연기념물 제215호), 연산 화악리의 오계(천연기념물 제265호), 노랑부리백로(천연기념물 제361호)

    ㈑ **두루미**(천연기념물 제202호) : **십장생**(十長生)의 하나. 무병장수를 기원하는 대상이 되어, 선조들의 각종 서화나 생활용품 등에 상징화된 모습으로 표현

    ㈒ 붉은박쥐(오렌지윗수염박쥐-천연기념물 제452호) : 애칭 '황금박쥐'. 우리나라에 서식하는 20여 종의 박쥐 중 유일하게 천연기념물로 지정

    ㈓ **진도의 진도개**(천연기념물 제53호), 사향노루(천연기념물 제216호), 산양(천연기념물 제217호), 수달(천연기념물 제330호)

    ㈔ **경산의 삽살개**(천연기념물 제368호) : 한반도 동남부 지역에 널리 서식하던 우리나라 토종개. 이름 자체도 순수한 우리말로 '귀신과 액을 쫓는 개'라는 뜻. 가사(歌詞) · 민담 · 그림 속에 자주 등장

    ㈕ 경주개 동경이(천연기념물 제540호) : 신라 고분에서 토우로 발굴되는 등 역사적 · 문화적 가치가 큼

    ㈖ 장수하늘소(천연기념물 제218호) : 아시아와 미주 대륙의 연관 관계를 알려주는 귀중한 자연사 자료

    ㈗ 무주 일원 반딧불이와 그 먹이 서식지(천연기념물 제322호)

    ㈘ 황쏘가리(천연기념물 제190호) : 전 세계에서 한강 유역에서만 발견되는 희귀 어종

    ㈙ 어름치(천연기념물 제259호) : 깨끗한 강의 중상류에만 살고, 산란 시기에는 산란탑을 쌓는 특이한 모습을 보임. 몸에 무늬가 있어 '반어'라고도 함

    ㈚ 미호종개(천연기념물 제454호) : 유속이 완만하고 얕은 여울에 서식하는 어종. 서식처 파괴와 수질오염으로 멸종 위기종

② 식물 : 거수(巨樹) · 노수(老樹) · 명목(名木), 임총(성황림/당산림) · 원시림 · 인공림

㉮ **대구 도동 측백나무 숲**(천연기념물 제1호), 서울 재동 백송(천연기념물 제8호), 서울 조계사 백송(천연기념물 제9호), **통영** 비진도 **팔손이나무** 자생지(천연기념물 제63호), **순천 송광사 천자암 쌍향수**(곱향나무 – 천연기념물 제88호), 서울 선농단 향나무(천연기념물 제240호)

㉯ **양평 용문사 은행나무**(천연기념물 제30호) : 열매 맺는 나무로는 동양에서 가장 큰 나무(높이 67 m, 뿌리 부분 둘레 15.2 m, **동양 최대의 은행나무**)로서 그 자체로 자연기념물이자 화석식물(**약 1,100살** 추정)

㉰ 강화 갑곶리 탱자나무(천연기념물 제34호), 강화 사기리 탱자나무(천연기념물 제35호) : 탱자나무는 강화도가 북방 한계지

㉱ 옹진 대청도 동백나무 자생북한지(천연기념물 제66호) : 동백나무는 대청도가 북방 한계지

㉲ **보은 속리 정이품송**(천연기념물 제103호) : **세조** 10년(1464)에 **법주사** 행차 시 '연걸이 소나무' 일화

㉳ 안동 용계리 은행나무(천연기념물 제175호) : 지역민인 탁씨들이 행계(㼛契)를 만들어 대대로 제를 올리고 보호하면서 지역민들을 단합하게 하는 역할

㉴ 제주의 한란(천연기념물 제191호) : 우리나라에서는 한라산에서만 자생하는 희귀한 난초과 식물. 추운 12~1월경 연한 녹색이나 자줏빛 꽃이 피기 때문에 '寒蘭'이라고 불림. 유일하게 종 자체를 천연기념물로 지정 · 보호하고 있음

㉵ 제주 상효동 한란 자생지(천연기념물 제432호)

㉶ **김해 천곡리 이팝나무**(천연기념물 제307호) : 꽃이 필 때 나무 전체가 하얀 꽃으로 뒤덮여 이밥(쌀밥)과 같다고 하여 붙여진 이름. 천곡리는 성 · 지석묘 · 패총 등 선사시대 유적이 많음

㉷ 보령 외연도 상록수림(천연기념물 제136호) : 뱃사람들의 무사함을 간절히 바라는 당제를 올리는 장소로 쓰임(숲이 단순히 식물학적 가치로만 판단되는 것이 아니라 마을 주민들의 생존과 불가분의 관계가 있음을 보여줌)

㉸ 정선 두위봉 주목(천연기념물 제433호) : 위아래로 나란히 자라고 있는 3그루의 주목 중 중심부에 있는 것이 우리나라에서 가장 오래된 주목(수령 1,400여 년 추정). 주목은 잘 썩지 않아 조선시대에는 왕실의 가구와 임금의 관을 만드는 데 사용했으며, 항암 물질인 택솔(Taxol)의 원료로 경제적 가치가 높은 식물임

㉹ **제주 산천단 곰솔군**(천연기념물 제160호) : 소나무과로 잎이 소나무 잎보다 억세기 때문에 '곰솔'이라고 부름. 바닷가를 따라 자라기 때문에 '해송'으로, 줄기 껍질의 색이 소나무보다 검기 때문에 '흑송'이라고도 함. 바닷바람이나 염분에 강하여 방풍림이나 방조림으로 많이 심음

㈍ 울릉 성인봉 원시림(천연기념물 제189호) : 원시적 상태의 숲 군락

㈎ 완도 주도 상록수림(천연기념물 제28호), 원성 성남리 성황림(천연기념물 제93호), 함평 향교리 느티나무 · 팽나무 · 개서어나무 숲(천연기념물 제108호)

㈐ 함양상림(천연기념물 제154호) : 통일신라 시대 최치원이 조성한 인공림. 함양 사람들은 함양상림에는 뱀과 개미가 없다고 믿고 있음

③ 지질 · 광물

㈎ 제주 서귀포층 패류화석 산지(천연기념물 제195호)

㈏ 삼척 대이리 동굴지대(천연기념물 제178호) : **환선굴, 관음굴** → 수백만 년의 오랜 세월을 두고 만들어진 것으로 저절로 자연의 위대함을 느끼게 됨

㈐ 고성 덕명리 공룡과 새발자국 화석 산지(천연기념물 제411호)

④ **천연보호구역** : 보호해야 할 천연기념물이 풍부한 일정 구역을 설정

㈎ 홍도 천연보호구역(천연기념물 제170호) : 전남 신안군 흑산면에 딸린 20여 개의 섬들로 구성. 해 질 녘에 섬 전체가 붉게 물든다고 하여 '紅島'라는 이름이 붙음. 유명한 **풍란**의 자생지로 아름드리 동백숲과 후박나무, 식나무 등 희귀 식물 540여 종과 231종의 동물 및 곤충이 서식하고 있어 섬 전역이 천연기념물로 지정

㈏ **설악산** 천연보호구역(천연기념물 제171호) : 유네스코 생물권보전지역(1982)

㈐ **한라산** 천연보호구역(천연기념물 제182호)

㈑ 대암산 · 대우산 천연보호구역(천연기념물 제246호)

㈒ 향로봉 · 건봉산 천연보호구역(천연기념물 제247호)

㈓ **독도** 천연보호구역(천연기념물 제336호)

㈔ **성산일출봉** 천연보호구역(천연기념물 제420호)

㈕ 문섬 · 범섬 천연보호구역(천연기념물 제421호)

㈖ 차귀도 천연보호구역(천연기념물 제422호)

㈗ 마라도 천연보호구역(천연기념물 제423호)

㈘ **창녕 우포늪** 천연보호구역(천연기념물 제524호) : **우포늪** · 목포늪 · 사지포 · 쪽지벌 등 4개의 늪으로 구성된 약 70만 평의 국내 최대 규모의 자연 배후습지. **람사르 협약**에 의해 **국제보호습지**로 등록(1998)

1 동굴 관광자원에 관한 설명으로 옳지 않은 것은?

① 해식동굴은 파도의 영향을 받는 곳에서 형성된다.

② 자연동굴은 생성 원인에 따라 석회동굴, 용암동굴, 파식동굴 등으로 구분된다.

③ 화산동굴은 화산활동에 의하여 형성된 동굴로 용암동굴, 화도동굴 등으로 구분된다.

④ 용암동굴은 지하로 스며드는 빗물이나 지하수의 용식작용으로 생긴 다양한 형태의 동굴이다.

> 📝 **해설** 용암동굴은 화산이 폭발하여 용암이 지표면을 흘러내릴 때 그 용암류 속에서 형성된 동굴이다.

2 석회동굴 – 용암동굴 – 해식동굴의 순서대로 바르게 나열한 것은?

① 고수굴 – 만장굴 – 산방굴　　② 고씨굴 – 정방굴 – 소천굴

③ 협재굴 – 가사굴 – 초당굴　　④ 수산굴 – 환선굴 – 금산굴

3 다음에서 용암동굴에 해당되는 것을 모두 고르면?

㉠ 정방굴	㉡ 협재굴	㉢ 쌍용굴
㉣ 성류굴	㉤ 김녕굴	㉥ 도담굴

① ㉠, ㉢, ㉤　　② ㉡, ㉢, ㉤　　③ ㉡, ㉤, ㉥　　④ ㉣, ㉤, ㉥

4 강원도에 있는 동굴 관광자원이 아닌 것은?

① 초당굴　　② 고씨굴　　③ 산호굴　　④ 고수굴

5 경상남도에 소재한 온천으로 바르게 연결된 것은?

① 동래온천 – 수안보온천　　② 부곡온천 – 마금산온천

③ 덕산온천 – 해운대온천　　④ 도고온천 – 백암온천

> 📝 **해설** ② 부곡온천(경상남도 창녕군) – 마금산 온천(경상남도 창원시)

정답 1 ④　2 ①　3 ②　4 ④　5 ②

6 천연기념물로 지정되지 않은 동굴 관광자원은?

① 정선 용소동굴　　　　　　　　② 평창 백룡동굴

③ 정선 비룡동굴　　　　　　　　④ 익산 천호동굴

 해설　정선 비룡동굴은 강원도 기념물 제34호이다.

7 다음 특성을 지닌 온천은?

> • 물에서 달걀 썩는 냄새가 남
> • 금속 제품은 화학반응으로 검게 변색됨

① 유황천　　　　② 탄산천　　　　③ 라듐천　　　　④ 염류천

8 관광특구로 지정된 온천이 아닌 것은?

① 부곡온천　　　② 온양온천　　　③ 백암온천　　　④ 수안보온천

 해설　관광특구 지정 온천 : 수안보온천(충북), 아산시온천(충남), 백암온천(경북), 부곡온천(경남)

9 우리나라의 명승과 소재지가 잘못 연결된 것은?

① 삼각산 – 경기 고양시　　　　　② 소쇄원 – 충북 단양군

③ 회룡포 – 경북 예천군　　　　　④ 명주 청학동 소금강 – 강원 강릉시

 해설　담양 소쇄원(천연기념물 제40호)은 전남 담양군 남면에 소재한다.

10 다음 설명에 해당하는 식물의 명칭과 천연기념물로 지정된 지역이 바르게 연결된 것은?

> 　나이가 1,100살로 추정되는 우리나라에서 가장 오래되고 큰 나무로 마의태자의 전설이 깃들어있다.

① 이팝나무 – 경남 김해　　　　　② 은행나무 – 경기 양평

③ 측백나무 – 대구 도동　　　　　④ 곱향나무 – 전남 순천

 해설　양평 용문사 은행나무(천연기념물 제30호)

정답　6 ③　7 ①　8 ②　9 ②　10 ②

11 통일신라 시대에 최치원이 조성한 인공림은?

① 대구 도동 측백나무 숲　　　　　② 원성 성남리 성황림

③ 함양상림　　　　　　　　　　　④ 울릉 성인봉 원시림

12 다음에서 천연보호구역을 모두 고르면?

| ㉠ 범섬 | ㉡ 오대산 | ㉢ 우포늪 |
| ㉣ 순천만 | ㉤ 차귀도 | ㉥ 광릉 |

① ㉠, ㉢, ㉤　　　② ㉡, ㉣, ㉥　　　③ ㉢, ㉣, ㉤　　　④ ㉣, ㉤, ㉥

 홍도, 독도, 문섬 · 범섬, 마라도, 차귀도, 성산일출봉, 설악산, 한라산, 대암산 · 대우산, 향로봉 · 건봉산, 창녕 우포늪

13 다음의 내용이 설명하는 동굴은?

1912년부터 60여 년 동안 채굴되었으나 1972년 폐광이 된 이후 40년간 버려졌다가 최근 지역 경제에 활력을 불어넣는 '동굴테마파크'로 개발돼 유료 입장객을 맞고 있다.

① 백룡동굴　　　② 광명동굴　　　③ 산호동굴　　　④ 용소동굴

 광명동굴의 총 길이는 7.8 km, 이 중 2 km가 개발돼 입장객을 맞고 있다.

14 종유석, 석순, 석주 등의 동굴생성물을 볼 수 있는 동굴은?

① 고수굴　　　② 황금굴　　　③ 소천굴　　　④ 정방굴

 카르스트 지형인 석회암 동굴에 생성되는 특이한 형태의 암석으로는 종유석, 석순, 석주 등이 있다.

15 다음 중 강원도에 있는 약수를 모두 고른 것은?

| ㉠ 방동약수 | ㉡ 초정약수 | ㉢ 화암약수 |
| ㉣ 달기약수 | ㉤ 오색약수 | ㉥ 오전약수 |

① ㉠, ㉢, ㉤　　　② ㉡, ㉢, ㉣　　　③ ㉡, ㉤, ㉥　　　④ ㉣, ㉤, ㉥

 초정약수(충북 청원), 달기약수(경북 청송), 오전약수(경북 봉화)

정답　11 ③　12 ①　13 ②　14 ①　15 ①

3장 문화적 관광자원

1. 문화재의 이해

1-1 문화재의 개념과 분류

(1) 문화재의 개념

① 인위적이거나 자연적으로 형성된 국가적·민족적 또는 세계적 유산으로서 역사적·예술적·학술적 또는 경관적 가치가 큰 것(문화재보호법 제1장 2조)

② 문화재보호법(1962년 1월 10일 제정)의 기본 원리 : '원형 유지(현상 불변)' 원칙, '보존하면서 개발한다'의 원칙, '면(面)으로서의 문화적 환경'의 중시 원칙, '문화재 관련 결정의 신중성과 전문성' 원칙

(2) 지정문화재와 비지정문화재

① **지정문화재** : 문화재보호법이나 시·도 문화재보호조례에 따라 지정·보호

구 분	유형문화재		민속문화재	기념물			무형문화재
국가 지정문화재	국보	보물	중요민속문화재	사적	명승	천연기념물	국가무형문화재
시도 지정문화재	시도유형문화재		시도민속문화재	시도기념물			시도무형문화재
	문화재 자료						

㉮ **국가지정문화재** : 문화재청장이 문화재보호법에 의하여 문화재위원회의 심의를 거쳐 지정한 중요문화재 → 7개 유형으로 구분(국보·보물·국가무형문화재·사적·명승·천연기념물·중요민속문화재)

㉠ **국보** : **보물**에 해당하는 문화재 중 인류 문화의 견지에서 그 가치가 크고 유례가 드문 것 **예** 서울 숭례문(국보 제1호), 서울 원각사지 십층석탑(국보 제2호), 서울 북한산 신라 진흥왕순수비(국보 제3호), 여주 고달사지 승탑(국보 제4호), 보은 법주사 쌍사

자 석등(국보 제5호), 경주 불국사 다보탑(국보 제20호), 경주 불국사 삼층석탑(국보 제21호), 강릉 임영관 삼문(국보 제51호), 상원사 동종(국보 제36호), 훈민정음(국보 제70호), 금관총 금관 및 금제 관식(국보 제87호), 나주 신촌리 금동관(국보 제295호)

㉯ **보물** : 건조물 · 전적 · 서적 · 고문서 · 회화 · 조각 · 공예품 · 고고자료 · 무구 등의 유형문화재 중 중요한 것 **예** 서울 흥인지문(보물 제1호), 옛 보신각 동종(보물 제2호), 서울 원각사지 대원각사비(보물 제3호), 안양 중초사지 당간지주(보물 제4호), 여주 고달사지 원종대사탑비(보물 제6호), 강릉 오죽헌(보물 제165호), 대동여지도(보물 제850호), 백자 철화끈무늬 병(보물 제1060호), 서울 관상감 관천대(보물 제1740호)

㉰ 사적 : 기념물 중 유적 · 제사 · 신앙 · 정치 · 국방 · 산업 · 교통 · 토목 · 교육 · 사회사업 · 분묘 · 비 등으로서 중요한 것 **예** 경주 포석정지(사적 제1호), 김해 봉황동 유적(사적 제2호), 수원 화성(사적 제3호), 부여 가림성(사적 제4호), 부여 부소산성(사적 제5호), 경주 황룡사지(사적 제6호), 서울 한양도성(사적 제10호), 서울 풍납동 토성(사적 제11호), 서울 독립문(사적 제32호), 덕수궁(사적 제124호), 북한산 진흥왕순수비(사적 제228호), 서울 몽촌토성(사적 제297호), 순천 낙안읍성(사적 제302호), 합천 해인사(사적 제504호)

㉱ **명승** : 기념물 중 경승지로서 중요한 것 **예** 명주 청학동 소금강(명승 제1호), 거제 해금강(명승 제2호), 여수 상백도 · 하백도 일원(명승 제7호), 가야산 해인사 일원(명승 제62호)

㉲ **천연기념물** : 기념물 중 동물(서식지 · 번식지 · 도래지 포함), 식물(자생지 포함), 지질 · 광물로서 중요한 것 **예** 대구 도동 측백나무 숲(천연기념물 제1호), 서울 재동 백송(천연기념물 제8호), 서울 조계사 백송(천연기념물 제9호), 태안 난도 괭이갈매기 번식지(천연기념물 제334호), 노랑부리백로(천연기념물 제361호), 보은 속리 정이품송(천연기념물 제103호)

㉳ **국가무형문화재** : 여러 세대에 걸쳐 전승되어온 무형의 문화적 유산 중 역사적 · 학술적 · 예술적 · 기술적 가치가 있는 것, 지역 또는 한국의 전통문화로서 대표성을 지닌 것, 사회문화적 환경에 대응하여 세대 간의 전승을 통해 그 전형을 유지하고 있는 것 **예** 종묘제례악(국가무형문화재 제1호), 양주별산대놀이(국가무형문화재 제2호), 남사당놀이(국가무형문화재 제3호), 갓일(국가무형문화재 제4호), 판소리(국가무형문화재 제5호), 강강술래(국가무형문화재 제8호), 은산별신제(국가무형문화재 제9호), 나전장(국가무형문화재 제10호), 강릉단오제(국가무형문화재 제13호), 북청사자놀음(국가무형문화재 제15호), 봉산탈춤(국가무형문화재 제17호), 안동차전놀이(국가무형문화재 제24호), 강령탈춤(국가무형문화재 제34호), 조선왕조궁중음식

(국가무형문화재 제38호), 종묘제례(국가무형문화재 제56호), 줄타기(국가무형문화재 제58호)

   ㉑ **중요민속문화재** : 의식주 · 생산 · 생업 · 교통 · 운수 · 통신 · 교역 · 사회생활 · 신앙 · 민속 · 예능 · 오락 · 유희 등으로서 중요한 것   덕온공주당의(중요민속문화재 제1호), 심동신금관조복(중요민속문화재 제2호), 광해군내외및상궁옷(중요민속문화재 제3호), 외재이단하내외분옷(중요민속문화재 제4호), 강릉 선교장(중요민속문화재 제5호), 영천매산고택및산수정(중요민속문화재 제24호), 안동하회마을(중요민속문화재 제122호), 흥선대원군자적단령(중요민속문화재 제214호)

 최신기출   2016. 4. 9 시행

국보의 명칭과 지정번호의 연결이 옳지 않은 것은?

① 서울 원각사지 십층석탑 – 국보 제2호   ② 경주 불국사 다보탑 – 국보 제21호
③ 익산 미륵사지 석탑 – 국보 제11호   ④ 보은 법주사 쌍사자 석등 – 국보 제5호

🖊 **해설** ② 다보탑은 국보 제20호이다. 국보 제21호는 석가탑이다.   **정답 ②번**

최신기출   2016. 4. 9 시행

유형문화재 중 보물로 지정된 것은?

① 부여 정림사지 오층석탑   ② 상원사 동종
③ 보은 법주사 사천왕 석등   ④ 강릉 임영관 삼문

🖊 **해설** ③ 보물 제15호, ① 국보 제9호, ② 국보 제36호, ④ 국보 제51호   **정답 ③번**

 최신기출   2016. 4. 9 시행

다음 설명에 해당하는 것은?

- 1983년 사적 302호로 지정됨
- 객사, 노거수 은행나무, 임경업장군비각이 있음

① 아산 외암마을   ② 고성 왕곡마을   ③ 경주 양동마을   ④ 낙안읍성 민속마을

🖊 **해설** 임경업 장군이 1626년(인조 4)부터 2년간 낙안 군수로 봉직하면서 선정을 베푼 것을 기리기 위해 1628년 군민이 충민공 임경업 장군 선정비각(전남 문화재자료 제47호)을 세웠다.   **정답 ④번**

㉯ **시 · 도지정문화재** : 특별시장 · 광역시장 · 도지사(시 · 도지사)가 국가지정문화재로 지정되지 아니한 문화재 중 보존 가치가 있다고 인정되는 것을 지방자치단체(시 · 도)의 조례에 의하여 지정한 문화재 → 4개 유형으로 구분(유형문화재 · 무형문화재 · 기념물 · 민속문화재)

㉮ **유형문화재** : 건조물 · 전적 · 서적 · 고문서 · 회화 · 조각 · 공예품 등 유형의 문화적 소산으로서 역사상 또는 예술상 가치가 큰 것과 이에 준하는 고고 자료

㉯ **무형문화재** : 여러 세대에 걸쳐 전승되어온 무형의 문화적 유산 중 역사적 · 학술적 · 예술적 · 기술적 가치가 있는 것, 지역 또는 한국의 전통문화로서 대표성을 지닌 것, 사회 문화적 환경에 대응하여 세대 간의 전승을 통해 그 전형을 유지하고 있는 것

㉰ **기념물** : 패총 · 고분 · 성지 · 궁지 · 요지 · 유물포함층 등의 사적지로서 역사상 · 학술상 가치가 큰 것, 경승지로서 예술상 · 관람상 가치가 큰 것 및 동물(서식지 · 번식지 · 도래지를 포함), 식물(자생지를 포함) · 광물 · 동굴로서 학술상 가치가 큰 것

㉱ **민속문화재** : 의식주 · 생업 · 신앙 · 연중행사 등에 관한 풍속 · 관습과 이에 사용되는 의복 · 기구 · 가옥 등으로서 국민 생활의 추이를 이해함에 불가결한 것

㉲ **문화재자료** : 시 · 도지사가 시도지정문화재로 지정되지 아니한 문화재 중 향토 문화 보존상 필요하다고 인정하여 시 · 도 조례에 의하여 지정한 문화재

② **비지정문화재** : 법령에 의하여 지정되지는 않았지만 문화재 중에서 지속적인 보호와 보존이 필요한 문화재

㉮ **일반동산문화재**(문화재보호법 제60조) : 국외 수출 또는 반출 금지 규정이 준용되는 지정되지 아니한 문화재 중 동산에 속하는 문화재를 지칭하며 전적 · 서적 · 판목 · 회화 · 조각 · 공예품 · 고고 자료 및 민속 문화재로서 역사상 · 예술상 보존 가치가 있는 문화재

㉮ 이동이 가능한 모든 문화재 → 건물과 같이 땅 위에 고정되어 움직일 수 없는 부동산 문화재에 대응하는 개념(행정상의 편의를 위한 것)

㉯ 분류 : 문화재보호법 시행령 제1조 별표 1(국가지정문화재의 지정 기준) → 전적 · 서적 · 문서, 회화 · 조각, 공예품, 고고 자료, 무구

㉯ **매장문화재**(매장문화재 보호 및 조사에 관한 법률 제2조) : 토지 또는 수중에 매장되거나 분포되어있는 유형의 문화재, 건조물 등에 포장(包藏)되어있는 유형의 문화재, 지표 · 지중 · 수중(바다 · 호수 · 하천을 포함) 등에 생성 · 퇴적되어있는 천연동굴 · 화석, 그밖에 대통령령으로 정하는 지질학적인 가치가 큰 것

구 분	유적(遺跡)	유구와 유물을 포함하는 복합적인 개념
	유구(遺溝)	집터, 고분, 건물터 등 옛 사람이 만든 구조물
	유물(遺癖)	토기, 석기, 철기 등의 출토물

조 사	지표 조사	땅을 파지 않고 땅 위에 흩어져 있는 토기, 자기, 기와조각 등을 근거로 땅 속에 묻혀 있는 유적을 추정하는 조사(간접 조사)
	발굴 조사	유적의 정확한 범위와 성격, 시대 등을 확인하기 위한 직접 조사

⑦ 특성 : 공공의 자산, 예측이 어려움, 훼손과 재난 위험성이 높음, 발굴 조사 비용이 높고 효율성이 낮음

⑭ 가치판단 기준 : 인식 가치(예술 가치), 물리적 가치(보전성 · 보존 상태), 고유 가치 (희소성 · 학술성 · 집단 가치 · 대표성)

㉡ 보존 방법 : 현상 보존, 기록 보존(현상 보존이 어렵거나 학술 가치가 적은 경우), 이 전 보존, 전시관 건립

(3) 등록문화재와 예비문화재

① **등록문화재**(근대 문화유산) : 문화재청장이 문화재위원회의 심의를 거쳐 지정문화재가 아 닌 문화재 중에서 건설 · 제작 · 형성된 후 50년 이상이 지난 것으로서 보존과 활용을 위 한 조치가 특별히 필요하여 등록한 문화재 **예** 서울 남대문로 한국전력공사 사옥(등록문 화재 제1호), 서울 구 경기고등학교(등록문화재 제2호), 서울 구 국회의사당(등록문화재 제11호), 철원 노동당사(등록문화재 제22호), 경의선 장단역 증기기관차(등록문화재 제78 호), 백범 김구 혈의(血衣) 일괄(등록문화재 제439호)

㉮ 범위

⑦ '개화기'를 기점으로 하여 '해방 전후'까지의 기간에 축조된 건조물 및 시설물 형태의 문화재가 중심이 되며 통상 건설 후 50년 이상이 경과한 것

⑭ 그 이후 형성된 것일지라도 멸실 · 훼손의 위험이 크고 보존할 가치가 있을 경우 포함 될 수 있음(건설된 지 50년 이상이 경과하지 않은 건조물이나 시설물이라도 등록 조 건을 만족하며 긴급한 보호조치가 필요하다고 인정되는 경우에는 등록 가능)

㉯ 등록 조건

⑦ 우리나라 근대사에 기념이 되거나 상징적 가치가 큰 것

⑭ 지역의 역사 문화적 배경이 되며, 그 가치가 널리 알려진 것

㉡ 한 시대 조형의 모범이 되는 것

㉣ 건설 기술이나 기능이 뛰어나고 의장과 재료 등이 희소하여 학술 · 예술적 가치가 큰 것

㉤ 전통 건조물로서 당대 건축사를 이해하는 데 중요한 가치를 지닌 것

㉰ 특징

⑦ 허가 위주의 기존 지정 제도와 구별하여 소유자의 자발적 보존에 기초한 신고 위주의 지도, 조언, 권고를 기본으로 함

ⓒ 외관을 크게 변화시키지 않는 범위에서 내부를 용도나 사정에 따라 수리가 가능하도
록 하여 보호와 동시에 활용이 가능한 문화재

② **예비문화재** : 50년 이상이 지나지 아니한 근대 문화유산 중에서 훼손될 가능성이 있는 문
화재를 예비문화재로 인정하여 보존 · 관리하는 제도 추진

1-2 박물관

(1) 박물관의 개념

가치 있는 유물을 모아 보관하고 전시하는 공간을 의미한다.

① BC 3세기 이집트 알렉산드리아에 세워진 무세이온(Mouseion)이 효시로 알려져 있으며,
근대에 접어들면서 폭발적으로 증가함

② 국제박물관협의회(ICOM) : 문화적 · 학술적 의의가 깊은 자료를 수집하여 그것들을 연구 · 교육 및 취락(趣樂)을 위하여 보관하고 전시하는 상설 기관은 모두 박물관으로 간주 → 식물원 · 동물원 · 수족관 · 생태사육관 · 자연보호지구 포함

③ 박물관의 기능 : 과거와 현재와 미래가 공존하는 공간으로, 단순히 귀중품을 보는 것뿐만 아니라 체험하고 정보를 교류하는 문화의 장

(2) 박물관의 종류

설립 운영자, 전시 내용, 이용자, 전시 장소 등에 따라서 다양하게 분류된다.

① 수장 자료의 종류에 따른 분류

㈎ 종합박물관 : 어떤 특정 내용만을 전시한 것이 아니라 역사 · 문화 · 생활 등 모든 것을 전시해놓은 박물관 → 대부분의 국 · 공립박물관, 지역박물관

㈏ 전문박물관 : 예술 · 역사 · 과학 등 특정 분야의 내용을 주로 전시하는 박물관 → 예술박물관, 역사박물관, 과학박물관, 기타박물관

② 우리나라 국립박물관 현황(39개소) → 문화체육관광부(2015. 10. 20 기준)

㈎ 서울(13개소) : 국립중앙박물관(용산구), 국립한글박물관(용산구), 국립고궁박물관(종로구), 국립극장 공연예술박물관(중구), 관세박물관(강남구), 국립민속박물관(종로구), 국립경찰박물관(종로구), 국악박물관(서초구), 외교사전시실(서초구), 조세박물관(종로구), 체신기념관(우정총국, 종로구), 대한민국역사박물관(종로구), 육군박물관(노원구)

㈏ 경기(4개소) : 국립여성사전시관(고양시), 국립수목원 산림박물관(포천시), 세종대왕유적관리소(여주시), 지도박물관(수원시)

㈐ 강원(2개소) : 국립춘천박물관, 강원경찰박물관(춘천시)

㈑ 충남(5개소) : 국립공주박물관, 국립부여박물관, 우정박물관(천안시), 충무공이순신기념관(아산시), 칠백의총기념관(금산군)

㈒ 충북(2개소) : 국립청주박물관, 공군박물관(청주시)

㈓ 대구(1개소) : 국립대구박물관

㈔ 경북(2개소) : 국립경주박물관, 국립등대박물관(포항시)

㈕ 부산(1개소) : 국립해양박물관

㈖ 경남(3개소) : 국립김해박물관, 국립진주박물관, 남부산림과학관(진주시)

㈗ 전북(2개소) : 국립전주박물관, 태권도원 태권도박물관(무주군)

㈘ 전남(2개소) : 국립나주박물관, 국립해양문화재연구소(목포시)

㈙ 광주(1개소) : 국립광주박물관

㈚ 제주(1개소) : 국립제주박물관

1 다음 문화재 중 국보가 아닌 것은?

① 서울 원각사지 대원각사비   ② 여주 고달사지 승탑

③ 서울 원각사지 십층석탑   ④ 보은 법주사 쌍사자 석등

 해설   ①은 보물 제3호이다.

2 국가지정문화재 유형 중 보물에 해당되지 않는 것은?

① 여주 고달사지 원종대사탑비   ② 안동 하회탈 및 병산탈

③ 강릉 오죽헌   ④ 남원 실상사 승탑

 해설   ②는 국보 제121호이다.

3 문화재 유형별 제1호 대상 연결이 옳지 않은 것은?

① 사적 제1호 – 경주 포석정지

② 국가무형문화재 제1호 – 종묘제례악

③ 중요민속문화재 제1호 – 흥선대원군자적단령

④ 등록문화재 제1호 – 서울 남대문로 한국전력공사 사옥

 해설   중요민속문화재 : 덕온공주당의(중요민속문화재 제1호), 심동신금관조복(중요민속문화재 제2호), 광해군 내외및상궁옷(중요민속문화재 제3호), 외재이단하내외분옷(중요민속문화재 제4호), 흥선대원군자적단령(중요민속문화재 제214호)

4 다음 중 보물이 아닌 것은?

① 강릉 신복사지 삼층석탑   ② 강릉 굴산사지 당간지주

③ 강릉 선교장   ④ 강릉 오죽헌

 해설   강릉 선교장(중요민속문화재 제5호), 강릉 신복사지 삼층석탑(보물 제87호), 강릉 굴산사지 당간지주(보물 제86호), 강릉 오죽헌(보물 제165호)

정답   1 ①   2 ②   3 ③   4 ③

5 다음 중 국립박물관이 아닌 것은?

① 국악박물관　　　② 서울역사박물관　　　③ 우정박물관　　　④ 태권도박물관

6 박물관과 소재지의 연결이 옳지 않은 것은?

① 실학박물관 – 남양주　　　　　② 대가야박물관 – 김해
③ 동강사진박물관 – 영월　　　　④ 한국족보박물관 – 서울

 해설　한국족보박물관(대전), 철도박물관(의왕), 백남준아트센터(용인)

7 다음 중 국보가 아닌 것은?

① 성덕대왕신종　　　② 옛 보신각 동종　　　③ 상원사 동종　　　④ 용주사 동종

 해설　옛 보신각 동종(보물 제2호), 성덕대왕신종(국보 제29호), 상원사 동종(국보 제36호), 용주사 동종(국보 제 120호)

8 다음 중 등록문화재가 아닌 것은?

① 서울 구 국회의사당　　　　　② 철원 노동당사
③ 덕수궁 정관헌　　　　　　　④ 서울 원서동 고희동 가옥

 해설　③ 덕수궁 정관헌은 사적 제124호(덕수궁) 지정 범위와 중복되어 해제되었다. 서울 구 국회의사당(등록문화재 제11호), 철원 노동당사(등록문화재 제22호), 서울 원서동 고희동 가옥(등록문화재 제84호), 구 서울특별시청사(등록문화재 제52호), 서울 홍파동 홍난파 가옥(등록문화재 제90호), 서울 배화여자고등학교 생활관(등록문화재 제93호)

9 다음에서 설명하고 있는 박물관은?

우리나라 최초의 선사시대 박물관으로, 구석기시대부터 한반도에 사람이 살았다는 사실을 알려주는 유적과 유물 모형을 전시한다.

① 검단선사박물관　　　　　② 전곡선사박물관
③ 석장리박물관　　　　　　④ 오산리선사유적박물관

 해설　검단선사박물관(인천), 전곡선사박물관(연천), 오산리선사유적박물관(양양), 석장리박물관(공주)

정답　5 ②　6 ④　7 ②　8 ③　9 ③

United Nations
Educational, Scientific and
Cultural Organization
유네스코 로고

Intangible
Cultural
Heritage
인류무형문화유산 로고

WORLD HERITAGE · PATRIMOINE MONDIAL
세계유산 로고

Memory of
the World
세계기록유산 로고

(1) 세계유산(World Heritage)

세계유산협약이 규정한 탁월한 보편적 가치를 지닌 유산

① 정의 : '세계 문화 및 자연유산의 보호에 관한 협약'에 의거하여 유네스코 세계유산위원회(World Heritage Committee)가 인류 전체를 위해 보호되어야 할 탁월한 보편적 가치(OUV, Outstanding Universal Value)가 있다고 인정하여 세계유산 목록에 등재한 (부동산)유산 → 문화유산(Cultural Heritage), 자연유산(Natural Heritage), 복합유산(Mixed Heritage)

② 목적 : 자연재해, 전쟁 등으로 파괴 위험에 처한 유산의 복구와 보호 활동 등을 통하여 유산의 파괴를 근본적으로 방지하고 국제 협력 및 나라별 유산 보호 활동을 고무하기 위함

③ 등재 기준 : 완전성, 진정성, OUV(뛰어난 보편적 가치) 내재 여부 판단 및 적절한 보존 관리 계획 수립 및 시행 여부

(2) 인류무형문화유산(Intangible Cultural Heritage of Humanity)

공동체, 집단 및 개인이 자신의 문화유산의 일부분으로 인식하는 관습, 표현, 지식 및 기술

① 정의 : 유네스코 무형문화유산 보호협약(2003)에 의거하여 문화적 다양성과 창의성이 유지될 수 있도록 대표 목록 또는 긴급 목록에 각국의 무형유산을 등재하는 제도 → '인류 구전 및 무형유산 걸작'(1992)이라는 유네스코 프로그램에서 정부 간 협약으로 발전

② 목적 : 문화 다양성의 원천인 무형유산의 중요성을 인식하고, 무형유산 보호를 위한 국가적 · 국제적 협력과 지원을 도모하기 위함

③ 등재 기준 : 무형유산협약의 조건을 충족, 무형유산의 인식 제고에 기여, 보호조치의 구체화, 광범위한 참여, 당사국 영토 내의 무형유산 분류 목록에 포함

(3) 세계기록유산(Memory of the World)

인류의 문화를 계승하는 중요한 기록을 담고 있는 정보 또는 그 기록을 전하는 매개물 → 유네스코가 고문서 등 전 세계의 귀중한 기록물을 보존하고 활용하기 위하여 1997년부터 2년마다 세계적 가치가 있는 기록유산을 선정

2 관광자원해설

① 정의 : 전 세계 민족의 집단 기록이자 인류의 사상, 발견 및 성과의 진화 기록을 의미 →
문자로 기록된 것(책·필사본·도서·신문·포스터 등), 이미지나 기호로 기록된 것(데
생·지도·악보·설계도면 등), 비문, 시청각 자료(음악 컬렉션·영화·음성 기록물·사
진 등), 인터넷 기록물 등

② 목적 : 세계적 가치가 있는 귀중한 기록유산을 가장 적절한 기술을 통해 보존할 수 있도
록 지원, 유산의 중요성을 전 세계인이 인식하여 보존의 필요성을 높이고, 기록유산 사업
의 진흥과 신기술을 응용함으로써 많은 대중이 기록유산에 접근할 수 있도록 하기 위함

※ 세계기록사업 일반 운영 지침 : 보존(Preservation), 접근(Access), 기록유산 부산물들의 보급
(Distribution of Derived Products), 인식 제고(Awareness)

③ 등재 기준 : 신빙성(정확한 자료), 유일성과 영향력(대체 불가능), 세계적 가치(시간성·
지역 정보·개인의 업적·세계사의 주요 주제·형태나 스타일의 표본), 완성도(완전성)

1-4 한국의 세계유산, 인류무형유산, 기록유산

(1) 한국의 세계유산(문화유산 11건, 자연유산 1건)

① 해인사 장경판전(1995) : 13세기에 제작된 팔만대장경(국보 제32호)을 봉안하기 위해 지
어진 목판 보관용 건축물(국보 제52호). 주불전 뒤 언덕 위에 세워진 단층 목조건물로 15
세기에 건립된 것으로 추정. 처음부터 대장경을 보관하기 위한 건물로 지어졌고(건물 내
통풍·온도·습도 조절이 과학적으로 설계) 창건 당시의 원형이 그대로 보존되어있음

② 종묘(1995) : 조선시대 역대 왕과 왕비, 공신들의 신주를 봉안한 유교 사당(사적 제125
호). 조선왕조(14~19세기)의 조상들에게 바치는 유교 의례를 하는 곳. 사직(社稷)과 더불
어 국가의 근본을 상징하는 가장 정제되고 장엄한 건축물. 종묘 정전(국보 제227호)의 19
개 신실에는 태조를 비롯한 왕과 왕비의 신주(49위)가 모셔져 있으며, 종묘 영녕전(보물
제821호) 16실에는 추존된 왕과 왕비의 신주(34위)를 봉안하고 있음

③ 석굴암과 불국사(1995) : 신라 전성기에 만들어진 고대 불교 유적(김대성 창건). 경주시
동남쪽의 토함산에 위치. 석굴암(국보 제24호)은 불상을 모신 인공석굴이며, 불국사(사적
제502호)는 사찰 건축물

④ 창덕궁(1997) : 15세기 초에 정궁인 경복궁 동쪽에 이궁으로 조성된 조선시대의 궁궐
(동궐-사적 제122호). 건축과 조경이 잘 조화되어 한국적인 공간 분위기를 읽을 수 있는
종합 환경 디자인 사례

⑤ 화성(1997) : 정조가 효심으로 부친인 장헌세자의 묘를 옮기면서 읍치소를 이전하고 주
민을 이주시킬 수 있는 신도시를 건설하기 위해 방어 목적으로 조성한 조선시대의 성곽
(사적 제3호)

⑥ **고창, 화순, 강화의 고인돌 유적**(2000) : 한국의 고인돌은 거대한 바위를 이용해 만들어진 선사시대 거석 기념물로 무덤의 일종. 형식의 다양성과 밀집도 면에서 세계적으로 유례를 찾기 어려움. 고창(국내 최대 고인돌 군집), 화순(축조 과정을 보여주는 채석장 발견), 강화(높은 해발고도)

⑦ **경주역사유적지구**(2000) : 천년 신라의 역사와 문화를 한눈에 파악할 수 있는 다양한 유산이 산재해있는 종합역사지구. 5개 지구로 구분 → 남산지구(불교미술의 보고), 월성지구(천년 왕조의 궁궐터), 대릉원지구(고분군 분포), 황룡사지구(신라불교의 정수), 산성지구(왕경 방어 시설의 핵심)

⑧ **제주 화산섬과 용암동굴**(2007) : 총 면적 18,846㏊ 규모. 천장과 바닥이 다양한 색의 탄산염 동굴생성물로 이루어지고 어두운 용암 벽으로 둘러싸여 세계에서 가장 아름다운 동굴계로 손꼽는 **거문오름용암동굴계**, 바다에서 솟아올라 극적인 장관을 연출하는 요새 모양의 **성산일출봉** 응회구(Tuff Cone), 폭포와 다양한 모양의 암석, 백록담이 있는 남한에서 가장 높은 **한라산**의 3구역으로 구성

⑨ **조선 왕릉**(2009) : 1408년부터 1966년까지 5세기에 걸쳐 만들어진 왕릉. 18개 지역에 흩어져 있고 총 40기에 달함. 시대에 따라 시설물의 배치와 양식에 특색을 보이며, 왕릉 주변의 녹지와 산림은 당시는 물론 현대에도 주요한 생태계로서 작용하고 있음

⑩ **한국의 역사마을 하회와 양동**(2010) : 14~15세기에 조성된 하회(河回)마을과 양동(良洞)마을은 한국을 대표하는 역사적인 씨족 마을. 배산임수의 입지에 유교 예법에 입각한 가옥들은 조선 초기의 유교적 양반 문화를 잘 반영하고 있음. 마을에는 종가와 양반들이 기거했던 목조 가옥, 정자와 정사, 서원과 사당, 평민들이 살던 흙집과 초가집 등이 있으며 이와 관련된 많은 의례, 놀이, 저작, 예술품 등 수많은 정신적 유산들을 보유하고 있음

⑪ **남한산성**(2014) : 다양한 군사 방어 기술을 종합적으로 구현하고 있는 조선왕조의 비상시 임시 수도(사적 제57호)로서, 동아시아 국가 간에 산성 건축술이 상호 교류한 중요한 증거임. 7세기부터 19세기에 이르는 축성술의 시대별 발달 단계를 잘 나타내고 있음

⑫ **백제역사유적지구**(2015) : 공주시 · 부여군 · 익산시 3개 지역에 분포된 8개 고고학 유적지. 한반도 중서부 산지에 위치한 백제의 옛 수도였던 3개 도시에 남아있는 유적은 이웃한 지역과의 빈번한 교류를 통하여 문화적 전성기를 구가하였던 고대 백제 왕국의 후기 시대를 대표

> **참고** **북한의 세계유산(2건)** : 고구려고분군(2004), 개성역사유적지구(2012)

(2) 한국의 인류무형문화유산[18건(공동 등재 포함)]

① **종묘제례 및 종묘제례악**(2001) : 종묘에서 행하는 제향 의식인 종묘제례(국가무형문화재 제56호)는 조선시대의 나라제사 중 규모가 크고 중요한 제사였기 때문에 종묘대제(宗廟大

祭)라고도 함. 종묘제례가 봉행되는 동안 연주되는 음악인 종묘제례악(국가무형문화재 제1호)은 기악[樂]과 노래[歌]에 춤[舞]이 함께 연행됨. 음악은 각각의 절차에 따라 보태평과 정대업 11곡이 한국의 전통 악기로 연주됨

② 판소리(2003) : 한 명의 **소리꾼**과 한 명의 **고수**(북 치는 사람)가 음악적 이야기를 엮어가며 연행하는 장르. 장단에 맞추어 부르는 표현력이 풍부한 **창**(노래)과 일정한 양식을 가진 **아니리**(말), 풍부한 내용의 사설과 **너름새**(몸짓) 등으로 구연(口演). 모든 계층이 두루 즐기는 예술로서 사회 통합의 기능

③ **강릉단오제**(2005) : 단옷날을 전후하여 4주 동안 펼쳐지는 강릉 지방의 향토 제례 의식. 산신령과 남녀 수호신들에게 제사를 지내는 대관령 국사성황모시기를 포함한 강릉 단오 굿이 열림. 전통음악과 민요 오독떼기, **관노가면극**(官奴假面劇) 등 다양한 민속놀이가 어우러지는 우리나라의 대표적 전통 축제

④ 처용무(2009) : 본디 궁중 연례(宴禮)에서 악귀를 몰아내고 평온을 기원하거나 음력 섣달 그믐날 악귀를 쫓는 의식인 나례(儺禮)에서 복을 구하며[求福] 춘 궁중무용의 하나. 동서남북과 중앙 등의 오방(五方)을 상징하는 흰색·파란색·검은색·붉은색·노란색의 오색 의상을 입은 5명의 남자들이 추는 춤. 동해 용왕의 아들인 처용(處容)이 노래를 부르고 춤을 추어 천연두를 옮기는 역신으로부터 아내를 구해냈다는 설화가 바탕

⑤ 강강술래(2009) : 대한민국의 남서부 지역에서 널리 행해지는 풍작과 풍요를 기원하는 풍속의 하나로, 주로 음력 8월 한가위에 연행됨. 밝은 보름달이 뜬 밤에 수십 명의 마을 처녀들이 모여서 손을 맞잡아 둥그렇게 원을 만들어 돌며, 한 사람이 '강강술래'의 앞부분을 선창하면 여러 사람이 뒷소리를 이어받아 부름. 여성들의 삶의 애환이 담겨있는 구비 문학의 성격

⑥ 제주 칠머리당 영등굿(2009) : 제주시 건입동의 본향당(本鄕堂)인 칠머리당에서 마을 수호신인 도원수감찰지방관과 요왕해신부인 부부에게 바다의 평온과 풍작 및 풍어를 기원하는 굿. 원무를 도는 도중에 민속놀이를 곁들임(기와 밟기, 덕석몰이, 쥐잡기놀이, 청어 엮기). 우리나라 유일의 해녀의 굿

⑦ 남사당놀이(2009) : 꼭두쇠를 비롯하여 40여 명의 남자들로 구성된 유랑광대극. 조선 후기에 농·어촌을 돌며, 주로 서민층을 대상으로 **풍물**(농악), **덧뵈기**(가면극), **어름**(줄타기), **덜미**(인형극), **살판**(땅재주), **버나**(대접돌리기) 등을 연행

⑧ 영산재(2009) : 49재의 한 형태로, 영혼이 불교를 믿고 의지함으로써 극락왕생하게 하는 의식. 석가가 인도의 영취산에서 법화경(Lotus Sutra)을 설법하던 모습을 재현한 것. 불교의 철학적이며 영적인 메시지를 표현

⑨ 대목장(大木匠)(2010) : 한국의 전통 목공 기술을 가지고 있는 목수로서, 오늘날 건축가를 일컫는 전통적 명칭

⑩ 매사냥(2010) : 매나 기타 맹금(猛禽)을 길들여서 야생 상태에 있는 사냥감을 잡도록 하는 전통 사냥. 13개국이 공동 등재

⑪ 가곡(2010) : 시조시(우리나라 고유의 정형시)에 곡을 붙여서 국악 관현악 반주에 맞추어 부르는 우리나라 전통음악. 남성이 부르는 남창 26곡과 여성이 부르는 여창 15곡으로 구성

⑫ 줄타기(2011) : 단지 곡예 기술에 중점을 두는 외국의 줄타기와 달리 줄만 타는 몸 기술에 머무르지 않고, 노래와 재담을 곁들여 줄 타는 사람과 구경꾼이 함께 어우러진 놀이판이라는 점이 특징(국가무형문화재 제58호)

⑬ **택견**(2011) : 유연하고 율동적인 춤과 같은 동작으로 상대를 공격하거나 다리를 걸어 넘어뜨리는 한국 전통 무술(국가무형문화재 제76호). 직선적이고 뻣뻣하기보다는 부드럽고 곡선을 그리듯이 움직임. 발동작이 손만큼 중요한 역할(**발**을 위주로 사용하여 상대방을 제압하는 기술)

⑭ 한산 모시짜기(2011) : 충청남도 서천군 한산 지역은 여름 평균 기온이 높고, 해풍으로 습하며, 토양이 비옥하여 다른 지역에 비해서 모시가 잘 자라서 품질이 우수. 모시짜기는 통풍이 되지 않는 움집에서 짜는데, 이는 습도가 적으면 끊어지기 쉬운 모시의 속성 때문임

⑮ 아리랑(2012) : 지역과 세대를 초월해 한국의 일반 민중이 공동 노력으로 창조한 한국의 대표적인 민요로 광범위하게 전승·재창조되고 있음. 가사가 정해져 있지 않고 주제도 개방되어있어 누구든지 자유롭게 노래할 수 있다는 특징을 지님

⑯ 김장(2013) : 한국 사람들이 춥고 긴 겨울을 나기 위해 많은 양의 김치를 담그는 것. 김치는 한국 고유의 향신료와 해산물로 양념하여 발효한 한국적 방식의 채소 저장 식품

⑰ 농악(2014) : 공동체 의식과 농촌 사회의 여흥 활동에서 유래한 대중적인 공연 예술의 하나. 타악기 합주와 함께 전통 관악기 연주, 행진, 춤, 연극, 기예 등이 함께 어우러진 공연으로서 한국을 대표하는 공연 예술로 발전하여 왔음. 현재 국가무형문화재로 지정된 농악은 총 6종목

⑱ 줄다리기(2015) : 풍농을 기원하며 벼농사 문화권에서 행해진 대표적인 전통문화. 우리나라가 처음으로 시도한 다국가 간 공동 등재(한국·베트남·캄보디아·필리핀 등 4개국). 현재 국가무형문화재로 지정된 줄다리기는 2종목(영산줄다리기·기지시줄다리기)

※ 제주 해녀와 일본 아마 → 유네스코 등재 목표로 경쟁 구도

> **참고** **북한의 인류무형유산** : 김치만들기 전통(2015)

유네스코 인류무형유산에 등재된 순서대로 바르게 나열한 것은?

① 강강술래 – 판소리 – 처용무 – 영산재

② 강릉단오제 – 아리랑 – 가곡 – 줄타기

③ 남사당놀이 – 대목장 – 한산 모시짜기 – 농악

④ 제주 칠머리당 영등굿 – 대목장 – 처용무 – 가곡

정답 ③번

택견에 관한 설명으로 옳지 않은 것은?

① 2011년 유네스코 인류무형유산에 등재되었다.

② 1980년 국가무형문화재로 지정되면서 정부가 보호하고 있다.

③ 택견의 수련은 혼자익히기, 마주메기기, 견주기로 나눌 수 있다.

④ 우리나라 전통 무술의 하나로, 고구려 고분인 무용총 벽화에 그려져 있다.

해설 국가무형문화재 제76호(1983년)

정답 ②번

(3) 한국의 세계기록유산(13건)

① 『조선왕조실록』(1997) : 태조에서 철종까지 25대 472년간(1392~1863)의 역사를 연월일 순서에 따라 **편년체**로 기록한 책. 공정성과 객관성을 지키기 위하여 엄격한 규율에 따라 해당 왕의 사후에 작성. 4부를 만들어 춘추관·전주·성주·충주 사고에 보관하였으나, 임진왜란 때 전주 사고본만 남고 소실. 일제강점기에 편찬된 고종황제실록·순종황제실록은 포함되지 않음

② 『훈민정음(해례본)』(1997) : 1446년 음력 9월에 간행된 1책의 목판본으로, 새로 만든 문자 '훈민정음'의 창제 목적과 문자의 음가 및 운용법, 해설과 용례를 붙인 책. 세종이 작성한 예의(例義)와 정인지 등 집현전 8명의 학자들이 만든 해례(解例) 두 부분으로 구성되어 있음

③ 『불조**직지심체요절**』 하권(2001) : 고려 말에 백운화상(白雲和尙, 1299~1374)이 엮은 이 책은 선(禪) 불교의 요체를 담고 있음. 1377년 7월 청주의 흥덕사(興德寺)에서 금속활자로 인쇄. 본래 상·하 2권으로 되어있으나 상권은 아직까지 발견되지 않았고, 하권만 프랑스 국립도서관에 소장되어있음. 금속활자로 인쇄한 책 중에서 가장 오래된 것

④ 『**승정원일기**』(2001) : 국왕의 비서실인 승정원에서 왕명의 출납과 행정사무 등을 **편년체**로 기록한 일기. 당시의 정치 · 경제 · 국방 · 사회 · 문화 등에 대한 생생한 역사를 그대로 기록한 조선시대 1차 사료. 현재 1623년(인조 원년)부터 1910년(융희 4)까지의 기록만 전해짐. 서울대학교 규장각 소장

⑤ 고려대장경판 및 제경판(2007) : 13세기 고려왕조(918~1392)의 후원을 받아 81,258 목판에 새긴 대장경판으로 아시아 전역에서는 유일하게 완벽한 형태로 현존하는 판본 자료. 부처님의 가르침 자체를 그대로 실은 경장, 승단의 계율을 실은 율장, 고승과 불교 학자들이 남긴 주석과 논(論)을 실은 논장으로 구성. 「대장경」을 보완하기 위해 해인사에서 후원하여 제작(1098~1958)한 제경판(諸經板)의 일부는 전 세계적으로 유일한 것임

⑥ 『조선왕조 의궤』(2007) : 조선왕조(1392~1910) 500여 년간의 왕실 의례를 글과 그림으로 기록하여 당시의 생활상을 시각적으로 이해할 수 있는 귀중한 자료

⑦ 『동의보감』(2009) : '동양 의학의 이론과 실제'를 의미. 1613년 우리나라에서 편찬된 의학 지식과 치료법에 관한 백과사전적 의서. 왕명에 따라 의학 전문가들과 문인들의 협력 아래 허준(許浚, 1539~1615)이 편찬한 당대 의학의 집대성

⑧ 1980년 인권 기록 유산 5 · 18 광주 민주화운동 기록물(2011) : 1980년 5월 18일부터 5월 27일 사이에 한국 광주에서 일어난 5 · 18 민주화운동과 관련한 기록물. 시민의 항쟁 및 가해자들의 처벌과 보상에 관한 문서 · 사진 · 영상 등의 형태

⑨ 『**일성록**』(2011) : 근세 전제군주정의 왕들이 자신의 통치에 대해 성찰하고 나중의 국정 운영에 참고할 목적으로 쓴 일기(왕의 일기) 형식으로서 '하루의 반성문'을 의미(주제 순으로 사안들을 기록한 **강목체** 형식). 22대 정조(재위 1776~1800)가 왕위에 오르기 전부터 일상생활과 학문의 진전에 관해 성찰하며 쓴 일기에서 유래한 조선왕조 3대 연대기 중 하나

⑩ 새마을운동 기록물(2013) : 1970~1979년까지 대한민국에서 전개된 새마을운동에 관한 기록물들

⑪ 『난중일기』(2013) : 이순신 장군이 임진왜란이 발발한 1592년 1월 1일부터 마지막으로 치른 노량해전에서 결정적인 승리를 앞두고 전사하기 직전인 1598년 11월 17일까지 7년간의 군중 생활을 직접 기록한 친필 일기

⑫ 한국의 유교책판(2015) : 조선시대 유학자들의 저작물을 간행하기 위해 판각한 책판으로, 선학과 후학이 책을 통하여 서로 소통하는 텍스트 커뮤니케이션(Text Communication)의 원형. 종교적인 목적에서 국가 주도로 제작된 팔만대장경과는 달리 유교책판은 국가가 아닌 각 지역의 지식인 집단들이 시대를 달리하여 만든 것. 305개 문중과 서원에서 기탁한 718종 64,226장으로 구성

⑬ KBS특별생방송 '이산가족을 찾습니다' 기록물(2015) : KBS가 1983년 6월 30일 밤 10시 15분부터 11월 14일 새벽 4시까지 방송 기간 138일, 방송 시간 453시간 45분 동안 생방송

한 비디오 녹화원본 테이프 463개와, 담당 프로듀서 업무 수첩, 이산가족이 직접 작성한 신청서, 일일 방송진행표, 큐시트, 기념 음반, 사진 등 20,522건의 기록물의 총칭

(4) 한국의 세계유산 잠정 목록

① 문화유산(11건) : 강진 도요지(1994), 중부내륙산성군(2010), 염전(2010), 대곡천 암각화군(2010), 낙안읍성(2011), 외암마을(2011), 한국의 서원(2011), 서울 한양도성(2012), 김해·함안 가야고분군(2013), 고령 지산동 대가야고분군(2013), 한국의 전통산사(2013)

- 국내 7개 전통 사찰 : 충북 보은 속리산 법주사, 충남 공주 태화산 마곡사, 전남 순천 조계산 선암사, 전남 해남 두류산 대흥사, 경북 안동 천등산 봉정사, 경북 영주 봉황산 부석사, 경남 양산 영축산 통도사

② 자연유산(4건) : 설악산 천연보호구역(1994), 남해안일대 공룡화석지(2002), 서남해안 갯벌(2010), 우포늪(2011)

(5) 한국의 생물권보전지역

① 生物圈保護地域(Biosphere Reserve) : 유네스코의 MAB(인간과 생물권 계획)에 따라 지정된 보호구역. 2개 또는 그 이상의 생물이 보존되는 지역으로 인간 활동이 억제됨

② 한국의 생물권보전지역(5건) : 설악산(1982), 제주도(2002), 신안다도해(2009), 광릉숲(2010), 고창(2013) 생물권보전지역

> 참고 **북한의 생물권보전지역(4건)** : 백두산(1989), 구월산(2004), 묘향산(2009), 칠보산(2014)

(6) 한국의 세계지질공원(1건)

제주도(2010)

1 다음 중 유네스코 세계유산 등재 기준의 기본 원칙으로 적절하지 않은 것은?

① 진정성
② 적절한 보존 관리 계획
③ 완벽성
④ 뛰어난 보편적 가치

2 유네스코 지정 한국 세계유산의 연결로 옳지 않은 것은?

① 세계문화유산 – 경복궁
② 세계자연유산 – 제주 용암동굴
③ 인류무형문화유산 – 매사냥
④ 세계기록유산 – 일성록

 해설 세계문화유산으로 등재된 고궁은 창덕궁이다.

3 한국의 유네스코 유산 중 '세계문화유산'으로 등재된 것이 아닌 것은?

① 경주 양동마을
② 석굴암 · 불국사
③ 남한산성
④ 해인사 대장경판 및 제경판

 해설 해인사 대장경판 및 제경판(세계기록유산), 해인사 장경판전(세계문화유산)

4 우리나라의 세계문화유산 지정 순서로 옳게 나열한 것은?

> ㉠ 종묘 ㉡ 화성 ㉢ 경주역사유적지구 ㉣ 안동 하회마을

① ㉠ → ㉡ → ㉢ → ㉣
② ㉠ → ㉢ → ㉡ → ㉣
③ ㉢ → ㉠ → ㉡ → ㉣
④ ㉢ → ㉡ → ㉠ → ㉣

5 우리나라의 유네스코 세계유산 고인돌 중 채석장이 발견된 곳은?

① 인천광역시 강화군
② 전라남도 화순군
③ 전라북도 고창군
④ 충청남도 부여군

 해설 채석장 발견으로 석재 기술과 축조 과정 확인

정답 1 ③ 2 ① 3 ④ 4 ① 5 ②

6 우리나라의 세계유산 중 무형유산으로 등록되지 않은 것은?

① 아리랑　　　　　② 김장　　　　　③ 줄타기　　　　　④ 봉산탈춤

7 2015년 유네스코 세계문화유산에 등재된 '백제역사유적지구'에 포함되지 않는 것은?

① 공주 수촌리 고분군　　　　　② 공주 공산성

③ 부여 능산리 고분군　　　　　④ 익산 왕궁리

> 해설 　백제역사유적지구 : 3개 지역에 분포된 8개 고고학 유적지 → 공주시 2곳(공산성, 송산리 고분군), 부여
> 군 4곳(관북리 유적과 부소산성, 능산리 고분군, 정림사지, 부여 나성), 익산시 2곳(왕궁리 유적, 미륵사지)

8 세계자연유산으로 등재된 거문오름용암동굴계에 속하지 않는 동굴은?

① 김녕사굴　　　　　② 용천동굴　　　　　③ 벵뒤굴　　　　　④ 빌레못동굴

> 해설 　벵뒤굴, 만장굴, 김녕굴, 용천동굴, 당처물동굴

9 1997년 유네스코에서 지정한 세계기록유산에 해당하는 것은?

① 팔만대장경　　　　　② 훈민정음　　　　　③ 난중일기　　　　　④ 왕오천축국전

> 해설 　1997년에 등재된 세계기록유산 : 조선왕조실록, 훈민정음

10 세계기록유산으로 바르게 연결된 것은?

① 왕오천축국전 – 유교책판　　　　　② 직지심체요절 상권 – 조선왕조 의궤

③ 승정원일기 – 유교책판　　　　　④ 상정고금예문 – 징비록

11 우리나라의 유네스코 세계자연유산 잠정 목록인 것은?

① 부안 도요지　　　　　② 외암마을　　　　　③ 우포늪　　　　　④ 중부내륙산성군

> 해설 　설악산 천연보호구역, 남해안 일대 공룡화석지, 서남해안 갯벌, 우포늪

12 우리나라의 유네스코 세계문화유산 잠정 목록이 아닌 것은?

① 부안 도요지　　　　　② 외암마을　　　　　③ 서울 한양도성　　　　　④ 한국의 전통산사

> 해설 　강진 도요지

2. 성 곽

2-1 성곽의 변천과 유형

(1) 성곽의 개념과 변천

① 성곽 : 군사적 · 행정적 목적을 갖고 일정한 거주 공간을 확보하고 있는 인공 구조물

② 청동기시대 주거 방어 시설인 **환호**(環濠, 울주 검달리 유적)와 목책(木柵, 부여 송국리 유적) 등

③ 왕검성(王儉城) : 문헌상(사기 조선열전) 존재하는 가장 오래된 성곽(BC 2세기) → 막강한 한의 침입을 맞아 1년 여에 걸쳐 장기간 전투를 전개했던 견고한 성곽이었음

④ 삼국시대 : 고대국가 간 전쟁 격화로 많은 성곽이 축조(고도의 토목 기술과 대규모 노동력)

⑤ 통일신라 시대 : 주요 도시는 평지성 축조. 군현 대부분에서 산성이 행정적 치소(治所) 기능 수행

⑥ 고려시대

㈎ 평지에 읍성이 산성과 분리되어 축조되기 시작, 산성은 전란 시 대피용으로 기능

㈏ 대규모 포곡식 산성 축조 → 몽골의 침입 시 중요한 역할

⑦ 조선시대

㈎ 고려 말 **왜구** 방어를 위해 중남부 해안 지역을 중심으로 읍성 축조 활발 → 읍성이 점차 내륙 주요 지방도시로 확대

㈏ 15세기를 전후하여 화약과 화포 등 무기 체계 변화로 성곽의 방어 기능도 변화 → 성벽의 높이가 낮아지는 대신 옹성, 치성, 해자 등 성곽 부속 시설 강화

(2) 성곽의 유형

입지 조건, 기능과 성격, 축성 방법, 크기나 구조 등

① 입지에 따른 분류

㈎ 평지성 : 평지에 쌓아 많은 주민들이 거주할 수 있으나 방어에 취약. 우리나라에는 많지 않음 **예** **풍납토성**, 경주읍성, 언양읍성

㈏ 평산성 : 산성과 평지성의 결합. 진산(鎭山) 아래에 시가지가 자리하는 우리나라 지방도시에서 발달 **예** 평양 장안성, 수원 화성

㈐ **산성** : 평지를 방어하기 좋은 요충지의 험준한 산세에 축조. 우리나라 성곽의 대부분으로 한국 성곽 문화의 중요한 특징 **예** 북한산성, **남한산성**, 동래 금정산성(우리나라 최대의 산성–둘레 17 km), 상주 백화산성

㉮ 테뫼식, 산정식(山頂式) : 산 정상을 중심으로 7 · 8부 능선에 성벽을 두른 산성(소규모)

🔘 부여 성흥산성, 예산 임존성, 함안 성산산성, 상주 견훤산성, **단양 온달산성**

　　㉯ 포곡식(包谷式) : 성안에 계곡을 포함하여 성벽을 축조하여 수원(水源)을 확보하여 많은 사람 수용 가능(대형). 고구려 산성은 포곡식 산성이 대부분 　🔘 **보은 삼년산성**, 광주 남한산성, 목천 목천토성, **집안 산성자산성**

　　㉰ 복합식(複合式) : 산정식과 포곡식 산성이 결합되어있는 형태로 규모가 큰 도성 축조에 이용 　🔘 평양 대성산성, 공주 공산성, 부여 부소산성

② 재질에 따른 분류

　㉮ 목책성 : 목책으로 만든 성으로 가장 오래된 형태

　㉯ 토성 : 돌을 운반하기 힘든 곳에 많이 쌓음 　🔘 아차산성, 풍납토성, 몽촌토성, 부소산성, 고려 천리장성

　　㉮ 성토법 : 단순히 흙을 쌓아올리는 방식

　　㉯ 삭토법 : 험준한 지형을 이용하여 기존의 지형을 깎아 내려 성벽을 축조하는 방식

　　㉰ **판축법** : 흙·작은 돌·목재·기와 편 등의 재료를 다져서 한층한층 펴서 다지며 층층이 쌓아올리는 방식. 급경사의 견고한 성벽을 쌓을 수 있는 축조 방식

　㉰ 석성 : 우리나라 성곽의 주류. 석축법은 토축법보다 늦게 등장

　　㉮ 편축식 : 산비탈을 깎아 바깥 면의 외벽만 돌로 석축하고 내측은 잡석과 흙으로 채우는 내탁법. 공력이 적게 들어 가장 널리 사용

　　㉯ 협축식 : 평지의 성문 주위, 성벽 축조

　　㉰ **퇴물림식 축성법** : 성벽(각대·망루) 축조 시 기단부에서부터 층마다 안쪽으로 들여쌓고 윗부분은 수직으로 쌓는 방식. 고구려 때 등장. 통일신라·고려·조선을 거쳐 한국식 석축법의 중요한 전통이 됨

　㉱ 토석혼축성 : 흙과 돌을 함께 사용 　🔘 익산토성, 고구려 평양성

　　• 토석혼축법 : 흙과 돌을 섞어 쌓은 순수한 혼축법으로 석축법보다 늦게 등장. 토축한 외면을 석축으로 마무리하거나 반대로 석축 위에 흙으로 덮는 방식 　🔘 신라 도성인 월성에 토석혼축법 적용

　㉲ 전축성(塼築塼) : 벽돌로 쌓은 성. 우리나라 성곽에는 거의 사용하지 않음 　🔘 숙종 때 강화산성을 수축하면서 여장에 벽돌을 사용, 정조 때 수원성의 일부도 벽돌로 축조

　　• 전축법 : 벽돌을 구워 쌓음. 성곽 전체를 전축한 예는 없으며 여장 부분이나 옹성, 치 등 일부 성곽에만 사용

③ 기능에 따른 분류

　㉮ 궁성 : 왕이 거주 → 내성(內城)

　㉯ 도성(都城) : 궁성과 외곽의 나성으로 이루어짐

　　㉮ 백제의 도성 : 풍납토성(북성·왕성)과 몽촌토성(남성)의 2성 체제

ⓘ 고려의 도성 : 왕성-내성-나성 구조

- 왕성 : 궁성(만월대)과 황성(관청과 궁궐을 감싸고 있는 성벽)으로 구성
- 나성 : 외곽의 나성은 둘레 23 km, 성문 24개에 이르는 장대한 규모

ⓒ 서울 한양도성(사적 제10호) : 서울성곽은 일종의 나성으로 **태조** 초년에 석성과 토성으로 축조(18.6 km를 97개 구역으로 나누어 할당), **세종** 4년(1422)과 **숙종** 30년(1704)에 대대적 개축 → 시기별로 축성 방법이 다름

내사산	**백악**, 인왕산, 목멱산, 낙산
사대문	**흥인지문**(보물 제1호), **돈의문**, **숭례문**(국보 제1호), **숙정문**
사소문	**혜화문**(← 홍화문), **소의문**(← 소덕문), **광희문**, **창의문**(보물 제1881호) ※ 남소문 : 1457년(세조 3) 설치, 1469년(예종 1) 폐쇄

- 한양도성 외곽에 위급 시 피난성으로 북한산성 · 남한산성 축조
- 탕춘대성 : 북한산성과 한양도성을 잇는 보조 산성

(다) 읍성 : 지방행정 관서가 있는 고을을 방어할 목적으로 축성한 행정적 치소 + 군사적 방어 시설

ⓐ 고려 말 왜구의 침략을 방어하기 위해 해안 지역의 고을에 성곽을 축조하기 시작. 조선시대에 '읍성'이라는 용어가 사용되고 본격적으로 발달

ⓑ 조선시대 3대 읍성 : **고창읍성**(사적 제145호), 순천 **낙안읍성**(사적 제302호), 서산 **해미읍성**(사적 제116호-천주교 박해 유적)

(라) 행재성(行在城) : 왕이 군사 · 행정상 중요한 지역에 가서 임시로 머무는 이궁이 있는 곳

ⓐ 수원 **화성** : 우리나라 성곽 문화의 완결판, 동양 성곽의 백미

- 아버지 장헌세자에 대한 효심에서 화성으로 수도를 옮길 계획
- 과학적 · 합리적 · 실용적 구조물 배치와 우아하고 장엄한 면모, 성곽의 축조에 석재와 벽돌[塼]을 병용(정약용 · 유형원이 설계) → 유네스코 세계문화유산(1997)
- 화살과 창검뿐만 아니라 총포(銃砲)를 방어하는 근대적 성곽 구조
- 정약용이 설계한 **거중기**(擧重機) 등의 기계장치 활용
- 수원 화성의 4대문 : **장안문**(북문), **팔달문**(남문), **창룡문**(동문), **화서문**(서문)

④ 장성 : 변경 지역 등에 길게 축조　**예** **고구려 천리장성**(비사성~부여성), **고려 천리장성**(압록강 하구~도련포)

⑤ 보루성 : 소규모 군사 요새　**예** 한강 · 임진강 유역 고구려의 보루성 유적

⑥ 성보(城堡) : 교통로상의 요충지에 군사적 목적으로 설치

(1) 성곽의 방어력

① 우리나라 성곽의 방어력은 고구려의 고수 · 고당전쟁 및 고려시대 몽골 침공 시에 입증 되었다.

② 험준한 지세의 산성 입지와 견고한 축성법, 다양한 성곽 시설과 방어 시설이 특징이다.

(2) 주요 시설과 기능

공성 전술과 무기가 발달하면서 성곽의 시설이 보완됨

① **성문** : 성벽에 외부와 출입할 수 있도록 만든 **홍예문** 구조의 시설. 적의 공격이 집중되는 곳이므로 성문 주위의 성벽은 높고 견고하게 구축. 성문 위에 문루를 만들어 전투 시 지휘 소로 사용

② **옹성(甕城)** : 성문 보호를 목적으로 성문 밖에 쌓은 작은 성(일자형 · 장방형 · 반원형 · 지 그재그형). 성문 주위에 치성을 두어 방어력 향상

③ 장대 : 전투 지휘소. 성 안의 가장 높은 곳이나 정문 근처에 설치

④ **망대** : 성벽 곳곳의 전망이 가장 좋은 곳에 설치하여 성 밖을 감시

⑤ 치(雉) : 성벽을 장방형 · 반월형으로 돌출시켜 성벽을 기어오르는 적을 공격하는 기능 (삼국시대부터 등장)

　㉮ **적대(敵臺)** : 성문 주위의 치. 성문 양쪽으로 옹성과 성문을 지키는 네모난 대

　㉯ 각루(角樓) : 성곽 모서리 부분에 설치한 치와 건물

　　• 방화수류정(수원 화성의 동북각루)은 뛰어난 건축 양식과 아름다움으로 유명

⑥ **여장(성가퀴)** : 성 위에 쌓은 낮은 담으로 군사들의 몸을 은폐하거나 적을 감시 · 공격하기 위한 시설물(평여장 · 볼록형 · 반원형). 여장에는 적군에게 화살이나 총을 쏠 수 있는 총 안 마련. 여장과 체성 성벽 사이에 납작하게 튀어나온 미석(眉石) 설치

　㉮ 원총안 2개(원거리 사격), 근총안 1개(근거리 사격)

　㉯ 옥개석(지붕 역할), 타구(여장과 여장 사이의 공간)

⑦ **암문** : 성곽의 대문과 대문 사이에 위치한 작은 사잇문으로 성곽에서 구석지고 드나들기 편리한 곳에 상대편이 알 수 없게 꾸민 작은 비밀 통로

⑧ **해자** : 성곽 주위의 땅을 파서 인공적으로 고랑을 내어 방어력을 높이는 시설물. 자연 하 천을 이용하기도 함　**예** 경주 월성 해자, 서울 몽촌토성 해자

⑨ 봉수대 : 밤에는 봉화, 낮에는 연기를 이용하여 신호를 보내는 시설물. 봉수 체계에 위치 한 성곽에 시설　**예** 수원 화성의 봉돈

다음 설명에 해당하는 것은?

> • 성문 보호를 목적으로 성문 밖에 쌓은 성벽
> • 모양이 마치 항아리와 같다고 해서 붙여진 명칭

① 옹성   ② 해자   ③ 여장   ④ 적대

정답 ①번

3. 전통 가옥

3-1 한옥의 분화

(1) 온돌과 마루의 발달

① 온돌 : 바닥에 고래를 축조하고, 그 위에 구들장을 깔아 만든 바닥 난방시설

아궁이	부뚜막에서 불을 지피는 곳
부넘기	불기가 거꾸로 흐르지 않도록 막아줌
고래	불기가 고래를 타고 넘어가면서 구들장을 데움
개자리	불기운을 빨아들이기 위해 고래보다 깊게 판 고랑
구들장	뜨거워진 구들장이 온돌 바닥을 데워 방 안을 따뜻하게 함

② 마루 : 고온 다습한 하절기용 주거 공간

(2) 채와 마당의 분화

한옥은 여러 채의 건물과 담장으로 구획되어 유기적으로 배치

① 채 : 행랑채(하인), 사랑채(가장), 안채(여성)

② 마당 : 행랑마당, 사랑마당, 안마당

(3) 지역별 전통 가옥 구조

기후적 특성 반영

구 분	평면 형태	분 포	특 징
관북형	ㄱ, 田	관북 지방, 강원 북부 지방	• 폐쇄성이 강함(긴 겨울 적응) • **외채형**(單棟形) **양통집**(**겹집**) : 건물 한 동에 모든 주거 공간을 배치. 난방과 방어에 효율적 • **정주간**(다목적 공간−식당 · 거실 · 침실)
관서형	ㅡ, ㄱ	멸악산맥 이북 관서 지방	• 이자집 : 살림채와 대문채가 二字形으로 배열. 건물 내 공간 배열은 1열 → 홑집(외통집) • 대청이 없고, 부엌과 방 사이에 문이 있으며, 부엌에 이어 방이 연속됨
중부형	ㄱ, ㄷ	멸악산맥 이남~차령산맥 이북	• 관서형과 남부형의 점이(漸移)적 성격 • 튼ㅁ자집 : 북부의 집중형 주거와 남부의 분산형 주거의 절충적 성격. 폐쇄적 정방형 안마당 • 기본 구조 : 안방, 대청, 건넌방
남부형	ㅡ, ㅡ	영호남 지방, 강릉 이남의 영동 지방	• 개방성이 강함(여름 더위 적응). 홑집. 살림채와 부속채가 독립 건물로 분리 • **대청**과 마루. **툇마루**(식사 · 취침 · 작업 · 접객 등 다용도 공간)가 넓음
제주형	ㅡ	제주도	• 부엌과 방이 분리(살림채는 겹집−방풍의 필요성), **고팡**(창고 역할), 정낭(옛 제주도의 문)
울릉도형		울릉도	• **우데기**(폭설에 대한 대비)

3-2 전통 건물의 주요 구조

(1) 기둥

목조건물의 공간을 이루는 기본 뼈대로 주춧돌 위에 세워서 보나 도리 등을 받치는 수직 구조의 부재

① **배흘림기둥** : 기둥 높이의 3분의 1 지점이 가장 굵고 위나 아래로 가면서 점차 가늘어지는 기둥. 일명 엔타시스(Entasis) **예** 부석사 무량수전, 해인사 사천왕문

② 민흘림기둥 : 기둥뿌리 지름이 기둥머리 지름보다 큰 기둥 **예** 화암사 극락전

③ 사모기둥(방주) : 단면이 네모난 기둥으로 작은 건물이나 살림집에 사용 **예** 청량사

• 그랭이 기법 : 주춧돌에 기둥을 세울 때 기둥을 받칠 주춧돌을 다듬어서 기둥을 맞추는 게 아니라, 고르지 못한 주춧돌 표면의 굴곡에 맞춰 기둥의 밑면을 다듬어 맞추는 고난도의 기법이다. 성을 쌓을 때에도 바위가 생긴 대로 쪼아내어 이빨을 맞추듯 치밀하게 접합하여 쉽게 무너지지 않도록 하였다.

④ 도랑주 : 자연목의 껍질만 벗기고 거칠게 다듬어 만든 기둥   **예** 화엄사 구층암

⑤ 누상주, 누하주 : 누각식 건물(2층집 · 다락집)에서 위층에 세우는 기둥이 누상주, 아래층에 세우는 기둥이 누하주   **예** 화엄사 보제루

⑥ 활주 : 추녀가 처지지 않게 추녀를 받치고 있는 가는 기둥. 지붕의 네 모서리에 세워져 지붕의 무게를 받치는 기능도 함   **예** 통도사 대웅전

(2) 지붕

눈 · 비와 태양 광선을 차단하기 위한 건물 최상부의 덮개

용마루	지붕의 가장 높은 수평 마루. 왕 · 왕비의 침전에는 없음
내림마루	용마루에서 수직으로 내려온 마루
추녀마루	내림마루에서 45도 각도로 추녀 쪽으로 뻗친 마루
용두 · 취두 · 치미	전통 건물의 용마루 양쪽 끝에 얹는 장식 기와(용 모양, 독수리 모양, 솔개 모양)
잡상(어처구니)	전각의 추녀마루에 여러 가지 신상(神像)을 새겨 홀수로 얹는 장식 기와. 화재를 막기 위한 벽사적 성격
현판	글자나 그림을 새겨 문 위나 처마 아래에 다는 널조각
부시(罘罳)	목조건물에 나쁜 영향을 끼치는 조류 배설물을 막기 위해 처마 밑에 설치한 그물

① 맞배지붕 : 지붕면이 양면으로 경사를 이루어 책을 반쯤 펴놓은 '八'자 모양. 용마루 · 내림마루만 있고 추녀마루는 없음

② 우진각지붕 : 지붕 모서리의 추녀마루가 처마 끝에서부터 경사지게 오르다 용마루에서 합쳐지는 지붕. 내림마루가 없고 용마루 · 추녀마루만 있음

③ 팔작지붕 : 우진각지붕의 윗부분을 잘라내고 맞배지붕을 얹어놓은 것 같은 지붕. 용마루 · 내림마루 · 추녀마루를 모두 갖춘 지붕

④ 모임지붕 : 지붕의 추녀마루가 처마 끝에서부터 경사지게 오르면서 지붕 중앙의 한 점에 합쳐지는 지붕. 용마루 · 내림마루가 없고 추녀마루만 있음

(3) 공포(拱包)

목조건물에서 지붕처마 끝의 하중을 받치기 위해 기둥머리 같은 데에 짜맞추어 댄 나무 부재. 지붕의 하중을 기둥에 전달하는 기능

① **주심포**(柱心包) : 공포가 기둥 위에만 있는 형식으로 맞배지붕에 많음. 주로 조선시대 이전에 사용. 화려함보다는 건물 자체에서 보여주는 구조적 아름다움 중시

　　예 **봉정사 극락전**, 부석사 무량수전, **수덕사 대웅전**, 성불사 극락전, **강릉 객사문**(강릉 임영관 삼문), 법주사 팔상전, 송광사 국사전

② **다포**(多包) : 공포가 기둥 위뿐만 아니라 기둥과 기둥 사이 주간에도 놓이는 형식(주심

포 + 주간포). 조선시대 궁궐의 정전이나 사찰의 주불전 등의 주요 건물에 사용. 후기로 갈 수록 공포 양식이 장식적이고 화려해짐 **예** 화엄사 각황전, 석왕사 응진전

③ 익공(翼工) : 기둥 위에 새의 날개처럼 뻗어나온 첨차식(檐遮式) 장식. 익공이 1개면 초익 공, 2개면 이익공 **예** 오죽헌, 경회루, 종묘 정전·영녕전

(4) 단청

건축물 또는 공예품 등에 채화(彩畵)하여 장식하는 서(書)·회(繪)·화(畵)의 총칭

가칠단청	아무런 무늬 없이 소박하게 단색(뇌록·석간주) 바탕칠만 함
긋기단청	단색으로 가칠한 바탕칠 위에 먹선을 분선(흰선)과 함께 그어 장식
모로단청	부재의 끝 부분에만 간단한 머리초를 넣고 가운데 공간인 계풍은 긋기로 마감
금단청	머리초를 넣고 난 모든 공간에 비단 문양과 별지화를 빈틈없이 가득 채워 단청 문양 중 가장 화려함
금모로단청	모로와 금단청의 중간 단계로 모로단청에 금 문양을 부분적으로 시행

① 건물의 미화와 보호의 목적, 건축물의 흠집을 감추기도 함
② 안료는 무기물질인 암채를 사용했고 기하학적 무늬와 동물무늬 등을 나타냄
③ 오행사상에 따라 청·적·황·흑·백의 **오방색**을 기본색으로 배합하여 사용

최신기출 2016. 4. 9 시행

건축 양식과 건축물이 바르게 연결된 것은?

① 주심포 양식 – 숭례문
② 주심포 양식 – 봉정사 극락전
③ 다포 양식 – 부석사 무량수전
④ 다포 양식 – 수덕사 대웅전   정답 ②번

3-3 대표적인 목조 건축물

(1) 고려시대 목조 건축물(국보)

봉정사 극락전(국보 제15호), **부석사 무량수전**(국보 제18호), 부석사 조사당(국보 제19호), **수덕사 대웅전**(국보 제49호), 은해사 거조암 영산전(국보 제14호), **강릉 임영관 삼문**(국보 제51호)

(2) 조선시대 목조 건축물(국보)

법주사 팔상전(국보 제55호), **금산사 미륵전**(국보 제62호), **화엄사 각황전**(국보 제67호), **송광사 국사전**(국보 제56호), 도갑사 해탈문(국보 제50호), 무위사 극락전(국보 제13호), 통도사 대웅전 및 금강계단(국보 제290호), 해인사 장경판전(국보 제52호)

(1) 사용 목적과 용도에 따른 분류

① 의식(儀式)을 위한 공간 : 궁(宮), 궐(闕), 전(殿), 당(堂), 청(廳), 단(壇), 묘(廟), 사(祠)
② 거주(居住)를 위한 공간 : 각(閣), 헌(軒), 재(齋), 사(舍), 실(室), 방(房)
③ 수납(受納)을 위한 공간 : 고(庫), 간(間) → 폐쇄성
④ 여흥(餘興)을 위한 공간 : 루(樓), 정(亭), 대(臺), 관(館) → 개방성
⑤ 출입(出入)을 위한 공간 : 문(門), 루문(樓門)

(2) 건물의 공간적 배치에 따른 서열

건물 주인과 전(殿)-당(堂)-합(閤)-각(閣)-재(齋)-헌(軒)-루(樓)-정(亭)으로 분류

① **전(殿)** : 궁궐 건물들 가운데 가장 격이 높은 건물로 의전과 업무 수행 공간. 전하·중전·자전 등과 같이 왕·왕비·대비 등을 지칭하는 대명사의 역할도 함

② **당(堂)** : 일상 업무나 기거용 사용. 왕이 핵심 신료들을 만나 정사를 논의하는 연거지소(燕居之所)에는 대부분 당호가 붙음

③ **합(閤)** : 전에 부속되어있기도 하지만, 그 자체가 어느 정도의 규모를 갖추고 독립되어있는 집

④ **각(閣)** : 전이나 당의 부속 건물이거나 독립된 건물. 독립 건물일 경우에도 부속 건물을 많이 거느리지 않고 비교적 단출. 기거용보다는 보조적인 기능을 담당

⑤ **재(齋)** : 숙식 등 평상 주거용으로 쓰거나, 조용하게 지낼 수 있는 독립된 건물. 규모 면에서 전이나 당에 비해 작은 편. 아직 출가하지 않은 대군·공주 또는 품계가 높지 않은 후궁의 집이 대부분. 주로 학업, 사색을 위한 공간이나 서고와 같은 기능을 함

⑥ **헌(軒)** : 전의 좌우에서 보좌하거나 익각(翼閣)으로 쓰이거나 따로 독립된 건물로 기능

⑦ **루(樓)** : 온돌이 아니라 지면에서 사람 키 높이 가까이 위로 떨어진 마루로 되어있는 형태. 주요 건물의 일부로서 마루방 형식인 경우, 2층 건물의 2층인 경우, 정자처럼 작은 독립 건물인 경우가 있음

⑧ **정(亭)** : 경관이 좋은 곳에 휴식이나 연회 공간으로 사용하는 작은 규모의 집. 궁궐에서는 대부분 후원 지역에 집중적으로 위치

⑨ **대(臺)** : 일반적으로 사방을 훤히 바라볼 수 있는 높은 곳에 위치한 건물. 궁궐에서는 평지보다 높은 곳에서 사열·과거·자연물 등을 내려다보는 장소에 위치

1 유네스코 세계문화유산으로 등재된 산성은?

① 북한산성　　　② 남한산성　　　③ 대모산성　　　④ 호암산성

2 성곽의 구성에 관한 설명으로 옳지 않은 것은?

① 암문은 성벽을 돌출시켜 성벽을 기어오르는 적을 공격하는 기능을 한다.

② 옹성은 성문을 보호하기 위해 성문 밖에 쌓은 작은 성이다.

③ 여장은 원총안, 근총안, 옥개석, 타구로 구성된다.

④ 해자는 자연 하천이나 인공적으로 도랑을 파서 만든 방어물이다.

 해설　①의 설명은 '치(雉)'에 해당하는 설명이다. 치(雉)는 삼국시대부터 등장하는 우리나라 성곽에서 매우 중시되는 시설물이다.

3 온돌에 관한 설명으로 옳지 않은 것은?

① 열의 전도 · 복사 · 대류를 이용한 난방 방식이다.

② 방바닥 밑의 구들장을 데워 방 안을 따뜻하게 한다.

③ 기거 양식 변화로 쾌적한 주거 공간을 구현할 수 있었다.

④ 삼국시대부터 사용하기 시작하였다.

 해설　고대국가 이전 한반도 북부 지방에서 기원하여, 초기 철기시대부터 원시적 온돌이 시작되었다.

4 한옥에 관한 설명 중 옳지 않은 것은?

① 해우소는 배설물을 처리하기 위한 편의 시설이다.

② 성리학적 규범에 따라 사랑채와 안채의 영역이 구분되었다.

③ 행랑채는 주택 외곽에서 출입 통제의 기능을 하였다.

④ 반가의 종가에는 사당을 별채로 두는 것이 원칙이다.

 해설　해우소는 사찰에 딸린 화장실을 말한다.

정답　1 ②　2 ①　3 ④　4 ①

5 제주도의 전통 가옥에서 (   ) 안에 들어갈 용어를 순서대로 나열한 것은?

> • (   ) : 긴 나무 3개를 사용하여 주인의 외출 여부 등을 알려주는 대문의 역할
> • (   ) : 주로 곡류 등을 항아리에 넣어 보관하는 창고

① 정낭, 고팡   ② 우데기, 고팡   ③ 우데기, 정주간   ④ 정낭, 툇마루

6 전·후면에서 볼 때는 사다리꼴 모양이고 양측면에서 볼 때는 삼각형의 형태를 갖는 지붕은?

① 맞배지붕   ② 우진각지붕   ③ 팔작지붕   ④ 모임지붕

7 전통 건축물에서 기와에 관한 설명으로 옳지 않은 것은?

① 용두 : 지붕 용마루 또는 귀마루에 올려놓는 용머리형의 장식 기와
② 치미 : 용마루 끝에 올려놓는 날짐승 꼬리 모양의 장식 기와
③ 취두 : 새의 머리 모양을 한 용마루의 양쪽 끝에 얹히는 조형물
④ 잡상 : 액운을 막아주기를 기원하며 짝수로 올리는 벽사적 성격의 조형물

 해설 잡상은 홀수로 올린다.

8 부재의 끝머리 부분에만 비교적 간단한 문양을 넣고 부재의 중간에는 긋기만을 하는 단청은?

① 가칠단청   ② 긋기단청   ③ 모로단청   ④ 금단청

9 다음 중 백제가 축조한 성곽이 아닌 것은?

① 풍납토성   ② 견훤산성   ③ 몽촌토성   ④ 부소산성

 해설 경북 상주에 있는 테뫼식 산성으로 견훤이 신라와 고려를 대적하기 위해 축성하였다고 전해진다.

10 다음 중 가장 격이 높은 건물에 쓰이는 명칭은?

① 당(堂)   ② 각(閣)   ③ 전(殿)   ④ 합(閤)

해설 전(殿)–당(堂)–합(閤)–각(閣)–재(齋)–헌(軒)–루(樓)–정(亭)

정답 5 ①   6 ②   7 ④   8 ③   9 ②   10 ③

11 한옥에 관한 설명 중 옳지 않은 것은?

① 여러 동의 건물과 다양한 마당으로 구성된다.

② 마루는 하절기용 거주 공간으로 기능한다.

③ 온돌의 발달로 난방 연료가 절감되었다.

④ 고구려의 옥당은 '사위가 사는 집'을 뜻한다.

 서옥(壻屋)은 고구려에 있었던 '사위가 사는 집'을 의미한다.

12 백제 초기에 축성된 풍납토성을 축조한 방법은?

① 삭토법 ② 성토법 ③ 판축법 ④ 전축법

 서울 풍납동 토성(사적 제11호)을 축조하는 데는 흙을 단단히 다져서 시루떡처럼 쌓는 판축법이 적용되었다.

13 한양도성에 관한 설명 중 옳지 않은 것은?

① 전체 공사 구간(총 5만 9,500척)을 600척씩 97구간으로 나누고 각 구간을 천자문 순서에 따라 이름 붙인 뒤 군현(郡縣)별로 할당하였다.

② 성을 쌓을 때에는 일부 성돌에 공사에 관한 기록을 명기하여 책임 소재를 밝혔다.

③ 혜화문 · 소의문 · 광희문 · 창의문 등 4소문은 현재까지 보전되고 있다.

④ 도성 밖으로 물길을 잇기 위해 흥인지문 주변에 오간수문과 이간수문을 두었다.

 서울 한양도성(사적 제10호)은 태조 5년(1396), 백악(북악산) · 낙타(낙산) · 목멱(남산) · 인왕의 내사산 능선을 따라 축조하였다(18.6 km). 4소문 중 돈의문과 소의문은 멸실되었다.

14 전통 양반 주택에서 가족을 통솔하고 가사를 감독하는 가장(家長)이 거주하는 공간은?

① 바깥채 ② 행랑채 ③ 안채 ④ 사랑채

 가장의 생활 영역으로 손님을 맞는 공간, 하인의 활동 감독 및 안채로의 출입을 통제하는 위치

정답 11 ④ 12 ③ 13 ③ 14 ④

4. 궁 궐

4-1 궁궐의 개념

(1) 궁궐의 의미와 종류

궁(宮)은 임금이 사는 곳이고, 궐(闕)은 궁을 방어하는 시설을 말한다.

① 법궁(法宮) : 정궁 중에 정통성이 있는 궁궐   **예** 경복궁, 경운궁

② 정궁(正宮) : 임금이 통치행위를 하는 궁궐   **예** 경복궁, 창덕궁, 경운궁

③ 이궁(離宮) : 임금이 잠시 쉬는 궁궐   **예** 경희궁, 연희궁, 대산이궁

④ 별궁(別宮) : 특별한 목적으로 지은 궁궐   **예** 창경궁, 잠저(潛邸)

⑤ 행궁(行宮) : 임금이 도성을 떠나 머물게 되는 궁궐   **예** 화성, 강화, 개성, 온양, 남한산성, 북한산성

⑥ 시어소(時御所) : 궁궐의 형태는 갖추지 못했으나 임금이 임시로 지내던 곳

(2) 궁궐 건물들의 명칭과 기능 → 전조후침, 삼문삼조(외조 · 치조 · 연조)

① **내전**(內殿) : 왕과 왕비의 공식 활동과 일상생활 공간 → **대전, 중궁전**, 편전(외전에 속하기도 함)

② **외전**(外殿) : 왕이 공식적으로 신하들과 행사를 치르는 공간. 중심은 **정전** 또는 법전으로 부르는 건물. 정전 일곽이 좁은 의미의 조정(朝廷)

③ **동궁**(東宮) : 내전 동쪽에 왕위를 이을 국본(國本)의 거처를 배치

④ 후원 : 휴식 공간, 과거 시험장, 군사 훈련장으로 사용

⑤ 궐내각사 : 궁궐에 들어와 있는 관청들

⑥ 궐외각사 : 광화문 앞 육조거리의 관청들

   예 기로소(耆老所) : 태조가 연로한 문신을 예우하기 위해 설치(1394)

> **참고** **칠궁(七宮)** : 왕비가 아니었던 왕의 생모를 모신 사당 → 숙빈최씨(육상궁–영조), 정빈이씨(연우궁–추존왕 진종), 순헌귀비엄씨(덕안궁–영친왕), 수빈박씨(경우궁–순조), 영빈이씨(선희궁–사도세자), 희빈장씨(대빈궁–경종), 인빈김씨(저경궁–추존왕 원종)

(3) 서울의 5대 궁궐

구 분	정문(正門)	금천(禁川)	정전(正殿)
경복궁(景福宮)	**광화문**(光化門)	영제교(永濟橋)	**근정전**(勤政殿)
창덕궁(昌德宮)	**돈화문**(敦化門)	금천교(錦川橋)	**인정전**(仁政殿)
창경궁(昌慶宮)	**홍화문**(弘化門)	옥천교(玉川橋)	**명정전**(明政殿)
경덕궁(敬德宮) → **경희궁**(慶熙宮)	**흥화문**(興化門)		**숭정전**(崇政殿)
경운궁(慶運宮) → **덕수궁**(德壽宮)	인화문(仁化門) 대안문(大安門) → **대한문**(大漢門)		**중화전**(中和殿)

4-2 **조선의 궁궐**

(1) 경복궁(景福宮), 사적 제17호

조선왕조 제일의 법궁이다.

① 창건과 중건

  ㉮ 한양 천도 이듬해인 1395년(태조 4) 9월 완공.『시경』의 '군자만년개이**경복**(君子萬年介爾景福)'에서 따온 말로 정도전이 궁궐과 전각 이름을 명명

  ㉯ 북으로 백악(북악산)에 기대어 좌우대칭 배치, 정문인 광화문 앞으로 넓은 육조거리(현 세종로)가 펼쳐진 한양의 중심

  ㉰ 4대문 : 건춘문(동), **광화문**(남), 영추문(서), 신무문(북)

  ㉱ 1592년 임진왜란으로 전소된 후 270여 년간 복구되지 못하고 방치 → 흥선대원군의 주도로 1868년(고종 5) 중건 완료(500여 동의 건물들이 미로처럼 빼곡히 들어선 방대한 규모)

  ㉲ 국권의 상징이었던 경복궁은 일제강점기 때 계획적으로 파괴 → 1990년부터 본격적인 복원 사업 추진, 총독부 건물 철거(1995)

② 주요 전각

  ㉮ **광화문** : 경복궁의 정문(南門). 3개의 홍예문이 나있는 높은 석축 위에 중층의 문루가 앉아있는 장려한 건물. 전면 담장의 두 끝 모퉁이에 망루를 세움 → 조선 5대 궁궐 가운데 유일하게 궐문 형식 갖춤. 1926년 조선총독부 건물 완공 때 철거·이전됨

    ㉮ 동십자각 : 도로 확장으로 담장이 안으로 들어가면서 궐 밖의 길 한가운데 남게 됨

    ㉯ 해태상[獬豸] : 시비와 선악을 판단하여 옳지 않은 일을 한 사람에게 달려들어 뿔로 받아 버린다는 상상의 영물. 해태상 앞에서 하마 후 걸어서 궁으로 들어감(3문 – 광화문·흥례문·근정문)

(나) **근정전**(국보 제223호) : 경복궁의 으뜸 전각인 **법전**·정전으로 왕권의 상징(대전). '천하의 일을 부지런히 하여 잘 다스리다'는 의미. 즉위식, 대례, 문무백관의 조회, 외국 사절의 접견 등 국가적 행사 장소. 다포 양식의 건물로, 현존하는 최대의 목조 건물. 2단의 월대(궁궐 전각 밑에 놓은 섬돌) 위에 다시 낮은 기단을 만들고 2층 건물을 올림(안에서 보면 층 구분이 없는 통층)

⑦ 일월오봉도 : 5개의 산봉우리와 해·달·소나무·폭포·물보라가 일정한 구도로 배치. 1만 원권 지폐의 앞면 배경 그림으로 삽입

⑭ 드므 : 하늘의 화마(火魔)가 물에 비친 자기 얼굴을 들여다보고 놀라서 도망감으로써 화재를 예방하기 위한 큰 독

⑮ 조정(朝廷) : 햇빛으로 인한 눈부심을 줄이기 위해 거칠게 다듬은 화강암 박석을 깐 근정전 앞마당. 도성에 거주하는 모든 문무백관이 월 4회 참여하는 조회가 열림

- 어도(御道) : 조정 한가운데 주변보다 약간 위로 올라온 왕만 다닐 수 있는 길
- 품계석(品階石) : 어도 좌우에 신하들이 품계에 따라 도열할 수 있도록 각 품계에 맞는 표시석(문신-동, 무신-서)을 세움
- 근정전 기둥과 조정 박석의 쇠고리 : 햇빛이나 비를 막아주는 천막을 치는 데 사용

(다) **사정전**(보물 제1759호) : 왕[殿下]이 평상시 거처하면서 국무를 보던 공식 집무실인 편전. '정사에 임할 때 깊이 생각해서 옳고 그름을 가려야 한다'는 의미. 매일 아침 업무 보고와 회의, 경연(국정 세미나)이 열린 곳

(라) **강녕전** : 9개의 방(井자 모양)으로 구성된 왕의 침전. 독서와 휴식 등의 일상 생활공간(용마루 없음). 5복의 하나인 강녕(우환이 없이 몸이 건강하고 마음이 편안)의 의미를 부여

(마) **교태전** : 궁궐 한가운데에 있는 왕비의 침전(중궁전-용마루 없음). 주역의 원리에서 유래하여 후손을 많이 낳기를 바라는 의미의 이름. 궐내 살림살이의 총지휘소(내·외명부 총괄)

- 아미산 : 교태전 뒤뜰에 경회루의 연못을 판 흙을 쌓아 만든 작은 가산으로, 왕비의 후원. 계단식 화단과 땅 밑으로 연기길을 내어 후원으로 뽑아낸 아미산굴뚝(보물 제811호)이 유명

(바) **자경전**(보물 제809호) : 고종(26대)의 즉위에 결정적인 기여를 한 신정왕후(조대비)의 은혜에 보답하기 위해 흥선대원군이 선물한 전각. 경복궁 침전 중 유일하게 남아있는 옛 건물

⑦ **꽃담** : 매화·천도·모란·국화·대나무·나비·연꽃 등을 주황색 벽돌로 장식하여 아름다운 조형미

⑭ **십장생굴뚝**(보물 제810호) : 불로장생을 상징하는 십장생 무늬와 당초문, 박쥐문을

정교하게 새겨 넣어서 한 폭의 그림과 같은 조형미를 보여주는 굴뚝

(사) 향원정(보물 제1761호) : 웅장하고 남성적인 경회루에 비해 아늑하고 여성적인 분위기의 6각형 정자. 원래는 북쪽 건청궁으로 이어지는 다리(취향교)가 있었으나 6 · 25 전쟁 때 파괴된 후 지금처럼 남쪽으로 놓이게 됨

(아) 건청궁(乾淸宮) : 경복궁 전각들 중 '궁'이라는 이름을 가진 유일한 곳(궁궐 안의 궁)

    ㉮ 장안당 : '오랫동안 평안하다'는 뜻의 고종황제 침전으로, 민가의 사랑채에 해당. 부속건물인 북행각은 1887년 미국의 에디슨전기회사가 발전기를 설치해 한국 최초로 전깃불을 밝힌 곳으로 유명

    ㉯ 곤녕합 : '땅이 편안하다'는 뜻을 가진 명성황후의 침전으로, 민가의 안채에 해당. 남쪽 누각인 옥호루(玉壺樓)는 명성황후가 피살되었던 비극의 장소

    ㉰ 관문각(觀文閣) : 고종의 서재로, 경복궁 안의 유일한 서양식 건물. 원래 전통 목조 건물 관문당이었다가 러시아 건축가 사바틴(Sabatin)이 1891년 서양식 3층 건물로 개축

(자) **경회루**(국보 제224호) : 왕이 신하들과 연회를 주재하거나 외국 사신을 접대하던 정면 7칸 · 측면 5칸 규모의 2층 누각(국내에서 가장 규모가 큰 누각). 임진왜란으로 돌기둥만 남은 것을 1867년에 재건. 재건 당시에 청동으로 만든 2마리 용을 연못에 넣어 물과 불을 다스리게 하였음(1997년 준설 공사 때 출토되어 국립고궁박물관에 전시)

    ㉮ 1층은 48개 민흘림 돌기둥, 2층은 24개 기둥(24절기 상징)

    ㉯ 추녀마루에는 우리나라에서 가장 많은 11개의 잡상(雜像)이 있음

(차) **수정전**(보물 제1760호) : 세종 때 훈민정음 창제의 산실이었던 집현전으로 쓰였던 곳. 세조가 폐지하고 임진왜란 때 불탔던 것을 고종 때 다시 짓고 이름을 수정전이라 함(궐내각사 가운데 유일하게 현존). 1894년 제1차 갑오개혁 때 내각 본부인 군국기무처로 사용. 국립민속박물관으로 임시 개관했던 전각

최신기출 2016. 4. 9 시행

다음 설명에 해당하는 것은?

   ㉠ 국보 제223호로 지정되어있으며, 왕이 신하들의 조례를 받던 곳
   ㉡ 경복궁의 정문이며 남문에 해당함

	㉠	㉡		㉠	㉡
①	근정전	건춘문	②	사정전	광화문
③	경회루	신무문	④	근정전	광화문

정답 ④번

(2) 창덕궁(昌德宮), 사적 제122호

500여 년 조선 역사에서 가장 오랫동안 임금이 거처한 궁궐로, 조선 궁궐의 원형이 가장 잘 보존되었다. '덕의 근본을 밝혀 창성하게 되어라'는 뜻이다.

① 변천

㈎ 1405년(태종 5)에 한양으로 재천도하면서 종묘 북쪽에 경복궁(북궐)의 이궁으로 창건 (동궐) → 고려 궁궐의 전통을 이어받아, 개성 송악산의 만월대처럼 북악산 줄기인 응봉 자락의 자연 지세에 맞춰 지어짐

㈏ 임진왜란 때 소실된 것을 광해군이 중수(1609)한 이후 1868년 경복궁이 중건될 때까지 258년 동안 역대 제왕이 정사를 보살펴온 정궁 역할

㈐ 1624년(인조 2) 이괄의 난으로 창덕궁·창경궁이 소실되어 인조는 경덕궁에 기거. 2차 례의 호란으로 망가진 창덕궁·창경궁을 인경궁을 헐어 수리

㈑ 대한제국 시기인 1907년에 순종이 즉위 후 창덕궁으로 이어하여 황궁 역할, 일제강점 기에 많은 부분을 의도적으로 훼손

㈒ 1997년 12월 **유네스코 세계문화유산**으로 등재

② 주요 전각

㈎ **돈화문**(보물 제383호) : 1412년(태종 12)에 창덕궁 서남쪽 모서리에 건설, 임진왜란으 로 소실된 것을 1607년(선조 40)에 재건. 현존하는 궁궐 정문 가운데 가장 오래된 문으 로 유일하게 정면이 5칸 규모. 조선 중기 건축 양식의 특색을 잘 보여줌

㈏ 금천교(보물 제1762호) : 조선 궁궐에 남아있는 다리 가운데 가장 오래된 돌다리

㈐ **인정문**(보물 제813호) : 인정전 외행랑 뜰과 인정전 마당을 연결하는 문. 새 왕이 즉위 하는 곳(연산군·효종·현종·숙종·영조·순조·철종·고종)

㈑ **인정전**(국보 제225호) : 3단의 월대 위에 서있는 궁궐의 으뜸 공간(인자한 정치를 펼친 다는 의미의 정전). 정면 5칸·측면 4칸의 중층 팔작지붕 건물(내부에서 보면 통층). 수 차례 화재로 소실되었다가 1803년(순조 4)에 재건

㉮ 답도(踏道) : 인정전의 월대를 오르는 계단 중간 평평한 돌에 봉황 한 쌍을 장식

㉯ 인정전 지붕 용마루에는 구한말부터 대한제국 황실의 문장으로 쓰였던 오얏꽃 문양 5개가 금동으로 장식

㉰ 품계석(品階石) : 정조가 재위 1년(1777)에 세움

㈒ 선원전(보물 제817호) : 인정전 서쪽의 제례 공간

㈓ **선정전**(보물 제814호) : 임금의 일상적인 집무 공간(편전). 궁궐에 유일하게 현존하는 청기와 지붕. 특이하게도 지붕·기둥만 있고 벽체가 없는 복도를 통해 인정전으로 이 어짐

㈔ **희정당**(보물 제815호) : 왕과 왕후 및 왕가 일족이 거처. 1917년 대화재로 소실되어

1920년 경복궁의 강녕전을 옮겨 지음

ⓐ **대조전**(보물 제816호) : 왕비의 생활 공간. 1917년 대화재로 소실되어 1920년 경복궁의 교태전을 옮겨 지음

ⓐ **영화당** : 1692년(숙종 18)에 재건한 왕족의 휴식 공간. 앞마당인 춘당대에서는 친히 임금이 참석한 가운데 과거를 실시. 영화당 현판은 영조의 어필

ⓐ **연경당**(演慶堂) : 순조의 왕세자였던 효명세자가 사대부 집을 모방하여 궁궐 안에 지은 120여 칸 민가 형식의 집

ⓐ **낙선재**(보물 제1764호) : 낙선재 · 석복헌 · 수강재 일곽의 통칭. 1847년(헌종 13)에 후궁이었던 경빈 김씨를 위해 지은 소박한 건물. 헌종은 낙선재에, 경빈 김씨는 석복헌에 머물렀다고 전함. 창덕궁의 동남쪽과 창경궁이 연결되는 부근에 위치(원래 창경궁에 소속되었었으나 지금은 창덕궁 경내에 있음). 대한제국 마지막 황후인 순종의 계후 순정효황후가 1966년까지, 덕혜옹주와 이방자 여사 등이 1963년부터 1989년까지 거처하던 곳. 아름다운 화계(꽃계단)와 꽃담, 다채로운 창살들이 돋보임

ⓐ **후원**(後園) : 조선 초기부터 고종 때까지는 후원(後苑), 상림원(上林苑), 내원(內苑), 서원(西苑 · 園), 북원(北苑), 금원(禁苑) 등으로 불린 기록이 있음 → 창덕궁 후원을 비원(秘苑)이라 부르게 된 것은 1904년 무렵. 비원은 원래 창덕궁 후원을 관리하는 기관의 이름 비원(秘院)에서 시작되었으나 1904년부터 秘院을 비원(秘苑)으로도 썼던 것이며, 이는 『순종실록』을 통해서도 확인됨. 창덕궁과 함께 세계문화유산으로 지정(1997)

③ 천연기념물

ⓐ 창덕궁 회화나무 군(천연기념물 제472호) : 돈화문 주변 회화나무

ⓐ 창덕궁 향나무(천연기념물 제194호) : 구선원전 부근 향나무

ⓐ 창덕궁 다래나무(천연기념물 제251호) : 후원 뒤편 다래나무

ⓐ 창덕궁 뽕나무(천연기념물 제471호) : 관람지 입구 뽕나무

(3) 창경궁(昌慶宮), 사적 제123호

정문과 정전이 남향이 아닌 동향 배치. **창덕궁과 함께 동궐에 속한다.**

① 변천

ⓐ 세종이 즉위하면서 상왕인 **태종을 모시기 위해** 1418년 창덕궁 동쪽에 **수강궁** 건립

ⓐ 1485년(성종 16) 3명의 대비(정희왕후 · 소혜왕후 · 안순왕후)를 위해 수강궁을 확장하여 창경궁을 건설

ⓐ 임진왜란 후 광해군이 창경궁 중수(1615)

ⓐ 1907년 순종을 위로한다는 명목으로 일제는 동물원 개설 공사, 식물원 · 이왕가박물관 설치. 1909년 공중의 관람 허가. 이후 **창경원**(昌慶苑)으로 격하 개칭하여 1924년부

터는 야간 개장

㉤ 1983년에 동물원과 식물원을 서울대공원으로 옮기고 창경궁 이름도 되찾음

② 주요 전각

㉮ 홍화문(보물 제384호) : 창경궁의 정문. 임진왜란 때 불탄 것을 1616년에 재건

㉯ 옥천교(보물 제386호) : 창경궁 금천 위에 놓은 다리

㉰ **명정전**(국보 제226호) : 1616년(광해군 8)에 중건. 현존하는 조선시대 궁궐의 정전 가운데 가장 오래됨

㉱ 문정전 : 왕이 일상 업무를 보던 편전. 임오화변(1672)이 시작된 곳

㉲ 숭문당 : 명정전의 후전. 영조의 친필 현판

㉳ 경춘전 : 원래 대비전으로 쓰인 건물. 인수대비 · 혜경궁홍씨의 거처. 인현왕후 승하

㉴ 함양문 : 창덕궁과 통하는 문. 후원 입구 우측에 자리

㉵ 통명전(보물 제818호) : 왕과 왕비의 침전 겸 연회용 건물(용마루 없음). 숙종 때 장희빈이 인현왕후를 모해하기 위해 통명전 뜰에다가 저주하는 물건을 심어놓았다가 발각되어 사사됨

㉶ 양화당 : 왕비의 생활 공간. 순조의 친필 현판

㉷ 영춘헌 : 정조의 집무실이자 승하 장소

㉸ 풍기대 : 바람의 방향과 세기를 재는 풍기를 세웠던 석대

㉹ **관천대**(보물 제851호) : 1688년(숙종 14)에 세워진 2.2 m 높이의 천문관측대(첨성대). 계단을 통해 올라갈 수 있는 대 위에는 99 cm의 받침대가 놓여 천문 관측기구를 설치할 수 있게 되어있음

㉺ 춘당지 : 원래 조그마한 연못이었으나 1909년 일제에 의해서 내농포(임금이 직접 밭을 일구고 농사의 풍 · 흉을 예측하던 곳)가 헐리면서 지금의 호리병 모양이 됨

㉻ 선인문 : 선인문 안쪽 뜰에서 장조(사도세자)가 뒤주 속에서 운명

(4) 경희궁(慶熙宮), 사적 제271호

경복궁 · 창경궁과 함께 조선왕조의 3대궁으로 꼽힐 만큼 큰 궁궐(98채의 건물)로, 경운궁(덕수궁)과 홍교로 연결되어있었다. 일제강점기에 심하게 훼손(5대궁 가운데 가장 철저히 파괴)되었다.

① 변천

㉮ 임란 후 경복궁 중건 계획은 인력 · 물자 문제와 경복궁터가 불길하다는 풍수 주장으로 실현되지 못함 → 창덕궁(1609)과 창경궁(1615) 중수

㉯ 인경궁(仁慶宮) 창건 : 인왕산 아래 왕기가 있다 하여 광해군이 많은 물력을 투입하여 인왕산 아래 경복궁 서쪽, 사직단 동북편에 이궁 창건. 정전인 홍정전(弘政殿)과 편전

인 광정전(光政殿), 정문인 명화문(明化門)은 중층으로 짓는 등 경덕궁에 비하여 규모가 큰 궁궐이었음. 인조가 창덕궁·창경궁 수리에 전각을 헐어다 쓰는 바람에 흔적도 없이 사라짐

(다) 1623년(광해군 10) 인조의 아버지 정원군의 사저였던 곳에 **경덕궁**(慶德宮) 건립, 이후 10대(인조~철종)에 걸쳐 임금이 정사를 보았던 조선의 이궁(**서궐**)

(라) 1624년(인조 2) 이괄의 난으로 창덕궁·창경궁이 화재를 입자 인조가 9년 동안 머물면서 정묘호란을 겪음 → 2차례의 호란으로 망가진 창덕궁·창경궁을 인경궁을 헐어 수리

(마) 1760년(영조 36) 원종(인조의 아버지)의 시호인 경덕(慶德)과 같다 하여 경희궁으로 개명

(바) 일제강점기에 경희궁을 허물고 일본인 거류민을 위한 경성중학교를 세웠으며, 해방 후에 서울고등학교가 위치하기도 함

(사) 현재 남아있는 건물은 정문이었던 흥화문과 정전이었던 숭정전, 후원의 정자였던 황학정까지 3채에 불과(일찌감치 궁 핵심부를 제외하고 주변부 불하)

② 주요 전각

(가) 흥화문 : 1616년(광해군 8)에 세워진 경희궁의 정문. 정면 3칸·측면 2칸의 우진각지붕 단층 건물. 일제강점기에 박문사(현재의 장충단 자리) 정문으로 사용하기 위해 이전하여 경춘문으로 부름. 광복 후 장충동 신라호텔의 영빈관 정문으로 사용되다가, 1988년 경희궁터로 다시 옮겨옴. 원래 경희궁터에 동남쪽 금천교 밖, 지금의 구세군회관 자리에 동향하고 있던 경덕궁 정문이었는데, 처음과 달리 지금 위치에 남향하여 세워짐

(나) 금천교 : 흥화문 안쪽의 홍예교(무지개다리)로, 1616년(광해군 11)에 건설. 일제강점기에 묻혔다가 2001년 발굴하여 복원

(다) 숭정문 : 숭정전으로 들어가는 입구. 상왕이 승하하면 정전이 아닌 정전의 문에서 새 왕이 즉위하였음(경종·정조·헌종)

(라) **숭정전** : 1616년(광해군 8)에 세운 경희궁의 정전. 이중 월대 위에 세운 정면 5칸·측면 4칸의 팔작지붕. 일제가 숭정전 건물을 일본인 사찰인 조계사(曹谿寺)에 팔아 현재 동국대학교 안에 정각원으로 쓰이고 있음. 지금의 건물은 1994년 10월 주변 행각과 함께 완공한 것. 2층 월대 중 상월대 답도는 정각원에, 하월대 답도(공작)는 복원된 숭정전에 있음

(마) 자정전 : 경희궁의 편전

(바) 태령전 : 영조의 어진을 모신 곳

• 서암 : 태령전 뒤에 있는 기이한 모양의 바위. 광해군이 왕기(王氣)가 서린 것으로 알려진 왕암(王巖)에 경덕궁 건립. 1708년(숙종 34)에 서암(瑞巖)으로 개명

(사) 황학정 : 1898년(광무 2)에 세운 궁술 연습을 위한 사정(射亭). 일제가 경성중학교를

짓기 위해 경희궁을 헐면서 경희궁 내 건물들이 일반에게 불하될 때 팔려나가 현재 사직공원의 등과정 옛터에 자리

(5) 덕수궁(德壽宮), 사적 제124호

대한제국의 법궁이다.

① 변천

(가) 원래는 **성종의 형인 월산대군**(1454~1488)**의 사저**. 1592년 임진왜란으로 경복궁·창덕궁·창경궁이 모두 소실. 1593년 의주 몽진에서 환도한 선조가 정릉동의 월산대군 사저에 임시로 거처, 행궁으로 사용하기 시작

(나) 1611년에 광해군이 **경운궁**으로 명명한 후 거처를 창덕궁으로 옮기면서 빈 궁궐. 1618년 인목대비가 유폐되면서 서궁(西宮)으로 불림. 경운궁 즉조당에서 즉위한 인조(능양군) 역시 창덕궁으로 옮겨가면서 빈 궁궐(한적한 별궁으로 그다지 사용되지 않음)

(다) 경운궁 주변에는 1880년대 미·영·불·러 제국과 수교하면서 공사관들이 둘러있음

(라) 을미사변(1895)으로 아관파천(1896)하였던 고종이 경복궁 대신 **경운궁**으로 환궁하면서 개수. 1897년 10월 11일, 국호를 **대한제국**으로 정하고 소공동 **원구단**에서 하늘에 제를 올려 황제로 즉위(연호–光武)하면서 경운궁은 제국의 정궁이 됨. 고종이 황제로 있던 10년간 경운궁은 대한제국의 중심 무대

• 1611~1615년에는 조선의 정궁, 1897~1907년에는 대한제국의 황궁

(마) 1904년 큰 화재로 전각 대부분이 소실된 후 중건하면서 권역이 축소됨. 1906년 대안문(大安門)이 수리된 뒤 대한문(大漢門)으로 개칭하고 정문으로 삼음

(바) 1907년 헤이그 밀사 사건으로 일본은 고종에게 양위를 강제하며 고종의 궁호를 덕수(德壽)로 하였기에 덕수궁으로 불리게 됨(당시 순종은 즉조당에서 즉위 후 창덕궁으로 이어)

(사) 1919년 1월 21일, 독살의 심증 가운데 고종 승하 후 본격적으로 변형 시작. 1933년 공원이 되어 일반에게 공개되면서 궁역이 잘려나가고 건물들이 없어짐

② 주요 전각

(가) 대한문 : 덕수궁의 정문으로 정면 3칸·측면 2칸의 평면에 다포식 우진각지붕으로 공포가 화려한 단층 건물(현재 기단과 계단이 묻혀있고, 소맷돌을 별도로 노출해놓았음). 원래 경운궁의 정문은 덕수궁 남쪽 중화문 건너편에 있던 인화문(仁化門)이었음. 1904년 화재로 1906년 중화전 등을 재건하면서 동쪽의 대안문(大安門)을 대한문(大漢門)으로 개칭하고 정문으로 삼음. 시청 앞 광장 쪽으로 동향하고 있는 대한문의 원래 위치는 지금의 태평로 중앙선 부분이었다고 함. 현재 대한문 앞에서는 매일 3번씩 왕궁수문장 교대 의식이 행해짐

(나) 금천교 : 정릉동천의 지류인 덕수궁 금천의 흐름을 약간 바꾸어 인공으로 명당수를 흐르게 하고 놓은 돌다리(2개의 나란한 홍예교)

(다) 중화문 : 다포계 팔작지붕. 원래 회랑이 있었으나 일제강점기 때 헐려 현재 동부에 일부만 남아있음

(라) 중화전(보물 제819호) : 덕수궁의 정전. 상·하월대로 구성(하월대는 3단). 1902년 최초 건립 시에는 중층이었으나 1904년 화재로 1906년에 단층으로 재건립. 덕수궁 중화전만 특이하게 짝수인 10개의 잡상이 서있음

(마) **석조전** : 고종 황제가 침전 겸 편전으로 사용하기 위해 1900년부터 1910년에 걸쳐 지은 정면 54 m, 너비 31 m의 장대한 서양식 3층 석조 건물. 영국인 하딩(Harding)이 설계한 서양의 신고전주의 건축 양식(우리나라에서 가장 오래된 신고전주의 양식의 석조 건물로 베란다가 설치된 것이 특징). 서양식 정원과 분수대도 조성됨. 1층에서는 시종들이 대기하고, 2층은 황제의 접견실, 3층은 황제와 황후의 침실과 응접실로 사용

(바) 즉조당 : 정면 7칸·측면 4칸의 팔작지붕 침전. 임진왜란 때 환도한 선조가 시어소로 사용. 1623년 반정으로 인조가 즉위한 뒤에 즉조당이라 불림. 1897년 고종이 경운궁으로 환궁한 뒤 1902년 중화전이 건립될 때까지 정전으로 사용. 이후 고종의 후비인 엄비(嚴妃)가 1907년(융희 1)부터 1911년 7월 서거할 때까지 거처. 준명당과 복도 및 난간으로 연결. 즉조당 앞에 놓인 괴석들은 1984년에 창경궁에서 옮겨온 것

(사) 석어당 : 덕수궁 내 유일한 2층 건물(궁전에 지어진 건물 중 전각을 제외한 유일한 2층집). 정면 8칸·측면 3칸(위층은 정면 6칸·측면 1칸) 우진각지붕. 한때 인목대비가 유폐되었던 곳. 임진왜란 때 환도한 선조가 승하할 때까지 16년 동안 거처. 궁내 건물임에도 불구하고 단청을 하지 않아 검소하고 소박한 느낌

(아) 정관헌 : 동양적인 요소가 가미된 서양식 정자. 고종이 다과를 들거나 연회를 열고 음악을 감상하는 등의 목적으로 사용하기 위해 지은 회랑. 덕수궁 내 근대건축물 중 가장 오래됨

(자) **함녕전**(보물 제820호) : 1897년(광무 1)에 지어진 정면 9칸·측면 4칸에 한쪽 후면 4칸이 더 붙은 ㄱ자형 대형 건물. 고종이 왕위를 물려준 다음 순종이 창덕궁으로 옮긴 후 고종이 거처하던 침전으로 1919년 1월 21일 고종이 승하

(차) **중명전**(重明殿) : 덕수궁 서문 평성문(平成門) 밖 2층 서양식 건물로 접견실 또는 연회장으로 사용(러시아인 사바찐 설계). 원 이름은 수옥헌이었으나, 1904년 경운궁 화재 이후 고종이 거처를 옮기면서 1907년 순종에게 양위하기까지 국사를 처리. 이후 1905년 11월 8일 새벽, 치욕적인 **을사늑약**이 강제된 비운의 장소

1   임금이 임시로 거처하는 곳은?

① 동궁   ② 서궁   ③ 시어소   ④ 온궁

2   궁궐 내 세자의 활동 공간은?

① 동궁   ② 서궁   ③ 정전   ④ 본궐

3   조선의 궁궐에 관한 설명으로 옳지 않은 것은?

① 광해군은 인경궁을 창건하였다.
② 창덕궁은 경복궁의 서쪽에 위치하여 창경궁과 더불어 서궐이라 불렸다.
③ 창경궁은 세 명의 대비를 모시기 위해 지어졌다.
④ 덕수궁의 본래 이름은 경운궁이었다.

 경복궁은 북궐, 창덕궁과 창경궁은 동궐, 경희궁은 서궐로 불렸다.

4   명성황후가 일본인들에게 죽임을 당한 장소는?

① 수정전   ② 복안당   ③ 낙선재   ④ 곤녕합

 건청궁 내 곤녕합의 남쪽 누각인 옥호루는 명성황후가 피살되었던 비극의 장소이다.

5   경복궁과 창덕궁을 비교한 내용 중 옳은 것은?

	구 분	경복궁	창덕궁
①	정문	돈화문	광화문
②	금천	영제교	옥천교
③	정전	인정전	근정전
④	왕비	교태전	대조전

정답   **1** ③   **2** ①   **3** ②   **4** ④   **5** ④

6 경복궁에 관한 설명으로 옳지 않은 것은?

① 경복궁의 이름은 정도전이 명명하였다.

② 품계석에 맞추어 동편에는 문관, 서편에는 무관이 중앙을 향해 도열한다.

③ 교태전은 왕비가 왕에게 교태를 부리는 곳이다.

④ 임진왜란으로 소실되어 고종 때 중건되었다.

 해설 주역의 내용에 따르면, '태(泰)'괘는 '하늘로 솟는 양(陽)과 땅으로 가라앉는 음(陰)의 교합으로 생성(生成)한다'는 뜻이다. 음과 양이 화합하고 교통하는 가운데 왕조의 법통을 생산하고 이어주는 공간이 바로 교태전이다.

7 조선의 궁궐들이 지어진 순서대로 바르게 나열된 것은?

> ㉠ 경복궁　㉡ 창덕궁　㉢ 창경궁　㉣ 경운궁　㉤ 경희궁

① ㉠ → ㉡ → ㉢ → ㉣ → ㉤　　② ㉠ → ㉢ → ㉡ → ㉣ → ㉤

③ ㉡ → ㉠ → ㉢ → ㉤ → ㉣　　④ ㉡ → ㉡ → ㉠ → ㉣ → ㉤

8 다음과 관련된 경복궁 내의 건물은?

> • 세종 때 구종직의 승진 이야기
> • 연산군의 흥청(興淸) 이야기
> • 단종이 수양대군에게 옥새를 넘겨준 장소
> • 중종과 단경왕후 신씨의 치마바위 전설

① 향원정　　　　　　　② 경회루

③ 희정당　　　　　　　④ 석어당

9 덕수궁에 관한 설명으로 옳지 않은 것은?

① 정문은 우진각지붕의 대한문이다.

② 정전인 중화전에는 10개의 잡상이 올라가있다.

③ 즉조당은 반정으로 인조가 즉위한 곳이다.

④ 준명당에서는 을사늑약의 치욕이 강제되었다.

 해설 고종의 재가 없이 을사늑약(을사조약)이 강제된 곳은 중명전(重明殿)이다.

정답　6 ③　7 ①　8 ②　9 ④

10 다음과 관련된 건물은?

> • 일제강점기에 박문사 정문으로 사용하기 위해 일제가 이전
> • 광복 후 장충동 신라호텔의 영빈관 정문으로 사용

① 흥화문   ② 명화문   ③ 홍화문   ④ 돈화문

 해설 ① 흥화문은 일제강점기에 철저히 파괴된 경희궁의 정문이다. ② 명화문은 광해군이 건립한 인경궁의 정문이다.

11 조선시대 두 왕(광해군과 인조)이 즉위했던 곳은?

① 준명당   ② 영화당   ③ 연경당   ④ 즉조당

12 조선 왕의 친모이지만 왕비에 오르지 못한 7인의 신위를 모신 곳은?

① 칠궁   ② 재궁   ③ 월궁   ④ 신궁

 해설 ① 칠궁(七宮)은 숙종의 후궁이자 영조의 생모인 숙빈 최씨의 신위를 모신 육상궁(毓祥宮–사적 제149호)을 비롯하여, 저경궁(선조의 후궁 인빈 김씨), 대빈궁(숙종의 후궁 희빈 장씨), 연호궁(영조의 후궁 정빈 이씨), 선희궁(영조의 후궁 영빈 이씨), 경우궁(정조의 후궁 수빈 박씨), 덕안궁(고종의 후궁 엄씨) 등의 위판(位版)을 모신 7개 사당으로 이루어진 곳이다. ② 재궁(梓宮)은 왕실에서 사용하는 관(棺)이다.

13 창경궁에 대한 설명으로 옳은 것은?

① 일제강점기에 가장 철저하게 훼손된 궁궐이다.

② 세 명의 대비를 위한 공간으로 건설되었다.

③ 1970년대에 대대적인 보수를 거쳐 1997년 세계문화유산으로 등재되었다.

④ 임진왜란 이후 즉시 중건되지 못하고 고종 대에 중건되었다.

 해설 ① 경희궁, ③ 창덕궁, ④ 경복궁

정답   10 ①   11 ④   12 ①   13 ②

5. 불교 건축과 불교미술

5-1 사찰

(1) 사찰의 기원과 변천

① 출가승 집단의 수행처(**석굴**) + 재가신도 집단의 기념물[**스투파**(Stupa), 塔婆] → 완전한 불교 사원의 출현

② 정사(精舍) : 산스크리트어 상가람마(Samgharama, 인도에서 사찰을 가리키는 말)

③ 가람(伽藍) : 승가람마(僧伽藍摩, 상가람마의 중국식 음역)

④ 사(寺) : 홍려시(鴻臚寺, 한나라 때 영빈관) → 백마시(白馬寺, 인도에서 온 불교 전법승들의 포교지) → 사(寺, 관청과 구별하기 위해 '시'에서 '사'로 발음) → 중국식 당탑가람 조성 (금당과 불탑이 공존하는 형태)

⑤ 암(庵) : 산속의 작은 예배 공간

⑥ 삼보(三寶) : 부처[佛], 부처가 설한 법(法), 부처의 가르침에 따라 살아가는 스님[僧]

⑦ 총림(叢林) : 강원(경전), 율원(율법), 선원(참선) 등의 구성 요소를 모두 갖춘 큰 절

⑧ 보궁(寶宮) : 석가모니의 진신사리를 봉안하고 있는 장소

3보 사찰	불보(佛寶) 사찰 **통도사**(부처의 진신사리 봉안), 법보(法寶) 사찰 **해인사**(팔만대장경 봉안), 승보(僧寶) 사찰 **송광사**[스님들 중 16명이 국사(國師)의 지위에 오름]
8대 총림	해인총림 해인사, 영축총림 통도사, 조계총림 송광사, 덕숭총림 수덕사, 고불총림 백양사, 금정총림 범어사, 팔공총림 동화사, 쌍계총림 쌍계사
5대 적멸보궁	양산 영축산 **통도사**, 평창 오대산 **상원사**, 영월 사자산 **법흥사**, 정선 태백산 **정암사**, 인제 설악산 **봉정암**

⑨ 요사(寮舍), 요사채 : 승려들의 거처 공간이자 일반 신도들을 접객하는 공간(수도 생활을 위해 세운 여러 종류의 건물들을 통칭)

⑩ 문(門)

　㉮ 일주문(一柱門) : 사찰로 들어가는 첫째 문으로, 중생이 부처라는 한마음[一心]을 뜻함. 편액은 사찰이 속한 산의 이름과 사찰명을 담음

　㉯ 금강문(金剛門) : 일주문 다음에 통과하는 문(천왕문과 함께 불법을 수호하고 속세의 더러움을 씻어내는 곳). 대개 밀적금강역사(훔금강-수비)와 사자를 탄 문수동자, 나라연금강(아금강-공격)과 코끼리를 탄 보현동자가 그려져 있음

　㉰ 천왕문(天王門) : 사찰의 삼문(三門) 가운데 2번째 문(일주문과 불이문 사이). 네 방위를 수호하는 **사천왕**(四天王)을 봉안 → 지국천왕(동방-비파), 증장천왕(남방-칼), 광목천왕(서방-용과 여의주), 다문천왕(북방-보탑)

⒜ 불이문(不二門), 해탈문(解脫門) : 대웅전 등 중심 전각 앞에 세우는 사찰삼문의 3번째 문　**예** 월출산 도갑사 해탈문

⑪ 루(樓) : 불전사물(불구사물) 보관 → 사물놀이(**북 · 장구 · 징 · 꽹과리**)로 변화

⒜ 범종(梵鐘) : 땅속(지옥)에 있는 중생들을 위하여, 새벽과 저녁에 각기 33번과 28번을 침

㉮ **상원사 동종**(국보 제36호) : 우리나라에서 가장 오래됨

㉯ **성덕대왕신종**(국보 제29호) : 우리나라 **최대** 크기. 높이 3.75 m, 입지름 2.72 m, 두께 11~25 cm, 무게 18.9톤

㉰ 용주사 동종(국보 제120호)

㉱ **옛 보신각 동종**(보물 제2호) : 1985년까지 종로 보신각에 현수되어 제야의 종으로 사용되었던 조선시대의 종. 현재는 국립중앙박물관 경내로 이관하여 보관 중

㉲ **낙산사 동종**(보물 제479호) : 예종(8대)이 아버지 세조(7대)를 위해 보시한 종

⒝ 법고(法鼓) : 수소 가죽과 암소 가죽으로 만든 북. 음양이 조화된 소리로 길짐승들을 위하여 침

⒞ 목어(木魚) : 나무를 깎아 속을 비운 물고기 모양. 수중 생물을 위하여 침. 잠을 잘 때에도 눈을 감지 않는 물고기처럼 쉼 없이 정진하라는 것이 목어의 조성 원리

⒟ 운판(雲板) : 구름 모양의 넓은 청동판으로 날짐승들을 위하여 침

⑫ 교량(橋梁) : 불계와 중생계의 경계의 의미　**예** 불국사 청운교 · 백운교, 연화교 · 칠보교

(2) 사찰 건축물

① 살림집을 제외하면 가장 많은 건축 문화재가 불교 건축물

② 대승불교의 세계관 : 십계(十界)

지옥	아귀	축생	아수라	인간	천(天 · 神衆)	성문	연각	보살	불(佛)
육취(六趣) : 윤회의 사슬에 묶여있는 존재						사성(四聖) : 해탈한 존재들			

③ 삼단(三檀) 신앙 : 사찰의 예배용 전각들은 '신중~불'까지 5개 존재가 3단계로 위계화(신중단–보살단–불단) → 신중과 불보살들은 각기 별개의 건물을 가짐(예외 있음)

신중단	가장 낮은 위계 → 작은 규모에 건물 격이 낮고 구석에 위치
보살단	중간 위계 → 불단 옆이나 뒤에 위치
불단	가장 높은 위계 → 중심적 위치

(3) 사찰 전각의 구성

탑원(塔院)과 금당원(金堂院), 승원(僧院) 및 부속 건물로 구성

전각명	다른 이름	본 존	좌우 협시	후불탱화
적멸보궁	사리보탑	진신사리		
대웅전	대웅보전	석가모니불	가섭 · 아난, 문수보살 · 보현보살, 아미타불 · 약사여래, 제화갈라보살 · 미륵보살	영산회상도, 삼여래회상도
극락전	무량수전, 미타전	아미타불	관세음보살 · 대세지보살, 관세음보살 · 지장보살	극락회상도, 아미타삼본도, 극락구품탱화
대적광전	대광명전, 비로전	비로자나불	노사나불 · 석가모니불, 문수보살 · 보현보살	삼신탱화, 화엄탱화
약사전	유리전	약사여래	일광보살 · 월광보살	약사유리광회상도
미륵전	**용화전**	미륵불	법화림보살 · 대길상보살	용화회상도, 미륵탱화
관음전	원통전, 보타전	관세음보살	남순동자 · 해상용왕	관음탱화
영산전	**팔상전**	석가모니불	제화갈라보살 · 미륵보살	영산회상도, 팔상도
나한전	오백나한전	석가삼존불	가섭 · 아난, 오백나한	삼세불탱화, 오백나한도
응진전	나한전	석가삼존불	제화갈라보살 · 미륵보살, 가섭 · 아난, 16나한	영산회상도, 십육나한도
명부전	지장전, 시왕전	지장보살	도명존자, 모독귀왕, 시왕 등	장탱화, 시왕탱화
천불전		과거칠불	현겁 천불	천불탱화
대장전	장경각	비로자나불, 석가모니불	대장경	
삼성각		독성 · 산신 · 칠성		독성 · 산신 · 칠성탱화
산신각	산령각	산신	호랑이, 동남동녀	산신탱화
칠성각	북두전	치성광여래	일광보살 · 월광보살	칠성탱화
독성각	천태각	나반존자		독성탱화
조사당	조사전	역대조사		조사영정

(4) 시대별 사찰 건축

① 고구려

㉮ 372년(소수림왕 2) 불교 전래. 375년 삼국 최초의 사찰인 초문사, 이불란사 건립

㉯ **청암리사지** : 전형적인 **1탑 3금당** 가람 → 일본 아스카지[飛鳥寺]에 영향

② 백제

㉮ 384년(침류왕 1) 불교 수용

(내) **1탑 1금당**식 가람 → 일본 시텐노지[四天王寺]에 영향

③ 신라

(개) 457년(눌지마립간 41) 불교 전래, 527년(법흥왕 14) 불교 공인

(내) 신라 최초의 사찰 흥륜사, 영흥사 창건. **황룡사**(변형된 1탑 3금당 가람)

(대) 7세기 : **쌍탑식 가람**(금당 앞 좌우로 2개의 탑을 나란히 배치) → 1탑식 가람에 비해 탑 보다는 금당 중심의 배열법(탑이 금당에 종속)

(래) 8세기 : 2개의 탑이 서로 다른 형태로 건립되기 시작　**예** 불국사 대웅전 앞의 **다보탑**과 **석가탑**

(매) 9세기 신라 말 : 지방 호족들의 선불교 후원 → 각지에 선문 사찰 건립

④ 고려

(개) 고려 전기

㉮ 선문가람 : 승방과 수행 위주의 수도원으로 건립 → 산속이라는 지형적 요인 등에 따라 기존 가람 형식의 해체 및 변화

㉯ 지역성이 강한 불교 건축 → 도선의 비보사탑설(裨補寺塔說)은 지방 사찰들에 지리학적 정당성 부여

㉰ **다원 가람** 형식 : 여러 개의 중심 영역으로 분산된 형식

(내) 고려 후기

㉮ 무신정변(1170) 이후 불교 건축의 변화 : 정교 분리를 표방한 선종이 주도권 장악

  • 결사운동 : 승려 본연의 수행과 절제를 강조하는 수도원 운동이 전국적으로 영향

정혜결사	보조국사 지눌(知訥) 주도. 순천 수선사(송광사) 중심
백련결사	원묘국사 요세(了世) 주도. 강진 백련사 중심

㉯ 13세기 원의 국교인 라마교가 유입되어 불교 건축의 변화　**예** 개성 경천사지 10층석탑(국보 제86호), 공주 마곡사 5층석탑(보물 제799호)

⑤ 조선

(개) 조선 전기

㉮ 숭유억불 정책으로 불교계 위축 → 개인적으로는 흥천사(태조), 원각사(세조) 건립, 낙산사 중건(세조)

㉯ 산중 가람 : 축대를 쌓아 계단식 대지를 조성하는 등 경사지 입지에 적응한 유기적 배치

(내) 조선 후기

㉮ 임진왜란으로 큰 피해를 입었으나, 불교 중흥과 사찰 중건의 계기가 됨

㉯ **4동 중정형**(四棟中庭形) **가람** : 서원 · 향교 양식과 유사

ⓒ 통불교(모든 신앙 체계를 포용)적 신앙과 전각 배치 : 불단 뒤에 보살단 뒤에 신중단 배치

ⓡ 18~19세기 : **원당사찰**의 융성

⑥ 현대

㈎ 20세기 후반 이후 불교 교단은 조계종, 태고종, 천태종 등 18개 종단으로 구성

㈏ 도시형의 사찰 건축 : 불전 중심에서 강당 중심으로, 평면 구성에서 수직적 구성으로 전환

5-2 불 탑

(1) 탑의 개념과 구조

① 탑(塔)의 의미 : 부처나 고승의 신골(身骨)인 사리(舍利, Sarira)를 넣은 무덤 → 불탑, 승탑

㈎ 탑파(塔婆) : 산스크리트어의 **스투파**(Stupa)를 음역 → 불상 제작 이전까지 최고의 숭배 대상

㈏ 인도의 복발형탑(반구형) → 중국의 누각형탑(목조누각) → 한국의 석탑

② 석탑의 구조 : **기단부**(기초) + **탑신부**(중심) + **상륜부**(머리)

㈎ 기단부 : 탑신부의 하중을 받치는 하부구조. 버팀기둥(탱주) 수에 따라 탑의 제작 시기를 추정

㈏ **탑신부** : 기단부 위의 몸체(사리 봉안처). 탑신석과 옥개석이 하나의 층을 이룸(홀수의 중층으로 구성)

㈐ 상륜부 : 탑신부 위의 장식적 부분 → 노반 + 복발 + 앙화 + 보륜 + 보개 + 수연 + 용차 + 보주 + 찰주(피뢰침 모양)

(2) 석탑의 종류

① 재료에 따른 분류

㈎ 전탑(벽돌탑) : 안동 법홍사지 7층전탑, 안동 운흥동 5층전탑, 안동 조탑리 5층전탑, 칠곡 송림사 5층전탑, 여주 신륵사 다층전탑

㈏ 목탑(나무탑) : **법주사 팔상전**(국보 제55호) → **현존 유일의 5층 목조탑**(탑 중에서 가장 높음)

㈐ 석탑(돌탑) : 우리나라의 대표적인 탑(양질의 화강암 활용)

㈑ 금속제탑(금ㆍ은ㆍ동ㆍ철ㆍ금동으로 만든 작은 탑), 옥탑(수정ㆍ유리), 니소탑(흙으로 작게 만들어 탑 속에 넣음) 등

② 형태에 따른 분류

⑺ 복발탑(覆鉢塔) : 탑신이 마치 밥그릇을 엎어놓은 모양 같음

⑻ 중층탑(重層塔) : 탑신부가 중층인 탑 → 3층, 5층, 7층(충주 탑평리 7층석탑 – 국보 제
6호), 9층, 13층탑(경주 정혜사지 13층석탑 – 국보 제40호)

⑼ 이형탑(異形塔) : 구조와 형식의 독특성 → 불국사 **다보탑**(국보 제20호), 구례 화엄사 4
사자 3층석탑(국보 제35호), 천안 대평리 보협인석탑(국보 제209호)

(3) 탑의 시대별 변천

① 삼국 : 불교 도입 후 약 200년간은 주로 목탑 → 현존하는 삼국시대 탑은 모두 7세기 초
건립

⑺ 고구려 : 주로 목탑 건립. 현존하는 것이 없음

⑻ 백제 : 목탑 형상을 본떠 석탑 조형으로 재구성 → 익산 **미륵사지 석탑**(국보 제11호 – 목
탑 양식), 부여 **정림사지 5층석탑**(국보 제9호)

⑼ 신라 : 1기만 남아있음 → 경주 **분황사 모전석탑**(국보 제30호)

② 통일신라 : 석탑의 새로운 양식 성립. 한국 석탑의 전형 완성

⑺ 과도기 : 백제의 석탑과 모전석탑을 절충 → **의성 탑리리 5층석탑**(국보 제77호 – 모전탑)

⑻ 발전기 : 단위 석재가 커지고 석재 수는 줄어든 2층 기단에 3층 구조(쌍탑배치법) → 감
은사지 동·서 3층석탑(국보 제112호), 불국사 3층석탑(국보 제21호)

⑼ 쇠퇴기 : 조형성 저하, 기단 폭·지붕 밑 층단 수 감소, 탑 표면에 장식 추가 → 장흥 보
림사 3층석탑(국보 제44호), 남원 실상사 백장암 3층석탑(국보 제10호), 창원 성주사 3
층석탑, 경주 장항리 서 5층석탑(인왕상 – 국보 제236호), 경주 원원사지 동·서 3층석
탑(사천왕상 – 보물 제1429호)

③ 고려 : 지역에 따라 다양한 유형으로 건립

⑺ 좁고 낮은 단층 기단. 날씬한 탑신부에 층수 증가 → 개성 남계원지 7층석탑(국보 제
100호), 개성 현화사 7층석탑, 청양 서정리 9층석탑(보물 제18호)

⑻ 다각다층석탑 → 평창 월정사 8각 9층석탑(국보 제48호), 묘향산 보현사 8각 13층석탑

⑼ 백제식 석탑 재등장 : 옛 백제 지역 → 부여 장하리 3층석탑(보물 제184호), 서천 성북
리 5층석탑(비인 오층석탑 – 보물 제224호)

⑽ 변형 석탑 : 강릉 신복사지 3층석탑(보물 제87호), 홍제동 5층석탑(보물 제166호), 화
순 운주사 석탑군(보물 제796·797·798호), 구미 도리사 석탑(제단식 – 보물 제470호)

⑾ 통일신라 전탑 계승 : 정선 정암사 수마노탑(보물 제410호), 안동 운흥동 5층전탑(국보
제56호), 여주 신륵사 다층전탑(보물 제226호)

⑿ 고려 후기에는 라마계통 석탑 등장 : 공주 **마곡사 5층석탑**(보물 제799호)

(사) 개성 **경천사지 10층석탑**(국보 제86호) : 고려 석탑 예술의 백미(원나라 영향). 대리석재에 사면돌출형 평면. 조선시대 세워진 원각사지 10층석탑(국보 제2호)의 모델이 됨. 일본에 반출되었다가 현재는 국립중앙박물관에 있음

④ 조선

(가) 탑의 약화와 소멸 : 조선시대 탑은 희귀

(나) **원각사지 10층석탑**(국보 제2호) : 세조의 불교 지원으로 조선시대를 대표하는 석탑 → 경천사 · 원각사 10층탑의 '10'은 원각과 화엄사상의 완수를 상징하는 것으로 추정

(다) 여주 **신륵사 다층석탑**(보물 제225호), 상원사 영산전 다층석탑 → 부분적으로 원각사탑의 조형 계승

(라) 남양주 수종사 8각 5층석탑(보물 제1808호), 남양주 묘적사 8각 다층석탑 → 고려시대 보현사 8각 13층석탑 계승

(마) 양양 낙산사 7층석탑(보물 제499호) → 강릉 신복사지 3층석탑(보물 제87호) 모방

5-3 승탑과 탑비

(1) 승탑의 개념과 구조

① 승탑(僧塔)의 의미 : 승려의 사리탑(사리봉안 조형물)

(가) 고승의 묘탑 : 덕망 높은 스님이 입적하면 제자와 신도들이 스승의 묘탑을 만들어 받듦

(나) 다양한 명칭 : 묘탑(墓塔), 승묘탑(僧墓塔), **승탑**(僧塔), **부도**(浮屠)와 부도(浮圖), 부도탑(浮屠塔), 조사탑(祖師塔), **선사탑**(禪師塔) 등

(다) 석종(石鍾) : 고려 말 동종 형태로 만든 부도

② 승탑의 형식

(가) 구조 : 기단부 + 탑신부(탑신석 + 옥개석) + 상륜부

(나) 종류 : 단층의 건물 형태로, 팔각원당형(八角圓堂型), 종형(鐘型), 복발형(覆鉢型)

　㉮ 팔각원당형 : 나말여초에 유행한 우리나라 부도의 주류. 기단 · 탑신 · 옥개 모두 8각의 단층 형식 → 구례 연곡사 동 승탑(국보 제53호)

　㉯ 종형, 복발형 : 범종이나 바릿대를 기단 위에 올려놓은 형태 → 장성 백양사 소요대사탑(보물 제1346호)

(2) 탑비의 개념과 구조

① 탑비(塔碑)의 의미 : 입적 승려의 생전 행장을 기록하여 전하고 현창하기 위해 세우는 행적비(대개 부도와 한 쌍을 이루어 건립)

② 탑비의 구조 : 귀부부 + 비신부 + 이수부

  ⑦ 귀부부(龜趺部) : 비신과 이수를 지탱(편년 파악의 기준). 고려 중기 이후 거북 모양은 줄고 대석 모양이 늘어남

  ⑭ **비신부**(碑身部) : 탑비의 중심(건립 연대와 선사에 대한 기록)

  ⑭ 이수부(螭首部) : 비신석 수호의 의미와 장식 효과. 앞면에 제액(題額)을 마련하여 탑비 주인공을 밝혀주는 부분

(3) 승탑의 시대별 변천

우리나라 승탑은 별도의 탑원을 마련하여 승탑과 탑비를 안치하고 승탑의 모양은 조선시대 이전까지 별개의 형태로 제작되었으며, 고려 말기 석탑형 승탑과 석종형 승탑이 나타남. 조선시대 후기에는 간단한 석종형 승탑이 크게 유행

① 삼국 : 『삼국유사』에 7세기 초 백제의 혜현, 신라의 원광, 혜숙에 대한 기록

② 통일신라

  ⑦ 현존하는 대부분의 승탑은 통일신라 하대에 조성 → 선종의 융성(9세기 이후)과 관련

  ⑭ 팔각원당형 : 조선시대까지 계승

    ⑦ 원주 흥법사지 염거화상탑(국보 제104호) : 건립 시기(844)가 확실한 최고(最古)의 부도

    ⑭ 곡성 태안사 적인선사탑(보물 제273호), 화순 쌍봉사 철감선사탑(국보 제57호), 남원 실상사 증각대사탑(보물 제38호)

③ 고려

  ⑦ 장중한 규모에 과장된 지붕, 변형이 다양한 기단부 → 여주 고달사지 원종대사탑(보물 제7호), 문경 봉암사 정진대사탑(보물 제171호), 원주 흥법사지 진공대사탑 및 석관(보물 제365호)

  ⑭ 후대로 갈수록 왜소해짐 → 곡성 태안사 광자대사탑(보물 제274호), 공주 갑사 승탑(보물 제257호), 영동 영국사 승탑(보물 제532호)

  ⑭ 이형승탑 : 보궁형(원주 법천사지 지광국사탑-국보 제101호), 탑형(원주 영전사지 보제존자탑-보물 제358호 → 5층석탑과 동일), 석종형(개성 화장사지 공선사탑), 탑신원구형(충주 정토사지 홍법국사탑-국보 제102호)

④ 조선

  ⑦ 기단부와 지붕도 두툼해지고, 탑신이 북 모양으로 비대, 조각 장식도 굵게 표현. 후대로 갈수록 지붕이 솟아오르고 상륜부는 길쭉해져 고려의 것과 구별됨 → 충주 청룡사지 보각국사탑(국보 제197호), 양주 회암사지 무학대사탑(보물 제388호)

  ⑭ 간단한 석종형 승탑과 복합형 승탑(팔각당형 + 석종형) 조성

5-4 석 등

(1) 석등의 개념과 구조

① 석등(石燈)의 의미 : 조명과 신앙심 환기를 위한 조형물

   ⑺ **광명등**(光明燈) : 부처의 광명을 상징

   ⑻ 사찰, 고승의 묘탑과 임금과 정승의 능묘 앞에도 장명등이란 이름으로 건립

② 석등의 구조 : 귀부부 + 비신부 + 이수부

   ⑺ 대석부(하대석 – 간주석 – 상대석) + **화사석**(불발기집, 등이 안치됨) + 옥개석과 상륜부

   ⑻ **간주석**(중대석) : 가장 특징적인 부분으로 석등 분류 기준

      ㉮ 팔각 간주석형 : 팔각형(팔각기둥형) 평면이 가장 일반적인 형식 → 영주 부석사 무량수전 앞 석등(국보 제17호)

      ㉯ 고복형(鼓腹型) : 장고를 엎어놓은 형태

      ㉰ 사자형 : 사자가 상대석과 화사석을 받치는 형상(우리나라 석등 중 가장 우수하고 아름다운 수법)

         • 통일신라 : **보은 법주사 쌍사자 석등**(국보 제5호), 합천 영암사지 쌍사자 석등(보물 제353호), 광양 중흥산성 쌍사자 석등(국보 제103호)

         • 고려 : 여주 고달사지 쌍사자 석등(보물 제282호 – 사자가 마주 서지 않고 나란히 엎드려 있는 모습)

         • 조선 : 양주 회암사지 무학대사탑 앞 쌍사자 석등(보물 제389호)

      ㉱ 사각 간주석형 : 기둥을 제외한 다른 부재가 사각형 → 논산 관촉사 석등(보물 제232호), 개성 현화사 석등

      ㉲ 장명등 : 고려와 조선시대 능묘 앞에 세워진 석등. 사각형(공민왕릉)에서 팔각장명등(조선 초기)으로 변화. 숙종 이후 규모가 축소되고 사각장명등으로 변화

(2) 석등의 시대별 변천

① 삼국 : 상륜부를 제외한 모든 부재의 평면이 팔각형 유지

② 통일신라 : 가람의 중심축선상에 석등을 배치. 석탑 앞에도 석등 배치. 800년대를 중심으로 고복형과 쌍사자 석등 등장. 복잡하고 화려한 공예 장식 → 보은 법주사 쌍사자 석등(국보 제5호), 구례 **화엄사 각황전 앞 석등**(국보 제12호)

③ 고려 : 지역별로 다종다양한 석등 양식 출현. 불상 앞에도 배치. 사각형 · 육각형 평면의 일반화

④ 조선 : 무덤 앞 장명등 성행. 사각형 평면이 주류

5-5 당간지주

(1) 당간지주의 개념과 구조

① 당간지주(幢竿支柱)의 의미 : 당(불화가 그려진 장식 깃발)을 걸기 위한 시설물인 당간을 고정하여 세우기 위한 지주

㉮ 통일신라 직후부터 제작되어 사찰의 필수 건조물로 입구에 세워짐 → 사찰이 남아있지 않아도 당간지주 배치를 통해 사찰 배치 추정 가능

㉯ 사찰의 장엄을 위한 기능적 측면

② 당간지주의 구조 : 당간부 + 기단부 + 간대부 + 지주부(편년 파악의 기준)

(2) 시대별 특징

기본 형식상의 큰 변화는 없으며, 양 지주를 장식하는 문양과 치석 수법에서 시대적 특징을 보임. 지주부는 형태와 결구 수법에 따라서 제작 시기를 가늠

① 통일신라 : 안정되고 세련된 지주

② 고려 : 기단부가 마련되지 않거나 장식대가 사라짐

③ 조선 : 괘불신앙 성행과 당간의 상징성 약화로 당의 필요성이 감소

- 괘불지주(掛佛支柱) : 괘불(사찰 의식 때 거는 불화)을 걸기 위해 만든 지주

최신기출 2016. 4. 9 시행

문화재에 관한 설명으로 옳지 않은 것은?

① 부도는 승려의 사리를 안치한 묘탑이다.

② 석조는 주로 사찰에서 돌을 넓게 파서 물을 받아 사용하도록 만든 것이다.

③ 석등은 다른 마을과의 경계를 표시하기 위해 설치된 돌로 만든 구조물이다.

④ 당간지주는 사찰 입구의 당간을 세우는 기둥이다.

정답 ③번

5-6 불 상

(1) 불상의 개념과 종류

① 불상(佛像)의 의미 : 진리를 깨달은 사람[覺者]인 부처(Buddha, 佛陀)를 시각적 조형 매체로 표현한 조각상 → 인간적 모습을 한 불상은 스투파보다 구체적인 신앙의 대상이 됨

② 불상의 종류

㉮ 불격에 따른 분류 : 응신불(석가여래), 법신불(아미타불 · 비로자나불 · 약사불 · 미륵불), 보살(관세음보살 · 대세지보살 · 지장보살 · 일광보살 · 월광보살), 나한

(나) 재료에 따른 분류 : 불상의 재료에는 제약이 없음 → 목불, 소조불(흙), 금불, 은불, 금동불, 철불, 도자불, 건칠불, 석불

  ㉮ 금불상 : 경주 구황동 금제여래입상(국보 제80호)

  ㉯ 금동불상

- **금동연가7년명여래입상**(국보 제119호) : 고구려의 대표적인 불상(전체 높이 16.2cm). 불신과 광배 · 대좌가 거의 완전하고, 광배 후면에 4행 47자의 조성명문이 음각
- **금동관음보살입상**(국보 제128호)
- 금동미륵보살반가사유상 : 고구려(국보 제118호), 백제(일월보관 – 국보 제78호), 신라(삼산관 – 국보 제83호)

  ㉰ 철불상 : 철원 도피안사 철조비로자나불좌상(국보 제63호)

  ㉱ 목불상 : 일본 교토 고류지(廣隆寺) 소재 목조미륵반가사유상(일본 국보 1호) → 한반도에서 생산되는 적송(赤松)으로 제작

  ㉲ 석불 : 가장 일반적 → 견고한 화강암은 불상과 석굴 조영에 어려움을 주었으나, 한국적 도상과 마애석불의 양식을 잉태

- **서산 용현리 마애여래삼존상**(국보 제84호) : '백제의 미소'로 유명한 마애불. 좌협시가 반가사유상
- 경주 배동 석조여래삼존입상(보물 제63호)
- **경주 석굴암 석굴**(국보 제24호) : 신라 석상의 최대 걸작품(인공석굴)
- **논산 관촉사 석조미륵보살입상**(은진미륵 – 보물 제218호) : 968년(광종 19) 조성 기록. 향토적 특색의 **토착성** 강한 불상으로 새로운 지방적 미의식의 표현. 현존 불상 중 최대(18m)

  ㉳ 소조불 : **흙**으로 만든 불상

- **영주 부석사 소조여래좌상**(국보 제45호) : 신라의 불상 양식을 계승한 고려시대 최대의 걸작품

  ㉴ **건칠상 : 종이**나 **천**으로 불상을 만든 후 **옻칠**

(다) 자세에 따른 분류 : 입상, 좌상(항마좌 · 반가좌 · 공양좌), 와상(열반상)

(라) **수인**(手印)에 따른 분류

  ㉮ 선정인(禪定印) : 왼쪽 손의 손바닥을 위로 해서 배꼽 앞에 놓고 오른손도 손바닥을 위로 해서 그 위에 겹쳐 놓으면서 두 엄지손가락을 서로 맞대어놓는 형식(결가부좌)

  ㉯ **항마촉지인**(降魔觸地印) : 부처가 악마의 유혹을 물리치고 깨달음에 이르는 순간을 상징(결가부좌)

  ㉰ 전법륜인(轉法輪印) : 양손을 가슴 앞에 올려 오른손등이 보이게 하고 왼손 손가락을 감싸듯 모아쥔 형상. 부처가 처음 깨달은 후 바라나시의 녹야원에서 다섯 비구와 중

생들에게 최초로 설법할 때의 수인

ⓐ 시무외인(施無畏印) : 오른손을 어깨 높이까지 올려 다섯 손가락을 위로 뻗고 손바닥을 바깥으로 향하는 자세(구원 · 보호 · 축복의 상징)

ⓔ **지권인(智拳印)** : 좌우 두 손 모두 엄지를 속에 넣고 주먹을 쥔 다음에 왼손을 가슴까지 들어 검지를 펴서 세운 다음 오른손 소지로 왼손의 첫째 마디를 잡고, 오른손 주먹 속에는 엄지 끝을 서로 댄 모양(비로자나불)

ⓐ 길상(吉相)에 따른 분류

㉮ 법의(法衣)

- 통견(通肩) : 두 어깨를 모두 가리는 형식
- 우견편단(右肩偏袒) : 오른쪽 어깨는 가사를 벗어서 노출되고 왼쪽 어깨만 걸쳐있는 형식

㉯ **광배(光背)** : 빛을 발하는 부처의 신성함을 나타내기 위한 장식 조각 → **두광(頭光), 신광(身光), 거신광(擧身光)**

㉰ 육계 : 정수리에 혹처럼 솟은 부분

㉱ 나발 : 소라 모양의 머리카락

㉲ 백호 : 눈썹 사이의 희고 빛나는 털(점×). 보통 수정이나 유리구슬을 박아서 표현

㉳ 삼도 : 목에 표현된 세 줄기 주름. 수행의 3단계 또는 원만하고 광대한 부처를 상징

㉴ **대좌(臺座)** : 부처가 앉는 자리 → **연화좌**(가장 일반적), 상현좌(裳懸座), 사자좌, 코끼리좌, 공작좌, 마좌, 금시조좌, 수미단, 생령좌 등

(2) 불상의 시대별 특징

우리나라의 불상들은 대부분 500년대 이후에 제작되었다.

① 삼국 : 독립된 반가사유상 유행

㉮ 고구려 : 금동연가7년명여래입상(일광삼존불 형식) → 동사(東寺)에서 작은 천불상을 만들어(539) 신라 지역에 전파했던 것. 거칠면서 강직한 고구려적 표현 감각

㉯ 백제 : 특유의 독자적 마애불(백제의 미소). 집보주 관음보살상

㉰ 신라 : 우견편단의 여래입상. 석불이 많음. 호국 신앙적 성격과 현세 구복적 약사 신앙으로 약사상 유행

② 통일신라 : 한국 불교미술의 최전성기

㉮ 8세기 : **석굴암 불상군** → 신라인이 염원한 정토 세계를 예술적으로 승화시킨 걸작

㉯ 9세기 : 호족들의 비로자나불 조성 후원(철불 증가). 선종 9산 선문 중심(승탑 위주)으로 퇴조

③ 고려 : 토착화된 한국적 불상 완성

㉮ 전기 : 지방 양식의 석불과 철불이 많음

(ᄂ) 후기 : 금동불이 주류. 목불과 건칠불 등장. 원의 영향으로 라마 양식 불상의 수용

④ 조선 : 숭유억불 정책으로 불상 제작 감소 및 조각 기술 퇴보

　(ᄀ) 전기 : 목조와 소조가 증가하고 대형화. 불상 내부 복장물에 **발원문** 납입(불상 제작의 목적과 유파 등을 파악)

　(ᄂ) 후기 : 도상과 양식이 획일화되고 초대형 불상이 조성. 삼세불(석가불 · 아미타불 · 약사불)이 가장 많고, 양란 이후 내세와 관련된 **지장보살상**(명부전)을 많이 제작

최신기출 2016. 4. 9 시행

양양 낙산사에 관한 설명으로 옳은 것은?

> ㉠ 낙산사 홍련암은 1994년 강원도 문화재자료로 지정되었다.
> ㉡ 2005년 화재로 인해 큰 피해를 입었다.
> ㉢ 신라 문무왕 때 의상대사에 의해 창건되었다.
> ㉣ 양양 낙산사 건칠관음보살좌상은 2003년 국보로 지정되었다.

① ㉠, ㉡　　　　　　　　　② ㉠, ㉣

③ ㉡, ㉢　　　　　　　　　④ ㉢, ㉣

 ㉠ 1984년 강원도 문화재자료 제36호. 의상대사가 붉은 연꽃 위에 나타난 관음을 보고 대나무가 솟은 자리에 홍련암을 지었다는 설화가 전해 내려오고 있다. ㉣ 보물 제1362호

정답 ③번

1 불교에서 말하는 삼보(三寶)에 해당하지 않는 것은?

① 불보 ② 업보 ③ 법보 ④ 승보

 해설 부처(불)와 부처의 가르침(법)과 수행하는 승려(승)

2 (   ) 안에 들어갈 불전을 순서대로 나열한 것은?

> • (   ) : 서방 극락세계에 살면서 중생에게 자비를 베푸는 아미타불을 모심
> • (   ) : 화엄신앙 최고의 부처인 비로자나불을 모심

① 미륵전, 비로전 ② 극락전, 대적광전 ③ 약사전, 무량수전 ④ 명부전, 비로전

3 사찰에 관한 설명으로 옳지 않은 것은?

① 화엄사 : 주불전은 각황전으로 비로자나불을 모시고 있다.
② 통도사 : 석가모니의 진신사리를 봉안하고 있는 적멸보궁이다.
③ 부석사 : 무량수전은 팔작지붕에 다포 양식이다.
④ 해인사 : 부처님의 가르침인 팔만대장경 경판을 봉안하고 있다.

4 석탑의 구성 중 가장 꼭대기에 위치하는 것은?

① 탱주 ② 보주 ③ 보륜 ④ 찰주

 해설 상륜부의 구조 : 노반−복발−앙화−보륜−보개−수연−용차−보주−찰주

5 신중단에 속하는 전각을 바르게 나열한 것은?

① 나한전, 조사당 ② 지장전, 독성각
③ 산신각, 칠성각 ④ 삼성각, 영산전

 해설 신중단의 전각 : 삼성각, 산신각, 칠성각, 독성각, 조사당

정답 1 ② 2 ② 3 ③ 4 ④ 5 ③

6 탑 양식이 목탑에서 석탑으로 넘어가는 과정을 보여주는 우리나라 최고(最古)의 석탑은?

① 익산 미륵사지 석탑   ② 경주 분황사 석탑

③ 황룡사지 9층 목탑   ④ 법주사 팔상전

 해설   ① 석재를 목탑 양식으로 쌓은 백제의 석탑, ② 전탑 양식을 모방한 모전석탑, ④ 17세기에 건축된 현존하는 최고의 목탑

7 황룡사 9층목탑과 불국사 3층석탑을 지은 장인을 바르게 나열한 것은?

① 아사달, 아비지   ② 김대성, 아사달   ③ 아비지, 아사달   ④ 김대성, 아비지

8 국보 제20호, 제21호를 바르게 나열한 것은?

① 익산 미륵사지 석탑, 경주 감은사지 3층석탑

② 부여 정림사지 5층석탑, 여주 고달사지 승탑

③ 경주 석굴암 석굴, 경주 첨성대

④ 경주 불국사 다보탑, 경주 불국사 3층석탑

9 불상의 길상에 관한 설명이 옳지 않은 것은?

① 육계 : 정수리에 솟은 상투 모양의 머리

② 나발 : 소라 모양의 머리카락

③ 백호 : 눈썹 사이의 희고 빛나는 점

④ 삼도 : 목에 표현된 세 줄기 주름

해설   백호(白毫) : 눈썹 사이의 희고 빛나는 털

10 사천왕상의 이름과 수호 지역 방향이 올바르게 연결된 것은?

① 지국천왕 – 동쪽   ② 증장천왕 – 서쪽   ③ 다문천왕 – 남쪽   ④ 광목천왕 – 북쪽

해설   지국천왕(동방 – 비파), 광목천왕(서방 – 용 · 여의주), 증장천왕(남방 – 칼), 다문천왕(북방 – 보탑)

11 현존 최고의 목조 건물로써 전하는 고려시대의 건축물은?

① 봉정사 극락전   ② 부석사 무량수전

③ 수덕사 대웅전   ④ 금산사 미륵전

정답   6 ①   7 ③   8 ④   9 ③   10 ①   11 ①

12 불(佛)·법(法)·승(僧)의 삼보사찰(三寶寺刹)이 바르게 나열된 것은?

① 통도사, 해인사, 송광사　　　　② 송광사, 해인사, 조계사

③ 백양사, 수덕사, 봉덕사　　　　④ 불국사, 법주사, 승가사

 해설　부처(불)와 부처의 가르침(법)과 수행하는 승려(승)

13 백제의 주된 가람배치 형식은?

① 1탑 1금당　　　② 1탑 2금당　　　③ 1탑 3금당　　　④ 쌍탑 가람

14 송나라와 원나라의 영향을 받은 대표적인 고려의 탑을 바르게 나열한 것은?

① 마곡사 5층석탑, 월정사 8각 9층석탑

② 월정사 8각 9층석탑, 원각사지 10층석탑

③ 경천사지 10층석탑, 마곡사 5층석탑

④ 월정사 8각 9층석탑, 경천사지 10층석탑

15 일체의 무명 번뇌를 없애고 부처의 지혜를 얻는다는 뜻의 비로자나불이 취하는 수인은?

① 선정인　　　② 지권인　　　③ 시무외인　　　④ 항마촉지인

16 조선 후기에 많이 제작된 삼세불에 해당하지 않는 불상은?

① 석가불　　　② 아미타불　　　③ 약사불　　　④ 비로자나불

17 팔각원당형의 기본 양식을 취하고 있지 않은 부도는?

① 원주 흥법사지 염거화상탑　　　② 곡성 태안사 적인선사탑

③ 화순 쌍봉사 철감선사탑　　　　④ 충주 정토사지 홍법국사탑

 해설　탑신원구형 : 팔각원당형을 유지하면서도 탑신이 구형으로 제작되었다.

정답　12 ①　13 ①　14 ④　15 ②　16 ④　17 ④

6. 유교 건축

6-1 **향 교**

(1) 향교의 개념과 변천

① 향교(鄕校)의 의미 : 지방 유학 교육을 위해 군현에 설치한 관학 교육기관 → 교육 + 성현에 대한 제사

㉮ 과거 응시를 위한 관리 양성 기구 → 『경국대전』에서 향교 학생 수와 향교전 등을 규정

㉯ 향교는 수령 통치의 중요한 임무 → 수령칠사(守令七事)의 흥학교(興學校) 항목

② 향교의 운영

㉮ 중앙에서 교수(종6품)와 훈도(종9품) 파견, 토지와 노비 지원 → 조선 후기에는 지방 양반들로 구성된 교임(校任)들로 구성(관의 간섭 배제, 제례 주관, 재정 관장)

㉯ 서원이 발달하면서 향교는 제향 위주로 변신 → 농민 수탈이 심해지고 피역(避役)의 소굴로 변질(교육기관의 수탈 기관화)

㉰ 교생은 신분에 따라 구분하여 차별

㉮ **액내 교생(양반)** : 후기에는 양반들이 청금 유생(동재 유생)으로 청금록에 등록

㉯ **액외 교생(평민 · 서얼)** : 후기에는 서얼이나 평민들이 액내 교생(서재 유생)이 됨(피역 목적)

(2) 향교의 건축구조

① 향교의 입지 : 읍내 인근의 경관 좋은 경사지에 남향으로 배치(인문 · 자연환경의 조화)

② 향교의 구성 : **전묘후학**(평지형), 전학후묘(경사지형)

㉮ 제향 공간 : 대성전 + 동무 + 서무 → 제향 공간이 강학 공간보다 우위

㉮ **대성전** : 공자를 비롯한 성현들의 신위(**위패**)를 모시고 제향하는 가장 중요한 건물

- 공자의 위패를 가장 가운데[正位]에 놓고 양쪽에 공자 제자들을 배향 → 서원은 한 인물만 배향
- 사성 : 안자, 증자, 자사, 맹자
- 공문십철 : 민손, 염경, 염옹, 재여, 단목사, 염구, 중유, 언언, 복상, 전손사
- 송대육현 : 주돈이, 정호, 정이, 소옹, 장재, 주희

㉯ 동무, 서무 : 대성전 앞 좌우에 배치된 행랑. 중국과 우리나라 선현들의 위패 봉안 → 규모가 큰 경우에는 공문 72현, 한당송원 22현, 동국 18현

㉰ 계성사(啓聖祠) : 5성(공자 · 안자 · 증자 · 자사 · 맹자)의 선친을 배향 **예** 전주향교

㉯ 강학 공간 : 명륜당 + 동재 + 서재

㉮ **명륜당** : 강학을 하는 건물. 담당 교수의 거처 → 대청 + 좌우 방(온돌) 구조

㉯ **동재, 서재** : 학생의 공간으로 기숙사 역할. 명륜당 앞이나 뒤에 대칭으로 배치 → 부엌 · 방 · 대청 · 광으로 구성된 일반 민가의 형태

㉰ 신문(神門) : 대성전과 명륜당 사이의 내삼문

㈐ 부속 건물

㉮ 존경각(장판각) : 서책이나 목판 보관

㉯ 교직사 : 향교를 관리하는 살림집

㉰ 전사청(제기고) : 제수를 마련하고 제기 용품을 보관

㉱ 누각 : 향교의 전면에 배치된 문루(토론과 접객 기능)

㉲ 외삼문 : 누각이나 솟을대문 형식의 출입문

㉳ 홍살문 : 신성한 지역임을 알리는 붉은 칠을 한 나무문

㉴ 하마비 : 말에서 내리라는 표지

㉵ 양사재, 사마재 : 조선 후기 향교 교육을 회복하고자 지방관이 별도로 향교나 향교 부근에 설치

(3) 현존하는 향교

① 남한에 231개의 향교

② 주요 향교

㈎ 동래향교 : 전학후묘 전재후당. 고려 때 창건, 1812년(순조 12) 현 위치로 이전. 조선 시대 향교의 전형

㈏ 강릉향교 : 전학후묘 전당후재. 1313년(충선왕 5) 창건, 화재로 1413년 재건립. 왼편에 사마재

㈐ **전주향교**(사적 제379호) : 전묘후학. 고려 말 지금의 **경기전**(慶基殿) 부근에 창건, 1603년(선조 36) 현 위치로 이전 → **계성사** 현존

㈑ 밀양향교 : 묘학병렬(좌묘우학) 전재후당. 1100년경 창건, 1602년(선조 35) 현 위치에 중건

㈒ 제주향교 : 1394년(태조 3)에 제주 관덕정(보물 제322호) 동쪽의 향교전(鄕校田)에 창건(전학후묘), 1827년(순조 27) 현 위치로 이전(좌묘우학). 대성전(보물 제1902호)

6-2 서 원

(1) 서원의 개념과 변천

① 서원(書院)의 의미 : 조선시대에 선현을 배향하고 유생들을 교육하던 지방의 사학 교육기관 → 교육 거점 + 선현을 숭앙하는 제향처

(가) 서원의 기능 : 인재 양성, 시정 비판, 사림의 공론 유지

(나) 성리학 발전의 촉진과 향촌 문화의 수준 향상에 기여 → 유·무형의 복합 문화

② 서원의 운영

(가) 송(宋) 대에 선현을 봉사하며 공부하던 서원 출현 → 남송 대 주자의 백록동서원

(나) **백운동서원** : 1543년(중종 38) 풍기 군수 **주세붕**이 숙수사 터에 설립한 우리나라 최초의 서원. 1550년(명종 5) 풍기 군수 **이황**의 건의로 **명종**이 소수서원으로 사액

(다) 초기의 서원은 경상도 지역에서 시작하여 전국으로 확산 → 붕당을 초월하여 명망 있는 인물을 배향

(라) 후기에는 붕당정치의 세력 기반으로 변질 → 붕당의 대표적 인물을 배향

(마) 국가가 토지와 노비 지급, 면세와 면역의 특혜 → 군역 도피처나 여흥의 처소, 하층민 수탈 기관으로 권력화 → 영조의 서원 철폐, 흥선대원군의 서원 혁파

(바) 조직 : 원임(원장) 1인, 원이(부원장) 1인, 유사(실무자)

(사) 교과 : 소학, 대학, 논어, 맹자, 중용, 시경, 서경, 주역, 춘추의 순서로 강의 후 평가 실시

(아) 원생 : 후기에는 양반이 아닌 자들의 입속이 증가(양반과 평민 구분)

(2) **서원의 건축구조**

① 서원의 입지 : 읍치에서 멀리 떨어진 경관 좋은 곳

② 서원의 구성 : **전학후묘**(일반형), 전묘후학, 좌묘우학·우묘좌학(제향 공간이 약간 뒤에 위치)

(가) 제향 공간 : **사당**(묘당) → 대체로 서원의 가장 뒤편, 높은 곳에 위치

• 직접적인 인물 1인 봉안(때로는 여러 명) → 서원에서는 영정을 봉안(성균관·향교에서는 위패 봉안)

(나) 강학 공간 : 강당, 재실(동·서 **양재**)

㉮ 강당 : 서원 안에서 가장 규모가 큰 건물. 넓은 대청과 온돌방으로 구성

㉯ 재실 : 원생들이 기숙하며 공부하는 곳. 동재(강당에서 봤을 때 왼쪽)에 기거하는 원생이 서재의 원생보다 선배

(다) 부속 건물 : 초기 교육 시설 중심에서 점차 제향 시설 중심으로 조성

㉮ **장서각**(장판각, 경장각, 어서각, 서고) : 문집이나 이를 찍는 판각(목판) 등을 보관

㉯ 전사청(제기고) : 제사를 마련하고 제기를 보관(목기와 죽기)

㉰ **누각** : 서원의 정문 역할 → 휴식과 담소

㉱ 교직사 : 원지기들이 거주

㉲ 외삼문(서원의 정문), 내삼문(제향 공간의 정문)

(3) 현존하는 서원

① 현존 서원은 637곳 → 향교와 달리 특별한 역사성을 지닌 경우가 많음

　㉮ 서울 지역 서원 : 도봉서원＋(수곡서원, 구암서원, 백운서원)

　㉯ 한국의 서원 : 우리나라의 세계유산 잠정 목록

② 주요 서원

　㉮ 영주 소수서원(사적 제55호) : 1543년(중종 38) 숙수사 절터 위에 창건, 1550년(명종 5) 사액 → 배치 정형이 없는 초기 서원

　　• 배향 : **안향**, 안축, 안보, 주세붕

　㉯ 안동 **도산서원**(사적 제177호) : 1574년(선조 7) 창건된 서원의 대명사(서원 건축의 전형)

　　• 배향 : 퇴계 **이황**

　㉰ 장성 필암서원(사적 제242호) : 1590년(선조 23) 창건, 정유재란 때 소실되어 1672년(현종 13) 현 위치에 중건. 서원의 기본 구조를 모두 갖추고 있음

　　• 배향 : 하서 김인후와 그의 사위 고암 양자징

　㉱ 순천 옥천서원 : 1564년(명종 19) 건립, 1568년(선조 1) 전라도 최초로 사액

　　• 배향 : 김굉필

　㉲ 용인 심곡서원(사적 제530호) : 1605년 건립되어 1650년 사액 → 1871년(고종 8) 서원 철폐령에도 훼철되지 않은 서원

　　• 배향 : 조광조

　㉳ 논산 돈암서원(사적 제383호) : 1634년(인조 12) 창건되어 1659년(효종 10) 사액

　　• 배향 : 김장생, 김집, 송준길, 송시열

최신기출　2016. 4. 9 시행

다음 설명에 해당하는 것은?

> ㉠ 관학(官學)으로 지방의 중등 교육기관
> ㉡ 조선시대 학문 연구와 성리학적 인재 양성을 위해 설립되었던 지방의 사설 교육기관

	㉠	㉡		㉠	㉡
①	향교	서원	②	서원	사고
③	향교	객사	④	서원	향교

정답 ①번

7. 고분과 왕릉

선사시대와 삼국시대 무덤

(1) 무덤

망자의 영혼이 소멸되지 않고 영속하기를 바라는 영혼불멸 신앙에서 시체를 매장하던 풍습에서 만들어진 유물이다.

　① 무덤 주인 분명 : 능·묘 2가지로 구분 → 조선 후기에 능·원·묘로 세분화

　　⑺ **능**(陵) : **왕**과 **왕비**의 무덤

　　⑻ 원(園) : **세자**와 세자비, 왕의 부모의 무덤 → 인조 때 처음 등장하여 영조 이후에 일반화

　　⑼ 묘(墓) : 그 외의 모든 이들의 무덤

　② 무덤 주인 불명

　　⑺ **총**(塚) : 다른 유적에서는 발견되지 않는 특별한 유물이 나오거나 차별화될 때 붙이는
이름 **예** 무용총(무용하는 벽화), 천마총(천마도 발견)

　　⑻ 분(墳) : 특징이 없는 평범한 무덤. 안악 몇 호 분 하는 식으로 무덤이 위치한 지역과 고
유 번호로 명명

(2) **구석기인의 인골 출토**

덕천사람(평남 덕천), 역포아이(평양 역포구역 대현동), 상시슬기사람(단양 상시리 바위그
늘 유적), 승리산사람(평남 덕천 승리산동굴), 만달사람(평양 승호구역 만달리동굴), 용곡사람
(평양 상원군 용곡동동굴), 흥수아이(청원 두루봉동굴)

(3) **신석기 무덤**

　① 자연석을 직사각형으로 둘러 세우고, 그 속에 시체를 안치하는 환석묘(環石墓) 등장

　　⑺ 시신의 다리를 뻗게 하는 신전장(우리나라)과 구부리게 하는 굴신장

　　⑻ 동침신전앙와장(東枕伸展仰臥葬) : 시신의 머리를 동쪽으로 두고 얼굴을 위로 향하게 함

　② 유적 수에 비해 무덤 수는 적은 편

(4) **청동기시대, 철기시대 무덤**

　① **고인돌**(지석묘) : 청동기 동아시아의 대표적인 묘제

　　⑺ 종류 : 탁자식(**북방식**-전형적), 바둑판식(남방식), 개석식(바둑판식과 같으나 고임돌
없음)

　　⑻ 한반도 북부에 비해 남부의 고인돌은 규모가 작음

㉓ 우리나라의 유네스코 세계유산(2000) 고인돌

  ㉮ **고창** 고인돌 유적 : 한국에서 가장 큰 고인돌 군집 지역

  ㉯ **화순** 고인돌 유적 : 채석장 발견으로 석재 기술과 축조 과정 확인

  ㉰ **강화** 고인돌 유적 : 높은 해발 지역까지 고인돌 분포

② **돌널무덤**(석관묘) : 땅속에 널찍한 돌로 상자 모양의 널을 만든 것

③ **돌무지무덤**(적석총) : 판석으로 만든 관 위에 흙 대신 돌을 쌓아올림

④ **널무덤**(토광묘) : 지하에 수직으로 직사각형의 구덩이를 팠음

⑤ **독무덤**(옹관묘) : 2개의 항아리를 맞붙여 관을 만듦. 주로 어린아이 매장에 사용

(5) 고구려의 무덤

부장품 적음(고구려인의 현실적인 사고방식)

① 돌무지무덤 : 피라미드식 대형 적석총 출현 → 집안시의 **장군총**, 태왕릉

② 굴식 돌방무덤(횡혈식 석실분) : 3세기경 등장한 효율적 무덤

③ 고구려 고분군 : 2004년 유네스코 세계유산 등재(북한의 첫 번째 세계유산)

  ㉮ 북한의 고구려 유산은 5개 지역 고분 63기(벽화고분 16기 포함) : 강서대묘, 동명왕릉, 쌍영총, 수산리 고분, 약수리 고분 등

  ㉯ 중국 내에 있는 고구려 유산에 비해 규모가 적은 편

(6) 백제의 무덤

① 한성 시대 : **계단식 돌무지무덤**(서울 석촌동 · 가락동 일대)

② 웅진 시대 : 굴식 돌방무덤이 일반적, **벽돌무덤**(송산리6호분, 무령왕릉)

③ 사비 시대 : 돌방무덤(석실분)이 주류

④ 백제역사유적지구 : 공주 · 부여 · 익산의 백제시대를 대표하는 유산 8군데 → 한국의 12번째 세계유산(2015)

  ㉮ 공주 2곳 : 공산성, **송산리 고분군**

  ㉯ 부여 4곳 : 관북리 유적 · 부소산성, **능산리 고분군**, 정림사지, 부여 나성

  ㉰ 익산 2곳 : 왕궁리 유적, 미륵사지

(7) 신라의 분묘와 왕릉

4세기 이후 고분의 대형화(부장품 증대)

① **돌무지덧널무덤**(적석목곽묘) : 널(목관) → 덧널(목곽) → 돌무지(적석) → 봉토

② 6세기 이후 굴식 돌방무덤 보급, 불교 화장법의 유행으로 후장 풍습의 쇠퇴

③ 장판석 · 탱주 · 지대석 등으로 능 주위 보강, 석인 · 석수 · 12지신상 등 수호석으로 장식

  → 통일신라시대 오행 사상은 고려시대를 거쳐 조선시대에까지 계승

④ 29대 무열왕릉(사적 제20호) : 최초로 능비(陵碑) 건립, 신라 능묘 제도에 일대 변화

⑤ 30대 문무대왕릉(사적 제158호) : 동해의 대왕암에 수장된 수중릉

⑥ 경주역사유적지구 : 남산지구(불교미술), 월성지구(궁궐터), **대릉원지구**(고분군), 황룡사지구(불교), 산성지구(왕경 방어 시설)의 5개 지구로 구분 → 2000년 세계유산 등재

(8) 발해의 무덤

① 움무덤(말갈족 관련), 돌방무덤(고구려식), 벽돌무덤(중국식)으로 구분

② 정혜공주묘(문왕 2녀) : 돌방무덤, 고구려 양식(모줄임천장 구조)

③ 정효공주묘(문왕 4녀) : 벽돌무덤, 중국 영향

7-2 고려 왕릉

(1) 고려 왕릉의 특징

① 신라의 묘제를 계승, 굴식 돌방무덤(횡혈식석실무덤)으로 조성 → 흙으로 덮은 봉분 아래쪽에 호석을 두르고 12지신상을 조각

② 제1단(봉분·곡담·석상·망주석), 제2단(석등·문인석), 제3단(무인석), 제4단(제각·능비) → 조선 왕릉의 기본 틀을 제공

(2) 고려 왕릉의 현황

① 개경, 개풍, 장단 일대와 강화도에 왕릉 분포

② 강화도의 왕릉(4기) : 조선 현종 때 강화유수 조복양이 찾아냄 → 몽골 침입으로 인한 피난 수도로서의 지역적 한계(대규모 왕릉 조성의 어려움)

　㉮ 석릉(碩陵) : 21대 희종 → 희종의 정비 성평왕후(成平王后) 임씨의 소릉(紹陵)이 강화도에 있었다는 역사적 근거가 있으나 위치가 불명

　㉯ 곤릉(坤陵) : 22대 강종의 왕비 원덕왕후(元德王后) 유씨

　㉰ 홍릉(洪陵) : 23대 고종

　㉱ 가릉(嘉陵) : 24대 원종의 왕비 정순왕후(靜順王后) 김씨

③ 공양왕릉(恭讓王陵) : 고려의 마지막 임금 34대 공양왕의 능묘는 2군데 → 고양(사적 제191호)과 삼척 중 어느 곳에 묻혀있는지 미확인

④ 현존하는 고려 왕릉 총 29기 중 24기는 북한 지역에 소재

　㉮ 태조의 현릉(顯陵)과 공민왕의 현정릉(玄陵·正陵) 등 일부를 제외하고 사실상 무관리 → 개성시의 다른 유적들과 함께 고려왕릉도 2013년 유네스코 세계유산에 등재(북한에서 2번째)

　㉯ 개성역사유적지구 : 개성남대문, 개성성벽, 숭양서원, 표충비, 선죽교, 고려성균관, 만월대, 왕건왕릉, 공민왕릉, 개성첨성대, 칠릉떼, 명릉떼 등이 포함(약 150만 평)

7-3 조선 왕릉

(1) 조선 왕릉의 개요

① 조선왕조 519년 27대에 걸친 왕과 왕비의 무덤(44기)

㉮ 고려의 왕릉 제도를 계승 → 공민왕과 노국대장공주의 능이 기준 역할

㉯ 폐위된 10대 연산군(이융)과 15대 광해군(이혼)의 묘는 왕릉에서 제외

㉰ 북한에 있는 태조의 원비 신의왕후 한씨의 제릉(齊陵)과 2대 정종과 정안왕후의 **후릉**(厚陵)은 세계문화유산에 등재되지 못함

→ 44기 중 폐위된 연산군과 광해군의 묘, 북한에 있는 제릉과 후릉을 제외한 40기가 유네스코 세계유산으로 등재(2009)

• 폐위된 왕과 왕비의 묘 : 구분상 왕릉이 아님 → 유네스코 세계문화유산에서도 제외
  - 연산군묘(10대 연산군, 거창군부인 신씨) : 서울시 도봉구
  - 광해군묘(15대 광해군, 문성군부인 유씨) : 남양주시 진건읍 사능리
  - 회묘(폐비 윤씨) : 고양시 덕양구 원신동 서삼릉 경내
  - 성묘(공빈 김씨) : 남양주시 진건면 송능리
  - 대빈묘(희빈 장씨) : 고양시 덕양구 용두동 서오릉 경내

② 조선의 제례

혼(魂)	종묘(宗廟), 사당(祠堂), 지방(紙榜)	묘호(廟號)	예 세종(世宗)
백(魄)	능(陵), 원(園), 묘(墓)	능호(陵號)	예 영릉(英陵)

③ 봉분의 배치 형식

㉮ 단릉(單陵) : 왕 또는 왕비를 홀로 모신 능

㉯ 쌍릉(雙陵) : 왕과 왕비의 두 봉분이 좌우로 나란히 있는 능

㉰ 삼연릉(三連陵) : 왕 · 원비 · 계비의 세 봉분이 나란히 조성된 능[西上制]

㉱ 동원상하릉(同原上下陵) : 혈이 좁아 좌우로 조성할 수 없어 위 · 아래로 조성한 능

㉲ 동원이강릉(同原異岡陵) : 하나의 정자각에 왕과 왕비가 언덕을 달리하여 봉분을 조성한 능

㉳ 합장릉(合葬陵) : 왕 · 왕비의 2인 또는 왕 · 왕비 · 계비의 3인을 같은 능침에 모신 능

(2) 조선 왕릉의 위치

① 교(郊) : 도성으로부터 100리 안에 조성 → 왕이 하루 행차할 수 있는 거리

㉮ 조선시대의 왕릉과 원은 3기를 제외하고는 도읍지인 한양에서 40 km 이내에 입지 → 총 53기(왕릉 40기, 원 13기)

㉯ 예외 : 세종의 영릉(英陵)−여주, 효종의 영릉(寧陵)−여주, 단종의 장릉(莊陵)−영월

② 서울의 왕릉

  (가) **정릉**(貞陵) : 태조의 계비 신덕왕후(神德王后) 강씨 → 단릉

    • 태종에 의해 정동에서 양주(현 성북구 정릉동)로 격하 이장, 석물들은 **광통교**(廣通橋) 공사에 쓰임

  (나) **헌릉**(獻陵) : 3대 **태종**(太宗)과 원경왕후(元敬王后) 민씨 → 쌍릉

  (다) 인릉(仁陵) : 23대 순조(純祖)와 순원왕후(純元王后) 김씨 → 합장릉

  (라) 선릉(宣陵) : 9대 성종(成宗)과 계비 정현왕후(貞顯王后, 자순대비) 윤씨 → 동원이강릉

  (마) 연산묘(燕山墓) : 10대 연산군과 거창군부인 신씨 − 도봉구 방학동

  (바) 정릉(靖陵) : 11대 중종(中宗) → 단릉

    ※ 임진왜란 때 성종의 선릉과 중종의 정릉은 왜군에게 파헤쳐지고 시신이 불태워짐. 또한 현재 빌딩 숲에 둘러싸여있음

  (사) 태릉(泰陵) : 중종의 2계비 문정왕후(文定王后) 윤씨(소윤)

  (아) 강릉(康陵) : 13대 명종(明宗)과 인순왕후(仁順王后) 심씨 → 쌍릉

  (자) 의릉(懿陵) : 20대 경종(景宗)과 계비 선의왕후(宣懿王后) 어씨 → 동원상하릉

    • 1960년대 초 의릉 경내에 자리했던 옛 중앙정보부에 의해 조선 왕릉의 기본 능제가 훼손됨

③ 서울 근교의 왕릉

  (가) 동구릉(東九陵) : 한국 최대의 왕릉군 − 구리시 인창동

    ㉮ **건원릉**(健元陵) : 1대 태조(太祖) → 유일하게 3글자

    ㉯ 현릉(顯陵) : 5대 문종과 현덕왕후

    ㉰ 목릉(穆陵) : 14대 선조와 정비 의인왕후, 계비 인목왕후[소성대비 − 영창대군의 어머니, 광해군에 의해 서궁(西宮)에 유폐]

    ㉱ 휘릉(徽陵) : 16대 인조 계비 장렬왕후

    ㉲ 숭릉(崇陵) : 18대 현종과 명성왕후(明聖王后)

    ㉳ 혜릉(惠陵) : 20대 경종의 정비 단의왕후

    ㉴ 원릉(元陵) : 21대 영조와 계비 정순왕후(貞純王后) 김씨

    ㉵ 경릉(景陵) : 24대 헌종과 정비 효현왕후, 계비 효정왕후 → 조선 왕릉 중 유일하게 3개의 봉분(가운데가 효현왕후 능침)

    ㉶ 수릉(綏陵) : 추존왕 익종(효명세자 − 순조 장남)과 신정왕후 조씨

  (나) 사릉(思陵) : 6대 단종의 정비 정순왕후(定順王后) 송씨 − 남양주시 진건읍 사능리

  (다) 광릉(光陵) : 7대 세조와 정희왕후 − 남양주시 진건읍 부평리

(라) 광해묘(光海墓) : 15대 광해군과 문성군부인 유씨 – 남양주시 진건읍 사능리

　※ 성묘(成墓) : 14대 선조의 후궁 공빈 김씨(광해군 생모) – 남양주시 진건면 송능리 → 산후통으로 25
　　세 나이에 임종. 광해군 때 올려졌던 공성왕후(恭聖王后) 시호와 성릉(成陵)의 능호는 인조에 의해
　　모두 삭탈됨

(마) 홍 · 유릉(洪 · 裕陵) : 황제릉으로 조성되어 석물의 배치가 왕릉과 다름 – 남양주시 금
　곡동

　㉮ 홍릉(洪陵) : 26대(대한제국 1대) 고종 광무제와 명성황후(明成皇后) 민씨

　㉯ 유릉(裕陵) : 27대(대한제국 2대) 순종 융희제와 순명효황후 민씨, 순정효왕후 윤씨

(바) 영 · 영릉(英 · 寧陵) : 여주군 능서면 왕대리

　㉮ 영릉(英陵) : 4대 세종과 소헌왕후 심씨 → 조선 왕릉 최초의 합장릉

　　• 1970년대 '세종대왕 성역화 사업'이란 이름으로 영릉의 기존 능제를 훼손

　㉯ 영릉(寧陵) : 17대 효종과 인선왕후 → 동원상하릉. 후대 왕들의 주요 참배지(숙종 ·
　　영조 · 정조)

(사) 장릉(莊陵) : 6대 단종 – 영월군 영월읍 영흥리 → 도성에서 가장 먼 거리

(아) 서오릉(西五陵) : 고양시 덕양구 용두동

　㉮ 창릉(昌陵) : 8대 예종과 안순왕후

　㉯ 명릉(明陵) : 19대 숙종과 1계비 인현왕후, 2계비 인원왕후

　㉰ 익릉(翼陵) : 19대 숙종의 정비 인경왕후

　㉱ 홍릉(弘陵) : 21대 영조의 정비 정성왕후

　㉲ 경릉(敬陵) : 추존왕 덕종(성종 아버지)과 소혜왕후

　　※ 대빈묘(大嬪墓) : 19대 숙종 후궁 희빈 장씨(20대 경종 생모)

(자) 서삼릉(西三陵) : 고양시 덕양구 원당동

　㉮ 희릉(禧陵) : 11대 중종의 1계비 장경왕후 윤씨(대윤)

　㉯ 효릉(孝陵) : 12대 인종과 인성왕후

　㉰ 예릉(睿陵) : 25대 철종과 철인왕후

　　※ 회묘(懷墓) : 9대 성종의 계비인 폐비윤씨(연산군 생모) → 연산군 때 천장하면서(회기동 유래) 제
　　헌왕후, 회릉(懷陵)으로 복위되었다가 중종 때 다시 삭탈과 강봉

(차) 장릉(章陵) : 추존왕 원종(인조 아버지)과 인헌왕후 – 김포시 풍무동

(카) 장릉(長陵) : 16대 인조와 인열왕후 – 파주시 탄현면 갈현리

(타) 융 · 건릉(隆 · 健陵) : 화성시 태안읍 안녕리

　㉮ 융릉(隆陵) : 추존왕 장조(정조 부친 – 사도세자, 장헌세자)와 헌경왕후(혜경궁홍씨)
　　→ 합장릉

　㉯ 건릉(健陵) : 22대 정조와 효의왕후 → 합장릉

　　• 효창원 : 의빈 성씨 소생으로 정조의 맏아들인 문효세자의 무덤(효창공원)

㉲ 공 · 순 · 영릉(恭 · 順 · 永陵) : 파주시 조리읍 봉일천리

    ㉮ 공릉(恭陵) : 8대 예종 계비 장순왕후

    ㉯ 순릉(順陵) : 9대 성종 원비 공혜왕후 한씨(한명회의 막내딸)

    ㉰ 영릉(永陵) : 추존왕 진종(영조 장남-효장세자)과 효순왕후

㉳ 온릉(溫陵) : 11대 중종 정비 단경왕후-양주시 장흥면 일영리

(4) 조선 왕릉의 조성

① 고려 왕릉 제도의 계승

    ㉮ **현릉**(공민왕릉)과 **정릉**(노국대장공주)을 전담했던 김사행의 보좌역 박자청이 건원릉 조성

    ㉯ 왕릉(묘제)은 당대 문화의 총아

        ㉮ 왕릉에는 당대의 문화, 예술이 집중. 석물(石物) 등의 조각은 당대 미감(美感)의 반영

        ㉯ 왕릉 조각 양식의 시대적 변화 : 왕릉 양식은 관료 · 사대부 분묘에도 영향

          • 문인석 : 조선 전기 복두공복(幞頭公服) → 조선 후기 금관조복(金冠朝服)

          • 신도비(神道碑) : 왕의 사적 기록 → 문종 때 왕릉에 신도비를 세우는 것을 금지

② 능역의 공간은 3단계로 구분되어 조성 : 속세의 공간인 진입 공간(재실 · 연못 · 금천교), 제향 공간(홍살문 · 정자각 · 수복방), 성역 공간(비각 · 능침 공간) → 사후의 세계관을 강조

    ㉮ 진입 공간 : 왕릉은 남향

        ㉮ 하마비 : 말에서 내리는 곳. 왕은 여기서부터 재실까지 가마를 타고 감

        ㉯ 재실(齋室) : 제례를 준비하는 공간 → 향대청(香臺廳), 제기고(祭器庫), 전사청(典祀廳), 재실

        ㉰ 금천교(禁川橋) : 서출동류(西出東流)하는 명당수(禁川) 위에 놓인 다리

    ㉯ 제향 공간(祭享空間)

        ㉮ 홍살문 : 제향 공간으로 나아가는 곳으로 신성한 지역임을 알리는 문

        ㉯ 배위(拜位), 판위(版位) : 4배(四拜)의 알릉례(謁陵禮)와 사릉례(辭陵禮)를 올리는 곳

        ㉰ 참도(參道) : 신도(神道)와 어도(御道) 2단의 박석(薄石)으로 깔아놓은 길. 박석을 깐 참도가 정자각까지 이어지다가 정자각을 돌아 동쪽 계단에 연결. 정자각 후면 정중앙에서 능원(陵園) 아래까지 이어지고, 능원은 1단의 낮은 석축으로 보호

        ㉱ **정자각**(丁字閣) : 정전(正殿)과 배위청(拜位廳) → 사대부 무덤에는 없음

        ㉲ 수복방(守僕房) : 능원을 지키는 수복이 있는 곳. 정자각에 이르는 참도의 동쪽에 위치

        ㉳ 수라간(水喇間) : 제향 음식을 준비하고 차리는 곳. 정자각에 이르는 참도의 서쪽에 위치

㈐ 성역 공간

㉮ 비각(碑閣) : 묘호와 능호를 새긴 능비의 보호각. 정자각 동북쪽에 위치. 신도비(神道碑)와 표석(表石)

㉯ 소전대(燒錢臺) : 축문을 태웠던 곳. 정자각 서북쪽에 위치

㉰ 예감(瘞坎) : 축문과 폐백을 태우고 묻는 석함(石函). 세종 때부터 실시됨[오례의(五禮儀)]

㉱ 무인석(武人石) : 왕을 호위하는 무인. 마주 보며 한 쌍이 하계에 서있음

㉲ 문인석(文人石) : 홀(笏)을 든 문인. 마주 보며 한 쌍이 중계에 서있음

㉳ 석마(石馬) : 문인석과 무인석의 뒤에 서있음

㉴ 장명등(長明燈) : 장생발복(長生發福)을 기원하는 명등석(明燈石). 유택에서 형식상 불을 밝히는 상징적 의미 → 사각형–팔각원당형–사각형

㉵ **혼유석(魂遊石)** : 혼령이 찾아와 노니는 두꺼운 판석. 북 모양을 한 4~5개의 고석(鼓石)으로 받침 → 사대부 무덤의 **상석**(床石)에 해당

• 왕릉에서는 정자각에 제수를 진설하기 때문에 상석 대신에 혼유석이라고 함

㉶ 망주석(望柱石) : 능침 좌우에 하나씩 세워진 기둥(전죽석, 석망주, 화표주). 혼이 자기의 백(유택)을 찾아오게 하는 안내 역할

㉷ 봉분(封墳) : 왕과 왕비의 재궁(梓宮)이 모셔져 있는 흙을 쌓아올린 곳

㉸ 병풍석(屛風石) : 봉분을 보호하기 위한 12개의 판석(12지신상) → 면석(面石)과 우석(隅石)

㉹ 난간석(欄干石) : 봉분 둘레에 설치한 돌난간 → 석주(石柱), 동자석주(童子石柱), 죽석(竹石)

㉺ 석양(石羊), 석호(石虎) : 사악하고 잡된 것을 물리치는 벽사의 역할. 각각 2쌍씩 4마리 설치됨(쌍릉 · 동원이강릉 · 동원상하릉은 4쌍씩 설치)

㉻ 곡장(曲墻) : 원장(垣墻). 왕릉을 보호하기 위해 3면(동 · 서 · 북)을 둘러놓은 기와 담장

1 유교 관련 관광자원이 아닌 것은?

① 소수서원   ② 전주향교   ③ 경기전   ④ 절두산

 해설   전주 경기전 정전(보물 제1578호) : 태조 이성계의 영정을 봉안한 곳

2 서원에 관한 설명으로 옳지 않은 것은?

① 학문 연구와 선현 제향을 위해 설립된 사립 교육기관이다.
② 최초의 사액서원은 소수서원이다.
③ 최초의 서원은 백록동서원이다.
④ 일부 서원은 교화를 위해 사용하는 묵패를 하층민 토색에 이용하였다.

3 서원과 배향 인물의 연결이 옳지 않은 것은?

① 용인 심곡서원 – 조광조   ② 장성 필암서원 – 김인후
③ 영주 소수서원 – 안향   ④ 순천 옥천서원 – 김종직

 해설   순천은 무오사화 때 화를 당한 김굉필의 유배지이다.

4 서원·향교를 비롯해 능(陵) 앞에 설치되며, 신성한 구역임을 알리는 상징적 구조물은?

① 존경각   ② 장명등   ③ 하마비   ④ 홍살문

5 서원에 관한 설명 중 옳지 않은 것은?

① 붕당정치의 세력 기반으로 변질되었다.
② 백운동서원은 이황의 건의로 사액되었다.
③ 제향 공간은 사당(묘당)이다.
④ 선현의 위패를 봉안하는 동무·서무가 있다.

 해설   서원에서는 향교와 같은 동무, 서무는 두지 않았다.

정답 1 ④ 2 ③ 3 ④ 4 ④ 5 ④

6 (   ) 안에 들어갈 용어를 순서대로 나열한 것은?

> • (   ) : 세자와 세자비, 왕의 부모의 무덤
> • (   ) : 다른 무덤과 차별화되는 특징을 가진 무덤

① 원, 총　　　　　　② 능, 총　　　　　　③ 원, 묘　　　　　　④ 원, 분

7 왕릉과 소재지의 연결이 옳지 않은 것은?

① 홍릉 – 경기 고양　　　　　　　② 건릉 – 경기 화성
③ 장릉(단종) – 강원 영월　　　　④ 영릉(세종) – 경기 여주

 해설　남양주시 금곡동에 있는 홍·유릉(洪·裕陵)은 황제릉으로 조성되어 석물의 배치가 왕릉과는 다르다.

8 유교의 다섯 성인의 선친을 모시기 위한 계성사가 남아있는 향교는?

① 강릉향교　　　　② 양천향교　　　　③ 전주향교　　　　④ 밀양향교

9 향교에 관한 설명 중 옳지 않은 것은?

① 교관은 박사와 조교이다.　　　　② 제향 공간은 대성전과 동무·서무이다.
③ 전묘후학은 평지형 향교이다.　　④ 국가로부터 토지와 노비를 지원받았다.

 해설　향교의 교관은 교수와 훈도이다.

10 조선 전기에 유·불의 교체를 잘 보여주는 건축(양식)은?

① 객사　　　　② 서원　　　　③ 동헌　　　　④ 정자

 해설　서원은 주택 건축 양식과 가람 배치 양식에 정자 배치 양식을 혼합한 독특한 건축 양식을 지니고 있다.

11 강화도에 있는 고려 왕릉이 아닌 것은?

① 석릉　　　　② 곤릉　　　　③ 가릉　　　　④ 현릉

 해설　고려 31대 공민왕의 현릉(玄陵)과 노국공주의 정릉(正陵)은 북한의 개성시에 있다.

12 임진왜란 때 왜병에 의해 파헤쳐지는 등의 수난을 겪은 조선 왕릉은?

① 선릉, 정릉　　　② 헌릉, 인릉　　　③ 융릉, 건릉　　　④ 홍릉, 유릉

정답　6 ①　7 ①　8 ③　9 ①　10 ②　11 ④　12 ①

8. 회화와 서예

전통 회화

(1) 선사시대 암각화

① 암각화 : 동굴·절벽·커다란 바위에 사물·현상·관념 등을 쪼기·긋기·칠하기 등의 기법으로 형상화한 것 → 풍요와 다산의 기원

② 우리나라의 암각화 : 한반도 동남쪽에 치우쳐 분포(남원 대곡리 제외)

㉮ 울주 천전리 각석(국보 제147호) : 1970년. 사상암각화(사회·문화적 활동을 표현)

㉯ 울주 대곡리 반구대 암각화(국보 제285호) : 1971년. 대규모의 수렵·어로 장면

㉰ 고령 장기리 암각화(보물 제605호) : 1971년. 자연현상을 기하학적 형태로 부호화

(2) 삼국시대 회화

화적(畫蹟)이 인멸되어 상세한 파악이 어렵다.

① 고구려 : 무덤 내부의 벽화만이 남아있음

㉮ 벽화의 내용 : 초상 → 생활풍속도(무용총·쌍영총) → 사신도(강서대묘)

㉯ 벽화 제작 방식 : 벽면에 백토를 바른 후에 그리는 방식 → 벽면에 직접 그리는 방식

㉰ 담징 : 일본 나라현 호류지(법륜사) 벽화를 그림(일본서기 기록)

② 백제 : 중국 남조 계통 벽돌무덤(전축분) 수용으로 벽돌 장식 문양 발달

㉮ 백제 27대 위덕왕의 아좌태자(阿佐太子)가 일본 성덕태자(쇼토쿠 태자)의 초상화를 그려줌(일본서기 기록)

③ 신라 : 중앙아시아 계통의 돌무지덧널무덤(적석목곽분)은 벽화를 그릴만한 벽면이 없음

㉮ **천마도**(국보 제207호) : 말 탄 사람의 발에 진흙이 튀지 않도록 말의 배 부분에 대는 **장니**(障泥, 말다래)에 그려진 공예화(힘찬 화풍). 경주 황남동 **천마총** 출토

㉯ 솔거 : 문헌상의 기록 → 황룡사 노송도, 분황사 관음보살상, 진주 단속사 유마거사상

④ 통일신라 : 국가적 차원에서 화사(畫師) 운영

㉮ 채전(彩典) : 채칠(彩漆)에 관한 사무를 담당하던 관청(651) → 전채서(典彩署)로 개편(759)

㉯ 벽사도(壁邪圖) : 민간에서 시작(처용설화)

㉰ 대방광불화엄경 변상도(大方廣佛華嚴經變相圖) : 754~755년 제작된 현존 유일의 통일신라 회화. 사경(寫經)을 하고 그 표지를 꾸미기 위해 그린 것으로 석탑에서 출토

㉱ 김충의(당에서 활약), 정화·홍계(화상)

⑤ 발해 : 고구려의 전통 계승 + 당의 영향

㉮ 대간지(大簡之) : 송석(松石)과 소경(小景)에 탁월

㉯ 정효공주 무덤 : 유려한 선과 아름다운 채색으로 그려진 고분벽화의 인물화

⑶ 고려시대 회화

천산대렵도 외에는 현전하는 작품이 없어 구체적인 파악이 어렵다.

① 화국(畵局) 설치 : 국가에서 화사(畵事)를 관장하고 화원을 양성

② 산수화 : 중국 화풍 수용 → 고려적 토착화

㉮ 이녕 : 예성강도(송나라 휘종황제가 천상의 그림이라고 극찬), 천수사남문도

㉯ 이광필(이녕의 아들)

㉰ 고연휘 : 하경산수도

㉱ 공민왕(왕전) : 천산대렵도(원대 북화의 영향)

③ 문인화(왕공귀족), 불화(전문 화승 집단) 성행

㉮ 14세기 일본에 많은 불화 전래

㉯ 혜허 : **수월관음도**(水月觀音圖) – 일본 센소지(천초사) 소장(양류관음도). 그림 오른쪽 밑에 '해동치납혜허필(海東癡衲慧虛筆)' 글귀가 적혀있음

㉰ **사경화**(寫經畵) : 불교 경전의 맨 앞장에 내용을 알기 쉽게 그림으로 그린 것

㉱ 부석사 조사당 벽화(국보 제46호) : 화엄종의 조사인 의상대사를 외호하는 제석천 · 범천 · 사천왕 등의 불교 호법신상 → 현재 우리나라에 남아있는 벽화 가운데 가장 오래된 작품

⑷ 조선시대 회화

불화의 전반적 쇠퇴 → 문인 사대부의 감상적 그림, 성리학적 세계관에 기반한 실용적 그림이 주류를 이루었다.

① 조선 전기 회화(1392~1506)

㉮ 중국의 화풍을 선택적으로 수용하여 독자적 화풍 개발 → 일본 무로마치 시대의 미술에 영향

㉯ 묵죽화 · 묵매화 성행 : 성리학적 인간관에 부합. 화원 취재(取才)에도 산수나 인물보다 대나무가 우선시

• 화원(畵員) : **도화서**에 소속되어 그림 그리는 일에 종사하던 화가. 정원은 30명으로 1년에 4번 도화서의 추천을 받아 이조에서 임명함

㉰ 주요 화가

㉠ **안견**(현동자) : 산수화의 대가 → **몽유도원도**(현실 세계와 환상적인 이상 세계를 능숙하게 처리, 원 · 심원 · 평원을 적절히 운용하여 치밀함과 광대함을 갖춤)

㉡ 강희안(인재) : 집현전 학사, 문인 화가, 강희맹(금양잡록)의 친형 → 고사관수도(간

결하고 과감한 필치로 인물의 내면세계 표현, 소경산수인물화라고 할 정도로 인물의 비중이 커짐)

② 조선 중기 회화(1506~1674)

  ㈎ 사림 문화의 확산으로 문인 화풍이 주류. 사군자 유행

    • 수묵문인화 : 황집중(묵포도), 이정(묵죽), **어몽룡**(묵매) → 일기삼절(一技三絶)

  ㈏ 성리학의 심화와 보편화로 주자에서 유래한 무이구곡도(武夷九曲圖) 애호, 구곡도 발달

  ㈐ 주요 화가

    ㉮ 이상좌(학포) : 노비 출신, 화원 출신 → 송하보월도

    ㉯ 이암 : 세종의 현손. 사대부 화풍 → 영모화, 모견도, 모자구도

    ㉰ 신인선(사임당) : 섬세한 필치 → 초충도, 포도도

    ㉱ 김시(양송당) : 문인 화가 → 동자견려도(보물 제783호)

    ㉲ 김명국(연담) : 활달한 필치 → 달마도

③ 조선 후기 회화(1675~1800)

  ㈎ 명 · 청 교체기의 변동 속에서 17세기 후반을 경계로 사실적 화풍으로 변화

  ㈏ 진경산수화 : 중국 남종과 북종 화법 + 우리 고유의 화법 → 우리나라 자연의 사실적 표현

    ㉮ 정선(겸재) : 노론의 낙론계 지식인. 자존 의식과 국토애를 갖고 명 · 청대 회화의 성과를 종합한 후 조선적 진경산수화를 정립하여 산수화의 새로운 경지 이룩

      • **인왕제색도**(국보 제216호), **금강산도**(국보 제217호, 실제 금강산보다 더 금강산 같다는 극찬)

    ㉯ 심사정(현재) : 남종화풍을 소화하여 독자적 양식 창안(조선 남종화풍) → 하마선인도, 추경산수도, 선유도

    ㉰ 최북(호생관) : 칠칠거사(七七居士). 산수화를 잘 그려 최산수(崔山水) 별명 → 표훈사도

  ㈐ 풍속화 : 18세기 사람들의 생활 정경과 일상적인 모습을 생동감 있게 묘사

    ㉮ 18세기 윤두서, 정선, 조영석 등 선구적 사대부 화가들에 의한 진경풍속 등장

    ㉯ 조영석(관아재) : 정선의 10년 후배로서 율곡 계열의 문인. 인물화에 주력하여 조선 고유의 복식과 풍습을 담아낸 그림으로 조선 후기 풍속화의 서막을 엶 → 봉창취우도, 송하기거도, 출범도

    ㉰ 삼원삼재(三園三齋)

      • **3원**(三園) : 호(號)가 원(園) 자로 끝나는 중인 신분 화가 → **단원**(檀園) 김홍도, **혜원**(蕙園) 신윤복, **오원**(吾園) 장승업

      • 3재(三齋) : 호(號)가 재(齋) 자로 끝나는 양반 신분 화가 → 겸재(謙齋) 정선, 현재

(玄齋) 심사정, 관아재(觀我齋) 조영석 또는 공재(恭齋) 윤두서

  ㉣ 강세황(표암) : 새로운 화법 표현(서양화 화법) → 백석담도

  ㉤ 김홍도(단원) : 일상생활을 소탈하고 익살스러운 필치로 묘사(강세황의 제자). 모든 그림에 두루 능함 → 군선도(국보 제139호), 주상관매도, 무동, 씨름, 서당, 타작, 논갈이, 행상, 자리짜기, 주막, 대장간, 길쌈, 나룻배, 노상파안

  ㉥ **신윤복**(혜원) : 양반과 부녀자들의 생활, 남녀의 애정 등을 감각적 · 해학적으로 묘사 → 연당의 여인, 미인도, 월하정인, 월하밀회, 유곽쟁웅, 단오풍정, 뱃놀이

  ㉦ 김득신(긍재) : 풍속화 계승 → 파적, 대장간, 밀희투전, 야묘도추(들고양이가 병아리를 훔쳐가다)

  ㉧ 변상벽(화재) : 동물화, 초상화 → 묘작도, 군계도

 ㉢ 민화 : 해 · 달 · 나무 · 꽃 등을 소재로 민중의 미적 감각 표현, 소박한 정서 반영

④ 조선 말기 회화(1800~1920)

 ㉮ 진경풍속의 쇠퇴. 관념적 · 추상적인 중국 남송문인화, 사군자, 화조화(花鳥畫) 유행

  • **김정희**(완당) : 박제가의 제자. 청조 고증학을 새로이 받아들인 정조 대 북학운동의 가시적인 결실 → 세한도, 부작란도

 ㉯ 19세기 후반 혁신의 실패로 사상적 공백기 상황. 상해화단의 화풍 유입

  ㉮ 장승업(오원) : 남종화풍. 강렬한 필법과 채색법. 천부적 재질에 비해 학문과 교양이 미숙. 오원 양식은 조석진 · 안중식을 통해 개화기 화단으로 계승 → 호취도

  ㉯ 홍세섭(석창) : 동물화 → 유압도(청둥오리), 야압도(가마우지)

  ㉰ 김수철(북산) : 새로운 화풍 → 연꽃

 ㉰ 근대 화단

  ㉮ 한국화 : 안중식, 조석진, 정대유, 오세창, 김은호, 이상범

  ㉯ 서양화 : 고희동(최초의 서양 화가), 나혜석(최초의 여류 서양 화가), 이종우

  ㉰ 서화협회 : 1918년 미술계 최초의 단체(고희동, 안중식, 조석진, 김규진)

  ㉱ 조선미술전람회(1922~1944) : 조선총독부 주최 공모전

8-2   서 예

(1) 서예의 개념과 변천

① 서예(書藝) : 점(點)과 획(劃)으로 구성된 문자의 형태와 그 의미를 붓과 먹으로써 전하는 예술

 ㉮ 서화동원(書畵同源) : 서예와 그림의 원류는 같다는 의미(시각예술 · 평면예술 · 조형예술)

(나) 일필휘지(一筆揮之) : 한 번의 붓질로 머뭇거림 없이 쓴다는 뜻(일회성)

(다) 서여기인(書如其人) : 글씨는 그 사람과 같다는 뜻(인격의 반영)

(라) 문방사우(文房四友) : 일명 문방사보(文房四寶). 선비들이 글방에서 친구처럼 늘 가까이하는 4가지의 문방구 → 지(紙)-종이, 필(筆)-붓, 묵(墨)-먹, 연(硯)-벼루

(마) 사군자(四君子) : 매란국죽(梅蘭菊竹). 이른 봄의 추위를 이기고 제일 먼저 꽃을 피우는 매화, 깊은 산중에 은은한 향기를 풍기는 난초, 늦은 가을 첫 추위를 이겨내는 국화, 겨울에도 푸른 잎을 유지하는 대나무 등 각 식물 특유의 속성을 군자에 비유

② 우리나라의 서예

(가) 삼국

㉮ 고구려 : 광개토대왕릉 비문의 서체(웅장함, 전한의 예서체)

㉯ 백제 : 무령왕릉에서 발견된 매지권(買地券) 2점의 서체(우아함, 남조풍), 사택지적비 서체(힘이 넘침, 북조풍)

㉰ 신라 : 진흥왕순수비 서체(북조풍)

(나) 통일신라

㉮ 초기 : 동진의 서성 왕희지의 서풍이 유행

· 영업(靈業) : 승려 → 해동고신행선사비, 감산사석조불상조성기, 성덕대왕신종명(聖德大王神鐘銘), 보림사보조선사창성탑비

· 김생(金生) : 질박하고 굳센 서체. 해동서성(海東書聖). 고려의 이규보가「동국제현서결평론」에서 '신품제일'이라고 평가 → 태자사낭공대사백월서운탑비

㉯ 말기 : 구양순의 서풍이 도입되어 고려로 이어짐

· 최치원 : 쌍계사진감선사비

(다) 고려 : 신라시대와 마찬가지로 비석과 묘지 등의 금석문에 의존하여 파악

㉮ 전기 : 구양순체(당나라 구양순의 굳세고 힘찬 글씨체)

· 류신(柳伸) : 고려의 문신 → 송광사 불일보조국사탑비

· 탄연(坦然) : 왕사를 지낸 고승(대감국사). 구양순체 일색이던 당시의 전통을 파하고 왕희지의 서풍에 기초한 서법을 창출 → 청평사 문수원중수기비문

㉯ 후기 : 송설체(원나라 조맹부의 유려한 글씨체)

· 이암(李嵓) : 본명 이군해(李君侅). 고려 말의 문신 → 문수사장경각비

㉰ 판각에서는 대장경에서 볼 수 있는 독특한 고려체(高麗體)를 이룸

※ 신품사현(神品四賢) : 신라·고려시대의 신품이라 불릴 만큼 글씨가 빼어난 경지에 이른 4인 → 신라의 김생, 고려의 류신, 탄연, 최우

(라) 조선 : 서예는 양반의 필수 교양

㉮ 초기 : 고려 말기에 받아들인 조맹부의 송설체가 약 200년간을 지배

- 안평대군(安平大君) : 이름은 이용(李瑢). 시문서화(詩文書畫)에 모두 능했던 세종의 3남, 문종·세조의 친동생. 송설체 따르면서 독자적 글씨체 → 몽유도원도(夢遊桃源圖) 발문
- 양사언(楊士彦) : 큰 글씨[大字]와 초서(草書)에 탁월
- ㉯ 중기 : 임진왜란을 전후하여 왕희지의 서법으로 복귀하는 움직임 시도
  - 한호(韓濩) : 진체(晉體)의 대가. 명에 보내는 외교문서를 써서 중국에도 이름이 알려짐. 한호의 서체는 그대로 관부의 양식을 이루어 간록체(干祿體, 직업적인 서체)로 전락. 한호가 쓴 천자문이 널리 보급되어 일반인도 석봉체(石峰體)를 따라 썼음
  - 이광사(李匡師) : 양명학자(강화학파)의 일인. 단아한 동국진체(東國眞體) 완성
- ㉰ 후기 : 중국에서 유행했던 고증학이나 금석학에서 유래한 서풍이 주류
  - 김정희(金正喜) : 청조 고증학을 완벽하게 수용, 새로운 서화풍인 추사체(秋史體) 확립
- ㉱ 근대와 일제강점기 : 서양식 학교교육으로 먹글씨 전용이 점차 소멸

(2) 서체의 종류

시대의 흐름에 따라 다양한 서체가 만들어지고 발전하였는데, 크게 5가지로 구분(전서·예서·해서·행서·초서)한다.

① 전서(篆書) : 예서와 함께 진한(秦漢)시대까지 널리 사용. 고문(古文), 대전(大篆), 소전(小篆)으로 구분

② 예서(隸書) : 진나라 때 성행했던 전서의 번잡함을 없애고 한나라 때 널리 유행했던 서체

③ 해서(楷書) : 여러 서체 가운데 가장 후대까지 정리된 서체. 한나라 말에 발생하기 시작하여 위진남북조시대와 수를 거쳐 당나라 초기에 들어와 완비

④ 행서(行書) : 해서를 조금 흘려서 이어지듯 쓰는 서체. 원래는 해서나 초서와 함께 예서에서 출발하여 한나라 이후 독립 서체로 발전, 해서에 앞서 정비. 초서와 함께 전서나 예서에 비해 좀더 자유롭고 비정형이기 때문에 글씨의 예술적 영역을 넓히는 역할. 삼국시대 위나라의 종요와 동진의 왕희지·왕헌지는 오랫동안 서예사의 전형적 모범으로 여겨져 옴

⑤ 초서(草書) : 여러 서체의 변화 과정 속에서 궁극점에 도달한 서체. 진나라 말이나 한나라 초에 나타나기 시작하여 위진남북조시대를 거치면서 정비. 그 변화는 장초(章草)·금초(今草)·광초(狂草)의 순서로 진행

⑥ 판본체(板本體) : 한글 창제 직후에 나온 훈민정음, 용비어천가, 월인천강지곡, 석보상절 등의 판본에 사용된 글씨체. 고체(오래된 글씨체) 또는 정음체(훈민정음을 본받아 쓴 글씨)라고도 불림

⑦ 혼서체(混書體) : 일명 필사체(筆寫體). 판본체의 획이나 글씨의 짜임이 엄격하고 도식적이어서 자연스럽게 쓸 수 있도록 변모한 서체. 국어와 한자를 섞어서 사용함

⑧ 궁체(宮體) : 1446년(세종 28) 훈민정음이 반포된 뒤 궁중에서 궁녀들이 쓰기 시작하면서 발전했기 때문에 궁체라는 명칭이 붙음. 한글 창제 이후 한글 판본체가 읽기는 쉽지만 쓰기 어려우므로 차츰 쓰기 편한 필사체로 변화·발전하면서 형성. 글씨의 선이 곧고 품위가 있어 여성(궁녀·사대부 여인들) 사이에서 크게 유행하였으며 내서(內書)라고도 불림. 숙종 때 정착, 순조 때에 난숙기를 거쳐 현대 한글 서체의 원형이 됨. 모음의 가로획이나 세로획이 강조되어 길어지며, 글자의 오른편이 기준이 됨. 점획의 방향, 위치, 접필의 상태 등의 변화가 일정

㉮ 정자체 : 단정하고 엄숙. 고체(古體)에서 읽기 쉽고 편하도록 발전시킨 서체

㉯ 흘림체 : 궁체 정자보다 빨리 쓰기 위해 점과 획의 연결을 자유롭게 하여 우아하며 운치 있음

  ㉠ 반흘림체 : 정자와 진흘림의 중간 글씨

  ㉡ 진흘림체 : 점획의 생략과 글자와 글자의 연결이 특징. 편지글이나 고전소설의 필사본에서 볼 수 있음

8-3 전적류

(1) 전적류(典籍類)의 개념

문화재보호법상 동산문화재로 분류된다.

① 광의 : 문자나 기호 등에 의해 전달되는 모든 기록 정보

② 협의 : 기록 정보 가운데 각 학문 분야에 있어 학술적 혹은 예술적 가치가 있는 기록 자료

(2) 전적류의 종류

① 전적(典籍) : 책(册)을 의미

㉮ 사본(寫本) : 직접 붓으로 써서 엮음 → 고본(稿本), 전사본(傳寫本), 사경(寫經), 일기

㉯ 인쇄본(印刷本) : 목판 및 활자로 찍어서 만듦 → 목판본(木版本), 활자본(活字本)

② 고문서(古文書) : 일정한 목적을 표현하기 위해 전달한 글과 도장, 수결(手決)이 담겨져 있는 것(1차적인 사료로서의 가치) → 공문서, 사문서, 외교문서

③ 서적(書籍) : 필자가 직접 글로서 예술과 사상을 표현한 것 → 서화(書畵), 시문(詩文), 서간(書簡)

> 참고 **징비록(국보 제132호)** : 서애 **류성룡**(柳成龍)이 1592년(선조 25)에서 1598년(선조 31)까지 7년간의 임진왜란 동안 경험한 사실을 수기한 책. 16권 7책 목판본
> ❶ 전란이 끝난 뒤 벼슬에서 물러나있을 때 저술. 임란 전후 상황을 연구하는 데 귀중한 자료
> ❷ '징비(懲毖)'란 『시경(詩經)』 「소비편(小毖篇)」의 "내가 징계해서 후환을 경계한다[予其懲而毖後患]"라는 구절에서 따온 말

9. 도자기와 공예

도자기

(1) 고려의 자기

① 고려자기의 특성

㉮ 중국의 자기와 제작 기술의 국내 유입 → 국내 여러 유적에서 중국산 청자나 백자 출토, 국내 생산 자극(청자와 함께 백자도 생산)

㉯ 신라 · 발해의 전통 계승 + 송 자기 기술의 영향 → 11세기경에 독자적 경지 개척

㉰ **상감**(象嵌)청자 : 금속공예의 입사(入絲) 기술을 12세기에 도자에 적용 → 전국적으로 활성화되어 전성기를 누림

㉮ 상감 기법 : 몸체의 무늬 부분을 선 · 면으로 파낸 후(음각) 백토나 자토(赭土)를 넣어 메우고 다듬어 유약을 발라 구워냄

㉯ 고려청자의 비색 : **12세기**를 정점으로 중국인들에게 '천하제일'로 칭송됨

㉰ 청자의 중심 가마터 : 전남 **강진**, 전북 부안

㉱ 원 간섭기 이후 전반적으로 퇴보 경향 → 청자의 대중화, 대량 생산

② 고려청자의 다양한 조형

㉮ **순청자** : 무늬 장식이 없는 청자

㉯ 음각청자 : 기면에 음각으로 윤곽선을 파내는 문양 장식(초보적 기법) → 파낸 부분에만 유약이 두껍게 고이면서 배경의 유약 색보다 짙은 색을 띠게 됨

㉰ **양각청자** : 무늬를 돋을새김 또는 압출하여 도드라지게 함

㉱ 투각청자 : 기면에 장식한 문양의 배경 부분을 도려내어 화려함 → 정교한 기술이 필요

㉲ 철화청자 : 유약을 입히기 전에 철분 안료로 회화적 무늬를 그린 것

㉳ 백화청자 : 백토를 사용하여 그리거나 점을 찍은 것

㉴ 연리문청자 : 서로 다른 색의 흙을 섞어 만듦

㉵ 상형청자도판 : 사람이나 동물의 형태를 본떠 만든 특수한 형태

※ 고려의 3대 문화재 : 고려청자, 팔만대장경, 금속활자

(2) 조선의 도자기

① 분청사기 : 고려 말에 등장, 청자에 백토의 분을 칠한 그릇

㉮ 미술사학자 고유섭의 분장회청사기(백토를 분장한 회청색의 사기)라는 용어에서 유래

㉯ 안정된 그릇 모양, 소박 · 천진한 무늬 → 정형화되지 않음, 구김살 없는 멋을 표현

㉰ 분청사기의 다양한 기법

㉮ 상감기법 : 고려 상감기법의 연장(15세기 후반경부터는 소멸)

㉯ 인화(印花)기법 : 무늬도장을 반복적으로 찍은 후 오목하게 들어간 부분에 백토를 넣어 무늬가 도드라져 보이게 함(추상적인 분위기) → 관청 이름이나 지방 이름이 새겨진 상납품으로 분청사기 중 가장 우수한 상품(上品)으로 추정

㉰ 박지(剝地)기법 : 백토분장 뒤 문양을 음각한 후 무늬를 제외한 배경을 긁어냄 → 주로 전라도 지방에서 제작

㉱ 음각(陰刻)기법 : 백토분장 뒤 원하는 무늬를 선으로 조각, 백색 바탕에 회색의 무늬를 새김

㉲ 철화(鐵畵)기법 : 백토분장 뒤 산화철 안료로 문양을 그려 구워내면 문양이 짙은 갈색 또는 검은색으로 나타남(계룡산 분청사기) → 가장 독특한 기법

㉳ 귀얄(刷毛)기법 : 거친 귀얄에 백토를 묻혀 그릇 표면에 바름 → 일회성의 풀비효과는 생동감을 느끼게 함(풀비기법)

㉴ 담금기법(덤벙기법) : 백토물에 그릇을 덤벙 담가서 분장하는 기법(덤벙분청) → 귀얄기법과 달리 표면이 차분

② 백자 : 백토로 기물을 만들고 유약을 입혀 고온에서 구운 그릇(고려시대부터 제작)

㈎ 깨끗하고 담백하며 순백의 고상함을 풍겨 선비들의 취향에 적합

㈏ 사용원 소속의 **분원**(分院)을 설치하여 국가에서 직접 필요한 도자의 생산과 공급을 관장

㈐ **순백자**(純白磁) : 아무런 무늬가 없는 순도 높은 순백의 태토와 잡물이 섞이지 않은 순수한 석회유를 씌워 고화도에서 구운 경질의 백자

㉮ 순도 높은 백색을 내기 위해서는 고도의 기술이 필요(1250~1300℃ 이상 고온)

㉯ 왕실에서 금제절목(禁制節目)을 만들어 사치품 통제 → 숭검 정신 강조

㈑ 후기에는 백자가 민간에 널리 사용

㈒ 백자의 다양한 조형

㉮ 상감백자 : 고려시대의 전통(16세기까지도 일부 제작). 흑색의 선상감 위주의 초화문이나 선문

㉯ 철화백자 : 철사로 무늬를 그려 다갈색으로 발색한 백자. 17세기 이후 독자적 위치로 발전

㉰ 철채(鐵彩)백자 : 전체적으로 검정색이 되도록 기면 전체에 산화철을 바름

㉱ 철유(鐵釉)백자 : 철분이 많은 유약을 사용

㉲ **동화**(銅畵)백자 : 산화구리를 안료로 사용

㉳ **진사**(辰砂)백자 : 문양이 자주색 혹은 붉은색으로 발색. 조선 후기부터 근대까지 제작

㉴ **청화**(靑華)백자 : 백토로 만든 기물에 코발트 안료(중국을 통해 수입)로 무늬를 그린 후 순백의 유약을 씌움(청화기법) → 간결하고 준수한 세련미

9-2 주요 공예

(1) 갓일(국가무형문화재 제4호)

　조선시대 성인 남자가 머리에 쓰던 관모(冠帽)인 갓의 제작법(갓일). 갓일은 대오리 제작, 운기 모으기, 은각 모으기, 대우 모으기, 수장하기, 버렁잡기, 갓 모으기, 칠하기의 8과정이 **총모자**(모자집 제작), **양태**(凉太-테 제작), **입자**(갓 조립)의 3부분으로 나뉘어 이루어짐. '갓닐'로 발음

(2) 한산모시짜기(국가무형문화재 제14호)

　한산의 세모시는 섬세할 뿐만 아니라 단아하고 청아한 멋이 있어 모시의 대명사로 유명 → 유네스코 인류무형유산(2011)

(3) 나주의샛골나이(국가무형문화재 제28호)

　전남 나주시 다시면 동당리의 무명짜기 기능. 나주샛골나이의 무명은 나주세목(羅州細木) 또는 샛골목이라고도 함

(4) 곡성의돌실나이(국가무형문화재 제32호)

　전남 곡성군 석곡 죽산리의 삼베짜기. 석곡의 원래 이름이 '돌실'이어서 '돌실나이'라고 하며, 돌실은 '도실'이라고도 함

(5) 나전장(국가무형문화재 제10호)

　나전칠기 기술이나 기술자

　① **나전칠기**(螺鈿漆器) : 자개(螺鈿) 위에 옻칠을 해서 만든 공예품. 목심(木心)으로 만든 기물 위에 굵은 베헝겊을 바르고 그 위에 오려낸 자개를 붙인 후 옻칠을 덧입혀 평면으로 만드는데, 마치 나전이 상감된 듯한 효과를 줌

　　㉮ 국화문 지름 13 mm, 당초잎 길이 7 mm → 불구(佛具)·생활 용구 등 폭넓게 사용. 경남 **통영**이 유명

　　㉯ 현재 학자들에 의해 공인된 고려의 나전칠기 → 총 15점

　② 고려 3대 공예 기술 : 상감청자, 청동은입사, 나전칠기

(6) 낙죽장(국가무형문화재 제31호)

　불에 달군 인두로 대나무의 표피에 글씨나 그림을 그리는 일, 또는 그 일에 종사하는 장인. 고도의 낙죽 솜씨는 빠른 속도의 인두질과 정확한 묘사력, 곧 필력(筆力)에 있음

(7) 장도장(국가무형문화재 제60호)

　칼집이 있는 작은 칼(장도)을 제작하는 기능이나 기능인. 장도는 남녀 구별 없이 허리띠나

주머니끈에 늘 차고 다니면서 호신과 장신구 겸용으로 사용

⑻ 유기장(국가무형문화재 제77호)

놋쇠를 다루어 각종 기물을 만드는 기술 및 그 일에 종사하는 장인(놋갓장이). 놋쇠는 구리 합금의 대표적인 금속으로, 주된 합금 재료인 주석(Sn)과 아연(Zn)의 넣는 비율에 따라 적어도 2가지 이상의 다른 성질의 놋쇠를 만들게 됨

① 방짜유기 : 징ㆍ꽹과리ㆍ대야ㆍ양푼ㆍ식기ㆍ수저 등 두드려서 만드는 유기 → 평북 정주 납청(納淸) 지방

② 주물유기 : 촛대ㆍ향로ㆍ화로처럼 아연합금의 주물 유기 → 안성의 유기는 조형미가 아름다워 '안성맞춤'이라는 속담이 나올 만큼 품질이 우수

③ 반방짜유기 : 절반은 주물로 만들고, 절반은 방짜 기법으로 제작 → 순천에서 성행

⑼ 단청장(국가무형문화재 제48호)

목조건물에 채색으로 무늬를 그리는 단청일 및 그 일에 종사하는 장인. 공예품과 조각물 등 모든 의장(意匠)에다 **오색**의 안료를 칠하여 화려하게 꾸미는 일과, 건물 벽체에 그리는 장식화라든지 별도의 탱화(幀畫)까지 포괄(회화로 이해)

⑽ 소목장(국가무형문화재 제55호)

나무로 여러 가구를 전통기법을 이용해 만드는 전문 목수

※ 대목장(국가무형문화재 제74호) : 대목 일에 능한 장인 → 유네스코 인류무형유산(2010)

⑾ 향토술담그기(국가무형문화재 제86호)

각 지방의 특유한 전통술을 담그는 법 → 향토주 제조 기능 보유자를 인간문화재로 인정

① 서울 문배주(국가무형문화재 제86-1호) : 문배나무의 과실을 전혀 사용하지 않고서 문배 향을 내는 40° 정도의 소주

② 면천두견주(국가무형문화재 제86-2호) : 충청남도 당진군 면천의 두견주. 고려 개국공신 복지겸(卜智謙)이 병을 앓다가 아미산에 핀 두견화와 찹쌀ㆍ안샘물로 빚은 진달래술을 마시고 고친 데서 유래되었다는 약용 주류. 담황갈색에 알코올 도수는 21° 정도

③ 경주교동법주(국가무형문화재 제86-3호) : 경주 교동 최부자댁에 전해오는 비주. 알코올 도수는 16~18°

국가무형문화재	서울 **문배주**(국가무형문화재 제86-1호), **면천두견주**(국가무형문화재 제86-2호), **경주교동법주**(국가무형문화재 제86-3호)
시도무형문화재	제주 오메기술, 김천 과하주, 진도홍주, 전주 이강주, 안동소주, 한산 소곡주 등

1 조선 중기 문신인 서애 류성룡이 임진왜란 때의 상황을 기록한 사료는?

① 징비록   ② 일성록   ③ 임진록   ④ 서궁록

2 (   ) 안에 들어갈 화가를 순서대로 나열한 것은?

> • (   ) : 서민의 일상생활을 소탈하고 익살스러운 필치로 묘사
> • (   ) : 남녀 간의 애정을 감각적 · 해학적으로 묘사

① 장승업, 신윤복   ② 김홍도, 김득신   ③ 신사임당, 허초희   ④ 김홍도, 신윤복

3 분청사기의 제작 기법 중 박지기법에 관한 설명으로 옳은 것은?

① 넓고 굵은 붓으로 형체가 완성된 그릇에 백토를 바르는 기법
② 백토를 묽게 한 것에 그릇을 덤벙 담가 전체를 도장하는 기법
③ 조각칼로 그릇에 문양을 새긴 다음 자토와 백토로 문양을 메우는 기법
④ 그릇의 표면에 백토를 입힌 후 문양을 선각하고 바탕의 백토를 긁어내는 기법

🖊️ 해설 ① 귀얄기법, ② 담금기법(덤벙기법), ③ 음각기법

4 (   ) 안에 들어갈 작품을 순서대로 나열한 것은?

> • (   ) : 웅장한 구도와 섬세한 필치로 이상 세계를 낭만적으로 묘사
> • (   ) : 자연 속에 파묻혀 사색하는 인간의 내면세계를 묘사

① 공민왕의 천산대렵도, 신윤복의 단오풍정
② 안견의 몽유도원도, 강희안의 고사관수도
③ 이상좌의 송하보월도, 김정희도 부작란도
④ 정선의 인왕제색도, 강희안의 고사관수도

정답 1 ① 2 ④ 3 ④ 4 ②

5 **조선시대 도자기의 특징으로 옳지 않은 것은?**

① 왕실에 백자를 공급하기 위해 분원을 설치하였다.

② 백자는 조선시대에 처음으로 제작되었다.

③ 임진왜란 이후 분청사기는 쇠퇴하였다.

④ 고려시대에 비해 실용성이 강조되었다.

> 해설 백자는 이미 고려 초기부터 만들어졌지만 조선시대에 와서 크게 성행했다.

6 **놋쇠를 다루어 각종 기물을 만드는 기술 및 그 일에 종사하는 장인을 가리키는 것은?**

① 낙죽장 　　　　　　　　　② 장도장

③ 유기장 　　　　　　　　　④ 소목장

7 **조선 후기 그림의 특징이 아닌 것은?**

① 김홍도 – 민화의 공급 　　　② 강세황 – 원근법 도입

③ 정선 – 진경산수화 개척 　　④ 신윤복 – 도회지 양반들의 풍류

> 해설 민화(民畵)는 무명인들이 그렸던 대중적인 실용화이다.

8 **고려청자에 관한 설명으로 옳지 않은 것은?**

① 12세기에는 고려청자의 비색이 절정에 달하였다.

② 그릇의 몸체를 뚫어 조각하는 투각 기법도 선보였다.

③ 상감기법은 금속공예에서는 '입사'라는 이름으로 사용되었다.

④ 몽골 침입 이후 청자의 질은 전반적으로 향상되었다.

9 **백자에 관한 설명으로 옳지 않은 것은?**

① 왕실에서 필요한 도자의 생산과 공급을 관장하였다.

② 순도 높은 백색을 내기 위해 높은 온도와 정결한 원료를 사용하였다.

③ 깨끗하고 담백한 멋은 선비의 취향과 부합하였다.

④ 청화백자의 안료는 산화구리이다.

> 해설 청화기법은 중국을 통해 들여온 값비싼 산화코발트 안료를 사용하였다.

정답 5 ② 　6 ③ 　7 ① 　8 ④ 　9 ④

10 향토주 중 국가무형문화재로 지정된 것은?

① 전주 이강주   ② 한산 소곡주   ③ 제주 오메기술   ④ 서울 문배주

 해설　문배주(국가무형문화재 제86-1호), 면천두견주(국가무형문화재 제86-2호), 경주교동법주(국가무형문화재 제86-3호)

11 다음 중 시대순으로 보아 두 번째에 해당하는 자기는?

① 상감청자   ② 청화백자   ③ 분청사기   ④ 순수청자

 해설　④ 고려 중기, ① 고려 후기, ③ 조선 전기, ② 조선 후기

12 고려의 그림과 글씨에 관한 설명으로 옳은 것은?

① 이녕의 예성강도가 오늘날 전해져 당시의 화풍을 알 수 있다.

② 공민왕이 그린 천산대렵도는 원대 북화의 영향을 받았다.

③ 고려 전기에는 권문세족의 구복적 요구에 따라 불화가 많이 그려졌다.

④ 전기에는 조맹부체가, 후기에는 구양순체가 유행하였다.

 해설　① 천산대렵도 외에는 고려의 그림 중 전해지는 것이 없다. ③ 고려 후기

13 (   ) 안에 들어갈 지도에 대한 설명으로 옳지 않은 것은?

> 　청구도 발행 약 30년 후인 철종 12년(1861)에 김정호는 (   )의 초판을 손수 각판하여 발간하고, 3년 후인 고종 원년(1864)에 재판을 발행하였다.

① 약 1:162,000의 정밀한 축척을 사용한 대축척 지도이다.

② 기호를 사용한 근대적 지도이다.

③ 현재의 해안선과 거의 일치한다.

④ 거리의 계산이 불가능하여 이용에 한계가 있다.

 해설　④ 고산자 김정호의 대동여지도는 10리마다 찍힌 방점을 통해 거리를 계산할 수 있다.

10. 무형문화재

음악과 무용

(1) 궁중음악

궁중에서 제사 · 조회 · 연향(宴享) 등에 쓰인 음악 → 궁중음악은 오례(길례 · 가례 · 빈례 · 군례 · 흉례)와 관련되어 발달하였다.

① 궁중음악의 원류

(가) 향악(속악) : 고유 음악이 당악의 영향을 받아 발달(당악의 대칭)

(나) 당악(唐樂) : 주로 조회(朝會)와 연향(宴饗)에 쓰임

(다) **아악**(雅樂) : 송에서 수입된 대성악이 **궁중음악**으로 발전, 주로 제사에 쓰임

㉮ 세종 : 악기 개량 · 제작, 여민락 등의 작곡, 정간보 창안, 아악이 궁중음악으로 발전

• 여민락 : 1445년(세종 27)에 용비어천가 125장 가운데 1 · 2 · 3 · 4 · 125장을 가사로 하여 부르던 성악곡이었으나, 지금은 기악곡으로만 연주되고 있음

• 정간보 : 소리의 장단과 높낮이를 표현한 악보로 세종이 직접 창안

• 아악 정리 : 박연

㉯ 성종 :『악학궤범』편찬

•『악학궤범』: 1493년(성종 24) 예조판서 성현 등이 엮은 악규집(9권 3책). 음악의 원리와 역사 · 악기 · 무용 · 의상 및 소도구까지 망라하여 정리하고 궁중음악을 집대성한 음악 백과사전 → 전통음악의 유지와 발전에 기여

㉰ 16세기 중엽 이후 : 음악의 주체가 궁중에서 서민 사회로 옮겨져 당악 · 향악 등 발달

• 가사, 시조, 가곡, 민요

② 종묘제례악(국가무형문화재 제1호) : 조선왕조 역대 왕과 왕후의 신위(神位)를 모신 종묘에 제사드릴 때 연주하는 기악 · 노래 · 무용의 총칭

• 세종 때 회례악으로 만든 **보태평**(문덕 칭송)과 **정대업**(무덕 칭송)이 다소의 개정을 거쳐 1464년(세조 10) 이후 종묘제례악으로 정식 채택. 현재 매년 **5월 첫째 일요일**에 행하는 종묘대제에서 보태평 11곡과 정대업 11곡이 연주됨 → 유네스코 인류무형유산(2001)

(2) 민속음악

민중의 기층 사회에서 형성되고 애호된 음악. 과거 상층사회에서 형성되고 애호되었던 정악(正樂)에 대한 대칭적인 개념이다.

① 민요(民謠) : 민중들 사이에서 저절로 생겨나서 전해지는 노래. 민중 생활 속에서 자연스럽게 불려오며 구전(口傳)됨

(가) 민속적 기능과 가창 방식

    ㉮ 토속 민요 : 특정 지역에 한정되어 불리는 민요 → 노동요(민요의 모체), 농요, 어요, 의식요, 부녀요, 동요 등

    ㉯ 통속 민요 : 토속 민요가 소리꾼들에 의해 널리 알려진 민요 → **아리랑**(국가무형문화재 제129호), 밀양아리랑 등

(나) 지역적 특성

    ㉮ **경기민요**(국가무형문화재 제57호) : 서울, 경기 → **아리랑**, 경복궁타령, 군밤타령, 방아타령, 양산도, 창부타령, 도라지타령

    ㉯ **남도민요** : 전라도, 충청남도의 일부, 경상남도 서남부 → 강강술래, 농부가, **육자배기, 진도아리랑, 흥타령**

    ㉰ 동부민요 : 태백산맥 동쪽 → 함경도(신고산타령, 애원성, 궁초대기), 강원도(**한오백년, 정선아리랑**, 강원도아리랑), 경상도(**밀양아리랑**, 울산아가씨, 쾌지나칭칭나네, 옹헤야)

    ㉱ **서도민요** : 평안도(수심가, 긴아리, 영변가, 배따라기), 황해도(산염불, 난봉가, 몽금포타령, 배꽃타령)

    ㉲ 제주민요(국가무형문화재 제95호) : **오돌또기**, 이야홍타령, 봉지가, 산천초목, 중타령, 서우제소리, 개구리타령, 계화타령

② 잡가(雜歌) : 소리꾼들이 부르던 통절 형식의 긴 노래. 경기도와 서도에서는 방 안에 앉아 부른다고 하여 좌창(坐唱)이라고도 함 → 경기잡가 · 서도잡가 · 남도잡가로 분류

    • 잡가와 음악 형식이 비슷하면서도 야외에서 부르는 노래가 선소리 또는 입창(立唱) → 사설이 산을 주제로 하였기 때문에 산타령이라고도 함(경기산타령, 서도산타령). 남도의 입창은 산타령이라 하지 않고, 화초사거리라 함

③ **판소리**(국가무형문화재 제5호) : 한 사람의 창자가 한 고수의 북장단에 맞추어 긴 서사적인 이야기를 소리(唱, 노래)와 아니리(白, 말)로 엮어 발림(몸짓)을 곁들이며 구연하는 창악적 구비 서사시(일고수 이명창). 유네스코 인류무형유산(2003). 신재효(판소리 사설을 창작 · 정리) → 판소리 12마당 중 5마당만 남음(춘향가 · 심청가 · 적벽가 · 수궁가 · 흥보가)

(가) 종류

    ㉮ 단가(短歌) : 판소리를 하기 전에 짧게 부르는 서정적인 노래. 유명한 것만도 수십 가지

    ㉯ 병창(竝唱) : 판소리 중 어느 대목이나 단가를 창자 자신의 가야금 반주로 부르는 소리 형식

(나) 지역 구분 : 동편제(전라도 동북), 서편제(전라도 서남), 중고제(경기도 · 충청도)

④ 산조(散調) : 가야금·거문고·대금·해금·피리 등을 장구의 반주로 연주하는 기악 독주의 형식(가야금산조가 가장 많음). 장구 반주가 따르며 무속음악과 시나위에 기교가 확대되어 19세기경 탄생

⑤ 무용음악 : 삼현육각으로 연주되는 염불·타령·굿거리 등과 즉흥 합주곡인 시나위가 있음

⑥ **농악**(국가무형문화재 제11호) : 농부들이 두레를 짜서 일할 때 치는 음악 → 유네스코 인류무형유산(2014)

   ㉮ 농악의 종류(목적·계기·방법에 따라) : 당산굿, 마당밟이, 걸립굿, 두레굿, 판굿, 기우제굿, 배굿 등

   ㉯ 풍물(風物) : 농악에 쓰이는 악기

      ㉮ 타악기(대부분) : **꽹과리·징·장구·북**·소고 → 농악은 꽹과리가 주가 되며, 꽹과리 제1주자인 상쇠가 농악대를 지휘

      ㉯ 관악기 : 나발, **태평소**(호적−선율악기)

   ㉰ 무형문화재 : **진주삼천포**농악(국가무형문화재 제11−1호), 평택농악(국가무형문화재 제11−2호), **이리**농악(국가무형문화재 제11−3호), **강릉**농악(국가무형문화재 제11−4호), 임실필봉농악(국가무형문화재 제11−5호), 구례잔수농악(국가무형문화재 제11−6호)

⑦ 무악(巫樂) : 각종 의식에서 무당이 부르는 무가와 재비들이 연주하는 반주 음악

⑧ 범패(梵唄) : 사찰에서 재를 올릴 때 부르는 성악. 엄밀한 의미에서 민중이 즐겨온 음악은 아니지만, 편의상 민속악에 포함시키기도 함

(3) 궁중무용

한국의 전통 무용 중에서 궁중을 중심으로 추던 춤이다. → **정재**(呈才)

① 의미 : 왕실에서 나라의 경사, 사신 접견 등 각종 연회에서 행해지던 무용 일체. 민간에서 연희되던 민속무용과 대응하는 춤(정재무) → 민간 대중과는 관계없음

② 특징 : 절제된 동작, 우아하고 단아한 춤사위 → 춤추는 사람의 감정이나 정서의 억제

③ 종류

   ㉮ 당악정재(당악무) : 당악에 반드시 따르게 되어있는 춤(중국으로부터 유입된 궁중무용)

   ㉯ 향악정재(향악무) : 향악과 함께 하는 춤(당악정재에 대칭하는 순수한 우리의 궁중무용)

④ 궁중무용의 예

   ㉮ **처용무**(국가무형문화재 제39호) : 당악정재로서, 신라 헌강왕 때의 처용설화에서 비롯된 가면무. 처용탈을 쓰고 오색 의상을 입은 5인의 남자 무원이 추는 전형적인 의식 무용 → 유네스코 인류무형유산(2009)

    ㉮ 『악학궤범』에 따르면 12월 회일(晦日) 하루 전날 궁중에서 나례(잡귀를 쫓기 위해 베풀던 의식)를 행한 뒤에 전도와 후도 2차례에 걸쳐 처용무를 추었음

    ㉯ 나례춤 : 궁중에서 음력 섣달그믐날 가면을 쓰고 잡귀를 쫓는 행사를 거행하는 의식 무용의 하나

    ㉰ **방상시탈**(중요민속문화재 제16호) : 궁중의 나례나 장례, 또는 임금 행차나 사신 영접 등의 행사 때 악귀를 쫓기 위해 사용된 눈이 4개 달린 탈

(나) 춘앵무(春鶯舞) : 봄 꾀꼬리를 흉내 낸 향악무. 효명세자가 아버지 순조 대신 대리청정을 할 때 어머니 순원숙황후의 40세 생일을 축하하는 의미로 만든 정재

(다) 태평무(국가무형문화재 제92호) : 국가의 평안을 위해 추었던 한국 전통 무용. 일제강점기 때 한성준이 재구성

(4) 민속무용

한국의 전통 무용 중에서 궁중무용이 아닌 민간에서 즐기던 무용이다.

① 특징 : 단조로운 궁중무용과는 달리 원초의 자연스러운 가락이 잘 보전

② 민속무용의 예

(가) 진주검무(국가무형문화재 제12호) : 경남 진주 지방의 교방에서 전승되어온 여성검무(진주팔검무). 원래는 검기무 또는 검무로 일컬어온 정재의 한 가지 → 현존하는 궁중무용 중에서 가장 오래된 검무(칼춤)

(나) 농악무(農樂舞) : 원시의 군중무용이 삼한시대에는 집단 무용으로서의 궤도에 오르고 조선시대에 이르는 사이에 점차로 발달

(다) **살풀이춤**(국가무형문화재 제97호) : 무속 의식에서 액(厄)을 풀어낸다는 의미로 살풀이 가락에 맞추어 추는 춤(허튼춤). 또한 교방에서 기생들이 추었던 여성홀춤

    ㉮ 의상은 흰 치마저고리에 쪽을 지고, 흰 수건을 들고 추는데, 수건으로 무수한 선을 그리는 것은 원초적으로 살을 풀기 위한 몸부림에서 나온 것

    ㉯ 기방 예술로서 수건놀음은 여인의 한풀이를 표현한 것

(라) **강강술래**(국가무형문화재 제8호) : 전라남도 서남해안 지방에 전승되는 노래와 무용과 놀이가 혼합된 부녀자들의 민속놀이. 주로 **추석날 밤**에 행하여지며 정월대보름날 밤에 하기도 함 → 유네스코 인류무형유산(2009)

(마) **승무**(국가무형문화재 제27호) : 흰 장삼에 붉은 가사를 어깨에 매고 흰 고깔을 쓰고 추는 민속춤으로 민속무용의 정수로 손꼽힘

    ㉮ 불교 의식에서 승려가 추는 춤은 승무라 하지 않고, 작법(作法) 또는 법무(法舞)라 함

    ㉯ 의식성이나 종교성, 생산성, 극성, 놀이성이 전혀 담겨있지 않은 독무(獨舞)

(5) 의식 무용

① 불교 계통 : 불교 의식에서 재(齋)를 올릴 때 추는 **작법**(作法) 또는 법무(法舞)

  ㈎ 나비춤(착복무) : 나비 모양의 의상을 입고 추는 불교 의식 무용

  ㈏ 바라춤 : 심벌즈처럼 생긴 바라를 들고 추는 불교 의식 무용

  ㈐ 법고춤 : 불교 사물의 하나인 법고를 치는 북춤의 일종

② 유교 계통

  ㈎ 일무(佾舞) : 궁중의 종묘(宗廟) 및 문묘(文廟) 등의 제향에서 제례악에 맞추어 여러 줄로 벌여 서서 추는 의식 무용의 하나

  ㈏ 제례의 대상에 따라 8일무 · 6일무 · 4일무로 구분

    ㉮ 천자(天子) : 8명씩 8줄로 늘어선 64명의 8일무

    ㉯ 제후(諸侯) : 6명씩 6줄로 늘어선 36명의 6일무

    ㉰ 대부(大夫) : 4명씩 4줄로 늘어선 16명의 4일무

    ㉱ 사(士) : 2명씩 2줄로 늘어선 4명의 2일무

  ㈐ 문덕을 칭송하는 문무(文舞)와 무덕을 칭송하는 무무(武舞)로 구분

    ㉮ 문무에 사용되는 음악이 보태평 → 보태평지무(保太平之舞)

    ㉯ 무무에 사용되는 음악이 정대업 → 정대업지무(定大業之舞)

최신기출 2016. 4. 9 시행

무형문화재와 소재지의 연결이 옳지 않은 것은?

① 줄타기 – 경기   ② 강강술래 – 전남   ③ 봉산탈춤 – 강원   ④ 은산별신제 – 충남

 해설 ③ 봉산탈춤 – 황해도   정답 ③번

10-2 연극과 놀이

(1) 인형극

① 인형극(人形劇) : 배우 대신 사람이 조종하는 인형이 연극을 하는 드라마의 한 양식

② **덜미** : 유랑 예인 집단인 남사당패가 행하던 풍물, 버나, 살판, 어름, 덧뵈기, 덜미 등 6종류의 **남사당놀이**(국가무형문화재 제3호) 중 6번째 놀이(민속 인형극)

  ㈎ 목덜미를 잡고 논다는 데서 유래된 명칭. 공연 때도 "덜미 놀자"라든가 "덜미 맞추자"라는 말을 씀

  ㈏ 등장 인형은 박첨지(**박첨지놀음**), 꼭두각시(**꼭두각시놀음**), 홍동지(**홍동지놀음**), 덜머리집, 피조리, 상좌, 홍백가, 표생원, 묵대사, 영노, 귀팔이, 평안감사, 작은 박첨지, 박첨

지손자, 상주, 동방삭이, 잡탈, 사령, 상도꾼, 이시미, 매, 청노새, 꿩 등 19명과 4종류의 동물

㈐ 주인공인 박첨지의 가족사를 짜임새 있게 구성한 서민적 전통 연극 장르 → 늙수그레한 박첨지가 가출을 해서 여러 수난을 겪고 첩(덜머리집)을 얻어 본처(꼭두각시)와의 파탄도 생기게 됨. 마지막에 박첨지가 상좌중 2명과 함께 절을 짓고 허무는 것으로 끝맺음

(2) 가면극

① 가면극(假面劇) : 연기자가 가면(탈)을 쓰고, 다른 존재로 분장하여 장면을 연출하는 연극
② 현전 가면극 : 강원도 지방(강릉관노탈놀이), 경북 지방(하회별신굿놀이), 중부 지방(양주별산대놀이·송파산대놀이), 경남 지방(통영오광대·고성오광대·가산오광대·수영야류·동래야류), 해서 지방(봉산탈춤·강령탈춤·은율탈춤), 함경도 지방(북청사자놀음), 일정한 고장이 없이 유랑하며 연희하던 남사당(덧보기)

㈎ 서낭굿 계통

㉮ **강릉관노탈놀이** : 강릉단오제(국가무형문화재 제13호) 때 행해지는 탈놀이
  • 일반 탈춤과는 달리 연희자들이 관노(官奴) 신분이기 때문에 대담하게 양반을 조롱·모독하는 내용이 없어 가면극 중 유일하게 무언극(無言劇)으로 구성
  • 일제강점기에 금지되어 전승이 끊긴 탓에 탈놀이 자체는 무형문화재로 지정되지 못함

㉯ **하회별신굿탈놀이**(국가무형문화재 제69호) : **경북** 안동시 풍천면 하회리에서 전승되어오는 정월 초이튿날에서 보름 사이에 무병을 기원하는 서낭신을 위안하는 부락제를 마친 후 벌이는 탈놀이에서 유래 → 안동 **하회탈** 및 병산탈(국보 제121호) : 하회와 병산의 가면 12종 13개가 국보 제121호로 지정
  • 하회별신굿 때 사용한 가면(하회탈) 10종 11개 : 주지탈(사자) 2개, 각시(처녀−노랑저고리와 다홍치마), 중(파계승), 양반, 선비, 초랭이, 이매(바보탈−선비의 하인), 부네(양반과 선비의 소첩), 백정, 할미 → 총각, 별채, 떡다리탈 등은 부전
  • 병산별신굿 탈놀이 때 사용한 가면(병산탈) 2종 2개 : 대감탈, 양반탈

㈏ 산대도감 계통 : 조선 전기 궁중의 **나례**(잡귀를 쫓기 위해 베풀던 의식)를 관장하기 위해 설치되었던 나례도감이나 산대도감 속하로 장막을 두른 무대(산대)에서 상연되었다는 데서 산대도감극 유래

㉮ **양주별산대놀이**(국가무형문화재 제2호) : 경기도 양주군 주내면 유양리에 전승되는 산대도감극의 한 분파(별산대)

㉯ **송파산대놀이**(국가무형문화재 제49호) : 조선 후기 송파장이 번성하던 때에 성행하여 오늘에 전승

㈐ 오광대 계통 : **경남**의 낙동강 서부 지역에서 오방을 상징하는 다섯 광대의 놀이라는 데서 명칭 유래

    ㉮ 통영오광대(국가무형문화재 제6호) : 경남 통영시에 전승

    ㉯ 고성오광대(국가무형문화재 제7호) : 경남 고성에 전승

    ㉰ 가산오광대(국가무형문화재 제73호) : 경남 사천시 축동면 가산리에 전승 → 조창오광대(조선 말까지 조창이 있었음)

㈑ 야유 계통 : 초계(草溪) 밤마리의 오광대 계통의 연희에서 비롯 → 들놀음, 들놀이, 야류, 치류

    ㉮ **수영야류**(국가무형문화재 제43호) : 부산 수영동에 전승. 정월대보름에 산신제와 함께 연행

    ㉯ 동래야류(국가무형문화재 제18호) : 부산 동래구에 전승. 1870년대에 수영야류를 본떠 형성된 것으로 추정

㈒ 해서 계통 : 황해도 일대의 가면극은 탈춤이라 불림. 전업화된 산대놀이가 관(官)의 행사와 관련된 것에 비하여, 황해도 탈춤은 농민과 장거리의 상인들 위주로 연희

    ㉮ **봉산탈춤**(국가무형문화재 제17호) : 황해도 봉산군 동선면 길양리에서 1915년경 사리원으로 옮겨 전승

        • 5월 단오날 밤 모닥불을 피워놓고 새벽까지 연희가 계속됨

        • 사자춤(제5과장) : 양주별산대놀이에는 없고 봉산탈춤에는 들어있음

    ㉯ **강령탈춤**(국가무형문화재 제34호) : 황해도 해주 남서쪽의 강령에 전승되다가 6 · 25 때 월남한 연희자들에 의해 현재 서울에서 전승. 봉산탈춤과 함께 황해도 탈놀이의 최고봉

    ㉰ 은율탈춤(국가무형문화재 제61호) : 황해도 은율에 전승

㈓ **북청사자놀음**(국가무형문화재 제15호) : **함남** 북청에서 정월대보름에 행해지던 사자놀이. 6 · 25 때 월남한 연희자들에 의해 현재 서울에서 전승

㈔ 덧보기 : 유랑 예인 집단인 남사당패가 행하던 풍물, 버나, 살판, 어름, 덧뵈기, 덜미 등 6종류의 **남사당놀이**(국가무형문화재 제3호) 중 5번째 놀이(가면무극). 원형인 산대도감극이나 양주별산대놀이, 봉산탈춤 등에 비해 등장인물이 적고 내용도 4장면으로 간소화되어있으나 더욱 날카로운 풍자와 패러디를 보여줌

㈕ **동제**(洞祭) : 마을을 지켜주는 동신에게 마을 사람들이 공동으로 기원하는 제의. 건강과 풍농 · 풍어 목적

(3) 민속놀이

민간에서 발생하여 오랜 세월 전해 내려오는 그 지방의 생활과 풍속을 반영한 놀이이다.

① 민속놀이의 구분

  ㉮ 노는 목적에 따른 구분 : 풍농(豊農) 기원 놀이, 풍어(豊漁) 기원 놀이, 벽사진경(辟邪
  進慶) 놀이, 제액초복(題額招福) 놀이, 오락놀이 → 대부분 정월대보름이나 한가윗날 밤
  에 벌어짐

  ㉯ 노는 대상에 따른 구분 : 놀이패놀이, 대동놀이, 남성놀이, 여성놀이, 아이놀이

② 민속놀이의 성격 : 제의성, 유희성, 예술성, 경쟁의식

③ 민속놀이의 변천 : 수천 년 세월을 이어 다양하게 발전 → 일제강점기, 6 · 25 전쟁, 산업
화를 거치면서 훼손 · 단절 → 보존과 재현의 노력 전개

④ 민속놀이의 종류

  ㉮ **영산줄다리기**(국가무형문화재 제26호) : 경남 창녕군 영산면에서 동부(수줄)와 서부(암
  줄)로 나누어 행하는 줄다리기 → 최근에는 3 · 1절 주간에 3 · 1 민속문화제의 부대 행
  사로 시행

    • 줄다리기 : 대개 정월대보름에 행하는 규모가 가장 큰 놀이. 여자편이 이기도록 남자
    편이 양보하는 것이 묵계(협동심 · 동질감 · 향토애 함양) → 유네스코 인류무형유산
    (2015)

  ㉯ 영산쇠머리대기(국가무형문화재 제25호) : 정월대보름에 영산 지방에서 행해지던 나
  무쇠싸움(목우전). 영산의 영축산과 작약산(함박산)의 형상이 마치 2마리의 황소가 겨
  루고 있는 것 같다 해서 산의 나쁜 기운을 풀어주고, 불행을 막는다는 의미에서 시작

  ㉰ **광주칠석고싸움놀이**(국가무형문화재 제33호) : 광주광역시 광산구 칠석동에 전승. 둥그
  런 모양의 '고'를 만들어서 서로 맞부딪쳐 땅에 닿게 하여 승부를 가리는 고싸움은 보통
  줄다리기의 전희 또는 전초전의 성격이나, 광산의 고싸움놀이는 그 전희만이 분화, 독
  립된 형태

    ㉮ 주로 전남 일대(광산 · 장흥 · 강진 · 영암 등)에서 정월대보름 전후에 행하던 격렬한
    남성 집단 놀이

    ㉯ 줄다리기와 마찬가지로 풍요를 기원하는 농경 의식의 한 형태

  ㉱ **안동차전놀이**(국가무형문화재 제24호) : 경북 안동에 전승. 정월대보름 날 마을 청장
  년들이 패를 갈라 동채(차전놀이할 때 쓰는 나무묶음)를 서로 부딪쳐 승부를 겨루는 집
  단 놀이

    ㉮ 후백제의 **견훤**(지렁이의 아들)과 고려의 **왕건**이 지금의 안동시 고창(古昌)에서 맞붙
    은 고창전투에서 비롯되었다고 함

    ㉯ 차전놀이 : 정월대보름에 강원도 춘천, 경기도 가평, 경북 안동 지방에서 행해지던
    동채싸움

  ㉲ **안동놋다리밟기** : 정월대보름 밤에 행해지는 부녀자들의 집단 놀이 → 동교(銅橋) · 기

와밟기 · 인다리[人橋]

- 고려 말 공민왕이 홍건적(紅巾賊)의 난을 피하여 노국대장공주와 함께 개성을 떠나 문경새재(조령)를 넘어 예천의 풍산을 거쳐 소야천(所夜川)의 나루에 이르렀을 때, 겨울이어서 물이 몹시 찼는데 이때 마을 부녀자들이 나와 개울에 들어가 허리를 굽히고 사람다리를 놓아 공주가 발을 적시지 않고 건너가게 하였다는 데서 유래. 이 뒤로 안동에서는 새해를 맞이하여 상원(上元) 날 저녁이면 마을 부녀자들이 모여 놋다리놀이를 하게 되었다고 함

㉺ **밀양백중놀이**(국가무형문화재 제68호) : 경남 밀양 지역에서 농사일에 노고가 많았던 머슴이나 일꾼들이 고된 김매기가 끝나는 음력 7월 15일경 진(辰)에 해당하는 용날을 전후하여 지주들이 낸 술과 음식을 먹으며 하루를 흥겹게 놀던 놀이 → 농신제, 작두말타기, 춤판(양반춤 · 병신춤 · 범부춤 · 오북춤), 뒷놀이로 구성

㉮ 밀양 지방에서는 백중놀이를 흔히 '머슴날'이라 하며, 그날 노는 놀이를 '꼼배기참놀이'라 불렀음

㉯ 백중놀이 : 벼농사를 주로 하는 중부 이남 지방 농촌에서 호미씻이, 세서유, 머슴날, 풋굿, 초연, 농공제, 장원놀음 등 여러 가지 이름으로 백중날 행해졌던 농경놀이

㉻ **남사당놀이**(국가무형문화재 제3호) : 꼭두쇠를 비롯해 50명 내외의 남자들로 구성된 유랑 예인 집단인 남사당이 대가를 받고 펼쳤던 풍물(농악), 버나(대접돌리기), 살판(땅재주), 어름(줄타기), **덧뵈기(가면극), 덜미(인형극)** 등 6가지 놀이

10-3 의식과 의례

(1) 무속 의식

① 무속(巫俗) : 무당을 중심으로 하여 전승되는 종교적 현상

② 무당 : 한국의 샤머니즘 성격의 전통 종교인 무속의 여성 샤먼(Shaman), 남자의 경우는 박수 → 신령과 사람을 잇는 중재자

㉮ 무당의 기능 : 사제적 기능(기우제), 무의적 기능(치병), 예언적 기능(예언 점복), 사령 저주의 기능(악령을 구사하여 해를 주고 병이 들게 함), 가무의 기능(노래와 춤으로써 신령과 교제)

㉯ 무당의 종류

㉮ 강신무 : 무병(巫病)을 앓고 신내림을 받은 무당. 신령을 몸주신으로 모시게 되는 굿인 내림굿을 통해 일반인에서 무당으로 각성한 무당 → 중 · 북부 지역, 강신으로부터 얻은 영력 중시

㉯ 세습무 : 무당 집안에서 조상 대대로 혈통을 따라 계승되는 무당 → 남부 지역, 제의

를 집행하는 사제권에 주력 – 당골(호남), 무당(영남), 심방(제주도)

③ 굿 : 무속의 종교 제의. 무당이 신에게 제물을 바치고 노래와 춤으로 인간의 길흉화복 운명을 비는 의식(종합예술) → 조선은 외형상으로는 유교주의 국가였으나 종교적으로는 무교에 의하여 지배되는 이중 구조

㉮ 굿의 종류 : 목적에 따라 13종의 제의가 전승

　㉠ 무신제(巫神祭)

　　• 강신제 : 무당에게 내린 신을 받아서 무당이 되는 성무제의 → 지역에 따라서 내림굿 · 신굿 · 명두굿 · 하직굿 등

　　• 축신제 : 해가 바뀔 때마다 신의 영험을 주기적으로 재생시켜 무당의 영력을 강화 → 지역에 따라 꽃맞이굿 · 단풍맞이굿 · 진적 · 대택굿 등

　㉡ 가제(家祭) : 민가에서 가족의 안녕과 행운을 위해서 하는 제의 → 생전제의(산 사람), 사후제의(죽은 사람)

　㉢ 동제(洞祭) : 마을을 수호하는 동신(洞神)에게 주민들이 정성을 모아 드리는 제의

　　• 내륙 지방의 제액과 기풍 제의 : 당굿, 도당굿, 서낭굿, 부군당굿, 별신굿

　　• 해안 지역의 제액과 풍어 제의 : 풍어제, 용신굿, 연신굿, 서낭풀이

㉯ 굿의 예

　㉮ **은산별신제**(국가무형문화재 제9호) : **충남** 부여 은산리 마을사당인 별신당에서 3년마다 거행되는 향토신제. 옛 백제 군사들(복신 · 도침)의 넋을 위로

　㉯ 영산재(국가무형문화재 제50호) : 불교에서 영혼 천도를 위하여 행하는 49재의 한 형태로, 영혼이 불교를 믿고 의지함으로써 극락왕생하게 하는 의식 → 유네스코 인류무형유산(2009)

　㉰ 진도씻김굿(국가무형문화재 제72호) : 전남 진도에서 전승되는 천도굿. 불교적인 성격의 세습무로 문학적 · 음악적 · 무용적 · 민속학적 가치가 매우 높음

　　• 씻김굿 : 망자를 상징하는 신체를 만들어놓고, 이승에서의 원한이나 아쉬움 등의 모든 것을 씻어주어 편안하게 다음 세계로 갈 수 있도록 기원하는 의례 행위

　㉱ 풍어제(국가무형문화재 제82호) : 바다의 위험성이 높은 해안 지방에서 수신을 위안하고 어민의 무사함과 물고기가 많이 잡히기를 기원하는 의식

　　• 동해안별신굿(국가무형문화재 제82-1호) : 부산 동래에서 강원도 고성군에 이르는 남부 동해안 일대에서 전승되는 마을굿. 규모가 크고 오락성이 짙음

　　• 서해안배연신굿및대동굿(국가무형문화재 제82-2호) : 주로 음력 정월과 2월 사이에 서해안 지역에서 해상 안전과 풍어를 기원하고, 마을의 안과태평과 생업의 번창을 비는 마을 대동굿. 선주들이 비용을 대고 배 안에서 굿이 행해짐

　　• 위도띠뱃놀이(국가무형문화재 제82-3호) : 전북 부안군 위도면 대리마을에 전승

되는 마을굿으로 제당의 명칭이 원당이기 때문에 본래의 명칭은 원당제(願堂祭) → 원당에서의 당굿에 이어 바닷가의 용왕굿 때에 띠배를 띄워보내기 때문에 띠뱃놀이로 불림
- 남해안별신굿(국가무형문화재 제82-4호) : 경남 통영시와 거제도를 중심으로 한산도 · 사량도 · 갈도 등의 남해안 지역에서 행하여지는 세습무
- 경기도도당굿(국가무형문화재 제98호) : 경기 남부 지역의 세습무들이 행하는 도당굿
  - 지역에 따른 마을굿의 명칭 : 도당굿(경기도), 별신굿(동해안), 당산굿(남부), 대동굿(황해도), 고창굿(강화도)
- 서울새남굿(국가무형문화재 제104호) : 서울 지역의 상류층 망자를 위한 전통적인 망자천도굿 → 무(巫) · 불(佛) · 유(儒)의 종교적 융화
- 제주칠머리당영등굿(국가무형문화재 제71호) : 음력 2월에 건입동 칠머리당에서 영등신(靈登神)을 맞이하여 올리는 당굿 → 유네스코 인류무형유산(2009)
  - 마을의 수호신인 본향당신(本鄕堂神)이 아닌 영등신에게 풍요를 비는 풍어제

(2) 유교 의식

① **종묘제례**(국가무형문화재 제56호) : 조선시대의 역대 왕과 왕비의 신위를 봉안한 **종묘**에서 지내는 제사이며, 종묘제례악에 맞추어 **대제**로 봉행

㉮ **정시제**(4계절의 첫달인 1 · 4 · 7 · 10월 상순)와 **임시제**(나라의 흉사 · 길사)를 지내오다가, 해방 이후에는 **5월 첫 일요일에 1번**만 지냄

㉯ 종묘제례 및 종묘제례악 → 유네스코 인류무형유산(2001)

② **사직대제**(국가무형문화재 제111호) : **토지**를 관장하는 사[社神]와 **곡식**을 주관하는 직[稷神]에게 드리는 국가적인 제사. **삼국시대**부터 행해진 사직제를 통해 자연에 감사하는 조상들의 마음을 읽을 수 있음. 사직단은 경복궁의 서쪽에 사단(社壇-동)과 직단(稷壇-서)을 따로 설치

③ **석전대제**(국가무형문화재 제85호) : **공자**를 모신 사당인 **문묘**에서 지내는 큰 제사(문묘대제). 음력 2월과 8월의 상정일(上丁日)에 공자와 그의 제자 및 우리나라의 명현 18위에 지냄

> **참고** **문묘제례악** : 공자와 그의 제자들을 모신 문묘에서 제사를 지낼 때 연주되는 음악. 일명 문묘악, 문묘제향악, 석전악

④ 선농제 : 농사짓는 법을 가르쳐준 신농씨(神農氏)와 후직씨(后稷氏)에게 선농단(先農壇)에서 제사 → 설렁탕 유래

⑤ 선잠제 : 누에치기를 처음 시작한 서릉씨(西陵氏)에게 선잠단(先蠶壇)에서 제사

(1) 세시 풍속(歲時風俗)

음력 정월부터 섣달까지 해마다 같은 시기에 반복되어 전해오는 주기 전승 의례

① 세시 의례 : 농경문화를 반영 → 농경의례

② 세시 풍속은 대체로 1년을 주기로 반복. 예외가 있음[閏年]

   ⑺ 양력에 따라 만들어진 24절기와, 음력에 따라 만들어진 명절로 구분

   ⑻ 문헌 : 동국세시기(홍석모), 열양세시기(김매순), 경도잡지(유득공)

   ⑼ 윤달 세시 풍속 : 집수리, 이사, 혼례, 수의 구입, 묘소 고치기(이장), 사찰 불공, 생전
예수재(죽은 후에 행할 불사를 미리 닦는 의식), 성돌이(답성놀이) 등

   ⑽ 명절 음식 → 명절식은 시절식(時節食)이며 건강식

(2) 월별 세시 풍속

① 정월 행사

   ⑺ 설날(원단, 음력 1월 1일) : 조상님께 차례(연시제)를 지내고 웃어른께 세배를 드림

     ㉮ 설빔 : 설날에 입으려고 준비한 옷

     ㉯ 세찬 : 차례를 지내거나 세배하러 온 사람을 대접하는 음식

     ㉰ 세주 : 설술. 차례상에 놓이는 찬술

     ㉱ **수세** : 섣달그믐 날 자지 않고 설을 준비하는 것

     ㉲ 복조리 : 조리를 일어 그해의 복을 취한다는 의미

     ㉳ **야광귀**(夜光鬼) : 정월 초하루 밤에 귀신이 와서 발에 맞는 신발을 신고 가는데 신발
을 잃은 사람은 그해에 재수가 없다고 함

   ⑻ **정월대보름**(원소절, 음력 1월 15일) : 더위팔기, **과일나무 시집보내기**, 쥐불놀이, 놋다리
밟기, 석전, 횃불싸움, 줄다리기, 차전놀이, 달맞이, 다리밟기, 지신밟기 등, 음식 →
오곡밥, 묵은나물, 귀밝이술(**이명주**), 부럼깨기

   ⑼ 입춘 : 입춘첩(立春大吉 등)을 써 붙이고 햇나물 무침을 먹음. 보리뿌리를 캐보아 보리
농사의 풍흉을 알아보는 농점(農占)을 침

② 2월 행사

   ⑺ 초하루 : 온 집안을 깨끗하게 쓸고 닦는 대청소를 하는 날(노래기 부적). 머슴날(노비
일), 영등날(풍신제), 콩볶이 등도 함

   ⑻ 초엿새 : 좀생이를 보고 농사의 풍흉을 점침

   ⑼ 경칩(驚蟄) : 개구리 등 만물이 겨울잠에서 깨어나는 날. 담을 쌓거나 벽을 바르는 일
(흙일)을 함

⒭ **한식**(寒食) : 동지로부터 105일째 되는 날. 조상의 산소에 개사초를 하고 성묘(차례)를 가며, **찬 음식**을 먹는 풍습이 있음

⒮ 석전제(2월 上丁日) : 봄 석전제

③ 3월 행사

⒢ 삼짇날(음력 3월 3일) : 강남 갔던 제비가 돌아온다는 날. 머리감기, 나비점(색깔 있는 나비를 보면 길조). 화전(화면)이라 하여 봄꽃을 넣어 전이나 국수를 해먹음

⒣ 곡우 : 농가에서는 못자리를 마련하여 실질적으로 농사를 시작

⒤ 기타 : 꽃놀이, 청춘경로회, 가시놀음, 음식 → 묵청포, 쑥국, 산떡, 환떡

④ 4월 행사

⒢ 초파일 : 부처님 오신 날. 연등회(국가무형문화재 제122호), 탑돌이

⒣ 기타 : 봉숭아 물들이기, 음식 → 찐떡, 어채, 고기만두, 미나리강회

⑤ 5월 행사

⒢ **단오**(음력 5월 5일) : 수릿날(천중절). 단오빔으로 단장. 옛날에는 차례를 지냈음. 단오제를 지내며 **창포물에 머리 감기, 그네뛰기, 씨름**을 즐김. 단오선(단오부채), 천중부적, **대추나무 시집보내기**. 단오날 정오(연중 陽의 기운이 가장 센 날과 시간)에 쑥과 익모초를 뜯어다 말림(약초·벽사의 의미)

　• 강릉단오제(국가무형문화재 제13호) : 유네스코 인류무형유산(2005)

⒣ 태종우(음력 5월 10일) : 조선 3대왕 태종의 기일(忌日)

⒤ 기타 : 대 심는 날(13일), 봉숭아 물들이기

⑥ 6월 행사

⒢ 유두(음력 6월 15일) : 동쪽으로 흐르는 물로 몸과 마음을 통해 액을 막고 정화하는 날. 음식을 장만해 산간폭포에서 몸을 씻고 서늘하게 하루를 보냄. 음식 → 유두면, 수단, 건단, 상화떡

⒣ 삼복 : 초복(하지 후 삼경일)·중복(사경일)·말복(입추 후 초경일). 더위를 이기기 위하여 삼계탕, 팥죽, 보신탕을 먹음

⑦ 7월 행사

⒢ 칠월칠석(음력 7월 7일) : 견우와 직녀가 만나는 날(덕흥리고분). 까마귀·까치가 보이지 않음(오작교). 햇볕에 옷과 책을 내어 말리고 견우별과 직녀별을 보고 절하며 글공부와 바느질이 늘기를 빎. 북두칠성에게 수명장수를 기원

⒣ **백중**일(음력 7월 15일) : 과일과 채소가 많이 나와 100가지 곡식의 씨앗을 갖추어놓았다 하여 유래된 날. 제사, **호미씻이**(농악을 하며 즐김)

⑧ 8월 행사

⒢ **추석**(중추절, 음력 8월 15일) : 추석 전에 벌초를 하고 추석에 차례를 지내고 성묘. 강

강강술래, 씨름, 줄다리기, **음식** → 송편(반달 모양), 시루떡, 토란단자, 밤단자

•『삼국사기』신라 유리왕조의 가배(한가위)에 대한 기록

(나) 석전제(8월 上丁日) : 각 지방에서 유생들이 문묘에서 가을 석전제를 지냄

⑨ 9월 행사

• 중양절(중구, 음력 9월 9일) : 重陽이란 홀수인 양이 겹쳤다는 뜻. 단풍놀이(가을소풍), 풍국놀이, **음식** → 국화전, 화채, 국화주

⑩ 10월 행사

(가) 시제, 성주제 : 10월은 상달(上月, 으뜸의 달)이라 하여 조상에 대한 시제 및 고사(감사와 안녕을 기원하는 풍속). 특별한 명절은 없지만 시월 자체가 중요한 달로서 각종 제례가 집중(동맹·무천·개천절), **음식** → 신선로, 만두, 난로회, 연포탕, 강정

(나) 김장 담그기

⑪ 11월의 행사

(가) **동지** : 아세(작은 설)라고도 함(설날에 떡국 한 그릇을 먹으면 나이 한 살을 더 먹는다는 것처럼 동짓날 팥죽 한 그릇을 먹으면 나이 한 살 먹는다고 하는 것으로 보아 동지를 설날로 여겼다는 흔적이 보임). 붉은(벽사) 팥죽을 먹으며 악기를 제거한다 하여 팥죽물을 대문간·대문판자에 뿌림

(나) **음식** → 냉면, 수정과, 동치미

⑫ 12월 행사

(가) 납일(가평절) : 종묘사직에 제사. 새잡이, 납설수, 엿고기

(나) 제석(제야, 섣달그믐날 밤) : 묵은세배(송년 인사), 해 지킴(수세), 널뛰기. 궁중에서는 나례(儺禮)라는 축귀 의례를 행함

　(가) **수세**(守歲) : 섣달그믐날 집 안팎에 불을 밝히고, 남녀가 다 새벽이 될 때까지 자지 않고 윷놀이로 밤을 새우며 새해 맞을 준비를 함(도교적 유속). 섣달그믐날 밤에는 잠을 자면 눈썹이 센다는 속신이 있음

　(나) 설은 섣달그믐부터 시작된다고 할 만큼 그믐날 밤과 초하루는 직결되어있음

단오의 풍속이 아닌 것은?

① 강강술래　　　　　　　　② 그네뛰기와 씨름

③ 창포물에 머리 감기　　　④ 대추나무 시집보내기

해설　① 강강술래는 주로 추석날 밤에 행해진다. 과일나무 시집보내기는 정월대보름의 풍습이다.

정답 ①번

(1) 민속문화재(民俗文化財)

① 어떠한 민족의 기본적인 생활문화를 특징적으로 나타내는 것

② 의식주, 생업, 신앙, 연중 행사 등에 관한 풍속이나 관습과 이에 사용되는 의복, 기구, 가옥 등으로서 국민 생활의 변화를 이해하는 데 반드시 필요한 것(문화재보호법 제2조)

(2) 중요민속문화재

① 우리나라의 경우, 무형민속문화재는 국가무형문화재로 지정되어있으므로 유형민속문화재만 다룸

② 문화재청장은 문화재위원회의 심의를 거쳐 민속문화재 중 중요한 것을 중요민속문화재로 지정할 수 있음(문화재보호법 제26조)

③ 중요민속문화재의 예

(가) **장승** : 지역의 **경계, 이정표** 및 마을의 **수호신** 역할

㉮ **충무시문화동벅수**(중요민속문화재 제7호) : 통영시 문화동에 있는 돌장승(벅수) 1기. 1906년에 마을사람들이 수호신상으로 건립

㉯ 나주불회사석장승(중요민속문화재 제11호) : 나주시 다도면 마산리 불회사 입구에 있는 돌장승 2기. 절 영역 내에 부정 타는 것을 지키는 수문신장의 구실

㉰ **나주운흥사석장승**(중요민속문화재 제12호) : 나주시 다도면 암정리 운흥마을에서 운흥사로 들어가는 입구 좌우측의 석장승 2기

㉱ 남원실상사석장승(중요민속문화재 제15호) : 남원시 산내면 입석리 실상사 입구에 있는 돌장승 2기

㉲ 순창 충신리 석장승(중요민속문화재 제101호) : 순창읍에서 전주로 가는 길의 돌장승 1기

㉳ 순창남계리석장승(중요민속문화재 제102호) : 순창읍에서 남원으로 가는 길의 돌장승 1기

(나) 당(堂)

㉮ **삼덕리마을제당**(중요민속문화재 제9호) : **통영시** 산양읍 삼덕리에 있는 신당

㉯ **고창오거리당산**(중요민속문화재 제14호) : 고창읍 읍내리에 있는 당산 3기

㉰ 부안서문안당산(중요민속문화재 제18호) : 부안읍 서외리에 있는 당산 4기

㉱ 남원서천리당산(중요민속문화재 제20호) : 남원시 운봉면 서천리에 있는 돌장승 2기

㉲ **인왕산국사당**(중요민속문화재 제28호) : 인왕산 기슭 선바위 아래 자리한 서울을 수호하는 신당. 1925년 일제가 남산 기슭에 조선 신궁을 지으면서 현재 위치로 이전됨

국사당의무신도(중요민속문화재 제17호) : 국사당(國師堂) 안에 있는 무신도 21점, 명두 7점 등 모두 28점으로 작자 미상

⒟ **고택**

　㉮ 강릉선교장(중요민속문화재 제5호) : 집터가 뱃머리[船橋]를 연상하게 한다고 하여 붙여진 이름. 효령대군의 11대손인 이내번이 이주하며 지은 집으로, 강원도 지역에서 가장 잘 남아있는 품위 있는 사대부 가옥. 강릉 **오죽헌**(보물 제165호)에서 동쪽으로 1.5 km 정도 떨어진 곳에 위치

　㉯ 구례운조루(중요민속문화재 제8호) : 구례군 토지면 오미리에 있는 조선 후기의 주택. 1776년(영조 52) 삼수부사와 낙안군수를 지낸 유이주가 건립했다고 전함

　㉰ 창녕술정리하씨초가(중요민속문화재 제10호) : 창녕읍 술정리에 있는 옛집

　㉱ 양동서백당(중요민속문화재 제23호) : 경주시 강동면 양동리에 있는 송첨(松簷)으로 불리는 한옥. 입향조인 양민공 손소(1433~1484)가 건립하였다고 전하는 월성손씨 종가집. 동방십팔현으로 문묘에 배향된 이언적(1491~1553)이 태어난 곳. 서백당(書百堂)은 매일 아침 참을 인(忍) 자 백 번을 쓴다는 뜻

　㉲ 영천매산고택및산수정(중요민속문화재 제186호) : 영천시. 매산 정중기(1685~1757)가 지은 조선시대 가옥

　㉳ 함양일두고택(중요민속문화재 제186호) : 함양군 개평마을. 일두 정여창(1450~1504)의 고택

⒠ **전통 마을**

　㉮ 안동하회마을(중요민속문화재 제122호) : 안동시. 풍산류씨의 집성촌

　㉯ 성읍민속마을(중요민속문화재 제188호) : 서귀포시. 조선 초기 설치된 정의현의 도읍지

　㉰ 경주양동마을(중요민속문화재 제189호) : 경주시. 조선시대 전통문화와 자연을 고스란히 간직하고 있는 한국 최대 규모의 마을로, 월성손씨와 여강이씨에 의해 형성. 유명 석학을 많이 배출

　㉱ 고성왕곡마을(중요민속문화재 제235호) : 고성군 송지호 북쪽에 들어선 전통마을

　㉲ 아산외암마을(중요민속문화재 제236호) : 아산시. 충청 고유 격식인 반가의 고택과 초가돌담(총 5.3 km), 정원이 보존

　㉳ 성주한개마을(중요민속문화재 제255호) : 성주군. 성산이씨가 대대로 살아온 전형적인 동성촌락

　㉴ 영주 무섬마을(중요민속문화재 제278호) : 영주시. 마을의 3면이 물로 둘러싸여 있는 대표적인 물돌이 마을

(바) 의류

  ㉮ 덕온공주당의(중요민속문화재 제1호) : 순조의 3녀 덕온공주가 입었던 자적색 직금 당의 1점(1837)

  ㉯ 심동신금관조복(중요민속문화재 제2호) : 조선 말기 문신 심동신(1824~?)이 입었 던 당상관용 금관조복(金冠朝服) 등 8점

  ㉰ 광해군내외및상궁옷(중요민속문화재 제3호) : 1965년 해인사 대중수 때 발견

  ㉱ 외재이단하내외분옷(중요민속문화재 제4호) : 조선 중기의 문신 외재(畏齋) 이단하 (1625~1689)와 그의 부인이 입었던 17세기 옷과 부속품 6점

  ㉲ 사영김병기일가옷(중요민속문화재 제6호) : 조선 말기의 세도가 사영 김병기(1818 ~1875)와 부인, 아들 김용규, 장손 김승진 등 한 일가의 복식과 부속품 26점

  ㉳ 경산정원용의대(중요민속문화재 제13호) : 조선 후기의 문신 경산 정원용이 입었던 19세기 후반의 복식과 그 부속품

  ㉴ 사명대사의 금란가사와 장삼(중요민속문화재 제29호) : 16세기 말에서 17세기 초 승 려들의 복식 연구

  ㉵ 흥선대원군자적단령(중요민속문화재 제214호) : 흥선대원군 이하응이 입었던 자주 색 단령(관리들이 집무를 볼 때 입는 평상복)

  ㉶ 변수 묘 출토 유물(중요민속문화재 제264호) : 조선 전기 복식사에 중요한 자료

최신기출　2016. 4. 9 시행

국가무형문화재가 아닌 것은?

① 한산소곡주　　　　　　　　② 안동차전놀이

③ 북청사자놀음　　　　　　　④ 조선왕조궁중음식

 해설　① 충청남도 무형문화재 제3호　　　　　　　　　　정답 ①번

1 강릉단오제의 행사 내용으로 옳은 것은?

① 별신굿탈놀이   ② 쇠머리대기   ③ 관노가면극   ④ 놋다리밟기

 해설 ①, ④ 안동 ② 영산

2 하회별신굿탈놀이 때 사용하는 탈이 아닌 것은?

① 주지탈   ② 각시탈   ③ 초랭이탈   ④ 방상시탈

 해설 ④는 궁중에서 나례나 장례 때 악귀를 쫓기 위해 사용했던 4개의 눈을 가진 탈을 말한다.

3 양주별산대놀이에는 없고 봉산탈춤에만 있는 것은?

① 노장춤   ② 양반춤   ③ 미얄춤   ④ 사자춤

 해설 동일한 산대도감 계통 탈춤의 분파임을 추정할 수 있다.

4 북청사자놀음에 관한 설명으로 옳지 않은 것은?

① 함경남도 북청 지방에서 정월대보름에 행해지던 사자놀이이다.

② 연초에 잡귀를 쫓고 마을의 평안을 비는 행사로 널리 행해졌다.

③ 주제는 양반 계급 · 파계승에 대한 반감과 풍자, 남녀 애정 관계에서 오는 가정의 비극 등이다.

④ 북청사자놀음에 쓰이는 가면은 사자 · 양반 · 꺾쇠 · 꼽추 · 사령 등이다.

 해설 ③은 고성오광대에 관한 설명이다.

5 궁중무용이 아닌 것은?

① 춘앵무   ② 처용무   ③ 태평무   ④ 한량무

 해설 ④는 진주 관아의 행사 때 여흥으로 춘 일종의 풍자 춤극이다.

정답 1 ③   2 ④   3 ④   4 ③   5 ④

6 경남 창녕군 영산면에서 영산 3·1 민속문화제 때 시연하는 민속놀이는?

① 줄다리기　　　　② 강강술래　　　　③ 고싸움　　　　④ 남사당놀이

7 판소리에 관한 설명으로 옳지 않은 것은?

① 한 명의 소리꾼이 고수의 장단에 맞추어 소리, 아니리, 너름새를 섞어 구연한다.

② 원래 궁궐에서 불리던 것인데 점차 하층민까지 퍼져나갔다.

③ 지역적 특징에 따라 동편제, 서편제, 중고제로 구분한다.

④ 춘향가, 심청가, 적벽가, 수심가, 흥보가는 판소리 다섯 마당으로 정착되었다.

8 (　　) 안에 들어갈 춤을 순서대로 나열한 것은?

> • (　　) : 음양오행설을 기초로 하여 5인의 남성 무원이 악운을 좇는 춤
> • (　　) : 흰 고깔을 쓰고, 흰 장삼에 붉은 가사를 걸치고 추는 춤

① 처용무, 승무　　② 처용무, 법무　　③ 착복무, 승무　　④ 착복무, 법무

9 은산별신제의 설명으로 옳지 않은 것은?

① 3년에 1번씩 음력 1월 또는 2월에 열린다.

② 불교에 귀의하여 극락왕생하게 하는 의식이다.

③ 충청남도 부여군에서 열린다.

④ 마을 사람들은 장군과 병사들을 위로한다.

 해설　② 영산재 : 영혼 천도를 위하여 행하는 불교 의식

10 공자를 모신 사당인 문묘에서 지내는 국가적인 제사는?

① 석전대제　　　　② 사직대제　　　　③ 종묘대제　　　　④ 선농대제

11 중요민속문화재로 지정된 민속마을이 아닌 것은?

① 영주무섬마을　　② 성읍민속마을　　③ 고성왕곡마을　　④ 전주한옥마을

해설　고성왕곡마을, 경주양동마을, 성읍민속마을, 성주한개마을, 아산외암마을, 안동하회마을, 영주무섬마을

정답　6 ①　7 ②　8 ①　9 ②　10 ①　11 ④

12 정월대보름의 세시 풍속과 관련이 없는 것은?

① 쥐불놀이　　　　　　　　　　② 지신밟기

③ 더위팔기　　　　　　　　　　④ 대추나무 시집보내기

 정월대보름 풍속 : 부럼깨기, 귀밝이술(이명주), 더위팔기, 과일나무 시집보내기, 쥐불놀이, 놋다리밟기, 석전, 횃불싸움, 줄다리기, 차전놀이, 달맞이, 다리밟기, 지신밟기 등

13 안동 하회마을에 관한 설명으로 옳지 않은 것은?

① 보물 양진당과 충효당이 있다.

② 하회란 물이 돌아서 흘러간다는 의미이다.

③ 류성룡 형제의 유적이 마을의 중추를 이루고 있다.

④ 안강평야의 동쪽 구릉지에 위치하고 있다.

 ④ 경주 양동마을 : 세계문화유산 등재, 월성손씨, 여강이씨

14 음악과 그에 관한 설명으로 옳지 않은 것은?

① 연례악 : 궁중 조하(朝賀)와 연향에 쓰이던 음악

② 산조 : 민속 음악에 속하는 기악 독주곡 형태의 음악

③ 범패 : 절에서 주로 제를 올릴 때 사용되는 음악

④ 잡가 : 양반들이 방 안에 앉아 부르던 좌창 음악

 ④ 잡가 : 소리꾼들이 부르던 통절 형식의 긴 노래

15 (　　) 안에 들어갈 춤을 순서대로 나열한 것은?

> • (　　) : 주로 추석날 밤에 여인들이 손을 잡고 둥그렇게 원을 그리며 집단으로 추는 춤
> • (　　) : 무당들이 액을 푸는 의미로 추거나, 기생들이 교방에서 추는 여성홀춤

① 강강술래, 살풀이춤　　　　　　② 강강술래, 승무

③ 춘앵무, 처용무　　　　　　　　④ 울산아가씨, 나례춤

16 불교 재의식 때 추는 춤이 아닌 것은?

① 나례춤　　　　② 나비춤　　　　③ 바라춤　　　　④ 법고춤

정답 12 ④　13 ④　14 ④　15 ①　16 ①

17 조선시대 3대 읍성 중 천주교 박해와 관련된 유적이 일부 남아있는 곳은?

① 고창읍성   ② 낙안읍성   ③ 해미읍성   ④ 남원읍성

 해설   조선시대 3대 읍성 : 고창읍성, 낙안읍성(순천), 해미읍성(서산)

18 세종 때 만든 '용비어천가'를 노래하는 성악곡이었으나, 현재 기악화되어 관현악 합주로 연주되는 장중한 음악은?

① 보허자   ② 보태평   ③ 정대업   ④ 여민락

 해설   현재는 모두 7장으로 되어있으며, 각 장의 처음 부분을 피리가 '쇠는 가락'으로 연주한다.

19 시대와 음악의 특징이 잘못 연결된 것은?

① 고구려 – 왕산악이 중국의 악기를 본떠 거문고를 만들었다.

② 통일신라 – 삼현 삼죽에 의한 음악이 크게 발전하였다.

③ 고려 – 불교 의식 음악이 성행하였다.

④ 조선 후기 – 음성서에서 음악을 관장하였다.

 해설   ② 삼현(三絃)은 거문고, 가야금, 향비파이고 삼죽(三竹)은 대금, 중금, 소금을 말한다. ④ 음성서(音聲署)는 신라 때, 예부(禮部)에 속하여 음악을 관장하던 기관이다.

20 성균관 문묘에 배향되지 않은 인물은?

① 김종직   ② 조광조   ③ 이언적   ④ 김장생

 해설   성균관 대성전(大成殿)은 공자(문선왕)와 4성(안자 · 증자 · 자사자 · 맹자), 10철(안회 · 민자건 · 염백우 · 중궁 · 재아 · 자공 · 염유 · 자로 · 자유 · 자하), 송조6현(주돈이 · 정이 · 장재 · 정호 · 소옹 · 주희), 우리나라 동국18현(설총 · 최치원 · 안향 · 정몽주 · 김굉필 · 정여창 · 조광조 · 이언적 · 이황 · 김인후 · 이이 · 성혼 · 김장생 · 조헌 · 김집 · 송시열 · 송준길 · 박세채)의 위패가 동서로 위차봉안(位次奉安)되어있는 20간의 다포식 전각으로, 1년에 2회 정기적으로 석전(釋奠)을 지낸다. 현판은 석봉 한호(1543~1605)의 친필이다.

21 프레스코(Fresco) 기법을 사용한 덕흥리 고분의 견우직녀도와 관련된 절기는?

① 한식(寒食)   ② 곡우(穀雨)   ③ 유두(流頭)   ④ 칠석(七夕)

정답   17 ③   18 ③   19 ④   20 ①   21 ④

4장 복합적 관광자원

1. 산업적 관광자원

1-1 농촌 관광

(1) 농촌 관광의 의미

① 농촌에서 할 수 있는 모든 관광 활동 → 농촌 환경, 자연 생태계, 농촌 생활, 농촌의 전통 문화 등을 관광의 소재로 삼는 지속 가능한 관광

② 도시민들은 고향의 향수, 농촌의 자연환경 등을 즐기기 위해 방문하고, 농촌은 도시민들을 대상으로 체험마을, 체험프로그램, 농산물 판매 등을 통해 소득을 증대 → 농촌 지역 활성화, 농촌의 농외 소득 창출에도 기여

(2) 관광농원

① 관광농원 사업 : 농어촌의 자연 자원과 농림 수산 생산 기반을 이용하여 지역 특산물 판매 시설, 영농 체험 시설, 체육 시설, 휴양 시설, 숙박 시설, 음식 또는 용역을 제공하거나 그 밖에 이에 딸린 시설을 갖추어 이용하게 하는 사업(농어촌정비법 제2조)

농산물 판매형		농산물 또는 그 가공품을 직·간접으로 판매하는 것 → 근래에는 직매 형태가 늘어나는 추세
농원 레크리에이션형	경작지 임대형	경작지를 일정하게 구획하여 외부인이 작물이나 과수를 재배토록 하는 형태(임대 농원, 임대 과수원) → 농산물을 직접 생산하는 즐거움
	농산물 채취형	농가에서 재배한 농작물을 직접 채취하도록 하는 형태
장소 제공형	농원 견학형	농원을 외부인이 관찰·견학할 수 있도록 농장을 개방하는 형태
	농원 휴양형	외부인이 농장에서 휴양·요양을 하고 휴가를 보낼 수 있는 형태

② 사업의 규모 : 10만 제곱미터 미만

③ 관광농원의 시설 기준

    ㉮ 영농 체험 시설(기본 시설) : 농어촌 관광 휴양 사업 시행자가 반드시 설치해야 하는 시설

    ㉯ 지역 특산물 판매 시설, 체육 시설, 휴양 시설, 음식물 제공 시설, 기타 시설

⑶ 농업의 6차 산업화

농촌은 농업이라는 1차 산업과 특산물을 이용한 다양한 재화의 생산(2차 산업), 그리고 관광 프로그램 등 각종 서비스를 창출(3차 산업)하여 6차 산업이라는 복합산업 공간으로 변화

① 농촌에 존재하는 모든 유·무형의 자원을 바탕으로 농업과 식품, 특산품 제조 가공(2차 산업) 및 유통·판매, 문화, 체험, 관광, 서비스(3차 산업) 등을 연계함으로써 새로운 부가가치를 창출하는 활동 → 농가 경제의 대안으로 주목

② 6차 산업 사업자 인증제 : 농촌 지역의 다양한 유·무형 자원을 활용하여 농업(1차 산업)과 2, 3차 산업을 연계함으로써 새로운 부가가치를 창출하고 향후, 성장 가능성이 있는 농업인, 농업 법인을 인증하여 핵심 경영체로 육성하고자 도입한 제도(농촌융복합산업 육성 및 지원에 관한 법률)

최신기출 **2016. 4. 9 시행**

관광농원에 관한 설명으로 옳지 않은 것은?

① 농업인의 소득 증대를 도모하는 사업이다.

② 숙박 시설은 설치할 수 없다.

③ 사업 규모는 100,000 m² 미만이어야 한다.

④ 농촌의 쾌적한 자연환경과 전통문화 등을 농촌 체험·관광자원으로 개발하는 사업이다.

정답 ②번

⑷ 국가 중요 농업 유산

① 목적 : 농촌의 다원적 자원을 보전하고 생물 다양성의 증진 및 전통 유산의 품격 향상을 위하여 국가 유산으로 지정하고 지원·관리. 유엔식량농업기구(FAO) 세계 중요 농업 유산(GIAHS)에 등재 추진

• 「농어업인 삶의 질 향상 및 농어촌지역개발촉진에 관한 특별법」 제30조의2(국가 중요 농업 유산의 보전·활용) ①항 : 농림축산식품부장관은 농업인이 해당 지역의 환경·사회·풍습 등에 적응하면서 오랫동안 형성시켜온 유형·무형의 농업자원 중에서 보전할 가치가 있는 농업자원을 국가 중요 농업 유산으로 지정할 수 있다.

② 현황

　㈎ 전남 완도 청산도 구들장 논(제1호) : 전통온돌 방식인 구들장을 통수로의 역할을 할 수 있도록 논바닥 밑에 설치하고 그 위에 진흙으로 틈새를 메운 후 흙을 덮어서 만든 **구들장 논**은 경지면적이 적고 돌이 많아 물 빠짐이 심한 청산도의 열악한 농업 환경을 극복하기 위한 조상들의 애환과 지혜가 담겨있음 → 청산도에는 친환경 농법으로 농사를 짓고 있어서 살아있는 화석이라고 불리는 멸종 위기 2급 판정의 '긴꼬리 투구새우'가 서식하고, 시신을 매장하지 않고 일정 기간 짚으로 덮어두었다가 나중에 뼈만 골라내어 묻는 장례 방식인 '초분' 문화가 아직도 유지되고 있으며, 유채꽃과 어우러진 돌담, 바다에 돌을 쌓아 조수간만의 차이를 이용하여 고기를 잡는 전통 어법인 '독살', 청동기시대 유물인 고인돌 등 다양한 농어촌 유산 자원이 있음. FAO의 세계 중요 농업 유산(GIAHS)에 등재(2014)

　㈏ 제주도의 흑룡만리 돌담 밭(제2호) : 시커먼 제주 돌담을 모두 이으면 10만 리까지 간다고 하여 흑룡만리(黑龍萬里)라 부르는 **돌담 밭**은 제주 현무암으로 만든 2만 2천여 km에 달하는 밭 주변의 담으로서 바람이 많은 제주 기후로부터 작물 보호, 토양과 씨앗의 비산 방지, 우마들의 농경지 침입 방지 및 소유지의 구획을 위하여 고려시대 고종 때부터 형성 → 「25시」의 작가 게오르규가 '세계적인 명물'로 예찬한 제주 돌담은 외담(한 줄 담), 겹담(두 줄 담), 잣벽담(넓게 쌓은 담), 잡굽담(하단은 작은 돌, 상부는 큰 돌로 쌓은 담)으로 구분. 돌담을 통하여 척박한 자연환경과 맞서 싸운 제주인의 개척 정신과 지혜를 엿볼 수 있음. FAO의 세계 중요 농업 유산(GIAHS)에 등재(제주 밭담 농업시스템-2014)

　㈐ 전남 구례산수유농업(제3호) : 지리산 자락의 농지가 부족한 산간지에서 생계유지를 위하여 약용작물인 산수유를 마을과 농경지 주변에 재배하여 마을과 산수유가 어우러진 독특한 경관을 형성 → 마을 주변에 형성된 100년을 넘는 **산수유 군락지**는 주변 생태계를 연결하여 생물 다양성을 높이는 한편, 돌담과 함께 토양 유실을 방지하는 역할도 담당. 지역 주민의 소득 증대에 기여(2012년 기준 전국 생산량의 53%)

　㈑ 전남 담양대나무밭(제4호) : 마을 주변에 조성한 **대나무밭**은 수려한 경관을 형성하고 수분을 다량 함유하여 갈수기에 주변 농경지에 물을 공급하는 역할 → 농경지 주변 다양한 동식물의 서식지를 제공하는 등 생물 다양성 증진에 많은 기여. 농업 시설(못자리·시설하우스), 농기구(삼태기·도리깨), 생활용품(대바구니·조리) 등 다양한 형태로 활용

　㈒ 충남 금산 인삼농업(제5호) : 인삼 재배 가공 및 유통의 중심지인 금산군 전역을 둘러싼 아름다운 산세와 금강이 **인삼밭**과 어우러져 독특한 경관을 형성 → 금산은 개성, 풍기와 함께 조선시대부터 국내의 대표적인 인삼 생산지. 인삼 재배의 문제를 해결하기 위하여

논 재배, 직파재배 등 다양한 재배 기술과 가공 기술이 발달

⒃ 경남 하동 전통 차농업(제6호) : 하동 화개면의 지리산 산비탈에 조성된 **차밭**은 지리산의 자연과 어우러져 우수한 경관을 형성 → 차 재배 및 가공 기술이 소규모 가내수공업 형태로 발전하여 잭살차(홍차), 고뿔차(혼합차) 등 전통적인 방식으로 가공하여 다양한 제품과 지역 문화를 형성

1-2 해양 산업 자원

(1) 어장과 항만

① 어항(Fishing Harbor) : 천연 또는 인공의 어항 시설을 갖춘 수산업 근거지

㈎ 어항의 기능 : 어업 활동 지원 기지, 수산물 유통 기지, 어촌 등 지역사회 기반 시설, 도시 지역 주민의 휴식 공간

㈏ 어항의 종류

㉮ 국가 어항 : 이용 범위가 전국적인 어항 또는 섬, 외딴 곳에 있어 어장의 개발 및 어선의 대피에 필요한 어항

㉯ 지방 어항 : 이용 범위가 지역적이고 연안어업에 대한 지원의 근거지가 되는 어항

㉰ 어촌 정주 어항 : 어촌의 생활 근거지가 되는 소규모 어항

㉱ 마을 공동 어항 : 어촌 정주 어항에 속하지 아니한 소규모 어항으로서 어업인들이 공동으로 이용하는 항포구

② 항만(Port) : 선박의 출입, 사람의 승선·하선, 화물의 하역·보관 및 처리, 해양 친수 활동 등을 위한 시설과 화물의 조립·가공·포장·제조 등 부가가치 창출을 위한 시설이 갖추어진 곳

㈎ 항만의 종류

㉮ 무역항 : 국민경제와 공공의 이해에 밀접한 관계가 있고 주로 외항선이 입항·출항 → 울산항, 부산항, 광양항, 인천항 등

㉯ 연안항 : 주로 국내항 간을 운항하는 선박이 입항·출항 → 주문진항, 구룡포항, 통영항, 군산항 등

㈏ 항만친수시설

㉮ 해양 레저용 시설 : 낚시터, 유람선, 낚시어선, 모터보트, 요트, 윈드서핑용 선박 등을 수용

㉯ 해양 문화·교육 시설 : 해양 박물관, 어촌 민속관, 해양 유적지, 공연장, 학습장, 갯벌 체험장 등

㉰ 해양 공원 시설 : 해양 전망대, 산책로, 해안 녹지, 조경 시설 등

㉑ 해양 인공 시설 : 인공 해변 · 인공 습지 등 준설토를 재활용하여 조성한 인공 시설

(2) 마리나

① 마리나의 어원 : '해변의 산책길' 또는 '해안에서 생선 요리를 파는 곳'이라는 라틴어에서 유래. 이탈리아에서는 '작은 항구'라는 뜻으로 쓰임

② 마리나(Marina) : 수변 지역에 마리나선박을 계류 · 보관하기 위한 수역 시설, 레저를 즐기기 위한 숙박 시설, 레스토랑 등 이용자의 편의를 제공하는 서비스 시설을 겸비한 복합적 해양 레저 공간

③ 국내 운영 중인 마리나항만 → 32개소(2014. 3. 기준)

(3) 등대

① 등대(Lighting House) : 항해하는 선박이 육지나 배의 위치를 확인하고자 할 때 사용하거나 항만의 소재, 항의 입구 등을 알리기 위하여 사용하는 것으로 연안의 육지에 설치된 등화를 갖춘 탑 모양의 구조물

② 등대의 역사

㈎ BC 280년경 지중해 파로스섬에 세계 최초의 등대가 건설(파로스 등대)

㈏ 우리나라는 1903년 6월 1일 **팔미도등대**, 소월미도등대, 북장자서등표, 백암등표를 신설 점등 → 우리나라 근대식 항로 표지의 효시

③ 유인 등대의 현황(2015. 11. 기준)

㈎ 유인 등대 : 38개소

㈏ 유인 등대 → 무인화 등대 : 11개소

(4) 국가 중요 어업 유산

① 목적 : 어촌의 다원적 자원과 생물 다양성의 보존, 어촌의 활성화와 삶의 질 향상 → 세계 최초로 전통 어업 시스템을 국가가 지정해 관리(어업 유산 자문위원회의 심사)

• 「농어업인 삶의 질 향상 및 농어촌지역개발촉진에 관한 특별법」 제30조의3(국가 중요 어업 유산의 보전 · 활용) ①항 : 해양수산부장관은 어업인이 해당 지역의 환경 · 사회 · 풍습 등에 적응하면서 오랫동안 형성시켜온 유형 · 무형의 어업 자원 중에서 보전할 가치가 있는 어업 자원을 국가 중요 어업 유산으로 지정할 수 있다.

② 현황

㈎ 제주도 해녀어업(제1호) : 아무런 장치 없이 맨몸으로 잠수해 해산물을 직업적으로 채취하는 해녀의 전통적 어업 방식. 불턱과 해신당 등 세계적으로 희귀하고 독특한 문화적 가치를 갖고 있는 전통 어업 시스템

㈏ 전남 보성 뻘배어업(제2호) : 꼬막(강요주) 채취를 위한 유일한 어업 활동 이동 수단인 뻘배를 사용한 어업

㈔ 경남 남해 죽방렴어업(제3호) : 삼국시대 이래 현재까지 어업인 생계 수단으로써 자립적으로 운영되고 있는 한반도 유일의 함정 어구를 사용한 어로 방식. 자연의 순리를 거스르지 않는 대표적인 전통적 어업 시스템

(1) 지역화 전략(Localization Strategy)의 개념

지역을 국가의 한 구성 요소로만 다루던 국가 중심적인 질서에서 벗어나, 국가로부터 독립적인 공간으로서의 지역을 강조하는 현상

① 경제적 · 문화적 측면에서 다른 지역과 차별화할 수 있는 계획 마련

② 특징 : 고유성 강조, 지역 이미지 구축(긍정적 이미지 강화, 새로운 이미지 창조)

　　🅔 이탈리아 피자, 우리나라 비빔밥

(2) 지역 브랜드

지역 그 자체 또는 지역의 상품과 서비스를 소비자에게 특별한 브랜드로 인식시키는 것 → 이미지 · 로고 · 슬로건 · 캐릭터 이용 🅔 I.SEOUL.U(서울), Global Inspiration(경기도), Fly Inchen, Bravo Ansan, 쾌한도시 남양주시, HAPPY 700(평창), It's Daejeon, Pride Gyeongbuk, Colorful DAEGU, Dynamic BUSAN, VIVA Boryeong, 녹색쉼표 단양, 솔향 강릉, 한바탕 전주

(3) 장소 마케팅(Place Marketing)

지역의 특정한 장소를 하나의 상품으로 인식하고 매력적으로 보이게 하여 경제적 가치를 높이는 활동 🅔 강릉의 정동진, 평창의 메밀꽃밭 조성, 함평의 나비축제, 보령의 머드축제

① 장소 마케팅의 6가지 유형

㈎ **홍보 · 판촉**을 통한 장소 마케팅

㈏ 박물관 · 극장 등 **문화 시설물의 건축**을 통한 장소 마케팅

㈐ 이벤트 · 축제 등의 **문화 행사**를 통한 장소 마케팅

㈑ **문화의 거리**와 같은 문화 예술 지구 조성과 문화 특구 지정을 통한 장소 마케팅

㈒ 지역의 역사적 상징이 담긴 **건물과 장소 보존**을 통한 장소 마케팅

㈓ **스포츠 행사**를 통한 장소 마케팅

(4) 지리적표시 등록제(GI : Geographical Indication)

① 상품의 품질 · 명성 · 특성 등이 해당 지역에서 비롯되는 경우 지역의 생산품임을 증명하고 표시하는 제도 → 다른 곳에서 임의로 상표권을 이용하지 못하도록 법적 권리가 주어짐

② 우수한 지리적 특성을 가진 농림산물 및 가공품의 지리적 등록·보호 제도로서, 지역 브랜드화와 품질 향상을 통하여 소비자의 신뢰를 확보하고, 품목을 육성

③ 지리적표시제 등록은 농산물, 임산물, 수산물 등 3개 품목을 대상으로 실시됨 → 각 품목에 대한 지리적표시제 관리 기관은 국립농산물품질관리원(농산물), 산림청(임산물), 국립수산물품질관리원(수산물)

(가) 국립농산물품질관리원 : 지리적표시 농식품(2016. 6. 기준)

- **보성녹차**(제1호−2002), 하동녹차, 고창복분자주, 영양고춧가루, **의성마늘**, 괴산고추, **순창전통고추장**, 괴산고춧가루, **성주참외**, 해남겨울배추, **이천쌀**, 철원쌀, 고흥유자, 홍천찰옥수수, 강화약쑥, **횡성한우**고기, 제주돼지고기, 고려홍삼, 고려백삼(고려인삼), 고려태극삼, 충주사과, 밀양얼음골사과, 한산모시(제25호), 진도홍주, 정선황기, 남해마늘, 단양마늘, 창녕양파, 무안양파, 여주쌀, 무안백련차, 청송사과, 고창복분자, 광양매실, 정선찰옥수수, 진부당귀, 고려수삼, **청양고추**, 청양고춧가루, 해남고구마, 영암무화과, 보성삼베, **함안수박**, 고려인삼제품, 고려홍삼제품, 군산찰쌀보리쌀, 제주녹차, 홍천한우, 영월고추, 영천포도, 영주사과, 서생간절곶배, 무주사과, 함평한우, 삼척마늘, 김천자두, 영동포도, 진도대파, 김천포도, 원주치악산복숭아, 영월고춧가루, 영광찰쌀보리쌀, 예산사과, 여수돌산갓, 여수돌산갓김치, 청도한재미나리, 담양딸기, 보성웅치올벼쌀, 사천풋마늘, 고령수박, 의령망개떡, 강릉한과, 금산깻잎, 괴산찰옥수수, 인제콩, 김포쌀, 영광한우, 나주배, 창녕마늘, 고흥한우, 진도검정쌀, 거문도쑥, 부산대저토마토, 안성배, 진영단감, 서산팔봉산감자, 영광고추, 영광고춧가루, 천안배, 고령감자, 고흥석류, 진도울금, 포항시금치, 군산쌀, 안성쌀, 고흥마늘, 제주한라봉(제100호), 안성한우, 고려흑삼, 고려흑삼제품(제103호)

(나) 산림청 : 지리적표시 임산물(2016. 2. 기준)

- **양양송이**(제1호−2006), 장흥표고버섯, **산청곶감**, 정안밤, 울릉도삼나물, 울릉도미역취, 울릉도참고비, 울릉도부지갱이, 경산대추, 봉화송이, 청양구기자, 상주곶감, 창선고사리, 영덕송이, 구례산수유, 광양백운산 고로쇠수액, 영암대봉감, 천안호두, 문경오미자, 무주머루, 울진송이, 횡성더덕, 악양대봉감, 영동곶감, 가평잣, 홍천잣, 보은대추, 청도반시, 정선곤드레, 거제맹종죽순, 태백곰취, 인제곰취, 덕유산고로쇠수액, 진도구기자, 횡성참숯, 담양죽순, 무주머루와인, 충주밤, 함양곶감, 울릉도 우산고로쇠수액, 강릉개두릅, 화순작약, 화순목단, 원주 옻 칠액, 무주천마, 홍천명이, 청양표고, 청양밤, 무주호두, 인제고로쇠수액, 영월곤드레, 장수오미자(제52호)

(다) 국립수산물품질관리원 : 지리적표시 수산물(2016. 4. 기준)

- **보성벌교꼬막**(제1호−2009), 완도전복, 완도미역, 완도다시마, 기장미역, 기장다시마, 장흥키조개, 완도김, 완도넙치, 장흥김, 장흥매생이, 여수굴, 남원미꾸라지, 고흥

미역, 고흥다시마, 진동미더덕, 신안김, 해남김, 해남전복, 여자만새고막, 고흥김, 고흥굴(제22호)

(1) 전시장의 개념

① 물건 등을 전시하여 관람객들한테 보여주는 공간 → 컨벤션센터(전시회를 포함하는 포괄적 의미로 쓰이기도 함)

② 국제회의업 : 대규모 관광 수요를 유발하는 국제회의(세미나 · 토론회 · 전시회 등을 포함)를 개최할 수 있는 시설을 설치 · 운영하거나 국제회의의 계획 · 준비 · 진행 등의 업무를 위탁받아 대행하는 업(관광진흥법)

③ 컨벤션 산업(Convention Industry) : 동시통역 시설을 갖춘 대규모 회의장이나 연회장, 전시장 등의 전용 컨벤션(대회 또는 회의) 시설을 갖추고 대규모 국제회의나 전시회를 유치하는 산업 → 호텔업, 항공업, 운송업, 유통업, 식음료업 등 관련 산업의 동반 발전을 가져와 회의 개최 지역의 경제 발전이 기대되는 미래형 무공해 고부가가치 산업

④ 컨벤션뷰로(CVB) : 지역에서 각종 국제 행사와 외국인 관광객을 유치하고 관광 안내, 컨벤션센터 등 관련 시설을 관리 · 운영하는 관광 · 마이스(MICE : 기업 회의 · 포상 관광 · 컨벤션 · 전시회) 전문 조직

(2) 전시 컨벤션센터 현황

서울특별시	COEX(코엑스) : 주식회사 코엑스 SETEC(세텍) : 서울무역전시컨벤션센터 aT센터(에이티센터) : 농수산물무역진흥센터
인천광역시	송도컨벤시아(Songdo Convensia)
경기도	KINTEX(킨텍스) : 한국국제전시장(고양시) → 우리나라 최대의 전시장
부산광역시	BEXCO(벡스코) : 부산전시컨벤션센터
경상남도	CECO(세코) : 창원컨벤션센터
대구광역시	EXCO(엑스코) : 대구전시컨벤션센터
경상북도	HICO(히코) : 경주화백컨벤션센터(경주시) GumiCo(구미코)(구미시)
대전광역시	KOTREX(코트렉스) : 대전컨벤션센터
세종특별자치시	정부세종컨벤션센터
광주광역시	KDJ Center : 김대중컨벤션센터
전라북도	GSCO(지스코) : 군산새만금컨벤션센터(군산시)
제주특별자치도	ICC JEJU : 제주국제컨벤션센터

1 산업 관광자원이 아닌 것은?

① 금산인삼 ② 광양제철 ③ 안동차전놀이 ④ 동대문시장

2 재래시장과 그 소재 지역 연결이 옳지 않은 것은?

① 울산–죽도시장 ② 부산–자갈치시장 ③ 서울–남대문시장 ④ 성남–모란시장

 해설 포항 죽도시장, 성남 모란시장, 삼척 번개시장, 하동 화개장터

3 지역과 컨벤션센터의 연결이 옳지 않은 것은?

① 서울–COEX ② 부산–BEXCO ③ 대구–DEXCO ④ 제주–ICC JEJU

 해설 ③ 대구–EXCO

4 다양한 지역 브랜드가 잘못 연결된 것은?

① 녹색쉼표 단양 ② I.SEOUL.YOU 서울
③ HAPPY 700 평창 ④ 솔향 전주

 해설 한바탕 전주, 솔향 강릉, 비바 보령, 브라보 안산

5 지리적표시제 등록 상품이 옳게 연결된 것을 모두 고르면?

| ㉠ 횡성한우 | ㉡ 고창참외 | ㉢ 보성녹차 |
| ㉣ 순천고추장 | ㉤ 단양딸기 | ㉥ 남원미꾸라지 |

① ㉠, ㉢, ㉥ ② ㉡, ㉢, ㉥ ③ ㉢, ㉣, ㉤ ④ ㉢, ㉣, ㉤

해설 고창복분자, 고창복분자주, 순창전통고추장, 담양딸기, 담양죽순, 단양마늘, 고흥유자, 고흥한우, 고흥석류, 고흥마늘, 고흥미역, 고흥다시마, 고흥김

정답 1 ③ 2 ① 3 ③ 4 ④ 5 ①

2. 사회적 관광자원

2-1 도시공원

(1) 도시공원의 개념

① 공원 : 보편적으로 공공이 소유하고 사용하는 일정 구획의 녹지 공간 → 우리나라 공원은 크게 도시공원과 자연공원으로 분류

② 도시공원 : 도시 지역에서 도시 자연경관을 보호하고 시민의 건강·휴양 및 정서 생활을 향상시키는 데에 이바지하기 위하여 설치 또는 지정된 공원(도시공원 및 녹지 등에 관한 법률)

③ 녹지 : 도시 지역에서 자연환경을 보전하거나 개선하고, 공해나 재해를 방지함으로써 도시 경관의 향상을 도모하기 위하여 도시·군관리계획으로 결정된 것

(2) 도시공원의 유형과 시설

① 생활권공원(3가지) : 도시 생활권의 기반 공원 성격으로 설치·관리되는 공원

  ⑦ 소공원 : 소규모 토지를 이용하여 도시민의 휴식 및 정서 함양을 도모하기 위하여 설치하는 공원

  ④ 어린이공원 : 어린이의 보건 및 정서 생활의 향상에 기여함을 목적으로 설치된 공원

  ⑤ 근린공원 : 근린 거주자 또는 근린 생활권으로 구성된 지역 생활권 거주자의 보건·휴양 및 정서 생활의 향상에 기여함을 목적으로 설치된 공원

면적과 유치 거리에 따른 분류

근린공원의 구분	설치 기준	유치 거리	규 모
근린생활권 근린공원	제한 없음	500 m 이하	1만 m² 이상
도보권 근린공원	제한 없음	1000 m 이하	3만 m² 이상
도시지역권 근린공원	해당 도시공원의 기능을 충분히 발휘할 수 있는 장소에 설치	제한 없음	10만 m² 이상
광역권 근린공원	해당 도시공원의 기능을 충분히 발휘할 수 있는 장소에 설치	제한 없음	100만 m² 이상

② 주제공원(7가지) : 생활권공원 외에 다양한 목적으로 설치되는 공원

  ⑦ 역사공원 : 도시의 역사적 장소나 시설물, 유적·유물 등을 활용하여 도시민의 휴식·교육을 목적으로 설치하는 공원

  ④ 문화공원 : 도시의 각종 문화적 특징을 활용하여 도시민의 휴식·교육을 목적으로 설치하는 공원

  ⑤ 수변공원 : 도시의 하천변·호수변 등 수변 공간을 활용하여 도시민의 여가·휴식을

목적으로 설치하는 공원

  (라) 묘지공원 : 묘지 이용자에게 휴식 등을 제공하기 위하여 일정한 구역 안에 「장사등에관
   한법률」 제2조 제6호의 규정에 의한 묘지와 공원 시설을 혼합하여 설치하는 공원

  (마) 체육공원 : 주로 운동경기나 야외 활동 등 체육 활동을 통하여 건전한 신체와 정신을
   배양함을 목적으로 설치하는 공원

  (바) 도시농업공원 : 도시민의 정서 훈화 및 공동체 의식 함양을 위하여 도시 농업을 주된
   목적으로 설치하는 공원

  (사) 기타 : 그밖에 특별시 · 광역시 또는 도의 조례가 정하는 공원

 ③ 공원 시설 : 도시공원의 효용을 다하기 위하여 설치

  (가) 교통 시설 : 도로, 광장

  (나) 조경 시설 : 화단, 분수, 조각 등

  (다) 휴양 시설 : 휴게소, 긴 의자 등

  (라) 유희 시설 : 그네, 미끄럼틀 등

  (마) 운동 시설 : 테니스장, 수영장, 궁도장 등

  (바) 교양 시설 : 식물원, 동물원, 수족관, 박물관, 야외음악당 등

  (사) 편익 시설 : 주차장, 매점, 화장실 등

  (아) 관리사무소, 출입문, 울타리, 담장 등 공원 관리 시설

  (자) 도시 농업을 위한 시설 : 실습장, 체험장, 학습장, 농자재 보관 창고 등

  (차) 그밖에 도시공원의 효용을 다하기 위한 시설로서 국토교통부령으로 정하는 시설

2-2   지역 축제

(1) 지역 축제의 개념

 ① 지역 축제의 의미 : 지역의 자연환경, 역사, 종교, 특산물, 스포츠 등을 소재로 일정 기간
 동안에 이루어지는 지역 행사

 ② 지역 축제의 기능 : 경제적 효과, 관광 욕구 충족, 지역 문화 보존, 지역의 정체성 확립,
 환경 친화적 관광자원 개발, 지방자치제도 활성화 → 주민들의 자부심과 공동체 의식을
 높이고 지역 경제 활성화에 기여

(2) 우리나라의 지역 축제

 ① 분류

  (가) 목적에 따른 분류 : 주민화합축제, 관광축제, 산업축제, 특수목적축제

  (나) 프로그램 구성 형식에 따른 분류 : 종합축제, 전통문화축제, 예술축제, 기타 축제

  (다) 개최 시기에 따른 분류 : 10월, 5월, 4월, 9월 순 → 봄철 · 가을철로 시기적 집중성

② 주요 지역 축제

  (가) 경기도

    ㉮ 다산문화제 : 남양주시. 다산 정약용의 실사구시 위민 정신과 전통문화를 계승

    ㉯ **세종문화제** : 여주군(10월). 세종대왕의 업적을 선양

    ㉰ 양주전통민속예술축제 : 양주시. 양주별산대놀이 등을 공연

    ㉱ 연성문화제 : 시흥시 유일의 전통문화축제

    ㉲ 연천전곡리구석기축제 : 연천군. 선사 문화 체험

    ㉳ 율곡문화제 : 파주시. 율곡 이이의 유덕을 추앙

    ㉴ **이천쌀문화축제** : 이천시(10월). 쌀의 고장에서 체험하는 전통 농경문화 체험

    ㉵ 이천도자기축제 : 이천시. 청동기시대부터 시작된 도자기의 역사를 담고 있는 고장

    ㉶ 자라섬국제재즈페스티벌 : 매년 가을 가평군 자라섬에서 3일간 펼쳐지는 흥겨운 야
        외 재즈 페스티벌

    ㉷ 인천소래포구축제 : 인천광역시. 인천을 대표하는 바다축제

    ㉸ **행주문화제** : 고양시(3월). 행주대첩(권율)의 전승을 기념

    ㉹ 화성문화제 : 수원시(10월). 정조대왕 능행차와 혜경궁홍씨 진찬연 등의 퍼포먼스

  (나) 강원도

    ㉮ **강릉단오제**(국가무형문화재 제13호) : 강릉시(5월). 우리 민족 전통 민속 축제의 원
        형성을 간직

    ㉯ 강릉망월제 : 정월대보름 날에 강릉 시민의 안녕과 풍년 · 풍어를 기원

    ㉰ 강원감영문화축제 : 원주시. 강원도 관찰사가 직무를 보던 강원감영의 소재지

    ㉱ 단종문화제 : 영월군. 단종의 고혼과 충신들의 넋을 축제로 승화

    ㉲ 동해무릉제 : 동해시. 지역의 전통 민속 예술 계승과 시민 화합

    ㉳ 설악문화제 : 속초시(10월). 산악페스티벌과 거리페스티벌

    ㉴ **소양강문화제**(개나리문화제) : 춘천시(9월). 전통 행사와 시민 화합을 위한 체육 경
        기 중심

    ㉵ **양양송이축제** : 양양군. 송이 채취 현장 체험

    ㉶ **율곡제** : 강릉시(10월) 오죽헌. 율곡 이이의 학문적 업적을 추모

    ㉷ 인제빙어축제 : 인제군. 300만 평의 넓은 소양호 얼음벌을 배경으로 빙어낚시

    ㉸ 태백산눈축제 : 태백시. 눈조각 전시. 광업 쇠퇴 지역의 활성화 노력

    ㉹ 태백제 : 태백시. 제례와 시민 화합

    ㉺ **춘천마임축제** : 춘천시. 마임예술의 대중화

    ㉻ 최승희춤축제 : 홍천군. 홍천 출신 무용가 최승희의 춤을 계승 발전

    ㉾ 화천산천어축제 : 화천군. 산천어와 눈 · 얼음 체험

   ⓝ **횡성한우축제** : 횡성군. 횡성한우고기 전시 · 판매

㈐ 충청도

   ㉮ 강경발효젓갈축제 : 논산시 강경읍. 다양한 젓갈 시식 · 체험

   ㉯ 금산여울축제 : 금산군. 여름휴가철 가족이 함께 즐기는 '물'축제

   ㉰ **금산인삼축제** : 금산군. 지역 특산물 축제

   ㉱ 기지시줄다리기(국가무형문화재 제75호) : 당진시(윤년 음력 3월). 機池市(틀못시)
는 옥녀가 베를 짜는 형국으로 알려져 줄다리기의 유래로 전해짐

   ㉲ **난계국악축제** : 영동군. 난계 박연의 음악적 업적 추앙

   ㉳ 목도백중놀이 : 괴산군. 풍년기원제, 전통문화 계승 · 발전

   ㉴ **백제문화제** : 부여군 · 공주시(10월). 백제 말 3충신(성충 · 흥수 · 계백) 제향, 백제 문
화 체험

   ㉵ **보령머드축제** : 보령군. 머드체험

   ㉶ 충주세계**무술축제** : **충주**시. 택견의 세계화와 전통 무술의 저변 확대

   ㉷ 청주직지축제 : 청주시. 현존하는 세계 최고의 금속활자본인 백운화상초록불조직지
심체요절(白雲和尙抄錄佛祖直指心體要節) 기념(2001년 세계기록유산)

   ㉾ 온달문화축제 : 단양군. 온달장군 진혼제, 온달산성 전투놀이

   ㉿ **우륵문화제** : **충주**시(10월). 가야 출신 악성 우륵 추모

   ㊀ **은산별신제**(국가무형문화재 제9호) : 부여군(11월). 백제 장졸들의 원혼을 위로하기
위한 위령제

   ㊁ 장동달맞이축제 : 금산군 양지리 장동마을. 정월대보름 달맞이 행사

   ㊂ 천안흥타령춤축제 : 천안시(10월). '천안삼거리'로 알려진 흥타령이 주제

   ㊃ 황도붕기풍어제 : 태안군(정월). 주민의 안녕과 어민의 풍어를 기원

㈑ 경상도

   ㉮ 가야문화축제 : 김해시. 가야사에 대한 의미 제고

   ㉯ **개천예술제** : 진주시(10월). 1593년 6월, 10만 왜군에 의해 통한의 계사순의(癸巳殉
義) 후 의롭게 순절한 7만 병사와 사민, 임진왜란 순국 3장사(김천일 · 황진 · 최경회)
와 논개의 애국충절 추모(2차 진주성 전투). 우리나라 향토 축제의 효시

   ㉰ 경산자인단오제 : 경산시 자인면(慈仁面) 서부리 일대 주민들의 고을 수호신인 한장
군(韓將軍)에게 행하는 유교식 제례

   ㉱ 광안리어방축제 : 부산광역시 수영구. '좌수영 어방놀이'와 같은 수영 지방의 전통 민
속을 주제로 몇몇 소규모 축제를 통합

   ㉲ 김해분청도자기축제 : 김해시. 도예 산업의 계승 · 발전

   ㉳ 대구약령시 한방문화축제 : 대구광역시(5월). 조선시대 약령시 개장 행사를 현대적

으로 승화

     ㉔ 도주줄다리기 : 청도군(정월대보름). 화양읍 동상리와 서상리의 경계 지점인 강지 땅에서 전승

     ㉕ 마산만날제 : 창원시. 고려시대부터 전해 내려오는 모녀간의 애틋한 상봉 전설을 바탕으로 우리 민족의 보편적 정서인 만남과 그리움을 주제로 한 민속 테마 축제

     ㉖ **문경전통찻사발축제** : 문경시 문경새재(명승 제32호) 일원. 도자기축제

     ㉗ 밀양아리랑대축제 : 밀양시. 충의(사명당 임유정), 지덕(점필재 김종직), 정순(아랑 낭자 윤동옥)의 정신을 계승

     ㉘ 산청한약방축제 : 산청군. 지리산의 자연환경 속에서 자생한 1000여 종의 약초와 침 등 한방 체험

     ㉙ 수영전통달집놀이 : 부산광역시 수영구. 대형 달집을 태우며 지난해의 묵은 액을 씻고 올 한 해의 건강과 풍요를 기원

     ㉚ **신라문화제** : **경주**시(10월). 천년 신라의 역사 문화 체험 축제

     ㉛ 안동국제탈춤페스티벌 : 탈 만들기, 탈춤 따라 배우기 등 다양한 탈춤 체험

     ㉜ 영산 3 · 1민속문화제 : 창녕군 영산면(靈山面). 도내 최초 3 · 1 독립운동 발상지인 영산 지방의 항일 애국선열들의 호국충절 고취. 영산쇠머리대기(국가무형문화재 제25호)와 **영산줄다리기**(국가무형문화재 제26호) 등의 시연을 통한 전통문화 계승

     ㉝ 진동큰줄다리기 : 마산시(정월대보름). 진동면 동촌냇가에서 마을의 안녕과 풍년, 시민의 대동단결을 기원

     ㉞ **진주남강유등축제** : 진주시. 1592년 10월 김시민(金時敏) 장군이 성 밖의 지원군과 호응하는 신호로 하늘에 풍등을 올리고 남강에 등불을 띄워 남강을 건너려는 왜군을 저지한 일에서 유래(1차 진주성 전투, 진주대첩)

     ㉟ 청도소싸움축제 : 청도군(3월). 국내 최대 규모의 소싸움 축제

     ㊱ **통영한산대첩축제** : 통영시(동양의 나폴리) 한산면. 세계 해전사에 빛나는 이순신 장군의 '학익진 전법'이 선보인 한산도대첩(1592. 8. 14)을 기념

     ㊲ 하동야생차문화축제 : 하동군(5월). 화개골 차 시배지와 쌍계사 일원. 야생차의 본고장으로서 정통성 계승과 차 문화의 국제적 교류

  ⒨ 전라도

     ㉮ 강경발효젓갈축제 : 논산시 강경읍. 강경포구의 아름다운 정취와 200년 전통을 이어온 강경젓갈이 어우러진 미식 문화 축제

     ㉯ 김제지평선축제 : 김제시. 백제 비류왕 27년(330)에 만들어진 세계 최대 최고의 수리 시설인 **벽골제**(사적 제111호)의 고장에서 우리 민족의 근간인 아름다운 농경문화의 정체성 계승과 하늘과 땅이 만나는 황금물결 지평선의 비경을 테마로 1999년부

터 매년 개최

ⓒ **낙안민속문화축제** : 순천시 낙안면(樂安面). 전통과 현대가 공존하는 낙안읍성(사적 제302호) 민속마을의 대표적인 축제

ⓡ **남도문화제** : 매년 9월. 전라남도에서 각 시 · 군의 참여하에 매년 열리는 향토문화제

ⓜ **남원흥부제** : 남원시. 흥부설화에 바탕에 문화경연한마당

⓫ **담양대나무축제** : 담양군. 대나무 전통문화와 예술을 계승 발전

ⓢ **무주반딧불축제** : 무주군. '무주 일원 반딧불이와 그 먹이 서식지(천연기념물 제322호)'가 소재

⓪ **순창장류축제** : 전북 순창군 전통고추장민속마을 일원에서 펼쳐지는 전통 장류와 발효 음식의 명맥을 계승하는 맛깔스러운 축제

ⓩ **왕인문화축제** : **영암**군. 백제 왕인박사의 학문과 업적을 기리고 그 뜻을 전승

⓬ **익산서동축제** : 익산시. 서동요를 통해 선화공주의 사랑을 얻고 마침내 백제 30대 무왕으로 등극한 서동의 탄생지. 1968년 마한민속제전에서 유래하여 내려오는 익산의 대표 축제

ⓚ **진도영등제** : 진도군. 바다가 열리는 한국판 모세의 기적이 일어나는 시기에 진행

ⓣ **추억의 7080충장축제** : 광주광역시의 대표적인 도심 거리축제(10월). 의병장인 충장공 김덕령 장군의 시호를 따서 명명

ⓟ **춘향제** : **남원시(5월)**. 춘향제향, 춘향선발대회 등

ⓗ **함평나비축제** : 함평군(5월). 온 가족이 참여할 수 있는 학습형 체험 프로그램을 제공

㉫ 제주도

ⓖ **성산일출축제** : 서귀포시. 1984년도부터 매년 개최되는 제주의 대표적인 새해맞이 축전

ⓝ 제주감귤축제 : 서귀포시. 지역 특산물인 제주감귤의 우수성 홍보

ⓒ 제주올레걷기축제 : 2010년 제주올레 1코스에서 처음 시작

ⓡ **제주유채꽃큰잔치** : 봄이 오면 제주도 전역을 노랗게 물들이는 유채꽃의 아름다움 칭송

ⓜ 최남단방어축제 : 매년 11월 제주바다의 대명사인 방어를 테마로 한 특산물 축제. 방어는 가을이 되면 캄차카반도에서 남으로 회유하는데 우리나라의 마지막 월동지가 최남단 마라도임. 최남단 어업 전진 기지인 모슬포항이 자리돔과 방어의 주산지

ⓑ 탐라입춘굿놀이 : 입춘날 제주시 목관아 일대에서 목사를 비롯한 관리들과 무당들이 같이 행하던 일종의 굿놀이

(1) 생태 도시의 개념

사람과 자연환경 및 문화가 조화를 이루는 환경 친화적 도시

① 생태 도시(Eco City)의 의미 : 자연환경과 도시 시설이 조화를 이루고 사람과 자연환경 및 문화가 어우러지게 하는 도시 → 도시 공간을 자연 친화적으로 계획하고 개발

② 생태 도시의 특징 : 자원 절약, 재생 가능한 자원 이용, 지역에서 생산된 먹거리를 주로 소비, 걷거나 자전거 타기, 대중교통 이용으로 에너지 소비를 줄임

㈎ 노력 : 오수 정화 장치 설치, 자연 하천의 복원, 쓰레기장의 생태 공원화, 자전거 보급과 자전거 전용 도로 건설, 도심 공원과 녹지 조성, 태양에너지 활용, 순환 수로 조성, 전기 자동차 보급 등

㈏ 효과 : 세계화 과정에서 나타나는 도시문제 해결, 지속 가능한 발전 가능, 지역의 생태적 · 문화적 다양성과 경쟁력 향상 → 긍정적인 지역 이미지 형성, 전 세계가 당면하고 있는 환경문제 해결에 중요한 역할을 함

㈐ 종류

㉮ 생물 다양성 생태 도시 : 녹지, 쾌적한 하천, 다양한 생물이 서식하는 환경을 추구

㉯ 자연 순환성 생태 도시 : 신 · 재생 에너지 사용, 자원 절약 · 재사용하는 체계를 추구

㉰ 지속 가능성 생태 도시 : 시민의 편의를 최대한 고려하면서, 생태계에 미치는 부담을 최소화할 수 있는 건축 · 교통 · 폐기물 처리 체계를 추구

(2) 대표적인 생태 도시

① 전라남도 순천시 : 연안습지를 철새와 사람이 공존하는 자연 생태 공원으로 개발. 도시개발과 자연환경의 조화에 초점을 둔 정책 추진   예 공공 자전거 제공

• 순천시의 순천만은 람사르 협약에 등록된 세계 5대 연안습지 중 하나이다. 4 km에 이르는 갯벌 · 갈대숲과 철마다 찾아오는 희귀 철새들, 고승들을 배출한 송광사, 성곽과 내부 마을이 원형에 가깝게 보존된 낙안읍성(사적 제302호) 등 세계인이 찾는 생태 관광도시로 개발하기 위한 계획을 진행하고 있다.

② 제주 : 올레길을 개발하여 제주의 자연경관과 문화경관을 보고 느낄 수 있음 → 생태 관광 활성화

③ 울산 태화강 : 산업화 시기에 오 · 폐수 유입으로 오염 → 민관 노력으로 수질 개선(죽음의 강에서 철새들의 낙원으로 변모)

④ 서울 난지도 : 쓰레기 매립지였던 곳에 억새풀을 심고 공원 조성, 풍력발전으로 가로등 사용

⑤ 상주 : 보행자·자동차·자전거가 조화를 이룰 수 있는 교통 환경 정비

⑥ 광주 : 광주역~효천역 구간을 산책로, 자전거 도로, 쌈지 공원 등으로 '푸른길' 조성

⑦ 전라남도 신안군 : 2007년 아시아 최초로 슬로시티로 지정. 갯벌과 염전, 습지가 공존하는 생태 관광지

2-4 슬로시티

(1) 슬로시티의 개념

자연 생태가 잘 보호되고 전통문화가 잘 보존되고 있는 지역

① 슬로시티(Slow City)의 의미 : 이탈리아에서 시작된 '느린 마을 만들기 운동'에서 유래. 느리게 먹기, 느리게 살기를 합쳐 시행. 자연환경과 인간이 조화를 이루며 느림의 철학을 바탕으로 전통 보존, 지역민 중심, 생태주의 등을 지향 → 슬로시티를 방문하면 아름다운 자연환경과 전통문화, 느리고 여유로운 삶을 체험할 수 있음

• 패스트푸드에 반대하면서 이탈리아의 한 도시에서 시작된 슬로푸드 운동은 단순히 식사를 오래 하는 것이 아니라 맛있고 깨끗하며 바른 음식을 먹자는 것임. 슬로시티 운동은 슬로푸드 운동을 삶에 적용하여 전통과 자연 생태를 슬기롭게 보전하면서 인류의 지속적인 발전을 추구해나가자는 국제 운동. 슬로시티에서는 걷기, 자전거 이용, 나무 심기, 패스트푸드 안 먹기, 대중교통 이용 등 환경 친화적인 삶을 실천(자연과 더불어 살고자 하는 사람들의 깨달음이 만들어낸 운동)

② 슬로시티의 특징 : 에너지 절약, 유전자 변형 농산물 사용 금지, 보행 및 자전거 도로 확충, 친환경적 쓰레기 처리, 전통문화와 토산품 보호 등

(2) 한국의 슬로시티

신안군 증도면, 담양군 창평면, **전주 한옥마을**, 완도군 청산도, 예산군 대흥면, 하동군 악양면, 남양주시 조안면, 제천시 수산면, 영월군 김삿갓면, 장흥군 유치면 등

2-5 비무장지대

(1) 비무장지대의 개념

군대가 주둔하지 않는 완충지대

① 비무장지대(DMZ : DeMilitarized Zone)의 의미 : 남북한의 직접적인 군사적 충돌을 방지하기 위해 일정 간격을 두도록 한 완충지대 → 남북 분단의 상징, 세계에서 유일한 냉전의 유산 등의 상징적 의미를 지님

② 설정 배경 : 6·25 전쟁 이후 휴전협정(1953)으로 정해짐

③ 범위 : 군사 분계선(서해안 임진강 하구~동해안 강원도 고성)을 따라 남북 방향으로 각각 2 km씩 설정된 지역 → 남쪽 2 km 지점은 남방 한계선, 북쪽 2 km 지점은 북방 한계선

- 동서 길이 248 km, 면적 907 km²(서울−605.21 km², 제주도−1,849.02 km²)

④ 특징

㉮ 군대의 주둔이나 무기의 배치 금지, 민간인의 출입과 개발 통제

㉯ 남한과 북한이 공동으로 경비하는 특수 구역인 공동경비구역(JSA : Joint Security Area), 비무장지대의 남쪽에는 민간인 통제 구역 설정

㉰ 민간인 통제 구역 : 국민을 안전하게 보호하기 위해 출입이 통제되는 곳으로 남방 한계선으로부터 5~20 km 지역을 말함

(2) 비무장지대의 가치

① 자연 생태계의 보고 : 오랜 기간 동안 사람들의 출입과 개발이 통제되어 생태적 다양성이 보존됨 → 2,716종의 야생 동ㆍ식물과 67종의 멸종ㆍ보호 야생 동ㆍ식물의 서식지로 국내에서 가장 생물 다양성이 높음

- 생물권 보전 지역ㆍ지리 공원(Geo Park)으로 지정하는 방안 추진

② 역사ㆍ문화 보존지 : 궁예 도성터 발굴, 정비되지 못한 선사 유적 및 유물 분포

③ 통일 교육의 체험장 : 안보와 통일을 위한 체험 공간으로 활용 예 통일전망대, 통일동산 등

④ 동북아시아 평화의 상징 : 남북 간 교류 및 협력 기지, 전쟁을 방지하고 평화를 상징하는 공간으로 활용 → 평화벨트(Peace Belt) 조성

1 서울 소재 공원과 관련 인물의 연결이 옳지 않은 것은?

① 효창공원 – 김구

② 충숙공원 – 이상길

③ 구암공원 – 허준

④ 서울외국인묘지공원 – 조지 루이스 쇼

 해설 서울외국인묘지공원 : 어니스트 베델, 호머 헐버트, 호러스 그랜트 언더우드, 헨리 아펜젤러 등

2 유엔식량농업기구(FAO)의 세계 중요 농업 유산(GIAHS)에 등재된 국가 중요 농업 유산은?

① 충남 금산 인삼농업

② 전남 완도 청산도 구들장 논

③ 경남 하동 전통 차농업

④ 전남 담양대나무밭

3 예로부터 널리 알려진 향토 특산물과 지역의 연결이 옳지 않은 것은?

① 나전칠기 – 통영   ② 화문석 – 강화   ③ 유기 – 남원   ④ 삼베 – 안동

 해설 안성 유기, 남원 목기

4 지역 축제를 이용한 장소 마케팅이 잘못 연결된 것은?

① 화천산천어축제

② 진주남강유등축제

③ 여주쌀문화축제

④ 함평나비축제

 해설 이천쌀문화축제

5 비무장지대(DMZ)에 관한 설명 중 옳지 않은 것은?

① 1953년 휴전협정에 따라 설정되었다.

② 비무장지대의 길이는 155마일(약 248 km)이다.

③ 군사 분계선을 기준으로 남북 양쪽 4 km씩 설정되었다.

④ 보호종, 위기종 등 서식 동식물의 생태학적 보존 가치가 매우 높다.

 해설 DMZ는 군사 분계선에서 남북으로 각각 2 km씩 설정된 지역이다.

정답 1 ④ 2 ② 3 ③ 4 ③ 5 ③

6 도시공원 중 생활권공원 외에 다양한 목적으로 설치되는 주제공원의 유형이 아닌 것은?

① 수변공원 　　　② 근린공원 　　　③ 묘지공원 　　　④ 도시농업공원

> **해설**　주제공원의 유형 : 역사공원, 문화공원, 수변공원, 묘지공원, 체육공원, 도시농업공원 등

7 축제 개최 지역과 축제 명칭이 바르게 연결되지 않은 것은?

① 충주 – 세계무술축제 　　　　　② 안동 – 국제탈춤페스티벌
③ 수원 – 화성문화제 　　　　　　④ 이천 – 청자축제

> **해설**　이천도자기축제, 강진청자축제

8 생태 도시와 특징이 옳지 않은 것은?

① 순천시 – 아시아 최초의 슬로시티
② 울산 태화강 – 수질 개선으로 철새들의 낙원으로 변모
③ 신안군 증도 – 갯벌과 염전, 습지가 공존하는 생태 관광지
④ 제주 – 올레길을 개발하여 생태 관광 활성화

> **해설**　전남 신안군은 2007년 아시아 최초의 슬로시티로 지정되었다(국제슬로시티연맹).

9 다음 중 전라남도 순천 지역의 관광자원과 무관한 것은?

> ㉠ 람사르 습지　　㉡ 강천산　　㉢ 낙안읍성　　㉣ 반방짜유기

① ㉠ 　　　　　② ㉡ 　　　　　③ ㉢ 　　　　　④ ㉣

> **해설**　순천 → 순천만(람사르 습지, 철새 도래지), 조계산(도립공원), 낙안읍성, 옥천서원, 송광사, 선암사, 반방짜유기. 순창 → 강천산(군립공원), 전통고추장

10 다음 중 경상북도 안동 지역의 관광자원과 무관한 것은?

> ㉠ 하회마을　　㉡ 헛제사밥　　㉢ 차전놀이　　㉣ 관노가면극

① ㉠ 　　　　　② ㉡ 　　　　　③ ㉢ 　　　　　④ ㉣

> **해설**　안동 → 청량산(도립공원), 하회마을, 도산서원, 차전놀이, 놋다리밟기, 간고등어, 안동소주, 안동찜닭, 헛제사밥, 안동포(삼베). 강릉 → 단오제, 관노가면극, 오죽헌, 선교장, 경포대(관동8경)

정답　6 ② 　7 ④ 　8 ① 　9 ② 　10 ④

3. 위락적 관광자원

3-1 위락적 관광자원의 유형

(1) 테마파크

일정한 공간에 특정 주제를 부여하여 방문객으로 하여금 비일상적인 경험을 체험하여 즐거움을 느끼게 하는 관광시설

① 특징 : 다채롭고 일관된 연출, 비일상적인 공간의 창출, 대형화 추세로 대기업에 편중, 음식·상품 판매는 이익의 원천

② 세계 10대 테마파크

㉮ 세계의 테마파크 시장은 미국과 일본이 주류. 특히 디즈니랜드의 영향력이 가장 강력 (세계 10대 테마파크 대부분이 월트 디즈니 어트랙션 산하의 테마파크)

㉯ 기술 및 경영 지원 서비스를 제공하는 에이콤 테크놀로지(AECOM Technology)와 테마엔터테인먼트협회(TEA)가 집계한 2015 세계 테마파크 방문객 순위

㉠ 1위 : 디즈니월드 매직킹덤 파크－플로리다 올랜도. 1971년 개장. 디즈니월드의 첫 테마공원. 2,049만 2,000명

㉡ 2위 : 디즈니랜드－캘리포니아 애너하임. 1,827만 8,000명

㉢ 3위 : 도쿄 디즈니랜드－1,660만 명

㉣ 4위 : 유니버셜 스튜디오 재팬－오사카. 1,390만 명

㉤ 5위 : 도쿄 디즈니 시(SEA)－1,360만 명

㉥ 6위 : 디즈니월드 엡콧(EPCOT Center)－플로리다. 1,179만 8,000명

㉦ 7위 : 디즈니월드 애니멀킹덤－플로리다 레이크 부에나 비스타. 1,092만 2,000명

㉧ 8위 : 디즈니월드 할리우드 스튜디오－플로리다 레이크 부에나 비스타. 1,082만 8,000명

㉨ 9위 : 파리 디즈니랜드－마른느 라 발레. 1,036만 명

㉩ 10위 : 유니버셜 스튜디오－플로리다 올랜도. 958만 5,000명

㉪ 14위 : 에버랜드－용인시. 742만 3,000명

㉫ 16위 : 롯데월드－서울 송파구. 731만 명

(2) 카지노

① 카지노업 : 전문 영업장을 갖추고 주사위·트럼프·슬롯머신 등 특정한 기구 등을 이용하여 우연의 결과에 따라 특정인에게 재산상의 이익을 주고 다른 참가자에게 손실을 주는 행위 등을 하는 업(관광진흥법)

② 국내 카지노 현황(2016. 6. 기준) : 13개 법인, 17개 영업장

 ㉮ 업체 수 : 외국인 대상(16개 업체), 내국인 가능(1개 업체−강원랜드)

  • 최초 : 인천카지노(1967. 8. 10) − (주)파라다이스세가사미

  • 지자체의 제2강원랜드 추진 움직임 : 새만금(전북 군산), 부산항(부산)

 ㉯ 매출액 : 2,804,413백만 원

 ㉰ 이용객 : 5,747,011명

3-2 관광특구

(1) 관광특구

 외국인 관광객의 유치 촉진 등을 위하여 관광 활동과 관련된 관계 법령의 적용이 배제되거나 완화되고, 관광 활동과 관련된 서비스 · 안내 체계 및 홍보 등 관광 여건을 집중적으로 조성할 필요가 있는 지역으로서 이 법에 의하여 지정된 곳(관광진흥법 제1장 제2조 11) → 13개 시 · 도 31개소(2016. 3. 기준)−2,636.47 km²

관광특구 지정 현황

구 분			면 적	지정일
서울(6)	명동 · 남대문 · 북창	명동, 회현동, 소공동, 무교동 · 다동 각 일부지역	0.87 km²	2000. 3. 30
	이태원	용산구 이태원동 · 한남동 일원	0.38 km²	1997. 9. 25
	동대문 패션타운	중구 광희동 · 을지로5~7가 · 신당1동 일원	0.58 km²	2002. 5. 23
	종로 · 청계	종로구 종로1가~6가 · 서린동 · 관철동 · 관수동 · 예지동 일원, 창신동 일부 지역(광화문 빌딩~숭인동 4거리)	0.54 km²	2006. 3. 22
	잠실	송파구 잠실동 · 신천동 · 석촌동 · 송파동 · 방이동	2.31 km²	2012. 3. 15
	강남 마이스(MTCE)	강남구 삼성동 무역센터 일대	0.19 km²	2014. 12. 18
부산(2)	해운대	해운대구 우동 · 중동 · 송정동 · 재송동 일원	6.22 km²	1994. 8. 31
	용두산 · 자갈치	중구 부평동 · 광복동 · 남포동 전 지역, 중앙동 · 동광동 · 대청동 · 보수동 일부 지역	1.08 km²	2008. 5. 14
인천(1)	월미	중구 신포동 · 연안동 · 신흥동 · 북성동 · 동인천동 일원	3.00 km²	2001. 6. 26
대전(1)	유성	유성구 봉명동 · 구암동 · 장대동 · 궁동 · 어은동 · 도룡동	5.86 km²	1994. 8. 31
경기(4)	동두천	동두천시 중앙동 · 보산동 · 소요동 일원	0.40 km²	1997. 1. 18
	평택시 송탄	평택시 서정동 · 신장1 · 2동 · 지산동 · 송북동 일원	0.49 km²	1997. 5. 30
	고양	고양시 일산 서구 · 동구 일부 지역	3.94 km²	2015. 8. 6
	수원 화성	경기도 수원시 팔달구 · 장안구 일대	1.83 km²	2016. 1. 15

강원(2)	설악	속초시 · 고성군 및 양양군 일부 지역	138.2 km²	1994. 8. 31
	대관령	강릉시 · 동해시 · 평창군 · 횡성군 일원	428.3 km²	1997. 1. 18
충북(3)	수안보온천	충주시 수안보면 온천리 · 안보리 일원	9.22 km²	1997. 1. 18
	속리산	보은군 내속리면 사내리 · 상판리 · 중판리 · 갈목리 일원	43.75 km²	1997. 1. 18
	단양	단양군 단양읍 · 매포읍 일원(2개 읍 5개 리)	4.45 km²	2005. 12. 30
충남(2)	아산시온천	아산시 음봉면 신수리 일원	3.71 km²	1997. 1. 18
	보령해수욕장	보령시 신흑동, 웅천읍 독산 · 관당리, 남포면 월전리 일원	2.52 km²	1997. 1. 18
전북(2)	무주 구천동	무주군 설천면 · 무풍면	7.61 km²	1997. 1. 18
	정읍 내장산	정읍시 내장지구 · 용산지구	3.45 km²	1997. 1. 18
전남(2)	구례	구례군 토지면 · 마산면 · 광의면 · 신동면 일부	78.02 km²	1997. 1. 18
	목포	북항 · 유달산 · 원도심 · 삼학도 · 갓바위 · 평화광장 일원(목포해안선 주변 6개 권역)	6.90 km²	2007. 9. 28
경북(3)	경주시	경주 시내지구 · 보문지구 · 불국지구	32.65 km²	1994. 8. 31
	백암온천	울진군 온정면 소태리 일원	1.74 km²	1997. 1. 18
	문경	문경시 문경읍 · 가은읍 · 마성면 · 농암면 일원	1.85 km²	2010. 1. 18
경남(2)	부곡온천	창녕군 부곡면 거문리 · 사창리 일원		1997. 1. 18
	미륵도	통영시 미수 1 · 2동 · 봉평동 · 도남동 · 산양읍 일원		1997. 1. 18
제주(1)	제주도	제주도 전역(부속 도서 제외)		1994. 8. 31

최신기출 2016. 4. 9 시행

카지노에 관한 설명으로 옳지 않은 것은?

① 1994년 관광진흥법 개정에 의해 관광사업으로 규정되었다.

② 국내 최초의 카지노는 1967년 개설된 서울 파라다이스워커힐카지노이다.

③ 강원랜드 카지노는 2000년 10월 개장했다.

④ 강원랜드 카지노는 내국인 출입이 가능하다.

 해설 ② 국내 최초 카지노는 1967년 인천 올림푸스호텔(현 파라다이스호텔 인천) 카지노이다. 이후 1968년 주한 외국인 및 외국인 관광객 전용의 오락 시설물로 파라다이스 카지노 워커힐(전 올림포스 관광호텔 워커힐 지점)이 서울에 오픈하였다. **정답 ②번**

관광진흥법에 의해 지정된 관광특구가 아닌 것은?

① 평택시 송탄   ② 서울특별시 잠실

③ 창녕군 부곡온천   ④ 공주시 백제문화지구   정답 ④번

(2) 대한민국 영화제

① 광주국제영화제 : 2001년에 제1회 영화제 개최. 부분적으로 경쟁 섹션이 있는 비경쟁 국제영화제. 아시아 최초 평화국제영화제를 표방

② 대구단편영화제 : 2000년 시작

③ 대종상(大鐘賞, Grand Bell Awards) : 50여 년이라는 역사를 가진 대한민국의 대표적인 영화제(1962년 제1회 대종상 시상식). 1992년에 정부 주도에서 민간 주도로 넘어감

④ 미장센단편영화제 : 매년 6월에 서울에서 개최되는 영화제. I♥SHORTS! 라는 슬로건으로 비정성시(사회적 관점을 다룬 영화), 사랑에 관한 짧은 필름(로맨스), 4만 번의 구타(액션 · 스릴러), 절대악몽(공포 · 판타지), 희극지왕(코미디) 등 다섯 장르로 구분하여 시상

⑤ **부산국제영화제(BIFF)** : 1996년에 창립, 매년 가을 부산광역시 영화의전당 일원에서 개최되는 국제영화제. 도쿄, 홍콩국제영화제와 더불어 아시아 최대 규모의 영화제. 부분 경쟁을 도입한 비경쟁영화제로 국제영화제작자연맹(FIAPF)의 공인을 받은 영화제. 2011년 9월 29일에는 부산국제영화제 전용관인 영화의전당을 센텀시티에 개관

⑥ **부천국제판타스틱영화제(BiFan)** : 주제는 사랑, 환상, 모험. 1997년에 시작. 2001년 5월, 아시아에서 최초로 유럽 판타지 영화제 연합에 준회원으로 가입

⑦ 서울 국제사랑영화제(SIAFF) : '경계를 넘어서는 새로운 시선'을 모토로 보편적 사랑의 가치와 아가페적 사랑을 담아내는 영화를 소개

⑧ 서울독립영화제(SIFF) : 1975년 한국청소년영화제로 시작한 한국을 대표하는 독립영화제

⑨ 서울국제여성영화제(SIWFF) : "여성의 눈으로 세계를 보자"라는 캐치프레이즈 아래, 1997년 4월 1일 시작한 국제영화제(1996년 출범한 부산국제영화제에 이어 두 번째로 개최된 국제영화제)

⑩ 서울환경영화제(GFFIS) : '환경'을 화두로 삼는 테마 영화제로, 환경 재단이 주최(2004년 시작). 환경과 인간의 공존을 모색. 부분 경쟁을 도입한 국제영화제로, 매년 세계 각국 100여 편의 우수한 환경 영화를 발굴하고 소개

⑪ **전주국제영화제(JIFF)** : 부문 경쟁을 도입한 비경쟁 국제영화제(2000년 시작)

⑫ 정동진독립영화제 : 매년 8월 강릉시 정동초등학교에서 모든 작품을 야외에서 상영. 한

국영상자료원이 2002년부터 공동으로 행사를 주최

⑬ 제천국제음악영화제(JIMFF) : 2005년부터 매년 8월에 개최. 음악에 관한 영화, 음악이 좋은 영화를 기준으로 매년 80여 편의 초청작이 상영

⑭ 청룡영화상(The Blue Dragon Award) : 1963년 조선일보 주최로 시작되었다가 1973년 폐지 후, 1990년에 부활. 한국 영화를 대상으로 17개 부문으로 시상.

⑮ 핑크영화제(Pink Film Festival) : 한국의 여성 관객들만 참여할 수 있는 비경쟁 초청 영화제로 2007년부터 매년 11월에 개최. 일본의 영화 장르 중 하나인 핑크영화에 관한 영화제

⑯ DMZ국제다큐멘터리 영화제 : 분단의 상징인 비무장지대를 재조명하기 위해 2009년 10월 처음 시작된 아시아 최대의 다큐 영화제

1 내국인의 출입이 허용된 카지노는?

① 파라다이스 워커힐 카지노   ② 세븐럭카지노 힐튼호텔점

③ 호텔인터불고대구 카지노   ④ 강원랜드 카지노

2 강원도에 위치한 스키장이 아닌 곳은?

① 대명비발디파크   ② 알펜시아리조트

③ 양지파인리조트   ④ 휘닉스파크

 해설
- 경기도의 주요 스키장 : 곤지암리조트, 베어스타운, 스타힐리조트, 양지파인리조트, 지산리조트
- 강원도의 주요 스키장 : 대명비발디파크, 알펜시아리조트, 오크밸리, 오투리조트, 용평리조트, 하이원리조트, 휘닉스파크

3 도쿄, 홍콩국제영화제와 더불어 아시아 최대 규모의 영화제는?

① 광주국제영화제   ② 부산국제영화제

③ 부천국제판타스틱영화제   ④ 전주국제영화제

 해설 부산국제영화제(BIFF)는 매년 가을 대한민국 부산광역시 영화의전당 일원에서 개최되는 국제영화제이다.

4 세계 25대 테마파크 순위에 들어가는 곳은?

① 이월드   ② 에버랜드   ③ 워터피아   ④ 오션월드

 해설 국내 3대 테마파크 : 에버랜드, 롯데월드, 서울랜드

5 'I♥SHORTS!'라는 슬로건의 영화제가 매년 6월에 개최되는 도시는?

① 서울   ② 부산   ③ 부천   ④전주

 해설 미쟝센단편영화제 : I♥SHORTS!라는 슬로건으로 서울에서 개최되며 다섯 장르로 구분하여 시상한다.

정답 1 ④ 2 ③ 3 ② 4 ② 5 ①

관광법규

1장

관광기본법

1975년 12월 31일, 전문 14조와 부칙

1. 목적(제1조) : 이 법은 관광 진흥의 방향과 시책에 관한 사항을 규정함으로써 국제 친선을 증진하고 국민경제와 국민 복지를 향상시키며 건전한 국민 관광의 발전을 도모하는 것을 목적으로 한다.

2. 정부의 시책(제2조) : 정부는 이 법의 목적을 달성하기 위하여 관광 진흥에 관한 기본적이고 종합적인 시책을 강구하여야 한다.

3. 관광 진흥계획의 수립(제3조) : 정부는 관광 진흥장기계획과 연도별 계획을 각각 수립하여야 한다.

4. 연차 보고(제4조) : 정부는 매년 관광 진흥에 관한 시책과 동향에 대한 보고서를 정기국회가 시작하기 전까지 국회에 제출하여야 한다.

5. 법제상의 조치(제5조) : 국가는 제2조에 따른 시책을 실시하기 위하여 법제상, 재정상의 조치와 행정상의 조치를 강구하여야 한다.

6. 지방자치단체의 협조(제6조) : 지방자치단체는 관광에 관한 국가 시책에 필요한 시책을 강구하여야 한다.

7. 외국 관광객의 유치(제7조) : 정부는 외국 관광객의 유치를 촉진하기 위하여 해외 홍보를 강화하고 출입국 절차를 개선하며 필요한 시책을 강구하여야 한다.

8. 시설의 개선(제8조) : 정부는 관광객이 이용할 숙박, 교통, 휴식 시설 등의 개선과 확충을 위하여 필요한 시책을 강구하여야 한다.

9. 관광자원의 보호 등(제9조) : 정부는 관광자원을 보호하고 개발하는 데에 필요한 시책을 강구하여야 한다.

10. 관광사업의 지도 육성(제10조) : 정부는 관광사업을 육성하기 위하여 관광사업을 지도, 감독하고 그밖에 필요한 시책을 강구하여야 한다.

11. 관광 종사자의 자질 향상(제11조) : 정부는 관광에 종사하는 자의 자질을 향상시키기 위하여 교육 훈련과 그밖에 필요한 시책을 강구하여야 한다.

12. 관광지의 지정 및 개발(제12조) : 정부는 관광에 적합한 지역을 관광지로 지정하여 필요한 개발을 하여야 한다.

13. 국민 관광의 발전(제13조) : 정부는 관광에 대한 국민의 이해를 촉구하여 건전한 국민 관광을 발전시키는 데에 필요한 시책을 강구하여야 한다.

14. 관광진흥개발기금(제14조) : 정부는 관광 진흥을 위하여 관광진흥개발기금을 설치하여야 한다.

부칙 : 이 법은 공포한 날부터 시행한다.

최신기출 2016. 4. 9 시행

관광기본법의 내용으로 옳지 않은 것은?

① 정부는 관광 진흥장기계획과 연도별 계획을 각각 수립하여야 한다.

② 정부는 매년 관광 진흥에 관한 시책의 추진 성과를 정기국회가 폐회되기 전까지 국회에 보고하여야 한다.

③ 지방자치단체는 관광에 관한 국가 시책에 필요한 시책을 강구하여야 한다.

④ 정부는 관광 진흥을 위하여 관광진흥개발기금을 설치하여야 한다.

 해설 관광기본법 제4조, 정기국회가 시작하기 전까지 국회에 보고하여야 한다.

정답 ②번

1 관광기본법 제1조 목적에서 언급되지 않은 사항은 무엇인가?

① 국제 친선의 증진　　　　　　② 국민경제 향상

③ 국민 복지 향상　　　　　　　④ 건전한 국제 관광의 발전 도모

2 다음 중 관광기본법의 내용으로 잘못된 것은?

① 정부는 관광 진흥장기계획과 연도별 계획을 각각 수립하여야 한다.

② 정부는 관광기본법의 목적을 달성하기 위하여 관광 진흥에 관한 기본적이고 종합적인 시책을 실시하기 위하여 법제상, 재정상의 조치와 행정상의 조치를 강구하여야 한다.

③ 지방자치단체는 관광에 관한 국가 시책에 필요한 시책을 강구하여야 한다.

④ 정부는 관광객이 이용할 숙박, 교통, 휴식 시설 등의 개선과 확충을 위하여 필요한 시책을 강구하여야 한다.

 해설 | 관광기본법 제5조, 주체가 정부가 아닌 국가이다.

3 관광 진흥을 위하여 관광진흥개발기금의 설치를 의무화한 법률은 무엇인가?

① 관광기본법　　　　　　　　② 관광진흥법

③ 관광진흥개발기금법　　　　　④ 국제회의산업 육성에 관한 법률

해설 | 관광기본법 제14조

4 관광기본법에 따라 관광에 대한 국민의 이해를 촉구하여 건전한 국민 관광을 발전시키는 데에 필요한 시책을 강구하여야 할 주체는 누구인가?

① 국가　　　　　　　　　　　② 정부

③ 정부와 지방자치단체　　　　④ 한국관광공사

 해설 | 관광기본법 제13조

 정답 | 1 ④　2 ②　3 ①　4 ②

2장

관광진흥법

1986년 11월 31일 제정·공포

1. 총 칙

1-1 목적(제1조)

이 법은 관광 여건을 조성하고 관광자원을 개발하며 관광사업을 육성하여 관광 진흥에 이바지하는 것을 목적으로 한다.

1-2 용어의 정의(제2조)

(1) 관광사업

관광객을 위하여 운송, 숙박, 음식, 운동, 오락, 휴양 또는 용역을 제공하거나 그밖에 관광에 딸린 시설을 갖추어 이를 이용하게 하는 업

(2) 관광사업자

관광사업을 경영하기 위하여 등록·허가 또는 지정을 받거나 신고를 한 자

(3) 기획여행

여행업을 경영하는 자가 국외 여행을 하려는 여행자를 위하여 여행의 목적지, 일정, 여행자가 제공받을 운송 또는 숙박 등의 서비스 내용과 그 요금 등에 관한 사항을 미리 정하고 이에 참가하는 여행자를 모집하여 실시하는 여행

(4) 회원

관광사업의 시설을 일반 이용자보다 우선적으로 이용하거나 유리한 조건으로 이용하기로 해당 관광사업자와 약정한 자

(5) 공유자

단독 소유나 공유의 형식으로 관광사업의 일부 시설을 관광사업자로부터 분양받은 자

(6) 관광지

자연적 또는 문화적 관광자원을 갖추고 관광객을 위한 기본적인 편의 시설을 설치하는 지역으로서 이 법에 따라 지정된 곳

(7) 관광단지

관광객의 다양한 관광 및 휴양을 위하여 각종 관광시설을 종합적으로 개발하는 관광 거점 지역으로서 이 법에 따라 지정된 곳

(8) 민간 개발자

관광단지를 개발하려는 개인이나 상법 또는 민법에 따라 설립된 법인

(9) 조성 계획

관광지나 관광단지의 보호 및 이용을 증진하기 위하여 필요한 관광시설의 조성과 관리에 관한 계획

(10) 지원 시설

관광지나 관광단지의 관리, 운영 및 기능 활성화에 필요한 관광지 및 관광단지 안팎의 시설

(11) 관광특구

외국인 관광객의 유치 촉진 등을 위하여 관광 활동과 관련된 관계 법령의 적용이 배제되거나 완화되고, 관광 활동과 관련된 서비스, 안내 체계 및 홍보 등 관광 여건을 집중적으로 조성할 필요가 있는 지역으로 이 법에 따라 지정된 곳

(11)의 (2) 여행이용권

관광 취약 계층이 관광 활동을 영위할 수 있도록 금액이나 수량이 기재(전자적 또는 자기적 방법에 의한 기록 포함)된 증표

(12) 문화관광해설사

관광객의 이해와 감상, 체험 기회를 제고하기 위하여 역사, 문화, 예술, 자연 등 관광자원 전반에 대한 전문적인 해설을 제공하는 자

최신기출 2016. 4. 9 시행

관광진흥법의 목적으로 명시되지 않은 것은?

① 관광 경제 활성화　　　② 관광자원 개발

③ 관광사업 육성　　　　④ 관광 여건 조성

해설 관광진흥법 제1조

정답 ①번

---

1 다음 중 관광진흥법상 관광사업자가 되기 위한 요건에 해당하지 않는 경우는?

① 관광사업을 경영하기 위하여 등록을 한 자

② 관광사업을 경영하기 위하여 허가를 받은 자

③ 관광사업을 경영하기 위하여 통지를 한 자

④ 관광사업을 경영하기 위하여 신고를 한 자

 해설　관광사업자는 관광사업을 경영하기 위하여 등록 · 허가 또는 지정을 받거나 신고를 한 자이다.

2 다음의 설명이 말하는 것은 무엇인가?

> 자연적 또는 문화적 관광자원을 갖추고 관광객을 위한 기본적인 편의 시설을 설치하는 지역으로서 관광진흥법에 따라 지정된 곳

① 관광지　　　　② 지원 시설　　　　③ 관광특구　　　　④ 관광단지

3 다음 중에서 민간 개발자가 될 수 없는 자는?

① 관광단지를 개발하려는 개인　　　② 관광단지를 개발하려는 조합

③ 상법에 따라 설립된 법인　　　④ 민법에 따라 설립된 법인

 해설　민간 개발자의 조건은 관광단지를 개발하려는 개인이나 상법 또는 민법에 따라 설립된 법인이다.

4 여행이용권에 대한 설명으로 옳지 않은 것은?

① 관광 취약 계층을 위한 것이다.

② 관광 활동을 영위하기 위한 것이다.

③ 금액이나 수량이 기재된 증표를 말한다.

④ 전자적 방법에 의한 기록은 포함되지만, 자기적 방법에 의한 기록은 제외된다.

 해설　전자적 방법에 의한 기록뿐 아니라 자기적 방법에 의한 기록도 포함된다.

정답 1 ③　2 ①　3 ②　4 ④

2. 관광사업

(1) 관광사업의 종류

① 여행업은 여행자 또는 운송 시설, 숙박 시설, 그밖에 여행에 딸리는 시설의 경영자 등을 위하여 그 시설 이용 알선이나 계약 체결의 대리, 여행에 관한 안내, 그 밖의 여행 편의를 제공하는 업을 말한다.

㉮ 일반여행업은 국내외를 여행하는 내국인 및 **외국인**을 대상으로 하는 여행업(사증을 받는 절차를 대행하는 행위를 포함)으로 자본금 **2억** 이상일 것, 사무실 소유권이나 사용권이 있을 것 등이 요구된다.

㉯ 해외여행업은 국외를 여행하는 내국인을 대상으로 하는 여행업(사증을 받는 절차를 대행하는 행위를 포함)으로 자본금 **6천만 원** 이상일 것, 사무실 소유권이나 사용권이 있을 것 등이 요구된다.

㉰ 국내여행업은 국내를 여행하는 내국인을 대상으로 하는 여행업으로 자본금 **3천만 원** 이상일 것, 사무실 소유권이나 사용권이 있을 것 등이 요구된다.

② 관광숙박업

㉮ 호텔업은 관광객의 숙박에 적합한 시설을 갖추어 이를 관광객에게 제공하거나 숙박에 딸리는 음식, 운동, 오락, 휴양, 공연 또는 연수에 적합한 시설 등을 함께 갖추어 이를 이용하게 하는 업을 말한다.

㉠ 관광호텔업은 관광객의 숙박에 적합한 시설을 갖추어 이를 관광객에게 제공하거나 숙박에 딸리는 음식, 운동, 오락, 휴양, 공연 또는 연수에 적합한 시설 등을 함께 갖추어 관광객에게 이용하게 하는 업으로, 욕실이나 샤워 시설을 갖춘 객실을 **30실 이상** 갖추고 있을 것, 외국인에게 서비스를 제공할 수 있는 체제를 갖추고 있을 것, 대지 및 건물의 소유권 또는 사용권을 확보하고 있을 것 등이 요구된다. 다만 회원을 모집하는 경우에는 소유권을 확보하여야 한다.

㉡ 수상관광호텔업은 욕실이나 샤워 시설을 갖춘 객실을 **30실 이상** 갖추고 있을 것, 수상 오염을 방지하기 위한 오수 저장·처리 시설과 폐기물 처리 시설을 갖추고 있을 것, 위치하는 수면이 법에 따라 관리청으로부터 점용 허가를 받을 것, 외국인에게 서비스를 제공할 수 있는 체제를 갖추고 있을 것, 구조물 또는 선박의 소유권 또는 사용

권을 확보하고 있을 것 등이 요구된다. 다만 회원을 모집하는 경우에는 소유권을 확보하여야 한다.

㉓ 한국전통호텔업은 건축물의 외관은 전통 가옥의 형태를 갖추고 있을 것, 욕실이나 샤워 시설을 갖추고 외국인에게 서비스를 제공할 수 있는 체제를 갖추고 있을 것, 대지 및 건물의 소유권 또는 사용권을 확보하고 있을 것 등이 요구된다. 다만 회원을 모집하는 경우에는 소유권을 확보해야 한다.

㉔ 가족호텔업은 가족 단위 관광객의 숙박에 적합한 시설 및 **취사도구**를 갖추어 관광객에게 이용하게 하거나 숙박에 딸린 음식, 운동, 휴양 또는 연수에 적합한 시설을 함께 갖추어 관광객에게 이용하게 하는 업으로, 취사 시설이 객실별로 설치되어있거나 층별로 공동 취사장이 설치되어있을 것, 욕실이나 샤워 시설을 갖춘 객실이 **30실 이상**일 것, 객실별 면적이 19 m² 이상일 것, 외국인에게 서비스를 제공할 수 있는 체제를 갖추고 있을 것, 대지 및 건물의 소유권 또는 사용권을 확보하고 있을 것 등이 요구된다. 다만 회원을 모집하는 경우에는 소유권을 확보하여야 한다.

㉕ 호스텔업은 배낭여행객 등 개별 관광객의 숙박에 적합한 객실을 갖추고 화장실, 샤워장, **취사장** 등의 편의 시설(공동 이용 가능)과 외국인 및 내국인 관광객을 위한 **문화·정보 교류 시설** 등을 함께 갖추어 이용하게 하는 업으로, 대지 및 건물의 소유권 또는 사용권을 확보하고 있어야 한다.

㉖ 소형호텔업은 욕실이나 샤워 시설을 갖춘 객실을 **20실 이상 30실 미만**으로 갖추고 있을 것, 부대시설의 면적 합계가 건축 연면적의 **50퍼센트 이하**일 것, 두 종류 이상의 부대시설을 갖출 것 등이 요구된다. 다만 단란주점 영업, 유흥주점 영업 및 사해행위를 위한 시설은 둘 수 없다. 조식 제공, 외국어 구사 인력 고용 등 외국인에게 서비스를 제공할 수 있는 체제를 갖추고 있고, 대지 및 건물의 소유권 또는 사용권을 확보하고 있어야 한다. 다만 회원을 모집하는 경우에는 소유권을 확보하여야 한다.

㉗ 의료관광호텔업은 의료관광객의 숙박에 적합한 시설 및 **취사도구**를 갖추거나 숙박에 딸린 음식, 운동 또는 휴양에 적합한 시설을 함께 갖추어 주로 외국인 관광객에게 이용하게 하는 업으로, 취사 시설이 객실별로 설치되어있거나 층별로 공동 취사장이 설치되어있을 것, 욕실이나 샤워 시설을 갖춘 객실이 **20실 이상**일 것, 객실별 면적이 **19 m² 이상**일 것, 학교보건법에 따른 영업이 이루어지는 시설을 부대시설로 두지 아니할 것, 의료관광객의 출입이 편리한 체계를 갖추고 있을 것, 외국인에게 서비스를 제공할 수 있는 체제를 갖추고 있을 것, 의료관광호텔시설은 의료 기관 시설과 **분리**될 것 등이 요구되고, 대지 및 건물의 소유권 또는 사용권을 확보하고 있어야 한다.

❶ 외국인 환자 유치 의료 기관의 개설자의 경우 **전년도**의 연 환자 수(외국인 환자 유치 의료 기관이 2개 이상인 경우 **합산**한 결과) 또는 등록 신청일 기준으로 **직전 1년간**의 연 환자 수가 **500명**을 초과하여야 한다. 다만 외국인 환자 유치 의료 기관 중 1개 이상이 서울특별시에 있는 경우에는 연 환자 수가 **3,000명**을 초과하여야 한다.

❷ 유치업자의 경우 **전년도**의 실 환자 수(둘 이상의 유치업자가 공동으로 등록하는 경우에는 실 환자 수를 **합산**한 결과) 또는 등록 신청일 기준으로 **직전 1년간**의 실 환자 수가 **500명**을 초과하여야 한다.

최신기출 2016. 4. 9 시행

관광진흥법령상 의료관광호텔업의 등록 기준의 내용으로 옳지 않은 것은?

① 욕실이나 샤워 시설을 갖춘 객실을 20실 이상 30실 미만으로 갖추고 있을 것

② 외국어 구사 인력 고용 등 외국인에게 서비스를 제공할 수 있는 체제를 갖추고 있을 것

③ 객실별 견적이 19제곱미터 이상일 것

④ 대지 및 건물의 소유권 또는 사용권을 확보하고 있을 것

해설 욕실이나 샤워 시설을 갖춘 객실이 20실 이상일 것   정답 ①번

㈏ 휴양콘도미니엄업은 관광객의 숙박과 **취사**에 적합한 시설을 갖추어 이를 그 시설의 회원이나 공유자, 그밖에 관광객에게 제공하거나 숙박에 딸리는 음식, 운동, 오락, 휴양 또는 연수에 적합한 시설 등을 함께 갖추어 이를 이용하게 하는 업으로 객실 밖에 관광객이 이용할 수 있는 공동 취사장 등 취사 시설을 갖춘 경우에는 총 객실의 **30퍼센트 이하**의 범위에서 객실에 취사 시설을 갖추지 아니할 수 있다. 같은 단지 안에 객실이 **30실 이상**일 것, 매점이나 간이 매장이 있을 것 등이 요구되고, 다만 여러 개의 동으로 단지를 구성할 경우에는 공동으로 설치할 수 있다. 관광객이 이용하기 적합한 문화 체육 공간을 **1개소 이상** 갖추어야 한다. 다만 수 개의 동으로 단지를 구성할 경우에는 **공동**으로 설치할 수 있으며, 관광지나 관광단지 또는 종합휴양업의 시설 안에 있는 휴양콘도미니엄의 경우에는 이를 설치하지 아니할 수 있다. 대지 및 건물의 소유권 또는 사용권을 확보하고 있어야 한다. 다만 분양 또는 회원을 모집하는 경우에는 **소유권**을 확보하여야 한다.

③ 관광객 이용시설업

㈎ 관광객을 위하여 음식, 운동, 휴양, 문화, 예술 또는 레저 등에 적합한 시설을 갖추어

이를 관광객에게 이용하게 하는 업을 말한다.

㉮ 전문휴양업은 관광객의 휴양이나 여가 선용을 위하여 **숙박업 시설이나 휴게음식점업,** **일반음식점업 또는 제과점 영업의 신고에 필요한 시설**을 갖추고 전문 휴양 시설 중 한 종류를 갖추어 이를 관광객에게 이용하게 하는 업을 말한다.

㉯ 종합휴양업

- 제1종 종합휴양업은 관광객의 휴양이나 여가 선용을 위하여 **숙박 시설 또는 음식점 시설**을 갖추고 전문 휴양 시설 중 **두 종류 이상**의 시설을 갖추어 관광객에게 이용하게 하는 업이나, **숙박 시설 또는 음식점 시설**을 갖추고 전문 휴양 시설 중 **한 종류** 이상의 시설과 종합유원시설업의 시설을 갖추어 관광객에게 이용하게 하는 업이다.
- 제2종 종합휴양업은 관광객의 휴양이나 여가 선용을 위하여 **관광숙박업의 등록에 필요한 시설**과 제1종 종합휴양업의 등록에 필요한 전문 휴양 시설 중 **두 종류 이상의 시설 또는** 전문 휴양 시설 중 **1종류 이상**의 시설 및 종합유원시설업의 시설을 함께 갖추어 관광객에게 이용하게 하는 업이다.

㉰ 야영장업(청소년활동진흥법에 따른 청소년 야영장은 제외)

- 공통 기준은 안전한 곳에 위치할 것, 시설 배치도와 이용 방법 및 비상시 행동 요령 등을 이용객이 잘 볼 수 있는 곳에 게시할 것, 비상시 긴급 상황을 이용객에게 알릴 수 있는 시설 또는 장비를 갖출 것, 긴급 상황에 대비하여 야영장 **내부 또는 외부**에 대피소와 대피로를 확보할 것, 비상시의 대응 요령을 숙지하고 **야영장이 개장되어있는 시간**에 상주하는 관리 요원을 확보할 것, 야영장에 설치되는 건축물의 바닥 면적 합계가 야영장 전체 면적의 **100분의 10 미만일 것** 등이 요구된다.
- 개별 기준은 **일반야영장업**의 경우 야영용 천막을 칠 수 있는 공간은 천막 1개당 **15 ㎡ 이상**을 확보할 것, 하수도 시설 및 화장실을 갖출 것, 긴급 상황 발생 시 이용객을 이송할 수 있는 차로를 확보할 것 등이다. **자동차야영장업**의 경우 차량 1대당 **50 ㎡ 이상**의 야영 공간(차량을 주차하고 그 옆에 야영 장비 등을 설치할 수 있는 공간)을 확보할 것, 야영에 불편이 없도록 수용 인원에 적합한 상·하수도 시설, 전기 시설, 화장실 및 취사 시설을 갖출 것, 야영장 입구까지 **1차선 이상**의 차로를 확보하고 1차선 차로를 확보한 경우에는 적정한 곳에 차량의 교행이 가능한 공간을 확보할 것 등이다.

㉱ 관람유람선업

- 일반관광유람선업은 **선상 시설**(이용객의 숙박 또는 휴식에 적합한 시설을 갖추고 있을 것), **위생 시설**(수세식 화장실과 냉·난방 설비를 갖추고 있을 것), **편의 시설**(식당, 매점, 휴게실을 갖추고 있을 것), **수질오염 방지 시설** 등을 갖추고 있어야 한다.
- 크루즈업은 일반관광유람선업에서 규정하고 있는 관광사업의 등록 기준을 충족하

고, 욕실이나 샤워 시설을 갖춘 객실을 **20실 이상** 갖추고, **체육 시설, 미용 시설, 오락 시설, 쇼핑 시설** 중 두 종류 이상의 시설을 갖추고 있어야 한다.

　　㉲ 관광공연장업은 관광객을 위하여 적합한 공연 시설을 갖추고 공연물을 공연하면서 관광객에게 식사와 주류를 판매하는 업으로, 설치 장소는 관광지, 관광단지, 관광특구 또는 지역문화진흥법에 따른 지정된 문화 지구 안에 있거나 이 법에 따른 관광사업 시설 안에 있을 것 등이 요구된다. 시설 기준은 **실내 관광 공연장**의 경우 **100 ㎡ 이상**의 무대를 갖추고 있을 것, 출연자가 연습하거나 대기 또는 분장할 수 있는 공간을 갖추고 있을 것, 출입구는 다중이용업소의 영업장에 설치하는 안전시설 등의 설치 기준에 적합할 것, 공연으로 인한 소음이 밖으로 전달되지 아니하도록 **방음 시설**을 갖추고 있을 것 등이다. **실외 관광 공연장**의 경우 **70 ㎡ 이상**의 무대를 갖추고 있을 것, 남녀용으로 구분된 수세식 화장실을 갖추고 있을 것 등이다.

　　㉳ 외국인관광 도시민박업은 도시 지역(농어촌 지역 및 준 농어촌 지역은 제외)의 주민이 거주하고 있는 다음의 어느 하나에 해당하는 주택을 이용하여 외국인 관광객에게 **한국의 가정 문화**를 체험할 수 있도록 숙식 등을 제공하는 업을 말한다. 주택의 연면적이 **230 ㎡ 미만**일 것, 외국인 안내 서비스가 가능한 체제를 갖출 것, 소화기를 1개 이상 구비하고, 객실마다 단독 경보형 감지기를 설치할 것 등이 요구된다. 단독주택 또는 다가구주택이나 아파트, 연립주택 또는 다세대주택 등에서 가능하다.

　㈏ 대통령령으로 정하는 **2종 이상의 시설**과 관광숙박업의 시설(관광숙박시설) 등을 함께 갖추어 이를 회원이나 그 밖의 관광객에게 이용하게 하는 업을 말한다.

④ 국제회의업은 대규모 관광 수요를 유발하는 국제회의(세미나, 토론회, 전시회 등을 포함)를 개최할 수 있는 시설을 설치·운영하거나 국제회의의 계획, 준비, 진행 등의 업무를 위탁받아 대행하는 업을 말한다.

　㈎ 국제회의**시설**업은 회의 시설과 전시 시설의 요건을 갖추고, 부대시설로 주차 시설과 쇼핑·휴식 시설을 갖추고 있을 것 등이 요구된다.

　㈏ 국제회의**기획**업은 자본금이 5천만 원 이상일 것, 사무실의 소유권이나 사용권이 있을

것 등이 요구된다.

⑤ 카지노업은 전문 영업장을 갖추고 주사위, 트럼프, 슬롯머신 등 특정한 기구 등을 이용하여 우연의 결과에 따라 특정인에게 재산상의 이익을 주고 다른 참가자에게 손실을 주는 행위 등을 업으로 하는 업을 말한다.

⑥ 유원시설업은 유기 시설이나 유기 기구를 갖추어 이를 관광객에게 이용하게 하는 업(다른 영업을 경영하면서 관광객의 유치 또는 광고 등을 목적으로 유기 시설이나 유기 기구를 설치하여 이를 이용하게 하는 경우 포함)을 말한다.

   ㈎ 종합유원시설업은 유기 시설이나 유기 기구를 갖추어 관광객에게 이용하게 하는 업으로서 대규모의 대지 또는 실내에서 안전성검사 대상 유기 시설 또는 유기 기구 **6종류 이상**을 설치하여 운영하는 업을 말한다.

   ㈏ 일반유원시설업은 유기 시설이나 유기 기구를 갖추어 관광객에게 이용하게 하는 업으로서 안전성검사 대상 유기 시설 또는 유기 기구 **한 종류 이상**을 설치하여 운영하는 업을 말한다.

   ㈐ 기타유원시설업은 유기 시설이나 유기 기구를 갖추어 관광객에게 이용하게 하는 업으로서 **안전성검사 대상이 아닌** 유기 시설 또는 유기 기구를 설치하여 운영하는 업을 말한다.

⑦ 관광편의시설업은 여행업~유원시설업까지의 규정에 따른 **관광사업** 외에 **관광 진흥**에 이바지할 수 있다고 인정되는 사업이나 시설 등을 운영하는 업으로, **관광편의시설업**을 경영하려는 자는 문화체육관광부령으로 정하는 바에 따라 특별시장·광역시장·도지사·특별자치도지사(시·도지사) 또는 시장·군수·구청장의 지정을 받을 수 있다.

   ㈎ 관광유흥음식점업은 유흥주점 영업의 허가를 받은 자가 관광객이 이용하기 **적합한 한국 전통 분위기의 시설**을 갖추어 그 시설을 이용하는 자에게 음식을 제공하고 노래와 춤을 감상하게 하거나 춤을 추게 하는 업이다.

   ㈏ 관광극장유흥업은 유흥주점 영업의 허가를 받은 자가 관광객이 이용하기 **적합한 무도 시설**을 갖추어 그 시설을 이용하는 자에게 음식을 제공하고 노래와 춤을 감상하게 하거나 춤을 추게 하는 업이다.

   ㈐ 외국인전용 유흥음식점업은 유흥주점 영업의 허가를 받은 자가 외국인이 이용하기 **적합한 시설**을 갖추어 <u>외국인만을 대상</u>으로 주류나 그밖에 음식을 제공하고 노래와 춤을 감상하게 하거나 춤을 추게 하는 업이다.

   ㈑ 관광식당업은 일반음식점 영업의 허가를 받은 자가 관광객이 이용하기 적합한 음식 제공 시설을 갖추고 관광객에게 **특정 국가의 음식**을 전문적으로 제공하는 업이다.

   ㈒ 관광순환버스업은 여객자동차운송사업의 면허를 받거나 등록을 한 자가 버스를 이용하여 관광객에게 시내와 그 주변 관광지를 정기적으로 순회하면서 관광할 수 있도록 하는 업이다.

㉓ 관광사진업은 외국인 관광객과 동행하며 기념사진을 촬영하여 판매하는 업이다.

㉔ 여객자동차터미널시설업은 여객자동차터미널사업의 면허를 받은 자가 관광객이 이용하기 적합한 여객자동차터미널시설을 갖추고 이들에게 휴게 시설, 안내 시설 등 편익 시설을 제공하는 업이다.

㉕ 관광펜션업은 숙박 시설을 운영하고 있는 자가 **자연, 문화 체험 관광에 적합한 시설**을 갖추어 관광객에게 이용하게 하는 업이다.

㉖ 관광궤도업은 궤도사업의 허가를 받은 자가 주변 관람과 운송에 적합한 시설을 갖추어 관광객에게 이용하게 하는 업이다.

㉗ 한옥체험업은 한옥의 숙박 체험에 적합한 시설을 갖추어 관광객에게 이용하게 하거나, 숙박 체험에 딸린 식사 체험 등 그 밖의 **전통문화 체험에 적합한 시설**을 함께 갖추어 관광객에게 이용하게 하는 업이다.

㉘ 관광면세업은 다음의 어느 하나에 해당하는 자가 판매 시설을 갖추고 관광객에게 면세 물품을 판매하는 업으로, 관세법에 따른 보세판매장의 특허를 받은 자, 외국인 관광객 등에 대한 부가가치세 및 개별소비세 특례 규정에 따라 면세 판매장의 지정을 받은 자 등이 이에 해당한다.

(2) 등록 등(제4조)

① 등록

여행업, 관광숙박업, 관광객 이용시설업 및 국제회의업을 경영하려는 자는 특별자치도지사, 시장, 군수, 구청장(자치구의 구청장)에게 **등록**하여야 하며, 등록을 하려는 자는 **대통령령**이 정하는 **자본금, 시설** 및 **설비** 등을 갖추어야 한다.

② 등록 절차(시행령 제3조)

㉠ **등록**을 하려는 자는 문화체육관광부령으로 정하는 바에 따라 관광사업 등록 신청서를 특별자치도지사, 시장, 군수, 구청장에게 제출하여야 한다.

㉡ 특별자치도지사, 시장, 군수, 구청장은 관광숙박업 및 관광객이용시설업 등록심의위원회의 심의를 거쳐야 할 관광사업의 경우에는 그 심의를 거쳐 등록 여부를 결정한다.

③ 등록증의 발급(시행령 제4조) : 등록 신청을 받은 특별자치도지사, 시장, 군수, 구청장은 신청한 사항이 등록 기준에 맞으면 문화체육관광부령으로 정하는 등록증을 신청인에게 발급하여야 한다.

④ 등록 기준(시행령 제5조)

㉠ 휴양콘도미니엄업의 경우 같은 단지 안에 **30실 이상** 객실을 갖추어야 한다.

㉡ 전문휴양업 중 온천장의 경우 다음의 요건을 갖추어야 한다.

㉮ 온천수를 이용한 대중 목욕 시설이 있을 것

ⓝ 정구장, 탁구장, 볼링장, 활터, 미니골프장, 배드민턴장, 롤러스케이트장, 보트장 등의 레크리에이션 시설 중 **두 종류 이상의 시설**을 갖추거나 **유원시설업 시설**이 있을 것

⑤ 변경 등록(시행령 제6조) : 등록한 사항 중 대통령령으로 정하는 **중요 사항을 변경**하고자하는 때에는 변경 등록을 하여야 한다.

  ㈎ 변경 등록 사항

    ㉮ 사업 계획의 변경 승인을 받은 사항(사업 계획의 승인을 받은 관광사업만 해당)

    ㉯ 상호 또는 대표자의 변경

    ㉰ 객실 수 및 형태의 변경(휴양콘도미니엄업을 제외한 관광숙박업)

    ㉱ 부대시설의 위치, 면적 및 종류의 변경(관광숙박업만 해당)

    ㉲ 여행업의 경우에는 사무실 소재지의 변경 및 영업소의 신설, 국제회의기획업의 경우에는 사무실의 소재지의 변경

    ㉳ 부지 면적의 변경, 시설의 설치 또는 폐지(야영장업만 해당)

  ㈏ 변경 등록을 하려는 자는 그 변경 사유가 발생한 날부터 **30일** 이내에 변경 등록 신청서를 특별자치도지사, 시장, 군수, 구청장에게 제출하여야 한다.

⑥ 관광사업의 등록 신청(시행규칙 제2조) : 관광사업의 **등록**을 하려는 자는 관광사업 등록 신청서에 사업 계획서, 신청인(법인의 경우 대표자 및 임원)의 성명 및 주민등록번호를 기재한 서류, 부동산의 소유권 또는 사용권을 증명하는 서류, 회원을 모집할 계획인 호텔업과 휴양콘도미니엄업의 경우 각 부동산에 저당권이 설정되어있는 경우에는 보증보험가입증명 서류와 외국인 투자를 증명하는 서류(외국인 투자 기업만 해당) 등을 첨부하여 <u>특별자치도지사, 시장, 군수, 구청장</u>에게 제출하여야 한다. 특별자치도지사, 시장, 군수, 구청장은 그 신청 내용이 등록 기준에 적합하다고 인정되는 경우 관광사업등록증을 신청인에게 발급하여야 한다.

(3) 허가 및 신고(제5조)

① 카지노업의 허가 등 : 카지노업을 경영하려는 자는 전용 영업장 등 문화체육관광부령으로 정하는 시설과 기구를 갖추어 **문화체육관광부장관의 허가**를 받아야 한다.

  ㈎ 카지노업의 허가를 받으려는 자는 카지노업 허가 신청서에 다음의 서류를 첨부하여 문화체육관광부장관에게 제출하여야 한다.

    ㉮ 신청인의 성명, 주민등록번호를 기재한 서류

    ㉯ 정관(법인의 경우)

    ㉰ **사업 계획서**

    ㉱ 타인 소유의 부동산을 사용하는 경우에는 그 사용권을 증명하는 서류

    ㉲ 허가 요건에 적합함을 증명하는 서류

㈏ **사업 계획서**에는 다음의 사항이 포함되어야 한다.

   ㉮ 카지노 영업소 이용객 유치 계획

   ㉯ **장기** 수지 전망

   ㉰ 인력 수급 및 관리 계획

   ㉱ 영업 시설의 개요

㈐ 문화체육관광부장관은 카지노업의 허가를 하는 경우에는 카지노업 허가증을 발급하고 카지노업 허가 대장을 작성하여 관리하여야 한다.

② 유원시설업의 허가 신청 등 : 유원시설업 중 대통령령이 정하는 유원시설업(종합유원시설업 및 일반유원시설업)을 경영하려는 자는 문화체육관광부령으로 정하는 시설과 설비를 갖추어 **특별자치도지사, 시장, 군수, 구청장의 허가**를 받아야 한다.

③ 변경 허가 및 변경 신고 사항 등 : 허가받은 사항 중 문화체육관광부령으로 정하는 중요 사항을 변경하려면 **변경 허가**를 받아야 한다.

㈎ 카지노업 또는 유원시설업의 허가를 받은 자가 다음의 어느 하나에 해당하는 사항을 변경하려는 경우에는 변경 허가를 받아야 한다.

   ㉮ 카지노업의 경우 : 대표자의 변경, 영업소 소재지의 변경, 동일구내로의 영업 장소 위치 변경 또는 영업 장소의 면적 변경, 시설 또는 기구의 **2분의 1 이상**의 변경 또는 교체, 검사 대상 시설의 변경 또는 교체, 영업 종류의 변경

   ㉯ 유원시설업의 경우 : 영업소의 소재지 변경, 안전성검사 대상 유기 시설 또는 유기 기구의 신설, 이전, 폐기, 영업장 면적의 변경

㈏ 카지노업 또는 유원시설업의 허가를 받은 자가 다음의 어느 하나에 해당하는 사항을 변경하는 경우에는 변경 신고를 하여야 한다.

   ㉮ 대표자 또는 상호의 변경(유원시설업)

   ㉯ 시설 또는 기구의 **2분의 1 미만**이 변경 또는 교체(카지노업)

   ㉰ 안전성검사 대상이 아닌 유기 시설 또는 유기 기구 수의 변경(유원시설업)

   ㉱ 안전 관리자의 변경(유원시설업)

   ㉲ 상호 또는 영업소의 명칭 변경(카지노업)

㈐ 카지노업의 변경 허가 및 변경 신고

㈑ 유원시설업의 변경 허가 및 변경 신고의 경우 유원시설업의 변경 신고를 하려는 자는 그 변경 사유가 발생한 날부터 **30일 이내**에 유원시설업 허가 사항 변경 신고서를 특별자치도지사, 시장, 군수, 구청장에게 제출하여야 한다.

④ 유원시설업의 신고 등 : **대통령령으로 정하는 유원시설업 외의 유원시설업**을 경영하려는 자는 문화체육관광부령으로 정하는 시설과 설비를 갖추어 특별자치도지사, 시장, 군수, 구청장에게 **신고**하여야 한다.

※ 변경 사항 신고의 경우 신고 사항의 변경 신고를 하려는 자는 그 변경 사유가 발생한 날부터 30일 이내에 기타유원시설업 신고 사항 변경 신고서에 관련 서류를 첨부하여 특별자치도지사, 시장, 군수, 구청장에게 제출하여야 한다.

(4) 지정(제6조)

관광편의시설업을 **경영**하려는 자는 문화체육관광부령으로 정하는 바에 따라 특별시장, 광역시장, 도지사, 특별자치도지사 또는 시장, 군수, 구청장의 **지정**을 받을 수 있다.

① 관광편의시설업의 지정 기준

㈎ 관광편의시설업의 지정을 받으려는 자는 다음의 구분에 따라 신청을 하여야 한다.

㉮ 관광유흥음식점업, 관광극장유흥업, 외국인전용 유흥음식점업, 시내순환관광업, 관광펜션업, 관광궤도업, 한옥체험업 및 외국인관광 도시민박업 : 특별자치도지사, 시장, 군수, 구청장

㉯ 관광식당업, 관광사진업 및 여객자동차터미널시설업 : 지역별 관광협회

㈏ 특별자치도지사, 시장, 군수, 구청장 또는 지역별관광협회는 신청을 받은 경우 그 신청 내용이 지정 기준에 적합하다고 인정되는 경우에는 관광편의시설업 지정증을 신청인에게 발급하고 관광편의시설업자 지정 대장에 **상호 또는 명칭, 대표자 및 임원의 성명, 주소, 사업장의 소재지** 등을 기재하여야 한다.

(5) 결격사유(제7조)

① 다음의 어느 하나에 해당하는 자는 관광사업의 등록 등을 받거나 신고를 할 수 없고, 사업 계획의 승인을 받을 수 없다. 법인의 경우 그 임원 중에 다음의 어느 하나에 해당하는 자가 있는 경우에도 또한 같다.

㈎ 금치산자, 한정치산자(피성년 후견인, 피한정 후견인)

㈏ 파산선고를 받은 자로서 복권되지 아니한 자

(다) 이 법에 의하여 등록 등 또는 사업 계획의 승인이 취소되거나 영업소가 폐쇄된 후 **2년**이 지나지 아니한 자

(라) 이 법을 위반하여 징역 이상의 실형을 선고받고 그 집행이 끝나거나 집행을 받지 아니하기로 확정된 후 **2년**이 지나지 아니한 자 또는 형의 집행유예 기간 중에 있는 자

② 관광사업의 등록 등을 받거나 신고를 한 자 또는 사업 계획의 승인을 받은 자가 결격사유의 어느 하나에 해당하면 문화체육관광부장관, 시·도지사 또는 시장, 군수, 구청장(등록기관 등의 장)은 **3개월** 이내에 그 등록 등 또는 사업 계획의 승인을 취소하거나 영업소를 폐쇄하여야 한다.

⑹ 관광사업의 양수 등(제8조)

① 관광사업자의 지위를 승계한 자는 승계 또는 그 사유가 발생한 날부터 **1개월** 이내에 관광사업 양수 신고서에 다음의 서류를 첨부하여 문화체육관광부장관, 특별자치도지사, 시장, 군수, 구청장 또는 지역별 관광협회장(등록기관 등의 장)에게 신고, 제출하여야 한다.

② 관광사업자가 그 사업의 **전부 또는 일부**를 휴업하거나 폐업한 때에는 관할 등록기관 등의 장에게 알려야 한다. 관광사업의 전부 또는 일부를 휴업하거나 폐업한 자는 휴업 또는 폐업을 한 날부터 **30일 이내**에 관광사업 휴업 또는 폐업 통보서를 등록기관 등의 장에게 제출하여야 한다.

⑺ 보험 가입 등(제9조)

관광사업자는 해당 사업과 관련하여 사고가 발생하거나 관광객에게 손해가 발생하면 문화체육관광부령으로 정하는 바에 따라 피해자에게 보험금을 지급할 것을 내용으로 하는 **보험 또는 공제에 가입하거나 영업보증금을 예치**하여야 한다.

(단위 : 천 원)

직전 사업연도 매출액＼여행업의 종류	국내 여행업	국외 여행업	일반 여행업	국외여행업의 기획여행	일반여행업의 기획여행
1억 원 미만	20,000	30,000	50,000		
1억 원 이상 5억 원 미만	30,000	40,000	65,000	200,000	200,000
5억 원 이상 10억 원 미만	45,000	55,000	85,000		
10억 원 이상 50억 원 미만	85,000	100,000	150,000		
50억 원 이상 100억 원 미만	140,000	180,000	250,000	300,000	300,000
100억 원 이상 1,000억 원 미만	450,000	750,000	1,000,000	500,000	500,000
1,000억 원 이상	750,000	1,250,000	1,510,000	700,000	700,000

⑻ 관광 표지의 부착(제10조)

① 관광사업자는 사업장에 문화체육관광부령으로 정하는 다음의 관광 표지를 붙일 수 있다.

   ㈎ 관광사업장 표지

   ㈏ 관광사업등록증 또는 관광편의시설업지정증

   ㈐ 호텔 등급 표지

   ㈑ 관광 식당 표지

② 상호의 사용 제한(시행령 제8조) : 관광사업자가 아닌 자는 다음의 업종 구분에 따른 명칭을 포함하는 상호를 사용할 수 없으며 사용할 수 없는 상호에 포함되는 명칭의 구체적 범위는 대통령령으로 정한다.

   ㈎ 관광숙박업과 유사한 영업의 경우 : 관광호텔과 휴양콘도미니엄

   ㈏ 관광유람선업과 유사한 영업의 경우 : 관광유람

   ㈐ 관광공연장업과 유사한 영업의 경우 : 관광공연

   ㈑ 관광유흥음식접업 · 외국인 전용 유흥음식접업 또는 관광식당업과 유사한 영업의 경우 : 관광식당

   ㈒ 관광극장유흥업과 유사한 영업의 경우 : 관광극장

   ㈓ 관광펜션업과 유사한 영업의 경우 : 관광펜션

   ㈔ 관광면세업과 유사한 영업의 경우 : 관광면세

⑼ 관광시설의 타인 경영 및 처분과 위탁 경영(제11조)

관광사업자는 관광사업의 효율적 경영을 위하여 관광숙박업의 객실을 타인에게 위탁 경영하게 할 수 있다. 이 경우 해당 시설의 경영은 **관광사업자의 명의**로 하여야 하고, 이용자 또는 제3자와의 거래 행위에 따른 대외적 책임은 **관광사업자**가 부담하여야 한다.

1 다음 중 관광진흥법에 따른 여행업의 종류에 해당하지 않는 것은?

① 일반여행업   ② 국외여행업   ③ 해외여행업   ④ 국내여행업

 해설 관광진흥법상 여행업의 종류 : 일반여행업, 국외여행업, 국내여행업. 해외여행업은 관광진흥법상 여행업의 종류에 해당하지 않는다.

2 일반여행업에 대한 설명으로 옳지 않은 것은?

① 국내외 여행을 대상으로 한다.

② 내국인 및 외국인을 대상으로 하는 여행업이다.

③ 자본금은 2억 이상이 필요하다.

④ 국외여행업과 그 대상이 동일하다.

 해설 일반여행업의 대상은 내국인 및 외국인이고, 국외여행업의 대상은 내국인이다.

3 다음 관광숙박업 중 객실 수에 있어서 동일한 숙박업끼리 나열된 것은?

① 관광호텔업, 호스텔업   ② 수상관광호텔업, 가족호텔업

③ 가족호텔업, 소형호텔업   ④ 소형호텔업, 의료관광호텔업

 해설 관광숙박업의 객실 수 : 관광호텔업-30실 이상, 수상관광호텔업-30실 이상, 가족호텔업-30실 이상, 소형호텔업-20실 이상 30실 미만, 의료관광호텔업-20실 이상

4 가족호텔업에 대한 설명으로 옳지 않은 것은?

① 취사 시설은 객실별로 설치되어있거나, 층별로 공동 취사장이 설치되어있어야 한다.

② 욕실이나 샤워 시설을 갖춘 객실이 30실 이상이어야 한다.

③ 객실별 면적이 20제곱미터 이상이어야 한다.

④ 외국인에게 서비스를 제공할 수 있는 체제를 갖추고 있어야 한다.

 해설 가족호텔업의 객실별 면적은 19제곱미터 이상이어야 한다.

정답 1 ③   2 ④   3 ② 4 ③

5 의료관광호텔업에 대한 설명으로 틀린 것은?

① 의료관광객의 숙박에 적합한 시설 및 취사도구를 갖추거나 숙박에 딸린 음식, 운동 또는 휴양에 적합한 시설을 함께 갖추어 주로 외국인 관광객에게 이용하게 하는 업을 말한다.

② 취사 시설이 객실별로 설치되어있거나 층별로 공동 취사장이 설치되어있어야 한다.

③ 객실별 면적이 19제곱미터 이상이어야 한다.

④ 의료관광호텔시설은 의료 기관 시설과 연결되어있어야 한다.

 해설　의료관광호텔시설은 의료기관시설과 분리되어있어야 한다.

6 외국인 환자 유치 의료 기관이 2개 이상이고 그중 1개 이상이 서울특별시에 있는 경우 연 환자 수가 몇 명을 초과해야 의료관광호텔업을 등록할 수 있는가?

① 1,000명 이상　　② 2,000명 이상　　③ 3,000명 이상　　④ 4,000명 이상

7 휴양콘도미니엄업에 대한 설명으로 옳지 않은 것은?

① 같은 단지 안에 객실이 20실 이상이어야 한다.

② 매점이나 간이 매장이 있어야 하고, 여러 개의 동으로 단지를 구성할 경우에는 공동으로 설치할 수 있다.

③ 관광객이 이용하기 적합한 문화 체육 공간을 1개소 이상 갖추고 있어야 한다.

④ 관광단지 또는 종합휴양업의 시설 안에 있는 휴양콘도미니엄의 경우에는 문화 체육 공간을 설치하지 아니할 수 있다.

 해설　휴양콘도미니엄의 경우 같은 단지 안에 객실이 30실 이상이어야 한다.

8 자동차야영장업에 대한 설명으로 옳은 것은?

① 차량 1대당 70제곱미터 이상의 야영 공간을 확보해야 한다.

② 야영에 불편이 없도록 수용 인원의 두 배에 적합한 상·하수도 시설, 전기 시설, 화장실 및 취사 시설을 갖추어야 한다.

③ 야영장 입구까지 반드시 1차선 이상의 차로를 확보해야 한다.

④ 야영장 입구까지 2차선 차로를 확보한 경우에도 적정한 곳에 차량의 교행이 가능한 공간을 확보해야 한다.

 해설　수용 인원에 적합한 상·하수도 시설, 전기 시설, 화장실 및 취사 시설을 갖추어야 한다.

정답　5 ④　6 ③　7 ①　8 ③

9 다음 중 관광객 이용시설업으로 볼 수 없는 것은?

① 전문휴양업　　② 일반야영장업　　③ 관광식당업　　④ 관광유람선업

 관광식당업은 관광편의시설업에 속한다.

10 관광유람선업에 대한 설명으로 옳지 않은 것은?

① 일반관광유람선업의 경우 선상 시설, 위생 시설, 편의 시설, 수질오염 방지 시설 등이 필요하다.
② 크루즈업의 경우 일반관광유람선업에서 규정하고 있는 관광사업 등록 기준을 충족해야 한다.
③ 크루즈업의 경우 욕실이나 샤워 시설을 갖춘 객실을 30실 이상 갖추고 있어야 한다.
④ 크루즈업의 경우 체육 시설, 미용 시설, 오락 시설, 쇼핑 시설 중 두 종류 이상의 시설을 갖추고 있어야 한다.

 크루즈업의 경우 객실을 20실 이상 갖추는 것이 조건이다.

11 실내 관광 공연장에 대한 설명으로 옳지 않은 것은?

① 70제곱미터 이상의 무대를 갖추고 있어야 한다.
② 출연자가 연습할 수 있는 공간을 갖추고 있어야 한다.
③ 출연자가 대기 또는 분장할 수 있는 공간을 갖추고 있어야 한다.
④ 공연으로 인한 소음이 밖으로 전달되지 않도록 방음 시설을 갖추고 있어야 한다.

 실내 관광 공연장의 경우 100제곱미터 이상의 무대를 갖추고 있는 것이 조건이다.

12 국제회의업에 대한 설명으로 옳지 않은 것은?

① 대규모 관광 수요를 유발하는 국제회의를 개최할 수 있는 시설을 설치, 운영하는 업을 말한다.
② 국제회의의 계획, 준비, 진행 등의 업무를 위탁받아 대행하는 업을 말한다.
③ 국제회의시설업과 국제회의기획업으로 나뉜다.
④ 국제회의시설업의 경우 5천만 원 이상의 자본금이 필요하다.

 국제회의기획업의 경우가 5천만 원 이상의 자본금이 필요하다.

정답　9 ③　10 ③　11 ①　12 ④

13 유원시설업에 대한 설명으로 옳지 않은 것은?

① 유기 시설이나 유기 기구를 갖추어 이를 관광객에게 이용하게 하는 업을 말한다.

② 종합유원시설업은 대규모의 대지 또는 실내에서 안전성검사 대상 유기 시설 또는 유기 기구 10종류 이상을 설치하여 운영하는 업을 말한다.

③ 일반유원시설업은 안전성검사 대상 유기 시설 또는 유기 기구 한 종류 이상을 설치하여 운영하는 업을 말한다.

④ 유원시설업은 종합유원시설업, 일반유원시설업, 기타유원시설업으로 나뉜다.

 해설 종합유원시설업은 대규모의 대지 또는 실내에서 안전성검사 대상 유기 시설 또는 유기 기구 6종류 이상을 설치하여 운영하는 업을 말한다.

14 다음에서 설명하고 있는 관광편의시설업은 무엇인가?

> 유흥주점 영업의 허가를 받은 자가 관광객이 이용하기에 적합한 무도 시설을 갖추어 그 시설을 이용하는 자에게 음식을 제공하고 노래와 춤을 감상하게 하거나 춤을 추게 하는 업

① 관광극장유흥업   ② 관광유흥음식점업

③ 외국인전용 유흥음식점업   ④ 관광식당업

15 다음에서 설명하고 있는 것은 관광편의시설업은 무엇인가?

> 숙박 시설을 운영하고 있는 자가 자연, 문화 체험 관광에 적합한 시설을 갖추어 관광객에서 이용하게 하는 업

① 호스텔업   ② 한옥체험업

③ 외국인관광 도시민박업   ④ 관광펜션업

16 카지노업 허가 신청서에 첨부하는 사업 계획서에 포함되는 내용으로 옳지 않은 것은?

① 카지노 영업소 이용객 유치 계획   ② 중장기 수지 전망

③ 인력 수급 및 관리 계획   ④ 영업 시설의 개요

 해설 중장기 수지 전망이 아닌 장기 수지 전망이 사업 계획서에 포함되어야 한다.

정답 13 ②   14 ①   15 ④   16 ②

17 다음 등록에 관한 내용 중 옳지 않은 것은?

① 여행업, 관광숙박업, 관광객 이용시설업 및 국제회의업을 경영하려는 자는 특별자치도지사, 시장, 군수, 자치구의 구청장에게 등록하여야 한다.

② 등록을 하려는 자는 문화체육관광부령으로 정하는 자본금, 시설 및 설비 등을 갖추어야 한다.

③ 등록을 하려는 자는 문화체육관광부령으로 정하는 바에 따라 관광사업 등록 신청서를 특별자치도지사, 시장, 군수, 구청장에게 제출하여야 한다.

④ 등록 신청을 받은 특별자치도지사, 시장, 군수, 구청장은 신청한 사항이 등록 기준에 맞으면 문화체육관광부령으로 정하는 등록증을 신청인에게 발급하여야 한다.

 해설 등록을 하려는 자는 대통령령으로 정하는 자본금, 시설 및 설비 등을 갖추어야 한다.

18 등록한 사항 중 대통령령으로 정하는 중요 사항을 변경하고자 하는 때에는 변경 등록을 하여야 하는데 그 내용으로 옳지 않은 것은?

① 사업 계획의 변경 승인을 받은 사항(사업 계획의 승인을 받은 관광사업만 해당)

② 상호 또는 대표자의 변경

③ 객실 수 및 형태의 변경(휴양콘도미니엄업을 제외한 관광숙박업)

④ 부대시설의 위치, 면적 및 종류의 변경(관광편의시설업만 해당)

 해설 부대시설의 위치, 면적 및 종류의 변경의 경우 관광숙박업만 해당한다.

19 카지노업의 허가 등과 관련하여 옳지 않은 내용은?

① 카지노업을 경영하려는 자는 전용 영업장 등 대통령령으로 정하는 시설과 기구를 갖추어 문화체육관광부장관의 허가를 받아야 한다.

② 카지노업 허가 신청서에는 신청인의 성명, 주민등록번호를 기재한 서류를 첨부하여야 한다.

③ 법인의 경우 카지노업 허가 신청서에 정관을 첨부해야 한다.

④ 타인 소유의 부동산을 사용하는 경우에는 카지노업 허가 신청서에 그 사용권을 증명하는 서류를 첨부하여야 한다.

 해설 카지노업을 경영하려는 자는 전용 영업장 등 문화체육관광부령으로 정하는 시설과 기구를 갖추어 문화체육관광부장관의 허가를 받아야 한다.

정답 17 ② 18 ④ 19 ①

20 관광사업의 등록 신청서에 첨부해야 하는 서류가 아닌 것은?

① 사업 계획서

② 신청인(법인의 경우 대표자 및 임원)의 성명 및 주소를 기재한 서류

③ 부동산의 소유권 또는 사용권을 증명하는 서류

④ 외국인 투자 기업의 경우 외국인 투자를 증명하는 서류

 해설 신청인(법인의 경우 대표자 및 임원)의 성명 및 주민등록번호를 기재한 서류가 첨부되어야 한다.

21 대통령령으로 정하는 유원시설업 외의 유원시설업을 경영하려고 하는 자가 취하여야 할 절차는 무엇인가?

① 문화체육관광부령으로 정하는 시설과 설비를 갖추어 특별자치도지사, 시장, 군수, 구청장에게 허가를 요청하여야 한다.

② 대통령령으로 정하는 시설과 설비를 갖추어 특별자치도지사, 시장, 군수, 구청장에게 신고하여야 한다.

③ 문화체육관광부장관이 정하는 시설과 설비를 갖추어 특별자치도지사, 시장, 군수, 구청장에게 등록을 요청하여야 한다.

④ 문화체육관광부령으로 정하는 시설과 설비를 갖추어 특별자치도지사, 시장, 군수, 구청장에게 신고하여야 한다.

22 카지노업 허가를 받은 자가 변경 허가를 받아야 하는 사항으로 옳지 않은 것은?

① 대표자의 변경, 영업소 소재지의 변경

② 시설 또는 기구의 2분의 1 이상의 변경 또는 교체

③ 다른 공간으로의 영업 장소 위치 변경 또는 영업 장소의 면적 변경

④ 검사 대상 시설의 변경 또는 교체, 영업 종류의 변경

 해설 변경 허가를 받아야 하는 경우는 동일구내로의 영업 장소 위치 변경 또는 영업 장소의 면적 변경이다.

23 직전 사업연도 매출액이 90억 원인 일반여행업의 경우 영업보증금의 예치 금액은 얼마인가? (단위 : 천 원)

① 150,000

② 250,000

③ 300,000

④ 180,000

정답 20 ② 21 ④ 22 ③ 23 ②

24 관광편의시설업을 경영하려는 자가 특별자치도지사, 시장, 군수, 구청장에게 지정 신청을 해야 하는 경우가 아닌 것은?

① 관광식당업   ② 관광유흥음식점업

③ 관광극장유흥업   ④ 외국인전용 유흥음식점업

 해설   관광식당업, 관광사진업 및 여객자동차터미널시설업 등은 지역별 관광협회에 지정 신청을 해야 한다.

25 특별자치도지사, 시장, 군수, 구청장 또는 지역별 관광협회는 신청을 받은 경우 그 신청 내용이 지정 기준에 적합하다고 인정되는 경우에는 관광편의시설업 지정증을 신청인에게 발급하여야 한다. 이 경우에 관광편의시설업자 지정 대장에 기재되는 내용으로 옳지 않은 것은?

① 상호 또는 명칭   ② 대표자의 성명, 주민등록번호

③ 임원의 성명, 주소   ④ 사업장의 소재지

 해설   지정 대장에 상호 또는 명칭, 대표자 및 임원의 성명, 주소, 사업장의 소재지 등을 기재하여야 한다.

26 관광사업의 등록 등을 받거나 신고를 할 수 없고, 사업계획의 승인을 받을 수 없는 자에 해당하지 않는 경우는?

① 파산선고를 받은 자로서 복권되지 아니한 자

② 이 법에 의하여 등록 등 또는 사업 계획의 승인이 취소된 후 2년 지나지 아니한 자

③ 이 법에 의하여 영업소가 폐쇄된 후 2년이 지난 자

④ 이 법을 위반하여 징역 이상의 실형을 선고받고 그 집행이 끝나거나 집행을 받지 아니하기로 확정된 후 2년이 지나지 아니한 자

27 유원시설업의 허가를 받은 자가 변경 신고를 해야 하는 사항으로 옳지 않은 것은?

① 대표자 또는 상호의 변경

② 안전성검사 대상이 아닌 유기 시설 또는 유기 기구 수의 변경

③ 안전 관리자의 변경

④ 시설 또는 기구의 2분의 1 미만의 변경 또는 교체

 해설   시설 또는 기구의 2분의 1 미만의 변경 또는 교체는 카지노업의 경우이다.

정답   24 ①   25 ②   26 ③   27 ④

28 법령상 ( ) 안에 들어갈 적합한 내용은?

> • 관광사업자의 지위를 승계한 자는 승계 또는 그 사유가 발생한 날부터 ( ) 이내에 관광사업 양수 신고서에 관련 서류를 첨부하여 등록기관 등의 장에게 신고·제출하여야 한다.
> • 관광사업의 전부 또는 일부를 휴업하거나 폐업한 자는 휴업 또는 폐업을 한 날부터 ( ) 이내에 관광사업 휴업 또는 폐업 통보서를 등록기관 등의 장에게 제출하여야 한다.

① 3개월, 30일   ② 1개월, 60일

③ 1개월, 30일   ④ 3개월, 30일

29 관광사업자는 사업장에 문화체육관광부령으로 정하는 관광 표지를 붙일 수 있다. 이에 해당하지 않는 것은?

① 관광사업등록증   ② 관광편의시설업지정증

③ 호텔 시설 표지   ④ 관광 식당 표지

 부착 가능한 관광 표지로는 관광사업장 표지, 관광사업등록증 또는 관광편의시설업지정증, 호텔 등급 표지, 관광 식당 표지가 있다.

(1) 기획여행의 실시(제12조)

기획여행의 광고에 있어서는 기획여행을 실시하는 자가 광고를 하려는 경우에 다음의 사항을 표시하여야 한다. 다만, 2개 이상의 기획여행을 동시에 광고하는 경우에는 다음 사항 중 내용이 동일한 것은 공통으로 표시할 수 있다.

① 여행업의 등록 번호, 상호, 소재지 및 등록 관청

② 기획여행업, 여행 일정 및 주요 여행지

③ **여행경비**

④ 교통, 숙박 및 식사 등 여행자가 제공받을 서비스의 내용

⑤ **최저** 여행 인원

⑥ 보증보험 등의 가입 또는 영업보증금의 예치 내용

⑦ 여행 일정 변경 시 여행자의 **사전** 동의 규정

⑧ 여행 목적지(국가 및 지역)의 여행 경보 단계 등

(2) 의료관광 활성화(제12조의2)

의료관광이란 국내 의료 기관의 진료, 치료, 수술 등 의료 서비스를 받는 환자와 그 동반자가 의료 서비스와 병행하여 관광하는 것을 말한다.

① 외국인 의료관광 유치, 지원 관련 기관(시행령 제8조의2) : 관광진흥법 제12조의2 제1항에서 "대통령령으로 정하는 기준을 충족하는 외국인 의료관광 유치, 지원 관련 기관"이란 다음의 어느 하나에 해당하는 것을 말한다.

㈎ 규정에 따라 등록한 **외국인 환자 유치 의료 기관** 또는 등록한 외국인 환자 **유치업자**

㈏ 「한국관광공사법」에 따른 **한국관광공사**

㈐ 의료관광의 활성화를 위한 사업의 추진 실적이 있는 보건, 의료, 관광 관련 기관 중 **문화체육관광부장관이 고시하는 기관**

② 외국인 의료관광 지원

㈎ 문화체육관광부장관은 외국인 의료관광 전문 인력을 양성하는 우수 전문 교육기관이나 우수 교육과정을 선정하여 지원할 수 있다.

㈏ 문화체육관광부장관은 **국내외**에 외국인 의료관광 유치 안내 센터를 설치·운영할 수 있다.

㈐ 문화체육관광부장관은 의료관광의 활성화를 위하여 **지방자치단체의 장**이나 **외국인 환자 유치 의료 기관** 또는 **유치업자**와 공동으로 해외 마케팅 사업을 추진할 수 있다.

최신기출 2016. 4. 9 시행

문화체육관광부의 외국인 의료관광 활성화를 위한 지원 사업 내용이 아닌 것은?

① 외국인 의료관광 전문 인력을 양성하는 우수 교육 지원

② 외국인 의료관광 유치 안내 센터의 설치 운영

③ 의료관광 전담 여행사 선정 및 평가 관리

④ 외국인 환자 유치 의료 기관과 공동으로 해외 마케팅 사업 추진   정답 ③번

(3) 국외여행 인솔자(제13조)

국외여행 인솔자의 자격 요건을 갖춘 자가 내국인의 국외여행을 인솔하려면 문화체육관광부장관에게 등록하여야 한다. 문화체육관광부장관은 등록한 자에게 국외여행인솔자 자격증을 발급하여야 한다. 등록의 절차 및 방법, 자격증의 발급 등에 필요한 사항은 문화체육관광부령으로 정한다.

국외여행 인솔자의 자격 요건(시행규칙 제22조) : 국외여행을 인솔하는 자는 다음의 **어느 하나**에 해당하는 자격 요건을 갖추어야 한다.

① 관광통역안내사 자격을 취득할 것

② 여행업체에서 **6개월 이상** 근무하고 국외여행 경험이 있는 자로서 문화체육관광부장관이 정하는 소양 교육을 이수할 것

③ 문화체육관광부장관이 지정하는 교육기관에서 국외여행 인솔에 필요한 양성 교육을 이수할 것 등

최신기출 2016. 4. 9 시행

관광진흥법상 국외여행 인솔자의 자격 요건으로 옳은 것을 모두 고르면?

㉠ 국내여행안내사 자격을 취득할 것

㉡ 관광통역안내사 자격을 취득할 것

㉢ 여행업체에서 3개월 이상 근무하고 국외여행 경험이 있는 자로서 문화체육관광부장관이 정하는 소양 교육을 이수할 것

㉣ 문화체육관광부장관이 지정하는 교육기관에서 국외여행 인솔에 필요한 양성 교육을 이수할 것

① ㉠, ㉡   ② ㉡, ㉣   ③ ㉠, ㉡, ㉣   ④ ㉡, ㉢, ㉣

정답 ②번

(4) 여행 계약 등(제14조)

① 여행업자는 여행자와 계약을 체결할 때에는 여행자를 보호하기 위하여 문화체육관광부령으로 정하는 바에 따라 해당 여행지에 대한 안전 정보를 제공하여야 한다. 해당 여행지에 대한 안전 정보가 변경된 경우에도 또한 같다.

② 여행업자는 여행자와 여행 계약을 체결하였을 때에는 그 서비스에 관한 내용을 적은 여행 계약서(여행 일정표 및 약관을 포함)를 여행자에게 내주어야 한다.

③ 여행업자는 여행 일정(선택 관광 일정 포함)을 변경하려면 문화체육관광부령으로 정하는 바에 따라 여행자의 사전 동의를 받아야 한다.

> **참고** 여행지 안전 정보 등(시행규칙 제22조의4)
>
> ❶ 여행업자는 여행자와 국외여행 계약을 체결할 때에는 **다음의 사항을 포함**한 해당 여행지에 대한 안전 정보를 제공하여야 한다.
>   ㉮ 여권의 사용을 제한하거나 방문, 체류를 금지하는 국가 목록 및 벌칙
>   ㉯ 외교부 해외 안전 여행 인터넷 홈페이지에 게재된 여행 목적지의 여행 경보 단계 및 국가별 안전 정보(긴급 연락처 포함).
>   ㉰ 해외여행자 인터넷 등록 제도에 관한 안내
>
> ❷ 여행업자는 여행 계약서(여행 일정표 및 약관 포함)에 명시된 숙식, 항공 등 여행 일정(선택 관광 일정 포함)을 변경하는 경우 해당 날짜의 일정을 시작하기 **전**에 여행자에게 서면으로 동의를 받아야 한다. 서면 동의서에는 **변경 일시, 변경 내용, 변경으로 발생하는 비용 및 여행자 또는 단체의 대표자가 일정 변경에 동의한다는 의사를 표시하는 자필 서명**이 포함되어야 한다.
>
> ❸ 여행업자는 천재지변, 사고, 납치 등 긴급한 사유가 발생하여 여행자에게 사전에 일정 변경 동의를 받기 어렵다고 인정되는 경우에는 사전에 일정 변경 동의서를 받지 아니할 수 있다. 다만 여행업자는 사후에 서면으로 그 변경 내용 등을 설명하여야 한다.

2-3 관광숙박업 및 관광객이용시설업 등

(1) 사업 계획의 승인(제15조)

① 관광숙박업을 경영하려는 자는 등록을 하기 전에 그 사업에 대한 사업 계획을 작성하여 특별자치도지사, 시장, 군수, 구청장의 **승인**을 받아야 한다. 승인을 받은 사업 계획 중 부지, 대지 면적, 건축 연면적의 일정 규모 이상의 변동 등 대통령령으로 정하는 사항을 변경하려는 경우에도 또한 같다.

㈎ **관광숙박업**의 사업 계획 변경에 관한 **승인**을 받아야 하는 경우

   ㉮ 부지 및 대지 면적을 변경할 때에 그 변경하려는 면적이 당초 승인받은 계획 면적의 **100분의 10 이상**이 되는 경우

   ㉯ 건축 연면적을 변경할 때에 그 변경하려는 연면적이 당초 승인받은 계획 면적의 100

분의 10 이상이 되는 경우

　　㉑ 객실 수 또는 객실 면적을 변경하려는 경우(휴양콘도미니엄업)

　　㉒ 변경하려는 업종의 등록 기준에 맞는 경우로서 호텔업과 휴양콘도미니엄업 간의 업종 변경 또는 호텔업 종류 간의 업종 변경

㈏ **관광객이용시설업이나 국제회의업**의 사업 계획의 **변경 승인**을 받을 수 있는 경우

　　㉮ 전문휴양업이나 종합휴양업의 경우 부지나 대지 면적 또는 건축 연면적을 변경할 때에 그 변경하려는 면적이 당초 승인받은 계획 면적의 **100분의 10 이상**이 되는 경우

　　㉯ 전문국제회의업의 경우 국제회의시설 중 다음의 어느 하나에 해당하는 변경을 하려는 경우(전문회의시설의 회의실 수 또는 옥내 전시 면적을 변경할 때에 그 변경하려는 회의실 수 또는 옥내 전시 면적이 당초 승인받은 계획의 **100분의 10 이상**이 되는 경우, 전시 시설의 회의실 수 또는 옥내 전시 면적을 변경할 때에 그 변경하려는 회의실 수 또는 옥내 전시 면적이 당초 승인받은 계획의 **100분의 10 이상**이 되는 경우 등)

② 대통령령으로 정하는 관광객이용시설업이나 국제회의업(**전문휴양업, 종합휴양업, 관광유람선업, 국제회의시설업**)을 경영하려는 자는 **등록을 하기 전**에 그 사업에 대한 사업 계획을 작성하여 특별자치도지사, 시장, 군수, 구청장의 **승인**을 받을 수 있다. 사업 계획의 승인 또는 변경 승인의 기준, 절차 등에 필요한 사항은 **대통령령**으로 정한다.

③ 사업 계획의 승인 신청 등(시행령 제10조, 시행규칙 제23조, 제24조)

㈎ 관광호텔업, 수상관광호텔업, 한국전통호텔업, 가족호텔업, 호스텔업, 소형호텔업, 의료관광호텔업과 휴양콘도미니엄업 및 관광사업의 사업 계획 승인을 받으려는 자는 문화체육관광부령으로 정하는 바에 따라 사업 계획 승인 신청서를 특별자치도지사, 시장, 군수, 구청장에게 제출하여야 한다.

㈏ 사업 계획의 변경 승인을 받으려는 자는 문화체육관광부령으로 정하는 바에 따라 사업 계획 변경 승인 신청서를 특별자치도지사, 시장, 군수, 구청장에게 제출하여야 한다.

㈐ 사업 계획의 승인 또는 변경 승인 신청서를 접수한 특별자치도지사, 시장, 군수, 구청장은 해당 관광사업이 인ㆍ허가 등이 의제되는 사업인 경우에는 소관 행정기관의 장과 협의하여야 한다.

㈑ 협의 요청을 받은 소관 행정기관의 장은 협의 요청을 받은 날부터 30일 이내에 그 의견을 제출하여야 한다. 이 경우 그 기간 이내에 의견 제출이 없는 때에는 협의가 이루어진 것으로 본다.

㈒ 사업 계획 승인을 받으려는 자는 사업 계획 승인 신청서에 다음의 서류를 첨부하여 특별자치도지사, 시장, 군수, 구청장에게 제출하여야 한다.

　　㉮ 다음 각 목의 사항이 포함된 건설 계획서

　　㉯ 신청인의 성명, 주민등록번호를 기재한 서류

ⓓ 부동산의 소유권 또는 사용권을 증명하는 서류

ⓔ 분양 및 회원 모집 계획 개요서

ⓕ 인·허가 등의 의제를 받거나 신고를 하려는 경우에는 해당 법령에서 제출하도록 한 서류

ⓖ 신고를 이미 하였거나 인·허가 등을 받은 경우에는 이를 증명하는 서류

④ 사업 계획 승인의 통보(시행령 제11조) : 특별자치도지사, 시장, 군수, 구청장은 신청한 사업 계획 또는 사업 계획의 변경을 승인하는 경우에는 사업 계획 승인 또는 변경 승인을 신청한 자에게 지체 없이 통보하여야 한다.

⑤ 사업 계획 승인 기준(시행령 제13조) : 일반 주거 지역의 관광 숙박 시설 및 그 시설의 위락 시설은 주거 환경을 보호하기 위하여 다음의 기준에 맞아야 한다.

㈎ 다음의 구분에 따라 대지가 도로에 **연접**할 것. 다만, 특별자치도·시·군·구(자치구) 는 주거 환경을 보호하기 위하여 필요하면 지역 특성을 고려하여 조례로 이 기준을 **강화**할 수 있다.

㉮ 관광호텔업, 수상관광호텔업, 한국전통호텔업, 가족호텔업, 의료관광호텔업 및 휴양 콘도미니엄업 : 대지가 **폭 12미터 이상의 도로에 4미터 이상 연접**할 것

㉯ 호스텔업 및 소형호텔업 : 대지가 **폭 8미터**(관광객의 수, 관광특구와의 거리 등을 고려하여 특별자치도지사, 시장, 군수, 구청장이 지정하여 고시하는 지역에서 20실 이하의 객실을 갖추어 경영하는 호스텔업의 경우에는 4미터) **이상의 도로에 4미터 이상 연접**할 것

㈏ 건축물 각 부분의 높이는 그 부분으로부터 그 건물의 채광을 위하여 설치하는 창이나 문이 향하는 방향으로 인접된 대지의 경계선까지의 수평거리의 두 배를 초과하지 아니 할 것이 요구된다.

㈐ 소음 공해를 유발하는 시설은 **지하층**에 설치하거나 그 밖의 방법으로 주변의 주거 환경 을 해치지 아니하도록 할 것이 요구된다.

㈑ 대지 안의 조경은 **대지 면적의 15% 이상**으로 하되, 대지 경계선 주위에는 다 자란 나무 를 심어 인접 대지와 차단하는 수림대를 조성할 것이 요구된다.

※ 의료관광호텔업의 경우 연간 내국인 투숙객 수가 객실의 연간 수용 가능 총 인원의 40퍼센트를 초 과하지 아니하여야 한다.

(2) 사업 계획 승인 시의 인·허가 의제 등(제16조)

① 특별자치도지사, 시장, 군수, 구청장은 사업 계획을 승인하려면 미리 소관 행정기관의 장 과 협의하여야 하고, 그 사업 계획을 승인한 때에는 지체 없이 소관 행정기관의 장에게 그 내용을 통보하여야 한다.

② 특별자치도지사, 시장, 군수, 구청장은 사업 계획의 변경 승인을 하려는 경우 **건축물의 용도 변경이 포함되어있으면** 미리 소관 행정기관의 장과 협의하여야 한다.

> **참고** **관광 숙박 시설 건축 지역(시행령 제14조)** : 관광진흥법에서 "대통령령으로 정하는 지역"이란 다음 각 호의 지역을 말한다.
>
> ❶ 일반 주거 지역
>
> ❷ 준주거 지역
>
> ❸ 준공업 지역
>
> ❹ 자연 녹지 지역
>
> ※ 학교환경위생 정화구역 내 관광 숙박 시설의 설치(시행령 제14조의 2) : 관광진흥법에서 "대통령령으로 정하는 지역"이란 서울특별시와 경기도를 말한다. 관광진흥법에 따라 학교보건법을 적용하지 아니하는 관광 숙박 시설은 그 투숙객이 차량 또는 도보 등을 통하여 해당 관광 숙박 시설에 드나들 수 있는 출입구, 주차장, 로비 등이 공용 공간을 외부에서 조망할 수 있는 개방적인 구조로 하여야 한다.

(3) 관광숙박업 등의 등록심의위원회(제17조)

① 관광숙박업 및 대통령령으로 정하는 관광객이용시설업이나 국제회의업의 등록(등록 사항의 변경 포함)에 관한 사항을 심의하기 위하여 특별자치도지사, 시장, 군수, 구청장 소속으로 관광숙박업 및 관광객이용시설업 등록심의위원회를 둔다.

② 위원회는 위원장과 부위원장 각 1명을 포함한 위원 10명 이내로 구성하되 위원장은 특별자치도·시·군·구(자치구)의 부지사, 부시장, 부군수, 부구청장이 되고, 부위원장은 위원 중에서 위원장이 지정하는 자가 되며, 위원은 신고 또는 인·허가 등의 소관 기관의 직원이 된다.

③ 특별자치도지사, 시장, 군수, 구청장은 **관광숙박업, 관광객이용시설업, 국제회의업의 등록**을 하려면 미리 위원회의 심의를 거쳐야 한다. 다만, 대통령령으로 정하는 경미한 사항의 변경에 관하여는 위원회의 심의를 거치지 아니할 수 있다.

④ 위원회의 구성, 운영, 기타 위원회에 관하여 필요한 사항은 대통령령으로 정한다. 위원회의 회의에 있어서는 위원장이 위원회의 회의를 소집하고 그 의장이 되고, 회의는 재적 위원 3분의 2 이상의 출석과 출석 위원 3분의 2 이상의 찬성으로 의결한다.

(4) 등록 시의 신고·허가 의제 등(제18조)

특별자치도지사, 시장, 군수, 구청장은 관광숙박업, 관광객이용시설업 및 국제회의업의 등록을 한 때에는 지체 없이 신고 또는 인·허가 등의 소관 행정기관의 장에게 그 내용을 통보하여야 한다.

관광진흥법령상 관광숙박업 및 관광객이용시설업 등록심의위원회에 관한 내용으로 옳지 않은 것은?

① 위원회는 위원장과 부위원장 각 1명을 포함한 위원 10명 이내로 구성한다.

② 위원회를 군수 소속으로 둘 경우 부군수가 부위원장이 된다.

③ 위원회의 회의는 재적 위원 3분의 2 이상의 출석과 출석 위원 3분의 2 이상의 찬성으로 의결한다.

④ 위원회의 서무를 처리하기 위하여 위원회에 간사 1명을 둔다.

 해설 위원장은 특별자치도·시·군·구(자치구)의 부지사, 부시장, 부군수, 부구청장이 되고, 부위원장은 위원 중에서 위원장이 지정하는 자가 된다. **정답 ②번**

(5) 관광숙박업의 등급(제19조)

문화체육관광부장관은 관광 숙박 시설 및 야영장 이용자의 편의를 돕고 관광 숙박 시설, 야영장 및 서비스의 수준을 효율적으로 유지·관리하기 위하여 관광숙박업자 및 야영장업자의 신청을 받아 관광숙박업 및 야영장업에 대해 등급을 정할 수 있다. 호텔업 등록을 한 자 중 **대통령령으로 정하는 자**는 등급 결정을 신청하여야 한다(대통령령으로 정하는 자란 관광호텔업, 수상관광호텔업, 한국전통호텔업, 소형호텔업 또는 의료관광호텔업의 등록을 한 자). 문화체육관광부장관은 관광숙박업 및 야영장업에 대해 등급 결정을 하는 경우 **유효기간을 정하여 등급을 정할 수 있다.** 관광숙박업 및 야영장업 등급의 구분에 관한 사항은 **대통령령**으로 정하고 등급 결정의 유효기간, 신청 시기, 절차 및 등급 결정 결과 공표 등에 관한 사항은 **문화체육관광부령**으로 정한다. 문화체육관광부장관은 관광숙박업에 대한 등급 결정 결과에 관한 사항을 공표할 수 있다.

① 호텔업의 등급 결정(시행령 제22조) : 관광숙박업 중 호텔업의 등급은 5성급, 4성급, 3성급, 2성급, 1성급으로 구분한다.

② 호텔업의 등급 결정 기준 등(시행규칙 제25조)

㉮ 호텔업(관광호텔업, 수상관광호텔업, 한국전통호텔업, 소형호텔업, 의료관광호텔업)의 등록을 한 자는 다음의 사유가 발생한 날부터 **60일 이내**에 문화체육관광부장관으로부터 등급 결정권을 위탁받아 고시된 법인에 등급 결정을 신청해야 한다.

㉠ 호텔을 **신규 등록**한 경우

㉡ 등급 결정을 받은 날부터 **3년**이 지난 경우

ⓓ 시설의 증·개축 또는 서비스 및 운영 실태 등의 변경에 따른 등급 조정 사유가 발생한 경우

㈏ 등급 결정 수탁 기관은 등급 결정 신청을 받은 경우에는 문화체육관광부장관이 정하여 고시하는 호텔업 등급 결정의 기준에 따라 신청일부터 90일 이내에 해당 호텔의 등급을 결정하여 신청인에게 통지하여야 한다. 다만, 부득이한 사유가 있는 경우에는 60일의 범위에서 그 기간을 연장할 수 있다.

㈐ 등급 결정을 하는 경우에는 다음 각 호의 요소를 평가하여야 하며, 그 세부적인 기준 및 절차는 문화체육관광부장관이 정하여 고시한다.

㉮ **서비스 상태**

㉯ **객실** 및 **부대시설**의 상태

㉰ **안전 관리** 등에 관한 법령 준수 여부

㈑ 등급 결정의 재신청

㉮ 등급 결정 보류의 통지를 받은 신청인은 그 보류의 통지를 받은 날부터 60일 이내에 신청한 등급과 동일한 등급 또는 낮은 등급으로 호텔업 등급 결정의 재신청을 하여야 한다.

㉯ 재신청을 받은 등급 결정 수탁 기관은 해당 호텔의 등급을 결정하거나 해당 호텔의 등급 결정을 보류한 후 그 사실을 신청인에게 통지하여야 한다.

㉰ 동일한 등급으로 호텔업 등급 결정을 재신청하였으나 다시 등급 결정이 보류된 경우에는 등급 결정 보류의 통지를 받은 날부터 **60일 이내**에 신청한 등급보다 낮은 등급으로 등급 결정을 신청하거나 등급 결정 수탁 기관에 등급 결정의 보류에 대한 이의를 신청하여야 한다.

㉱ 이의 신청을 받은 등급 결정 수탁 기관은 문화체육관광부장관이 정하여 고시하는 절차에 따라 신청일부터 90일 이내에 이의 신청에 이유가 있는지 여부를 판단하여 처리하여야 한다. 다만 부득이한 사유가 있는 경우에는 60일의 범위에서 그 기간을 연장할 수 있다.

㉲ 이의 신청을 거친 자가 다시 등급 결정을 신청하는 경우에는 당초 신청한 등급보다 낮은 등급으로만 할 수 있다.

> **참고** 호텔업 등급 결정의 유효기간은 등급 결정을 받은 날부터 **3년**으로 한다.

③ 등급 결정 권한의 위탁(시행령 제66조) : 문화체육관광부장관은 호텔업의 등급 결정권을 다음의 요건을 모두 갖춘 법인 중 문화체육관광부장관에게 등록한 법인에 위탁한다.

㈎ 비영리법인일 것

㈏ 관광숙박업의 육성과 서비스 개선 등에 관한 및 계몽 활동 등을 하는 법인일 것

(다) 문화체육관광부령으로 정하는 기준에 맞는 자격을 가진 평가 요원을 **50명 이상** 확보하고 있을 것

④ 평가 요원의 자격(시행규칙 제72조)

　(가) 호텔업에서 5년 이상 근무한 사람으로서 평가 당시 호텔업에 종사하고 있지 아니한 사람 1명 이상

　(나) 「고등교육법」에 따른 전문대학 이상 또는 이와 같은 수준 이상의 학력이 인정되는 교육 기관에서 관광 분야에 관하여 5년 이상 강의한 경력이 있는 교수, 부교수, 조교수 또는 겸임 교원 1명 이상

　(다) 호텔 분야에 전문성이 인정되는 사람으로서 다음 각 목의 어느 하나에 해당하는 사람 1명 이상

　　㉮ 「소비자기본법」에 따른 한국소비자원 또는 소비자보호와 관련된 단체에서 추천한 사람

　　㉯ 등급 결정 수탁 기관이 공모를 통하여 선정한 사람

　(라) 그밖에 문화체육관광부장관이 해당하는 사람과 동등한 자격이 있다고 인정하는 사람

⑤ 규제의 재검토(시행규칙 제73조) : 문화체육관광부장관은 호텔업의 등록을 한 자가 각 기준일을 기준으로 **3년**마다 그 타당성을 검토하여 개선 등의 조치를 하여야 한다.

(6) 우수 숙박 시설의 지정(제19조의2)

① **문화체육관광부장관이나 지방자치단체의 장**은 관광객이 숙박 시설을 편리하게 이용하고, 우수한 숙박 시설이 늘어나도록 하기 위하여 대통령령 또는 조례로 정하는 기준에 맞는 숙박 시설을 **우수 숙박 시설**로 지정할 수 있다.

② 우수 숙박 시설로 지정된 숙박 시설에 대하여 <u>문화체육관광부장관</u>은 **대통령령**으로 정하는 바에 따라, <u>지방자치단체의 장</u>은 **조례**로 정하는 바에 따라 다음의 지원을 할 수 있다.

  ㈎ 「관광진흥개발기금법」에 따른 **관광진흥개발기금의 대여**

  ㈏ **국내 또는 국외에서의 홍보**

  ㈐ 그밖에 **숙박 시설의 운영 및 개선을 위하여 필요한 사항**

③ 우수 숙박 시설 지정의 절차 및 취소 등에 필요한 사항은 **대통령령 또는 조례**로 정한다.

④ 우수 숙박 시설의 지정(시행령 제22조의2)

  ㈎ 우수 숙박 시설의 지정 기준 : 외국인에게 서비스(숙박 요금 등 이용 정보 안내 서비스 등)를 제공할 수 있는 체제를 갖추고 있을 것, 안내 데스크에 요금표를 **게시**하고 신용카드 결제가 가능할 것, 조명, 소방 및 안전 관리 등은 관련 법령으로 정한 기준에 적합하게 유지하고 **정기적**으로 점검하고 관리할 것, 관광객을 맞이하는 프런트 등의 접객 공간이 **개방형 구조**일 것, 주차장에 차단막 등 **폐쇄형 구조물이 없을 것**, 건물 내부 및 외부에 시간에 따른 **차등 요금제 실시에 대한 공지를 하지 아니할 것**, 성인 방송을 제공하는 경우에는 청소년의 이용을 제한할 수 있는 등의 제어 기능 장치를 갖추고 있을 것 등이다.

  ㈏ 문화체육관광부장관은 그가 지정한 우수 숙박 시설이 다음의 어느 하나에 해당하는 경우에는 그 지정을 취소할 수 있다. 다만, ㉮의 경우에는 지정을 취소하여야 한다.

    ㉮ 거짓이나 그밖에 부정한 방법으로 지정을 받은 경우

    ㉯ 지정 기준을 충족하지 못하게 된 경우

최신기출   2016. 4. 9 시행

관광진흥법상 우수 숙박 시설로 지정된 숙박 시설이 문화체육관광부장관 또는 지방자치단체의 장으로부터 지원받을 수 있는 사항으로 명시되지 않은 것은?

① 「관광진흥개발법」에 따른 관광진흥개발기금의 대여

② 국내 또는 국외에서의 홍보

③ 숙박 시설의 운영 및 개선을 위하여 필요한 사항

④ 숙박 시설 등급의 상향 조정   정답 ④번

---

(7) 분양 및 회원 모집(제20조)

① 관광숙박업이나 관광객이용시설업으로서 **대통령령으로 정하는 종류의 관광사업**을 등록한 자 또는 그 사업 계획의 승인을 받은 자가 아니면 그 관광사업의 시설에 대하여 분양(휴양콘도미니엄만 해당) 또는 회원 모집을 하여서는 아니 된다.

  ※ 대통령령으로 정하는 종류의 관광사업이란 **휴양콘도미니엄업, 호텔업**, 관광객이용시설업 중 **제2종 종합휴양업** 등을 말한다.

② 누구든지 관광 숙박 시설과 관광 숙박 시설이 아닌 시설을 혼합 또는 연계하여 이를 분양하거나 회원을 모집하는 행위를 하여서는 아니 된다. 다만 골프장의 사업 계획을 승인받은 경우에는 관광 숙박 시설과 해당 골프장을 연계하여 분양하거나 회원을 모집할 수 있다.

③ 분양 또는 회원 모집

㈎ 휴양콘도미니엄업 시설의 분양 및 회원 모집 기준과 호텔업 및 제2종 종합휴양업시설의 **회원 모집 기준**

㉮ 다음의 구분에 따른 소유권 등을 확보해야 한다.

- 휴양콘도미니엄업 및 호텔업(수상 관광호텔 제외)의 경우 해당 관광 숙박 시설이 건설되는 대지의 소유권, 수상 관광호텔의 경우 구조물 또는 선박의 소유권, 제2종 종합휴양업의 경우 회원 모집 대상인 해당 제2종 종합휴양업시설이 건설되는 부지의 **소유권 또는 사용권**

㉯ 대지, 부지 및 건물이 저당권의 목적물로 되어있는 경우에는 그 저당권을 말소해야 한다.

㉰ 분양을 하는 경우 한 개의 객실당 분양 인원은 **5명 이상**으로 하되, 가족만을 수분양자로 하여서는 안 된다.

㉱ 공유자 또는 회원의 연간 이용 일수는 365일을 객실당 분양 또는 회원 모집 계획 인원 수로 나눈 범위 이내여야 한다.

㉲ 주거용으로 분양 또는 회원 모집을 하지 아니하여야 한다.

㈏ 휴양콘도미니엄업, 호텔업 및 제2종 종합휴양업의 **분양 또는 회원을 모집하는 경우의 시기**

㉮ 휴양콘도미니엄업 및 제2종 종합휴양업의 경우에는 해당 시설 공사의 총 공사 공정이 문화체육관광부령이 정하는 **공정률 20% 이상** 진행된 때부터 분양 또는 회원 모집을 하되, 분양 또는 회원을 모집하려는 총 객실 중 공정률에 해당하는 객실을 대상으로 분양 또는 회원을 모집할 것, 공정률에 해당하는 객실 수를 초과하여 분양 또는 회원을 모집하려는 경우에는 공정률을 초과하여 분양 또는 회원을 모집하려는 금액에 해당하는 보증보험에 관광사업의 등록 시까지 가입할 것 등이 요구된다.

㉯ 호텔업의 경우에는 관광사업의 등록 후부터 회원을 모집하여야 하고, 분양 또는 회원 모집 계획서를 제출받은 특별자치도지사, 시장, 군수, 구청장은 이를 검토한 후 **지체 없이** 그 결과를 상대방에게 알려야 한다.

④ 분양 또는 회원 모집을 한 자는 공유자와 회원의 권익 보호를 위하여 다음의 사항을 지켜야 한다.

㈎ 회원의 입회금의 반환 : 회원의 입회 기간이 끝나 입회금을 반환하여야 하는 경우에는 입회금 반환을 요구받은 날부터 **10일 이내**에 반환해야 한다.

㈏ 회원증의 발급 및 확인

　㉮ 분양 또는 회원 모집을 하는 관광사업자가 회원증을 발급하는 경우 그 **회원증에는 괄호 안의 사항이 포함**되어야 한다(공유자 또는 회원의 번호, 공유자 또는 회원의 성명과 주민등록번호, 사업장의 상호, 명칭 및 소재지, 공유자와 회원의 **구분**, 면적, 분양일 또는 입회일, 발행일자 등).

　㉯ 분양 또는 회원 모집을 하는 관광사업자가 회원증을 발급하려는 경우에는 분양 또는 회원 모집 계약 후 **30일 이내**에 문화체육관광부장관이 지정하여 고시하는 자(회원증 확인자)로부터 그 회원증과 분양 또는 회원 모집 계획서가 일치하는지를 미리 확인받아야 한다.

　㉰ 회원증 확인자는 **6개월**마다 특별자치도지사, 시장, 군수, 구청장에게 회원증 발급에 관한 사항을 통보하여야 한다.

㈐ 공유자, 회원의 대표 기구 구성 : **20명 이상**의 공유자, 회원으로 대표 기구를 구성하여야 하며 공유자, 회원의 권익에 관한 사항은 대표 기구와 협의해야 한다.

1 관광진흥법에서 규정한 "대통령령으로 정하는 기준을 충족하는 외국인 의료관광 유치, 지원 관련 기관"에 해당하지 않는 것은?

① 한국관광협회중앙회

② 규정에 따라 등록한 외국인 환자 유치업자

③ 「한국관광공사법」에 따른 한국관광공사

④ 규정에 따라 등록한 외국인 환자 유치 의료 기관

2 국외여행을 인솔하는 자의 자격 요건에 해당하지 않는 것은?

① 관광통역안내사 자격을 취득하여야 한다.

② 여행업체에서 6개월 이상 근무하고 국외여행 경험이 있는 자로서 문화체육관광부장관이 정하는 소양 교육을 이수하였어야 한다.

③ 문화체육관광부장관이 지정하는 교육기관에서 국외여행 인솔에 필요한 양성 교육을 이수하였어야 한다.

④ 국내여행안내사 자격을 취득하여야 한다.

3 관광숙박업의 사업 계획 변경에 관한 승인을 받아야 하는 경우가 아닌 것은?

① 부지 및 대지 면적을 변경할 때에 그 변경하려는 면적이 당초 승인받은 계획 면적의 100분의 10 이상이 되는 경우

② 건축 연면적을 변경할 때에 그 변경하려는 연면적이 당초 승인받은 계획 면적의 100분의 10 이하인 경우

③ 객실 수 또는 객실 면적을 변경하려는 경우(휴양콘도미니엄업)

④ 변경하려는 업종의 등록 기준에 맞는 경우로서, 호텔업과 휴양콘도미니엄업 간의 업종 변경 또는 호텔업 종류 간의 업종 변경

> 🖉 해설 건축 연면적을 변경할 때에 그 변경하려는 연면적이 당초 승인받은 계획 면적의 100분의 10 이상이 되는 경우 승인을 받아야 한다.

정답 1 ① 2 ④ 3 ②

4 기획여행을 실시하는 자가 광고를 하려는 경우에 표시하는 사항에 해당하지 않는 것은?

① 여행업의 등록 번호, 상호, 소재지 및 등록 관청

② 여행 일정 및 주요 여행지

③ 교통, 숙박 및 식사 등 여행자가 제공받을 서비스의 내용

④ 최대 여행 인원

 해설　최저 여행 인원이 표시 사항에 속한다.

5 국외여행 인솔자의 자격 요건을 갖춘 자가 내국인의 국외여행을 인솔하려면 누구에게 등록하여야 하는가?

① 시·도지사　　　　　　　　　② 문화체육관광부장관

③ 외교부장관　　　　　　　　　④ 한국관광공사

 해설　국외여행 인솔자의 자격 요건을 갖춘 자가 내국인의 국외여행을 인솔하려면 문화체육관광부장관에게 등록하여야 한다.

6 여행업자는 여행자와 국외여행 계약을 체결할 때에는 해당 여행지에 대한 안전 정보를 제공하여야 한다. 이에 포함되지 않는 것은?

① 여권의 사용을 제한하거나 방문, 체류를 금지하는 국가 목록 및 벌칙

② 외교부 해외 안전 여행 인터넷 홈페이지에 게재된 여행 목적지의 여행 경보 단계 및 국가별 안전 정보

③ 외교부 해외 안전 여행 인터넷 홈페이지에 게재된 여행 목적지의 여행 경보 단계 및 지역별 안전 정보

④ 해외여행자 인터넷 등록 제도에 관한 안내

7 등급 결정을 하는 경우에는 다음 각 호의 요소를 평가하여야 하며, 그 세부적인 기준 및 절차는 문화체육관광부장관이 정하여 고시한다. 그 요소에 해당하지 않는 것은?

① 서비스 상태　　　　　　　　　② 객실 및 부대시설의 상태

③ 안전 관리 등에 관한 법령 준수 여부　　④ 소비자 만족도

정답　4 ④　5 ②　6 ③　7 ④

8 일반 주거 지역의 관광 숙박 시설 및 그 시설의 위락 시설이 주거 환경을 보호하기 위하여 따라야 하는 기준으로 적합하지 않은 것은?

① 호스텔업과 소형호텔업의 경우 대지가 폭 8미터 이상의 도로에 4미터 이상 연접할 것

② 건축물 각 부분의 높이는 그 부분으로부터 그 건물의 채광을 위하여 설치하는 창이나 문이 향하는 방향으로 인접된 대지의 경계선까지의 수평거리의 두 배를 초과하지 아니할 것

③ 소음 공해를 유발하는 시설은 지하층에 설치하거나 그 밖의 방법으로 주변의 주거 환경을 해치지 아니하도록 할 것

④ 대지 안의 조경은 대지 면적의 30% 이상으로 하되, 대지 경계선 주위에는 다 자란 나무를 심어 인접 대지와 차단하는 수림대를 조성할 것

 해설 대지 안의 조경은 대지 면적의 15% 이상으로 한다.

9 법령상 다음 (   )에 각각 적절한 내용으로 맞는 것을 고르면?

> • 관광호텔업, 수상관광호텔업, 한국전통호텔업, 가족호텔업, 호스텔업과 휴양콘도미니엄업 및 관광사업의 사업 계획 승인을 받으려는 자는 (   )으로 정하는 바에 따라 사업 계획 승인 신청서를 특별자치도지사, 시장, 군수, 구청장에게 제출하여야 한다.
> • 사업 계획의 변경 승인을 받으려는 자는 (   )으로 정하는 바에 따라 사업 계획 변경 승인 신청서를 특별자치도지사·시장·군수·구청장에게 제출하여야 한다.

① 대통령령, 문화체육관광부령　　　　② 대통령령, 대통령령
③ 문화체육관광부령, 문화체육관광부령　④ 문화체육관광부령, 대통령령

10 사업 계획 승인을 받으려는 자가 사업 계획 승인 신청서에 첨부하여 특별자치도지사, 시장, 구청장에게 제출하여야 하는 서류가 아닌 것은?

① 건설 계획서

② 신청인의 성명, 주소를 기재한 서류

③ 부동산의 소유권 또는 사용권을 증명하는 서류

④ 분양 및 회원 모집 계획 개요서

 해설 신청인의 성명, 주민등록번호를 기재한 서류가 제출하여야 하는 서류이다.

정답 8 ④　9 ③　10 ②

11 관광숙박업 등의 등록심의위원회에 대한 설명으로 옳지 않은 것은?

① 관광숙박업 및 대통령령으로 정하는 관광객이용시설업이나 국제회의업의 등록(등록 사항의 변경 포함)에 관한 사항을 심의하기 위하여 특별자치도지사, 시장, 군수, 구청장 소속으로 한다.

② 위원회는 위원장과 부위원장 각 1명을 포함한 위원 10명 이내로 구성하되, 위원장은 특별자치도·시·군·구(자치구)의 부지사, 부시장, 부군수, 부구청장이 된다.

③ 특별자치도지사, 시장, 군수, 구청장은 관광숙박업, 관광객이용시설업, 국제회의업의 등록을 하려면 미리 위원회의 심의를 거쳐야 한다.

④ 위원회의 구성, 운영, 기타 위원회에 관하여 필요한 사항은 문화체육관광부령으로 정한다.

 위원회의 구성, 운영, 기타 위원회에 관하여 필요한 사항은 대통령령으로 정한다.

12 호텔업 등록을 한 자 중에서 등급 결정 신청을 하여야 하는 호텔업이 아닌 것끼리 나열된 것은?

① 관광호텔업, 호스텔업
② 수상관광호텔업, 소형호텔업
③ 가족호텔업, 호스텔업
④ 의료관광호텔업, 가족호텔업

 등급 결정을 신청해야 하는 호텔업으로는 관광호텔업, 수상관광호텔업, 한국전통호텔업, 소형호텔업, 의료관광호텔업 등이 있다.

13 다음 (   )에 알맞은 내용으로 나열된 것은?

> 관광숙박업 및 야영장업 등급의 구분에 관한 사항은 (   )으/로 정하고, 등급 결정의 유효기간, 신청 시기, 절차 및 등급 결정 결과 공표 등에 관한 사항은 (   )으/로 정한다.

① 법률, 문화체육관광부령
② 대통령령, 문화체육관광부령
③ 법률, 대통령령
④ 문화체육관광부령, 조례

14 의료관광호텔업의 경우 연간 내국인 투숙객 수가 객실의 연간 수용 가능 총 인원의 어느 정도를 초과하지 아니하여야 하는가?

① 40퍼센트
② 50퍼센트
③ 30퍼센트
④ 25퍼센트

정답 11 ④ 12 ③ 13 ② 14 ①

15 우수 숙박 시설의 지정 기준에 대한 설명으로 옳지 않은 것은?

① 외국인에게 서비스를 제공할 수 있는 체제를 갖추고 있어야 한다.

② 관광객을 맞이하는 프런트 등의 접객 공간이 개방형 구조여야 한다.

③ 주차장에 차단막 등 폐쇄형 구조물이 없어야 한다.

④ 건물 내부 및 외부에 차등 요금제 실시에 대한 공지를 정확하고 명확하게 해야 한다.

✎ 해설 　건물 내부 및 외부에 시간에 따른 차등 요금제 실시에 대한 공지를 해서는 안 된다.

16 호텔업의 등록을 한 자는 일정한 사유가 발생한 날부터 60일 이내에 문화체육관광부장관으로부터 등급 결정권을 위탁받아 고시된 법인에 등급 결정을 신청해야 한다. 해당 사유라고 볼 수 없는 것은?

① 호텔을 신규 등록한 경우

② 등급 결정을 받은 날부터 3년이 지난 경우

③ 등급 결정을 받은 날부터 5년이 지난 경우

④ 시설의 증·개축 또는 서비스 및 운영 실태 등의 변경에 따른 등급 조정 사유가 발생한 경우

17 휴양콘도미니엄업의 경우, 해당 시설 공사의 총 공사 공정이 문화체육관광부령으로 정하는 공정률이 얼마 이상 진행되는 때부터 분양 또는 회원 모집이 가능한가?

① 공정률 20%　　　　　　　　② 공정률 30%

③ 공정률 40%　　　　　　　　④ 공정률 50%

18 관광숙박업이나 관광객이용시설업으로서 대통령령으로 정하는 종류의 관광사업을 등록한 자 또는 그 사업 계획의 승인을 받은 자가 아니면 그 관광사업의 시설에 대하여 분양(휴양콘도미니엄만 해당) 또는 회원 모집을 하여서는 아니 된다. 대통령령으로 정하는 종류의 관광사업에 해당하지 않는 관광사업은?

① 휴양콘도미니엄업　　　　　② 호텔업

③ 제1종 종합휴양업　　　　　④ 제2종 종합휴양업

정답 　15 ④　16 ③　17 ①　18 ③

19 분양 또는 회원 모집을 하는 관광사업자가 회원증을 발급하는 경우 그 회원증에 포함되어야 하는 사항이 아닌 것은?

① 공유자 또는 회원의 성명과 주민등록번호 ② 공유자 또는 회원의 지분과 투자 금액

③ 사업장의 상호, 명칭 및 소재지 ④ 공유자와 회원의 구분

20 우수 숙박 시설로 지정된 숙박 시설에 대하여 문화체육관광부장관은 대통령령으로 정하는 바에 따라, 지방자치단체의 장은 조례로 정하는 바에 따라 다음의 지원을 할 수 있다. 이에 해당하지 않는 것은?

① 「관광진흥개발기금법」에 따른 관광진흥개발기금의 대여

② 국내 또는 국외에서의 홍보

③ 「관광진흥개발기금법」에 따른 관광진흥개발기금의 투자

④ 숙박 시설의 운영 및 개선을 위하여 필요한 사항

21 휴양콘도미니엄업 시설의 분양 및 회원 모집 기준으로 옳지 않은 것은?

① 대지, 부지 및 건물이 저당권의 목적물로 되어있는 경우에는 그 저당권을 말소해야 한다.

② 분양을 하는 경우 한 개의 객실당 분양 인원은 5명 이상으로 하되, 가족만을 수분양자로 하여서는 아니 된다.

③ 한 개의 객실에 공유제 또는 회원제를 혼합하여 분양하거나 회원 모집을 하지 아니하여야 한다.

④ 주거용으로 분양 또는 회원 모집을 하여야 한다.

 해설 주거용으로 분양 또는 회원 모집을 하여서는 안 된다.

22 다음 (   )에 적절한 내용은 무엇인가?

> 분양 또는 회원 모집 계획서를 제출받은 특별자치도지사, 시장, 군수, 구청장은 이를 검토한 후 (   ) 그 결과를 상대방에게 알려야 한다.

① 10일 이내 ② 15일 이내 ③ 30일 이내 ④ 지체 없이

정답 19 ② 20 ③ 21 ④ 22 ④

2-4 카지노업

(1) 허가 요건 등(제21조)

① 문화체육부장관은 카지노 허가 신청을 받으면 다음의 어느 하나에 해당하는 경우에만 허가할 수 있다.

  ㈎ 국제공항이나 국제 여객선 터미널이 있는 특별시, 광역시·도, 특별자치도에 있거나 관광특구에 있는 관광숙박업 중 호텔업 시설(관광숙박업의 등급 중 최상 등급을 받은 시설만 해당하고 시·도에 최상 등급의 시설이 없는 경우에는 그 다음 등급의 시설만 해당) 또는 대통령령으로 정하는 국제회의업 시설의 부대시설에서 카지노를 하려는 경우로서 대통령령으로 정하는 요건에 맞는 경우

    ㉮ 외래 관광객 유치 계획 및 **장기 수지 전망** 등을 포함한 사업 계획서가 적정할 것

    ㉯ 사업 계획의 수행에 필요한 **재정 능력**이 있을 것

    ㉰ 현금 및 칩의 관리 등 영업 거래에 관한 **내부 통제 방안**이 수립되어있을 것

    ㉱ 카지노업의 건전한 육성과 관광산업의 진흥을 위하여 문화체육관광부장관이 공고하는 기준에 맞을 것

  ㈏ 우리나라와 외국을 왕래하는 여객선 안에서 카지노업을 하고자 하는 경우로서 대통령령이 정하는 요건에 적합한 경우

    ㉮ 여객선이 **2만 톤급 이상**으로 문화체육관광부장관이 공고하는 총 톤수 이상일 것

    ㉯ 위 ㈎의 ㉮~㉱까지의 규정에 적합할 것

② **문화체육관광부장관**이 **공공의 안녕, 질서 유지** 또는 **카지노업의 건전한 발전**을 위하여 필요하다고 인정하면 **대통령령**이 정하는 바에 따라 허가를 제한할 수 있다.

  ㈎ 문화체육관광부장관은 최근 신규 허가를 한 날 이후에 전국 단위의 외래 관광객이 **60만 명 이상** 증가한 경우에만 신규 허가를 할 수 있으며, 다음의 사항을 고려하여 그 증가 인원 **60만 명당 2개 사업** 이하의 범위에서 할 수 있다.

    ㉮ **전국 단위**의 외래 관광객 증가 추세 및 **지역**의 외래 관광객 증가 추세

    ㉯ 카지노 이용객의 증가 추세

    ㉰ 기존 카지노 이용자의 총 수용 능력

    ㉱ 기존 카지노 사업자의 총 외화 획득 실적

    ㉲ 그밖에 카지노업의 건전한 발전을 위하여 필요한 사항

  ㈏ 문화체육관광부장관은 신규 허가를 하려면 미리 다음 각 호의 사항을 정하여 공고하여야 한다.

    ㉮ 세부 허가 기준

    ㉯ 허가 가능 업체 수

⒟ 허가 절차 및 방법

(2) 결격사유(제22조)

① 다음의 어느 하나에 해당하는 자는 카지노업의 허가를 받을 수 없다.

⑺ 19세 미만의 자

⑷ 「폭력행위 등 처벌에 관한 법률」에 따라 금고 이상의 형을 선고를 받고 형이 확정된 자

⒟ 조세를 포탈하거나 「외국환거래법」을 위반하여 금고 이상의 형을 선고받고 형이 확정된 자

⒭ 금고 이상의 실형을 선고받고 그 집행이 끝나거나 집행을 받지 아니하기로 확정된 후 2년이 지나지 아니한 자

⑴ 금고 이상의 형의 집행유예를 선고받고 그 유예기간 중에 있는 자

⑷ 금고 이상의 형의 선고유예를 받고 그 유예기간 중에 있는 자

⑷ 임원 중에 위의 어느 하나에 해당하는 자가 있는 법인

② 문화체육관광부장관은 카지노업의 허가를 받은 자가 결격사유의 어느 하나에 해당하면 그 허가를 **취소하여야 한다**. 다만, 법인의 임원 중 그 사유에 해당하는 자가 있는 경우 **3개월 이내**에 그 임원을 바꾸어 임명한 때에는 그러하지 아니하다.

(3) 카지노업의 시설 기준 등(제23조)

① 카지노업의 시설 기준 등(시행규칙 제29조)

⑺ **330 m² 이상**의 전용 영업장

⑷ **1개소 이상**의 외국환 환전소

⒟ 카지노업의 영업 종류 중 **네 종류 이상**의 영업을 할 수 있는 게임 기구 및 시설

② 카지노 전산 시설의 검사(시행규칙 제30조)

⑺ 카지노업의 허가를 받은 자는 카지노 전산 시설에 대하여 다음의 구분에 따라 각각 해당 기한 내에 문화체육관광부장관이 지정, 고시하는 검사 기관의 검사를 받아야 한다.

㉮ 신규로 카지노업의 허가를 받은 경우 : 허가를 받은 날부터 **15일**

㉯ 검사 유효기간이 만료된 경우 : 유효기간 만료일부터 **3개월**

⑷ 검사의 유효기간은 검사에 합격한 날부터 **3년**으로 한다. 다만, 검사 유효기간의 만료 전이라도 카지노 전산 시설을 교체한 경우에는 교체한 날부터 **15일 이내**에 검사를 받아야 하며, 이 경우 검사의 유효기간은 **3년**으로 한다.

③ 카지노 전산 시설 검사 기관의 업무 규정 등 : 카지노 전산 시설 검사 기관은 카지노 시설, 기구 검사 기록부를 작성하여 비치하고 이를 **5년간** 보존하여야 한다.

④ 유효기간 연장에 관한 사전 통지 : 카지노 전산 시설 검사 기관은 카지노 사업자에게 카지노 전산 시설 검사의 유효기간 만료일로부터 **3개월 이내**에 검사를 받아야 한다는 사실과 검사 절차를 유효기간 만료일 **1개월 전**까지 알려야 한다.

(4) 조건부 영업허가(제24조)

① 조건부 영업허가의 기간 등 : 문화체육관광부장관은 카지노업을 허가할 때 **1년의 범위**에서 대통령령으로 정하는 기간에 따른 시설 및 기구를 갖출 것을 조건으로 허가할 수 있다.

㉮ "대통령령으로 정하는 기간"이라 함은 조건부 영업허가를 받은 날부터 **1년 이내**를 말한다.

㉯ 천재지변이나 부득이한 사정이 있다고 인정되는 경우에는 **1회에 한하여 6개월**을 넘지 아니하는 범위에서 그 기간을 연장할 수 있다.

② 문화체육관광부장관은 제1항에 따른 허가를 받은 자가 정당한 사유 없이 제1항에 따른 기간에 허가 조건을 이행하지 아니하면 그 허가를 **즉시 취소**하여야 한다.

(5) 카지노 기구의 규격 및 기준 등(제25조)

① 문화체육관광부장관은 카지노 기구의 규격 및 기준을 정한 경우에는 이를 고시하여야 한다.

② 카지노 사업자가 카지노 기구를 영업 장소에 반입하여 사용하는 경우에는 문화체육관광부령으로 정하는 바에 따라 그 카지노 기구가 공인 기준 등에 맞는지에 관하여 문화체육관광부장관의 검사를 받아야 한다.

㉮ 카지노 사업자는 다음의 구분에 따라 각각 해당 기한 내에 카지노 기구의 검사를 받아야 한다.

㉠ **신규**로 카지노업의 허가를 받거나 **신규**로 카지노 기구를 반입하여 사용하고자 하는 경우 : **그 기구를 카지노 영업에 사용하는 날**

㉡ 검사 유효기간이 만료된 경우 : **검사 유효기간 만료일부터 15일**

㉯ 검사 신청을 받은 카지노 검사 기관은 해당 카지노 기구가 규격 및 기준에 적합한지의 여부를 검사하고, 검사에 합격한 경우에는 카지노 시설, 기구 검사 기록부를 작성한 후 그 사본을 **문화체육관광부장관**에게 제출하는 조치를 하여야 한다.

㉰ 검사의 유효기간은 검사에 합격한 날부터 **3년**으로 한다.

(6) 카지노업의 영업 종류(제26조)

카지노업의 영업 종류는 **문화체육관광부령**으로 정한다(20가지).

(7) 카지노 사업자 등의 준수 사항(제28조)

① 카지노 사업자는 다음의 어느 하나에 해당하는 행위를 하여서는 아니 된다.

㉮ 법령에 위반되는 카지노 기구를 설치하거나 사용하는 행위

㉯ 법령에 위반하여 카지노 기구ㆍ시설을 변조하거나 변조된 카지노 기구 또는 시설을 사용하는 행위

㈐ 허가받은 전용 영업장 외에서 영업을 하는 행위

㈑ 내국인(**해외 이주자 제외**)을 입장하게 하는 행위

㈒ 지나친 사행심을 유발하는 등 선량한 풍속을 해칠 우려가 있는 광고나 선전을 하는 행위

㈓ 영업 종류에 해당하지 아니하는 영업을 하거나 영업 방법 및 배당금 등에 관한 신고를 하지 아니하고 영업하는 경우

㈔ 총 매출액을 누락시켜 관광진흥개발기금 납부 금액을 감소시키는 행위

㈕ **19세 미만**인 자를 입장하게 하는 행위

㈖ 정당한 사유 없이 그 연도 안에 **60일 이상** 휴업하는 행위

최신기출 2016. 4. 9 시행

관광진흥법상 카지노 사업자에게 금지되는 행위가 아닌 것은?

① 카지노 영업소에 입장하는 자의 신분 확인에 필요한 사항을 묻는 행위

② 총 매출액을 누락시켜 관광진흥개발기금 납부 금액을 감소시키는 행위

③ 선량한 풍속을 해칠 우려가 있는 광고를 하는 행위

④ 19세 미만인 자를 입장시키는 행위

 해설 정당한 행위에 해당한다.   **정답** ①번

---

② 카지노 사업자는 문화체육관광부령으로 정하는 다음의 영업 준칙을 지켜야 한다.

㈎ 1일 **최소** 영업 시간(**8시간**)

㈏ 게임테이블의 집전함 부착 및 **내기 금액 한도액**의 표시 의무

㈐ 슬롯머신 및 비디오게임의 **최소 배당률**

㈑ 전산 시설, 환전소, 계산실, 폐쇄 회로의 관리 기록 및 회계와 관련된 기록의 유지 의무

㈒ 카지노 종사원의 게임 참여 불가 등 행위 금지 사항

(8) 기금 납부(제30조)

① 카지노 사업자는 총 매출액의 **100분의 10의 범위**에서 일정 비율에 해당하는 금액을 「관광진흥개발기금법」에 따른 관광진흥개발기금에 내야 한다.

② 총 매출액, 징수 비율 및 부과, 징수 절차 등에 관하여 필요한 사항은 **대통령령**으로 정한다.

㈎ 관광진흥개발기금 납부금의 징수 비율

㉮ 연간 총 매출액이 10억 원 이하인 경우에는 총 매출액의 **100분의 1**

㉯ 연간 총 매출액이 10억 원 초과 100억 원 이하인 경우에는 **1천만 원**+총 매출액 중 10억 원을 초과하는 금액의 **100분의 5**

㉲ 연간 총 매출액이 100억 원을 초과하는 경우에는 **4억 6천만 원**+총 매출액 중 100억 원을 초과하는 금액의 **100분의 10**

(나) 카지노 사업자는 매년 **3월 말**까지 공인회계사의 감사 보고서가 첨부된 전년도의 재무제표를 **문화관광부장관**에게 제출하여야 한다.

(다) 카지노 사업자는 천재지변이나 그밖에 이에 준하는 사유로 납부금을 그 기한까지 납부할 수 없는 경우에는 그 사유가 없어진 날부터 **7일 이내**에 내야 한다.

③ 납부금 또는 가산금을 부과받은 자가 부과된 납부금 또는 가산금에 대하여 이의가 있는 경우에는 부과받은 날부터 **30일 이내**에 문화체육관광부장관에게 이의를 신청할 수 있다.

④ 문화체육관광부장관은 이의 신청을 받았을 때에는 그 신청을 받은 날부터 **15일 이내**에 이를 심의하여 그 결과를 신청인에게 서면으로 알려야 한다.

최신기출 **2016. 4. 9 시행**

관광진흥법상 카지노 사업자가 준수하여야 하는 영업 준칙에 포함되어야 하는 것을 모두 고른 것은?

㉠ 1일 최대 영업 시간
㉡ 게임테이블의 집전함 부착 및 내기 금액 한도액 표시 의무
㉢ 슬롯머신 및 비디오게임의 최소 배당률
㉣ 카지노 종사원의 게임 참여 불가 등 행위 금지 사항

① ㉠, ㉡
② ㉡, ㉣
③ ㉡, ㉢, ㉣
④ ㉠, ㉡, ㉢, ㉣

 해설 1일 최소 영업 시간이 영업 준칙에 포함된다.

정답 ③번

1 문화체육부장관이 카지노 허가 신청을 받은 경우 그 허가 요건에 해당하지 않는 것은?

① 카지노업의 건전한 육성과 관광산업의 진흥을 위하여 대통령이 공고하는 기준에 맞아야 한다.

② 외래 관광객 유치 계획 및 장기 수지 전망 등을 포함한 사업 계획서가 적정해야 한다.

③ 사업 계획의 수행에 필요한 재정 능력이 있어야 한다.

④ 현금 및 칩의 관리 등 영업 거래에 관한 내부 통제 방안이 수립되어있어야 한다.

 해설 카지노업의 건전한 육성과 관광산업의 진흥을 위하여 문화체육관광부장관이 공고하는 기준에 맞아야 한다.

2 문화체육관광부장관은 최근 카지노업 신규 허가를 한 날 이후에 전국 단위의 외래 관광객이 60만 명 이상 증가한 경우에만 신규 허가를 할 수 있으며, 다음의 사항을 고려하여 60만 명당 2개 사업 이하의 범위에서 할 수 있는데 이때 고려사항이 아닌 것은?

① 전국 단위의 외래 관광객 증가 추세 및 지역의 외래 관광객 증가 추세

② 해외의 카지노 이용객의 증가 추세

③ 기존 카지노 이용자의 총 수용 능력

④ 기존 카지노 사업자의 총 외화 획득 실적

 해설 국내의 카지노 이용객 증가 추세가 고려 사항이다.

3 법령상 카지노업의 허가를 받을 수 없는 결격사유에 해당하지 않는 경우는?

① 조세를 포탈하여 금고 이상의 형을 선고받고 형이 확정된 자

② 금고 이상의 실형을 선고받고 그 집행이 끝났거나 집행을 받지 아니하기로 확정된 후 2년이 지나지 아니한 자

③ 금고 이상의 형의 선고유예를 받고 그 유예기간 중에 있는 자

④ 20세 미만자

 해설 19세 미만자의 경우가 결격사유이다.

정답 1 ① 2 ② 3 ④

4 카지노업의 시설 기준에 해당하지 않는 것은?

① 330제곱미터 이상의 전용 영업장이 있을 것

② 1개소 이상의 외국환 환전소가 있을 것

③ 공간의 방음장치가 되어있을 것

④ 카지노업의 영업 종류 중 네 종류 이상의 영업을 할 수 있는 게임 기구 및 시설을 갖추고 있을 것

5 카지노업의 허가를 받은 자는 카지노 전산 시설에 대하여 다음의 구분에 따라서 각각 해당 기한 내에 문화체육관광부장관이 지정·고시하는 검사 기관의 검사를 받아야 한다. 다음 (   )에 적절한 내용은?

> • 신규로 카지노업의 허가를 받는 경우 : 허가를 받은 날부터 (   )
> • 검사 유효기간이 만료된 경우 : 유효기간 만료일부터 (   )

① 15일, 3개월   ② 30일, 3개월   ③ 15일, 1개월   ④ 30일, 2개월

6 다음 (   )에 들어가기에 적절한 내용으로 나열된 것은?

> 카지노 전산 시설 검사의 유효기간은 검사에 합격한 날부터 (   )으로 한다. 다만, 검사 유효기간의 만료 전이라도 카지노 전산 시설을 교체한 경우에는 교체한 날부터 (   ) 이내에 검사를 받아야 하며, 이 경우 검사의 유효기간은 (   )으로 한다.

① 3년, 30일, 3년   ② 1년, 15일, 3년
③ 3년, 15일, 3년   ④ 3년, 30일, 3년

7 문화체육관광부장관은 카지노업을 허가할 때 1년의 범위에서 대통령령으로 정하는 기간에 따른 시설 및 기구를 갖출 것을 조건으로 허가할 수 있다. 천재지변이나 부득이한 사정이 있다고 인정되는 경우에는 어떠한 조건에서 연장이 가능한가?

① 2회에 한해서 1년을 넘지 않는 범위   ② 1회에 한해서 1년을 넘지 않는 범위
③ 2회에 한해서 6개월을 넘지 않는 범위   ④ 1회에 한해서 6개월을 넘지 않는 범위

> 해설 천재지변이나 부득이한 사정이 있다고 인정되는 경우에는 1회에 한하여 6개월을 넘지 아니하는 범위에서 그 기간을 연장할 수 있다.

정답 4 ③ 5 ① 6 ③ 7 ④

8 신규로 카지노업의 허가를 받거나 신규로 카지노 기구를 반입, 사용하고자 하는 경우에 얼마 기한 내에 카지노 기구의 검사를 문화체육관광부장관으로부터 받아야 하는가?

① 그 기구를 영업에 사용한 날로부터 15일 이내

② 그 기구를 영업에 사용하는 날

③ 그 기구를 영업에 사용한 날부터 7일 이내

④ 그 기구를 영업에 사용한 날부터 30일 이내

 해설 신규로 카지노업의 허가를 받거나 신규로 카지노 기구를 반입, 사용하고자 하는 경우에는 그 기구를 카지노 영업에 사용하는 날 카지노 기구의 검사를 받아야 한다.

9 다음 (   )에 들어가기에 적절한 내용은?

> 카지노업의 영업 종류는 (   )으로 정하고, 그 종류는 (   )가지이다.

① 대통령령, 25

② 문화체육관광부령, 25

③ 문화체육관광부령, 20

④ 대통령령, 20

10 카지노 사업자가 해서는 안 되는 준수 사항들로 옳지 않은 것은?

① 정당한 사유 없이 그 연도 안에 90일 이상 휴업하는 행위

② 내국인(해외 이주자 제외)을 입장하게 하는 행위

③ 법령에 위반되는 카지노 기구를 설치하거나 사용하는 행위

④ 총 매출액을 누락시켜 관광진흥개발기금 납부 금액을 감소시키는 행위

 해설 정당한 사유 없이 그 연도 안에 60일 이상 휴업하는 행위를 하여서는 안 된다.

11 카지노 사업자가 지켜야 하는 문화체육관광부령으로 정하는 영업 준칙으로 옳지 않은 것은?

① 1일 최소 영업 시간

② 게임테이블의 집전함 부착 및 내기 금액 한도액의 표시 의무

③ 슬롯머신 및 비디오게임의 최대 배당률

④ 전산 시설, 환전소, 계산실, 폐쇄 회로의 관리 기록 및 회계와 관련된 기록의 유지 의무

 해설 슬롯머신 및 비디오게임의 최소 배당률이 지켜야 할 영업 준칙이다.

정답 8 ② 9 ③ 10 ① 11 ③

12 카지노 사업자의 기금 납부에 관한 사항이다. (　　)에 적절한 내용은?

> • 카지노 사업자는 총 매출액의 (　　)에서 일정 비율에 해당하는 금액을 「관광진흥개발기금법」에 따른 관광진흥개발기금을 내야 한다.
> • 총 매출액, 징수 비율 및 부과, 징수 절차 등에 관하여 필요한 사항은 (　　)으로 정한다.

① 100분의 5의 범위, 대통령령　　　② 100분의 10의 범위, 문화체육관광부령

③ 100분의 10의 범위, 대통령령　　　④ 100분의 10의 범위, 문화체육관광부령

13 연간 매출액이 50억 원인 카지노 사업자의 관광진흥개발기금 납부금은 얼마인가?

① 5억　　　　　　　　　　　② 2억

③ 5천만 원　　　　　　　　　④ 2억 1천만 원

해설　연간 매출액이 50억 원 : 1천만 원+10억 초과 부분(40억)의 100분의 5 = 2억 1천만 원

14 연간 매출액이 170억 원인 카지노 사업자의 관광진흥개발기금 납부금은 얼마인가?

① 10억 5천만 원　　　　　　② 11억 5천만 원

③ 11억 6천만 원　　　　　　④ 10억 6천만 원

해설　연간 매출액이 170억 원 : 4억 6천만 원+100억 초과 부분(70억)의 100분의 10 = 11억 6천만 원

15 다음 (　　)에 적절한 내용은?

> • 카지노 사업에서 납부금 또는 가산금을 부과받은 자가 부관된 납부금 또는 가산금에 대하여 이의가 있는 경우에는 부과받은 날부터 (　　) 이내에 문화체육관광부장관에게 이의를 신청할 수 있다.
> • 문화체육관광부장관은 이의 신청을 받았을 때에는 그 신청을 받은 날부터 (　　) 이내에 이를 심의하여 그 결과를 신청인에게 서면으로 알려야 한다.

① 30일, 15일　　　　　　　② 60일, 10일

③ 30일, 30일　　　　　　　④ 30일, 10일

정답　12 ③　13 ④　14 ③　15 ①

2-5 유원시설업

(1) 조건부 영업허가(제31조)

특별자치도지사, 시장, 군수, 구청장은 유원시설업 허가를 할 때 **5년**의 범위에서 대통령령으로 정하는 기간에 시설 및 설비를 갖출 것을 조건으로 허가할 수 있다. 다만, 천재지변이나 그 밖의 부득이한 사유가 있다고 인정하는 경우에는 해당 사업자의 신청에 따라 **한 차례**에 한하여 1년을 넘지 아니하는 범위에서 그 기간을 연장할 수 있다. 대통령령으로 정하는 기간은 다음과 같다.

① **종합유원시설업**을 하려는 경우에는 **5년** 이내
② **일반유원시설업**을 하려는 경우에는 **3년** 이내

(2) 안전성검사 등(제33조)

유원시설업자 및 유원시설업의 허가 또는 변경 허가를 받으려는 자(조건부 영업허가를 받은 자로서 그 조건을 이행한 후 영업을 시작하려는 경우를 포함)는 문화체육관광부령으로 정하는 안정성검사 대상 유기 시설 또는 유기 기구에 대하여 **문화체육관광부령**에서 정하는 바에 따라 특별자치도지사, 시장, 군수, 구청장이 **실시**하는 안전성검사를 받아야 하고, 안전성검사 대상이 아닌 유기 시설 또는 유기 기구에 대하여는 안전성검사 대상에 해당되지 아니함을 **확인하는 검사**를 받아야 한다.

① 유기 시설 · 유기 기구의 안전성검사

㈎ 유기시설업의 허가 또는 변경 허가를 받으려는 자는 안전성검사 대상 유기 시설 · 유기 기구에 대하여 검사 항목별로 안전성검사를 받아야 하며, **허가를 받은 다음 연도부터는 연 1회 이상** 안전성검사를 받아야 한다. 다만, 최초로 안전성검사를 받은 지 **10년이 지난** 유기 시설 · 유기 기구에 대하여는 **반기별로 1회 이상** 안전성검사를 받아야 한다.

㈏ 안전성검사를 받은 유기 시설 또는 유기 기구 중 다음의 어느 하나에 해당하는 유기 시설 또는 유기 기구는 **재검사**를 받아야 한다.

㉮ **부적합 판정**을 받은 유기 시설 또는 유기 기구

㉯ **사고가 발생**한 유기 시설 또는 유기 기구

㉰ **3개월 이상 운행을 정지**하거나 최근 **6개월간의 운행 정지 기간의 합산일이 3개월 이상**인 유기 시설 또는 유기 기구

㈐ 유기 시설 또는 유기 기구에 대한 안전성검사 및 안전성검사 대상이 아님을 확인하는 검사의 세부 기준 및 절차는 **문화체육관광부장관이 정하여 고시**한다.

㈑ 안전성검사를 받아야 하는 유원시설업자는 유기 시설 및 유기 기구에 대한 안전 관리를 위하여 사업장에 안전 관리자를 항상 배치하여야 한다.

(마) 안전 관리자는 **문화체육관광부장관**이 실시하는 유기 시설 및 유기 기구의 안전 관리에 관한 교육을 정기적으로 받아야 한다.

(바) 유원시설업자는 안전 관리자가 안전 교육을 받도록 하여야 한다.

(사) 안전 관리자의 자격, 배치 기준 및 임무, 안전 교육의 내용, 기간 및 방법 등에 필요한 사항은 **문화체육관광부령**으로 정한다.

최신기출 **2016. 4. 9 시행**

관광진흥법령상 유기 기구의 안전성검사 등에 관한 내용이다. (   )에 들어갈 내용이 순서대로 나열된 것은?

> 안전성검사를 받은 유기 기구 중 (   ) 이상 운행을 정지하거나 최근 (   )간의 운행 정지 기간의 합산일이 (   ) 이상인 유기 기구는 재검사를 받아야 한다.

① 30일, 3개월, 30일
② 30일, 6개월, 3개월
③ 3개월, 6개월, 3개월
④ 3개월, 1년, 3개월   정답 ③번

---

(3) 사고 보고 의무 및 사고 조사(제33조의 2)

유원시설업자는 그가 관리하는 유기 시설 또는 유기 기구로 인하여 **대통령령**으로 정하는 중대한 사고가 발생한 때에는 즉시 사용 중지 등 필요한 조치를 취하고 **문화체육관광부령**으로 정하는 바에 따라 특별자치도지사, 시장, 군수, 구청장에게 통보하여야 한다. 특별자치도지사·시장·군수·구청장은 자료 및 현장 조사 결과에 따라 유원시설업자에게 개선 명령, 철거 명령, 사용 중지 명령 등의 조치를 취할 수 있다.

참고 유기 시설 등에 의한 중대한 사고(시행령 제31조의 2)란 법 제 33조의 2에서 "대통령령으로 정하는 중대한 사고"란 다음 각 호의 어느 하나에 해당하는 경우가 발생한 사고를 말한다.

❶ 사망자가 발생한 경우
❷ 의식불명 또는 신체 기능 일부가 심각하게 손상된 중상자가 발생한 경우
❸ 사고 발생일부터 3일 이내에 실시된 의사의 최초 진단 결과 2주 이상의 입원 치료가 필요한 부상자가 동시에 3명 이상 발생한 경우
❹ 사고 발생일부터 3일 이내에 실시된 의사의 최초 진단 결과 1주 이상의 입원 치료가 필요한 부상자가 동시에 5명 이상 발생한 경우
❺ 유기 시설 또는 유기 기구의 운행이 30분 이상 중단되어 인명 구조가 이루어진 경우 등을 말한다. 유원시설업자는 자료의 제출 명령을 받은 날부터 7일 이내에 해당 자료를 제출하여야 한다. 다만, 특별자치도지사, 시장, 군수, 구청장은 유원시설업자가 정해진 기간 내에 자료를 제출하는 것이 어렵다고 사유를 소명한 경우에는 10일의 범위에서 그 제출 기한을 연장할 수 있다. 특별자치도지사, 시장, 군수, 구청장은 현장 조사를 실시하는 경우에는 재난 관리에 관한 전문가를 포함한 3명 이내의 사고 조사반을 구성하여야 한다.

(1) 등록 취소 등(제35조)

① 관할 등록기관 등의 장은 관광사업의 등록 등을 받거나 신고를 한 자 또는 사업계획의 승인을 받은 자가 다음의 어느 하나에 해당하면 그 **등록 등 또는 사업 계획의 승인을 취소**하거나 **6개월 이내의 기간을 정**하여 **그 사업의 전부 또는 일부의 정지를 명하거나 시설·운영의 개선을 명**할 수 있다.

㈎ 변경 등록 기간 내에 변경 등록을 하지 아니하거나 등록한 영업 범위를 벗어난 경우

㈏ 문화체육관광부령으로 정하는 시설과 설비를 갖추지 아니하게 되는 경우

㈐ 변경 허가를 받지 아니하거나 변경 신고를 하지 아니한 경우

㈑ 기한 내에 신고를 하지 아니한 경우

㈒ 휴업 또는 폐업을 하고 알리지 아니하는 경우

㈓ 보험 또는 공제에 가입하지 아니하거나 영업보증금을 예치하지 아니한 경우

㈔ 관광사업의 시설을 타인에게 처분하거나 타인에게 경영하도록 한 경우

㈕ 기획여행의 실시 요건 또는 실시 방법을 위반하여 기획여행을 실시한 경우

㈖ 안전 정보 또는 변경된 안전 정보를 제공하지 아니하거나, 여행 계약서를 여행자에게 내주지 아니한 경우 또는 여행자의 사전 동의 없이 여행 일정(선택 관광 일정을 포함)을 변경하는 경우

㈗ 사업 계획의 승인을 얻은 자가 정당한 사유 없이 대통령령으로 정하는 기간 내에 착공 또는 준공을 하지 아니하거나 같은 조를 위반하여 변경 승인을 얻지 아니하고 사업 계획을 임의로 변경한 경우

㈘ 호텔업 등록을 한 자 중 등급 결정을 신청하지 아니한 경우

㈙ 분양 또는 회원 모집을 하거나 공유자·회원의 권익을 보호하기 위한 사항을 준수하지 아니한 경우

㈚ 카지노업의 허가 요건에 적합하지 아니하게 된 경우

㈛ 카지노 시설 및 기구에 관한 유지·관리를 소홀히 한 경우

㈐ 카지노 사업자의 준수 사항을 위반한 경우

㈑ 카지노 사업자가 관광진흥개발기금을 납부하지 아니한 경우

㈒ 물놀이형 유원시설 등의 안전·위생 기준을 지키지 아니한 경우

㈓ 유기 시설 또는 유기 기구에 대한 안전성검사 및 안전성검사 대상에 해당되지 아니함을 확인하는 검사를 받지 아니하거나 안전 관리자를 배치하지 아니한 경우

㈔ 영업 질서 유지를 위한 준수 사항을 지키지 아니하거나 불법으로 제조한 부분품을 설치하거나 사용한 경우

㉑ 해당 자격이 없는 자를 종사하게 한 경우

㉒ 보고 또는 서류 제출 명령을 이행하지 아니하거나 관계 공무원의 검사를 방해한 경우

㉓ 관광사업의 경영 또는 사업 계획을 추진함에 있어서 뇌물을 주고받은 경우

㉔ 고의로 여행 계약을 위반한 경우(**여행업자만 해당**한다)

② 관할 등록기관 등의 장은 관광사업의 등록증을 받은 자가 다음 각 호의 어느 하나에 해당하면 **6개월 이내의 기간을 정**하여 그 사업의 전부 또는 일부의 정지를 명할 수 있다.

⑦ 등록을 하지 아니한 자(국외여행 인솔자의 자격 요건을 갖추지 아니한 자)에게 국외여행을 인솔하게 한 경우

㉯ 카지노 사업자가 문화체육관광부장관의 지도와 명령을 이행하지 아니한 경우

③ 위의 사항에 따른 취소, 정지 처분 및 시설, 운영 개선 명령의 세부적인 기준은 그 사유와 위반 정도를 고려하여 **대통령령**으로 정한다.

④ 관할 등록기관 등의 장은 관광사업에 사용할 것을 조건으로 「관세법」 등에 따라 관세의 감면을 받은 물품을 보유하고 있는 관광사업자로부터 그 물품의 수입 면허를 받은 날부터 **5년 이내**에 그 사업의 양도·폐업의 신고 또는 통보를 받거나 그 관광사업자의 등록 등의 취소를 한 경우에는 **관할 세관장**에게 그 사실을 즉시 통보하여야 한다.

⑤ 관할 등록기관 등의 장은 관광사업자에 대하여 등록 등을 취소하거나 사업의 전부 또는 일부의 정지를 명한 경우에는 **소관 행정기관의 장**(외국인 투자 기업인 경우에는 기획재정부장관을 포함한다)에게 그 사실을 통보할 수 있다.

⑥ **관할 등록기관 등의 장 외의 소관 행정기관의 장**이 관광사업자에 대하여 그 사업의 **정지나 취소** 또는 시설의 이용을 **금지**하거나 **제한**하려면 **미리 관할 등록기관 등의 장과 협의**하여야 한다.

(2) 폐쇄 조치 등(제36조)

① 관할 등록기관 등의 장은 허가 또는 신고 없이 영업을 하거나 허가의 취소 또는 사업의 정지 명령을 받고 계속하여 영업을 하는 자에 대하여는 그 영업소를 폐쇄하기 위하여 관계 공무원에게 다음 각 조치를 하게 할 수 있다.

⑦ 해당 영업소의 **간판이나 그 밖의 영업 표지물의 제거 또는 삭제**

㉯ 해당 영업소가 적법한 영업소가 아니라는 것을 알리는 **게시물 등의 부착**

㉰ 영업을 위하여 꼭 필요한 시설물 또는 기구 등을 사용할 수 없게 하는 **봉인(封印)**

② 관할 등록기관 등의 장은 봉인을 한 후 다음 각 사항의 어느 하나에 해당하는 사유가 생기면 **봉인을 해제**할 수 있다.

⑦ 봉인을 계속할 필요가 없다고 인정되는 경우

㉯ 해당 영업을 하는 자 또는 그 대리인이 정당한 사유를 들어 봉인의 해제를 요청하는 경우

(3) 과징금의 부과(제37조)

① 관할 등록기관 등의 장은 관광사업자에게 사업 정지를 명하여야 하는 경우에 사업 정지 처분에 갈음하여 **2천만 원 이하의 과징금**을 부과할 수 있다.

② 과징금을 부과하는 위반 행위의 종류, 정도 등에 따른 필요한 사항은 **대통령령**으로 정한다.

　⑦ 과징금을 부과할 위반 행위의 종별과 과징금의 금액(시행령 제34조) : 등록기관 등의 장은 사업자의 사업 규모, 사업 지역의 특수성과 위반 행위의 정도 및 위반 횟수 등을 고려하여 과징금 금액의 **2분의 1 범위**에서 **가중**하거나 **감경**할 수 있다. 다만 가중하는 경우에도 과징금의 총액은 **2천만 원**을 초과할 수 없다.

　⑨ 과징금의 부과 및 납부(시행령 제35조)

　　⑦ **등록기관 등의 장**은 과징금을 부과하려면 그 위반 행위의 종류와 과징금의 금액 등을 명시하여 납부할 것을 서면으로 알려야 한다.

　　⑭ 통지를 받은 자는 **20일 이내**에 과징금을 **등록기관 등의 장이 정하는 수납기관**에 내야 한다. 다만, 천재지변이나 그 밖의 부득이한 사유로 그 기간에 과징금을 낼 수 없는 경우에는 그 사유가 없어진 날부터 **7일** 이내에 내야 한다.

　　⑮ 과징금의 수납기관은 과징금을 받은 경우에는 **지체 없이** 그 사실을 등록기관 등의 장에게 통보하여야 한다.

　　⑯ **과징금은 분할하여 낼 수 없다.**

2-7　관광 종사원

(1) 관광 종사원의 자격 등(제38조)

① 관할 등록기관 등의 장은 대통령령으로 정하는 관광 업무에는 관광 종사원의 자격을 가진 자가 종사하도록 해당 관광사업자에게 권고할 수 있다. 다만, **외국인 관광객**을 대상으로 하는 여행업자는 **관광 통역 안내의 자격을 가진 사람**을 관광 안내에 종사하게 하여야 한다.

② 관광 종사원의 자격을 취득하려는 자는 **문화체육관광부령**으로 정하는 바에 따라 문화체육관광부장관이 실시하는 시험에 합격한 후 **문화체육관광부장관**에게 등록하여야 한다.

③ 관광 종사원의 자격시험은 **필기**시험, **외국어**시험(관광통역안내사, 호텔경영사, 호텔관리사 및 호텔서비스사 자격시험만 해당) 및 **면접**시험의 방법으로 실시하되, 평가의 객관성이 확보될 수 있는 방법으로 시행하여야 한다.

④ 면접시험은 필기시험 및 외국어시험에 합격한 자에 대하여 시행하며, 국가관, 사명감, **전문 지식**, 응용 능력, 예의, 품행 및 성실성, 의사 발표의 정확성, 논리성을 평가한다. 면접시험의 합격 점수는 면접시험 총점의 **6할 이상**이어야 한다.

⑤ 외국어시험을 대체하는 다른 외국어시험의 점수 및 급수는 응시 원서 접수 마감일부터 2

년 이내에 실시한 시험에서 취득한 점수 및 급수를 말한다.

⑥ 시험은 매년 **1회 이상** 실시한다. 한국산업인력공단은 시험의 응시 자격, 시험 과목, 일시, 장소, 응시 절차 그밖에 시험에 필요한 사항을 시험 시행일 **90일 전**에 일간신문에 공고하여야 한다. 시험에 응시하려는 자는 응시 원서를 **한국산업인력공단**에 제출하여야 한다.

⑦ 합격자의 공고는 한국산업인력공단이 시험 종료 후 합격자의 명단을 게시하고 이를 **한국관광공사**와 **한국관광협회중앙회**에 **각각 통보**하여야 한다.

⑧ 시험에 합격한 자는 시험에 합격한 날부터 **60일 이내**에 관광 종사원 등록 신청서에 사진(최근 6개월 이내에 촬영한 탈모 상반신 반명함판) 2매를 첨부하여 **한국관광공사** 및 **한국관광협회중앙회**에 등록을 신청하여야 한다. **한국관광공사** 및 **한국관광협회중앙회**는 신청을 받은 경우에는 결격사유가 없는 자에 한하여 관광 종사원으로 등록하고 관광 종사원 자격증을 발급하여야 한다.

⑨ 관광 종사원 자격증을 가진 자는 발급받은 자격증을 잃어버리거나 못 쓰게 되면 **문화체육관광부장관**에게 그 자격증의 재교부를 신청할 수 있다. 자격증을 재발급받으려는 자는 관광 종사원 자격증 재발급 신청서에 사진(최근 6개월 이내에 촬영한 탈모 상반신 반명함판) 2매와 관광 종사원 자격증(못 쓰게 된 경우)을 첨부하여 **한국관광공사** 및 **한국관광협회중앙회**에 제출하여야 한다.

⑩ 관광사업자의 결격사유(등록 등 또는 사업 계획의 승인이 취소되거나 영업소가 폐쇄된 후 2년이 지나지 아니한 자 제외)에 해당하는 자는 관광 종사원의 자격을 취득하지 못한다.

⑪ 관광통역안내사 자격이 없는 사람은 외국인 관광객을 대상으로 하는 관광 안내(외국인 관광객을 대상으로 하는 여행업에 종사하여 관광 안내를 하는 경우에 한정)를 하여서는 아니 된다.

⑫ 관광 통역 안내의 자격을 가진 사람이 관광 안내를 하는 경우에는 자격증을 패용하여야 한다.

⑬ 관광 종사원은 자격증을 다른 사람에게 대여하여서는 아니 된다.

(2) 자격 취소 등(제40조)

문화체육관광부장관[관광 종사원 중 대통령령으로 정하는 관광 종사원(국내여행안내사, 호텔서비스사)에 대하여는 시·도지사]은 자격을 가진 관광 종사원이 다음 각 호의 어느 하나에 해당하면 문화체육관광부령으로 정하는 바에 따라 그 자격을 취소하거나 6개월 이내의 기간을 정하여 자격의 정지를 명할 수 있다. 다만, ①에 해당하면 그 자격을 취소하여야 한다.

① 거짓이나 그 밖의 부정한 방법으로 자격을 취득한 경우

② 관광사업자의 결격사유의 어느 하나에 해당하게 된 경우

③ 관광 종사원으로서 직무를 수행하는 데에 부정 또는 비위(非違) 사실이 있는 경우

④ 다른 사람에게 관광 종사원 자격증을 대여한 경우 등이다.

※ 관광진흥법령상 자격 정지 처분 권한이 시 · 도지사에게 있는 관광 종사원은 국내여행안내사, 호텔서비스사이다.

최신기출 2016. 4. 9 시행

관광진흥법상 관광 종사원에 관한 내용으로 옳지 않은 것은?

① 외국인 관광객을 대상으로 하는 여행업자는 관광 통역 안내의 자격을 가진 사람을 관광 안내에 종사하게 하여야 한다.

② 관광 종사원 자격증을 가진 자는 그 자격증을 못 쓰게 되면 문화체육관광부장관에게 그 자격증의 재교부를 신청할 수 있다.

③ 관광 종사원이 거짓이나 그 밖의 부정한 방법으로 자격을 취득한 경우에는 그 자격을 취소하여야 한다.

④ 관광 종사원으로서 직무를 수행하는 데에 비위 사실이 있는 경우에는 1년 이내의 기간을 정하여 그 관광 종사원의 자격의 정지를 명하여야 한다.

 해설 관광 종사원으로서 직무를 수행하는 데에 비위 사실이 있는 경우에는 문화체육관광부령으로 정하는 바에 따라 그 자격을 취소하거나 6개월 이내의 기간을 정하여 그 관광 종사원의 자격의 정지를 명할 수 있다.

정답 ④번

---

1 특별자치도지사, 시장, 군수, 구청장은 유원시설업 허가를 할 때 5년의 범위에서 대통령령으로 정하는 기간에 시설 및 설비를 갖출 것을 조건으로 허가할 수 있다. 이때 종합유원시설업을 하려는 경우 대통령령으로 정하는 기간과, 일반유원시설업을 하려는 경우 대통령령으로 정하는 기간은 각각 얼마인가?

① 3년 이내, 5년 이내 ② 3년 이내, 3년 이내
③ 5년 이내, 5년 이내 ④ 5년 이내, 3년 이내

2 안전성검사를 받은 유기 시설 또는 유기 기구 중 재검사를 받아야 하는 경우에 해당하지 않는 경우는?

① 부적합 판정을 받은 유기 시설 또는 유기 기구
② 사고가 발생한 유기 시설 또는 유기 기구
③ 과다하게 사용된 유기 시설 또는 유기 기구
④ 최근 6개월간의 운행 정지 기간의 합산일이 3개월 이상인 유기 시설 또는 유기 기구

✎ 해설 과다하게 사용된 유기 시설 또는 유기 기구는 재검사를 받아야 하는 경우에 해당하지 않는다.

3 다음 (   )에 올바른 내용은?

> 관할 등록기관 등의 장은 관광사업에 사용할 것을 조건으로 「관세법」 등에 따라 관세의 감면을 받은 물품을 보유하고 있는 관광사업자로부터 그 물품의 수입 면허를 받은 날부터 (   ) 이내에 그 사업의 양도·폐업의 신고 또는 통보를 받거나 그 관광사업자의 등록 등의 취소를 한 경우에는 (   )에게 그 사실을 즉시 통보하여야 한다.

① 5년, 관세청장
② 3년, 관할 세관장
③ 5년, 관할 세관장
④ 3년, 소관 행정기관의 장

정답 1 ④ 2 ③ 3 ③

4 관할 등록기관 등의 장이 그 등록 등 또는 사업 계획의 승인을 취소하거나 6개월 이내의 기간을 정하여 그 사업의 전부 또는 일부의 정지를 명하거나 시설 · 운영의 개선을 명할 수 있는 경우에 해당하지 않는 것은?

① 휴업 또는 폐업을 하고 알리지 아니하는 경우

② 여행업자나 여행객이 고의로 여행 계약을 위반한 경우

③ 호텔업 등록을 한 자 중 등급 결정을 신청하지 아니한 경우

④ 카지노 사업자가 관광진흥개발기금을 납부하지 아니한 경우

 해설 | 고의로 여행 계약을 위반한 경우는 여행업자만 해당한다.

5 관할 등록기관 등의 장은 허가 또는 신고 없이 영업을 하거나 허가의 취소 또는 사업의 정지 명령을 받고 계속하여 영업을 하는 자에 대하여는 그 영업소를 폐쇄하기 위하여 관계 공무원에게 조치를 취하게 하는데, 그에 해당하지 않는 것은?

① 해당 영업소의 간판이나 그 밖의 영업 표지물의 제거 또는 삭제

② 해당 영업소가 적법한 영업소가 아니라는 것을 알리는 게시물 등의 부착

③ 영업을 위하여 꼭 필요한 시설물 또는 기구 등을 사용할 수 없게 하는 봉인(封印)

④ 해당 영업소 소유자의 재산압류

6 관광 종사원의 자격 취득에 관한 내용으로 옳은 것은?

① 외국인 관광객을 대상으로 하는 여행업자는 관광 통역 안내의 자격을 가진 사람을 관광 안내에 종사하게 할 수 있다.

② 관광 종사원의 자격을 취득하려는 자는 대통령령으로 정하는 바에 따라 문화체육관광부 장관이 실시하는 시험에 합격한 후 문화체육관광부장관에게 등록하여야 한다.

③ 관광 종사원의 자격시험에서 외국어시험은 관광통역안내사, 호텔관리사, 호텔서비스사 및 국내여행안내사 자격시험에만 해당한다.

④ 한국산업인력공단은 시험의 응시 자격, 시험 과목, 일시, 장소, 응시 절차 그밖에 시험에 필요한 사항을 시험 시행일 90일 전에 일간신문에 공고하여야 한다.

 해설 | ① 외국인 관광객을 대상으로 하는 여행업자는 관광 통역 안내의 자격을 가진 사람을 관광 안내에 종사하게 하여야 한다. ③ 관광 종사원의 자격시험에서 외국어시험은 관광통역안내사, 호텔경영사, 호텔관리사, 호텔서비스사 자격시험에만 필요하다.

정답 | 4 ② 5 ④ 6 ④

7 다음 (   )에 적절한 내용으로 옳은 것은?

> 유원시설업자는 그가 관리하는 유기 시설 또는 유기 기구로 인하여 (   )으로 정하는 중대한 사고가 발생한 때에는 즉시 사용 중지 등 필요한 조치를 취하고 (   )으로 정하는 바에 따라 특별자치도지사, 시장, 군수, 구청장에게 통보하여야 한다.

① 대통령령, 대통령령
② 대통령령, 문화체육관광부령
③ 문화체육관광부령, 문화체육관광부령
④ 문화체육관광부령, 대통령령

8 과징금 부과에 대한 내용으로 옳지 않은 것은?

① 관할 등록기관 등의 장은 관광사업자에게 사업 정지를 명하여야 하는 경우에 사업 정지 처분에 갈음하여 2천만 원 이하의 과징금을 부과할 수 있다.

② 과징금을 부과하는 위반 행위의 종류, 정도 등에 따른 필요한 사항은 문화체육관광부령으로 정한다.

③ 등록기관 등의 장은 사업자의 사업 규모, 사업 지역의 특수성과 위반 행위의 정도 및 위반 횟수 등을 고려하여 과징금 금액의 2분의 1 범위에서 가중하거나 감경할 수 있다.

④ 과징금을 가중하는 경우에도 과징금의 총액은 2천만 원을 초과할 수 없다.

✎ 해설 과징금을 부과하는 위반 행위의 종류, 정도 등에 따른 필요한 사항은 대통령령으로 정한다.

9 과징금의 부과 및 납부에 관한 법령의 내용으로 옳지 않은 것은?

① 등록기관 등의 장은 과징금을 부과하려면 그 위반 행위의 종류와 과징금의 금액 등을 명시하여 납부할 것을 서면으로 알려야 한다.

② 통지를 받은 자는 20일 이내에 과징금을 등록기관 등의 장이 정하는 수납기관에 내야 한다. 다만, 천재지변이나 그 밖의 부득이한 사유로 그 기간에 과징금을 낼 수 없는 경우에는 그 사유가 없어진 날부터 7일 이내에 내야 한다.

③ 과징금의 수납기관은 과징금을 받은 경우에는 30일 이내에 그 사실을 등록기관 등의 장에게 통보하여야 한다.

④ 과징금은 분할하여 낼 수 없다.

✎ 해설 과징금의 수납기관은 과징금을 받은 경우에는 지체 없이 그 사실을 등록기관 등의 장에게 통보하여야 한다.

정답 7 ② 8 ② 9 ③

10 유기시설업의 허가 또는 변경 허가를 받으려는 자는 안전성검사 대상 유기 시설·유기 기구에 대하여 검사 항목별로 안전성검사를 받아야 한다. 최초로 안전성검사를 받은 지 어느 정도의 기간이 지나야 유기 시설·유기 기구에 대하여 반기별로 1회 이상 안전성검사를 받아야 하는가?

① 10년   ② 5년

③ 3년   ④ 20년

11 관광 종사원 합격자 공고에 관한 내용으로 옳지 않은 것은?

① 한국산업인력공단은 시험 종료 후 합격자의 명단을 게시하고 이를 한국관광공사와 한국관광협회중앙회에 각각 통보하여야 한다.

② 시험에 합격한 자는 시험에 합격한 날부터 90일 이내에 관광 종사원 등록 신청서에 사진 (최근 6개월 이내에 촬영한 탈모 상반신 반명함판) 2매를 첨부하여 한국관광공사 및 한국관광협회중앙회에 등록을 신청하여야 한다.

③ 한국관광공사 및 한국관광협회중앙회는 신청을 받은 경우에는 결격사유가 없는 자에 한하여 관광 종사원으로 등록하고 관광 종사원 자격증을 발급하여야 한다.

④ 관광 종사원 자격증을 가진 자는 발급받은 자격증을 잃어버리거나 못 쓰게 되면 문화체육관광부장관에게 그 자격증의 재교부를 신청할 수 있다.

> **해설** 시험에 합격한 자는 시험에 합격한 날부터 60일 이내에 관광 종사원 등록 신청서에 사진 2매를 첨부하여 한국관광공사 및 한국관광협회중앙회에 등록을 신청하여야 한다.

정답 10 ①   11 ②

3. 관광사업자단체

(1) 한국관광협회중앙회의 설립(제41조) 시 설립 요건

협회를 설립하려는 자는 대통령령이 정하는 바에 따라 문화체육관광부장관의 허가를 받아야 한다. 협회를 설립하려면 지역별 관광협회 및 업종별 관광협회의 대표자 **3분의 1 이상**으로 구성되는 발기인이 정관을 작성하여 지역별 관광협회 및 업종별 관광협회의 대표자 **과반수**로 구성되는 창립총회의 의결을 거쳐야 한다.

(2) 업무(제43조)

① 협회의 업무
  (개) 관광사업의 발전을 위한 업무
  (나) 관광사업 진흥에 필요한 <u>조사, 연구 및 홍보</u>
  (다) **관광 통계**
  (라) **관광 종사원**의 교육 및 사후 관리
  (마) **회원**의 공제사업
  (바) 국가나 지방자치단체로부터 위탁받은 업무
  (사) <u>관광 안내소의 운영</u>
  (아) 수익 사업
② 공제사업의 허가 등
  (개) 공제사업은 **문화체육관광부장관의 허가**를 받아야 한다.
  (나) 공제 규정을 변경하려면 **문화체육관광부장관의 승인**을 받아야 한다.
  (다) 공제사업에 관한 회계는 협회의 다른 사업에 관한 회계와 **구분하여 경리**하여야 한다.
③ 공제사업의 내용
  (개) 사고로 인한 대물 및 대인 배상에 대비하는 **공제 및 배상 업무**
  (나) 사고로 인하여 **재해를 입은 종사원**에 대한 보상 업무
  (다) 회원 상호 간의 **경제적 이익**을 도모하기 위한 업무

지역별, 업종별 관광협회의 설립(제45조) : **지역별 관광협회는 특별시, 광역시 · 도 및 특별자치도**를 단위로 설립하고, 업종별 관광협회는 업종별로 업무의 특수성을 고려하여 전국을 단위로 설립

할 수 있다. **업종별** 관광협회는 **문화체육관광부장관**의 설립 허가를, 지역별 관광협회는 **시 · 도지사**의 설립 허가를 받아야 한다.

4. 관광의 진흥과 홍보

(1) 관광정보의 활용 등(제47조)

① **문화체육관광부장관**은 관광에 관한 정보의 활용과 관광을 통한 국제 친선을 도모하기 위하여 관광과 관련된 국제기구와의 협력 관계를 증진하여야 한다.

② **문화체육관광부장관**은 위의 업무를 원활히 수행하기 위하여 **관광사업자, 관광사업자단체** 또는 **한국관광공사**에게 필요한 사항을 권고, 조정할 수 있다.

(2) 관광 통계(제47조의2)

① 문화체육관광부장관과 지방자치단체의 장은 관광개발기본계획 및 권역별 관광개발계획을 효과적으로 수립 · 시행하고 관광산업에 활용하도록 하기 위하여 **국내외의 관광 통계**를 작성할 수 있다.

② 관광 통계의 작성 범위(시행령 제41조의 2)는 **외국인** 방한 관광객의 관광 행태에 관한 사항, **국민**의 관광 행태에 관한 사항, 관광사업자의 **경영**에 관한 사항, 관광지와 관광단지의 현황 및 관리에 관한 사항, 문화체육관광부장관 또는 지방자치단체의 장이 관광산업의 발전을 위하여 필요하다고 인정하는 사항이다.

(3) 장애인 관광 활동의 지원(제47조의 3)

국가 및 **지방자치단체**는 장애인의 여행 기회를 확대하고 장애인의 관광 활동을 장려, 지원하기 위하여 관련 시설을 설치하는 등 필요한 시책을 강구하여야 한다.

(4) 관광 취약 계층의 관광 복지 증진 시책 강구(제47조의 4)

국가 및 **지방자치단체**는 경제적 · 사회적 여건 등으로 관광 활동에 제약을 받고 있는 관광 취약 계층의 여행 기회를 확대하고 관광 활동을 장려하기 위하여 필요한 시책을 강구하여야 한다.

(5) 여행 이용권의 지급 및 관리(제47조의 5)

① **국가** 및 **지방자치단체**는 「국민기초생활 보장법」에 따른 수급권자, 그밖에 소득수준이 낮은 저소득층 등 **대통령령**으로 정하는 관광 취약 계층에게 여행 이용권을 지급할 수 있다.

② **국가** 및 **지방자치단체**는 여행 이용권의 발급, 정보 시스템의 구축 · 운영 등 여행 이용권 업무의 효율적 수행을 위하여 **대통령령**으로 정하는 바에 따라 **전담 기관**을 지정할 수 있다.

③ 여행 이용권의 지급, 이용 등에 필요한 사항은 **대통령령**으로 정한다.

④ **문화체육관광부장관**은 여행 이용권의 이용 기회 확대 및 지원 업무의 효율성을 제고하기 위하여 **여행 이용권**을 문화 이용권 등 **문화체육관광부령으로 정하는 이용권**과 통합하여 운영할 수 있다.

(6) 관광 홍보 및 관광자원 개발(제48조)

① **문화체육관광부장관** 또는 **시 · 도지사**는 국제 관광의 촉진과 국민 관광의 건전한 발전을 위하여 **국내외 관광 홍보 활동을 조정**하거나 **관광 선전물을 심사**하거나 **그밖에 필요한 사항을 지원**할 수 있다.

② 문화체육관광부장관 또는 시 · 도지사는 관광 홍보를 원활히 추진하기 위하여 필요하면 문화체육관광부령으로 정하는 바에 따라 관광사업자 등에게 **해외 관광 시장에 대한 정기적인 조사, 관광 홍보물의 제작, 관광 안내소의 운영** 등에 필요한 사항을 권고하거나 지도할 수 있다.

③ **지방자치단체의 장, 관광사업자** 또는 **관광지, 관광단지의 조성 계획 승인을 받은 자**는 관광지, 관광단지, 관광특구, 관광시설 등 관광자원을 안내하거나 홍보하는 내용의 **옥외광고물**을 **대통령령**으로 정하는 바에 따라 설치할 수 있다.

④ 문화체육관광부장관과 지방자치단체의 장은 **관광객의 유치, 관광 복지의 증진** 및 **관광 진흥**을 위하여 **대통령령**으로 정하는 바에 따라 다음의 사업을 추진할 수 있다.

㉮ 문화, 체육, 레저 및 산업 시설 등의 관광자원화 사업

㉯ 해양 관광의 개발 사업 및 자연 생태의 관광자원화 사업

   ㈐ 관광 상품의 개발에 관한 사업

   ㈑ **국민**의 관광 복지 증진에 관한 사업

   ㈒ 유휴 자원을 활용한 관광자원화 사업

(7) 지역 축제 등(제48조의2)

문화체육관광부장관은 다양한 지역 관광자원을 개발·육성하기 위하여 우수한 지역 축제를 문화관광축제로 지정하고 지원할 수 있다. 문화관광축제의 지정 기준(시행령 제41조의 7)으로는 축제의 특성 및 콘텐츠, 축제의 운영 능력, 관광객 유치 효과 및 **경제적 파급 효과**, 그밖에 문화체육관광부장관이 정하는 사항 등이 있다.

> **참고** **문화관광축제의 지원 방법(제41조의 8)** : 문화관광축제로 지정받으려는 지역 축제의 개최자는 관할 특별시, 광역시·도, 특별자치도를 거쳐 문화체육관광부장관에게 지정 신청을 하여야 한다. 지정 신청을 받은 문화체육관광부장관은 지정 기준에 따라 문화관광축제를 **등급을 구분하여 지정**한다. 문화체육관광부장관은 지정받은 문화관광축제를 예산의 범위에서 등급별로 차등을 두어 지원할 수 있다.

(8) 지속 가능한 관광 활성화(제48조의 3)

문화체육관광부장관은 에너지, 자원의 사용을 최소화하고 기후변화에 대응하며 환경 훼손을 줄이는 지속 가능한 관광자원의 개발을 장려하기 위하여 정보 제공 및 재정 지원 등 필요한 조치를 강구할 수 있다.

(9) 문화관광해설사의 양성 및 활용 계획 등(제48조 4)

① **문화체육관광부장관**은 문화관광해설사를 효과적이고 체계적으로 양성, 활용하기 위하여 해마다 문화관광해설사의 양성 및 활용 계획을 수립하고, 이를 지방자치단체의 장에게 알려야 한다.

② **지방자치단체의 장**은 문화관광해설사 양성 및 활용 계획에 따라 **관광객의 규모, 관광자원의 보유 현황, 문화관광해설사에 대한 수요** 등을 고려하여 해마다 문화관광해설사 운영 계획을 수립, 시행하여야 한다. 이 경우 문화관광해설사의 양성, 배치, 활용 등에 관한 사항을 포함하여야 한다.

⑽ 문화관광해설사 양성 교육과정 등의 인증(제48조의 6)

① 문화관광해설사 양성을 위한 교육 프로그램을 개발·보급하거나 교육과정을 개설·운영하려는 자는 교육 프로그램과 교육과정의 인증을 **문화체육관광부장관**에게 신청할 수 있다.

② 문화체육관광부장관은 인증을 신청한 교육 프로그램 또는 교육과정이 **교육시간, 교육과정, 교육시설** 등 문화체육관광부령으로 정하는 인증 기준에 적합한 경우에는 이를 인증하여야 한다.

③ 인증의 유효기간은 인증을 받은 날부터 **3년**으로 한다.

④ 인증의 절차 및 방법, 인증의 표시 등에 필요한 사항은 문화체육관광부령으로 정한다.

> **참고** **관련 시행규칙** : 문화관광해설사 양성을 위한 교육 프로그램을 인증받으려는 자는 문화관광해설사 양성 교육 프로그램 인증 신청서에 인증받으려는 교육 프로그램에 관한 서류를 첨부하여 **한국관광공사**에 제출하여야 한다. 문화관광해설사 양성을 위한 교육과정을 인증받으려는 자는 문화관광해설사 양성 교육과정 인증 신청서에 교육과정 내용 및 교육시설 현황에 관한 서류를 첨부하여 **한국관광공사**에 제출하여야 한다. 한국관광공사는 인증 신청에 보완이 필요하면 그 인증을 신청한 자에게 교육 프로그램 또는 교육과정을 보완하도록 요구할 수 있다. 보완을 요구받은 자는 보완을 요구받은 날부터 **14일 이내**에 그 보완 사항을 한국관광공사에 제출하여야 한다.

⑾ 인증의 취소(제48조의 7)

문화체육관광부장관은 인증한 교육 프로그램 또는 교육과정이 다음의 어느 하나에 해당하는 경우에 그 인증을 취소할 수 있다. 다만, ①에 해당하는 경우에는 취소하여야 한다.

① 거짓, 그 밖의 부정한 방법으로 인증받은 경우

② 인증 기준에 적합하지 아니하게 된 경우

⑿ 문화관광해설사의 선발 및 활용(제48조의 8)

① 문화체육관광부장관 또는 지방자치단체의 장은 문화관광해설사를 선발하는 문화체육관광부령으로 정하는 바에 따라 이론 및 실습을 평가하고, **3개월 이상**의 실무 수습을 마친 자에게 자격을 부여할 수 있다.

② 문화체육관광부장관 또는 지방자치단체의 장은 예산의 범위에서 문화관광해설사의 활동에 필요한 비용 등을 지원할 수 있다.

③ 문화관광해설사의 선발, 배치 및 활용 등에 필요한 사항은 **문화체육관광부령**으로 정한다.

> **참고** **관련 시행규칙** : 문화관광해설사의 선발, 배치 및 활용 등에 필요한 세부적인 사항은 **문화체육관광부장관이 정하여 고시**한다. 선발 계획에 따라 문화관광해설사를 선발하려는 경우에는 평가 기준에 따른 평가 결과 이론 및 실습 평가 항목 각각 **70점 이상**을 득점한 사람 중에서 각각의 평가 항목의 비중을 곱한 점수가 고득점자인 사람의 순으로 선발한다.

⒀ 지역관광협의회 설립(제48조의 9)

① 관광사업자, 관광 관련 사업자, 관광 관련 단체, 주민 등은 공동으로 지역의 관광 진흥을 위하여 광역 및 기초 지방자치단체 단위의 지역관광협의회를 설립할 수 있다.

② 협의회에는 지역 내 관광 진흥을 위해 이해 관련자가 고루 참여하여야 하며, 협의회를 설립하려는 자는 **해당 지방자치단체의 장의 허가**를 받아야 한다.

③ 협의회는 법인으로 한다.

④ 협의회는 지역의 관광 수용 태세 개선을 위한 업무, 지역 관광 홍보 및 마케팅 지원 업무, 관광사업자, 관광 관련 사업자, 관광 관련 단체에 대한 지원, 위의 업무에 따르는 수익 사업, 지방자치단체로부터 위탁받은 업무 등을 수행한다.

⑤ 협의회의 운영 등에 필요한 경비는 회원이 납부하는 회비와 사업 수익금 등으로 충당하며, 지방자치단체의 장은 협의회의 운영 등에 필요한 경비의 **일부**를 예산의 범위에서 지원할 수 있다.

⑥ 협의회의 설립 및 지원 등에 필요한 사항은 **해당 지방자치단체의 조례**로 정한다.

1 한국관광협회중앙회의 업무가 아닌 것은?

① 관광객의 사전 교육　　　　　　　② 관광 통계

③ 회원의 공제사업　　　　　　　　④ 관광 안내소의 운영

 관광객의 사전 교육이 아닌 관광 종사원의 교육 및 사후 관리가 한국관광협회중앙회의 업무에 속한다.

2 한국관광협회중앙회의 공제사업에 관한 내용에 포함되지 않는 것은?

① 공제사업은 문화체육관광부장관의 허가를 받아야 한다.

② 공제 규정을 변경하려면 문화체육관광부장관의 승인을 받아야 한다.

③ 공제사업에 관한 회계는 협회의 다른 사업에 관한 회계와 구분하여 경리하여야 한다.

④ 공제사업은 분기에 한 번씩 문화체육관광부장관에게 보고하여야 한다.

3 한국관광협회중앙회의 공제사업의 내용으로 옳지 않은 것은?

① 사고로 인한 대물 및 대인 배상에 대비하는 공제 업무

② 사고로 인하여 재해를 입은 종사원에 대한 보상 업무

③ 회원 상호 간의 사회적 이익을 도모하기 위한 업무

④ 사고로 인한 대물 및 대인 배상에 대비하는 배상 업무

 회원 상호 간의 경제적 이익을 도모하기 위한 업무가 공제사업의 내용이다.

4 업종별 관광협회와 지역별 관광협회는 각각 누구에게서 설립 허가를 받아야 하는가?

① 대통령, 문화체육관광부장관

② 문화체육관광부장관, 시 · 도지사

③ 시 · 도지사, 시 · 군 · 자치구청장

④ 문화체육관광부장관, 한국관광협회중앙회

정답　1 ①　2 ④　3 ③　4 ②

5 문화체육관광부장관은 관광에 관한 정보의 활용과 관광을 통한 국제 친선을 도모하기 위하여 관광과 관련된 국제기구와의 협력 관계를 증진하여야 한다. 위의 업무를 원활히 수행하기 위하여 문화체육관광부장관이 필요한 사항을 권고, 조정할 수 있는 대상이 아닌 것은?

① 관광사업자   ② 관광사업자단체   ③ 지방자치단체   ④ 한국관광공사

6 문화체육관광부장관과 지방자치단체의 장은 관광개발기본계획 및 권역별 관광개발계획을 효과적으로 수립·시행하고 관광산업에 활용하도록 하기 위하여 국내외의 관광 통계를 작성할 수 있다. 이러한 관광 통계의 작성 범위에 속하지 않는 것은?

① 외국인 방한 관광객의 관광 행태에 관한 사항
② 국민의 관광 행태에 관한 사항
③ 관광지와 관광단지의 현황 및 관리에 관한 사항
④ 관광사업자의 현황에 관한 사항

 해설 관광사업자의 현황에 관한 사항이 아니라 관광사업자의 경영에 관한 사항이 관광 통계의 작성 범위에 속한다.

7 장애인의 여행 기회를 확대하고 장애인의 관광 활동을 장려, 지원하기 위하여 관련 시설을 설치하는 등 필요한 시책을 강구하여야 하는 주체는 누구인가?

① 국가 및 지방자치단체   ② 국가
③ 지방자치단체   ④ 정부

8 문화관광축제의 지정 기준으로 옳지 않은 것은?

① 축제의 특성 및 콘텐츠   ② 축제의 운영 능력
③ 관광객 유치 효과   ④ 사회·문화적 파급 효과

 해설 사회·문화적 파급 효과가 아닌 경제적 파급 효과가 문화관광축제의 지정 기준에 해당한다.

9 다양한 지역 관광자원을 개발·육성하기 위하여 우수한 지역 축제를 문화관광축제로 지정하고 지원할 수 있는 주체는 누구인가?

① 대통령   ② 문화체육관광부장관
③ 시·도지사   ④ 한국관광공사

정답 5 ③ 6 ④ 7 ① 8 ④ 9 ②

10 문화체육관광부장관 또는 시·도지사는 관광 홍보를 원활히 추진하기 위하여 필요하면 문화체육관광부령으로 정하는 바에 따라 관광사업자 등에게 필요한 사항을 권고하거나 지도할 수 있다. 이에 해당하지 않는 것은?

① 국내 관광 시장에 대한 정기적인 조사   ② 해외 관광 시장에 대한 정기적인 조사

③ 관광 홍보물의 제작   ④ 관광 안내소의 운영

해설 국내 관광 시장에 대한 정기적인 조사는 해당하지 않는다.

11 문화체육관광부장관과 지방자치단체의 장은 관광객의 유치, 관광 복지의 증진 및 관광 진흥을 위하여 대통령령으로 정하는 바에 따라 사업을 추진할 수 있다. 이에 해당하지 않는 것은?

① 문화, 체육, 레저 및 산업 시설 등의 관광자원화 사업

② 해양 관광의 개발 사업 및 자연 생태의 관광자원화 사업

③ 관광 상품의 개발에 관한 사업

④ 저소득층의 관광 복지 증진에 관한 사업

해설 저소득층이 아닌 국민의 관광 복지 증진에 관한 사업이 이에 해당한다.

12 다음은 여행 이용권의 지급 및 관리에 관한 내용이다. (   )에 적절한 내용은?

> • 국가 및 지방자치단체는 여행 이용권의 발급, 정보 시스템의 구축·운영 등 여행 이용권 업무의 효율적 수행을 위하여 (   )으로 정하는 바에 따라 전담 기관을 지정할 수 있다.
> • 문화체육관광부장관은 여행 이용권의 이용 기회 확대 및 지원 업무의 효율성을 제고하기 위하여 여행 이용권을 문화 이용권 등 문화체육관광부령으로 정하는 이용권과 (   ) 하여 운영할 수 있다.

① 대통령령, 분리   ② 문화체육관광부령, 선택

③ 대통령령, 통합   ④ 대통령령, 선택

13 지속 가능한 관광 활성화를 위해서 에너지, 자원의 사용을 최소화하고 기후변화에 대응하며 환경 훼손을 줄이는 지속 가능한 관광자원의 개발을 장려하기 위하여 정보 제공 및 재정 지원 등 필요한 조치를 강구할 수 있는 주체는 누구인가?

① 문화체육관광부장관   ② 시·도지사

③ 한국관광협회중앙회   ④ 대통령

정답 10 ① 11 ④ 12 ③ 13 ①

14 지방자치단체의 장이 해마다 문화관광해설사 운영 계획을 수립·시행하는 데 고려하는 사항이 아닌 것은?

① 지역 주민 수　　　　　　　　② 관광객의 규모

③ 관광자원의 보유 현황　　　　④ 문화관광해설사에 대한 수요

 해설　지역 주민의 수는 문화관광해설사 운영 계획을 수립·시행하는 데 고려하는 사항이 아니다.

15 문화관광해설사 양성 교육과정 등의 인증에 대한 내용으로 옳지 않은 것은?

① 문화관광해설사 양성을 위한 교육 프로그램을 개발·보급하거나 교육과정을 개설 운영하려는 자는 교육 프로그램과 교육과정의 인증을 문화체육관광부장관에게 신청할 수 있다.

② 문화체육관광부장관은 인증을 신청한 교육 프로그램 또는 교육과정이 교육시간, 교육과정, 교육시설 등 대통령령으로 정하는 인증 기준에 적합한 경우에는 이를 인증하여야 한다.

③ 인증의 유효기간은 인증을 받은 날부터 3년으로 한다.

④ 인증의 절차 및 방법, 인증의 표시 등에 필요한 사항은 문화체육관광부령으로 정한다.

 해설　문화체육관광부장관은 인증을 신청한 교육 프로그램 또는 교육과정이 교육시간, 교육과정, 교육시설 등 문화체육관광부령으로 정하는 인증 기준에 적합한 경우에는 이를 인증하여야 한다.

16 문화관광해설사 양성을 위한 교육 프로그램을 인증받으려는 자는 문화관광해설사 양성 교육 프로그램 인증 신청서에 인증받으려는 교육 프로그램에 관한 서류를 첨부하여 누구에게 제출하여야 하는가?

① 문화체육관광부장관　　　　② 대통령

③ 시·도지사　　　　　　　　④ 한국관광공사

17 공동으로 지역의 관광 진흥을 위하여 광역 및 기초 지방자치단체 단위의 지역관광협의회를 설립할 수 있다. 이러한 지역관광협의회 설립의 주체로 볼 수 없는 것은?

① 관광객　　　　　　　　　　② 관광사업자

③ 관광 관련 사업자　　　　　④ 주민

 해설　공동으로 지역의 관광 진흥을 위하여 광역 및 기초 지방자치단체 단위의 지역관광협의회를 설립할 수 있는데, 이러한 지역관광협의회 설립의 주체는 관광사업자, 관광 관련 사업자, 관광 관련 단체, 주민 등이다.

정답　14 ①　15 ②　16 ④　17 ①

18 문화관광해설사의 선발 및 활용에 관한 내용으로 옳지 않은 것은?

① 문화체육관광부장관 또는 지방자치단체의 장은 문화관광해설사를 선발하는 문화체육관광부령으로 정하는 바에 따라 이론 및 실습을 평가하고, 3개월 이상의 실무 수습을 마친 자에게 자격을 부여할 수 있다.

② 문화체육관광부장관 또는 지방자치단체의 장은 예산의 범위에서 문화관광해설사의 활동에 필요한 비용 등을 지원해야 한다.

③ 문화관광해설사의 선발, 배치 및 활용 등에 필요한 사항은 문화체육관광부령으로 정한다.

④ 선발 계획에 따라 문화관광해설사를 선발하려는 경우에는 평가 기준에 따른 평가 결과 이론 및 실습 평가 항목 각각 70점 이상을 득점한 사람 중에서 각각의 평가 항목의 비중을 곱한 점수가 고득점자인 사람의 순으로 선발한다.

 문화체육관광부장관 또는 지방자치단체의 장은 예산의 범위에서 문화관광해설사의 활동에 필요한 비용 등을 지원할 수 있다.

19 지역관광협의회에 대한 내용으로 옳지 않은 것은?

① 협의회를 설립하려는 자는 해당 지방자치단체의 장의 허가를 받아야 한다.

② 협의회는 법인으로 한다.

③ 협의회의 업무에는 지방자치단체로부터 위탁받은 업무도 포함한다.

④ 협의회의 설립 및 지원 등에 필요한 사항은 문화체육관광부령으로 정한다.

 지역관광협의회의 설립 및 지원 등에 필요한 사항은 해당 지방자치단체의 조례로 정한다.

5. 관광지 등의 개발

5-1 관광지 및 관광단지의 개발

(1) 관광개발기본계획 등(제49조)

① **문화체육관광부장관**은 관광자원을 효율적으로 개발하고 관리하기 위하여 **전국을 대상으로 관광개발기본계획**을 **10년**마다 수립하여야 한다. 그 내용에는 전국의 관광 여건과 관광 동향에 관한 사항, 전국의 관광 수요와 공급에 관한 사항, 관광자원 보호, 개발, 이용, 관리 등에 관한 기본적인 사항, **관광 권역의 설정**에 관한 사항, **관광 권역별 관광 개발의 기본 방향**에 관한 사항, 그밖에 관광 개발에 관한 사항 등이 포함된다.

② **시·도지사**(특별자치도지사 제외)는 기본 계획에 따라 구분된 권역을 대상으로 **권역별관광개발계획**을 **5년**마다 수립하여야 한다. 그 내용에는 권역의 관광 여건과 관광 동향에 관한 사항, 권역의 관광 수요와 공급에 관한 사항, 관광자원의 보호, 개발, 이용, 관리 등에 관한 사항, 관광지 및 관광단지의 실적 평가에 관한 사항, 관광지 연계에 관한 사항, 관광사업의 추진에 관한 사항, 환경 보전에 관한 사항, 그밖에 그 권역의 관광자원의 개발, 관리 및 평가를 위하여 필요한 사항 등이 포함된다.

(2) 기본 계획(제50조)

① **시·도지사**는 기본 계획의 수립에 필요한 관광개발사업에 관한 요구서를 문화체육관광부장관에게 제출하여야 하고, 문화체육관광부장관은 이를 종합, 조정하여 기본 계획을 수립하고 공고하여야 한다.

② **문화체육관광부장관**은 수립된 기본 계획을 확정하여 공고하려면 **관계 부처의 장과 협의**하여야 한다.

(3) 권역 계획(제51조)

① 권역 계획은 그 지역을 관할하는 시·도지사가 수립하여야 한다. 다만, 둘 이상의 시·도에 걸치는 지역이 하나의 권역 계획에 포함되는 경우에는 관계되는 시·도지사와의 **협의**에 따라 수립하되, 협의가 성립되지 아니한 경우에는 **문화체육관광부장관이 지정하는 시·도지사**가 수립하여야 한다.

② **시·도지사**는 수립한 권역 계획을 **문화체육관광부장관의 조정**과 **관계 행정기관의 장과의 협의**를 거쳐 확정하여야 한다. 이 경우 협의 요청을 받은 관계 행정기관의 장은 특별한 사유가 없는 한 그 요청을 받은 날부터 **30일 이내**에 의견을 제시하여야 한다.

③ **대통령령으로 정하는 경미한 사항**의 변경에 대하여는 관계 부처의 장과의 협의를 갈음하여 문화체육관광부장관의 승인을 받아야 한다.

> **참고** **대통령령으로 정하는 경미한 사항**에는 관광자원의 보호, 이용 및 관리에 관한 사항, 관광지 또는 관광단지의 면적(권역 계획상의 면적)의 **축소**, 관광지 등의 면적의 **100분의 30 이내**의 확대, 지형 여건 등에 따른 관광지 등의 구역 조정(그 면적의 **100분의 30 이내**에서 조정하는 경우)이나 **명칭 변경** 등이 포함된다.

(4) 관광지의 지정 등(제52조)

① 관광지 및 관광단지는 **문화체육관광부령**으로 정하는 바에 따라 **시장, 군수, 구청장의 신청**에 의하여 **시·도지사가 지정**한다. 다만, 특별자치도의 경우에는 특별자치도지사가 지정한다.

② 시·도지사는 관광지 등을 지정하려면 **사전에 문화체육관광부장관** 및 **관계 행정기관의 장**과 협의하여야 한다.

③ 협의 요청을 받은 문화체육관광부장관 및 관계 행정기관의 장은 특별한 사유가 없는 한 그 요청을 받은 날로부터 **30일 이내**에 의견을 제시하여야 한다.

④ 관광지 등의 지정 취소 또는 그 면적의 변경은 관광지 등의 지정에 관한 절차에 따라야 한다. 이 경우에 대통령령으로 정하는 경미한 면적의 변경은 협의를 하지 아니할 수 있다.

> **참고** 대통령령으로 정하는 경미한 면적의 변경이란 지적 조사 또는 지적 측량의 결과에 따른 면적의 정정 등으로 인한 면적의 변경, 관광지 등 지적 면적의 **100분의 30 이내**의 면적 변경을 말한다.

⑤ 시·도지사는 관광지 등의 **지정, 지정 취소** 또는 그 **면적 변경**을 한 경우 이를 고시하여야 한다. 시·도지사의 고시에는 고시 연월일, 관광지 등의 위치 및 면적, 관광지 등의 구역이 표시된 축척 **2만 5천분의 1 이상의 지형도** 등의 사항이 포함되어야 한다.

(5) 조사, 측량 실시(제53조)

시·도지사는 기본 계획 및 권역 계획을 수립하거나 관광지 등의 지정을 위하여 필요하면 해당 지역에 대한 **조사**와 **측량**을 실시할 수 있다.

(6) 조성 계획의 수립 등(제54조)

① 관광지 등을 관할하는 시장, 군수, 구청장은 조성 계획을 작성하여 시·도지사의 승인을 받아야 한다. 이를 변경(대통령령으로 정하는 경미한 사항의 변경은 제외)하려는 경우에도 또한 같다. 다만 **관광단지를 개발하려는 공공 기관 등 문화체육관광부령으로 정하는 공공법인** 또는 **민간 개발자**(관광단지 개발자)는 조성 계획을 작성하여 **대통령령**으로 정하는 바

에 따라 **시·도지사의 승인**을 받을 수 있다. 사업 시행자는 그가 개발하는 토지를 분양받으려는 자와 그 금액 및 납부 방법에 관한 협의를 거쳐 그 대금의 전부 또는 일부를 미리 받을 수 있다.

> **참고** ❶ 대통령령으로 정하는 경미한 사항의 변경에는 관광시설계획면적의 **100분의 20 이내**의 변경, 관광시설계획 중 시설 지구별 토지이용계획면적의 **100분의 30 이내**의 변경, 관광시설계획 중 시설 지구별 건축 연면적의 **100분의 30 이내**의 변경 등이 포함된다.
> ❷ 관광단지 개발자가 조성 계획의 승인 또는 변경 승인을 신청하는 경우에는 특별자치도지사, 시장, 군수, 구청장에게 조성 계획 승인 또는 변경 승인 신청서를 **제출**하고, 조성 계획 승인 또는 변경 승인 신청서를 제출받은 시장, 군수, 구청장은 제출받은 날부터 **20일 이내**에 검토 의견서를 첨부하여 시·도지사에게 **제출**하여야 한다.

② 시·도지사는 조성 계획을 승인하거나 변경 승인을 하고자 하는 때에는 관계 행정기관의 장과 협의하여야 한다. 이 경우 협의 요청을 받은 관계 행정기관의 장은 특별한 사유가 없는 한 그 요청을 받은 날부터 **30일 이내**에 의견을 제시하여야 한다.

③ 시·도지사가 조성 계획을 승인 또는 변경 승인한 때에는 **지체 없이** 이를 고시하여야 한다.

④ 관광지 등을 관할하는 특별자치도지사는 관계 행정기관의 장과 협의하여 조성 계획을 수립하고, 조성 계획을 수립한 때에는 **지체 없이** 이를 고시하여야 한다.

> **참고** **관광단지 개발자(시행규칙 제61조) 중 공공 법인**에는 한국관광공사 또는 한국관광공사가 관광단지 개발을 위하여 출자한 법인, 한국토지공사, 지방공사 및 지방공단, 제주국제자유도시개발센터 등이 포함된다.

(7) 관광지 등 지정 등의 실효 및 취소 등(제56조)

① **관광지 등으로 지정, 고시된 관광지** 등에 대하여 그 고시일로부터 **2년 이내**에 조성 계획의 승인 신청이 없으면 그 **고시일부터 2년이 지난 다음 날**에 그 관광지 등 지정은 효력을 상실한다. **조성 계획의 효력이 상실된 관광지** 등에 대하여 그 조성 계획의 효력이 상실된 날부터 **2년 이내**에 새로운 조성 계획의 승인 신청이 없는 경우에도 또한 같다.

② **조성 계획의 승인을 받은 관광지** 등 사업 시행자가 조성 계획의 승인 고시일부터 **2년 이내**에 사업을 착수하지 아니하면 조성 계획 승인 고시일부터 **2년이 지난 다음 날**에 그 조성 계획의 승인은 효력을 상실한다.

③ **시·도지사**는 조성 계획 승인을 받은 민간 개발자가 사업 중단 등으로 환경, 미관을 크게 해칠 경우에는 조성 계획의 승인을 취소하거나 이의 개선을 명할 수 있다.

④ **시·도지사**는 행정절차의 이행 등 부득이한 사유로 조성 계획 승인 신청 또는 사업이 착수기한의 연장이 불가피하다고 인정되면 **1년 이내의 범위**에서 한 번만 그 기한을 연장할 수 있다.

⑻ 준공검사(제58조의 2)

사업 시행자가 관광지 등 조성 사업의 전부 또는 일부를 완료한 때에는 **대통령령**으로 정하는 바에 따라 지체 없이 시·도지사에게 준공검사를 받아야 한다. 이 경우 시·도지사는 해당 준공검사 시행에 관하여 관계 행정기관의 장과 **미리** 협의하여야 한다.

> **참고**   조성 사업의 전부 또는 일부를 완료하여 준공검사를 받으려는 때에는 사업 시행자의 성명과 주소, 조성 사업의 명칭, 조성 사업을 완료한 지역의 위치 및 면적, 조성 사업 기간 등을 적은 준공검사 신청서를 시·도지사에게 제출하여야 한다(시행령).

⑼ 이용자 분담금 및 원인자 부담금(제64조)

① 분담금 또는 부담금을 부과받은 자가 부과된 분담금 또는 부담금에 대하여 이의가 있는 경우에는 부과받은 날부터 **30일 이내**에 사업 시행자에게 이의를 신청할 수 있다.

② 사업 시행자는 이의 신청을 받았을 때에는 그 신청을 받은 날부터 **15일 이내**에 이를 심의하여 그 결과를 신청인에게 서면으로 알려야 한다.

최신기출   2016. 4. 9 시행

관광진흥법령상 관광지 등의 개발에 관한 내용으로 옳은 것은?

① 관광지 및 관광단지는 시·도지사의 신청에 의하여 문화체육관광부장관이 지정한다.

② 관광지로 지정, 고시된 날부터 5년 이내에 조성 계획의 승인 신청이 없으면 그 고시일로부터 5년이 지난 다음 날에 그 지정의 효력이 상실된다.

③ 사업 시행자는 그가 개발하는 토지를 분양받으려는 자와 그 금액 및 납부 방법에 관한 협의를 거쳐 그 대금의 전부 또는 일부를 미리 받을 수 있다.

④ 관광단지 조성 사업의 시행자의 요청에 따라 관광단지에 전기를 공급하는 자가 설치하는 전기 간선 시설의 설치 비용은 관광단지 조성 사업의 시행자가 부담한다.

 해설   ① 관광지 및 관광단지는 문화체육관광부령으로 정하는 바에 따라 시장, 군수, 구청장의 신청에 의하여 시·도지사가 지정한다. ② 관광지 등으로 지정, 고시된 관광지 등에 대하여 그 고시일로부터 2년 이내에 조성 계획의 승인 신청이 없으면 그 고시일부터 2년이 지난 다음 날에 그 관광지 등 지정은 효력을 상실한다. ④ 관광단지 조성 사업의 시행자의 요청에 따라 관광단지에 전기를 공급하는 자가 설치하는 전기 간선 시설의 설치 비용은 관광단지 조성 사업의 시행자가 일방적으로 부담하는 것이 아니라 이용자 분담금의 원칙이 적용된다.   **정답 ③번**

⑽ 이주 대책(제66조 제1항)

사업 시행자는 조성 사업의 시행에 따른 토지, 물건 또는 권리를 제공함으로써 생활의 근거를 잃게 되는 자를 위하여 대통령령으로 정하는 내용이 포함된 이주 대책을 수립하여 실시하여야 한다. 사업 시행자가 수립하는 이주 대책에는 택지 및 농경지의 매입, 택지 조성 및 주택 건설, 이주 보상금, 이주 방법 및 이주 시기, 이주 대책에 따른 비용, 그밖에 필요한 사항 등의 사항이 포함되어야 한다(직업교육 ×).

⑪ 입장료 등의 징수와 사용(제67조)
① 입장료, 관람료 또는 이용료의 징수 대상의 범위와 그 금액은 **특별자치도지사, 시장, 군수, 구청장**이 정한다.
② **지방자치단체**는 입장료, 관람료 또는 이용료를 징수하면 이를 관광지 등의 보존·관리와 그 개발에 필요한 비용을 충당하여야 한다.

⑫ 관광지 등의 관리(제69조)
① **사업 시행자**는 관광지 등의 관리·운영에 필요한 조치를 하여야 한다.
② **사업 시행자**는 필요하면 관광사업자 단체 등에 관광지 등의 관리·운영을 위탁할 수 있다.

5-2 관광특구

⑴ 관광특구의 지정(제70조 제1항)
관광특구는 다음의 요건을 모두 갖춘 지역 중에서 **시장, 군수, 구청장의 신청**(특별자치도의 경우는 제외)에 따라 **시·도지사**가 지정한다.
① 외국인 관광객 수가 대통령령으로 정하는 기준 이상일 것 : 통계 결과 해당 지역의 **최근 1년간 외국인 관광객 수가 10만 명**(서울특별시는 50만 명)인 곳
② 문화체육관광부령으로 정하는 바에 따라 **관광 안내 시설, 공공 편익 시설** 및 **숙박 시설** 등이 갖추어져 외국인 관광객의 관광 수요를 충족시킬 수 있는 지역일 것
③ 임야, 농지, 공업 용지 또는 택지 등 관광 활동과 직접적인 관련성이 없는 토지의 비율이 대통령령으로 정하는 기준(**10%**)을 초과하지 아니할 것
④ 위의 요건을 갖춘 지역이 서로 분리되어있지 아니할 것

최신기출 2016. 4. 9 시행

관광진흥법령상 관광특구의 지정 요건 중 하나이다. (   )에 들어갈 숫자가 순서대로 옳은 것은? (단, 서울특별시 이외의 지역이다)

> 문화체육관광부장관이 고시하는 기준을 갖춘 통계 전문 기관 통계 결과, 해당 지역의 최근 (   )년간 외국인 관광객 수가 (   )만 명 이상일 것

① 1, 10   ② 1, 20   ③ 2, 30   ④ 2, 50   정답 ①번

(2) 관광특구의 진흥계획(제71조)

① **특별자치도지사, 시장, 군수, 구청장**은 관할 구역 내 관광특구를 방문하는 외국인 관광객의 유치 촉진 등을 위하여 관광특구진흥계획을 수립하고 시행하여야 한다.

② 관광특구진흥계획에 포함될 사항 등 관광특구진흥계획의 수립·시행에 필요한 사항은 **대통령령**으로 정한다.

> **참고**
> ❶ 특별자치도지사, 시장, 군수, 구청장은 다음의 사항이 포함된 진흥계획을 수립·시행한다.
> ㉮ **외국인 관광객**을 위한 관광 편의 시설의 개선에 관한 사항
> ㉯ 특색 있고 다양한 축제, 행사, 그밖에 홍보에 관한 사항
> ㉰ 관광객 유치를 위한 제도 개선에 관한 사항
> ㉱ 관광특구를 중심으로 주변 지역과 연계한 관광 코스의 개발에 관한 사항
> ㉲ 그밖에 관광 질서 확립 및 관광 서비스 개선 등 관광객 유치를 위하여 필요한 사항으로서 문화체육관광부령으로 정하는 사항(범죄 예방 계획 및 바가지요금, 퇴폐 행위, 호객 행위 근절 대책, 관광 불편신고센터의 운영 계획, 관광특구 안의 접객 시설 등 관련 시설 종사원에 대한 교육계획, 외국인 관광객을 위한 토산품 등 관광 상품 개발·육성 계획 등)
> ❷ 특별자치도지사, 시장, 군수, 구청장은 수립된 진흥계획에 대하여 **5년**마다 그 타당성을 검토하고 진흥계획의 변경 등 필요한 조치를 하여야 한다.

(3) 관광특구에 대한 지원(제72조)

① 국가나 지방자치단체는 관광특구를 방문하는 외국인 관광객의 관광 활동을 위한 편의 증진 등 관광특구 진흥을 위하여 필요한 지원을 할 수 있다.

② 문화체육관광부장관은 관광특구를 방문하는 관광객의 편리한 관광 활동을 위하여 관광특구 안의 문화·체육·숙박·상가 시설로서 관광객 유치를 위하여 특히 필요하다고 인정되는 시설에 대하여 「관광진흥개발기금법」에 따라 관광진흥개발기금을 대여하거나 보조할 수 있다.

(4) 관광특구에 대한 평가 등(제73조)

① **문화체육관광부장관** 및 **시·도지사**는 **대통령령**으로 정하는 바에 따라 관광특구 진흥계획의 집행 상황을 평가하고, 우수한 관광특구에 대하여는 필요한 지원을 할 수 있다. 시·도지사는 진흥계획의 집행 상황을 **연 1회** 평가하고, 평가 결과를 평가가 끝난 날부터 **1개월 이내**에 문화체육관광부장관에게 보고한다.

② **시·도지사**는 평가 결과 관광특구의 지정 요건에 맞지 아니하거나 추진 실적이 미흡한 관광특구에 대하여는 **대통령령**으로 정하는 바에 따라 관광특구의 **지정 취소, 면적 조정, 개선 권고** 등 필요한 조치를 할 수 있다. 시·도지사는 진흥계획의 집행 상황에 대한 평가 결과에 따라 다음의 구분에 따른 조치를 할 수 있다.

⑺ 관광특구의 지정 요건에 **3년 연속** 미달하여 개선될 여지가 없다고 판단되는 경우에는 **관광특구 지정 취소**

⑻ 진흥계획의 추진 실적이 미흡하며 개선 권고를 **3회 이상** 이행하지 아니한 경우에는 **관광특구 지정 취소**

⒟ 진흥계획의 추진 실적이 미흡한 관광특구의 경우에는 지정 면적의 조정 또는 투자 및 사업 계획 등의 **개선 권고**

⑸ 다른 법률에 대한 특례(제74조)

관광특구 안에서 **호텔업**을 경영하는 자는 **연간 60일 이내의** 기간 동안 해당 지방자치단체의 조례로 정하는 바에 따라 공개 공지(공터)를 사용하여 **외국인 관광객**을 위한 공연 및 음식을 제공할 수 있다.

1 관광개발기본계획에 대한 설명으로 옳지 않은 것은?

① 문화체육관광부장관이 10년마다 수립하여야 한다.

② 관광 권역의 설정에 관한 사항을 포함한다.

③ 관광 권역별 관광 개발의 기본 방향에 관한 사항을 포함한다.

④ 관광사업의 추진에 관한 사항을 포함한다.

 해설 관광사업의 추진에 관한 사항은 권역별 관광개발계획에 포함되는 내용이다.

2 권역별 관광개발계획은 그 지역을 관할하는 시 · 도지자가 수립하여야 한다. 다만, 둘 이상의 시 · 도에 걸치는 지역이 하나의 권역 계획에 포함되는 경우에는 관계되는 시 · 도지사와의 협의에 따라 수립하는데, 이때 협의가 성립되지 아니한 경우의 수립권자는 누구인가?

① 문화체육관광부장관

② 문화체육관광부장관이 지정하는 시 · 도지자

③ 대통령령이 지정하는 시 · 도지자

④ 면적이 넓은 지역을 차지하는 시 · 도지자

3 권역 계획에서 대통령령으로 정하는 경미한 사항의 변경에 대하여는 관계 부처의 장과의 협의를 갈음하여 문화체육관광부장관의 승인을 받아야 한다. 이 경우 대통령령으로 정하는 경미한 사항에 해당하지 않는 것은?

① 관광자원의 보호, 이용 및 관리에 관한 사항

② 관광지 또는 관광단지의 면적(권역 계획상의 면적)의 확대

③ 관광지 등의 면적의 100분의 30 이내의 확대

④ 지형 여건 등에 따른 관광지 등의 명칭 변경

 해설 관광지 또는 관광단지의 면적(권역 계획상의 면적)의 축소가 이에 해당한다.

정답 1 ④ 2 ② 3 ②

4 권역별 관광개발계획에 대한 설명으로 옳지 않은 것은?

① 시·도지사(특별자치도지사 포함)가 5년마다 수립하여야 한다.

② 권역의 관광 수요와 공급에 관한 사항을 포함한다.

③ 관광지 연계에 관한 사항을 포함한다.

④ 환경 보전에 관한 사항을 포함한다.

 해설 권역별 관광개발계획의 수립 주체에서 특별자치도지사는 제외된다.

5 시·도지사는 수립한 권역 계획을 문화체육관광부장관의 조정과 관계 행정기관의 장과의 협의를 거쳐 확정하여야 하고, 이 경우 협의 요청을 받은 관계 행정기관의 장은 특별한 사유가 없는 한 그 요청을 받은 날로부터 어느 정도의 기간 내에 의견을 제시하여야 하는가?

① 10일　　　　② 15일　　　　③ 20일　　　　④ 30일

6 관광지의 지정 등에 관한 사항으로 옳지 않은 내용은?

① 관광지 및 관광단지는 문화체육관광부령으로 정하는 바에 따라 시장, 군수, 구청장의 신청에 의하여 문화체육관광부장관이 지정한다. 다만, 특별자치도의 경우에는 특별자치도지사가 지정한다.

② 시·도지사는 관광지 등을 지정하려면 사전에 문화체육관광부장관 및 관계 행정기관의 장과 협의하여야 한다.

③ 협의 요청을 받은 문화체육관광부장관 및 관계 행정기관의 장은 특별한 사유가 없는 한 그 요청을 받은 날로부터 30일 이내에 의견을 제시하여야 한다.

④ 관광지 등의 지정 취소 또는 그 면적의 변경은 관광지 등의 지정에 관한 절차에 따라야 한다.

 해설 관광지 및 관광단지는 문화체육관광부령으로 정하는 바에 따라 시장, 군수, 구청장의 신청에 의하여 시·도지사가 지정한다. 다만, 특별자치도의 경우에는 특별자치도지사가 지정한다.

7 관광단지 개발자 중 공공 법인에 해당하지 않는 것은?

① 한국관광공사　　　　　　② 지방자치단체

③ 한국토지공사　　　　　　④ 제주국제자유도시개발센터

 해설 지방자치단체는 관광단지 개발자 중 공공 법인에 해당하지 않는다.

정답 4 ① 5 ④ 6 ① 7 ②

8 시·도지사는 관광지 등의 지정, 지정 취소 또는 그 면적 변경을 한 경우 이를 고시하여야 한다. 이 경우 시·도지사의 고시에 포함되지 않는 사항은?

① 고시 연월일

② 관광지 등의 소유자 및 관리자의 명칭

③ 관광지 등의 위치 및 면적

④ 관광지 등의 구역이 표시된 축척 2만 5천분의 1 이상의 지형도

 해설 관광지 등의 소유자 및 관리자의 명칭은 시·도지사의 고시에 포함되지 않는 사항이다.

9 다음은 관광지 조성 계획의 수립에 관한 내용이다. (   )에 적합한 내용을 고르면?

> 관광지 등을 관할하는 시장, 군수, 구청장은 조성 계획을 작성하여 시·도지사의 승인을 받아야 한다. 이를 변경(대통령령으로 정하는 경미한 사항의 변경은 제외)하려는 경우에 도 또한 같다. 다만, 관광단지를 개발하려는 공공 기관 등 (   )으로 정하는 공공 법인 또는 민간 개발자(관광단지 개발자)는 조성 계획을 작성하여 대통령령으로 정하는 바에 따라 (   )의 승인을 받을 수 있다.

① 대통령령, 시·도지사

② 문화체육관광부령, 문화체육관광부장관

③ 대통령령, 문화체육관광부장관

④ 문화체육관광부령, 시·도지사

10 관광특구는 일정한 요건을 모두 갖춘 지역 중에서 시장, 군수, 구청장의 신청에 따라 시·도지사가 지정한다. 이 요건에 해당하지 않는 것은?

① 통계 결과 해당 지역의 최근 1년간 외국인 관광객 수가 10만 명, 서울특별시의 경우 50만 명인 곳이어야 한다.

② 문화체육관광부령으로 정하는 바에 따라 관광 안내 시설, 공공 편익 시설 및 숙박 시설 등이 갖추어져 외국인 관광객의 관광 수요를 충족시킬 수 있는 지역이어야 한다.

③ 임야, 농지, 공업용지 또는 택지 등 관광 활동과 직접적인 관련성이 없는 토지의 비율이 대통령령으로 정하는 기준(10%)을 초과하지 아니하여야 한다.

④ 위의 요건을 갖춘 지역이 서로 분리되어있어야 한다.

 해설 관광특구는 요건을 갖춘 지역이 서로 분리되어있지 아니하여야 한다.

정답 8 ② 9 ④ 10 ④

11 관광지 등을 관할하는 시장, 군수, 구청장은 조성 계획을 작성하여 시·도지사의 승인을 받아야 하고 이를 변경하려는 경우에도 또한 같다. 다만, 대통령령이 정하는 경미한 사항의 변경은 제외하는데 이에 해당하지 않는 것은?

① 관광시설계획면적의 100분의 20 이내의 변경

② 관광시설계획면적의 100분의 30 이내의 변경

③ 관광시설계획 중 시설 지구별 토지이용계획면적의 100분의 30 이내의 변경

④ 관광시설계획 중 시설 지구별 건축 연면적의 100분의 30 이내의 변경

12 다음은 관광지 조성 계획의 수립에 관한 내용이다. (   )에 적절한 내용을 고르면?

> • 시·도지사는 조성 계획을 승인하거나 변경 승인을 하고자 하는 때에는 관계 행정기관의 장과 협의하여야 한다. 이 경우 협의 요청을 받은 관계 행정기관의 장은 특별한 사유가 없는 한 그 요청을 받은 날부터 (   ) 이내에 의견을 제시하여야 한다.
> • 시·도지사가 조성 계획을 승인 또는 변경 승인한 때에는 (   ) 이를 고시하여야 한다.

① 30일, 지체 없이   ② 15일, 지체 없이

③ 30일, 10일 이내에   ④ 30일, 15일 이내에

13 다음은 관광지 등 지정 등의 실효 및 취소에 관한 내용이다. (   )에 적절한 내용은?

> 관광지 등으로 지정, 고시된 관광지 등에 대하여 그 고시일로부터 2년 이내에 조성 계획의 승인 신청이 없으면 그 고시일부터 (   )이 지난 다음 날에 그 관광지 등 지정은 효력을 상실한다. 조성 계획의 효력이 상실된 관광지 등에 대하여 그 조성 계획의 효력이 상실된 날부터 (   ) 이내에 새로운 조성 계획의 승인 신청이 없는 경우에도 또한 같다.

① 2년, 3년   ② 3년, 2년   ③ 3년, 3년   ④ 2년, 2년

14 문화체육관광부장관 및 시·도지사는 대통령령으로 정하는 바에 따라 관광특구 진흥계획의 집행 상황을 평가하고, 우수한 관광특구에 대하여는 필요한 지원을 할 수 있는데, 시·도지사는 진흥계획의 집행 상황을 연 몇 회 평가해야 하는가? 또한 시·도지사는 평가 결과를 평가가 끝난 날부터 어느 정도의 기간 이내에 문화체육관광부장관에게 보고해야 하는가?

① 연 1회 평가, 1개월 이내   ② 연 2회 평가, 1개월 이내

③ 연 1회 평가, 3개월 이내   ④ 연 2회 평가, 3개월 이내

정답 11 ② 12 ① 13 ④ 14 ①

15 관광지 등 지정 등의 실효 및 취소에서 시·도지사가 행정절차의 이행 등 부득이한 사유로 조성 계획 승인 신청 또는 사업 착수 기한의 연장이 불가피하다고 인정되면 취할 수 있는 조치는 무엇인가?

① 1년 이내의 범위에서 한 번만의 기한 연장
② 6개월 이내의 범위에서 한 번만의 기한 연장
③ 2년 이내의 범위에서 두 번만의 기한 연장
④ 2년 이내의 범위에서 한 번만의 기한 연장

16 관광진흥법시행령에 따르면 조성 사업의 전부 또는 일부를 완료하여 준공검사를 받으려는 때에는 다음의 사항을 적은 준공검사 신청서를 시·도지사에게 제출하여야 하는데, 그 내용이 아닌 것은?

① 사업 시행자의 성명, 주소 ② 조성 사업 회사의 명칭
③ 조성 사업을 완료한 지역의 위치 및 면적 ④ 조성 사업 기간

> 해설 시·도지사에게 제출하여야 하는 준공검사 신청서 기재 사항은 조성 사업 회사의 명칭이 아닌 조성 사업의 명칭이다.

17 다음은 관광특구의 진흥계획에 관한 내용이다. (   )에 적합한 내용은?

> • (   )은/는 관할 구역 내 관광특구를 방문하는 외국인 관광객의 유치 촉진 등을 위하여 관광특구 진흥계획을 수립하고 시행하여야 한다.
> • 관광특구 진흥계획에 포함될 사항 등 관광특구 진흥계획의 수립, 시행에 필요한 사항은 (   )으로 정한다.

① 문화체육관광부장관, 대통령령
② 특별자치도지사·시장·군수·구청장, 대통령령
③ 문화체육관광부장관, 문화체육관광부령
④ 지방자치단체, 대통령령

18 특별자치도지사, 시장, 군수, 구청장은 수립된 진흥계획에 대하여 몇 년마다 그 타당성을 검토하고, 진흥계획의 변경 등 필요한 조치를 하여야 하는가?

① 2년   ② 3년   ③ 5년   ④ 10년

정답 15 ① 16 ② 17 ② 18 ③

19 관광지 등의 입장료, 관람료 또는 이용료의 징수 대상의 범위와 그 금액을 정하는 주체는 누구인가?

① 대통령　　　　　　　　　　　　　② 문화체육관광부장관

③ 한국관광공사　　　　　　　　　　④ 특별자치도지사, 시장, 군수, 구청장

20 다음은 관광특구 지정 취소의 요건이다. (　　)에 적합한 내용은?

- 관광특구의 지정 요건에 (　　) 연속 미달하여 개선될 여지가 없다고 판단되는 경우
- 진흥계획의 추진 실적이 미흡하여 개선 권고를 (　　) 이상 이행하지 아니한 경우

① 5년, 3회　　　　　　　　　　　　② 3년, 3회

③ 3년, 5회　　　　　　　　　　　　④ 5년, 5회

6. 보칙과 벌칙

보 칙

(1) 재정 지원(제76조)

① **문화체육관광부장관**은 관광에 관한 사업을 하는 지방자치단체, 관광사업자 단체 또는 관광사업자에게 **대통령령**으로 정하는 바에 따라 보조금을 지급할 수 있다.

② **지방자치단체**는 그 관할 구역 안에서 관광에 관한 사업을 하는 관광사업자 단체 또는 관광사업자에게 조례로 정하는 바에 따라 보조금을 지급할 수 있다.

③ **국가** 및 **지방자치단체**는 관광지 등의 사업 시행자에 대하여 국유, 공유 재산의 임대료를 **대통령령**으로 정하는 바에 따라 감면할 수 있다.

> 참고 ❶ **국고보조금의 신청** : 보조금을 받으려는 자는 **문화체육관광부령**으로 정하는 바에 따라 **문화체육관광부장관**에게 신청하여야 한다.
>
> ❷ **보조금의 지급 결정 등** : 보조금은 원칙적으로 사업 완료 전에 지급하되, 필요한 경우 사업 완료 후에 지급할 수 있다. 보조금을 받은 자는 **문화체육관광부장관이 정하는 바**에 따라 그 사업 추진 실적을 문화체육관광부장관에게 보고하여야 한다.
>
> ❸ **사업 계획의 변경 등** : 보조 사업자는 사업 계획을 변경 또는 폐지하거나 그 사업을 중지하려는 경우에는 **미리** 문화체육관광부장관의 승인을 받아야 한다. 보조 사업자는 다음 괄호 안의 어느 하나에 해당하는 사실이 발생한 경우에는 지체 없이 **문화체육관광부장관**에게 **신고**하여야 한다(**성명**이나 **주소**를 변경한 경우, **정관**이나 **규약**을 변경한 경우, **해산**하거나 **파산**한 경우, 사업을 **시작**하거나 **종료**한 경우).
>
> ❹ **보조금의 사용 제한 등(시행령 제64조)** : 보조 사업자는 보조금을 지급받은 목적 외의 용도로 사용할 수 없다. 문화체육관광부장관은 다음의 어느 하나에 해당하는 경우에는 보조금의 지급 결정의 취소, 보조금의 지급 정지 또는 이미 지급한 보조금의 전부 또는 일부의 반환을 명할 수 있다. 거짓이나 그 밖의 부정한 방법으로 보조금의 지급을 신청하였거나 받은 경우, 보조금의 지급 조건을 위반한 경우 등이 이에 해당한다.
>
> ❺ **공유 재산의 임대료 감면** : 공유 재산의 임대료 감면율은 **100분의 30의 범위**에서 **해당 지방자치단체의 조례**로 정한다.

(2) 청문(제77조)

관할 등록기관 등의 장은 다음의 어느 하나에 해당하는 처분을 하려면 청문을 하여야 한다.

① 관광사업의 등록 등이나 사업 계획 승인의 취소

② 관광 종사원 자격의 취소

③ 문화관광해설사 양성을 위한 교육 프로그램 또는 교육과정 인증의 취소

④ 민간 개발자에 대한 관광단지 조성 계획 승인의 취소

최신기출 2016. 4. 9 시행

관광진흥법령상 청문을 하여야 하는 처분으로 명시되지 않는 것은?

① 관광사업의 등록 취소

② 관광 종사원 자격의 취소

③ 우수 숙박 시설 지정의 취소

④ 민간 개발자에 대한 관광단지 조성 계획 승인의 취소

> **해설** 우수 숙박 시설 지정을 거짓이나 그 밖의 부정한 방법으로 받은 경우 문화체육관광부장관은 반드시 취소하여야 하고 지정 기준을 충족하지 못하게 된 경우 취소할 수 있다고 규정, 필수적인 청문 요건은 아니다.
>
> **정답 ③번**

(3) 권한의 위임, 위탁 등(제80조)

① 이 법에 따른 **문화체육관광부장관의 권한**은 **대통령령**으로 정하는 바에 따라 그 **일부**를 시 · 도지사에게 **위임**할 수 있다.

② 시 · 도지사는 문화체육관광부장관으로부터 위임받은 권한의 일부를 문화체육관광부장관의 승인을 받아 **시장, 군수, 구청장**에게 **재위임**할 수 있다.

③ **문화체육관광부장관** 또는 **시 · 도지사** 및 **시장, 군수, 구청장**은 다음의 권한의 **전부** 또는 **일부**를 **대통령령**이 정하는 바에 따라 한국관광공사, 협회, 지역별 · 업종별 관광협회 및 대통령령으로 정하는 전문 연구, 검사 기관이나 자격 검정 기관에 **위탁**할 수 있다. 이에 해당하는 권한으로는 관광편의시설업의 지정 및 지정 취소, 국외여행 인솔자의 등록 및 자격증 발급, 관광숙박업의 등급 결정, 우수 숙박 시설의 지정 및 그 취소, 카지노 기구의 검사, 안전성검사 또는 안전성검사 대상에 해당되지 아니함을 확인하는 검사, 안전 관리자의 안전 교육, 관광 종사원의 자격시험 및 등록, 문화관광해설사 양성을 위한 교육 프로그램 및 교육과정의 인증 및 취소 등이 있다.

> **참고** ❶ **등급 결정 권한의 위탁(시행령 제66조)** : **문화체육관광부장관**은 호텔업의 등급 결정권을 다음 각 호의 요건을 모두 갖춘 법인 중 문화체육관광부장관에게 등록한 법인에 **위탁**한다. 요건으로는 **비영리법인이거나 「공공 기관의 운영에 관한 법률」에 따른 공공 기관일 것**, 관광숙박업의 육성과 서비스 개선 등에 관한 연구 및 계몽 활동 등을 하는 법인일 것, 문화체육관광부령으로 정하는 기준에 맞는 자격을 가진 평가 요원을 **50명 이상** 확보하고 있을 것 등이 있다. 문화체육관광부장관은 위탁 업무 수행에 필요한 경비의 전부 또는 일부를 호텔업 등급 결정권을 위탁받은 법인에 지원할 수 있다. 호텔업 등급 결정권 위탁 기준 등 호텔업 등급 결정권의 위탁에 필요한 사항은 문화체육관광부장관이 정하여 고시한다.

❷ 등록기관 등의 장은 다음의 권한을 각각 위탁한다(시행령).

㉮ 관광편의시설업 중 관광식당업, 관광사진업 및 여객자동차터미널시설업의 지정 및 지정 취소에 관한 권한은 지역별 관광협회에, 국외여행 인솔자의 등록 및 자격증 발급에 관한 권한은 업종별 관광협회에, 문화체육관광부장관의 우수 숙박 시설의 지정 및 지정 취소에 관한 권한은 한국관광공사에, 카지노 기구의 검사에 관한 권한은 문화체육관광부장관이 지정하는 검사 기관에, 유기 시설 또는 유기 기구의 안전성검사 및 안전성검사 대상에 해당되지 아니함을 확인하는 검사에 대한 권한은 문화체육관광부장관에게 등록한 업종별 관광협회 또는 전문 연구 · 검사 기관에, 안전 관리자의 안전 교육에 관한 권한은 업종별 관광협회 또는 안전 관련 전문 연구 · 검사 기관에 각각 위탁한다. 이 경우 문화체육관광부장관은 업종별 관광협회 및 안전 관련 전문 연구 · 검사 기관의 명칭, 주소 및 대표자 등을 고시하여야 한다.

㉯ 관광 종사원 중 관광통역안내사, 호텔경영사 및 호텔관리사의 자격시험, 등록 및 자격증의 발급에 관한 권한은 **한국관광공사**에, 자격시험의 출제, 시행, 채점 등 자격시험의 관리에 관한 업무는 **한국산업인력공단**에, 관광 종사원 중 **국내여행안내사** 및 **호텔서비스사**의 자격시험, 등록 및 자격증의 발급에 관한 권한은 **협회**에, 자격시험의 출제, 시행, 채점 등 자격시험의 관리에 관한 업무는 **한국산업인력공단**에 각각 위탁한다. 또한 문화관광해설사의 양성 교육과정 등의 인증 및 인증의 취소에 관한 권한은 한국관광공사에 위탁한다.

❸ 위탁받은 업무를 수행한 **지역별 관광협회**는 이를 시 · 도지사에게 보고하여야 한다.

❹ 시 · 도지사는 지역별 관광협회로부터 보고받은 사항을 매월 종합하여 **다음 달 10일까지 문화체육관광부장관**에게 보고하여야 한다.

❺ 위탁받은 업무를 수행한 한국관광공사, 협회 · 업종별 관광협회 및 한국산업인력공단은 인증 및 인증의 취소에 관한 업무를 수행한 경우에는 이를 분기별로 종합하여 **다음 분기 10일까지** 문화체육관광부장관에게 보고하여야 한다.

❻ **규제의 재검토(제66조의3)** : 문화체육관광부장관은 다음 각 호의 사항에 대하여 다음 각 호의 기준 일을 기준으로 **3년**마다(매 3년이 되는 해의 기준일과 같은 날 전까지를 말한다) 그 타당성을 검토하여 개선 등의 조치를 하여야 한다.

6-2 벌 칙

(1) 5년 이하의 징역 또는 5천만 원 이하의 벌금(제81조)

① 카지노업의 허가를 받지 아니하고 카지노업을 경영한 자

② 카지노 사업자의 준수 사항을 위반한 자

㉮ 법령에 위반되는 카지노 기구를 설치하거나 사용하는 행위

㉯ 법령을 위반하여 카지노 기구 또는 시설을 변조하거나 변조된 카지노 기구 또는 시설을 사용하는 행위

(2) 3년 이하의 징역 또는 3천만 원 이하의 벌금(제82조)

① 등록을 하지 아니하고 여행업, 관광숙박업, 국제회의업 및 관광객이용시설업을 경영한 자

② 허가를 받지 아니하고 유원시설업을 경영한 자

③ 규정을 위반하여 시설을 분양하거나 회원을 모집한 자

④ 사용 중지 등의 명령을 위반한 자

(3) 2년 이하의 징역 또는 2천만 원 이하의 벌금(제83조)

① 다음 어느 하나에 해당하는 **카지노 사업자**(종사원을 포함)는 2년 이하의 징역 또는 2천만 원 이하의 벌금에 처한다.

㉮ 변경 허가를 받지 아니하거나 변경 신고를 하지 아니하고 영업을 한 자

㉯ 지위 승계 신고를 하지 아니하고 영업을 한 자

㉰ 관광사업의 시설 중 부대시설 외에 시설을 타인에게 경영하게 한 자

㉱ 검사를 받아야 하는 시설을 검사를 받지 아니하고 이를 이용하여 영업을 한 자

㉲ 검사를 받지 아니하거나 검사 결과 공인 기준 등에 맞지 아니한 카지노 기구를 이용하여 영업을 한 자

㉳ 검사 합격 증명서를 훼손하거나 제거한 자

㉴ 카지노 사업자 등의 준수 사항 규정을 위반한 자

㉵ 사업 정지 처분을 위반하여 사업 정지 기간에 영업을 한 자

㉶ 개선 명령을 위반한 자

㉷ 뇌물을 주고받아 규정에 위반한 자

㉸ 보고 또는 서류의 제출을 하지 아니하거나 거짓으로 보고를 한 자나 관계 공무원의 출입, 검사를 거부, 방해하거나 기피한 자

② **등록을 하지 아니하고 야영장을 경영**한 자는 2년 이하의 징역 또는 2천만 원 이하의 벌금에 처한다. 이 경우 징역과 벌금은 병과할 수 있다.

(4) 1년 이하의 징역 또는 1천만 원 이하의 벌금(제84조)

① 유원시설업의 변경 허가를 받지 아니하거나 변경 신고를 하지 아니하고 영업을 한 자

② 유원시설업의 신고를 하지 아니하고 영업을 한 자

③ 안전성검사를 받지 아니하고 유기 시설 또는 유기 기구를 설치한 자

④ 법령에 위반하여 제조한 유기 시설·유기 기구 또는 유기 기구의 부분품을 설치하거나 사용한 자

⑤ 관할 등록기관의 장이 발한 명령에 위반한 자

⑥ 물놀이형 유원시설 등의 안전, 위생 기준을 지키지 아니한 경우에 해당되어 관할 등록기관 등의 장이 발한 명령을 위반한 자

⑦ 고의로 여행 계약을 위반한 경우(여행업자만 해당)에 해당되어 관할 등록기관 등의 장이 발한 개선 명령을 위반한 자

⑧ 규정에 위반하여 조성 사업을 한 자

6-3 과태료(제86조)

(1) 유원시설업자는 그가 관리하는 유기 시설 또는 유기 기구로 인하여 대통령령으로 정하는 중대한 사고가 발생한 때에는 즉시 사용 중지 등 필요한 조치를 취하여 문화체육관광부령으로 정하는 바에 따라 특별자치도지사, 시장, 군수, 구청장에게 통보하여야 하는데 이에 따른 통보를 하지 아니한 자에게 500만 원 이하의 과태료를 부과한다.

(2) **100만 원 이하의 과태료**

① 관광 **표지의 부착**의 규정에 위반한 자

② **카지노 사업자의 영업 준칙**을 준수하지 아니한 자

③ 안전 교육을 받지 아니한 자

④ 안전 관리자에게 안전 교육을 받도록 하지 아니한 자

⑤ 관광 통역 안내의 자격이 없는 사람은 외국인 관광객을 대상으로 하는 관광 안내를 하여서는 아니 되는데 이에 위반하여 관광 통역 안내를 한 자

⑥ 자격증을 패용하지 아니한 자

⑦ **인증을 받지 아니한** 교육 프로그램 또는 교육과정에 인증 표시를 하거나 이와 유사한 표시를 한 자

(3) 과태료는 대통령령으로 정하는 바에 따라 관할 등록기관 등의 장이 부과 징수한다.

1 관광에 관한 사업을 하는 지방자치단체, 관광사업자 단체 또는 관광사업자에게 대통령령으로 정하는 바에 따라 보조금을 지급할 수 있는 주체는 누구인가?

① 대통령   ② 문화체육관광부장관
③ 시 · 도지사   ④ 한국관광공사

2 국고보조금을 지급받는 보조 사업자는 일정한 사실이 발생한 경우에는 지체 없이 문화체육관광부장관에게 신고하여야 하는데, 이에 해당하지 않는 것은?

① 보조금 사용처를 변경한 경우   ② 성명이나 주소를 변경한 경우
③ 해산하거나 파산한 경우   ④ 사업을 시작하거나 종료한 경우

 해설 보조 사업자가 지체 없이 문화체육관광부장관에게 신고하여야 하는 사항에 보조금 사용처를 변경한 경우는 해당하지 않고, 정관이나 규약을 변경한 경우가 추가적으로 해당한다.

3 다음은 재정 지원에 관한 내용이다. (   )에 적절한 내용은?

> 공유 재산의 임대료 감면율은 (   )의 범위 내에서 (   )로 정한다.

① 100분의 20, 대통령령   ② 100분의 30, 문화체육관광부령
③ 100분의 20, 문화체육관광부령   ④ 100분의 30, 해당 지방자치단체의 조례

4 관할 등록기관의 장이 청문을 해야 하는 처분에 해당하지 않는 것은?

① 관광사업의 등록 등이나 사업 계획 승인의 취소
② 관광 종사원 자격의 정지
③ 문화관광해설사 양성을 위한 교육 프로그램 또는 교육과정 인증의 취소
④ 민간 개발자에 대한 관광단지 조성 계획 승인의 취소

 해설 청문을 해야 하는 처분의 경우는 관광 종사원 자격의 정지가 아닌 관광 종사원 자격의 취소이다.

정답 1 ② 2 ① 3 ④ 4 ②

5 문화체육관광부장관 또는 시 · 도지사 및 시장, 군수, 구청장은 다음의 권한의 전부 또는 일부를 대통령령이 정하는 바에 따라 한국관광공사, 협회, 지역별 · 업종별 관광협회 및 대통령령으로 정하는 전문 연구 · 검사 기관이나 자격 검정 기관에 위탁할 수 있다. 이에 해당하지 않는 것은?

① 관광편의시설업의 지정 및 지정 취소　　② 관광숙박업의 등급 결정

③ 카지노 기구의 검사　　　　　　　　　　④ 관광객의 안전 교육

 해설　문화체육관광부장관 또는 시 · 도지사 및 시장, 군수, 구청장이 권한의 전부 또는 일부를 대통령령이 정하는 바에 따라 위탁할 수 있는 경우는 관광객의 안전 교육이 아닌 안전 관리자의 안전 교육이다.

---

6 등록기관 등의 장의 권한 위탁에 관한 내용이다. 그 연결이 잘못된 것은?

① 관광편의시설업 중 관광식당업, 관광사진업 및 여객자동차터미널시설업의 지정 및 지정 취소에 관한 권한 : 지역별 관광협회

② 국외여행 인솔자의 등록 및 자격증 발급에 관한 권한 : 업종별 관광협회

③ 문화체육관광부장관의 우수 숙박 시설의 지정 및 지정 취소에 관한 권한 : 한국관광협회중앙회

④ 카지노 기구의 검사에 관한 권한 : 문화체육관광부장관이 지정하는 검사 기관

 해설　문화체육관광부장관의 우수 숙박 시설의 지정 및 지정 취소에 관한 권한은 한국관광공사에 위탁한다.

---

7 업무의 위탁에 관한 내용으로 옳지 않은 것은?

① 문화관광해설사의 양성 교육과정 등의 인증 및 인증의 취소에 관한 권한은 한국관광공사에게 위탁한다.

② 위탁받은 업무를 수행한 지역별 관광협회는 이를 시 · 도지사에게 보고하여야 한다.

③ 시 · 도지사는 지역별 관광협회로부터 보고받은 사항을 분기별로 종합하여 다음 달 10일까지 문화체육관광부장관에게 보고하여야 한다.

④ 위탁받은 업무를 수행한 한국관광공사, 협회, 업종별 관광협회 및 한국산업인력공단은 인증 및 인증의 취소에 관한 업무를 수행한 경우에는 이를 분기별로 종합하여 다음 분기 10일까지 문화체육관광부장관에게 보고하여야 한다.

 해설　시 · 도지사는 지역별 관광협회로부터 보고받은 사항을 매월 종합하여 다음 달 10일까지 문화체육관광부장관에게 보고하여야 한다.

정답　5 ④　6 ③　7 ③

8 다음의 자격시험, 등록 및 자격증의 발급에 관한 권한 중에서 한국관광공사에 위탁해서 이루어지는 업무가 아닌 것은?

① 관광통역안내사 　② 호텔경영사 　③ 호텔관리사 　④ 호텔서비스사

 해설 | 관광 종사원 중 국내여행안내사 및 호텔서비스사의 자격시험, 등록 및 자격증의 발급에 관한 권한은 협회에 위탁한다.

9 3년 이하의 징역 또는 3천만 원 이하의 벌금에 해당하지 않는 사항은?

① 법령에 위반되는 카지노 기구를 설치하거나 사용하는 행위
② 허가를 받지 아니하고 유원시설업을 경영한 자
③ 규정을 위반하여 시설을 분양하거나 회원을 모집한 자
④ 사용 중지 등의 명령을 위반한 자

 해설 | 법령에 위반되는 카지노 기구를 설치하거나 사용하는 행위는 5년 이하의 징역 또는 5천만 원 이하의 벌금에 해당한다.

10 1년 이하의 징역 또는 1천만 원 이하의 벌금에 해당하지 아니하는 경우는?

① 등록을 하지 아니하고 야영장을 경영한 자
② 안전성검사를 받지 아니하고 유기 시설 또는 유기 기구를 설치한 자
③ 관할 등록기관의 장이 발한 명령에 위반한 자
④ 규정에 위반하여 조성 사업을 한 자

 해설 | 등록을 하지 아니하고 야영장을 경영한 자는 2년 이하의 징역이나 2천만 원 이하의 벌금에 처한다. 이 경우 징역과 벌금을 병과할 수 있다.

11 100만 원 이하의 과태료가 부과되는 경우가 아닌 것은?

① 카지노 사업자의 영업 준칙을 준수하지 아니한 자
② 안전 관리자에게 안전 교육을 받도록 하지 아니한 자
③ 인증을 받지 아니한 교육 프로그램 또는 교육과정에 인증 표시를 하거나 이와 유사한 표시를 한 자
④ 유원시설업의 신고를 하지 아니하고 영업을 한 자

 해설 | 유원시설업의 신고를 하지 아니하고 영업을 한 자의 경우 1년 이하의 징역 또는 1천만 원 이하의 벌금에 처한다.

정답 | 8 ④ 　9 ① 　10 ① 　11 ④

7. 관광진흥법시행령/시행규칙 중요 내용

(1) 행정처분 일반 기준

처분권자는 위반 행위의 동기, 내용, 횟수 및 위반의 정도 등 다음의 사항을 고려하여 그 처분을 감경할 수 있다. 이 경우 그 처분이 사업 정지인 경우에는 그 처분 기준의 2분의 1의 범위에서 감경할 수 있다.

① 위반 행위가 고의나 중대한 과실이 아닌 사소한 부주의나 오류로 인한 것으로 인정되는 경우

② 위반의 내용, 정도가 경미하여 소비자에게 미치는 피해가 적다고 인정되는 경우

③ 위반 행위자가 처음 해당 위반 행위를 한 경우로서 5년 이상 관광사업을 모범적으로 해온 사실이 인정되는 경우

④ 위반 행위자가 해당 위반 행위로 인하여 검사로부터 기소유예 처분을 받거나 법원으로부터 선고유예의 판결을 받은 경우

(2) 행정처분 개별 기준

허가 대상 유원시설업의 경우	1차	2차	3차	4차
문화체육관광부령으로 정하는 중요 사항에 대하여 변경 허가를 받지 아니하고 변경한 경우	사업 정지 5일	사업 정지 10일	사업 정지 20일	취소
법에 위반하여 사실과 다르게 관광 표지를 붙이거나 관광 표지에 기재되는 내용을 사실과 다르게 표시 또는 광고하는 행위를 한 경우	시정 명령	사업 정지 1개월	사업 정지 2개월	취소 (신고 업종의 경우에는 사업 정지 3개월)
법에 따른 기획여행의 실시 요건 또는 실시 방법을 위반하여 기획여행을 실시한 경우	사업 정지 15일	사업 정지 1개월	사업 정지 3개월	취소
법에 따른 등록을 하지 않은 자에게 국외여행을 인솔하게 한 경우	사업 정지 10일	사업 정지 20일	사업 정지 1개월	사업 정지 3개월
법을 위반하여 안전 정보 또는 변경된 안전 정보를 제공하지 않은 경우	시정 명령	사업 정지 5일	사업 정지 10일	취소
법을 위반하여 여행자의 사전 동의 없이 여행 일정(선택 관광 일정을 포함)을 변경한 경우	시정 명령	사업 정지 10일	사업 정지 20일	취소

(3) 위반 행위별 과징금 부과 기준

해당 자격이 없는 자를 종사하게 한 경우 또는 기획여행에 따른 기획여행의 실시 요건 또는 실시 방법을 위반하여 기획여행을 실시한 경우(일반여행업-800만 원, 국외여행업-400만 원), 여행 계약서(여행 일정표 및 약관을 포함) 및 보험 가입 등을 증명할 수 있는 서류를 여행

자에게 내주지 아니한 경우/여행자의 사전 동의 없이 여행 일정(선택 관광 일정을 포함한다)을 변경한 경우(일반여행업 – 800만 원, 국외여행업 – 400만 원, 국내여행업 – 200만 원)

최신기출 2016. 4. 9 시행

관광진흥법상 관할 등록기관 등의 장이 등록 등 또는 사업 계획의 승인을 취소할 수 있는 경우가 아닌 것은?

① 기획여행의 실시 방법을 위반하여 기획여행을 실시한 경우

② 관광 표지에 기재하는 내용을 사실과 다르게 표시 또는 광고하는 행위를 한 경우

③ 여행자의 사전 동의 없이 여행 일정을 변경하는 경우

④ 국외여행 인솔자의 등록을 하지 아니한 자에게 국외여행을 인솔하게 한 경우

 해설 법에 따른 등록을 하지 아니한 자에게 국외여행을 인솔하게 한 경우 사업 정지의 행정처분이 가능하다.

정답 ④번

---

(4) 유원시설업의 개별 기준

① 종합유원시설업

  ㈎ 대지 면적은 **4만 m²** 이상이어야 한다.

  ㈏ 안전성검사 대상 유기 시설 또는 유기 기구 **6종 이상**을 설치하여야 한다.

  ㈐ 발전 시설, 의무 시설 및 안내소를 설치하여야 한다.

  ㈑ 음식점 시설 또는 매점을 설치하여야 한다.

② 일반유원시설업

  ㈎ 안전성검사 대상 유기 시설 또는 유기 기구 **1종 이상**을 설치하여야 한다.

  ㈏ 안내소를 설치하고, 구급약품을 비치하여야 한다.

③ 기타유원시설업

  ㈎ 대지 면적은 **40 m²** 이상이어야 한다.

  ㈏ 안전성검사 대상이 아닌 유기 시설 또는 유기 기구 **1종 이상**을 설치하여야 한다.

> **참고** 외국인관광 도시민박업(관광객이용시설업)의 개별 기준은 건물의 연면적이 **230 m² 미만**일 것, 외국어 안내 서비스가 가능한 체제를 갖출 것 등이다.

(5) 관광편의시설업의 지정 기준

① 특별자치도지사, 시장, 군수, 구청장 또는 지역별 관광협회는 관광진흥법에 따른 관광편의시설업자 신청을 받은 경우 그 신청 내용이 지정 기준에 적합하다고 인정되는 경우에는

관광진흥법에 따른 관광편의시설업 지정증을 신청인에게 발급하고, **관광편의시설업자 지정 대상에 상호 또는 명칭, 대표자 및 임원의 성명, 주소, 사업장의 소재지를 기재**하여야 한다.

② 관광유흥음식점업 : 건물은 연면적이 **특별시의 경우에는 330 m² 이상, 그 밖의 지역은 200 m² 이상**으로 한국적 분위기를 풍기는 아담하고 우아한 건물일 것, 관광객의 수용에 적합한 다양한 규모의 방을 두고 실내는 고유의 한국적 분위기를 풍길 수 있도록 서화, 문갑, 병풍 및 나전칠기 등으로 장식할 것, 영업장 내부의 노랫소리 등이 외부에 들리지 아니하도록 방음장치를 갖출 것 등이 요구된다.

③ 관광극장유흥업 : 건물 연면적은 **1,000 m² 이상**으로 하고, 홀 면적(무대 면적을 포함)은 **500 m² 이상**으로 할 것, 관광객에게 민속과 가무를 감상하게 할 수 있도록 특수 조명 장치 및 배경을 설치한 **50 m² 이상의 무대**가 있을 것, 영업장 내부의 노랫소리 등이 외부에 들리지 아니하도록 **방음장치**를 갖출 것 등이 요구된다.

④ 외국인전용 유흥음식점업 : 홀 면적(무대 면적을 포함)은 **100 m² 이상**으로 할 것, 홀에는 노래와 춤 공연을 할 수 있도록 **20 m² 이상의 무대**를 설치하고, 특수 조명 시설 및 방음장치를 갖출 것 등이 요구된다.

⑤ 관광식당업 : 한국 전통 음식을 제공하는 경우에는 「국가기술자격법」에 따른 해당 조리사 자격증 소지자를 둘 것, 특정 외국의 전문 음식을 제공하는 경우에는 다음의 요건 중 1개 이상의 요건을 갖춘 자를 둘 것 등이 요구된다. 그 요건에는 해당 외국에서 전문 요리사 자격을 취득한 자, 「국가기술자격법」에 따른 해당 조리사 자격증 소지자로서 해당 분야에서의 조리 경력이 3년 이상인 자, 해당 외국에서 **6개월 이상**의 조리 교육을 이수한 자 등이 포함된다.

⑥ 관광펜션업 : 자연 및 주변 환경과 조화를 이루는 **3층 이하**의 건축물일 것, 객실이 **30실 이하**일 것, 취사 및 숙박에 필요한 설비를 갖출 것, 바비큐장, 캠프파이어장 등 주인의 환대가 가능한 1종류 이상의 이용 시설을 갖추고 있을 것(다만, 관광 펜션이 수 개의 건물 등으로 이루어진 경우에는 그 시설을 공동으로 설치할 수 있다), 숙박 시설 및 이용 시설에 대하여 외국어 안내 표기를 할 것 등이 요구된다.

⑦ 관광궤도업 : 자연 또는 주변 경관을 관람할 수 있도록 개방되어있거나 밖이 보이는 창을 가진 구조일 것, 안내 방송 등 외국어 안내 서비스가 가능한 체제를 갖추고 있을 것 등이 요구된다.

⑧ 한옥체험업 : 한 종류 이상의 전통문화 체험에 적합한 시설을 갖추고 있을 것, 이용자의 불편이 없도록 욕실이나 샤워 시설 등 편의 시설을 갖출 것 등이 요구된다.

(6) 관광사업장 표지의 소재

놋쇠, 그림을 제외한 바탕색은 녹색, 표지의 두께는 5 mm로 한다.

(7) 관광 식당 표지

흰색 바탕에 원은 오렌지색, 글씨는 검은색, 크기와 제작 방법은 문화체육관광부장관이 별도로 정한다. 지정권자의 표기는 한글, 영문 또는 한문 중 하나를 선택하여 사용한다.

(8) 호텔업의 등급 결정 기준

구 분	5성급	4성급	3성급	2성급	1성급
결정 기준 (만점 기준)	90% 이상	80% 이상	70% 이상	60% 이상	50% 이상
표지 바탕 색상	고궁갈색	전통감청색	전통감청색	전통감청색	전통감청색

최신기출 2016. 4. 9 시행

2015년 변경된 호텔 신등급(별등급)에서 등급별 표지 연결이 옳지 않은 것은?

> 등급 − 별 개수 − 표지 바탕 색상

① 5성급 − 별 5개 − 고궁갈색
② 4성급 − 별 4개 − 고궁갈색
③ 3성급 − 별 3개 − 전통감청색
④ 2성급 − 별 2개 − 전통감청색

 해설 4성급 호텔은 전통감청색으로 표시한다.

정답 ②번

(9) 카지노업 영업 준칙

① 카지노 사업자는 카지노업의 건전한 발전과 원활한 영업 활동, 효율적인 내부 통제를 위하여 필요한 조직과 인력을 갖추어 **1일 8시간 이상 영업**하여야 한다.

② 카지노 사업자는 전산 시설, 출납 창구, 환전소, 카운트 룸, 폐쇄 회로, 고객 편의 시설, 통제구역 등 영업 시설을 갖추어 영업을 하고, 관리 기록을 유지하여야 한다.

③ 카지노 영업장에는 게임기구와 칩스, 카드 등의 기구를 갖추어 게임 진행의 원활을 기하고, 게임테이블에는 **드롭박스를 1개씩 부착**하여야 하며, **베팅 금액 한도표를 설치**하여야 한다.

④ **머신게임의 이론적 배당률은 75% 이상**으로 하고 배당률과 실제 배당률이 **5% 이상** 차이가 있는 경우 카지노 검사 기관에 즉시 통보하여 카지노 검사 기관의 조치에 응하여야 한다.

⑤ 카지노 사업자는 게임을 할 때 게임 종류별 일반 규칙과 개별 규칙에 따라 게임을 진행하여야 한다.

⑽ 폐광 지역 카지노 사업자의 영업 준칙

① 카지노 영업소는 회원용 영업장과 일반 영업장으로 구분하여 운영하여야 하며, 일반 영업장에서는 주류를 판매하거나 제공하여서는 아니 된다.

② **매일 오전 6시부터 오전 10시까지는** 영업을 하여서는 아니 된다.

③ 테이블게임에 거는 금액의 최고 한도액은 일반 영업장의 경우에는 테이블별로 정하되, 1인당 1회 10만 원 이하로 하여야 한다. 다만, 일반 영업장 전체 테이블의 2분의 1의 범위에서는 1인당 1회 30만 원 이하로 정할 수 있다.

④ 머신게임에 거는 금액의 최고 한도는 1회 2천 원으로 한다. 다만, 비디오 포커게임기는 2천500원으로 한다.

⑤ 카지노 이용자에게 자금을 대여하여서는 아니 된다.

⑥ 카지노가 있는 호텔이나 영업소의 내부 또는 출입구 등 주요 지점에 폐쇄 회로 텔레비전을 설치하여 운영하여야 한다.

⑦ 카지노 이용자의 비밀을 보장하여야 하며, 카지노 이용자에 관한 자료를 공개하거나 누출하여서는 아니 된다. 다만, 배우자 또는 직계존비속이 요청하거나 공공 기관에서 공익적 목적으로 요청한 경우에는 자료를 제공할 수 있다.

⑧ 사망, 폭력 행위 등 사고가 발생한 경우에는 즉시 문화체육관광부장관에게 보고하여야 한다.

⑨ 회원용 영업장에 대한 운영·영업 방법 및 카지노 영업장 출입일수는 **내규**로 정하되, **미리** 문화체육관광부장관의 승인을 받아야 한다.

⑾ 안전 관리자 배치 기준

① 안전성검사 대상 유기 기구 1종 이상 10종 이하를 운영하는 사업자의 경우 1명 이상

② 안전성검사 대상 유기 기구 11종 이상 20종 이하를 운영하는 사업자의 경우 2명 이상

③ 안전성검사 대상 유기 기구 21종 이상을 운영하는 사업자의 경우 3명 이상

⑿ 유원시설업자의 준수 사항

① 종합 및 일반유원시설업자는 안전 관리자를 상시 배치하고, 안전 관리자가 그 업무를 적절하게 수행하도록 지도·감독하는 등 유원 시설 및 유기 기구를 안전하게 관리하여야 하며, 안전 관리자가 작성한 안전 점검 일지를 2년 이상 보관하여야 한다.

② 기타유원시설업자는 본인 스스로 또는 운행자로 하여금 매일 1회 이상 유기 시설 및 유기 기구에 대한 안전 점검을 하고, 그 결과를 안전 점검 기록부에 기록하여 2년 이상 보관하여야 하며, 이용자가 보기 쉬운 곳에 유기 시설 또는 유기 기구별로 안전 점검 표시판을 게시하여야 한다.

③ 1년 **미만**으로 영업허가를 받거나 신고한 유원시설업자는 안전 점검 일지 또는 일일 안전 점검 기록부를 **매주** 특별자치도지사, 시장, 군수, 구청장에게 제출하여야 한다.

④ 유원시설업자는 종사자에 대한 안전 교육을 **매주 1회 이상**하도록 하고, 그 교육 일지를 기록·비치하여야 하며, 비정규 직원의 신규 채용 시에는 **사전 교육을 4시간 이상** 하고 그 교육 일지를 기록·비치하여야 한다.

⑤ 영업소의 명칭은 허가 또는 신고된 영업소의 명칭(상호)을 표시하여야 한다.

⑥ 조명은 **60 Lux 이상**이 되도록 유지하여야 한다.

⒀ 관광진흥법령상 유원시설업자 중 물놀이형 유기 시설 또는 유기 기구를 설치한 자가 지켜야 하는 안전, 위생 기준

① 이용자가 쉽게 볼 수 있는 곳에 수심 표시를 하여야 한다.

② 풀의 물이 1일 3회 이상 여과기를 통과하도록 하여야 한다.

③ 음주 등으로 정상적인 이용이 곤란하다고 판단될 때에는 음주자 등의 이용을 제한하여야 한다.

④ 사업자는 영업 중인 물놀이형 유기시설, 유기기구 사업장에 「의료법」에 따른 간호사 또는 「간호조무사 및 의료유사업자에 관한 규칙」에 따른 **간호조무사**를 1명 이상 배치하여야 한다.

⒁ 관광 종사원 시험의 종류

관광통역안내사, 국내여행안내사, 호텔경영사, 호텔관리사, 호텔서비스사 등이 있다.

⒂ 시험의 면제 기준

① **4년 이상** 해당 언어권의 외국에서 근무하거나 유학을 한 경력이 있는 자 및 「초·중등교육법」에 따른 중·고등학교 또는 고등기술학교에서 해당 외국어를 **5년 이상** 계속하여 강의한 자에 대하여 해당 외국어 시험을 면제할 수 있다.

② 문화체육관광부장관이 정하여 고시하는 교육기관에서 실시하는 **60시간 이상**의 실무 교육과정을 이수한 사람에 대하여 필기시험 중 관광법규 및 관광학개론 과목을 면제한다.

⒃ 관광 종사원에 대한 행정처분 기준

① 관광 종사원으로서 직무를 수행하는 데에 **부정 또는 비위 사실**이 있는 경우

(가) 1차 위반의 경우 자격 정지 1개월

(나) 2차 위반의 경우 자격 정지 3개월

(다) 3차 위반의 경우 자격 정지 5개월

(라) 4차 위반의 경우 **자격 취소**

② 국내여행 안내 및 호텔 경영, 관리, 호텔서비스 부문에서 활동하는 관광 종사원의 자격증 대여를 금지하고 이를 위반한 경우 그 자격을 취소한다.

⒄ 문화관광해설사 양성 교육과정(교육 프로그램)

교육과목과 교육시간(합계 100시간)으로 구분하여보면, 기본 소양이 5시간, 지역의 문화, 역사, 관광, 산업이 32시간, 해설 안내 기법이 12시간, 외국어(영어, 일본어, 중국어)가 10시간, 컴퓨터가 10시간, 안전 관리 및 응급처치가 10시간, 수화가 5시간, 관광객의 심리 및 특성이 8시간, 관광객 유형별 특성 및 접근 전략이 8시간 등이다.

⒅ 문화관광해설사 평가 기준(이론)

합계 100점이고 비중 70%이다. 세부적으로는 기본 소양이 5점, 지역의 문화, 역사, 관광, 산업이 35점, 외국어(영어, 일본어, 중국어)가 10점, 컴퓨터가 10점, 안전 관리 및 응급처치가 10점, 수화가 10점, 관광객의 심리 및 특성이 10점, 관광객 유형별 특성 및 접근 전략이 10점 등이다.

⒆ 관광특구 지정 요건의 세부 기준(시설 종류/구비 기준)

① 공공 편익 시설, **관광 안내 시설**(관광 안내소, 외국인 통역 안내소, 관광지 표지판)
② **숙박 시설**(관광호텔, 수상관광호텔, 한국전통호텔, 가족호텔 및 휴양콘도미니엄)
③ 휴양, 오락 시설, 접객 시설, 상가 시설(1개소 이상일 것)

1 처분권자는 위반 행위의 동기, 내용, 횟수 및 위반의 정도 등 다음의 사항을 고려하여 그 처분을 감경할 수 있다. 이 경우 그 처분이 사업 정지인 경우에는 그 처분 기준의 2분의 1의 범위에서 감경할 수 있다. 고려할 사항으로 잘못된 것은?

① 위반 행위가 고의나 중대한 과실이 아닌 사소한 부주의나 오류로 인한 것으로 인정되는 경우

② 위반의 내용, 정도가 경미하여 소비자에게 미치는 피해가 적다고 인정되는 경우

③ 위반 행위자가 처음 해당 위반 행위를 한 경우로서 3년 이상 관광사업을 모범적으로 해온 사실이 인정되는 경우

④ 위반 행위자가 해당 위반 행위로 인하여 검사로부터 기소유예 처분을 받거나 법원으로부터 선고유예의 판결을 받은 경우

해설 위반 행위자가 처음 해당 위반 행위를 한 경우로서 5년 이상 관광사업을 모범적으로 해온 사실이 인정되는 경우가 고려 사항이다.

2 등록을 하지 않은 자에게 국외여행을 인솔하게 한 경우 행정처분의 개별 기준으로 옳은 것은?

① 1차의 경우 사업 정지 15일　　　② 2차의 경우 사업 정지 20일

③ 3차의 경우 사업 정지 3개월　　　④ 4차의 경우 사업 정지 6개월

3 관광식당업에서 특정 외국의 전문 음식을 제공하는 경우에는 다음의 요건 중 1개 이상의 요건을 갖춘 자를 두어야 한다. 이에 해당하지 않는 자는?

① 해당 외국에서 전문 요리사 자격을 취득한 자

②「국가기술자격법」에 따른 해당 조리사 자격증 소자자로서 해당 분야에서의 조리 경력이 3년 이상인 자

③ 해당 외국에서 6개월 이상의 조리 교육을 이수한 자

④「국가기술자격법」에 따른 해당 조리사 자격증 소자자로서 해당 분야에서의 조리 경력이 1년 이상인 자

정답 1 ③　2 ②　3 ④

4 일반여행업과 국외여행업의 경우 해당 자격이 없는 자를 종사하게 한 경우 위반 행위별 과징금 부과 기준으로 옳은 것은?

① 일반여행업 – 800만 원, 국외여행업 – 400만 원
② 일반여행업 – 800만 원, 국외여행업 – 800만 원
③ 일반여행업 – 400만 원, 국외여행업 – 400만 원
④ 일반여행업 – 800만 원, 국외여행업 – 600만 원

5 종합유원시설업의 기준으로 옳지 않은 것은?

① 대지 면적은 4만 m² 이상이어야 한다.
② 안전성검사 대상 유기 시설 또는 유기 기구 5종 이상을 설치하여야 한다.
③ 발전 시설, 의무 시설 및 안내소를 설치하여야 한다.
④ 음식점 시설 또는 매점을 설치하여야 한다.

 종합유원시설업의 경우 안전성검사 대상 유기 시설 또는 유기 기구 6종 이상을 설치하여야 한다.

6 관광펜션업에 대한 설명으로 옳지 않은 것은?

① 자연 및 주변 환경과 조화를 이루는 3층 이하의 건축물일 것
② 객실이 20실 이하일 것
③ 취사 및 숙박에 필요한 설비를 갖출 것
④ 숙박 시설 및 이용 시설에 대하여 외국어 안내 표기를 할 것

 관광펜션업의 경우 객실이 30실 이하일 것이 요구된다.

7 다음에서 설명하고 있는 지정 기준의 업종은?

> • 자연 또는 주변 경관을 관람할 수 있도록 개방되어있거나 밖이 보이는 창을 가진 구조일 것
> • 안내 방송 등 외국어 안내 서비스가 가능한 체제를 갖추고 있을 것

① 일반유원시설업 　　　　　　② 관광궤도업
③ 한옥체험업 　　　　　　　　④ 외국인 도시민박업

정답 4 ① 5 ② 6 ② 7 ②

8 관광 식당 표지에 대한 내용으로 옳지 않은 것은?

① 흰색 바탕에 원은 오렌지색으로 한다.

② 글씨는 검은색으로 한다.

③ 크기와 제작 방법은 대통령령으로 정한다.

④ 지정권자의 표기는 한글, 영문 또는 한문 중 하나를 선택하여 사용한다.

> 해설 관광 식당 표지 크기와 제작 방법은 문화체육관광부장관이 별도로 정한다.

9 호텔업의 등급 결정에 관한 사항이다. 3성급 호텔의 결정 기준은 만점 기준으로 어느 정도 이상인가?

① 90% 이상   ② 80% 이상   ③ 70% 이상   ④ 60% 이상

10 카지노업의 영업 준칙에 관한 내용으로 올바른 것은?

① 카지노 사업자는 카지노업의 건전한 발전과 원활한 영업 활동, 효율적인 내부 통제를 위하여 필요한 조직과 인력을 갖추어 1일 7시간 이상 영업하여야 한다.

② 카지노 전산 시설 검사 기관은 전산 시설, 출납 창구, 환전소, 카운트 룸, 폐쇄 회로, 고객 편의 시설, 통제 구역 등 영업 시설을 갖추어 영업을 하고, 관리 기록을 유지하여야 한다.

③ 카지노 영업장에는 게임기구와 칩스, 카드 등의 기구를 갖추어 게임 진행의 원활을 기하고, 게임테이블에는 드롭박스를 2개씩 부착하여야 하며, 베팅금액 한도표를 설치하여야 한다.

④ 머신게임의 이론적 배당률은 75% 이상으로 하고 배당률과 실제 배당률이 5% 이상 차이가 있는 경우 카지노 검사 기관에 즉시 통보하여 카지노 검사 기관의 조치에 응하여야 한다.

> 해설 ② 전산 시설, 출납 창구, 환전소, 카운트 룸, 폐쇄 회로, 고객 편의 시설, 통제 구역 등 영업 시설을 갖추어 영업을 하고, 관리 기록을 유지하여야 하는 주체는 카지노 사업자이다.

11 다음 중 관광 종사원 시험의 종류에 해당하지 않는 것은?

① 관광통역안내사   ② 국내여행안내사

③ 국외여행안내사   ④ 호텔경영사

 정답   8 ③   9 ③   10 ②   11 ③

12 유원시설업자의 준수 사항에 대한 내용으로 옳지 않은 것은?

① 종합 및 일반유원시설업자는 안전 관리자를 상시 배치하고, 안전 관리자가 그 업무를 적절하게 수행하도록 지도·감독하는 등 유원 시설 및 유기 기구를 안전하게 관리하여야 하며, 안전 관리자가 작성한 안전 점검 일지를 3년 이상 보관하여야 한다.

② 기타유원시설업자는 본인 스스로 또는 운행자로 하여금 매일 1회 이상 유기 시설 및 유기 기구에 대한 안전 점검을 하고, 그 결과를 안전 점검 기록부에 기록하여 2년 이상 보관하여야 한다.

③ 유원시설업자는 종사자에 대한 안전 교육을 매주 1회 이상 하도록 하고, 그 교육 일지를 기록·비치하여야 하며, 비정규 직원의 신규 채용 시에는 사전 교육을 4시간 이상 하고 그 교육 일지를 기록·비치하여야 한다.

④ 영업소의 명칭은 허가 또는 신고된 영업소의 명칭(상호)을 표시하여야 한다.

> **해설** 종합 및 일반유원시설업자는 안전 관리자가 작성한 안전 점검 일지를 2년 이상 보관하여야 한다.

13 관광 종사원으로서 직무를 수행하는 데 부정 또는 비위 사실이 있는 경우 행정처분 기준으로 옳지 않은 것은?

① 1차 위반 : 자격 정지 1개월

② 2차 위반 : 자격 정지 2개월

③ 3차 위반 : 자격 정지 5개월

④ 4차 위반 : 자격 취소

> **해설** 2차 위반의 경우 자격 정지 3개월이다.

14 폐광 지역 카지노 사업자의 영업 준칙에 관한 내용으로 옳지 않은 것은?

① 카지노 영업소는 회원용 영업장과 일반 영업장으로 구분하여 운영하여야 하며, 일반 영업장에서는 주류를 판매하거나 제공하여서는 아니 된다.

② 매일 오전 6시부터 오전 10시까지는 영업을 하여서는 아니 된다.

③ 사망, 폭력 행위 등 사고가 발생한 경우에는 즉시 문화체육관광부장관에게 보고하여야 한다.

④ 회원용 영업장에 대한 운영·영업 방법 및 카지노 영업장 출입일수는 조례로 정하되, 미리 문화체육관광부장관의 승인을 받아야 한다.

> **해설** 회원용 영업장에 대한 운영·영업 방법 및 카지노 영업장 출입일수는 내규로 정하되, 미리 문화체육관광부장관의 승인을 받아야 한다.

정답 12 ① 13 ② 14 ④

15 안전성검사 대상 유기 기구 21종 이상을 운영하는 사업자가 배치해야 하는 안전 관리자는 몇 명인가?

① 1명 이상   ② 2명 이상   ③ 3명 이상   ④ 4명 이상

16 관광진흥법령상 유원시설업자 중 물놀이형 유기 시설 또는 유기 기구를 설치한 자가 지켜야 하는 안전, 위생 기준으로 옳지 않은 것은?

① 이용자가 쉽게 볼 수 있는 곳에 수심 표시를 하여야 한다.

② 풀의 물이 1일 2회 이상 여과기를 통과하도록 하여야 한다.

③ 음주 등으로 정상적인 이용이 곤란하다고 판단될 때에는 음주자 등의 이용을 제한하여 야 한다.

④ 사업자는 영업 중인 물놀이형 유기 시설, 유기 기구 사업장에 「의료법」에 따른 간호사 또는 「간호조무사 및 의료유사업자에 관한 규칙」에 따른 간호조무사를 1명 이상 배치하 여야 한다.

✏️ 해설 풀의 물이 1일 3회 이상 여과기를 통과하도록 하여야 한다.

17 문화관광해설사 양성 교육과정(교육 프로그램)에 해당하지 않는 것은?

① 기본 소양   ② 지역의 문화, 역사, 관광, 산업

③ 외국어   ④ 관광 관련 법규

3장 관광진흥개발기금법

1972년 12월 29일   제정·공포

1. 목적

관광산업을 효율적으로 발전시키고 관광을 통한 외화 수입의 증대에 이바지하기 위하여 관광진흥개발기금을 설치하는 것을 목적으로 한다.

2. 관광진흥개발기금

(1) 기금의 설치 및 재원(제2조)

① 기금은 정부로부터의 출연금, 「관광진흥법」 제30조에 따른 납부금(카지노 사업자의 납부금), 출국 납부금, 기금의 운용에 따라 생기는 수익금과 그 밖의 재원 등으로 조성한다. 출국 납부금의 부과·징수의 절차 등에 필요한 사항은 **대통령령**으로 정한다.

② 국내 공항 및 항만을 통하여 출국하는 자로서 대통령령이 정하는 자는 1만 원의 범위 안에서 기금에 납부하여야 한다.

③ 납부금을 부과받은 자가 부과된 납부금에 대하여 이의가 있는 경우에는 부과받은 날부터 **60일 이내**에 문화체육관광부장관에게 이의를 신청할 수 있다.

④ 문화체육관광부장관은 이의 신청을 받았을 때에는 그 신청을 받은 날부터 **15일 이내**에 이를 검토하여 그 결과를 신청인에게 서면으로 알려야 한다.

⑤ 납부금의 부과, 징수 절차 등 : 납부금의 납부 대상 및 금액(시행령의 제1조의 2)

  ㈎ "대통령령이 정하는 자"란 다음의 어느 하나에 해당하는 자를 제외한 자를 말한다.
    외교관 여권이 있는 자, 2세(선박을 이용하는 경우에는 6세) 미만인 어린이, 국외로 입양하는 어린이와 그 호송인, 대한민국에 주둔하는 외국의 군인 및 군무원, 입국이 허용되지 아니하거나 거부되어 출국하는 자, 강제 퇴거 대상자 중 국비로 강제 출국되는 외국인, 공항 통과 여객으로서 다음의 어느 하나에 해당되어 보세 구역을 벗어난 후 출국하는 여객(항공기 탑승이 불가능하여 어쩔 수 없이 당일이나 그 다음 날 출국하는 경우, 공항이 폐쇄되거나 기상이 악화되어 항공기의 출발이 지연되는 경우, 항공기의 고장, 납치, 긴급 상황의 발생 등 부득이한 사유로 불시착한 경우, 관광을 목적으로 보세 구역을 벗어난 후 24시간 이내에 다시 보세 구역으로 들어오는 경우), 국제선 항공기 및 국제선 선박을 운항하는 승무원과 승무 교대를 위하여 출국하는 승무원 등이다.

   (나) 납부금의 금액은 1만 원으로 한다. 다만 선박을 이용하는 경우에는 1천 원으로 한다.

⑥ 납부금 부과 · 징수 업무의 위탁(제12조) : 문화체육관광부장관은 납부금의 부과 · 징수 업무를 **지방해양항만청장, 항만공사, 공항운영자**에게 각각 위탁한다(시행령 22조).

---

(2) 기금의 관리(제3조)

① 기금은 **문화체육관광부장관**이 관리한다.

② 문화체육관광부장관은 10인 이내의 민간 전문가를 고용한다. 민간 전문가는 계약직으로 하며 그 기간은 **2년을 원칙**으로 하되, 1년 단위로 연장할 수 있다(시행령 제1조의 4).

③ 여유 자금은 「은행법」과 그 밖의 법률에 따른 **금융기관**, 「우체국예금 · 보험에 관한 법률」에 따른 **체신 관서에 예치, 국 · 공채 등 유가증권의 매입**, 그 밖의 금융 상품의 매입 등으로 운용할 수 있다.

(3) 기금의 회계

① 기금의 회계연도는 정부의 회계연도에 따른다.

② 기금의 회계 기관 : 문화체육관광부장관은 소속 공무원 중에서 기금수입징수관, 기금재무관, 기금지출관, 기금출납공무원을 임명한 경우에는 **감사원장, 기획재정부장관** 및 **한국은행총재**에게 알려야 한다.

③ 기금 계정의 설치 : **문화체육관광부장관**은 **기금지출관**으로 하여금 **한국은행**에 관광진흥개발기금의 계정을 설치하도록 하여야 한다. 문화체육관광부장관은 지출 한도액을 배정한 경우에는 기획재정부장관과 한국은행총재에게 이를 알려야 한다. 기금재무관은 기금지출원인행위액보고서를, 기금지출관은 기금출납보고서를 그 행위를 한 달의 말일을 기준으로 작성하여 **다음 달 15일**까지 **기획재정부장관**에게 제출하여야 한다.

④ 결산 보고(시행령 제21조) : **문화체육관광부장관**은 회계 연도마다 기금의 결산 보고서를 작성하여 다음 연도 **2월 말일**까지 **기획재정부장관**에게 제출하여야 한다.

(4) 기금의 용도(제5조)

① 대여

㈎ 기금은 다음에 해당하는 용도로 대여할 수 있다.

㉮ 호텔을 비롯한 각종 관광시설의 건설 또는 개수

㉯ 관광을 위한 교통수단의 확보 또는 개수

㉰ 관광사업의 발전을 위한 기반시설의 건설 또는 개수

㉱ 관광지, 관광단지 및 관광특구 안에서의 관광 편의 시설의 건설 또는 개수

㈏ **문화체육관광부장관**은 한국산업은행이 기금의 대여 업무를 할 수 있도록 **한국산업은행**에 기금을 대여할 수 있다.

㈐ **한국산업은행의 은행장**은 대여 업무 계획에 따라 기금을 사용하려는 자로부터 대여 신청을 받으면 대여에 필요한 기금을 대여하여줄 것을 **문화체육관광부장관**에게 신청하여야 한다.

㈑ 기금의 대여 업무를 취급하는 **한국산업은행**은 문화체육관광부령으로 정하는 바에 따라 기금의 대여 상황을 **문화체육관광부장관**에게 보고하여야 한다. 한국산업은행은 매월 기금 사용 업체별 대여 금액, 대여 잔액 등 기금 대여 상황을 다음 달 **10일 이전**까지 보고하여야 한다.

㈒ **문화체육관광부장관**은 한국산업은행의 은행장과 기금을 대여받은 자에게 기금 운용에 필요한 사항을 명령하거나 감독할 수 있다.

② 대여 또는 보조 사업은 다음과 같다.

㈎ 국외여행자의 건전한 관광을 위한 교육 및 관광 정보의 제공 사업

㈏ 국내외 관광 안내 체계의 개선 및 관광 홍보 사업

㈐ 관광사업 종사자 및 관계자에 대한 교육 훈련 사업

㈑ 국민관광 진흥사업 및 외래 관광객 유치 지원 사업

㈒ 관광 상품 개발 및 지원 사업

㈓ 관광지 · 관광단지 및 관광특구에서의 공공 편익 시설 설치 사업

(사) 국제회의의 유치 및 개최 사업

(아) 장애인 등 소외 계층에 대한 국민관광 복지사업

(자) 전통 관광자원 개발 및 지원 사업

(차) 그밖에 관광사업의 발전을 위하여 필요한 것으로서 **대통령령으로 정하는 사업** 등이다.

> **참고** 대통령령으로 정하는 사업에는 여행업을 등록한 자나 카지노업을 허가받은 자의 해외 지사 설치, 관광사업체 운영의 활성화, 관광 진흥에 기여하는 문화 예술 사업, 지방자치단체나 관광단지 개발자 등의 관광지 및 관광단지 조성 사업, 관광지, 관광단지 및 관광특구의 문화, 체육 시설, 숙박 시설, 상가 시설로서 관광객 유치를 위하여 특히 필요하다고 문화체육관광부장관이 인정하는 시설의 조성, 관광 관련 국제 기구의 설치 등이 속한다.

③ **출자**가 가능한 사업은 다음과 같다.

(가) 관광지 및 관광단지의 조성 사업

(나) 국제회의 시설의 건립 및 확충 사업

(다) 관광사업에 투자하는 것을 목적으로 하는 투자 조합

(라) 그밖에 관광사업의 발전을 위하여 필요한 것으로서 집합 투자 기구 또는 사모 집합 투자 기구나 부동산 투자 회사에 의하여 투자되는 관광지 및 관광단지의 조성과 국제회의 시설의 건립과 확충에 대한 사업과 관광사업 등이다.

④ 목적 외의 사용 금지 등(제11조)

(가) 문화체육관광부장관은 기금의 대여를 신청한 자 또는 기금의 대여를 받은 자가 다음 각 호의 어느 하나에 해당하면 그 대여 신청을 거부하거나, 그 대여를 취소하고 지출된 기금의 전부 또는 일부를 회수한다.

㉮ 거짓이나 그 밖의 부정한 방법으로 대여를 신청한 경우 또는 대여를 받은 경우

㉯ 잘못 지급된 경우

㉰ 등록 · 허가 · 지정 또는 사업 계획 승인 등의 취소 또는 실효 등으로 기금의 대여 자격을 상실하게 된 경우

㉱ 대여 조건을 이행하지 아니한 경우

㉲ 기금을 대여 받은 후 등록 또는 변경 등록이나 사업 계획 변경 승인을 받지 못하여 기금을 대여받을 때에 지정된 목적 사업을 계속하여 수행하는 것이 현저히 곤란하거나 불가능한 경우

(나) 대여금 또는 보조금의 반환 통지를 받은 자는 그 통지를 받은 날부터 **2개월** 이내에 해당 대여금 또는 보조금을 반환하여야 한다.

(다) 다음의 어느 하나에 해당하는 자는 해당 기금을 대여받거나 보조받은 날부터 **3년 이내**에 기금을 대여받거나 보조받을 수 없다.

㉮ 기금을 목적 외의 용도에 사용한 자

㉯ 거짓이나 그 밖의 부정한 방법으로 기금을 대여받거나 보조받은 자

> **참고** **문화체육관광부장관**은 기금에서 관광 정책에 관하여 조사·연구하는 법인의 기본 재산 형성 및 조사, 연구 사업, 그 밖의 운영에 필요한 경비를 보조할 수 있다.

최신기출 **2016. 4. 9 시행**

관광진흥개발기금법령상 기금 대여의 취소 및 회수에 관한 내용으로 옳은 것은?

① 기금을 목적 외의 용도에 사용한 자는 그 사실이 발각된 날부터 3년 이내에 기금을 대여 받을 수 없다.

② 대여금 또는 보조금의 반환 통지를 받은 자는 그 통지를 받은 날부터 2개월 이내에 해당 대여금 또는 보조금을 반환하여야 한다.

③ 대여 조건을 이행하지 아니하였음을 이유로 그 대여를 취소하거나 지출된 기금을 회수할 수 없다.

④ 기금을 보조받은 자는 문화체육관광부장관의 승인을 얻은 경우에 한하여 지정된 목적 외의 용도에 기금을 사용할 수 있다.

정답 ②번

3. 기금운용위원회

(1) 기금운용위원회의 설치(제6조)

기금의 운용에 관한 종합적인 사항을 심의하기 위하여 **문화체육관광부장관 소속**으로 기금운용위원회를 둔다.

(2) 기금운용위원회의 구성(시행령 제4조)

① 기금운용위원회는 위원장 1명을 포함한 10명 이내의 위원으로 구성된다.

② 위원장은 문화체육관광부 제1차관이 되고, 위원은 다음의 사람 중에서 문화체육관광부장관이 임명하거나 위촉한다.

㉮ 기획재정부 및 문화체육관광부의 고위 공무원단에 속하는 공무원

(나) 관광 관련 단체 또는 연구 기관의 임원

(다) **공인회계사**의 자격이 있는 사람

(라) 기금의 관리·운용에 관한 전문 지식과 경험이 풍부하다고 인정되는 사람

(3) 회의(시행령 제6조)

① 위원회 회의는 위원장이 소집한다.

② 회의는 <u>재적 위원 과반수의 출석</u>으로 개의하고, <u>출석 위원 과반수의 찬성</u>으로 의결한다.

(4) 기금운용계획안의 수립 등(제7조)

① 문화체육관광부장관은 매년 「국가재정법」에 따라 기금운용계획안을 수립하여야 한다.

② 기금운용계획안을 **수립**하거나 기금운용계획을 **변경**하려면 위원회의 **심의**를 <u>거쳐야 한다</u>.

> **참고** 기금의 대하 이자율, 대여 이자율, 대여 기간 및 연체 이자율은 **위원회의 심의**를 거쳐 **문화체육관광부장관**이 기획재정부장관과 협의하여 **정**한다. 이를 **변경**하는 경우에도 또한 같다.

최신기출 2016. 4. 9 시행

관광진흥개발기금법령상 기금에 관한 내용으로 옳지 않은 것은?

① 기금은 문화체육관광부장관이 관리한다.

② 기금의 회계연도는 정부의 회계연도에 따른다.

③ 기금운용위원회의 위원장은 문화체육관광부장관이 된다.

④ 기금은 관광진흥법에 따라 카지노업을 허가받은 자의 해외 지사 설치 사업에 대여하거나 보조할 수 있다.

 해설 기금운용위원회 위원장은 문화체육관광부 제1차관이다.

정답 ③번

1 관광진흥개발기금법에 따른 기금의 재원으로 옳지 않은 것은?

① 정부로부터의 출연금　　　　② 카지노 납부금

③ 출국 납부금　　　　　　　　④ 지방자치단체로부터의 출연금

2 다음은 출국 납부금에 관한 내용이다. (　　)에 적절한 내용은?

> • 납부금을 부과받은 자가 부과된 납부금에 대하여 이의가 있는 경우에는 부과받은 날부터 (　　) 이내에 문화체육관광부장관에게 이의를 신청할 수 있다.
> • 문화체육관광부장관은 이의 신청을 받았을 때에는 그 신청을 받은 날부터 (　　) 이내에 이를 검토하여 그 결과를 신청인에게 서면으로 알려야 한다.

① 60일, 15일　　　② 30일, 15일　　　③ 60일, 30일　　　④ 30일, 30일

3 다음 중 출국 납부금의 납부 대상에 해당하는 자는?

① 항공기를 이용하는 25개월 된 어린이

② 선박을 이용하는 5세 어린이

③ 대한민국에 주둔하는 외국의 군인 및 군무원

④ 강제 퇴거 대상자 중 국비로 강제 출국되는 외국인

 해설　항공기 이용 시에는 2세(24개월) 미만의 어린이는 출국 납부금 납부 대상이 아니다.

4 기금 여유 자금의 운용 방법에 관한 내용으로 옳지 않은 것은?

①「은행법」과 그 밖의 법률에 따른 금융기관에 예치

②「우체국예금 · 보험에 관한 법률」에 따른 체신 관서에 예치

③ 국 · 공채 등 유가증권의 매입

④ 주식이나 채권의 매입

정답　1 ④　2 ①　3 ①　4 ④

5 공항 통과 여객으로서 보세 구역을 벗어난 후 출국하는 경우에 출국 납부금을 납부하지 않아도 되는 경우에 해당하지 않는 경우는?

① 항공기 탑승이 불가능하여 어쩔 수 없이 당일이나 그 다음 날 출국하는 경우

② 공항이 폐쇄되거나 기상이 악화되어 항공기의 출발이 지연되는 경우

③ 항공기의 고장, 납치, 긴급 상황의 발생 등 부득이한 사유로 불시착한 경우

④ 관광을 목적으로 보세 구역을 벗어난 후 48시간 이내에 다시 보세구역으로 들어오는 경우

 해설 관광을 목적으로 보세 구역을 벗어난 후 24시간 이내에 다시 보세 구역으로 들어오는 경우가 출국 납부금을 납부하지 않아도 되는 경우에 해당한다.

6 문화체육관광부장관이 출국 납부금의 부과·징수 업무를 위탁하는 대상으로 옳지 않은 것은?

① 해양항만청장　　　　　　　　　② 항만공사
③ 공항운영자　　　　　　　　　　④ 지방해양항만청장

7 관광진흥개발기금의 관리에 관한 내용으로 옳지 않은 것은?

① 기금은 문화체육관광부장관이 관리한다.

② 문화체육관광부장관은 10인 이내의 민간 전문가를 고용한다.

③ 문화체육관광부장관이 고용하는 민간 전문가는 계약직으로 하며 그 기간은 1년을 원칙으로 한다.

④ 문화체육관광부장관이 민간 전문가와 계약을 연장하는 경우 1년 단위로 한다.

 해설 문화체육관광부장관이 고용하는 민간 전문가는 계약직으로 하며 그 기간은 2년을 원칙으로 한다.

8 문화체육관광부장관이 소속 공무원 중에서 기금수입징수관, 기금재무관, 기금지출관, 기금출납공무원을 임명한 경우에 알려야 하는 대상에 해당하지 않는 것은?

① 산업은행장　　　　　　　　　　② 감사원장
③ 기획재정부장관　　　　　　　　④ 한국은행총재

9 문화체육관광부장관이 기금지출관으로 하여금 관광진흥개발기금의 계정을 설치하도록 하는 곳은 어디인가?

① 산업은행　　　② 농협　　　③ 한국은행　　　④ 한국수출입은행

정답 5 ④　6 ①　7 ③　8 ①　9 ③

10 다음 중 관광진흥개발기금의 대여 용도가 아닌 것은?

① 호텔을 비롯한 각종 관광시설의 건설 또는 개수

② 관광을 위한 교통수단의 확보 또는 개수

③ 관광사업의 발전을 위한 기반시설의 건설 또는 개수

④ 관광지, 관광단지 및 관광특구 안에서의 관광객 이용 시설의 건설 또는 개수

 해설 관광지, 관광단지 및 관광특구 안에서의 관광 편의 시설의 건설 또는 개수의 경우가 대여 용도에 해당한다.

11 한국산업은행의 은행장은 대여 업무 계획에 따라 기금을 사용하려는 자로부터 대여 신청을 받으면 대여에 필요한 기금을 대여하여줄 것을 누구에게 신청하여야 하는가?

① 대통령   ② 문화체육관광부장관

③ 한국은행장   ④ 기획재정부장관

12 한국산업은행의 은행장과 기금을 대여받은 자에게 기금 운용에 필요한 사항을 명령하거나 감독할 수 있는 자는 누구인가?

① 문화체육관광부장관   ② 한국은행장

③ 대통령   ④ 기획재정부장관

13 관광진흥개발기금의 대여 또는 보조 사업이라고 할 수 없는 것은?

① 국내여행자의 건전한 관광을 위한 교육 및 관광 정보의 제공 사업

② 국내외 관광 안내 체계의 개선 및 관광 홍보 사업

③ 관광사업 종사자 및 관계자에 대한 교육 훈련 사업

④ 국민관광 진흥사업 및 외래 관광객 유치 지원 사업

 해설 국외여행자의 건전한 관광을 위한 교육 및 관광 정보의 제공 사업이 관광진흥개발기금의 대여 또는 보조 사업이다.

14 해당 기금을 대여받거나 보조받은 날부터 3년 이내에 기금을 대여받거나 보조받을 수 없는 자에 해당하지 않는 자는?

① 기금을 목적 외의 용도에 사용한 자

② 거짓이나 그 밖의 부정한 방법으로 기금을 대여받은 자

③ 거짓이나 그 밖의 부정한 방법으로 기금을 보조받은 자

④ 기금을 목적한 용도에 사용했으나 효과가 없었던 자

정답   10 ④   11 ②   12 ①   13 ①   14 ④

15 대여금 또는 보조금의 반환 통지를 받은 자는 그 통지를 받은 날로부터 어느 기간 이내에 해당 대여금 또는 보조금을 반환하여야 하는가?

① 3개월

② 1개월

③ 2개월

④ 6개월

16 기금운용위원회에 대한 설명으로 옳지 않은 것은?

① 기금운용위원회는 문화체육관광부장관 소속이다.

② 기금운용위원회는 위원장 1인을 제외하고 10인 이내의 위원으로 구성된다.

③ 위원장은 문화체육관광부 제1차관이 된다.

④ 위원 중에는 관광 관련 단체 또는 연구 기관의 임원도 포함될 수 있다.

 해설 기금운용위원회는 위원장 1인을 포함한 10인 이내의 위원으로 구성된다.

4장 국제회의산업육성에 관한 법률

1996년 12월 30일 공포
(3월 경과 후부터 시행)

1. 목적(제1조)

국제회의의 유치를 촉진하고 그 원활한 개최를 지원하여 **국제회의산업을 육성, 진흥**함으로써 관광산업의 발전과 국민경제의 향상 등을 이바지함을 목적으로 한다.

2. 용어의 정의(제2조)

(1) 국제회의

　① 국제회의란 상당수의 외국인이 참가하는 회의(세미나, 토론회, 전시회 등을 포함)로서 대통령령이 정하는 종류와 규모에 해당하는 것을 말한다.

　② 국제회의의 종류, 규모(시행령 제2조)

　　㈎ 국제기구나 국제기구에 가입한 기관 또는 법인, 단체가 개최하는 회의로서 다음의 요건을 모두 갖춘 회의

　　　㉮ 해당 회의에 **5개국** 이상의 외국인이 참가할 것

　　　㉯ 회의 참가자가 **300명** 이상이고, 그중 외국인이 **100명** 이상일 것

　　　㉰ **3일** 이상 진행되는 회의일 것

　　㈏ 국제기구에 가입하지 아니한 기관 또는 법인, 단체가 개최하는 회의로서 다음의 요건을 모두 갖춘 회의

　　　㉮ 회의 참가자 중 외국인이 **150명** 이상일 것

　　　㉯ **2일** 이상 진행되는 회의일 것

국제회의산업육성에 관한 법률상 국제회의에 관한 설명으로 옳지 않은 것은?

① 국제기구나 국제기구에 가입한 기관 또는 법인, 단체가 개최하는 회의의 경우에는 3일 이상 진행되는 회의일 것을 요한다.

② 국제기구에 가입하지 아니한 기관 또는 법인, 단체가 개최하는 회의의 경우에는 5개국 이상의 외국인이 참가할 것을 요한다.

③ 2일 이상 진행되지 않는 회의는 국제회의에 해당하지 않는다.

④ 회의 참가자 중 외국인이 100명 미만인 회의는 국제회의에 해당하지 않는다.

정답 ②번

(2) 국제회의산업

국제회의의 유치와 개최에 필요한 국제회의시설, 서비스 등과 관련된 산업을 말한다.

(3) 국제회의시설

국제회의의 개최에 필요한 회의 시설, 전시 시설 및 이와 관련된 부대시설 등으로서 대통령령으로 정하는 종류와 규모에 해당하는 것을 말한다.

① 국제회의시설의 종류, 규모(시행령 제3조 제1항) 측면에서 국제회의시설은 전문회의시설, 준회의시설, 전시 시설 및 부대시설 등으로 구분된다.

② **전문회의시설**의 요건(시행령 제3조 제2항)

㉮ **2,000명** 이상의 인원을 수용할 수 있는 대회의 시설이 있을 것

㉯ **30명** 이상의 인원을 수용할 수 있는 중·소회의실이 **10실 이상** 있을 것

㉰ 옥내와 옥외의 전시 면적을 합쳐서 **2,000 ㎡ 이상** 확보하고 있을 것

③ **준회의시설**(시행령 제3조 제3항)의 요건

㉮ **200명** 이상의 인원을 수용할 수 있는 대회의실이 있을 것

㉯ **30명** 이상의 인원을 수용할 수 있는 중·소회의실이 **3실 이상** 있을 것

④ 전시 시설의 요건(시행령 제3조 제4항)

㉮ 옥내와 옥외 전시 면적을 합쳐서 **2,000 ㎡** 이상 확보하고 있을 것

㉯ **30명** 이상의 인원을 수용할 수 있는 중·소회의실이 **5실** 이상 있을 것

⑤ **부대시설** : 국제회의의 개최와 전시의 편의를 위하여 전문회의시설 및 전시 시설의 시설에 부속된 숙박 시설, 주차 시설, 음식물 시설, 휴식 시설, 판매 시설 등으로 한다.

(4) 국제회의도시

국제회의산업의 육성, 진흥을 위하여 문화체육관광부장관에 의해 지정된 **특별시, 광역시 또는 시**를 말한다.

(5) 국제회의전담조직

국제회의산업의 진흥을 위하여 각종 사업을 수행하는 조직을 말한다.

(6) 국제회의산업육성기반

국제회의시설, 국제회의 전문인력, 전자국제회의체제, 국제회의정보 등 국제회의 유치, 개최를 지원, 촉진하는 시설, 인력, 체제, 정보 등을 말한다.

(7) 국제회의복합지구

국제회의시설 및 국제회의집적시설이 집적되어있는 지역으로서 문화체육관광부장관의 승인을 받아 시·도지사가 지정한 지역을 말한다.

① 국제회의복합지구의 지정 요건 및 지정 면적

(가) 지정 요건 : **시·도지사**(특별시장, 광역시장, 특별자치시장, 도지사, 특별자치도지사)는 지정 대상 지역 내에 전문회의시설이 있고, 지정 대상 지역 내에서 개최된 회의에 참가한 외국인이 지정 연도의 전년도 기준 5천 명 이상이거나 지정 연도의 직전 3년간 평균 5천 명 이상이며, 국제회의집적시설로 지정할 수 있는 시설이 1개 이상 있고, 교통시설, 교통 안내 체계 등 편의 시설이 갖추어져 있을 것 등의 요건을 갖춘 지역을 **국제회의복합지구로 지정할 수 있다.** 지정 면적은 400만 제곱미터 이내이다.

(나) 시·도지사는 국제회의복합지구를 지정할 때에는 국제회의복합지구 육성, 진흥계획을 수립하여 **문화체육관광부장관의 승인**을 받아야 한다. 대통령령으로 정하는 중요한 사항(국제회의복합지구의 위치, 면적 또는 지정 목적)을 변경할 때에도 **문화체육관광부장관의 승인**을 받아야 한다.

(다) 시·도지사는 사업의 지연, 관리 부실 등의 사유로 지정 목적을 달성할 수 없는 경우 국제회의지구 지정을 해제할 수 있다. 이 경우 문화체육관광부장관의 승인을 받아야 한다.

(라) 시·도지사는 국제회의복합지구를 **지정**하거나 **지정을 변경**한 경우 또는 **지정을 해제**한 경우 **대통령령**으로 정하는 바에 따라 그 내용을 **공고**하여야 한다. 지정된 국제회의복합지구는 관광진흥법에 따른 관광특구로 본다.

(마) 국제회의복합지구 육성, 진흥계획에는 다음 사항이 포함되어야 한다.

㉮ 국제회의복합지구의 명칭, 위치 및 면적

㉯ 국제회의복합지구의 지정 목적

㉰ 국제회의시설 설치 및 개선 계획

㉱ 국제회의집적시설의 조성 계획

⑩ 회의 참가자를 위한 편의 시설의 설치·확충 계획

⑪ 해당 지역의 관광자원 조성·개발 계획

⑫ 국제회의복합지구 내 국제회의 유치·개최 계획

⑬ 관할 지역 내의 국제회의업 및 전시 사업자 육성 계획

⑭ 그밖에 국제회의복합지구의 육성과 진흥을 위하여 필요한 사항

> **참고** 시·도지사는 수립된 국제회의복합지구 육성, 진흥계획에 대하여 **5년**마다 그 타당성을 검토하고 국제회의복합지구 육성, 진흥계획의 변경 등 필요한 조치를 하여야 한다.

(8) 국제회의집적시설

국제회의복합지구 안에서 국제회의시설의 집적화 및 운영 활성화에 기여하는 숙박 시설, 판매 시설, 공연장 등으로서 문화체육관광부장관이 지정한 시설을 말한다.

① 국제회의집적시설로 지정할 수 있는 시설의 종류 및 규모 : 관광진흥법에 따른 관광숙박업 시설로서 100실 이상의 객실을 보유한 시설, 유통산업발전법에 따른 대규모 점포, 공연법에 따른 공연장으로서 500석 이상의 객석을 보유한 공연장 등이 있다.

② 국제회의집적시설의 지정 : **문화체육관광부장관**은 국제회의복합지구 내에 위치하면서 외국인 이용자를 위한 안내 체계와 편의 시설을 갖추고 있으며, 국제회의복합지구 내 전문회의시설과 업무 제휴 협약을 맺고 있는 시설을 **국제회의집적시설**로 **지정할 수 있다.**

> **참고** 국제회의산업 육성에 관한 법령상 국제회의복합지구의 국제회의시설에 대하여 감면할 수 있는 부담금은 초지법에 따른 대체초지조성비, 농지법에 따른 농지보전부담금, 산지관리법에 따른 대체산림자원조성비, 도시교통정비 촉진법에 따른 교통유발부담금, 개발이익환수에 관한 법률에 따른 개발 부담금 등이다.

최신기출 2016. 4. 9 시행

국제회의산업육성에 관한 법령상 국제회의복합지구의 국제회의시설에 대하여 감면할 수 있는 부담금을 모두 고른 것은?

> ㉠ 초지법에 따른 대체초지정비
> ㉡ 농지법에 따른 농지보전부담금
> ㉢ 산지관리법에 따른 대체산림자원조성비
> ㉣ 도시교통정비 촉진법에 따른 교통유발부담금

① ㉢, ㉣   ② ㉠, ㉡, ㉢   ③ ㉠, ㉡, ㉣   ④ ㉠, ㉡, ㉢, ㉣

정답 ④번

3. 국제회의산업육성 기본계획

(1) 국가의 책무(제3조)

(2) 국제회의전담조직의 지정 및 설치(제5조)

① **문화체육관광부장관**은 국제회의산업 육성을 위하여 필요하면 국제회의전담조직을 지정할 수 있다.

② 국제회의시설을 보유, 관할하는 **지방자치단체의 장**은 국제회의 관련 업무를 효율적으로 추진하기 위하여 필요하다고 인정하면 전담 조직을 설치할 수 있다.

> **참고** 국제회의전담조직의 업무로는 국제회의 유치 및 개최 지원, 국제회의산업의 국외 홍보, 국제회의 관련 정보의 수집 및 배포, 국제회의 전문 인력의 교육 및 수급, 법에 따라 지방자치단체의 장이 설치한 전담 조직에 대한 지원 및 상호 협력, 그밖에 국제회의산업의 육성과 관련된 업무 등이 있다.

(3) 국제회의산업육성 기본계획의 수립 등(제6조)

① 문화체육관광부장관은 국제회의산업의 육성·진흥을 위하여 다음 사항이 포함되는 국제회의산업육성기본계획을 수립·시행하여야 한다.
  (가) 국제회의의 유치와 촉진에 관한 사항
  (나) 국제회의의 원활한 개최에 관한 사항
  (다) 국제회의에 필요한 인력의 양성에 관한 사항
  (라) 국제회의시설의 설치와 확충에 관한 사항
  (마) 그밖에 국제회의산업의 육성·진흥에 관한 중요 사항

② 기본계획의 수립에 관하여 필요한 사항은 **대통령령**으로 정한다.

4. 국제회의

(1) 국제회의 유치·개최 지원(제7조)

① 국제회의 유치·개최에 관한 지원을 받으려는 자는 국제회의지원 신청서에 다음의 서류를 첨부하여 국제회의전담조직의 장에게 제출하여야 한다. 그 서류는 국제회의 유치·개최 계획서, 국제회의 유치·개최 실적에 관한 서류(실적이 있는 경우만 해당), 지원을 받으려는 세부 내용을 적은 서류 1부 등이다.

② 지원을 받은 국제회의 유치·개최자는 해당 사업이 완료된 후 **1개월 이내**에 국제회의전담 조직의 장에게 사업 결과 보고서를 제출하여야 한다.

(2) 국제회의산업육성기반의 조성(제8조)

① 문화체육관광부장관은 국제회의산업육성기반을 조성하기 위하여 **관계중앙행정기관의 장**과 협의하여 다음 각 호의 사업을 추진하여야 한다.

㈎ 국제회의시설의 건립

㈏ 국제회의 전문 인력의 양성

㈐ 국제회의산업육성기반의 조성을 위한 국제 협력

㈑ 인터넷 등 정보 통신망을 통하여 수행하는 전자 국제회의 기반의 구축

㈒ 국제회의산업에 관한 정보와 통계의 수집·분석 및 유통

㈓ 그밖에 국제회의산업육성기반의 조성을 위하여 필요하다고 인정되는 사업으로서 대통령령으로 정하는 사업(국제회의전담조직의 육성/국제회의산업에 관한 국외 홍보 사업)

② 문화체육관광부장관은 다음의 기관, 법인 또는 단체 등으로 하여금 국제회의산업육성기반의 조성을 위한 사업을 실시하게 할 수 있다. 이에는 국제회의 전담조직, 국제회의도시, 한국관광공사, 대학, 산업대학 및 전문대학 등이 포함된다.

(3) 국제회의시설의 건립 및 운영 촉진 등(제9조)

문화체육관광부장관은 국제회의시설의 건립 및 운영 촉진 등을 위하여 사업 시행 기관이 추진하는 다음의 사업을 지원할 수 있다.

① 국제회의시설의 건립

② 국제회의시설의 운영

③ 그밖에 국제회의시설의 건립 및 운영 촉진을 위하여 필요하다고 인정하는 사업으로서 국제회의시설의 국외 홍보 활동

(4) 국제회의전문인력 교육·훈련 등(제10조)

문화체육관광부장관은 국제회의전문인력의 양성 등을 위하여 사업 시행 기관이 추진하는 다음의 사업을 지원할 수 있다.

① 국제회의전문인력의 교육·훈련

② 국제회의전문인력 교육과정의 개발·운영

③ 그밖에 국제회의전문인력의 교육·훈련과 관련하여 필요한 사업으로서 국제회의전문인력 양성을 위한 인턴사원제도 등 현장 실습의 기회를 제공하는 사업

(5) 국제 협력의 촉진(제11조)

문화체육관광부장관은 국제회의산업육성기반의 조성과 관련된 국제 협력을 촉진하기 위하여 사업 시행 기관이 추진하는 다음의 사업을 지원할 수 있다.

① 국제회의 관련 국제 협력을 위한 조사 · 연구

② 국제회의전문인력 및 정보의 국제 교류

③ 외국의 국제회의 관련 기관, 단체의 국내 유치

④ 그밖에 국제회의육성기반의 조성에 관한 국제 협력을 촉진하기 위하여 필요한 사업으로서 문화체육관광부령으로 정하는 사업

(6) 국제회의 정보의 유통 촉진(제13조)

문화체육관광부장관은 국제회의 정보의 공급 · 활용 및 유통을 촉진하기 위하여 사업 시행기관이 추진하는 다음 각 호의 사업을 지원할 수 있다.

① 국제회의 정보 및 통계의 수집 · 분석

② 국제회의 정보의 가공 및 유통

③ 국제회의 정보망의 구축 및 운영

④ 그밖에 국제회의 정보의 유통 촉진을 위하여 필요한 사업으로 국제회의 정보의 활용을 위한 자료의 발간 및 배포

(7) 국제회의도시의 지정 등(제14조)

① 문화체육관광부장관은 대통령령으로 정하는 국제회의도시 지정 기준에 맞는 특별시, 광역시 및 시를 국제회의도시로 지정할 수 있다.

② 국제회의도시의 지정 및 지정 취소 등에 관하여 필요한 사항은 대통령령으로 정한다.

③ 국제회의도시의 **지정 신청** : 국제회의도시의 지정을 신청하려는 특별시장, 광역시장 또는 시장은 다음 각 호의 내용을 적은 서류를 문화체육관광부장관에게 제출하여야 한다.

　㉮ 국제회의시설의 보유 현황 및 이를 활용한 국제회의산업 육성에 관한 계획

　㉯ 숙박 시설, 교통 시설, 교통 안내 체계 등 국제회의 참가자를 위한 편의 시설의 현황 및 확충 계획

　㉰ 지정 대상 도시 또는 그 주변의 관광자원의 현황 및 개발 계획

　㉱ 국제회의 유치 · 개최 실적 및 계획

④ 국제회의도시의 **지정 기준은** 지정 대상 도시에 국제회의시설이 있고, 해당 특별시, 광역시 또는 시에서 이를 활용한 국제회의산업육성에 관한 계획을 수립하고 있을 것, 지정 대상 도시에 숙박 시설, 교통 시설, 교통 안내 체계 등 국제회의 참가자를 위한 편의 시설이 갖추어져 있을 것, 지정 대상 도시 또는 그 주변에 풍부한 관광자원이 있을 것 등이다.

(8) 재정 지원(제16조)

① 문화체육관광부장관은 이 법의 목적을 달성하기 위하여 국외여행자의 출국 납부금 총액의 **100분의 10**에 해당하는 금액의 범위 안에서 국제회의산업의 육성재원을 지원할 수 있다.

② 지원금을 받은 자는 그 지원금에 대하여 별도의 계정을 설치하여 관리해야 하고, 그 사용 실적을 사업이 끝난 후 **1개월 이내**에 문화체육관광부장관에게 보고하여야 한다.

최신기출 2016. 4. 9 시행

국제회의산업육성에 관한 법률상 국제회의복합지구에 관한 설명으로 옳지 않은 것은?

① 국제회의복합지구 지정 요건 중 하나로 지정 대상 지역 내에 전문회의시설이 있을 것을 요한다.

② 국제회의복합지구의 지정 면적은 400만 제곱미터 이내로 한다.

③ 시 · 도지사는 국제회의복합지구를 지정한 날로부터 1개월 내에 국제회의복합지구 육성 · 진흥계획을 수립하여 문화체육관광부장관의 승인을 받아야 한다.

④ 시 · 도지사는 수립된 국제회의복합지구 육성 · 진흥계획에 대하여 5년마다 그 타당성을 검토하여야 한다.

해설 기간에 대한 언급은 없다.   정답 ③번

---

1 국제회의산업육성에 관한 법률의 목적과 관련 없는 것은?

① 국제회의의 유치를 촉진　　　　② 국제회의의 원활한 개최를 지원
③ 관광산업의 발전에 이바지　　　④ 국민 복지의 향상에 이바지

 해설　국민 복지의 향상이 아닌 국민경제의 향상에 이바지함이 목적의 내용이다.

2 국제기구나 국제기구에 가입한 기관 또는 법인, 단체가 개최하는 회의로서 국제회의로 인정되기 위한 요건이 아닌 것은?

① 해당 회의에 5개국 이상의 외국인이 참가할 것
② 회의 참가자가 500명 이상일 것
③ 회의 참가자 중 외국인이 100명 이상일 것
④ 회의가 3일 이상 진행될 것

 해설　회의 참가자는 300명 이상이어야 한다.

3 국제기구에 가입하지 아니한 기관 또는 법인, 단체가 개최하는 회의로서 국제회의로 인정되기 위한 요건은?

① 회의 참가자 중 외국인이 100명 이상이고 2일 이상 진행되는 회의일 것
② 회의 참가자 중 외국인이 150명 이상이고 3일 이상 진행되는 회의일 것
③ 회의 참가자 중 외국인이 150명 이상이고 2일 이상 진행되는 회의일 것
④ 회의 참가자 중 외국인이 200명 이상이고 3일 이상 진행되는 회의일 것

4 다음은 국제회의시설 중 준회의시설에 대한 내용이다. (　　)에 알맞은 내용은?

> • (　　) 이상의 인원을 수용할 수 있는 대회의실이 있을 것
> • 30명 이상의 인원을 수용할 수 있는 중·소회의실이 (　　) 이상 있을 것

① 200명, 3실　　　② 200명, 5실　　　③ 300명, 3실　　　④ 300명, 5실

정답　1 ④　2 ②　3 ③　4 ①

5 국제회의시설 중 전문회의시설의 요건으로 볼 수 없는 것은?

① 2000명 이상의 인원을 수용할 수 있는 대회의 시설이 있을 것

② 30명 이상의 인원을 수용할 수 있는 중 · 소회의시설이 10실 이상 있을 것

③ 옥내와 옥외의 전시 면적을 합쳐서 2,000제곱미터 이상을 확보하고 있을 것

④ 숙박 시설과 주차 시설 등을 확보하고 있을 것

 숙박 시설과 주차 시설 등의 확보는 전문회의시설의 요건이 아니다.

6 전시 시설의 요건으로 올바른 것은?

① 2000명 이상의 인원을 수용할 수 있는 대회의 시설이 있을 것

② 옥내와 옥외 전시 면적을 합쳐서 2,000제곱미터 이상을 확보하고 있을 것

③ 300명 이상의 인원을 수용할 수 있는 대회의실이 있을 것

④ 30명 이상의 인원을 수용할 수 있는 중 · 소회의실이 10실 이상 있을 것

 전시 시설의 요건은 옥내와 옥외 전시 면적을 합쳐서 2,000 m² 이상을 확보할 것, 30명 이상의 인원을 수용할 수 있는 중 · 소회의실이 5실 이상 있을 것이다.

7 국제회의산업의 육성, 진흥을 위하여 문화체육관광부장관에 의해 지정된 국제회의도시에 속할 수 없는 것은?

① 특별시   ② 광역시   ③ 시   ④ 자치구

8 문화체육관광부장관은 국제회의시설의 건립 및 운영 · 촉진 등을 위하여 사업 시행 기관이 추진하는 사업을 지원할 수 있다. 이에 해당하지 않는 것은?

① 국제회의시설의 건립

② 국제회의시설의 운영

③ 국제회의시설의 개 · 보수

④ 국제회의시설의 건립 및 운영 · 촉진을 위하여 필요하다고 인정하는 사업으로서 국제회의시설의 국외 홍보 활동

 국제회의시설의 개 · 보수는 국제회의시설의 건립 및 운영 · 촉진 등을 위하여 사업 시행 기관이 추진하는 사업에 해당하지 않는다.

정답 5 ④ 6 ② 7 ④ 8 ③

9 다음의 설명에 해당하는 것은?

> 국제회의시설, 국제회의 전문인력, 전자국제회의체제, 국제회의정보 등 국제회의 유치,
> 개최를 지원·촉진하는 시설, 인력, 체제, 정보 등

① 국제회의산업   ② 국제회의산업육성기반
③ 국제회의도시   ④ 국제회의전담조직

10 국제회의시설을 보유, 관할하는 지방자치단체의 장은 국제회의 관련 업무를 효율적으로 추진하기 위하여 필요하다고 인정하면 전담조직을 설치할 수 있다. 이 경우에 국제회의전담조직의 업무에 해당하지 않는 것은?

① 국제회의의 유치 및 개최 지원   ② 국제회의산업의 국내 홍보
③ 국제회의 관련 정보의 수집 및 배포   ④ 국제회의 전문 인력의 교육 및 수급

 해설   국제회의산업의 국외 홍보가 국제회의전담조직의 업무에 해당한다.

11 국제회의도시의 지정 기준으로 옳지 않은 것은?

① 지정 대상 도시에 국제회의시설이 있고, 해당 특별시, 광역시 또는 시에서 이를 활용한 국제회의산업육성에 관한 계획을 수립하고 있을 것
② 지정 대상 도시에 숙박 시설, 교통 시설, 교통 안내 체계 등 국제회의 참가자를 위한 편의 시설이 갖추어져 있을 것
③ 주변에 박물관, 미술관 등의 문화 시설과 면세점 및 종합병원이 있을 것
④ 지정 대상 도시 또는 그 주변에 풍부한 관광자원이 있을 것

12 문화체육관광부장관은 국제회의 정보의 공급·활용 및 유통을 촉진하기 위하여 사업 시행 기관이 추진하는 사업을 지원할 수 있다. 이에 해당하지 않는 것은?

① 국제회의 정보 및 통계의 수집·분석
② 국제회의 정보의 가공 및 유통
③ 국제회의 관련 국제 협력을 위한 조사·연구
④ 국제회의 정보의 유통 촉진을 위하여 필요한 사업으로 국제회의 정보의 활용을 위한 자료의 발간 및 배포

해설   국제회의 관련 국제 협력을 위한 조사·연구는 국제 협력을 촉진하기 위한 사업에 속한다.

정답   9 ②   10 ②   11 ③   12 ③

13 국제회의도시의 지정을 신청하려는 특별시장, 광역시장 또는 시장이 문화체육관광부장관에게 제출하여야 하는 서류로 옳지 않은 것은?

① 국제회의시설의 보유 현황 및 이를 활용한 국제회의산업 육성에 관한 계획

② 숙박 시설, 교통 시설, 교통 안내 체계 등 국제회의 참가자를 위한 편의 시설의 현황 및 확충 계획

③ 지정 대상 도시 또는 그 주변의 관광자원의 현황 및 개발 계획

④ 국제회의 유치·개최 비용과 그 주체

 해설 국제회의 유치·개최 비용과 그 주체가 아니라 유치, 개최 실적 및 계획이 문화체육관광부장관에게 제출하여야 하는 서류의 내용에 포함된다.

14 지원을 받은 국제회의 유치, 개최자는 해당 사업이 완료된 후 언제까지 국제회의전담조직의 장에게 사업 결과 보고서를 제출하여야 하는가?

① 1개월 이내　　　　　　　　② 15일 이내
③ 지체 없이　　　　　　　　④ 3개월 이내

15 다음은 재정 지원에 관한 내용이다. (　　)에 적절한 내용은?

> • 문화체육관광부장관은 이 법의 목적을 달성하기 위하여 국외여행자의 출국 납부금 총액의 (　　)에 해당하는 금액의 범위 안에서 국제회의산업의 육성재원을 지원할 수 있다.
> • 지원금을 받은 자는 그 지원금에 대하여 별도의 계정을 설치하여 관리해야 하고, 그 사용 실적을 사업이 끝난 후 (　　) 이내에 문화체육관광부장관에게 보고하여야 한다.

① 100분의 15, 1개월　　　　② 100분의 10, 1개월
③ 100분의 15, 2개월　　　　④ 100분의 10, 2개월

5장

한국관광공사법

1. 목적

이 법은 한국관광공사를 설립하여 관광 진흥, 관광자원 개발, 관광산업의 연구ㆍ개발 및 관광 관련 전문 인력의 양성ㆍ훈련에 관한 사업을 수행하게 함으로써 국가경제 발전과 국민 복지 증진에 이바지함을 목적으로 한다.

2. 한국관광공사의 성격(법인)

(1) 한국관광공사(제2조)

한국관광공사(이하 "공사"라 한다)는 법인으로 한다.

(2) 사무소(제3조)

① 공사의 주된 사무소의 소재지는 정관으로 정한다.

② 공사는 그 업무 수행을 위하여 필요하면 이사회의 의결을 거쳐 필요한 곳에 지사 또는 사무소를 둘 수 있다.

3. 한국관광공사의 설립

(1) 자본금(제4조)

공사의 자본금은 500억 원으로 하고, 그 2분의 1 이상을 정부가 출자한다.

(2) 등기(제5조)

한국관광공사는 설립 등기를 정관의 허가를 받은 날로부터 2주일 내에 주된 사무소의 소재지에서 하여야 한다. 설립 등기 사항으로는 목적, 명칭, 주된 사무소, 지사 또는 사무소의 소재지, 자본금, 임원의 성명과 주소, 공고의 방법 등이다.

4. 한국관광공사의 운영

(1) 사업(제12조)

① 공사는 다음의 사업을 수행한다.

㉮ **국제관광 진흥사업** : 외국인 관광객의 유치를 위한 홍보, 국제관광시장의 조사 및 개척, 관광에 관한 국제 협력의 증진, 국제관광에 관한 지도 및 교육 등

최신기출 2016. 4. 9 시행

한국관광공사의 국제관광 진흥사업이 아닌 것은?

① 외국인 관광객의 유치를 위한 홍보　　② 국제관광시장의 조사 및 개척

③ 국제관광에 관한 지도 및 교육　　④ 국제관광정책의 심의 및 의결　　정답 ④번

㉯ **국민관광 진흥사업** : 국민관광의 홍보, 국민관광의 실태 조사, 국민관광에 관한 지도 및 교육 등

㉰ 관광자원개발사업 : 관광단지의 조성과 관리, 운영 및 처분, 관광자원 및 관광시설의 개발을 위한 시범 사업, 관광지의 개발, 관광자원의 조사 등

㉱ 관광산업의 연구 · 개발사업 : 관광산업에 관한 정보의 수집 · 분석 및 연구, 관광산업의 연구에 관한 용역 사업 등

㉲ 관광 관련 전문 인력의 양성과 훈련 사업

㉳ 관광사업의 발전을 위하여 필요한 물품의 수출입업을 비롯한 부대사업으로서 이사회가 의결한 사업

② 공사는 제1항에 따른 사업 중 필요하다고 인정하는 사업은 이사회의 의결을 거쳐 타인에게 위탁하여 경영하게 할 수 있다. "타인"이라 함은 공공단체, 공익법인, 문화체육관광부 장관이 인정하는 단체이다.

(2) 손익금의 처리(제13조)

다음의 순서로 처리한다.

① **이월 손실금**의 보전

② 자본금의 2분의 1에 이를 때까지 이익금의 10분의 1 이상을 **이익 준비금**으로 적립

③ **주주**에 대한 배당

④ 이익 준비금 외의 **준비금**으로 적립

⑤ **다음 연도**로 이월

(3) 감독(제16조)

문화체육관광부장관은 다음의 사항과 관련된 공사의 업무에 관하여 지도 · 감독한다.

① 국제관광 및 국민관광 진흥사업

② 관광자원개발사업

③ 관광산업의 연구 · 개발사업

④ 관광 관련 전문 인력의 양성과 훈련 사업

⑤ 법령에 따라 문화체육관광부장관이 위탁 또는 대행하도록 한 사업

⑥ 그밖에 관계 법령에서 정하는 사업

5. 벌칙 및 과태료

(1) 벌칙(제18조)

공사의 임직원이나 그 직에 있었던 자가 직무상 알게 된 비밀을 누설하거나 도용한 경우에는 2년 이하의 징역 또는 200만 원 이하의 벌금에 처한다.

(2) 과태료(제19조)

한국관광공사와 유사한 명칭을 사용한 자에게는 300만 원 이하의 과태료를 부과한다.

6. 한국관광공사 주요 사업

해외 관광 마케팅, 국제회의 유치, 국제기구 협력, 관광 안내 정보 서비스, 국내관광 진흥, 관광자원 개발, 남북 관광 교류, 관광진흥사업 재원 조달 등이 있다.

1 **한국관광공사의 설립 등기 사항이 아닌 것은?**

① 목적

② 명칭

③ 주된 사무소, 지사 또는 사무소의 소재지

④ 직원의 성명과 주소

해설 임원의 성명과 주소가 한국관광공사의 설립 등기 사항이다.

2 **다음은 한국관광공사의 손익금의 처리 순서를 서술한 것이다. 가장 먼저 처리되는 것은?**

① 자본금의 2분의 1에 이를 때까지 이익금의 10분의 1 이상을 이익 준비금으로 적립

② 주주에 대한 배당

③ 이월 손실금의 보전

④ 다음 연도로 이월

3 **한국관광공사의 임직원이나 그 직에 있었던 자가 직무상 알게 된 비밀을 누설하거나 도용한 경우의 벌칙은?**

① 2년 이하의 징역 또는 300만 원 이하의 벌금

② 2년 이하의 징역 또는 200만 원 이하의 벌금

③ 3년 이하의 징역 또는 200만 원 이하의 벌금

④ 3년 이하의 징역 또는 300만 원 이하의 벌금

정답 1 ④ 2 ③ 3 ②

1장 관광의 기초

1. 관광의 의미

(1) 관광학의 성격

관광학이란 관광이라는 현상을 집중적으로 분석하는 실용적인 학문으로 문화 교류와 상호 이해의 증진을 통한 세계 평화 지향적 차원에서 꼭 필요하다.

(2) 관광학의 특징

종합 학문, 응용 학문, 다원적 관점이 필요한 학문

(3) 관광학의 발전 과제

① 연구 대상과 연구 범위의 명확화, 개념 체계의 확립, 방법론의 개발, 균형 잡힌 접근 방법이 필요하다.

② 계량적인 연구 방법과 질적 연구를 병행하는 것이 요구된다.

③ 표본조사법, 문헌연구법만이 아니라 현지연구법, 사례연구 등 세부 기법의 충실화가 요구된다(다양한 연구 방법).

(4) 관광학의 연구

관광학은 관광 산업 분야의 전문가를 길러내기 위한 응용사회과학 분야의 학문으로, 1963년 경기초급대학과 경희초급대학(경희호텔전문대학교)에 관광과가 개설되면서 시작되었다.

2. 관광의 개념

(1) 관광의 개념

　관광이란 사람이 다시 돌아올 예정으로 일상의 생활권을 떠나 타국이나 타 지역의 풍물, 제도, 문물 등을 관찰하여 견문을 넓히고 자연 풍경 등을 감상 · 유람할 목적으로 여행하는 것을 말한다.

(2) 관광의 의의

　일상생활 탈피, 견문 확대, 위락적 관광 행위, 경제적 소비 행위, 건전한 생활 도모, 국민교육과 교양 향상, 사회복지, 인간의 존엄성과 가치성, 행복감, 자유 · 평등 · 평화 지향 등을 추구하는 것이다.

(3) 관광의 성질

　소비성, 여가 활동성, 비거주성, 이동성, 귀환성, 일시성, 위락성, 환경성, 복합성 등의 성질을 지니며, 관광의 최대 목적은 **즐거움**을 획득하는 것이다.

2-2 　**관광의 어원**

(1) 동양

　중국 주나라 때 간행된 『주역』의 '관국지광 이용빈우왕'에서 기원하였다.

(2) 서양

　1811년 영국의 스포츠 월간 잡지 『The Sporting Magazine』에서 'Tourism'(관광)이라는 표현이 처음 사용되었다.

(2) 한국

　관광과 관련된 우리나라 문헌으로는 『고려사절요』, 『조선왕조실록(중종실록)』, 연암 박지원의 「열하일기」 등이 있다.

2-3 　**여러 학자들의 관광에 대한 정의**

(1) 그뤽스만

　『일반관광론』(1935), 관광학의 체계화를 시도하였고, 관광 원인을 관념적인 것(심리적 · 정신적 원인)과 물질적인 것(신체적 · 경제적 원인)으로 분류하였다.

(2) 보르만

『관광론』(1931)에서 사회·경제적 요인을 분석하였다.

(3) 마리오티

『관광경제학 강의』(1927), 관광을 외국인 관광객의 이동으로 단정하였다.

(4) 오길비

『관광객 이동론』(1933), 관광이란 1년 이내의 기간 동안 집을 떠나 관광지에서 금전을 소비하는 것으로 그 돈은 관광지에서 취득한 것이 아닐 것이 조건이다.

(5) 베르네커

『관광학원론』(1962)에서 관광의 윤리, 관광의 경제적 질서와 정신적 질서의 중요성을 강조하였다.

(6) 팻슐

『관광과 관광정책』(1962)에서 **관광의 발전법칙**을 발표하였고 그 내용은 다음과 같다.
① 발전의 교체법칙 : 관광의 발전은 어떤 신시설의 도입 등에 따라 계단식으로 또는 폭발적으로 전개된다는 것을 말한다.
② 중력과 원심력의 법칙 : 도시가 확대될수록 사람을 흡입하는 중력이 강해지는 반면, 사람들이 농촌으로 도피하려는 원심력도 강해져 이 두 가지의 현상이 계속적으로 반복된다는 것을 말한다.
③ 한계생산력의 법칙의 예외 : 관광에는 한계생산력의 법칙이 적용되지 않아서 최적결합점 확정에 문제가 발생한다는 것을 말한다.

※ 관광산업이란 관광객을 위하여 운송, 숙박, 음식, 운동, 오락, 휴양 또는 용역을 제공하거나 그밖에 관광에 딸린 시설을 갖추어 이를 이용하게 하는 업을 말한다(관광진흥법 제2조 제1호).

2-4 관광의 발생

(1) 내적 요인
욕구, 가치관

(2) 외적 요인
시간, 소득, 생활환경(각종 공해, 소음, 불결 등)

2-5 관광의 구조 및 유형

(1) 관광의 구조

① 관광객(관광 주체, 관광의 수요자, 관광의 소비자)

㉮ 관광 욕구 : 관광 행동을 일으키는 데 필요한 심리적인 원동력

㉯ **관광 동기** : 관광 행동으로 옮기게 하는 심리적 에너지

㉠ Pull Factor(흡입 요인, 관광 객체) : 관광객(관광 주체)이 매력을 느끼게 되는 관광자원 등의 특징(쾌적한 기후 등)

㉡ Push Factor(추진 요인, 관광 주체) : 관광객(관광 주체)이 관광을 하게 되는 개인적 변수(성별, 소득, 교육 수준 등)뿐만 아니라 심리적 동기(스트레스, 라이프 스타일 등)를 포괄하는 것

② 관광 대상(관광 객체) : 관광객의 다양한 욕구를 환기시키거나 충족시켜주는 대상

㉮ 관광자원 : 자연환경, 관광 목적지, 국립공원, 테마파크, 관광명소, 인정·풍속·예절·국민성·민족성

㉯ 관광시설 : 숙박 시설 등과 그에 부수된 서비스 등

③ 관광 매체 : 관광 욕구와 관광 대상을 결부시키는 기능을 담당

㉮ 공간적 매체 : 교통 시설(도로, 항만, 교통수단, 수송 수단) 등

㉯ 시간적 매체 : 휴게 시설, 숙박 시설, 오락 시설 등

㉰ 기능적 매체 : 여행업관광가이드 등의 통역안내원, 여행알선업자 및 관광기념품 판매업자, 여행사, 관광 선전(홍보), 관광 안내, 관광 알선과 수배

(2) 관광의 유형(일반적인 분류)

① 감상 관광 : 자연 풍경, 사적, 문화, 예술 작품의 감상을 위한 여행

② 문화적 관광 : 수학여행, 학회 또는 연구를 위한 타 지역 출장, 전람회·박물관 등의 견학, 산업 시설의 시찰 여행

③ 스포츠 관광 : 경기·대회 참가, 관람, 수영·스키·등산·골프 등

④ 종교적 관광 : 성지순례

⑤ 보건적 관광 : 온천 입욕, 요양과 피한·피서를 위한 체재 및 여행

⑥ 상업적 관광 : 쇼핑, 사업상의 계약을 위한 여행

(3) 관광의 수요

① 관광 수요의 개념 : 관광 활동에 참가할 수 있는 관광객, 즉 관광의 주체

② 관광 수요의 특성

㉮ 유효 수요 : 실제 관광 활동을 할 수 있는 여행 경비·시간 등이 주어져 관광 활동에 참가할 수 있는 수요

(내) 현지 수요 : 여행 경비 · 시간 등이 주어져 현실적으로 나타나고 있는 수요로, 현지 관광지에서 관광 활동을 하고 있는 수요

(대) 잠재 수요 : 개인적 능력과 관광지와 관련된 여건(관광시설, 교통 조건, 관광 정보 체계)이 주어진다면 여행에 참가할 수 있는 수요

(래) 유도 수요 : 관광 홍보나 연수 활동을 통해 그 이용 형태를 변화시킬 수 있는 수요

③ 수요 예측의 필요성 : 관광정책 수립 시 기초 자료로 활용, 관광 투자에 대한 예산 규모 결정, 관광 상품 대상 및 가격 결정, 마케팅 전략 수립 자료로 활용

④ 수요 예측 방법

(개) 정량적(양적) 예측 방법 : 시계열분석법, 인과모형분석법, 회귀분석법, 공간상호작용모형

(내) 정성적(질적) 예측 방법(전문가의 의견을 사용해 미래의 결과를 주관적으로 예측) : 주관적 평가법, 기술적 추정법, 역사적 예측 방법, 전문가 패널(분임토의 형식), 델파이기법, 전문가판단모형, 시나리오 설정법

2-6 여가 활동과 관광

(1) 여가의 정의

휴식, 기분 전환 또는 이득과 관계없이 지식과 능력의 배양, 자발적인 사회적 참가, 자유로운 창조력의 발휘를 위하여 임의적으로 행하는 활동의 총체

(2) 여가의 기능

휴식, 기분 전환, 자기실현, 사회적 성취

(3) 여가 활동으로서의 관광

관광은 인간의 기본 욕구를 충족시킬 수 있는 가장 이상적인 여가 활동

> 참고 **여가 활동의 증대 배경 :** 고학력 사회의 출현, 여성의 직장 진출 증가, 가사 노동시간의 단축과 주부의 사회적 제 활동, 생활을 적극적으로 즐기려는 가치관의 보급 등

2-7 관광의 현대적 의의

(1) 대중사회와 관광

1960년대 들어서 관광의 대중화가 이루어지면서 관광에 참여하는 사람의 계층 확대, 관광 횟수 증가, 관광 거리 연장, 관광 목적지에서의 체재 기간 증가, 활동 내용 다양화 등의 경향이 나타나고 있다.

각국의 경제 발전에 따른 가처분소득의 증대, 인간의 사회적 지위 향상에 따른 여가 시간의 증대, 생활을 적극적으로 즐기려는 가치관의 정착(생활 양식의 변화), 공업화 · 도시화의 급속한 진전으로 인한 생활환경의 악화, 교통수단 · 정보통신 기술의 발달, 교육 수준의 향상, 관광 계층의 확대(여성, 노인층, 청소년층, 저소득층), 관광 촉진 활동(홍보, 광고, 판매 촉진), 관광사업 확대(규모의 증가로 경쟁력이 강화되고 관광 사업이 촉진되면서 서비스 품질이 향상되고 가격이 하락한다), 노동운동 확산, 생산성 증대, 노동시간 감축

(2) 탈공업화 사회의 관광

① 서비스업 중심인 제3차 산업 위주로 산업구조가 변화되면서 관광 · 여가 · 외식업과 같은 산업들이 최대 유망 산업으로 부상하고 있다.

② 화이트컬러 집단의 부상으로 관광 활동도 자신이 관심을 갖는 분야에 초점을 맞추어 직접 경험하고 참여할 수 있는 교육관광, 예술과 유적 관광, 자연 관광, 건강 관광, 모험 관광 등 특정관심분야관광(SIT : Special Interest Tourism)이 각광받고 있다.

③ 탈공업화 사회는 일과 여가의 양극성이 축소되면서 가격보다는 품질을 지향하며 표준화되고 획일적인 패키지 상품보다는 개성화되고 다양한 관광 활동을 통하여 많은 지식과 정보를 획득할 수 있는 창조적 관광 상품을 요구하고 있다.

(3) 정보화 사회와 관광

① 관광 상품의 무형성, 서비스의 다양성, 비저장성, 모방의 용이성 등과 같은 특성으로 비추어볼 때 관광객들의 상품 선택 행동은 관광사업자가 제공하는 각종 관광 정보에 결정적인 영향을 받는다.

② 정보화 사회는 다양한 정보를 신속하게 제공하여 관광 편의를 도모하고 관광지 집중 현상을 사전에 방지함으로써 쾌적한 관광 활동 등을 가능하게 해준다.

예전의 관광 형태와 새로운 관광 형태의 비교

구 분	Old Tourism · Tour	New Tourism · Tour
관광객	패키지 관광 상품과 유명 목적지 추구, 관광 경험이 적음, 정적 관광과 안정감 추구	새로운 관광 상품과 관광지 추구, 관광 경험이 풍부함, 관광을 통한 자기표현 추구
정보 통신 기술	일방 통행형 기술, 제한된 기술, 단독 기술	상호 소통형 기술, 모든 사용자가 이용 가능한 기술, 통합 기술
상품 개발	가격 경쟁, 규모 경제, 수직 · 수평 통합	혁신을 통한 경쟁, 규모와 범위의 경제, 다양한 대각선 통합
기업 경영	노동력을 생산 비용으로 간주, 수요 극대화 추구, 판매 중시	노동력을 서비스질의 핵심으로 간주, 수급 관리 균형 추구, 고객의 욕구 파악 중시
산업 여건	규제, 경제적 성장 중시, 불균형 성장	규제 완화, 산업구조 조정, 성장 한계

(4) 현대사회에 있어서 관광의 필요성과 역할

① 관광은 복잡하고 반복적인 일상에서 청량제와 같다.

② 관광은 정신적 · 육체적 질병에 대해서 예방약의 역할을 한다.

③ 관광은 최상의 여가 활동으로 생산 활동의 촉매제다.

④ 관광은 사람과 사람과의 만남과 문화와 문화 간의 접촉에서 훌륭한 교육의 지침서다.

⑤ 관광은 소비적 낭비 행위가 아니라 육체적 · 정신적 건강을 지키고 증진시키는 생활의 활력소이며 생산성을 향상시키는 촉매제로 작용하는 생활의 필수품이다.

2-8 관광객의 개념

(1) 관광객의 의미

관광객이란 일상생활 영역(심리적 영역)을 떠나 다시 있던 자리로 돌아올 예정으로 이동 및 체재를 하면서 정신적 · 육체적 즐거움을 추구하는 관광 소비자를 말한다.

(2) 관광객의 정의

① ILO(국제노동기구, 1937)는 관광객을 24시간 또는 그 이상의 기간 동안 거주지가 아닌 다른 나라를 방문하는 사람(국제관광객)으로 정의하였다.

② OECD(경제협력개발기구)

㈎ 국제방문객 : 24시간 이상 6개월 이내의 기간 동안 체재하는 자

㈏ 일시방문객 : 24시간 이상 3개월 이내의 기간 동안 체재하는 자

③ UNWTO(유엔세계관광기구)는 1975년 'Tourism(관광)'이란 용어를 공식적으로 통일하였다.

㈎ 관광객 : 방문국에서 1박 이상 체재하는 사람(비거주자, 해외 교포, 항공기 승무원, 숙박 시설 이용자 등)

㈏ 비관광객 : 국경 통근자, 유목민, 통과 승객, 군인, 외교관, 일시적 및 영구적 이주자 등

④ IUOTO(국제관광연맹)는 'Travel'이란 표현을 최초로 공식 사용한 기관으로, UNWTO(유엔세계관광기구)의 전신이다.

(3) 관광객과 비관광객

① 관광객은 위안 · 가정 사정 · 건강상의 이유로 국외로 여행하는 자, 회의 참석의 목적 또는 과학, 행정, 외교, 종교, 스포츠 등의 대표자 또는 수행원의 자격으로 회의 겸 여행하는 자, 상용 목적으로 한 상담 여행자, 호화 선박으로 각지에 주유 중 입국하는 자, 일국의 교육기관에 견학 및 시찰을 목적으로 입국하는 자 등을 말한다.

② 비관광객은 계약 유무와 관계없이 취직 또는 영업을 하기 위해 입국하는 자, 일국에 잠깐 거주할 목적으로 입국하는 자, 국경 지대에 거주하면서 인접국에 자주 출 · 입국하는 자, 24시간을 경과할지라도 일국에 체재하지 않는 공항 내 통과 여행자 등을 말한다.

최신기출 2016. 4. 9 시행

관광 주체와 관광 객체 사이를 연결해주는 관광 매체가 아닌 것은?

① 관광 목적지   ② 여행사

③ 관광 안내소   ④ 교통수단

해설 관광 목적지는 관광 대상, 즉 관광 객체에 해당한다.   **정답 ①번**

최신기출 2016. 4. 9 시행

UNWTO(세계관광기구)에서 정한 관광객의 범주에 포함되는 자를 모두 고른 것은?

    ㉠ 2주간의 국제회의 참석자   ㉡ 1개월간의 성지순례자

    ㉢ 3개월 재직 중인 외교관   ㉣ 1주일간의 스포츠 행사 참가자

    ㉤ 4시간 이내의 국경 통과자

① ㉠, ㉡, ㉤   ② ㉠, ㉡, ㉣

③ ㉠, ㉢, ㉣   ④ ㉢, ㉣, ㉤

정답 ②번

1　관광학의 의미에 대한 설명으로 옳지 않은 것은?

① 관광이라는 현상을 집중적으로 연구하는 실용적인 학문이다.

② 종합 학문, 응용 학문, 다원적 과학관이 필요한 학문으로 볼 수 있다.

③ 계량적인 연구 방법과 질적 연구 방법을 병행하는 것이 효과적이다.

④ 관광산업 전문가를 길러내기 위한 순수과학 분야의 학문이다.

 해설　관광학은 순수과학 분야가 아닌 응용과학 분야의 학문이다.

2　최초의 관광에 대한 저서로 볼 수 있는 것은?

① 그뤽스만의 『일반관광론』　　　　　② 보르만의 『관광론』

③ 마리오티의 『관광경제학 강의』　　　④ 오길비의 『관광객 이동론』

 해설　1927년 마리오티의 『관광경제학 강의』를 최초로 본다.

3　관광객의 다양한 욕구를 환기시키거나 충족시켜주는 대상으로 볼 수 있는 관광 객체가 아닌 것은?

① 도로, 항만　　　② 자연환경　　　③ 숙박 시설　　　④ 풍속과 예절

 해설　도로, 항만은 관광 매체에 속한다.

4　현대인의 여가 활동의 증가 배경과 무관한 것은?

① 고학력 사회의 출현

② 여성의 직장 진출 증가

③ 가사 노동시간의 점차적인 증가

④ 생활을 적극적으로 즐기려는 가치관의 일반화

 해설　가사 노동시간의 점차적인 감소가 여가 활동의 증가 배경이다.

정답　1 ④　2 ③　3 ①　4 ③

5 다음 관광의 유형 중에서 문화적 관광과 관련된 것은?

① 자연 풍경

② 학회, 전람회, 박물관

③ 월드컵, 올림픽

④ 온천 입욕, 요양

6 다음에서 설명하는 관광 수요는?

> 개인적 능력과 관광지에 관련된 여건(관광시설, 교통 조건, 관광 정보 체계 등)이 주어진 다면 여행에 참가할 수 있는 수요

① 유효 수요

② 현지 수요

③ 잠재 수요

④ 유도 수요

7 다음의 관광 수요 예측 방법 중에서 그 성격이 다른 것은?

① 시계열분석법

② 인과모형분석법

③ 회귀분석법

④ 전문가 패널

 해설　시계열분석법, 인과모형분석법, 회귀분석법 등은 정량적(양적) 예측 방법에 속하고 전문가 패널은 정성적 (질적) 예측 방법에 속한다.

8 관광의 대중화가 이루어진 배경으로 보기 힘든 것은?

① 경제 발전에 따른 가처분소득의 증대

② 교통수단과 정보 통신 기술의 발달

③ 관광 계층의 증대

④ 관광 비용의 증가

 해설　관광에 소요되는 비용은 하락하고 서비스의 품질은 향상되기 때문에 관광의 대중화가 가능하게 되었다.

9 탈공업화 시대의 관광과 관련해서 옳지 않은 것은?

① 관광 · 여가 · 외식업과 같은 산업들이 부상하고 있다.

② 화이트컬러 집단의 부상으로 각자가 관심을 갖는 분야에 초점을 맞춘 특정관심분야관광 (SIT)이 각광을 받고 있다.

③ 여가의 양극화 확대로 인해 관광 계층이 축소되고 있다.

④ 다양한 관광 활동을 통하여 많은 지식과 정보를 획득할 수 있는 창조적 관광 상품이 등 장하고 있다.

 해설　탈공업화 시대에 여가의 양극화는 축소되고 있다.

정답　5 ②　6 ③　7 ④　8 ④　9 ③

10 다음에서 새로운 관광 형태(New Tourism)의 특징이라고 불 수 없는 것은?

① 관광객이 정적 관광과 안정감을 추구한다.

② 관광객의 관광 경험이 풍부하다.

③ 관광 상품 개발에 있어서 규모와 범위의 경제를 추구한다.

④ 기업 경영에 있어서 고객의 욕구 파악을 중시한다.

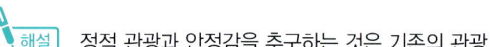 해설 정적 관광과 안정감을 추구하는 것은 기존의 관광 형태(Old Tourism)의 특징에 속한다.

11 관광객을 국제방문객(24시간 이상 6개월 이내의 기간 동안 체재하는 자)과 일시방문객(24시간 이상 3개월 이내의 체재하는 자)으로 구분한 단체는?

① 국제노동기구(ILO)

② 경제협력개발기구(OECD)

③ 유엔세계관광기구(UNWTO)

④ 국제관광연맹(IUOTO)

12 UNWTO(유엔세계관광기구)에 따라 비관광객으로 분류되는 대상은?

① 일시적 이주자　　② 항공기 승무원　　③ 해외 교포　　④ 비거주자

정답　10 ①　11 ②　12 ①

3. 관광 행동의 결정

3-1 관광 동기

(1) 관광 욕구 및 동기

① 관광 욕구는 관광 행동을 일으키게 하는 심리적인 원동력이다.

② 관광 동기는 관광 욕구를 행동으로 나타나게 하는 심리적 에너지이다.

> **참고** **매슬로우(Maslow)의 욕구단계설 :** 생리적 욕구 → 안전의 욕구 → 소속과 애정의 욕구 → 존경의 욕구 → 자아실현의 욕구(관광 동기)

(2) 관광 동기의 유발 요인

① 관광 동기는 인간의 내면에 잠재해있는 관광 욕구에 어떤 자극이 가해져 관광 행동으로 나타나는 것, 즉 실제 행동으로 옮기게 하는 여러 가지 힘이다.

② 교육적 동기, 문화적 동기, 휴양적 동기, 오락적 동기, 망향적 동기, 건강 유지적 동기, 경제적 동기, 모험적 동기, 종교적 동기, 사회적 동기 등이 관광 동기에 속한다.

> **참고** **매킨토시(R. W. Mcintosh)가 분류한 관광 동기 유형**
>
> ❶ 신체적 동기 : 휴식, 긴장 해소
> ❷ 문화적 동기 : 문화, 예술, 언어, 종교 등
> ❸ 대인적 동기 : 친구나 친지 방문, 일상 탈피 등
> ❹ 지위와 명예 동기 : 자기만족, 발전, 존경심 등

최신기출 2016. 4. 9 시행

매킨토시(R. W. Mcintosh)가 분류한 관광 동기 유형 중 대인적 동기에 해당하는 것은?

① 육체적 휴식　　　　　　　　② 온천의 이용

③ 스포츠 참여　　　　　　　　④ 친구나 친지 방문

정답 ④번

관광 욕구ㆍ동기는 관광 여행을 일으키게 하는 심리상의 요건이지만 구체적 행동을 위해서는 비용, 시간, 정보 등의 세 가지 요건이 모두 갖추어져야 한다.

(1) 비용, 시간

관광 욕구만으로는 행동이 구체화되지 않으며 비용이나 시간과 같은 기본적 조건이 충족되면서 관광 소비와 같은 구체적 행동이 완성된다.

(2) 관광 정보와 관광 목적지

① 관광 정보란 관광 대상에 대한 정보, 관광사업 및 사회 일반으로서의 정보로 결정된 관광 행동을 임의대로 유도하며 관광 욕구 자체에도 작용하여 관광 의욕을 높인다.

② 관광 목적지의 영향 : 관광 목적지는 관광 욕구를 더 많이 충족시켜주는 적절한 관광지 선정과 밀접하게 관련되고 장소 자체가 관광 행동의 결정 요인으로 작용할 수 있다.

(3) 관광의 효과

구 분	긍정적 효과	부정적 효과
경제적 측면	외화 획득을 통한 국가 경제 및 국제수지 개선에 기여, 국민소득ㆍ조세수입ㆍ고용 증대, 소득의 재분배에 기여	물가 상승, 기반 시설 투자에 대한 위험부담, 지가 상승과 토지 투기 조성, 관광 개발 이익의 누출, 고용의 불안정과 경제구조의 불안정성, 높은 관광 의존도와 경제적 예속 등
사회적 측면	국제 친선 도모, 민간 외교, 교육적 효과, 레크리에이션 효과(삶의 활력, 피로 회복, 긍정적 가치관 형성)과 여성의 역할 변화와 지위 향상에 기여	범죄율 상승, 지역 주민이 관광객의 소비 행태와 자유분방한 행동을 모방하는 전시(모방)효과, 주민의 양극화, 사회적 병리 현상(도덕적 타락과 무절제한 행동), 의식구조의 변화(전통적 가족제도의 붕괴, 외국인 혐오증 유발 가능) 등
문화적 측면	역사 유적 등의 보존ㆍ보호, 새로운 문화의 창조(한류 : K-POP, 드라마 촬영장, 비빔밥 등)	토착 문화 소멸, 문화 변용, 문화 충격, 전통문화와 예술의 상품화 등으로 인한 부작용
정치적 측면	세계평화에 기여, 국가ㆍ지역 간 협력 체제의 유지	정치 불안, 안전 위협
환경적 측면	환경 의식의 증대, 환경의 질 개선, 토지 및 자원 이용의 효율성 제고	환경 파괴와 오염, 교통 체증 및 혼잡 유발, 생태계 파괴

※ 그 외에 국가 안보적 측면 등이 있다.

3-3 관광객의 관광 행동 영향 요인[메이요(E. J. Mayo)와 자비스(L. P. Javice)]

(1) 내적인 심리적 요인

지각(Perception), 학습(Learning), 성격(Personality), 동기(Motive), 태도(Attitudes)

(2) 사회적 요인

① 사회계층(Social Class)

② 준거집단(Reference Group)은 특정 집단이나 단체의 소속 여부와 관계없이 개인행동에 직·간접적으로 영향을 주는 동료 모임(학교 또는 직장 등), 종교 집단, 스포츠 동우회 클럽, 취미서클 등으로 어떤 개인의 행동, 구매 행동 그리고 목표를 설정함에 있어 그에게 개인적 가치의 표준이나 규범을 제공하는 요소이다. 1942년 미국의 사회심리학자 하이먼의 논문「지위의 심리학」에서 처음 사용한 용어이다.

③ 의견 선도자(Opinion Leader)는 여론 주도자로서 관광객에게 정보 제공자, 설득자, 확신자로서의 역할을 하며, 새로운 관광 상품에 대한 관광객의 지각된 위험을 감소시켜준다.

④ 가족(Family)

⑤ 문화와 하위문화(보다 구체적인 일체감과 사회성 부여)

3-4 관광 행동과 의사 결정

관광 욕구와 인지(**문제 인식**) → 관광 정보의 탐색과 대안의 평가(**정보 탐색/대안 평가**) → 관광 상품의 구매 의사 결정(**의사 결정**) → 관광 준비와 관광 경험(**구매 후 행동**) → 관광 경험 후 **평가**(똑같은 관광 상품이 관광객에 따라 다르게 평가된다. 관광객의 기대 수준은 지식과 경험에 비례하여 높아지는 경향이 있으며, 관광객의 심리 상태에 크게 좌우된다)

3-5 관광객의 유형(Lundberg)

(1) 내향적 성격의 관광객은 자기중심적, 보수적, 비모험적이며, 문제를 회피하는 경향이 있다.

(2) 외향적 성격의 관광객은 자기 확신적이고 호기심이 많으며 새로운 경험을 추구한다.

1 매슬로우의 욕구단계설 중 관광 동기와 관련된 것은?

① 안전의 욕구　　　② 소속과 애정의 욕구 ③ 존경의 욕구　　　④ 자아실현의 욕구

2 일반적으로 관광 동기의 결정 요인으로 볼 수 없는 것은?

① 비용　　　　　② 동료　　　　　③ 시간　　　　　④ 정보

 관광 동기의 결정 요인으로는 비용, 시간, 정보 등이 있다.

3 관광의 긍정적 효과 중 경제적 측면의 효과가 아닌 것은?

① 환경 의식의 증대　　　　　　② 외화 획득을 통한 국제수지 개선
③ 국민소득과 조세수입의 증대　　④ 고용 증대

 환경 의식의 증대는 환경적 측면에 속한다.

4 다음의 설명과 관련된 것은?

> 여론 주도자로서 관광객에게 정보 제공자, 설득자, 확신자로서의 역할을 하며, 새로운 관광 상품에 대한 관광객의 지각된 위험을 감소시켜준다.

① 사회계층(Social Class)　　　　② 준거집단(Reference Group)
③ 의견 선도자(Opinion Leader)　④ 가족(Family)

5 다음은 관광 행동과 의사 결정 과정에 대한 단계들이다. 두 번째 단계로 볼 수 있는 것은?

① 정보 탐색/대안 평가　　　　② 의사 결정
③ 구매 후 행동　　　　　　　④ 평가

 관광 행동에 있어서 의사 결정 단계는 문제 인식 → 정보 탐색/대안 평가 → 의사 결정 → 구매 후 행동 → 평가 순이다.

정답 1 ④ 2 ② 3 ① 4 ③ 5 ①

4. 관광의 발전사

4-1 　고대 그리스 시대와 로마 시대

(1) 고대 그리스 시대의 관광

최초의 관광 동기는 신앙이 중심이었다고 전해지고, 당시의 관광 형태는 신앙, 체육(올림픽 경기), 요양, 종교(신전 참배) 등의 모습으로 나타났다.

(2) 로마 시대의 관광

근대와 유사한 모습으로 관광 목적 또한 다양해져서 종교, 요양, 예술, 등산, 식도락(가스트로노미아, 미식가식 여행), 과학적 연구 등의 내용을 포함했다. 이 시대 관광 발전의 큰 특징은 군사적 도로가 관광사업에 이용된 것이다. 다만 그 다양성과 활발함에도 불구하고 일부 특권계층에 한정되었다. 로마제국의 멸망 후 도로의 파괴와 사회상의 혼란으로 여행은 성지순례 정도로 전락했다(관광의 공백 시대).

> **참고**　**로마 시대 관광 여행이 가능했던 원인** : 군사용 도로의 정비, 치안 유지 완벽, 화폐경제의 보급(행동반경 증대), 학문의 발달과 지식 수준의 향상으로 미지의 세계에 대한 동경 증가, 관광사업의 등장(교통 발달, 도로 정비, 숙박 시설)

4-2 　중세 유럽

(1) 사회조직은 혼란 상태에 빠지고 도로는 모두 파괴되어 관광 여행은 자취를 감추었고, 소수의 여행객을 위한 숙소로 수도원, 교회가 이용되었다.
(2) 십자군 원정은 관광 부활의 계기가 되었는데, 육로 및 해로의 개발은 물론, 동방에 대한 지식과 관심을 높였다는 데 큰 의미가 있다.
(3) 중세 유럽의 관광은 세계가 기독교 문화 공동체였던 탓에 종교 관광이 유행했다.

4-3 　근대 유럽

(1) 근대 유럽의 시대 상황

① 산업혁명, 상업의 발달, 과학의 진전
② **교양 관광(Grand Tour)의 시대** : 17세기 중반부터 19세기 초반까지 유럽의 상류층 자제들이 지식과 견문을 넓히기 위하여 유럽의 여러 나라를 순방하는 것이 크게 유행했다.

(2) 관광사업의 발전

① 해외여행(교통의 발달로 인해서 가능)이 시작되었다.

② 숙박 시설의 고급화로 호텔이 출현하게 되었다.

　㉮ 파리, 런던, 베스(영국), 루체른(스위스), 바덴바덴(독일), 니스(프랑스) 등에 호텔이 들어섰다.

　㉯ 그랜드 호텔(Grand Hotel, 1850)은 고급 호텔의 대명사가 되었다.

　㉰ 리츠 호텔(Ritz Hotel, 1897)은 고객이 요구하는 모든 것을 최고의 서비스로 제공한다는 이념을 추구했다.

　㉱ 세자르 리츠는 호화로운 호텔 경영을 완성시킨 입지적인 인물이다.

③ 여행 알선업은 1841년 토마스 쿡('근대 관광산업의 아버지', 1808~1892)이 광고를 내어 여행단을 모집하고 단체 전세열차의 운행을 시도하여 성공을 한 것에서 시작되었다.

4-4　근대 미국

커머셜 호텔(Commercial Hotel)이 등장했다.

(1) 스타틀러는 1908년 '버펄로 스타틀러 호텔'을 건설하고 '일반 서민이 부담할 수 있는 가격으로 세계 최고의 서비스를 제공할 것'을 경영 이념으로 삼았다.

(2) 힐튼은 미국 호텔의 대형화 · 근대화에 기여했다.

4-5　우리나라의 관광 발전사

(1) 해방 전(~1945)

① 대불호텔은 1888년 인천에 세워진 우리나라 최초의 호텔(경인선 개통으로 쇠락)이다.

② 손탁호텔은 1902년 서울(정동)에 세워진 우리나라 최초의 서양식 숙박 시설(최초의 근대적 호텔)로, 처음으로 프랑스 요리가 제공되었다.

③ 1912년 부산과 신의주에 최초의 철도호텔이 세워졌다.

④ 1914년 조선호텔(호텔이 처음으로 회의 장소로 사용), 1936년 반도호텔(당시 최대 규모)이 세워졌다.

(2) 해방 후(1945년~현재)

① 1948년 : 최초의 외국인 관광단 내방

② 1954년 : 교통부 육운국 내에 관광과 설치

③ 1961년 : 「관광사업진흥법(최초의 관광 법규)」 제정 및 공포(1975년 「관광기본법」과 「관광사업법」으로 분리)

④ 1962년 : 국제관광공사 발족(→ 한국관광공사)

⑤ 1964년 : 일본의 해외여행 자유화(해외 관광 시장 전환기)

⑥ 1965년 : 한일국교 정상화

⑦ 1967년 12월 29일 : 최초의 국립공원 지정(지리산)

⑧ 1970년 7월 7일 : 경부고속도로 개통

⑨ 1971년 : 전국의 관광지 10대 관광권 설정(관광지 개발 추진)

⑩ 1972년 : 한국관광학회 설립, 「관광진흥개발기금법」 제정 및 공포

⑪ 1975년 : 「관광기본법」 및 「관광사업법」 제정·공포(국가 차원의 관광계발계획 수립·연계)

　　※ 「관광사업법」은 1987년 「관광진흥법」 제정으로 폐지되었다.

⑫ 1978년 : 외래 관광객 100만 명 돌파

⑬ 1980년 : 제주도를 입국사증 면제 지역으로 지정(체류 기간 30일)

⑭ 1986년 : 아시안게임

⑮ 1988년 : 서울올림픽

⑯ 1989년 : 1월 1일 : 해외여행 완전 자유화

⑰ 1990년 : 전국 관광지 5대권 분류

⑱ 1994년 : 한국 방문의 해

⑲ 1998년 : 중국 **단체 관광객**의 제주도 무사증 입국 허용

⑳ 2000년 : 외래 관광객 500만 명 돌파, ASEM회의 개최

㉑ 2001년 : 유엔세계관광기구(UNWTO)총회와 한국 방문의 해 개최

㉒ 2002년 : 한일월드컵 공동 개최, 제14회 부산아시안게임

㉓ 2004년 : PATA(Pacific Asia Travel Association : 아시아태평양관광협회) 53차 총회(제주도)

㉔ 2006년 : 중국인 **개별 관광객**의 제주도 무사증 입국 허용

㉕ 2012년 : 외래 관광객 1000만 명 돌파, 여수세계박람회

㉖ 2014년 : 인천아시안게임, 11월 런던관광전시회에서 한국관광브랜드 Imagine your Korea 선보임

관광 발전 단계 요약

구 분	시 기	관광 계층	관광 동기	조직자	조직 동기
Tour 시대 (자연 발생적 여행)	고대~1830년	특권계층과 일부 부유층인 평민	종교심	교회	신앙심 향상
Tourism의 시대 (매개 서비스적 관광)	1840년대 초 ~제2차 세계대전	특권층과 부유층 평민	지식욕	기업	이윤 추구
Mass Tourism (대중 관광)	제2차 세계대전 이후 ~1990년대 말	일반 대중을 포함한 국민	보양, 오락	민간 기업, 공공단체, 국가	이윤 추구, 국민 후생의 증대
New Tourism (Social Tourism, 새로운 관광의 시대, 개발 조직적 관광)	1990년대~현재	각계각층의 전 국민과 대중	관광의 생활화, 관광 권리	개인, 가족	개성 추구 주제 관광, 특별관심관광 (SIT)

※ 제1차 세계대전 : 1914~1918년, 제2차 세계대전 : 1939~1945년

최신기출 2016. 4. 9 시행

세계 관광 발전사 단계 중 'Mass Tourism' 시기에 관한 설명이 아닌 것은?

① 시기는 1840년대 초부터 제1차 세계대전까지이다.

② 대상은 대중을 포함한 전 국민이다.

③ 조직자는 기업, 국가, 공공단체로 확대되었다.

④ 조직 동기는 이윤 추구와 국민 후생의 증대 중심이다.

✏ **해설** Mass Tourism의 시기는 제2차 세계대전(1939~1945년) 이후부터 1990년대 말까지이다.

정답 ①번

4-6 현대의 관광사업

(1) 현대 관광사업의 특색

① 관광의 대중화(Mass Tourism) 현상이 일반화되었다.

② 지방 문화와 예술의 발달에 의하여 관광 활동의 내용이 풍부해졌다.

③ 인간의 잠재적인 욕구의 자극으로 대중 관광이 촉진되었다.

④ 교통수단의 발달로 신속하고 편리하며 쾌적한 여행이 가능해졌다.

⑤ 관광 여행의 목적이 다양해졌고, 생활 의식이 변화하고 소득이 증가하면서 관광이 보편화되었다.

(2) 현대 관광의 형태

① 복지 관광(Welfare Tourism) : 사회 관광의 한 방편으로 많은 국가에서 국민관광진흥정책의 일환으로 시행되고 있다. 저소득층에게 국내 관광을 즐길 수 있도록 권장하고 특별 지원과 공적 시설 확충, 유급휴가 제도 실시와 같은 사회복지 정책을 추진하고 있다.

② 국제 관광(International Tourism) : 세계 각국이 외화 소득 수단으로 국제 관광을 개발하기 시작하였고, 이에 관광사업 또한 대형화, 근대화, 경영의 합리화가 추진되었다.

③ 대중 관광(Mass Tourism) : 교통수단의 발달, 노동시간 단축에 따른 자유 시간 증대, 관광에 대한 인식 변화, 소득 증대, 매스컴의 발달에 따른 풍부한 정보 등을 배경으로 대중이 참여하는 대규모 관광을 말한다.

④ 대안 관광(Alternative Tourism) : 대량 관광 행위가 환경에 미치는 영향과 사회 · 문화적 영향을 최소화하려는 것으로, 사회적으로 책임성 있고 환경을 인식하는 새로운 형태의 관광이다.

⑤ 기타 관광의 형태로 녹색 관광, 생태 관광, 지속 가능한 관광 등이 있다.

(3) 관광산업은 굴뚝 없는 산업, 백색 산업, 녹색 산업이고 평화 산업이며 21세기 미래를 지향

하는 전략 산업이면서 국가의 기간산업이다. 다만 수용 능력을 넘어선 대량 관광은 자연과 환경을 파괴하는 주범으로 인식된다.

❶ 국제관광기구

㉮ UNWTO(United National World Tourism Organism, 세계관광기구) : 1925년 헤이그에서 설립된 '공공여행기관연맹(International Union of Official Travel Organizations, 약칭 : IUOTO)'을 전신으로 1975년에 설립되어, 2003년 12월에 유엔의 전문 기관이 되었다. 2015년 155개국이 정회원으로 가입되어있고, 연합 회원국 지역은 7개에 달하며, 스페인 마드리드에 본부를 두고 있다.

㉯ PATA(Pacific Asia Travel Association) : 아시아태평양관광협회

㉰ ASTA(American Society of Travel Agents) : 미주여행업협회

㉱ EATA(East Asia Travel Association) : 동아시아관광협회

㉲ WATA(World Association of Travel Agencies) : 세계여행자협회

❷ 세계관광기구가 예견하여 제시한 21세기 미래 시대 관광 환경의 조류

㉮ 국제화, 세계화에서 지역화로의 변화

㉯ 여행 수속의 간소화 · 신속화 등을 통한 편리한 여행

㉰ 관광 정보의 사이버 시대 개막

㉱ 관광객의 성향이 모험 지향형과 휴양 지향형으로 양극화

㉲ 지구촌의 축소화와 해외여행의 일상화(지구촌의 일일생활권화, 지구오지 탐험, 해저 탐험 등의 여행 증가)

㉳ 우주 관광 시대의 도래

㉴ 호흡이 긴 여행(지속 가능한 관광, 녹색 관광, 생태 관광, 윤리 관광 중시)

㉵ 3Es(Entertainment, Excitement, Education)를 결합한 주제별 관광 중시

㉶ 아시아와 태평양 지역이 세계 관광을 선도(중국의 부상)

※ 세계 관광의 날(World Tourism Day)은 UN 산하의 유엔세계관광기구(UNWTO)가 지정한 국제 기념일의 하나로 날짜는 9월 27일이다. 1970년 9월 27일 세계관광기구 헌장이 채택된 데서 날짜를 이날로 삼았으며, 본격적으로 시행된 것은 1980년부터이다.

❸ 국제 관광 발전을 위한 국제기구의 활동

㉮ IMF(국제통화기금) : 여행 자유화를 추진하였다.

㉯ OECD(국제협력개발기구) : 국제 관광 왕래를 촉진하기 위하여 '국제 관광 여행의 촉진을 위한 행정상의 편의 제공'에 관한 이사회의 결의 및 권고를 채택(1965)하였다.

㉰ UN(국제연합) : **1967년을 '국제 관광의 해'**로 지정하고 **세계 통일 관광마크**(월계수로 싼 비둘기)와 '**관광은 평화의 여권**'이라는 표어를 채택하였다.

㉱ UNWTO(유엔세계관광기구) : **"환경은 관광의 기본이다."**라고 규정하였다.

㉲ 쉥겐(Schengen)협약 : **유럽 지역** 약 26개국 국가들이 체결한 것으로 가입국들 내에서 **무비자로 자유롭게 여행과 통행**을 할 수 있도록 한 협약을 말한다.

2016. 4. 9 시행

관광 관련 국제기구 중 동아시아관광협회를 뜻하는 용어는?

① ESTA   ② ASTA   ③ EATA   ④ PATA   정답 ③번

1　로마 시대 관광 여행이 가능했던 원인으로 볼 수 없는 것은?

① 군사용 도로의 정비　　　　　　② 화폐경제의 보급

③ 치안 유지 완벽　　　　　　　　④ 통일된 종교

 해설　로마 시대 종교는 다양했다(후기 로마는 국교 시대).

2　근대 유럽은 숙박 시설의 고급화로 호텔이 출현했다. 호텔 출현 지역과 국명이 잘못 연결된 것은?

① 베스-영국　　　　　　　　　② 루체른-오스트리아

③ 바덴바덴-독일　　　　　　　　④ 니스-프랑스

 해설　루체른은 스위스의 도시이다.

3　다음의 호텔 경영 이념과 관련된 인물은?

> 일반 서민이 부담할 수 있는 가격으로 세계 최고의 서비스를 제공할 것

① 토마스 쿡　　　② 힐튼　　　③ 리츠　　　④ 스타틀러

4　1902년 서울(정동)에 세워진 우리나라 최초의 서양식 숙박 시설은?

① 대불호텔　　　② 손탁호텔　　　③ 조선호텔　　　④ 반도호텔

5　우리나라의 관광 발전사에 대한 내용으로 옳지 않은 것은?

① 1967년 최초의 국립공원으로 지리산 지정

② 1989년 해외여행 완전 자유화

③ 1998년 중국인 개별 관광객의 제주도 무사증 입국 허용

④ 2014년 런던관광전시회에서 한국관광브랜드 Imagine your Korea 선보임

 해설　중국인 개별 관광객의 제주도 무사증 입국 허용 시기는 2006년이다.

정답　1 ④　2 ②　3 ④　4 ②　5 ③

6 관광의 발전 단계 중 가장 마지막 단계에 있는 것은?

① Tour 시대

② Tourism 시대

③ Social Tourism 시대

④ Mass Tourism 시대

7 관광의 대중화(Mass Tourism) 현상과 관련이 있다고 볼 수 없는 것은?

① 관광 활동의 내용이 풍부해졌다.

② 교통수단의 발달로 신속, 편리, 쾌적한 여행이 가능해졌다.

③ 생활 의식이 변화하고 소득이 증가하면서 관광이 보편화되었다.

④ 관광객들이 개성을 추구하게 되었다.

해설 관광객들이 개성을 추구하게 된 시기는 New Tourism(Social Tourism) 시기이다.

8 다음의 설명과 관련된 관광으로 옳은 것은?

> 사회 관광(Social Tourism)의 한 방편으로 많은 국가에서 국민관광진흥정책의 일환으로 시행되고 있다. 저소득층에게 국내 관광을 즐길 수 있도록 권장하고 특별 지원과 공적 시설 확충, 유급휴가 제도 실시와 같은 사회복지 정책을 추진하고 있다.

① 복지 관광　　　② 국제 관광　　　③ 대중 관광　　　④ 대안 관광

9 다음의 설명과 관련된 관광으로 옳은 것은?

> 대량 관광 행위가 환경에 미치는 영향과 사회·문화적 영향을 최소화하려는 것으로 사회적으로 책임성 있고 환경을 인식하는 새로운 형태의 관광이다.

① 복지 관광　　　② 국제 관광　　　③ 대중 관광　　　④ 대안 관광

10 세계관광기구가 예견하여 제시한 21세기 미래 시대 관광 환경의 조류로 볼 수 없는 것은?

① 국제화·세계화에서 지역화로 변화

② 여행 수속의 간소화·신속화

③ 호흡이 긴 여행의 일반화

④ 유럽과 북미 지역이 세계 관광을 선도

해설 아시아와 태평양 지역이 세계 관광을 선도할 것으로 예측했다.

정답 6 ③ 7 ④ 8 ① 9 ④ 10 ④

11 다음 중 세계여행자협회를 의미하는 것은?

① PATA ② ASTA ③ WATA ④ UNWTO

12 '세계 관광의 날(World Tourism Day)'에 대한 설명으로 옳지 않은 것은?

① UN에서 지정한 국제 기념일의 하나이다.

② 날짜는 9월 27일이다.

③ 본격적으로 시행된 것은 1980년부터이다.

④ 관광산업의 발전을 다짐하고 그 중요성을 널리 알리기 위한 목적으로 지정되었다.

 해설 UN 산하의 세계관광기구(UNWTO)가 지정한 국제 기념일의 하나이다.

13 다음은 국제 관광 발전을 위한 국제기구의 활동들이다. 연결이 잘못된 것은 무엇인가?

① 국제통화기금(IMF)에서는 여행 자유화를 추진하였다.

② 국제협력개발기구(OECD)에서는 국제 관광 왕래를 촉진하기 위하여 1965년에 '국제 관광 여행의 촉진을 위한 행정상의 편의 제공'에 관한 이사회의 결의 및 권고를 채택하였다.

③ 국제연합(UN)에서는 1967년을 '국제 관광의 해'로 지정하고 '관광은 평화의 여권'이라는 표어를 채택하였다.

④ 아시아태평양관광협회(PATA)에서는 "환경은 관광의 기본이다."라고 규정하였다.

 해설 "환경은 관광의 기본이다."라고 규정한 단체는 유엔세계관광기구(UNWTO)이다.

5. 관광사업의 이해

4

관광학개론

5-1 관광사업의 의의

(1) 관광사업의 개념

관광사업이란 관광 수요를 창출하고 다양한 관광 행동에 적합한 사업 활동을 통하여 관광의 다각적인 효과를 거두려는 인류의 평화와 복지를 위한 사업을 말한다. 관광사업의 주체는 정부와 지방 공공 기관(지방자치단체) 등의 공적 기관과 영리를 목적으로 하는 민간 기업이다.

(2) 관광사업의 내용

관광자원의 보호, 보존, 관광시설의 정비, 이용 증진, 관광객 유치 선전, 관광객 접대, 알선 등이다.

(3) 관광과 관광사업

관광은 관광 주체와 관광 객체 그리고 관광 매체 3자로 이루어지며, 이들은 서로 유기적이다. 주체와 객체 사이에 성립되는 관광의 효용성은 매체인 관광사업을 개입시키면서 증대되며 관광 수요도 증가한다.

5-2 관광사업의 특성

(1) 복합성

① 사업 주체의 복합성
② 사업 내용의 복합성

(2) 입지 의존성

관광지의 형성은 유·무형의 관광자원을 소재로 하여 이루어지기 때문에 입지 의존성은 필연적인 결과이다.

① 불연속 생산 활동형 : 관광객은 관광지의 입지 조건에 따라 계층이 다르고, 소비 활동은 소비 시기(계절별, 월별, 주별, 시간별)에 따라 변동이 크며, 관광 여행은 경기 변동과 사회적 변화에 민감하고 관광객의 임의적 행동에 좌우된다.

② 생산, 소비의 동시 완결형 : 관광사업은 순간 생산과 순간 소비의 형태가 기본적 특징이며 생산과 소비가 동시에 완결적으로 이루어진다. 따라서 관광 서비스는 비저장성을 특징으로 하기에 사용되지 못한 서비스는 소멸한다. 이에 대한 대응으로 비수기 수요의 개발, 예약 시스템의 도입, 초과 예약(Overbooking) 등이 있다. 또한 경영상의 탄력성이 없다. 관광 수요는 장소적·시간적인 분산성이 크나, 관광 공급은 불가분성 내지 비분리성에 따라 공급상의 비탄력성이 존재한다.

③ 노동장 비율(유형 고정자산액/종업원 수)의 상승 : 관광사업의 대형화, 고급화의 영향이다.

④ 현장성 : 생산 과정에서 관광객의 직접 참여가 요구된다.

(3) 변동성

관광 욕구의 충족은 임의적 성격이기 때문에 관광 여행 자체가 외부 사정의 변동에 매우 민감하게 영향을 받는다.

① 사회적 요인 : 사회 정세의 변화, 국제 정세의 긴박한 상황, 정치적 불안, 정변, 폭동, 그 밖에 인간의 안전을 위협하는 것 등

② 경제적 요인 : 경제 불황, 소득 상황, 환율 시세의 상승, 운임의 변동, 관광 여행 시의 외화 사용 제한 등의 조치 등

③ 자연적 요인 : 기후, 지진, 태풍, 쓰나미, 폭풍우 등의 파괴적 자연현상

(4) 공익성

① 사회 · 문화적 측면

㈎ 국제 관광 : 국위 선양, 국제 친선의 증진, 국제 문화의 교류

㈏ 국내 관광 : 국민의 보건 향상, 근로 의욕의 증진, 교양의 향상 등

② 경제적 측면

㈎ 국민경제 효과 : 외화 획득, 경제 발전, 기술 협력, 국제무역의 증진 등

㈏ 지역경제 효과 : 소득 효과, 고용 효과, 산업 연관 효과, 주민 후생 복지의 증진, 생활 환경의 개선, 지역 개발 등

③ 발전 방향 : 공익성과 사익성의 조화 발전 도모

(5) 서비스성

관광사업 종사자, 지역 주민, 국민의 친절과 건전한 서비스 제공이 필수적이다.

(6) 양면성

① 수동적 측면 : 관광자원 개발, 관광시설 설치 · 정비 등

② 능동적 측면 : 여행 상품 개발 등

(7) 매체성

주체인 관광객과 객체인 관광 대상을 결합시키는 매체 제공

(8) 기타

지역성, 다면성 등

참고 **관광사업은 4D산업이다** : 꿈(Dream), 기쁨(Delight), 인간의 존엄성(Dignity), 관광객에의 헌신(Devotion)

(1) 법률적 관광사업 분류(관광진흥법 제3조 및 시행령 제2조)

① 여행업 : 일반여행업, 국외여행업, 국내여행업

② 관광숙박업

   (가) 호텔업 : 관광호텔업, 수상관광호텔업, 한국전통호텔업, 가족호텔업, 호스텔업, 소형
      호텔업, 의료관광호텔업

   (나) 휴양콘도미니엄업

③ 관광객 이용시설업 : 전문휴양업, 종합휴양업(제1종 종합휴양업, 제2종 종합휴양업), 야
영장업(일반야영장업, 자동차야영장업), 관광유람선업(일반관광유람선업, 크루즈업), 관
광공연장업, 외국인관광도시민박업 등

> **참고 국내 크루즈업** : 한려수도와 제주도·울릉도 등지에서 섬 주위를 맴도는 소형 유람선 운항이 고작
> 이었으나, 금강산 관광선 취항(1998년~)을 계기로 본격적인 크루즈 시대가 시작되었다. 크루즈 관
> 광 인구가 매년 급증하면서 한국·중국·일본 등 아시아 각국의 크루즈산업 경쟁이 뜨겁게 달아오
> 르고 있다. 유엔세계관광기구(UNWTO)는 크루즈에 대해 "단기간에 다양한 경험을 할 수 있는 21세
> 기 최고의 관광 상품"이라고 평가했다. 크루즈는 해운, 관광, 호텔업 등이 결합되어 경제적 부가가치
> 가 높은 산업으로 고용 창출과 지역 경제 파급효과도 매우 크다. 정부는 2015년 「크루즈산업의 육
> 성 및 지원에 관한 법률」을 제정하고 2016년 3월 '제1차 크루즈산업 육성 기본계획'을 내놓는 등 산
> 업 기반 마련에 본격적으로 나서고 있다. 한편, 제주·부산 등 일부 항구에만 크루즈 관광객이 집중
> 되는 현상에 대한 개선이 필요하다.

④ 국제회의업 : 국제회의시설업과 국제회의기획업

⑤ 카지노업

⑥ 유원시설업 : 종합유원시설업, 일반유원시설업, 기타유원시설업

⑦ 관광편의시설업 : 관광사진업, 여객자동차터미널시설업, 관광식당업, 외국인전용유흥음
식점업, 관광유흥음식점업, 관광극장유흥업, 관광순환버스업, 관광펜션업, 관광궤도업,
한옥체험업, 관광면세업 등

(2) 주체별 관광사업 분류

① 관광기업 : 1차 관광사업으로 여행업, 관광숙박업, 관광객 이용시설업, 주제 공원, 국제
회의업, 전세버스업과 항공업, 토산품 또는 기념품판매업, 유람선업, 순항유람선업 등을
말한다.

② 관광 관련 기업 : 2차 관광사업(간접관광사업)으로 호텔에 서비스를 제공해주는 세탁업
자, 식품업자, 각종 납품업자와 용역업자, 관광출판물업자, 여행도매업자 등을 말한다.

③ 관광 행정기관 : 관광 정책과 관광 개발 및 육성 업무를 담당하는 기관으로, 국가·정

부 · 지방자치단체 등 관광 관계 행정기관을 말한다.

④ 관광 공익단체 : 관광공사, 관광협회 등 공익법인, 관광 인력을 양성하는 교육기관, 관광 관련 연구소 등을 말한다.

5-4 관광사업의 사회적 영향

(1) 경제적 측면

외화 획득, 국내 산업 진흥, 지역경제 개발 효과, 교통자본의 고도 이용, 고용의 증대, 직 · 간접 비용의 확대(자연환경 파괴와 훼손, 생활환경의 질 저하, 시설 유지/물가 · 지가 상승, 생산과 고용의 계절성 등)

> **참고** **체키 리포트(Checki Report)** : 「태평양 · 극동 지역에 있어서 관광사업의 장래」라는 관광조사보고서(미국의 상무성과 PATA(아시아태평양관광협회)에서 위탁. 17개 회원국가에 대하여 실시)에서 국민소득에 대한 관광소득은 3.2~4.3배의 **승수효과**(경제적 효과, 관광 소비가 국민경제 내부에서 순환하는 것)를 나타낸다.

(2) 사회 · 문화적 측면

① 사회적 효과 : 사회적 구조 변경과 이동이 일반화되면서, 관광 개발로 지역이 발전하는 경우도 있으나 파괴되는 경우도 있다.

② 문화적 효과 : 관광에 의해서 습득된 지식과 문화는 다른 사람에게 전해지면서 뛰어난 교육 효과를 지니는 반면 오해와 편견을 일으킬 수도 있다.

(3) 국민 후생적 측면

관광을 통해서 피로를 풀어서 활력을 증강시키는 효과가 있다.

(4) 국제 친선 효과

상호 간의 지역성, 국민성, 습관 등을 이해하고 국가 간의 긴장 완화와 평화 촉진에 기여할 수 있다.

5-5 관광사업의 전망

(1) 관광 환경과 전망

① 인구와 사회 환경 변화

㈎ 전후 베이비붐 세대가 여행을 증가시킬 수 있는 연령층에 도달

㈏ 취업 여성의 증가, 늦은 결혼 연령, 자녀 없는 부부의 증가와 함께 여행 지출을 많이 하는 계층의 증대

㈐ 유급휴가 증대, 근로시간 단축, 이민과 출입국 절차의 간소화로 인한 여행 여건 개선과 국제화 · 세계화로 인한 국제여행의 지속적인 증가

㈑ 생태계 보호, 대기와 수질보존을 전제로 한 관광자원 개발이 활발

② 경제 환경 : 기존의 자원 중심에서 시장 중심 · 자본 중심의 관광으로 전환

③ 정치 환경 : 동서 진영 간 긴장이 해소되어 관광산업은 더욱 발전

④ 기술 혁신

㈎ 이동 시간 단축도 필수적인 관광자원 공급 요건

㈏ 정보 시스템에서의 기술 혁신은 여행 정보의 입수와 예약을 용이하게 하며 소비자에게 저렴한 여행 비용을 제공

⑤ 교통 시설 : 공항, 도로, 철도와 같은 교통 기반 시설은 공급 부족 상태

⑥ 안전 여행 : 여행객의 증대와 여행 인구의 노령화에 따라 여행 안전 문제는 더욱 중요해짐

⑦ 한국관광공사 보고서 참조 내용

㈎ 2014년 관광불편신고 : 쇼핑 > 택시 > 숙박 > 여행사 > 공항 및 항공

㈏ 2015년 관광불편신고 : 쇼핑 > 택시 > 숙박 > 여행사 > 공항 및 항공 > 음식점 > 분실 및 도난

(2) 제3차 관광개발기본계획(2012~2021)

① 배경 : 관광진흥법 제49조 규정에 따른 법정 계획으로 향후 10년간 전국 관광 개발의 기본 방향과 전략을 제시하고 국민의 삶의 질 향상과 국가 경제에 기여하며 국제 관광 시대에 대비한다.

② 목적

㈎ 관광개발과 권역의 방향성을 제시하는 국가 단위 계획으로 미래 비전 제시

㈏ 글로벌 경쟁력을 갖춘 관광 발전 기반 구축

㈐ 지역적 특성을 고려하고 지역민의 소득 증대에 기여하며 지역과 상생 발전할 수 있는 관광개발계획 수립이 필요

③ 범위

㈎ 공간적 범위 : 전국

㈏ 시간적 범위 : 10개년 계획

㈐ 내용적 범위 : (관광진흥법 제49조 제1항에서 규정한 계획 내용 및 관광개발의 비전과 이를 실현하기 위한)전략별 관광개발계획, 권역별 관광개발방향 및 계획의 효율적 집행 방안

④ 성격

㈎ 관광 개발의 미래상을 제시하는 **10년 단위** 법정 계획

(나) **전국** 관광자원의 보호 · 개발 · 이용 · 관리 등에 관한 **종합계획**

(다) 권역별 관광개발계획의 방향성을 제시하는 **기본계획**

(라) 5대 목표 : 창조 관광, 녹색 관광, 생활 관광, 공정 관광, 경제 관광

⑤ 제3차 관광개발기본계획의 광역관광권 추진 전략

(가) 수도 관광권 : 동북아 관광허브

(나) 충청 관광권 : 융합 관광의 거점

(다) 호남 관광권 : 문화 관광 중추 지역

(라) 대구 · 경북 관광권 : 역사 관광의 거점

(마) 부 · 울 · 경 관광권 : 해양레저, 크루즈관광 중추 지역

(바) 강원 관광권 : 생태 · 웰빙 관광 및 동계 스포츠의 메카

(사) 제주 관광권 : 글로벌 경쟁력을 갖춘 자연유산 관광 및 MICE산업의 중심

최신기출 **2016. 4. 9 시행**

관광의 환경적 측면에서의 효과가 아닌 것은?

① 관광자원의 보호와 복원

② 환경 정비와 보존

③ 관광의 승수효과

④ 환경에 대한 인식 증대

 해설   관광의 승수효과는 경제적 측면의 효과에 해당한다.   정답 ③번

---

6. 관광자원의 개발

6-1   관광자원의 의의

(1) 관광의 주체인 관광객으로 하여금 관광 동기나 관광 의욕을 일으키게 하는 목적물인 관광 대상을 의미한다.

(2) 관광객을 유인할 수 있고 관광 수입을 올릴 수 있는 경제성을 지닌 것(유형물, 무형물, 인공물, 자연물 등)을 말한다.

6-2 관광자원의 특성

① 매력성

② 유인성(견인성)

③ 개발성 : 관광자원이 관광 가치를 가지기 위해서는 개발이 필요

④ 보호 · 보존 요구성

⑤ 가치의 변화성 : 관광 가치는 관광객의 주관에 크게 좌우

⑥ 범위의 다양성 : 관광 욕구의 개성화, 다양화

⑦ 자연과 인공의 상호작용 : 자연적인 것, 문화적인 것, 사회적인 것, 위락적인 것

6-3 관광자원의 분류

(1) 자연 관광자원

산악, 해양, 온천, 동굴, 하천과 호수, 산림 등

(2) 문화 관광자원

① 문화유산 관광 : 문화재, 유적지, 고궁, 사찰, 박물관, 고분, 민속자료 등

② 예술 관광 : 미술관, 문화센터, 전시관, 문화예술 축제, 이벤트, 공연, 전시 등

(3) 사회 관광자원

역사, 민속관, 풍습, 국민성과 민족성, 생활양식, 예술, 교육 등

(4) 산업 관광자원

① 농업 관광자원 : 농업, 과수원, 목장, 어장 등

② 공업 관광자원 : 공장 시설, 광산 견학, 생산기술 습득

③ 상업 관광자원 : 재래시장, 백화점, 쇼핑 관광

(5) 위락 관광자원

주제 공원, 놀이 시설, 카지노, 리조트, 스키, 골프, 크루즈, 마리나 등

> **참고** 국립공원은 우리나라의 자연 생태계나 자연 및 문화경관을 대표할만한 지역으로서 「자연공원법」의 규정에 의하여 **환경부장관**이 지정 · 관리한다. 세계 최초의 국립공원은 1872년에 지정된 미국의 옐로스톤(Yellowstone) 국립공원이고, 우리나라 최초의 국립공원은 1967년 지정된 지리산이다. 무등산은 1972년에 도립공원으로 지정되었으며, 2012년 12월 27일 국립공원으로 지정된 대한민국의 21번째 국립공원이다. 또한 태백산이 22번째 국립공원으로 지정되었다(공식 지정일은 2016년 8월 22일). 백두대간의 중심에 위치한 태백산이 도립공원 지정 27년 만에 구역을 넓혀 국립공원으로 지정된 것이다.

(1) 관광지

① 자연적 또는 문화적 관광자원을 갖추고 관광객을 위한 **기본적인 편의 시설**을 설치하는 지역으로서 관광진흥법에 따라 지정된 곳을 말한다.

② 국민관광지 : 국민복지관광정책의 일환으로 일반 국민들이 저렴한 비용으로 여가를 즐기고 휴식할 수 있도록 일정 지역을 정부 차원에서 개발 조성한 관광지

(2) 관광단지

관광객의 다양한 관광 및 휴양을 위해 **각종 관광시설을 종합적으로 개발**하는 **관광 거점 지역**으로서 관광진흥법에 따라 지정된 곳을 말한다.

(3) 관광특구

외국인 관광객의 유치 촉진 등을 위하여 관광 활동과 관련된 **관련 법령의 적용이 배제**되거나 **완화**되고, 관광 활동과 관련된 서비스, 안내 체계 및 홍보 등 **관광 여건을 집중적으로 조성**할 필요가 있는 지역으로 관광진흥법에 따라 지정된 곳으로, 시장, 군수, 구청장의 신청(특별자치도의 경우 제외)에 따라 시 · 도지사가 지정한다.

(4) 관광권

일정 지역을 단위로 하면서 그 단위 지역의 고유한 관광자원을 배경으로 관광자원의 보전 · 보호 및 다양화를 도모하여 관광객 유치에 도움을 주는 것으로 국토 공간의 합리적 이용, 생활 공간의 청결 유지, 국민들의 정서 순화와 교화적 기능에 기여한다.

(5) 생태계 보전 지역

1등급 권역, 자연 상태가 원시성을 유지하며 생물 다양성이 풍부한 지역으로 지형 · 지질이 특이하고 보전 가치가 있는 지역을 말한다. 창녕우포늪 등

참고 ❶ 우리나라 관광진흥법에서는 관광지 및 관광단지의 구분 기준으로 시설 기준을 다음과 같이 제시한다.
㉮ 공공 편익 시설 : 화장실, 주차장 등
㉯ 숙박 시설 : 호텔, 휴양콘도미니엄 등
㉰ 운동 · 오락 시설 : 골프장, 스키장, 요트장 등
㉱ 휴양 · 문화 시설 : 민속촌, 해수욕장 등
㉲ 접객 시설 : 관광공연장, 관광유흥음식점 등
㉳ 지원 시설 : 관광 종사자 전용숙소, 관광 종사자 연수시설 등

❷ 2016년 문화관광축제 선정 결과

㉮ 대표축제 3개 : 김제지평선축제, 자라섬국제재즈페스티벌, 화천산천어축제

㉯ 최우수축제 7개 : 강진청자축제, 무주반딧불축제, 문경전통찻사발축제, 산청한방약초축제, 이천쌀문화축제, 진도신비의바닷길축제, 추억의7080충장축제

㉰ 우수축제 10개

㉱ 유망축제 23개

※ 2016년 '문화관광축제'에 대해서는 등급별로 관광진흥개발기금을 차등하여 직접 지원(총 60억 원)하고, 아울러 한국관광공사를 통해 홍보 · 마케팅 등 간접 지원을 더욱 확대할 예정이다.

❸ 유네스코 등재 유산에는 **세계유산**(문화 · 자연 · 복합유산)과 **인류무형유산, 세계기록유산**이 있다. 우리나라의 유네스코 세계유산 : 석굴암, 불국사, 해인사 장경판전, 종묘, 화성, 경주역사유적지구, 고창 · 화순 · 강화 고인돌 유적, 제주 화산섬과 용암동굴, 조선왕릉, 한국의 역사마을(하회와 양동), 남한산성, 백제역사유적지구, 창덕궁

최신기출 2016. 4. 9 시행

문화체육관광부에서 선정한 '2016년도 문화관광 대표축제'만으로 묶인 것은?

㉠ 김제지평선축제	㉡ 화천산천어축제	㉢ 춘천마임축제
㉣ 영덕대게축제	㉤ 자라섬국제재즈페스티벌	

① ㉠, ㉡, ㉢　　　② ㉠, ㉡, ㉤　　　③ ㉠, ㉢, ㉣　　　④ ㉡, ㉣, ㉤

정답 ②번

6-5　관광지 라이프 사이클[버틀러(Butler)의 관광지 발전 단계]

(1) 탐색 단계(Exploration Stage)

소수 관광객에 의해 관광지 특징이 결정되고, 불규칙 방문의 형태를 갖는 단계이다.

(2) 주민 참여 단계(Involvement Stage)

관광객의 점진적 증가로 일부 지역 주민들이 관광시설이나 서비스를 제공하기 시작하고 관광에 대한 지역 관심이 고조되는 단계이다.

(3) 개발 단계(Development Stage)

광고 등의 관광객 유치 활동을 수행하며, 관광지의 자연적 환경이 **적극적 개발**로 급속히 변화되는 단계이다.

(4) 강화 단계(Consolidation Stage)

관광사업체의 운영 형태가 다국적 기업에 의한 프랜차이즈나 체인의 등장으로 변화되고, 대규모 관광단지 등에서 집중적으로 시설 배치가 이루어지는 위락 업무 지구가 등장하는 단계이다.

(5) 정체 단계(Stagnation Stage)

인문 관광자원의 고유성 또는 진정성이 상실되고, 인공적이며 조작적인 환경으로 변형을 겪는 단계이다. 지역 관광 수용력의 한계(다양한 문제들이 출현)가 보이는 단계이다.

(6) 쇠퇴(Decline) 및 회복 단계(Rejuvenation Stage)

쇠퇴 단계의 경우 관광자(관람객)의 감소와 함께 지역이 몰락하게 되고, 회복(재생) 단계의 경우 관광자의 지속적 재개발과 재혁신을 통해 관광의 지역 발전 효과에 긍정적 의미가 부여된다.

1 다음 중 관광사업의 특성으로 보기 힘든 것은?

① 사업 주체가 복합적이다.　② 경영상의 탄력성이 많다.

③ 외부 사정의 변동에 민감하게 반응한다.　④ 공익성을 지닌다.

 해설 관광사업은 경영상의 탄력성이 거의 없다.

2 관광사업은 일반적으로 4D산업이라고 한다. 이에 해당하지 않는 것은?

① 꿈(Dream)　② 기쁨(Delight)

③ 명확성(Definition)　④ 인간의 존엄성(Dignity)

3 주체별 관광사업의 분류이다. 관광 관련 기업(간접 관광사업)으로 볼 수 있는 것은?

① 여행업　② 주제 공원　③ 국제회의업　④ 관광출판업

 해설 여행업, 주제 공원, 국제회의업 등은 관광기업(1차 관광사업)에 속한다.

4 관광사업의 경제적 측면에 대한 내용으로 볼 수 없는 것은?

① 외화 획득　② 고용의 증대　③ 지가 상승　④ 긴장 완화

 해설 긴장 완화는 관광사업의 국제 친선 효과에 해당한다.

5 다음 중 관광산업이 발전하게 된 원인으로 볼 수 없는 것은?

① 전후 베이비붐 세대가 여행을 증가시킬 수 있는 연령층에 도달하였다.

② 취업 여성의 증가와 늦은 결혼 연령, 자녀 없는 부부의 증가 등으로 여행 지출을 많이 하는 계층이 증가하였다.

③ 무급휴가가 증대되고 근로시간이 단축되었다.

④ 출입국 절차가 간소화되었다.

 해설 무급휴가가 아닌 유급휴가의 증대가 관광산업 발전의 원인 중 하나이다.

정답 1 ② 2 ③ 3 ④ 4 ④ 5 ③

6 관광자원의 특성으로 볼 수 없는 것은?

① 가치의 일관성

② 보호 · 보존 요구성

③ 범위의 다양성

④ 자연과 인공의 상호작용

 해설 가치의 변화성이 관광자원의 특징이다.

7 다음 중 관광자원의 성격이 다른 것은?

① 문화재　　　② 고궁　　　③ 고분　　　④ 재래시장

 해설 문화재, 고궁, 고분 등은 문화 관광자원이고 재래시장은 산업 관광자원이다.

8 다음 중 국립공원에 대한 설명으로 옳지 않은 것은?

① 세계 최초의 국립공원은 1872년 지정된 미국의 옐로스톤(Yellowstone) 국립공원이다.

② 우리나라 최초의 국립공원은 1967년 지정된 지리산이다.

③ 국립공원은 「자연공원법」의 규정에 의하여 문화체육관광부장관이 지정 · 관리한다.

④ 무등산은 대한민국 21번째 국립공원이다.

 해설 국립공원은 「자연공원법」의 규정에 의하여 환경부장관이 지정 · 관리한다.

9 우리나라 「관광진흥법」에 따른 관광지 및 관광단지의 구분 기준이 되는 시설 기준으로 옳지 않은 것은?

① 공공 편익 시설 : 화장실, 주차장 등

② 휴양 · 문화 시설 : 골프장, 스키장 등

③ 숙박 시설 : 호텔, 휴양콘도미니엄 등

④ 접객 시설 : 관광공연장, 관광유흥음식점 등

해설 골프장, 스키장, 요트장 등은 운동 · 오락 시설에 속한다. 휴양 · 문화 시설에는 민속촌, 해수욕장 등이 있다.

10 다음은 관광지 라이프 사이클(버틀러의 관광지 발전 단계)의 특정 단계에 대한 설명이다. 다음은 어떤 단계를 의미하는가?

> 광고 등의 관광객 유치 활동을 수행하며, 관광지의 자연적 환경이 적극적 개발로 급속히 변화되는 단계

① 주민 참여 단계　　② 개발 단계　　③ 강화 단계　　④ 정체 단계

정답 6 ①　7 ④　8 ③　9 ②　10 ②

2장 관광여행업

1. 여행업의 개념

1-1 여행업의 정의와 여행 업무

(1) 정의

여행자 또는 운송 시설, 숙박 시설, 그밖에 여행에 딸리는 시설의 경영자 등을 위하여 그 시설 이용의 알선이나 계약 체결의 대리, 여행에 관한 안내, 그 밖의 여행의 편의를 제공하는 업(「관광진흥법」 제3조 제1항)을 말한다.

(2) 역할

신뢰성의 확보, 여행 정보의 제공, 시간과 비용의 절약, 염가의 여행 경비

1-2 여행업의 성격 및 기능

(1) 성격

① 요일과 계절 변화의 영향이 크다. 즉, 수요의 탄력성이 커서 수급 조절이 곤란하다.
② 생산과 소비가 동시에 이루어지기 때문에 저장이 불가능하다.
③ 관광 전체는 무형의 것으로, 평가는 최종적으로 개인의 만족도라는 심리적 측면이 중요하다.
④ 여행 상품을 만들어도 부가가치를 높이기 어렵고 독자적 상품 조성도 어렵다(여행 상품권을 구성하는 소재는 단일 품목으로도 판매).
⑤ 수익성이 낮은 여행업자의 업무가 점점 공공 부문화된다.

(2) 기능

상담 기능, 예약·수배 기능, 판매 기능, 발권 기능, 정산 기능, 수속 대행 기능, 여정 관리 기능

❶ 신용 : 심리적 안정감
❷ 정보 · 판단력 : 알맞은 상품 판단, 비교 구매 가능
❸ 시간 절약 : 대리 업무
❹ 염가 : 저렴한 여행 가능

1-3 여행업의 발전 및 현황

(1) 여행업의 발전

① 여행업의 출현 : 1841년 영국인 토마스 쿡이 영리를 목적으로 단체 여행을 조직한 것에서 비롯되었다. 쿡은 철도여행을 기획 · 실시하였고, 1855년 영국에서 프랑스 파리로 상업박람회 국제여행을 최초로 기획하였으며, 1856년 교양 관광(Grand Tour)을 운영하였다. 그리고 1872년 기선을 이용한 세계일주여행을 성공적으로 실시하였다.

참고 쿡의 법칙(원칙)

❶ 관광 여행은 가격에 대한 수요의 탄력성이 커서 요금을 내리면 수요는 증대된다.
❷ 교통기관과 숙박 시설은 고정비의 비율이 높아서 이용자를 늘리면, 1인당 가격이 내려가도 수입은 올라간다.
❸ 단체할인요금제를 채택하면 이용자, 교통업자, 숙박업자 모두 만족할 수 있다.
❹ 여행업은 봉사 기관, 그 원리는 공직 윤리에 기초한다. 저가격으로 저소득층도 관광에 참여하도록 하여 관광의 대중화를 실현한다.
❺ 여행 상품은 무형의 서비스 상품이며 끊임없는 아이디어 개발이 필요하다.
❻ 광범위하고 활발한 선전 활동이 필요하고, 관광 안내서의 발간과 전속 안내원의 배치는 여행자의 안전과 원활한 여행을 위해서 필요하다.

② 세계 각국의 여행업

회사명	연도	내용
토마스 쿡 여행사	1845	정식 여행사 운영, 각종 단체 여행 · 기획여행 실시, 여행 안내원의 배치, 팸플릿 작성, 수속 절차 대행, 영국의 관광 회사, 세계 최초의 근대적인 여행사
아메리칸 익스프레스 (AMEX)	1850	미국의 여행사
	1891	여행자수표 발행
	1958	신용카드 실시, 신용판매 또는 크레디트 투어제도 실시(월부여행)
팬 아메리칸 항공	1954	운임후불제도 실시
인투어리스트	1927	러시아의 국영 여행사
일본교통공사(JTB)	1912	일본의 최대 여행사

※ 아메리칸 항공 : 최초로 항공마일리지를 도입한 항공사
　세계 3대 여행사 : JTB, AMEX, Thomas cook&son

③ 우리나라의 여행업

연 도	내 용
1945	조선여행사(일본여행자협회 조선지사가 개칭)
1949	조선여행사가 대한여행사로 개명
1961	「관광사업진흥법」 제정, 여행사 등록제
1962	통역안내원 자격시험 실시
1973	대한여행사의 민영화(한국여행사의 효시)
1987	「관광진흥법」으로 개칭되면서 여행업을 일반·국외·국내여행업으로 분리
1989	해외여행 완전 자유화
1990	대학생들의 배낭여행, 중·장년층의 해외여행 각광

> 참고 **여행업의 발전 요인 :** 교통기관의 발달, 생활수준 향상, 여가의 증대(근로시간 단축), 관광 여행 계층의 증대(노년층, 청소년층), 세계 교역 증가 등을 들 수 있다.

(2) 여행업의 발전 방향

① 전문화 : 관광 욕구의 개별화와 다양화

② 정보화 : 컴퓨터 통신망 이용

③ 대형화

④ 소규모 여행사의 전략적 제휴 : 유통망의 공유, 공동으로 상품 기획

⑤ 고객 만족 극대화 : 여행 경험의 질 향상, 전 과정 여행 서비스, 차별화된 질적 서비스, 철저한 사후 관리

> 참고 **ESTA(Electronic System for Travel Authorization,전자여행허가제)** : 미국을 비자면제프로그램(VWP : Visa Waiver Program)으로 방문하기 전에 심사하여 온라인상에서 여행 승인을 하는 제도

1-4 우리나라 여행업의 법률상 규정

(1) 여행업의 종류(「관광진흥법」 시행령, 제2조 제1항)

① 일반여행업 : 국내외를 여행하는 내국인 및 외국인을 대상(사증을 받는 절차를 대행하는 행위 포함)으로 하고 외국인 관광객을 유치하여 외화 획득과 국제수지 개선 그리고 국제친선 효과에 중추적인 역할을 담당한다.

② 국외여행업 : 국외를 여행하는 내국인을 대상(사증을 받는 절차를 대행하는 행위 포함)

③ 국내여행업 : 국내를 여행하는 내국인을 대상

(2) 관광사업의 등록 기준

   ① 일반여행업 : 자본금 2억 원 이상, 사무실 소유권 또는 사용권이 있을 것

   ② 국외여행업 : 자본금 6천만 원 이상, 사무실 소유권 또는 사용권이 있을 것

   ③ 국내여행업 : 자본금 3천만 원 이상, 사무실 소유권 또는 사용권이 있을 것

최신기출 **2016. 4. 9 시행**

「관광진흥법」상 여행업의 등록을 위한 자본금 기준으로 옳은 것은?

① 일반여행업 – 1억 5천만 원 이상

② 일반여행업 – 1억 원 이상

③ 국외여행업 – 5천만 원 이상

④ 국내여행업 – 3천만 원 이상

 해설 「관광진흥법」상 여행업의 등록을 위한 자본금은 일반여행업의 경우 2억 원 이상, 국외여행업의 경우 6천만 원 이상, 국내여행업의 경우 3천만 원 이상이 요구된다.

정답 ④번

---

(3) 보험 가입

관광사업자는 보험 또는 공제에 **가입**하거나 영업보증금을 **예치**하여야 한다.

직전 사업연도 매출액 ＼ 여행업의 종류	국내여행업	국외여행업	일반여행업	기획여행
1억 원 미만	20,000	30,000	50,000	200,000
100억 원 이상 ~ 1,000억 원 미만	450,000	750,000	1,000,000	500,000

(단위 : 천 원)

(4) 국외여행 인솔자의 자격 요건

   ① 관광통역안내사 자격증 취득

   ② 여행업체에서 6개월 이상 근무하고 국외 여행 경험이 있는 자로서 문화체육관광부장관이 정하는 소양 교육을 이수할 것

   ③ 문화체육관광부장관이 지정하는 교육기관에서 국외 여행 인솔에 필요한 양성 교육을 이수할 것

참고 문화관광해설사

관광객의 이해와 감상 · 체험 기회를 제고하기 위하여 역사 · 문화 · 예술 · 자연 등 관광자원 전반에 대한 전문적인 해설을 제공하는 자를 말한다. **경기도가 1999년 전국 최초로 시범 운영한 관광해설전문가제도**를 문화체육관광부가 2001년부터 전국적으로 확대 실시하였다.

문화체육관광부장관 또는 지방자치단체의 장은 인증을 받은 문화관광해설사 교육과정을 이수한 자를 문화관광해설사로 선발하여 활용할 수 있다. 문화체육관광부장관 또는 지방자치단체의 장은 문화관광해설사를 선발하는 경우 문화체육관광부령으로 정하는 바에 따라 이론 및 실습을 평가하고, **3개월 이상**의 실무 수습을 마친 자에게 자격을 부여할 수 있다. 선발 계획에 따라 문화관광해설사를 선발하려는 경우에는 평가 기준에 따른 평가 결과 이론 및 실습 평가 항목 **각각 70점 이상**을 득점한 사람 중에서 각각의 평가 항목의 비중을 곱한 점수가 고득점자인 사람의 순으로 선발한다. 문화관광해설사 양성 교육과정의 교과 과목 중 지역의 문화, 역사, 관광, 산업이 **32시간**으로 가장 길고, 배점도 **35점**으로 가장 크다.

문화관광해설사 양성을 위한 교육 프로그램을 개발 · 보급하거나 교육과정을 개설 · 운영하려는 자는 교육 프로그램과 교육과정의 인증을 **문화체육관광부장관**에게 신청할 수 있다. 이에 따른 인증의 유효기간은 인증을 받은 날부터 **3년**으로 한다.

1 여행업의 성격으로 볼 수 없는 것은?

① 요일과 계절 변화의 영향이 크다.

② 생산과 소비가 동시에 이루어지기 때문에 저장이 불가능하다.

③ 여행 상품의 부가가치를 높이기가 쉽다.

④ 독자적 상품 구성이 어렵다.

 해설   여행 상품의 부가가치를 높이는 것은 어렵다.

2 토마스 쿡에 대한 설명으로 옳지 않은 것은?

① 철도여행을 기획·실시하였다.

② 1855년 영국에서 프랑스 파리로 상업박람회 국제여행을 최초로 기획하였다.

③ 1856년 교양 관광(Grand Tour)을 운영하였다.

④ 비행기를 이용한 세계일주여행을 성공적으로 실시하였다.

 해설   토마스 쿡은 기선을 이용해서 세계일주여행을 성공적으로 실시하였다.

3 쿡의 법칙(원칙)으로 보기 힘든 것은?

① 관광 여행은 가격에 대한 수요의 탄력성이 작아서 요금을 내리면 수요는 증대한다.

② 단체할인요금제를 채택하면 이용자, 교통업자, 숙박업자 모두 만족할 수 있다.

③ 저가격으로 저소득층도 관광에 참여하도록 관광의 대중화를 실현한다.

④ 여행 상품은 무형의 서비스 상품이며 끊임없는 아이디어 개발이 필요하다.

 해설   관광 여행은 가격에 대한 수요의 탄력성이 커서 요금을 인하하면 수요는 증대한다.

4 우리나라에서 해외여행 완전 자유화가 이루어진 해는 언제인가?

① 1988년   ② 1989년   ③ 1990년   ④ 1991년

정답   1 ③   2 ④   3 ①   4 ②

5 다음은 세계 각국의 여행사와 그 내용들이다. 옳지 않게 연결된 것은?

① 토마스 쿡 – 세계 최초의 근대적인 여행사

② 아메리칸 익스프레스 – 미국의 여행사, 1891년 여행자수표 발행

③ 팬 아메리카 항공 – 운임후불제도 실시

④ 인투어리스트 – 독일의 국영 여행사

 해설 │ 인투어리스트는 러시아의 국영 여행사이다.

6 문화관광해설사에 대한 설명으로 옳지 않은 것은?

① 문화관광해설사란 관광객의 이해와 감상 · 체험 기회를 제고하기 위하여 역사 · 문화 · 예술 · 자연 등 관광자원 전반에 대한 전문적인 해설을 제공하는 자를 말한다.

② 서울시가 1999년 전국 최초로 시범 운영한 관광해설전문가제도를 문화체육관광부가 2001년부터 전국적으로 확대 실시한 제도이다.

③ 문화체육관광부장관 또는 지방자치단체의 장은 문화관광해설사를 선발하는 경우 문화체육관광부령으로 정하는 바에 따라 이론 및 실습을 평가하고, 3개월 이상의 실무 수습을 마친 자에게 자격을 부여할 수 있다.

④ 문화관광해설사 양성 교육과정의 교과과목 중 지역의 문화, 역사, 관광, 산업이 32시간으로 가장 길고, 배점도 35점으로 가장 크다.

 해설 │ 1999년 전국 최초로 관광해설전문가제도를 시범 운영한 지역은 경기도이다.

2. 여행의 종류 및 형태

여행의 종류

(1) 여행 목적에 따른 분류

겸목적 여행, 순목적 여행

(2) 여행 규모에 따른 분류

① 개인 여행 : 여행자 개인의 의사에 따라 여정을 짜고, 교통편의 예약을 대행하는 형식으로 9인 이하의 여행

② 단체 여행 : 모집 대상자가 적당한 여정을 작성하여 여정에 따라 충실히 이행하는 형식으로 10인 이상의 여행

개인 여행과 단체 여행의 특징 비교

구 분	개인 여행	단체 여행
여행자	자유로운 행동이 가능하다. 일정 변경이 용이하다. 여행 과정에서 많은 시간이 소요된다. 할인 혜택이 적다. 값이 비싸다. 수배 절차가 복잡하다.	단체 전체의 의사에 따라 행동해야 한다. 일정 변경이 어렵다. 효율적인 시간 사용이 가능하다. 할인 혜택이 많다. 값이 싸다. 수배 절차가 일률적이다.
여행사	계절 변동이 적다. 수입원이 안정적이다. 수익률이 낮다. 업무가 번잡하다.	계절 변동이 심하다. 수입원에 불안정한 요소가 많다. 수익률이 높다. 업무가 쉽다.

관광자의 행동 변화

과거의 관광자	현재 및 미래의 관광자
동질성, 신기함 추구	이질성, 특별함 추구
정적 활동	동적 활동
소극적, 수동적, 조심성	적극적, 능동적, 모험적
소유, 물질적	존재, 정신적
우월감	이해, 공존
관광한 곳을 자랑하고 싶어 함	관광 자체를 즐김
일반 관광	특수 목적 관광
패키지 관광	개인 관광

(3) 기획자에 따른 분류

① 주최 여행 : 여행사가 사전에 기획하여 참가자들을 모집하는 단체 여행

② 공최 여행 : 여행사가 대표와 일정·여행 조건 등을 사전 협의 후 결정하여 실시하는 여행

③ 청부 여행(도급 여행, 주문 여행) : 특정 고객이나 단체 주최자의 희망에 따라 여정을 정하고, 여행 조건 및 여행비를 산정하고 총비용을 제시하여 주문을 맡아 실시하는 여행

(4) 안내 조건에 따른 분류

① IIT(Inclusive Independent Tour) : Local Guide System, 안내원이 관광지 안내만 서비스하고 그 외의 부분은 여행자가 단독으로 여행하는 방식

② ICT(Inclusive Conducted Tour) : 안내원이 전체 여행 기간을 책임지고 안내하는 방법으로 단체 여행에 많이 이용하는 방식

(5) 여행 안내원(T/C Tour Conductor)의 유무에 따른 분류

① FIT(Foreign Independent Tour) : 여행 안내원 없이 외국인이 개인적으로 여행, 개인 여행

② FCT(Foreign Conducted Tour) : 여행 시작부터 완료까지 여행 안내원이 동행하는 여행, 단체 여행

(6) 등급에 따른 분류

Deluxe, Superior, Standard, Economy

(7) 판매 형태에 따른 분류

① Ready Made Tour : 여행사의 기획 상품

② Order Made Tour : 고객의 주문에 의하여 서비스를 제공하는 여행

③ Half Made(Easy Made) Tour : 중간 형태의 여행으로, 최저 한도의 숙박이나 교통편 등을 미리 수배하고 기타의 것은 고객이 주문하는 여행

(8) 체재 기간에 따른 분류

당일 여행과 숙박 여행(단기 숙박 여행과 장기 숙박 여행)

> **참고** **여행 바우처 제도**
> ❶ 의미 : 경제적 어려움 때문에 여행을 가지 못하는 저소득 근로자(사회적 취약 계층)에게 국내 여행 경비의 일부분을 지원하는 제도로 우리나라는 2005년부터 시작하였다.
> ❷ 목적 : 국민 관광 활성화 및 지역 균형 발전 도모, 국내 여행 상품에 대한 신뢰도·안전성 제고를 통한 국내 관광의 경쟁력 확보, 근로자 복지 지원 및 휴가 분산 유도, 국내 관광업계의 다양한 국내 여행 상품 발굴 및 개발 촉진 유도, 국민의 사전 예약 문화 정착 유도 및 관광에 대한 이미지 개선

⑼ 출입국 수속에 따른 분류

① 기항지 상륙 여행(Shore Excursion) : 일시 상륙의 허가를 얻은 고객이 부근 도시와 명승지 등을 관광하는 여행으로 우리나라의 경우 72시간이 허용된다.

② 통과 상륙 여행(Over Land Tour) : 통과 상륙의 허가를 얻어 행하는 3~7일 정도의 여행으로 동일 선박에 재승선할 때에 한한다.

③ 일반 관광 여행

⑽ 여행 성격에 따른 분류

① Package Tour : 모든 여행이 포괄적으로 실시되는 여행

② Series Tour : 정기적으로 실시되는 여행

③ Cruise Tour : 유람선 여행

④ Convention Tour : 국제회의 참석자들을 대상으로 한 여행

⑤ Charter Tour : 전세 여행

⑥ Incentive Tour : 기업이나 단체 등에서 직원이나 고객을 대상으로 하는 포상 여행

⑦ Interline Tour : 항공 회사가 가맹 Agent를 초대하는 여행

⑧ Familiarization Tour(Fam Tour) : 사전 답사 여행, 여행업체가 여행업자나 언론인 등을 초대하여 실시하는 여행으로, 관광 기관, 관광 단체, 항공 회사, Whole Sale 등이 여행업자 등을 초대해서 신규 노선 관광 루트나 관광지나 관광시설 및 관광 대상 등을 무료로 시찰 · 견학시키는 여행

⑨ Dark Tour : 역사적으로 비극적인 사건이 일어났던 곳과 관련된 곳들을 여행하며 반성하고 교훈을 얻는 여행

⑩ Educational Tour : 관광객의 교양이나 자기 계발을 주목적으로 하는 관광으로 그랜드 투어나 수학여행을 포함하는 여행

⑪ Silver Tour : 고령자들을 대상으로 하는 여행

⑫ Medical Tour : 의료 서비스와 휴양 · 문화 등의 관광 활동이 포함된 여행

⑬ Ethnic Tour : 민족 관광, 다문화 관광의 일종으로 소수민족의 문화와 역사 관광지 방문과 다른 문화인과의 접촉을 통해 이민족의 독특한 생활문화를 체험 가능한 여행

⑾ 여행의 방향에 따른 분류

① 국내여행(Domestic Tours) : 국내인에 의한 국내여행

② 해외여행(Out Bound Tours) : 내국인에 의한 해외여행

③ 외국인여행(In Bound Tours) : 외국인에 의한 국내여행

2-2 여행의 형태

(1) 피스톤형

여행객이 업무 이외에는 아무런 행동 시간을 갖지 않고 동일 코스로 직행하는 것으로, 당일 귀환형 관광 형태에서 많이 나타나며 목적지가 산악의 계곡이나 해안의 도서인 경우가 많다.

(2) 스푼형(키형)

정주지에서 목적지까지 왕복은 동일 코스로 하고 목적지에서는 휴식 등 여가 시간이 있어 관광 또는 유람을 하는 것을 말한다.

(3) 안전핀형

정주지에서 목적지까지 직행해서 자유로운 시간을 향유하다가 돌아올 때는 다른 경로를 거쳐 돌아오는 것으로 새로운 교통로와 교통수단의 즐거움이 존재한다.

(4) 텀블린형(순환형)

정주지에서 하나의 여행 또는 탐방 지역까지 직행하지 않고 회유를 반복하고 숙박 및 체류 기간이 길며 소비가 많다. 관광자가 주거지를 떠나 목적지를 방문하고 곧바로 거주지로 돌아오지 않고 제2의 목적지를 방문하는 형태로 여행사 입장에서 가장 선호하는 유형이다.

> **참고** 관련 관세 규정
>
> ❶ 내국인의 구매 한도는 3,000달러(외국 물품)이고, 외국인은 구매 한도가 없다.
> ❷ 내국인이 내국 물품을 구매하는 경우 한도는 없다.
> ❸ 내국인이나 외국인의 면세 한도는 600달러이고, 내국인에게는 술 1인당 1병(1리터 미만, 400달러 이하 한정), 담배 1보루(200개비), 향수(2온스 : 약 60밀리리터)는 별도로 면세한다.
> ❹ 출국하는 내국인의 외환 신고 대상은 미화 1만 달러를 초과하는 경우이다.
> ❺ 미성년자(19세 미만)는 술·담배 면세에서 제외한다.
> ※ 2016년부터 외국인 관광객이 백화점, 화장품 매장 등 사후 면세점에서 건당 20만 원 미만 물품(총 한도 100만 원 미만)을 구입할 경우 그 즉시 부가가치세나 개별소비세를 환급받는다(사후 면세점 : Tax-free, 시내 면세점 등 사전 면세점 : Duty-free).

> **최신기출** 2016. 4. 9 시행
>
> **인천공항을 통한 출입국 시 다음 설명 중 옳지 않은 것은?**
>
> ① 출국하는 내국인의 외환 신고 대상은 미화 1만 달러를 초과하는 경우이다.
> ② 출국하는 내국인의 구입 한도 면세 물품은 미화 600달러까지이다.
> ③ 입국하는 외국인의 면세 범위는 미화 600달러까지이다.
> ④ 입국하는 내국인의 면세 범위는 미화 600달러까지이다.
>
> **해설** 면세 한도가 미화 600달러까지이다.　　　　　　　　　　　　　정답 ②번

3. 여행업의 마케팅

여행업 마케팅의 개념

관광 마케팅은 관광 시장의 여러 가지 활동에 마케팅 수단을 도입함으로써 관광 활동에 관련되는 상품 또는 서비스를 공급자인 관광 사업자로부터 수요자에게 원활하게 유통되도록 하는 활동을 말한다.

여행 상품

(1) 개념

여행자들이 이용하는 제반 상품으로, 여행사 여행 상품, 숙박 상품(호텔 상품), 식사 상품, 교통 상품, 쇼핑 상품 등을 말한다.

(2) 특징

① 무형의 상품이다.
② 재고가 불가능하다(공급의 경직성).
③ 수요의 계절과 요일에 따른 변동이 극심하다.
④ 효용의 개인차가 크다.
⑤ 복수의 동시 소비가 불가능하다.
⑥ 조성에 소비되는 설비 투자가 적다.
⑦ 모방이 쉽다.
⑧ 배달이 간단하다.
⑨ 상품의 차등화가 어렵다.

(3) 종류

① 기획 상품(Package Tour, Ready Made Tour) : 스스로 기획·조성한 관광 상품을 말한다. 이는 기업의 성격을 기다리는 소극적 입장에서 적극적으로 전환한 것이며 비수기의 수요 창출 수단으로 기능한다. 대량 관광객으로 염가 제공이 가능하고, 숙박 시설, 교통편 등을 미리 예약해두었기에 품질 관리가 가능하며, 인건비 절감이 가능하다. 또한 관광객 입장에서 각 회사의 기획 상품을 비교·검토할 수 있다.
② 주문 상품 : 청부여행, Order Made Tour
③ 국내여행 상품

④ 국제여행 상품

⑤ 국외여행 상품

(4) 여행 상품의 가격 결정 요인

① 관광 여행의 기간(여행 기간이 길면 높은 가격이 책정)

② 관광 목적지의 거리(원거리일수록 높은 가격이 책정)

③ 계절 : 성수기(고가격) & 비수기(저가격)

④ 상품의 내용 : 숙박 시설, 이용 교통기관, 식사의 종류와 횟수, 관광지 방문의 횟수와 시간, 단체의 규모, 관광 일정 등

> **참고** **여행업의 경영 특성**
> ❶ 고정 자본 투자가 적다.
> ❷ 인력 의존도가 높다.
> ❸ 무형 상품을 유형화해야 한다.
> ❹ 비수기와 성수기의 수요 변화가 심하다.
> ❺ 인적 판매 비중이 높다.
> ❻ 여행 상품에 대한 전문 지식이 필수적이다.
> ❼ 사무실 위치 의존도가 높다.

1 개인 여행과 단체 여행의 특징을 비교한 것이다. 단체 여행의 특징으로 볼 수 없는 것은?

① 수배 절차가 복잡하다.　　　　② 일정 변경이 어렵다.

③ 할인 혜택이 많다.　　　　　　④ 계절 변동이 심하다.

 해설　단체 여행은 수배 절차가 일률적이다.

2 관광자의 행동 변화에 대한 내용이다. 현재 및 미래의 관광자의 행동으로 볼 수 없는 것은?

① 이질성 추구　　　　　　　　② 적극적, 능동적, 모험적

③ 관광 자체를 즐김　　　　　　④ 정적 활동

 해설　현재 및 미래의 관광자는 동적 활동을 특징으로 한다.

3 여행 바우처에 대한 설명으로 옳지 않은 것은?

① 경제적 어려움 때문에 여행을 가지 못하는 저소득 근로자(사회적 취약 계층)에게 국내외 여행 경비의 일부분을 지원하는 제도이다.

② 우리나라는 2005년부터 시작하였다.

③ 국민 관광 활성화 및 지역 균형 발전을 도모한다.

④ 근로자 복지 지원 및 휴가 분산을 유도한다.

 해설　여행 바우처는 경제적인 어려움 때문에 여행을 가지 못하는 저소득 근로자(사회적 취약 계층)에게 국내 여행 경비의 일부분을 지원하는 제도이다.

4 다음 중 안내 조건에 따른 분류로, 안내원이 전체 여행 기간을 책임지고 안내하는 방법으로 단체 여행에서 많이 사용하는 방식은?

① FIT　　　　　　② FCT　　　　　　③ IIT　　　　　　④ ICT

정답　1 ①　2 ④　3 ①　4 ④

5 다음의 설명에 해당하는 여행으로 볼 수 없는 것은?

> 특정객이나 단체 주최자의 희망에 따라 여정을 정하고, 여행 조건 및 여행비를 산정하고 총비용을 제시하여 주문을 맡아 실시하는 여행

① 청부 여행   ② 공최 여행

③ 도급 여행   ④ 주문 여행

6 다음 중 일시 상륙의 허가를 얻은 고객이 부근 도시와 명승지 등을 관광하는 여행은? 그리고 그 기간은?

① 기항지 상륙 여행, 48시간   ② 통과 상륙 여행, 72시간

③ 기항지 상륙 여행, 72시간   ④ 통과 상륙 여행, 3~7일 정도

7 다음 중 사전 답사 여행으로 여행업체가 여행업자나 언론인 등을 초대하여 실시하는 여행은?

① Package Tour   ② Fam Tour

③ Interline Tour   ④ Silver Tour

8 다음에서 설명하는 여행 형태는?

> 정주지에서 목적지까지 직행해서 자유로운 시간을 향유하다가 돌아올 때는 다른 경로를 거쳐 돌아오는 것으로 새로운 교통로와 교통수단의 즐거움이 존재한다.

① 피스톤형   ② 스푼형(키형)

③ 텀블린형(순환형)   ④ 안전핀형

9 여행 상품의 특징으로 볼 수 없는 것은?

① 재고가 불가능하다.   ② 효용의 개인차가 크다.

③ 모방이 쉽다.   ④ 상품의 차등화가 쉽다.

 해설   여행 상품은 상품의 차등화가 어렵다.

정답   5 ②   6 ③   7 ②   8 ④   9 ④

10 여행 상품의 가격 결정 요인으로 볼 수 없는 것은?

① 관광 여행의 기간　　　　　　② 관광 목적지의 거리
③ 상품에 대한 주관적 판단　　　④ 상품의 내용

 해설　여행 상품의 가격 절정 요인으로는 관광 여행의 기간, 관광 목적지의 거리, 계절, 상품의 내용 등이 있다.

11 여행업의 경영 특성으로 볼 수 없는 것은?

① 고정 자본 투자가 크다.

② 인력 의존도가 높다.

③ 비수기와 성수기의 수요 변화가 심하다.

④ 인적 판매 비중이 높다.

 해설　고정 자본에 대한 투자가 적은 것이 여행업의 경영 특성이다.

4. 여행 실무

(1) 여행에 필요한 증명서

① 여권(Passport) : 각국 정부가 외국에 여행하는 사람의 국적이나 신분을 증명하고 상대국에 그 보호를 의뢰하는 공문서로 개인별 발급이 통례

② 사증(Visa) : 여행하고자 하는 나라로부터 '입국을 허가한다'는 공문서로 상대방 대사관에서 받는다. 체류 사증, 통과 사증, 관광 사증, 상용 사증

> **참고** TWOV(Transit Without Visa, 무사증 통과) : 승객이 일정한 조건을 갖추었다면 정식으로 입국허가(Visa)를 받지 않았더라도 일정 기간을 단기 체류할 수 있는 제도이다. 제3국으로 계속 여행할 수 있는 예약 확인된 항공권 소지자 또는 여행 서류를 구비한 자. 일반적으로 외교 관계가 수립되어있는 국가 간에만 허용된다.
>
> 대한민국 국민의 무비자 입국 가능 국가는 대한민국 일반여권 소지 국민이 비자 없이 입국할 수 있는 국가이다. 대한민국 여권으로 무비자 혹은 도착 비자 등으로 여행할 수 있는 국가 및 지역은 2016년 기준으로 172개국이며, 이는 세계 공동 6위, 아시아 2위의 비자 자유도에 해당한다.
>
> 한편, 2016년 'Passport Index'에 따르면, 대한민국 여권으로 자유롭게 여행할 수 있는 국가 및 지역은 155개국으로 세계 공동 3위이며 아시아 단독 1위의 여권 영향력에 해당한다.

③ 국제공인예방접종증명서(Yellow Card or Vaccination Card)

④ 출입국 신고서

(2) 출입국 수속 절차

① 출국 관리의 순서 : 여객 → 여권·사증의 취득 → 항공권 구입 → 예방접종 → 탑승 수속 → 세관 수속 → 출국 확인 → 탑승

② 입국 관리의 순서(QIC) : 검역(Quarantine) → 입국 확인(Immigration) → 세관(Customs)

③ 검역(檢疫, Quarantine) 또는 방역(防疫) : 국외 감염병이 국내로 유입되는 것을 예방하기 위해 공항, 항구 등에서 검사하는 것

(3) 대한민국 자동출입국심사(SES : Smart Entry Service)

① 사전에 여권 정보와 바이오 정보(지문, 안면)를 등록한 후 Smart Entry Service 게이트에서 이를 활용하여 출입국 심사를 진행하는 첨단 출입국심사시스템을 말한다.

② 심사과의 대면 심사를 대신하여 자동출입국심사대를 이용해 약 12초 이내에 출입국심사를 마치는 편리한 제도이다.

③ 사례 : 홍콩은 e-Gate, 네덜란드는 Privium, 미국은 Global Entry, 호주는 Smart Gate 등 현재 40여 개국에서 자동출입국심사대를 이용한 출입국심사를 실시하고 있다.

4-2 수배 업무

(1) 개념

개별적으로 계약을 성사시켜 여행에 필요한 각 요소들을 확보함으로써 하나의 여행 상품을 만들어내는 업무로 여행 상품이 만들어지는 공정 중 가장 중요한 핵심 부분이다.

(2) 기본적인 유의 사항

고객의 희망 사항을 정확히 이해하고 빈틈없이 준비한다.

(3) 원칙

정확, 신속, 경비 절감, 적절, 확인

> **참고** **지상 수배 업자 :** 현지 여행사(Local Agency), 랜드(Land)사 등을 말하는데, 관광 목적지에서 호텔, 관광 버스, 식당, 가이드의 수배는 물론, 체류 중의 **일정표(Itinerary)**를 작성하고 현지와의 의사소통을 명확히 하여 정확한 최신 정보를 가지고 현지 수배에 따른 불편을 감소시키는 역할을 한다.

4-3 여행 경비의 산출

(1) 운임

① 운임의 결정 : 항공 운임은 IATA(국제항공운송협회) 운송 회의에서 결정된다. 여행 상품을 판매할 경우 교통수단, 숙박 시설, 관광 등을 한꺼번에 판매(IT : Inclusive Tour, 포괄 여행)한다.

② IATA에 의한 IT(Inclusive Tour, 포괄 여행)의 원칙 : 여행 형태는 왕복 또는 주유 여행, 지상 수배는 출발 전에 완료, 홍보 활동으로 여객을 모집, 출발 전에 요금 지불을 완료한다.

(2) 지상 경비

숙박비, 식사비, 관광비, 지상 교통비, 가이드료, 안내원 비용, 트랜스퍼(Transper, 비행장과 시내 요금), 포터(수화물 운반자), 세금, 서비스료, 홍보비

최신기출 **2016. 4. 9 시행**

2016년 4월 기준 인천공항 이용 시 항공기 내 반입 가능한 휴대 수하물이 아닌 것은?

① 휴대용 담배 라이터 1개   ② 휴대용 일반 소형 배터리

③ 접이식 칼   ④ 와인 오프너

✏️ **해설** 접이식 칼은 도검류에 속한다.   **정답 ③번**

---

❶ 여행 경보 제도

  특정 국가(지역) 여행 · 체류 시 특별한 주의가 요구되는 국가 및 지역에 경보를 지정하여 위험 수준과 이에 따른 안전 대책(행동 지침)의 기준을 안내하는 제도를 말한다. 여행 유의(남색 경보), 여행 자제(황색 경보), 철수 권고(적색 경보), 여행 금지(흑색 경보)의 단계로 구분하고 중 · 장기적인 여행 안전 정보 제공에 초점을 둔다.

❷ 특별 여행 경보 제도

  단기적인 위험 상황이 발생하는 경우에 발령한다. 1단계(특별 여행 주의보)와 2단계(특별 여행 경보)로 분류한다.

❸ 여행 금지 제도

  외교부에서는 국민을 보호하기 위해 여권법 등 규정에 따라 우리 국민들의 방문 및 체류가 금지되는 국가를 지정하고, 여행 금지 국가는 흑색 경보 단계인 "여행 금지"로 지정한 국가로 방문이 금지되며 이미 체류하고 있는 경우 즉시 대피 · 철수가 요구된다.

❹ 여행자 사전 등록제(동행)

  해외에서 일어날 수 있는 사건, 사고에 대비해 자신의 여행 정보를 여행 전에 미리 등록해두는 제도로, 이용하는 방법은 다음과 같다.

㉮ 해외여행자가 해외 안전 여행 홈페이지에 신상 정보 · 국내 비상 연락처 · 현지 연락처 · 일정 등을 등록하도록 하고, 등록된 여행자에게 방문지의 안전 정보를 메일로 발송하는 맞춤형 해외여행 안전 정보를 제공한다.

㉯ 등록된 여행자가 사건 · 사고에 처했을 때 비상 연락처 · 소재지 등 파악을 용이하게 하여 보다 효율적인 영사 조력이 가능하게 한다.

❺ 신속 해외 송금 제도

  신속 해외 송금 제도는 영사콜센터가 2007년 6월부터 우리 국민이 해외에서 소지품 도난, 분실 등으로 긴급 경비가 필요한 경우에 국내 연고자로부터 여행 경비를 재외공관을 통해 송금받을 수 있도록 신속 해외 송금을 지원하는 제도를 말한다. 지원 한도는 1회 미화 3,000달러 이하이다. 지원 대상으로는 해외여행 중 현금, 신용카드 등을 분실하거나 도난당한 경우, 교통사고 등 갑작스러운 사고를 당하거나 질병을 앓게 된 경우, 불가피하게 해외여행 기간을 연장하게 된 경우, 기타 자연재해 등 긴급 상황이 발생한 경우 등이다.

※ 항공기 반입 금지 물품 안내(국토교통부 2014년 1월 1일부터 시행)
- 객실 반입 ×, 위탁 수하물 × : 폭발물류, 인화성 물질, 방사성 · 전염성 · 독성 물질, 기타 위험 물질
- 객실 반입 ×, 위탁 수하물 ○ : 창 · 도검류, 스포츠 용품류, 총기류, 무술호신용품, 공구류
- 객실 반입 ○, 위탁 수하물 ○ : 생활 도구류, 액체류 위생 용품, 욕실 용품, 의약품류, 의료 장비 및 보행 보조 도구, 구조 용품, 건전지 및 개인용 휴대 전자 장비

1 승객이 일정한 조건을 갖추었다면 정식으로 입국 허가(Visa)를 받지 않았더라도 일정 기간을 단기 체류할 수 있는 제도가 TWOV(무사증 통과)다. 이것이 인정되는 경우에 해당하지 않는 것은?

① 제3국으로 계속 여행할 수 있는 예약 확인된 항공권 소지자

② 여행 서류를 구비한 자

③ 보증 서류를 구비하거나 보증인이 있는 자

④ 일반적으로 외교 관계가 수립되어있는 국가 간에만 허용

2 다음 출국 관리의 순서에서 가장 마지막 순서는 무엇인가?

① 여권, 사증의 취득　　② 항공권 구입　　③ 예방접종　　④ 세관 수속

3 IATA에 의한 IT(포괄 여행)의 원칙이 아닌 것은?

① 여행 형태는 왕복 또는 주유 여행이다.　② 지상 수배는 도착 후에 완료한다.

③ 선전 활동으로 여객을 모집한다.　　④ 출발 전에 요금 지불을 완료한다.

 해설　지상 수배는 출발 전에 완료하여야 한다.

4 여행 경보 제도에서 여행 자제를 의미하는 것으로 옳은 것은?

① 남색 경보　　② 황색 경보　　③ 적색 경보　　④ 흑색 경보

5 신속 해외 송금 제도는 영사콜센터가 2007년 6월부터 우리 국민이 해외에서 소지품 도난, 분실 등으로 긴급 경비가 필요한 경우, 국내 연고자로부터 여행 경비를 재외공관을 통해 송금받을 수 있도록 신속 해외 송금을 지원하는 제도를 말한다. 지원 한도는 구체적으로 어떻게 되는가?

① 2회, 미화 3,000달러 이하　　② 2회, 미화 2,000달러 이하

③ 1회, 미화 3,000달러 이하　　④ 1회, 미화 2,000달러 이하

정답　1 ③　2 ④　3 ②　4 ②　5 ③

3 장

관광숙박업

1. 관광숙박업의 개념 및 발전 과정

1-1 숙박업의 의의

(1) 정의

① 숙박 시설의 건설과 운영을 목적으로 한 사업 활동으로, 일반 대중을 대상으로 수면과 음식에 관계되는 인적·물적 서비스를 제공함으로써 목적지에서의 체재를 가능하게 하는 업을 말한다.

② 관광숙박업(「관광진흥법」 제3조)

㉮ 호텔업 : 관광객의 숙박에 적합한 시설을 갖추어 이를 관광객에게 제공하거나 숙박에 딸리는 음식, 운동, 오락, 휴양, 공연 또는 연수에 적합한 시설 등을 함께 갖추어 이를 이용하게 하는 업

㉯ 휴양콘도미니엄업 : 관광객의 숙박과 취사에 적합한 시설을 갖추어 이를 그 시설의 회원이나 공유자, 그 밖의 관광객에게 제공하거나 숙박에 딸리는 음식, 운동, 휴양, 공연 또는 연수에 적합한 시설 등을 함께 갖추어 이를 이용하게 하는 업

(2) 발전 요인

여행의 양적·질적 변화, 외부 환경 요인(건축 기술의 진보로 고층 건물이 가능), 컴퓨터의 보급으로 호텔 업무 처리 방식의 변화, 숙박업에 종사하는 사람들의 창의와 연구(힐튼, 리츠 등)

1-2 숙박업의 발전 과정

(1) Inn(숙소)의 시대

십자군 원정을 계기로 성지순례 여행이 성행하여 교회가 숙박 시설 기능을 하였고 이들 숙소가 독립하여 Inn으로 불리게 되었다.

참고

참고 **세계 최초의 호텔**은 17C 영국의 페더즈 호텔(Faethers Hotel)에서 유래했고, **미국 최초의 호텔**은 1794년 건립된 시티 호텔(City Hotel)이다.

(2) 그랜드 호텔(Grand Hotel)의 시대

① 19세기 중엽 유럽에서 호텔이란 명칭으로 숙박 시설이 출현했으며, 호화로운 시설과 서비스를 특징으로 하였다.

② 호화와 사치를 제공하는 장소로 부유층을 위한 사교장으로 기능하였다.

③ 1850년 최초의 숙박업으로 파리의 그랜드 호텔이 건설되었다.

④ 세자르 리츠(Cesar Ritz)는 고급 호텔의 창시자로 그랜드 호텔 시대를 완성하였다.

(3) 커머셜 호텔(Commercial Hotel)의 시대

① 산업혁명의 영향으로 급증하기 시작한 상용 여행은 20세기에 더욱 늘어나 저렴하고 쾌적한 숙박 시설에 대한 수요를 증대시켰다.

② 미국인 스타틀러는 일반 대중이 부담할 수 있는 가격으로 세계 최고의 서비스를 제공하는 호텔을 건설하여 일대 혁신을 이루었고, 현대에까지 미국 호텔업계의 시설과 설비, 서비스의 표본이 되었다.

참고 **스타틀러의 호텔 경영의 목표 3C** : 편리성(Convenience), 안락성(Comfort), 청결성(Cleanness)

③ **커머셜 호텔의 특징** : 호텔의 이용자가 일반 대중이고, 숙박객의 여행 목적도 상용 여행이 다수이며, 호텔 건설과 운영 등에 있어서 경제성(채산성)을 고려하였다.

(4) 현대의 호텔

① **대규모 호텔 체인의 출현** : 2차 세계대전 후 미국에서 쉐라톤과 힐튼이 등장해 호텔업계를 체인화 하였다.

② **모텔(자동차 여행자를 위한 호텔)의 대두** : 케몬스 윌슨(Kemmons Wilson)이 세계 최대의 모텔체인 조직을 구축한 '홀리데이인'을 창시하였고, 도로 연변에 있는 모텔은 충분한 주차장과 저렴한 요금으로 대중을 만족시켰다(노팁 제도, 예약 불필요, 셀프서비스 등).

참고 **모터 호텔(Motor Hotel) · 그랜드 모텔(Grand Motel)** : 도심지에서 충분한 주차장을 설비하고 전통적인 호텔 서비스를 제공하는 요금이 비싼 모텔로 대형화 · 고급화되어가는 모텔을 말한다.

(1) 전통 숙박 시설의 출현

신라시대에는 역, 고려시대에는 객사, 조선시대에는 역, 원 또는 객주가 있었다.

(2) 근대적인 숙박 시설의 발전

① 구한말의 숙박 시설

② 서구식 호텔의 출현

㉮ 대불호텔(1888) : 인천에 세워진 우리나라 최초의 호텔

㉯ 손탁호텔(1902) : 서울에 세워진 최초의 서양식(근대식) 호텔, 프랑스 요리 제공

㉰ 부산, 신의주 철도호텔(1912)

㉱ 옛 조선호텔(1914)

㉲ 반도호텔(1936) : 우리나라 최초의 상용 호텔

(3) 현대적 호텔의 출현

① 상용 호텔의 태동

② 민영 호텔의 출현 : 대원호텔(1952)은 최초의 민영 호텔이다.

③ 현대 호텔의 탄생 : 1963년 개관한 워커힐호텔은 현대적인 한국 호텔 산업의 최초였고, 1970년 개관한 조선호텔은 자본과 경영이 분리되어 운영된 호텔이었다.

> **참고** **기타 중요 내용**
>
> ❶ 베니키아(BENIKEA) : 문화체육관광부의 지원하에 한국관광공사의 사업 가운데 하나로 관광호텔 체인브랜드 사업이다. 'Best Night In Korea'의 머리글자를 조합하여 만들었으며, '최고의 휴식을 선사하는 한국의 대표 호텔'이라는 의미로 한국을 방문하는 해외여행객, 특히 개별 여행객(FIT)에게 서비스를 제공한다. 한국 내 비즈니스 호텔 경영 활성화를 도모하여 숙박 인프라 개선을 통한 국내 관광산업 경쟁력 강화에 기여하고자 개설하였다. 체인호텔의 2/3가 지방에 소재한다.
>
> ❷ 굿스테이(Good Stay) : 문화체육관광부와 한국관광공사가 지정한 우수 숙박 브랜드로 문화체육관광부와 한국관광공사가 국내의 우수한 중저가 숙박 시설 육성 및 건전한 숙박 문화 조성을 위해 제정한 고유 브랜드이다.
>
> ❸ 코리아스테이(Korea Stay) : 한국관광공사가 한국을 찾는 외국인 관광객들에게 친절하고 편안한 한국가정문화체험을 통하여 한국에 대한 긍정적 이미지를 조성하기 위하여 운영하는 우수 외국인 관광 **도시민박 인증브랜드**이다.
>
> ❹ 베스트웨스턴(Best Western) : 세계 최대 규모의 다국적 호텔 체인점으로 80여 개국에 약 4000여 개의 호텔을 보유하고 있다.

2. 호텔 경영

호텔의 의의

(1) 정의

일정한 지불 능력이 있는 사람에게 객실과 식사를 제공할 수 있는 시설을 갖추고 잘 교육된 예절 바른 종사원이 조직적으로 봉사하여 그 대가를 받는 기업을 말한다.

(2) 호텔의 기능

① 숙박 기능

② 음식 관련 기능(식당과 관련된 서비스)

③ 연회, 사교 기능

④ 레크리에이션 기능(스포츠, 오락, 휴양 등)

⑤ 보건 위생 기능(의료, 헬스, 사우나)

⑥ 비즈니스 기능(상담, 회의)

⑦ 문화 공간 기능(공연, 전시, 교양, 지식)

⑧ 공공 서비스 기능(공공시설 제공)

(3) 호텔업의 특징

① 인적 서비스에 대한 의존성(인건비의 비중이 높다)

② 각 부문 간 협동 체제가 필수

③ 연중무휴 영업

④ 계절성(성수기 vs 비수기, 주중 vs 주말 수입의 불안정)

⑤ 시설의 조기 노후화(시설 자체가 상품성을 지닌다)

⑥ 공공 장소 필요(로비 등)

⑦ 고정 자산 과다(건물 자체의 가치가 크다)

⑧ 비저장성 상품(생산과 판매 및 소비가 시간적·장소적으로 동시성이 요구된다)

⑨ 비전매성 상품

⑩ 큰 입지 의존성(배달이 불가능한 비이동성을 특징으로 하고, 상용 호텔은 도심지에, 리조트 호텔은 관광지에 입지한다)

2-2 호텔업의 분류

(1) 「관광진흥법」에 따른 분류

관광호텔업, 수상관광호텔업, 한국전통호텔업, 가족호텔업, 호스텔업, 소형호텔업, 의료관광호텔업

(2) 장소(입지)에 따른 분류

① 메트로폴리탄 호텔(Metropolitan Hotel) : 컨벤션 호텔, 대도시에 위치

② 시티 호텔(City Hotel) : 도시 중심지 호텔

③ 서버번 호텔(Suburban Hotel) : 도시에서 멀리 떨어진 호텔

④ 컨트리 호텔(Country Hotel) : 마운틴 호텔(Mountain Hotel), 산간에 세워진 호텔

⑤ 에어포트 호텔(Airport Hotel) : 에어텔(Airtel), 공항 근처에 있는 호텔

⑥ 시포트 호텔(Seaport Hotel) : 항구 근처에 있는 호텔

⑦ 터미널 호텔(Terminal Hotel) : 철도역 인근이나 공항터미널 또는 버스터미널 근처에 있는 호텔

⑧ 비치 호텔(Beach Hotel) : 피서객이나 휴양객을 위해서 해변가에 있는 호텔

(3) 이용 목적에 따른 분류

① 상용 호텔(Commercial Hotel) : 상용과 공용 목적의 고객이 이용하는 비즈니스 호텔(Business Hotel)

② 컨벤션 호텔(Convention Hotel) : 회의를 유치하기 위한 대규모 호텔

③ 휴양지 호텔(Resort Hotel) : 휴양지와 온천지에 건축된 호텔

④ 아파트먼트 호텔(Apartment Hotel) : 퇴직 노인들을 위한 장기 체재 객용 호텔

⑤ 카지노 호텔(Casino Hotel) : 카지노 고객들을 위한 호텔

> **참고** **특수 숙박 시설**
> ❶ 실버 호텔(Silver Hotel) : 노인을 위한 숙박 시설
> ❷ B&B(Bed & Board/Bed & Breakfast) : 간단한 아침 식사를 제공하는 민박

(4) 시설 형태에 따른 분류

① 모텔(Motel) : 도로가에 건설, 객실료가 저렴한 셀프 서비스 제도로 운영되고 편리

② 보텔(Botel) : 보트로 여행하는 사람들이 이용하는 호텔

③ 요텔(Yachtel) : 요트 여행객을 위한 숙박 시설

④ 플로텔(Floatel) : 해상을 운항하는 배에 있는 프로팅 호텔

⑤ 유스호스텔(Youth Hostel) : 청소년을 위한 숙박 시설, 가격 저렴, 회원증제, 독일의 알테나 성(1910)이 최초이다.

⑥ 콘도미니엄(Condominium) : 객실 단위로 분양하고 사용하거나 임대료 수입을 받는 새로운 형태의 호텔

⑦ 버젯 모텔(Budget Motel) : 실비 호텔로 가족 단위로 여행하는 고객이 대상

⑧ 로텔(Rotel) : 로드 호텔(Road Hotel), 도로상에 위치하여 이용객이 편리하게 이용할 수 있도록 교통 및 숙박 시설을 갖춘 소규모 숙박 시설. 1916년 독일의 슈투트가르트에서 처음 생겨났다.

(5) 요금 지불 방식에 따른 분류

① 미국식 플랜(AP) : 객실 요금에 1일 3식을 포함하는 방식

② 유럽식 플랜(EP) : 객실 요금과 식사대를 분리하여 계산하는 방식, 우리나라와 일본 등 대부분의 아시아 국가들의 도심 상용 호텔들이 채택

③ 콘티넨탈식 플랜(CP) : 객실 요금에 조식만 포함하는 방식

④ 수정 미국식 플랜(MAP) : 객실 요금에 1일 2식(아침, 저녁)을 포함하는 방식

⑤ 혼합식 플랜(DP : Dual Plan) : 유럽식과 미국식 중 선택하는 방식

(6) 경영 형태(형식/방식)에 따른 분류

① 일반 체인 호텔(Regular Chain Hotel) : 모회사가 소유권에 대한 지분을 보유하거나 주주로부터 호텔 시설을 임차하여 운영하며, 체인 본부는 경영만 책임진다.

② 레퍼럴 조직 호텔(Referral Organization Hotel) : 단독 경영 호텔들이 외국의 호텔들과 상호 협력, 즉 동업자 결합에 의한 경영 방식을 채택한 경우로 독립 호텔들이 상호 연합하여 운영하는 공동 경영 방식. Best Western 호텔이 대표적이다.

③ 프랜차이징 호텔(Franchising Hotel) : 일반 호텔과 다를 바 없고, 독립적으로 호텔 기업을 소유하면서 운영할 수 있고 수탁자는 위탁자에게 충분한 자문을 얻을 수 있다. 본사와 가맹점이 계약을 맺어 본사는 상표권과 전반적 시스템 및 경영 노하우를 제공하고, 가맹점은 그에 따른 가맹비(Royalty) 및 기타 수수료를 지불하는 형태로 가맹점의 경영권은 독립성이 유지된다. Hyatt 호텔이 대표적이다.

④ 합자 연쇄 호텔(Co-owner Chain Hotel) : 합자에 의한 소유 형식이다.

⑤ 위탁 경영 호텔(Management Contract Hotel) : 경영 계약에 의해 호텔의 총 경영을 책임지는 것으로 소유와 경영의 분리 형태로 호텔 상품의 판매를 직접 하지 않고 위탁료를 지불하는 조건으로 제3자에게 그 판매를 위임하는 형이다. 경영 노하우를 가진 호텔이 계약

을 통해 다른 호텔을 경영하는 방식으로 Hilton 방식이라고도 한다.

⑥ 임차 경영 호텔(Lease Management Hotel) : 제3자의 건물을 임차해서 호텔 사업을 하는 경우이다.

⑦ 개별 경영 호텔(Independent Management Hotel) : 소유주가 단독으로 소유 및 운영을 하는 것이 일반적인 형태의 호텔을 말한다.

⑧ 조인트 벤처(Joint Venture) : 주로 자본 제휴를 통해 호텔을 운영하는 것으로 Sheraton 호텔이 대표적이다.

2-3 호텔업 경영 조직

(1) 기본 조직

① 객실 부문(Room Department - Front of the House) : 영업부서, 대면부서, 수익부서

② 식음료 부문(Food and Beverage Department) : 식당, 라운지, 커피숍 등

③ 부대사업 부문(Accessory Business Department) : 오락, 연회, 위락 시설 등

④ 관리 부문(Management and Executive Department-controller) : Back of the House, 비대면부서, 비수익부서

(2) 주요 업무

① 총지배인(GM : General Manager) : 호텔의 최고 경영자

② 객실 부문 : 객실 판매와 예약, 객실 청소, 현관 서비스 등

③ 식 · 음료 부문

④ 부대시설 : 헬스장, 카지노, 오락, 위락 시설 등

⑤ 관리 부문 : 회계 관리, 자금 조달 및 운영, 인사, 환경, 안전, 소방 관리 등

(3) 현대 호텔 경영의 특징

프랜차이즈 내지는 인수나 합병 등으로 호텔 체인망을 형성하여 대규모 경영을 통해 비용 절감 및 공동 마케팅의 이점을 살리고, 항공 · 외식 · 단체 급식 사업 등을 연계한 경영 다각화를 모색한다. 또한 매출의 시너지 효과(Synergy Effect)뿐만 아니라 컴퓨터 예약 체계(CRS : Computerized Reservation System - 항공 좌석 예약 기능을 비롯해서 호텔, 렌터카, 철도, 해운 등에 이르기까지 여행객이 원하는 모든 정보를 제공하는 고부가가치 통신망)를 이용하여 시 · 공간의 제약 없이 예약은 물론 다양한 정보를 공유하여 호텔 서비스를 제공한다.

1 일반적으로 세계 최초의 호텔로 인정되는 것은?

  ① 시티 호텔   ② 리츠 호텔   ③ 그랜드 호텔   ④ 페더즈 호텔

2 그랜드 호텔(Grand Hotel) 시대의 내용으로 옳지 않은 것은?

  ① 호화로운 시설과 서비스가 특징이다.

  ② 부유층의 사교장으로 기능하였다.

  ③ 1850년 최초의 숙박업으로 로마의 그랜드 호텔이 건설되었다.

  ④ 세자르 리츠는 고급 호텔의 창시자로 그랜드 호텔 시대를 완성했다.

  🖋️ 해설   1850년 최초의 숙박업으로 파리의 그랜드 호텔이 건설되었다.

3 스타틀러의 호텔 경영의 3C에 해당하지 않는 것은?

  ① Convenience(편리성)   ② Comfort(안락성)

  ③ Cleanness(청결성)   ④ Compact(동의, 협약)

4 커머셜 호텔(Commercial Hotel)의 특징으로 볼 수 없는 것은?

  ① 호텔의 이용자가 일반 대중이다.

  ② 여행 목적이 상용 목적이다.

  ③ 호텔의 최대한의 서비스와 고급화를 추구한다.

  ④ 호텔 건설의 목적 내지 투자의 목적에 있어 채산성을 고려한다.

  🖋️ 해설   호텔의 최대한의 서비스와 고급화 추구는 그랜드 호텔의 특징으로 볼 수 있다.

5 우리나라 최초의 상용 호텔은 무엇인가?

  ① 철도호텔   ② 반도호텔   ③ 대불호텔   ④ 손탁호텔

정답   1 ④   2 ③   3 ④   4 ③   5 ②

6 모텔의 대두와 관련 없는 내용은?

① 세계 최대의 체인 조직은 '홀리데이인'이다.

② 케몬스 윌슨이 핵심 인물이다.

③ 저렴한 요금으로 대중을 만족시켰다.

④ 대부분 도심에 위치했다.

 해설 모텔의 대부분은 도로 연변에 위치하여 주차 공간이 충분하고 요금이 저렴했다.

7 한국관광공사에서 운영하는 우수 외국인관광 도시민박 인증브랜드는 무엇인가?

① Korea Stay   ② Best Western   ③ Good Stay   ④ BENIKEA

8 상담, 회의 등과 관련된 호텔의 기능은 무엇인가?

① 연회, 사교 기능   ② 보건 위생 기능

③ 비즈니스 기능   ④ 문화 공간 기능

9 호텔업의 특징으로 볼 수 없는 것은?

① 연중무휴 영업   ② 시설의 조기 노후화

③ 고정 자산의 과다   ④ 전매성 상품

 해설 호텔의 상품(숙박, 식사, 기타 부대시설 이용 등)은 저장이 불가능하여 전매성이 없다.

10 장소(입지)에 따른 분류 중 마운틴 호텔(Mountain Hotel)로도 불리며 산간에 세워진 호텔을 무엇이라 하는가?

① 시티 호텔(City Hotel)   ② 컨트리 호텔(Country Hotel)

③ 서버번 호텔(Suburban Hotel)   ④ 터미널 호텔(Terminal Hotel)

11 시설 형태에 따른 분류 중 실비 호텔로 가족 단위로 여행하는 고객이 대상인 호텔은 무엇인가?

① 로텔(Rotel)   ② 버젯 모텔(Budget Motel)

③ 보텔(Botel)   ④ 유스호스텔(Youth Hostel)

정답 6 ④ 7 ① 8 ③ 9 ④ 10 ② 11 ②

12 현대 호텔 경영의 특징으로 볼 수 없는 것은?

① 소규모 경영과 전문화를 통해서 비용 절감을 시도한다.

② 항공, 외식, 단체 급식 사업 등을 연계한 경영 다각화를 모색한다.

③ 매출의 시너지 효과를 추구한다.

④ 컴퓨터 예약 체계를 이용한다.

 현대 호텔 경영은 프랜차이즈 내지는 인수·합병으로 호텔 체인망을 형성하여 대규모 경영을 통해 비용 절감과 공동 마케팅의 이점을 살린다.

13 B&B의 의미는 무엇인가?

① 간단한 아침 식사를 제공하는 민박 　　② 비즈니스 호텔

③ 노인을 위한 숙박 시설 　　④ 휴양지와 온천지에 건축된 호텔

 B&B는 Bed & Board 또는 Bed & Breakfast의 약자이다.

14 다음은 호텔업의 요금 지불 방식이다. 객실 요금에 1일 2식(아침, 저녁)을 포함하는 방식은 무엇인가?

① 미국식 플랜(AP) 　　② 콘티넨탈식 플랜(CP)

③ 수정 미국식 플랜(MAP) 　　④ 혼합식 플랜(DP)

15 다음에서 설명하고 있는 것은 무엇인가?

> 본사와 가맹점과 계약을 맺어 본사는 상표권과 전반적 시스템 및 경영 노하우를 제공하고, 가맹점은 그에 따른 수수료를 지불하는 형태로 가맹점의 경영권은 독립성이 유지된다. Hyatt 호텔이 대표적이다.

① 리퍼럴 조직 호텔 　　② 프랜차이징 호텔 　　③ 합자 연쇄 호텔 　　④ 위탁 경영 호텔

16 호텔의 기본 조직 중에서 오락, 연회, 위락 시설 등이 속하는 부문은 무엇인가?

① 객실 부문 　　② 식음료 부문 　　③ 부대사업 부문 　　④ 관리 부문

정답 　12 ① 　13 ① 　14 ③ 　15 ② 　16 ③

3. 호텔 실무

3-1 관광숙박업에 대한 법적 규정

(1) 관광숙박업의 등록

① 사업 계획의 승인(관광진흥법) : 관광숙박업을 경영하고자 하는 자는 등록을 하기 전에 그 사업에 대한 사업 계획을 작성하여 특별자치도지사, 시장, 군수, 구청장의 승인을 받아야 한다.

② 등록심의위원회(관광진흥법) : 위원회는 위원장과 부위원장 각 1명을 포함한 위원 10명 이내로 구성되고 위원장은 부지사, 부군수, 부구청장이 된다. 부위원장은 위원 중에서 위원장이 지정하는 자가 되며, 위원은 신고 또는 인·허가 등의 소관 기관의 직원이 된다.

(2) 관광숙박업의 등록 기준(관광진흥법 시행령)

① 호텔업

  ㈎ 관광호텔업 : 객실을 30실 이상 갖추고 외국인에게 서비스를 제공할 수 있는 체제를 갖추고 있을 것, 대지 및 건물의 소유권 또는 사용권을 확보하고 있을 것 등이다.

  ㈏ 수상관광호텔업

  ㈐ 한국전통호텔업 : 외관이 전통 가옥의 형태를 갖추고 있을 것, 욕실과 샤워 시설을 갖추고 외국인에게 서비스를 제공할 수 있는 체제를 갖추고 있을 것, 대지 및 건물의 소유권 또는 사용권을 확보하고 있을 것 등이다.

  ㈑ 가족호텔업 : 취사 시설이 객실별로 설치되어있거나 층별로 공동 취사장이 설치되어 있을 것, 객실별 면적이 19 m² 이상일 것, 객실을 30실 이상 갖추고 외국인에게 서비스를 제공할 수 있는 체제를 갖추고 있을 것, 대지 및 건물의 소유권 또는 사용권을 확보하고 있을 것 등이다.

  ㈒ 호스텔업 : 개별 관광객의 숙박에 적합한 객실을 갖추고 있을 것, 화장실, 샤워장, 취사장 등을 갖추고 있을 것, 서비스를 제공할 수 있는 문화·정보 교류 시설을 갖추고 있을 것, 대지 및 건물의 소유권 또는 사용권을 확보하고 있을 것 등이다.

  ㈓ 소형호텔업 : 욕실이나 샤워 시설을 갖춘 객실을 20실 이상 30실 미만으로 갖추고 있을 것, 부대시설의 면적 합계가 건축 연면적의 50퍼센트 이하일 것, 두 종류 이상의 부대시설을 갖출 것, 조식 제공, 외국어 구사 인력 고용 등 외국인에게 서비스를 제공할 체제를 갖추고 있을 것, 대지 및 건물의 소유권 또는 사용권을 확보하고 있을 것 등이다.

  ㈔ 의료관광호텔업 : 의료관광객이 이용할 수 있는 취사 시설이 객실별로 설치되어있거나 층별로 공동 취사장이 설치되어있을 것, 욕실이나 샤워 시설을 갖춘 객실이 20실 이상

일 것, 객실별 면적이 19 m² 이상일 것, 의료관광호텔시설은 의료기관시설과 분리될 것(분리에 관하여 필요한 사항은 문화체육관광부장관이 정하여 고시한다), 대지 및 건물의 소유권 또는 사용권을 확보하고 있을 것 등이다.

② 휴양콘도미니엄업 : 같은 단지 안에 객실이 30실 이상이고 취사, 체류, 숙박에 필요한 설비가 완비되어있을 것, 매점이나 간이 매장이 있고 문화 체육 공간을 1개소 이상 갖출 것, 대지 및 건물의 소유권 또는 사용권을 확보하고 있을 것 등이 요구된다.

(3) 관광숙박업의 등급(관광진흥법)

문화체육관광부장관은 관광 숙박 시설 이용자의 편의를 돕고 관광 숙박 시설 및 서비스 수준을 효율적으로 유지 · 관리하기 위하여 관광숙박업에 대한 등급을 정할 수 있다.

① 호텔업의 등급

㈎ 5성급(별5개)

㈏ 4성급(별4개)

㈐ 3성급(별3개)

㈑ 2성급(별2개)

㈒ 1성급(별1개)

② 호텔업의 등급 결정 기준(관광진흥법 시행규칙)

구 분	5성급	4성급	3성급	2성급	1성급
결정 기준(만점 기준)	90%	80%	70%	60%	50%
표지 바탕 색상	고궁갈색	전통감청색	전통감청색	전통감청색	전통감청색

※ 각 등급별 평가 기준은 **문화체육관광부장관**이 고시한 관광호텔업의 등급 결정을 위한 평점 기준에 따른다.

③ 등급 결정 시 평가 요소 : 서비스 상태, 객실 및 부대시설의 상태, 안전 관리 등에 관한 법령 준수 여부

> 참고 해당 숙박 시설 부지가 학교 정화 구역 대상인지 여부를 확인(대지 경계선에서 200 m 이내)해야 한다.

3-2 객실 부문 업무

(1) 프런트 오피스(Front Office) 업무

① 역할 : 호텔이 손님을 맞이하는 장소로 객실 판매를 촉진 · 결정하고 조정 · 통제하는 역할을 한다.

② 주요 업무

㈎ 프론트 데스크 업무 : 입숙·퇴숙 기능, 예약 기능, 정보 전달 기능, 캐셔(Cashier) 서비스

㈏ 예약

㈐ 유니폼 서비스 : Door Staff의 업무(고객의 최초 영접, 전송, 교통정리, 교통편 소개 및 시내 교통 안내 등), Bell Staff의 업무(수화물 이동·보관 업무, 고객 안내 업무, 객실 안내, 호텔 시설 안내, 페이징 서비스, 로비 청결·안전 관리), Porter 업무(수화물 운반, 안내, 컨시어지 서비스), 교환 서비스(고객을 내·외부로 연결하는 기능), 비즈니스 센터/Night Clerk

③ 인적 구성 : Front Office Manager, Room Clerk, Front Cashier, Information Clerk, Reservation Clerk, Night Clerk, Record Clerk, Mail Clerk, Key Clerk

④ 예약 업무

㈎ 예약의 접수, 예약카드 기재, 예약의 통제 및 조정, 예약 객실 표시

㈏ 예약 Rack(Name) Slip : 룸 랙(Room Rack)의 포켓(Pocket)에 꽂아둠으로써 객실의 판매 여부를 식별하는 작은 카드를 말한다. 일반적으로 카드의 색깔로 구분하는데 백색은 단기 고객, 황색은 장기 고객, 청색은 단체 고객으로 분류하기도 한다.

※ 분홍색(핑크색) 카드는 특별 고객(Special Guest), 신혼부부 또는 VIP를, 붉은 오렌지색은 Travel Agent를 나타낸다.

> 참고 ❶ Overbooking(초과 예약) : 호텔에 있는 룸의 개수보다 예약을 초과하여 받는 것을 말한다.
> ❷ 페이징 서비스 : 호텔 내·외부 고객의 요청에 의해 필요한 고객을 찾아주고 메시지를 전달하는 업무로, 손님이 도착하면 프런트로 안내하고 수속이 끝나면 짐을 객실로 운반하는 서비스를 제공하기도 한다.

(2) 하우스 키핑(House Keeping) 업무

객실 청소 및 관리, 가구와 비품 선택과 관리 및 모든 린넨류의 세탁과 보급을 담당하는 호텔 상품의 생산 부서로, 호텔의 재산 관리와 호텔 제품의 생산 및 창조의 기능을 수행한다.

(3) 객실 요금

① 객실의 종류

㈎ Single Room : 1인용 싱글 베드가 1개 들어있는 객실

㈏ Double Room : 2인용 베드가 1개 들어있는 객실

㈐ Twin Room : 싱글 베드가 나란히 2개 들어있는 객실

㈑ Triple Room : 싱글 베드가 3개 또는 트윈 베드에 엑스트라 베드가 추가된 객실

㈒ Quard Room : 4명이 잘 수 있도록 트리플룸에 엑스트라 베드가 하나 더 추가된 객실

(바) Studio Room : 더블이나 트윈 룸에 소파형의 베드가 들어있는 객실

(사) Connecting Room : 객실 2개가 연결되어 내부의 문(Connectiong Door)을 통해서 왕래가 가능한 객실

(아) Suite Room : 침실에 거실이 딸린 호화 객실

(자) Adjoining Room : 나란히 위치한 객실로 내부 통용문이 없음

(차) Outside Room : 외부 전망이나 경치를 볼 수 있는 객실

(카) Inside Room : 안뜰로 향하고 있는 객실

(타) Executive Floor Room : 비즈니스 고객을 위한 전용 층에 위치한 객실

(파) Blocking Room : 예약된 방

(하) On Change Room : 정비가 필요한 방

(거) Trunk Room : 화물을 장기간 보관할 수 있는 곳

② 객실 요금의 종류 : 공표 요금(Tariff), 특별 요금, 추가 요금

③ 객실 요금에 포함되는 요소

(가) 내부 결정 요소 : 자본 투하 원가, 직접 수익이 발생하지 않는 시설과 설비, 관리 부분 등의 간접 비용(경리, 인사, 판매 촉진비 등), 고객 측면 요소(단체 여행자 객실 요금, 패키지 요금 등)

(나) 외부 결정 요소 : 시장 상황, 경쟁력 정도, 수요의 탄력성 등

참고 호텔 경영 단위와 척도가 되는 것은 객실(Room)이고, 휴양 콘도미니엄의 경영 단위는 Unit이다.

3-3 식음료 부문 업무

(1) 식음료 부문의 종사원

① 인적 구성

② 서비스 종사원의 기본 소양 : 봉사성, 청결성, 능률성, 경제성, 예절성, 정직성, 환대성 등

(2) 호텔 식사의 종류

① Breakfast

② Full Course(정식)

(가) Appetizer(전채 요리) : 짠맛이나 신맛이 있어 위액의 분비를 왕성하게 하여야 한다.

(나) Soup(수프)

(다) Fish(생선)

(라) Entree(중심 요리, 주로 육류)

(마) Roast(조류 또는 육류)

(바) Salad(샐러드)

(사) Dessert(후식)

(아) Beverage(음료)

(3) 서비스의 종류

경영 형태, 수단, 형식 등에 따른 분류

① American Service(Plate Service) : 고객의 개별적인 주문에 따라서 주방에서 조리된 음식을 접시에 담아나가는 서비스로 레스토랑에서 널리 이용되는 형식이다.

② Family Service : American Service 스타일의 변형으로 음식은 주방에서 만들어서 볼 (Bowl)이나 플레이트(Plate)에 제공되고 고객 스스로 요리를 분배하는 서비스 형식이다.

③ Russian Service : 호텔 연회 등에서 코스 요리 등을 서빙용 큰 접시(Platter)에 담아 고객에게 보여준 후에, 고객의 요구에 따라 서빙포크와 스푼으로 덜어서 고객의 작은 접시에 각각의 음식을 직접 제공하는 서비스 형식이다.

④ French Service : 고객 앞에서 직접 음식을 만들어주거나 미리 만든 음식을 보여준 뒤 접시에 담아 제공하는 호화로운 방식으로, 종업원의 숙련된 솜씨가 요구되는 서비스 형식이다.

(4) 식사 내용에 따른 식당의 분류

① 정식 식당(Table D'hote Restaurant) : 풀코스를 제공하는 식당

② 일품요리 식당(A la Carte Restaurant) : 손님의 요구에 따라 각 코스별로 주문하는 식당

③ 뷔페 식당(Buffet Restaurant) : 여러 가지 음식을 큰 식탁에 차려놓고 손님이 스스로 선택하여 덜어 먹는 식당

(5) 음료의 종류

① Soft Drink : 커피, 홍차, 코코아 등

② Hard Drink : 포도주, 위스키, 샴페인, 보드카 등

③ 양주와 칵테일

(가) 양주(Foreign Liquors)의 구분 : 양조주(발효주 : 포도주, 샴페인, 맥주, 막걸리, 과실주 등), 증류주(위스키, 브랜디, 진, 럼, 보드카, 소주 등)

> 참고 **와인 산지** : 프랑스-보르도, 부르고뉴 / 독일-라인, 모젤 / 스페인-리오하, 안달루시아 / 이탈리아-피에몬테, 토스카나

(나) 칵테일 : 알코올 + 알코올 → Short Drink, 알코올 + 음료, 소다 → Long Drink

> 참고 **데미따스(Demi Tasse)** : 주로 식후에 사용되는 소형 커피 잔 또는 그 잔에 있는 커피

4. 관광숙박업의 발전 방안 및 전망

4-1 관광숙박업의 발전 방안

(1) 관광 숙박 시설의 확충상의 문제점

① 「건축법」상 각종 규제로 관광호텔의 신축 및 증축에 지장을 받고 있으며, 호텔 경영 면에서 각종 행정 규제로 인하여 경영 환경이 취약한 상태에 있다.

② 관광산업은 세제 및 금융상에서 국가의 정책적 지원이 부족한 실정이고 환경개선부담금, 교통유발부담금, 토지초과소유부담금 등이 호텔 경영상의 부담을 가중시키고 있다.

(2) 관광 숙박 시설의 개선 방안

① 관광호텔 공급 계획의 수립

② 관광호텔 확충을 위한 개선 방안

  (개) 호텔 건축 행정상의 규제 완화

  (내) 관광호텔 세제상의 개선

> **참고** **관광 숙박 시설 확충을 위한 특별법**(2012. 7. 27~2015. 12. 31) : 관광 숙박 시설의 건설과 확충을 촉진하기 위한 각종 지원에 관한 사항을 규정하였고, 외국 관광객 유치 확대와 관광산업의 발전 및 경쟁력 강화에 이바지하는 것이 목적으로 각종 규제 완화책을 포함하였다.

4-2 관광숙박업의 전망

(1) 호텔업의 동향

① 컴퓨터화 : 호텔 정보 시스템(HIS) 등 컴퓨터의 도입으로 경영 관리 기능이 향상되었다. 호텔 정보 시스템(HIS)은 일반적으로 영업을 전반적으로 담당하는 **프런트 오피스 시스템**과 이에 대한 후방 지원 체제로서의 **백오피스 시스템**, 숙박과 식사 서비스 외에도 고객에게 필요한 편의성을 제공해주는 **인터페이스 시스템**, 그리고 **업장 관리 시스템**으로 구분된다.

② 시장 세분화 및 판매 전략

  (개) 상류 계층을 위한 특급 호텔

  (내) 자원의 최대 활용과 조직 개편으로 규모를 축소하는 운영비 절감형 호텔

  (대) 개성과 친근한 서비스를 제공하는 소규모 호텔

③ 인사 관리 : 종사원들의 근로조건 개선, 철저한 교육·훈련, 전반적인 이미지 개선 등

④ 위탁 경영

⑤ 환경 문제

(2) 관광호텔 경영 활성화 지원 방안

① 세제 합리화 지원 방안 : 부가가치세 영세율 적용의 제도화·법제화, 종합토지세의 분리 과세 적용, 중소기업 특별세액 감면 범위 확대 적용, 각종 부담금의 합리적 징수 등

② 금융 지원 방안 : 관광진흥개발기금 개선, 중소기업지원자금의 활용 확대 등

③ 기타의 방안 : 유능한 외국인 노동자의 고용 확대, 유사 관광호텔업의 폐해에 대한 규제 강화 등

1 호텔업의 등급에 대한 설명으로 옳지 않은 것은?

① 5성급, 4성급, 3성급, 2성급, 1성급 등으로 구분된다.

② 호텔업의 등급 결정 기준은 4성급의 경우 만점을 기준으로 80% 이상이다.

③ 각 등급별 평가 기준은 대통령이 고시한 관광호텔업의 등급 결정을 위한 평점 기준에 따른다.

④ 등급 결정 시 평가 요소에는 서비스 상태, 객실 및 부대시설의 상태, 안전 관리 등에 관한 법령 준수 여부 등이 있다.

✎ 해설   각 등급별 평가 기준은 문화체육관광부장관이 고시한 관광호텔업의 등급 결정을 위한 평점 기준에 따른다.

2 룸 랙(Room Rack)의 포켓(Pocket)에 꽂아둠으로써 객실의 판매 여부를 식별하는 작은 카드를 Rack(Name) Slip이라고 하는데, 일반적으로 카드의 색깔로 구분을 한다. 청색 카드가 의미하는 대상은 누구인가?

① 단기 고객   ② 장기 고객   ③ 단체 고객   ④ 특별 고객

3 손님의 요구에 따라 각 코스별로 주문이 가능한 식당은?

① 정식 식당(Table D'hote Restaurant)

② 일품요리 식당(A la Carte Restaurant)

③ 뷔페 식당(Buffet Restaurant)

④ 카페테리아

4 다음 중 포도주 생산국과 그 지역이 잘못 연결된 것은?

① 프랑스 – 보르도, 부르고뉴   ② 독일 – 라인, 모젤

③ 스페인 – 네파밸리   ④ 이탈리아 – 피에몬테, 토스카나

✎ 해설   네파밸리는 미국의 샌프란시스코 북단에 있는 포도주 생산지이다.

정답   1 ③   2 ③   3 ②   4 ③

5 다음 중 House Keeping 부서와 그 업무에 대한 설명으로 옳지 않은 것은?

① 호텔이 손님을 맞이하는 장소로 객실 판매를 촉진·결정하고 조정·통제하는 역할을 한다.

② 객실 청소 및 관리, 가구와 비품 선택과 관리 및 모든 린넨류의 세탁과 보급을 담당하는 호텔의 생산 부서이다.

③ 호텔의 재산 관리 기능과 관련된 업무를 수행한다.

④ 호텔 제품의 생산 및 창조 기능을 담당한다.

 해설 호텔이 손님을 맞이하는 장소로 객실 판매를 촉진·결정하고 조정·통제하는 역할은 Front Office에서 이루어진다.

6 다음 객실의 종류 중 외부 전망이나 경치를 볼 수 있는 객실은?

① Quard Room　　　　　　　② Studio Room

③ Inside Room　　　　　　　④ Outside Room

7 호텔 식사 중 정식(Full Course)에 대한 설명이다. 가장 마지막 단계의 음식은 무엇인가?

① Dessert　　　　　　　② Beverage

③ Salad　　　　　　　④ Appetizer

8 다음 중 양조주(발효주)가 아닌 것은?

① 샴페인　　　　　② 맥주　　　　　③ 막걸리　　　　　④ 럼

 해설 위스키, 브랜드, 진, 럼, 보드카, 소주 등은 증류주에 속한다.

4 장

관광교통업

1. 관광과 교통

1-1 교통의 개념

(1) 정의

사람이나 화물의 이동과 운반을 위하여 장소 간의 거리를 극복하려는 일체의 행위를 말한다.

(2) 의의

교통은 상품을 보다 더 필요성이 많은 곳으로 신속히 이동시켜 공간적 효용과 시간적 효용을 증대시키는 역할을 한다. 교통 서비스의 궁극적인 목표는 이동성과 접근성을 제공하는 것으로 편리성, 쾌적성, 안전성, 경제성, 신속성을 가져야 하며, 개인은 주관적으로 판단하여 교통수단이나 교통시설을 선택한다.

(3) 기능

① 승객과 화물을 일정한 시간에 목적지까지 운송
② 이동성 부여
③ 도시화를 촉진하고 대도시와 주변 도시를 유기적으로 연결
④ 생산성 제고
⑤ 국가 방위에 기여
⑥ 정치 · 사회적 교류 촉진
⑦ 소비자에게 다양한 물건을 제공하고 교역의 범위 확대

(4) 교통의 3대 요소

① 교통 주체 : 사람, 물건 등
② 교통수단 : 자동차, 버스, 지하철, 철도, 비행기, 선박 등
③ 교통 시설 : 교통로(도로, 철도, 항만), 역, 주차장, 공항, 항만 등

(1) 개념

　관광교통업이란 일상생활을 떠나 매력 있는 관광지 방문의 접근성 제고와 동시에 관광자원의 성격을 지닌 교통수단과 서비스를 제공하여 경제적·사회적·문화적 이익을 창출하는 사업을 말한다. 관광 교통 시설은 관광자원화된 교통 시설을 의미한다.

(2) 기본 성격

① 무형재(즉시재) : 생산 즉시 소비, 소비 즉시 생산의 성격 때문에 서비스 저장이 불가능하다.

② 수요의 편재성 : '생산적 교통 수요'인 경우에는 안정된 반면, '소비적 교통 수요'인 경우에는 기후 조건 또는 사회적·경제적 조건에 영향을 많이 받는다. 특히, 관광 교통은 수요의 탄력성이 매우 크다.

③ 자본의 유휴성 : 관광 교통 수요는 시간적·지역적으로 편중되고, 성수기를 제외하면 적재량이 항상 남아돈다.

④ 독점성 : 시·공간적으로 관광객이 몰리는 경우에 교통 수요 집중, 운임 인상 시 정부의 통제가 있다.

⑤ 외부 경제 효과(External Economics Effect) : 도로와 철도 등이 개설되면 지역 경제가 활성화되고 지가 상승이 이루어진다. 이 경우 외부 경제의 내부화 문제가 생긴다.

(3) 특성

① 이동 시간이 짧은 관광 교통수단을 선호한다.

② 쾌적하고 안락하며 환승 횟수가 적은 관광 교통수단을 선호한다.

③ 재고 불가능하며 수요 편중이 심하다.

④ 공익성과 수익성을 동시에 갖는다.

⑤ 신속성, 정확성, 안전성, 경제성, 연계성 + 희귀성, 진기성, 호화성, 쾌적성 등의 특성을 지닌다.

⑥ 관광 교통수단과 어울리는 관광 도로의 개설이 필요하다.

2. 분야별 관광 교통사업

철도 관광 교통사업

(1) 의의

육상에서의 원거리 여행은 철도에 의해서 가능하였고 관광지의 개발은 철도의 부설 이후 본격화되었다. 그러나 항공기와 자동차의 발달로 이용률이 급속히 감소하였다.

(2) 발전 방향

전철화, 고속화, 열차 편성의 개혁, 서비스 향상, 급식 개선 등을 추진한다. 각종 할인 제도의 실시, 새로운 형태의 철도 개설(등산철도, 유람철도, 허니문철도 등)이 필요하다.

> **참고** 1970년 경부고속도로가 개통되었고, 2004년 4월 1일 고속열차(KTX : Korea Train Express)가 처음 운행되었다.

자동차 관광 교통사업

(1) 여객자동차운수사업의 의의

여행자에게 관광지 이동의 핵심 역할을 수행한다. 관광 활동에 자동차를 이용하는 이유는 도로를 이용하여 관광자원이 분포되어있는 가장 가까운 곳까지 접근할 수 있는 접근성과 편리함 때문이다.

(2) 자동차운수사업의 종류(여객자동차 운수사업법)

여객자동차운송사업, 자동차대여사업, 여객자동차터미널사업, 여객자동차운송가맹사업

(3) 여객자동차운송사업의 종류

① 노선여객자동차운송사업 : 구간(노선)을 정하여 여객을 운송하는 것을 업으로 한다. 시내버스운송사업, 농어촌버스운송사업, 마을버스운송사업, 시외버스운송사업 등이 있다.

② 구역여객자동차운송사업 : 사업구역을 정하여 그 구역 안에서 여객을 운송하는 것을 업으로 한다. 전세버스운송사업, 특수여객자동차운송사업, 일반택시운송사업, 개인택시운송사업 등이 있다.

> **참고** **전세버스운송사업의 문제점** : 서비스 정신 결여, 과당경쟁으로 전세버스 요금 하락세, 종사원들의 열악한 근무 환경, 노후화된 차량, 지입제 차량 운행과 정비 불량, 관광 문화 의식 부족 등

2-3　해상 관광 교통사업

(1) 해상 교통업의 개념

① 정의 : 해상에서 선박을 이용하여 사람과 화물을 운송하고 운임을 받는 일체의 상행위를 말한다.

② 해상 교통업의 발달 : 2차 세계대전 전까지 국제 관광은 해운 교통업에 의하여 가능. 1950년 이후 공공 교통기관에서 관광객 대상의 특수여객운수업으로 성격이 변화되었고, 항공기 발달 이후 크게 감소했던 선박 이용은 최근 선박 자체의 관광성이 높아지면서 고급 선박 여행이 다시 출현하였다.

(2) 관광순항유람선사업

① 정의

㈎ 관광순항유람선 : 선내에 객실, 식당, 스포츠와 레크리에이션 시설 등 관광객 편의를 위한 각종 서비스 시설과 부대시설을 갖추고 순수한 관광 활동을 목적으로 관광자원이 수려한 지역을 순회하며 안전하게 운항하는 선박

㈏ 관광순항유람선관광 : 유람선을 이용한 독특한 관광 여행으로, 여행업자 또는 선박업자가 포괄 요금으로 여행객을 모집하여 운영하는 것으로서 다수의 매력적인 항구를 여행하는 형태

② 관광순항유람선의 특징

㈎ 순수 관광 목적

㈏ 관광자원이 수려한 항구 및 지역만을 운항

㈐ 다양한 관광객 이용 시설 구비

㈑ 서비스가 최고 수준이며 고급

㈒ 비정기적으로 운항

③ 관광유람선업의 등록 기준

㈎ 일반 관광 유람선업

㈏ 크루즈업

④ 관광순항유람선 여행의 필수적인 요소

㈎ 고객 욕구에 부합

㈏ 관광 상품의 품질

㈐ 관광 상품의 가치

㈑ 운영상의 기본 조건 점검

㈒ 진행 요원의 안전에 대한 전문성

㈓ 주변 관광 환경 요인 구비

⒮ 다양한 인적 서비스

⒜ 쇼핑

2-4 항공 관광 교통사업

(1) 항공운송 사업의 개념
① 정의 : 타인의 수요에 대응하여 항공기를 사용하여 유상으로 여객 또는 화물을 운송하는 사업
② 구성 요소 : 항공기, 공항 및 항공 터미널, 항공 노선
③ 특징 : 서비스성, 안전성, 고속성, 정시성, 쾌적성과 편리성, 노선 개설의 용이성, 경제성, 공공성, 자본 집약성

(2) 항공운송 서비스
① 성격 : 무형성, 재고 불가능성, 변동성, 소유권 비이전성, 측정 곤란성
② 특징 : 지상 서비스와 기내 서비스가 조합

(3) 항공운송 서비스의 문제점
① 자금 부담, 금리 부담, 수급 불균형 문제
② 사회 환경과 그 변화에 영향받기 쉬움
③ 공항 상황에 따른 제한
④ 안전성

> **참고**
> ❶ 정부항공운송의뢰제도(GTR : Government Transportation Request) : 자국 산업 보호 정책의 일환으로 국가 예산으로 집행되는 제반항공운송 관련 사항을 자국적 항공사에 직접 의뢰하는 제도로, 공무원 및 정부 투자 기관의 임직원이 공무로 해외에 여행하는 경우에 항공사에 항공권 발급을 의뢰하고 대금은 사후에 정산하게 된다. 국가 예산 절감, 외화 유출 방지, 자국적기 보호 육성과 국적 항공사 서비스 혁신 등이 도입 배경이다.
> ❷ 국내 저가 항공사로는 이스타항공, 티웨이항공, 진에어, 제주항공, 부산에어, 에어서울 등이 있다. 2016년 5월 16일 한국 제주항공, 일본 바닐라에어, 필리핀 세부퍼시픽 등 8개 아시아 태평양 지역 저비용 항공사(LCC : Low Cost Carrier)가 싱가포르에서 세계 최대 규모 LCC동맹인 '밸류 얼라이언스'를 결성했다. 기존 LCC 동맹으로는 스타 얼라이언스, 스카이팀, 원월드 등이 있다.

(4) 항공운송 관련 단체
① ICAO(국제민간항공기구)
㈎ 설립 : 1947년 발효된 국제민간항공조약(시카고 조약)에 기인하여 1947년 설립된 UN 전문 기관. 본부는 캐나다 몬트리올에 있다.

(나) 업무 내용 : 국제민간항공의 안전하고 질서정연한 발전 추구, 항공로, 공항 및 항공 보안 시설 개선 장려, 안전성, 정확성, 능률성, 경제성을 추구하는 항공운송에 부합, 불합리한 경쟁에 의한 경제적 낭비 방지, 계약 체결국의 권리 존중과 공정한 기회 확보, 비행 안전 증대, 국제민간항공의 발달 촉진 등이 업무에 속한다.

② IATA(국제항공운송협회)

(가) 설립 : 1945년 쿠바의 아바나에서 설립되었고, 본부는 캐나다의 몬트리올, 스위스 제네바, 싱가포르 등에 있다.

(나) 목적 : 항공운송 사업을 육성하고 제반 문제를 연구하며 항공운송기업 간의 협조를 위한 모든 수단을 제공한다.

(다) 역할

㉮ 항공사 : 항공사의 제반 문제점에 대해 해결책을 제공하고 경험과 정보 및 지식 등을 교환한다.

㉯ 정부 : 국제선 운임과 요율 결정에 각국 정부 간의 조정 및 협상의 기회를 제공한다.

㉰ 일반 대중 : 높은 수준의 효율적인 항공운송 제공 및 경제성 있는 최저 운임, 통일된 체제에 의한 쉬운 세계여행을 가능하게 한다.

③ OAA(동양항공사협회) : 본부는 필리핀 마닐라에 있고, 아시아 지역 내 항공사 간 협력과 민간항공사업 촉진을 도모한다.

최신기출 2016. 4. 9 시행

항공기 탑승 시 타고 왔던 비행기가 아닌 다른 비행기로 갈아타는 '환승'을 뜻하는 용어는?

① Transit
② Transfer
③ Stop-over
④ Code-share

정답 ②번

최신기출 2016. 4. 9 시행

예약한 좌석을 이용하지 않는 노쇼(No-show)에 대비한 항공사의 대응책은?

① Tariff
② Travel's Check
③ Security Check
④ Overbooking

해설 Overbooking은 초과 예약을 의미한다.

정답 ④번

참고 **❶ 도시 코드** : 방콕(BKK), 홍콩(HKG), 싱가포르(SIN), 토론토(YYZ), 로스엔젤레스(LAX), 샌프란시스코(SFO), 뉴욕(JFK), 시드니(SYD), 동경(NRT), 북경(BJY), 상해(SHE), 인천(ICN), 김포(GMP), 제주(CJU), 부산(PUS), 마닐라(MNL), 호놀룰루(HNL), 두바이(DXB)

❷ 항공사 코드 : 아메리카항공(AA), 델타항공(DL), 대한항공(KE), 아시아나항공(OZ), 캐세이퍼시픽항공(CX), 중국북방항공(CJ), 필리핀항공(PR), 싱가포르항공(SQ)

우리나라 항공사의 IATA 코드 및 ICAO 코드

항공사	IATA 코드	IATA 코드	항공사	IATA 코드	IATA 코드
대한항공	KE	KAL	제주항공	7C	JJA
아시아나	OZ	AAR	진에어	LJ	JNA
에어부산	BX	ABL	티웨이	TW	TWB
이스타	ZE	ESR	에어서울	RS	ASV

❸ 항공 회사의 노선 운영 방식

㉮ 허브 앤 스포크(Hub-and-spoke) : 바퀴의 축과 바퀴살처럼 시스템을 구축하는 것으로, 대도시를 거점으로 하여 중소 도시들을 연결시키는 항공 회사의 노선 운항 방식이다. 경쟁이 치열하고, 기존 대규모 항공사의 운영 방식이다.

㉯ 포인트 투 포인트(Point-to-point) : 소도시와 소도시 사이의 직행 항로(출발지와 도착지를 직접 연결)를 운항하는 방식으로, 정확한 운항 시간과 정확한 여행 시간 보장이 가능하고, 비용 면에서 경쟁력이 있으며, 신생 중소 항공사에서 선호하는 방식이다. 사우스웨스트 항공(Southwest Airlines : LUV)이 이 방식을 택하고 있으며 이 방식을 통해서 지속적인 성장세를 유지하고 있다.

최신기출 2016. 4. 9 시행

IATA 기준 우리나라의 항공사 코드가 아닌 것은?

① 8B   ② ZE   ③ 7C   ④ LJ

 해설 ①은 태국의 비즈니스항공의 항공사 코드이다.   **정답 ①번**

최신기출 2016. 4. 9 시행

저가 항공사의 일반적 특징이 아닌 것은?

① Point-to-point 운영   ② Secondary Airport 운영

③ Online Sale 활용   ④ Hub&spoke 운영

 해설 ④는 기존 대형 항공사의 일반적인 운영 전략이다.   **정답 ④번**

1 **관광교통업의 기본 성격으로 옳지 않은 것은?**

① 무형재(즉시재)　　② 수요의 편재성　　③ 자본의 유휴성　　④ 외부 비경제 효과

 해설　도로나 철도 개설 지역 주변의 지가 상승이나 경제 활성화 등의 외부 경제 효과가 발생한다.

2 **우리나라에서 고속 열차(KTX : Korea Train Express)를 처음 운행하기 시작한 시기는?**

① 2000년　　　　② 2003년　　　　③ 2004년　　　　④ 2002년

3 **다음 중 구간(노선)을 정하여 여객을 운송하는 노선여객자동차운송사업으로 볼 수 없는 것은?**

① 농어촌버스운송사업　　　　　② 마을버스운송사업
③ 일반택시운송사업　　　　　　④ 시외버스운송사업

 해설　일반택시운송사업의 경우 구역여객자동차운송사업에 속한다.

4 **관광순항유람선의 특징으로 볼 수 없는 것은?**

① 순수 관광 목적이다.
② 관광자원이 수려한 항구 및 지역만을 운항한다.
③ 서비스가 최고 수준이며 호화롭다.
④ 정기적으로 운항한다.

 해설　관광순항유람선은 비정기적 운항을 특징으로 한다.

5 **항공운송사업의 특징으로 옳지 않은 것은?**

① 서비스성　　　　　　　　② 안전성
③ 노선 개설의 어려움　　　④ 자본 집약성

 해설　항공운송사업은 상대적으로 노선 개설이 용이하다.

 정답　1 ④　2 ③　3 ③　4 ④　5 ③

6 정부항공운송의뢰제도(GTR)에 대한 설명으로 옳지 않은 것은?

① 자국 산업 보호 정책의 일환으로 국가 예산으로 집행되는 제반항공운송 관련 사항을 자국적 항공사에 직접 의뢰하는 제도를 말한다.

② 국가 예산을 낭비하는 경향이 있다.

③ 외화 유출을 방지하는 제도이다.

④ 자국 적기 보호 육성과 국적 항공사 서비스 혁신 등이 도입 배경이다.

 해설 자국항공운송의뢰제도는 국가 예산을 절약하는 경향이 있다.

7 국제민간항공기구(ICAO)에 대한 설명으로 옳지 않은 것은?

① 1947년 발효된 국제민간항공조약(시카고 조약)에 기인하여 1947년 설립된 UN 전문 기관이다.

② 본부는 미국 뉴욕에 있다.

③ 국제민간항공의 안전하고 정연한 발전을 확보하고자 한다.

④ 불합리한 경쟁에 의한 경제력 낭비 방지가 그 목적이다.

 해설 국제민간항공기구(ICAO)의 본부는 캐나다의 몬트리올에 있다.

8 다음 중 도시 코드의 연결이 잘못된 것은?

① 홍콩(HKO) ② 로스엔젤레스(LAX)
③ 인천(ICN) ④ 제주(CJU)

해설 홍콩의 도시 코드는 HKG이다.

9 다음 중 항공사 코드로 옳지 않은 것은?

① 델타항공(DL) ② 대한항공(KR)
③ 중국북방항공(CJ) ④ 필리핀항공(PR)

해설 대한항공의 항공사 코드는 KE이다.

정답 6 ② 7 ② 8 ① 9 ②

5장 관광객 이용시설업

1. 관광객 이용시설업의 법적 규정

1-1 관광객 이용시설업의 정의(관광진흥법)

관광객을 위하여 음식, 운동, 오락, 휴양, 문화, 예술 또는 레저 등에 적합한 시설을 갖추어 이를 관광객에게 이용하게 하는 업을 말한다.

1-2 관광객 이용시설업의 종류(관광진흥법)

(1) 전문휴양업

(2) 종합휴양업
① 제1종 종합휴양업
② 제2종 종합휴양업

(3) 야영장업
① 일반야영장업
② 자동차야영장업

(4) 관광유람선업
① 일반관광유람선업
② 크루즈업

(5) 관광공연장업

(6) 외국인관광도시민박업

(1) 전문휴양업

① 공통 기준 : 숙박 시설 또는 음식점 시설, 편의 시설(주차 시설, 급수 시설, 공중화장실 등)과 휴게 시설이 있을 것

② 개별 기준

㈎ 민속촌 : 한국 고유의 건축물이 20동 이상, 각 건물에는 전래된 생활 도구가 갖추어져 있거나 고유문화를 소개할 수 있는 축소된 건축물 모형 50점 이상이 적정한 장소에 배치되어있을 것

㈏ 식물원 : 온실 면적은 2,000 m² 이상이고 식물 종류는 1,000종 이상일 것

㈐ 수족관 : 건축 연면적은 2,000 m² 이상이고 어종은 100종 이상 그리고 객석 100석 이상의 해양 동물 쇼장을 구비할 것

㈑ 농어촌휴양시설 : 관람이나 휴식에 이용될 수 있는 특용작물, 나무 등을 재배하거나 어류, 희귀 동물 등을 기르고 재배지 또는 양육장 면적은 10,000 m² 이상일 것

(2) 종합휴양업

① 제1종 종합휴양업 : 숙박 시설 또는 음식점 시설을 갖추고 전문휴양시설 중 두 종류 이상의 시설을 갖추고 있거나, 전문휴양시설 중 한 종류 이상의 시설과 종합유원시설업의 시설을 갖추고 있을 것

② 제2종 종합휴양업 : 단일 부지로서 500,000 m² 이상일 것. 관광숙박업 등록에 필요한 시설과 전문휴양시설 중 두 종류 이상의 시설을 갖추고 있거나, 전문휴양시설 중 한 종류 이상의 시설과 종합유원시설업의 시설을 갖추고 있을 것

(3) 야영장업

① 공통 기준

㈎ 안전한 곳에 위치할 것

㈏ 시설 배치도, 이용 방법, 비상시 행동 요령 등을 이용객이 잘 볼 수 있는 곳에 게시할 것

㈐ 비상시 긴급 상황을 이용객에게 알릴 수 있는 시설 또는 장비를 갖출 것

㈑ 야영장 규모를 고려하여 소화기를 적정하게 확보하고 눈에 띄기 쉬운 곳에 배치할 것

㈒ 긴급 상황에 대비하여 야영장 내부 또는 외부에 대피소와 대피로를 확보할 것

㈓ 비상시의 대응 요령을 숙지하고 야영장이 개장되어있는 시간에 상주하는 관리 요원을 확보할 것

② 개별 기준

㈎ 일반야영장업 : 야영용 천막을 칠 수 있는 공간은 천막 1개당 15㎡ 이상을 확보할 것,

야영에 불편이 없도록 하수도 시설 및 화장실을 갖출 것, 긴급 상황 발생 시 이용객을 이송할 수 있는 차로를 확보할 것

　(나) 자동차야영장업 : 차량 1대당 50 m² 이상의 야영 공간(차량을 주차하고 그 옆에 야영장비 등을 설치할 수 있는 공간)을 확보할 것, 야영에 불편이 없도록 수용 인원에 적합한 상·하수도 시설, 전기 시설, 화장실 및 취사 시설을 갖출 것, 야영장 입구까지 1차선 이상의 차로를 확보하고, 1차선 차로를 확보한 경우에는 적정한 곳에 교행이 가능한 공간을 확보할 것

(4) 관광유람선업

① 일반관광유람선업 : 선상 시설, 위생 시설, 편의 시설, 수질오염 방지 시설 등을 갖추고 있을 것

② 크루즈업 : 일반관광유람선업에서 규정하고 있는 관광사업의 등록 기준을 충족하고 욕실이나 샤워 시설을 갖춘 객실이 20실 이상이고 체육 시설, 미용 시설, 오락 시설, 쇼핑 시설 중 두 종류 이상의 시설을 갖추고 있을 것

(5) 관광공연장업

① 설치 장소 : 관광지, 관광단지, 관광특구 또는 문화 지구 안에 있거나 「관광진흥법」에 따른 관광사업 시설 안에 있을 것

② 시설 기준

　(가) 실내 관광공연장 : 100 m² 이상의 무대, 연습, 대기, 분장할 수 있는 공간, 방음 시설 등을 갖추고 있을 것

　(나) 실외 관광공연장 : 70 m² 이상의 무대, 남녀용 구분된 수세식 화장실 등의 시설을 갖추고 있을 것

(6) 외국인관광도시민박업

도시 지역의 주민이 거주하고 있는 주택을 이용하여 외국인 관광객에게 한국의 가정 문화를 체험할 수 있도록 숙식 등을 제공하는 업으로 건물의 연면적이 230 m² 미만이어야 하고 외국어 안내 서비스가 가능한 체제를 갖추고 있어야 한다.

2. 주제 공원

주제 공원의 이해

(1) 주제 공원(테마파크)의 개념

① 특정한 주제를 중심으로 공원 전체 환경을 만들면서 공연, 이벤트 등 다양한 서비스를 갖춘 가족 위주의 창조적인 문화적 유희의 오락 공원을 말한다.

② 특정한 주제에 따라 비일상적인 공간을 창조하여 시설과 운영이 그 주제에 따라 통일적이고 독립적으로 이루어진다.

(2) 주제 공원의 특징

① 일반적 특징

㈎ 전체를 통합하는 주제

㈏ 내용의 폭이 넓고 생각의 깊이가 있음

㈐ 차별화된 개성

㈑ 다양한 체험 방식

㈒ 이미지와 동기 및 선택성 부여

㈓ 경유 관광형

㈔ 유희 장치, 이벤트, 상품도매업, 음식업 등의 복합적인 요소 구비

② 구조적 특징

㈎ 테마성 : 독창적이고 창의적인 테마 설정

㈏ 종합성 : 놀이, 휴식, 전시, 음악, 교육 및 관리 등이 모두 모여있음

㈐ 통일성 : 모든 것들이 통일되어야 주제 실현이 가능함

㈑ 배타성 : 가상, 허구를 경험하는 공간

㈒ 비일상성 : 인위적인 연출로 인한 비일상적 체험

(3) 주제 공원의 개발

① 입지의 제약

② 지역 경제에 미치는 영향 고려

③ 자본 집약적 산업

④ 인력 집단의 전문화, 고비용

⑤ 이용 고객 증가 필요 : 고객의 체류 시간 증대, 기다리는 시간 최소화

(4) 주제 공원의 분류

① 놀이 테마파크 : 건강과 스포츠, 운동

② 민속 테마파크 : 옛 상황을 그대로 재현(민속촌)

③ 예술 테마파크 : 음악, 미술, 영화 등

④ 생물 테마파크 : 곤충, 동물, 조류, 어류 등

⑤ 과학 테마파크 : 우주개발, 우주탐사 등

⑥ 창조 테마파크 : 동화·만화에 등장하는 주인공들을 주제로 하고 일부는 재현

⑦ 자연 테마파크 : 자연의 풍경(북한의 금강산, 미국의 나이아가라 폭포 등)

⑧ 여러 가지를 주제로 한 테마파크(롯데월드, 에버랜드, 미국의 디즈니랜드 등)

2-2 국내 주제 공원

(1) 주제 공원의 개요

① 1989년 롯데월드는 당시 세계 최대의 실내 주제 공원으로서, 국내 주제 공원 개발의 피크를 이루었다.

② 1996년 용인자연농원이 에버랜드로 이름을 바꾸었고 워터파크인 캐리비안베이를 선보여 다양한 개발의 가능성을 보여주었다.

③ 2000년대에는 복합 레저 시설이 발전하였다.

(2) 국내 주제 공원의 전망

① 문화, 교육, 교류의 장

② 주제 다양화

③ 대형화 지속적으로 추진

④ 미래의 테마파크 보급(인간과 컴퓨터)

(3) 국내 주제 공원의 문제점

① 기다리는 시간이 길다.

② 사용 시설물에 접근하기가 어렵다(전시 시설이나 탑승 시설, 놀이 시설 등이 넓은 장소에 배치).

③ 입장료나 탑승비 등이 비싼 편이다.

④ 차별성이 거의 없다.

⑤ 수입의 대부분이 입장료로 인한 것이다.

⑥ 재방문율이 높지 않다.

(4) 국내 테마파크 사업 여건

① 테마파크 사업은 대규모 건설로 대규모 자금과 장기간의 조성 기간이 필요하다.

② 대기업의 적극적인 참여가 요구되고 해당 자치단체와의 긴밀한 협력과 공조가 필요하다.

(5) 국내 주제 공원의 발전 방안

① 고객의 효용과 만족 극대화

② 가격 저렴화와 단일 요금제

③ 한국인의 정서에 맞는 테마 공원 조성

④ 다양한 상품과 마케팅 활성화(쇼핑)

⑤ 체류하는 시간 연장을 통한 부가가치 창출

(6) 국내 주제 공원의 종류

① 에버랜드 : 1976년 가족 공원인 자연농원을 개장하였다.

② 롯데월드 : 1989년 서울에서 가장 접근성이 좋은 실내 테마파크를 개장하였다.

③ 부천 아인스월드 : 2003년 개장, 세계 유명 건축물을 축소 · 재현하였다.

2-3 해외 주제 공원

(1) 월트디즈니사

① 1938년 영화사로 출범하였고 1955년 최초의 주제 공원인 디즈니랜드를 로스앤젤레스에 개장하였다. 이를 모델로 1971년 플로리다주 올랜도 디즈니월드를 개관하였다.

② 특징 : 세계 최초로 테마파크 개장, 캐릭터 산업과 영화 산업 등의 복합 사업체이다.

③ 성공 요인

㈎ 명확한 기본 개념 설정

㈏ 동선을 중시하는 전략

㈐ 새로운 시설 개발로 재방문 유도

㈑ 재무 관리 전략 구사

㈒ 안전, 교육, 환경, 접근성 중시

㈓ 교통의 편리성 도모

(2) 도쿄 디즈니랜드

① 특징 : 미국의 디즈니랜드를 재현하여 1983년 개장하였고 엄청난 흑자를 기록했다.

② 성공 요인

㈎ 고객의 재방문 확보

      (ㄴ) 최상의 입지

      (ㄷ) 기획, 건설, 운영 면에서 고도의 노하우

      (ㄹ) 종사원들의 교육과 서비스 정신 제고

      (ㅁ) 차별화된 매력 창출

      (ㅂ) 주변 관광단지화

(3) 파리 디즈니랜드

  ① 1992년 프랑스 파리에 개장하였다.

  ② 개장 초 경제 사정과 미국 저급 향락 문화에 대한 거부감으로 실패하였다.

  ③ 실패 요인

      (ㄱ) 프랑스인의 문화적 자존심

      (ㄴ) 과잉 투자로 인한 재정난

      (ㄷ) 기후 조건

      (ㄹ) 유럽의 다른 주제 공원의 치열한 견제

(4) 그 밖의 주제 공원

  ① 매직 킹덤(Magic Kingdom) : 디즈니랜드와 비슷한 주제 공원으로 6개의 테마 랜드로 구성되어있고, 미국 플로리다주 올랜도의 월트 디즈니 월드 리조트에 있는 4개의 테마파크 중 하나이다.

  ② 타이푼 라군 : 미국 올랜도에 있는 디즈니식 물놀이 테마파크

  ③ 씨월드 : 미국 캘리포니아 샌디에고에 있는 세계 최대의 해양 테마파크

  ④ 나가사키 하우스텐보스 : (네덜란드어로 숲속의 집이라는 의미) 역사적 배경을 지닌 테마파크로 처음에는 네덜란드의 거리 풍경을 재현하면서 시작되었는데 현재는 유럽 여러 나라들도 재현하고 있다.

  ⑤ 유니버설 스튜디오 : 미국 유명 영화를 주제로 구성한 테마파크로서, 미국 디즈니랜드에 이어 세계 2대 테마파크로 인정받는다. 미국에는 로스앤젤레스와 올랜도 두 지역에 있고 일본 오사카에도 진출해있다. 최근에는 한국도 수자원공사가 우선 협상자로 선정된 송산에 적극 추진 중이다.

  ⑥ 유니버설 스튜디오 재팬 : 오사카에 있는 무비 테마파크로, 영화 배급사인 유니버설 스튜디오가 판권을 가진 작품들을 배경으로 여러 가지 명소 · 인기물 등을 만들어서 놀이공원화한 것이다.

1 주제 공원(테마파크)의 일반적인 특징으로 볼 수 없는 것은?

① 전체를 통합하는 주제   ② 차별화된 개성

③ 다양한 체험   ④ 체류 관광형

 해설　주제 공원은 경유 관광형이다.

2 주제 공원(테마파크)의 구조적 특징으로 볼 수 없는 것은?

① 종합성   ② 통일성   ③ 배타성   ④ 일상성

 해설　주제 공원은 구조적으로 비일상성을 특징으로 한다.

3 주제 공원의 개발에 대한 설명으로 옳지 않은 것은?

① 노동 집약적 산업이다.   ② 지역 경제에 미치는 영향이 크다.

③ 인력 집단의 전문화가 필요하다.   ④ 입지가 제약된다.

 해설　주제 공원은 자본 집약적 산업으로 대기업의 참여가 일반적이다.

4 해외 주제 공원 중 월트디즈니사의 성공 요인으로 옳지 않은 것은?

① 명확한 기본 개념 설정   ② 동선을 무시하는 전략

③ 재무 관리 전략 구사   ④ 교통의 편리성 도모

 해설　월트디즈니사는 동선을 중시하는 전략으로 성공했다.

5 주제 공원들에 대한 설명으로 옳지 않은 것은?

① 부천 아인스월드 – 2003년 개장. 세계 유명 그림들의 축소·재현

② 타이푼 라군 – 디즈니식 물놀이 공원

③ 씨월드 – 최대의 바다공원

④ 유니버설 스튜디오 재팬 – 오사카에 있는 무비 테마파크

 해설　부천 아인스월드는 세계 유명 건축물들을 축소·재현해놓았다.

정답　1 ④　2 ④　3 ①　4 ②　5 ①

3. 외식 사업

3-1 외식 사업의 개념

(1) 외식 사업의 정의

　음식을 만들어 제공하는 사업으로 식사 제공, 인적 서비스 제공, 분위기 연출, 식사와 관련된 편의 제공 등을 상품으로 하는 사업을 말하고, 세밀하고 정확한 계획과 시장 조사가 선행되어야 한다.

(2) 음식점과의 구분 요소

　영세성 탈피, 대규모 조직화, 시설 현대화, 조리 집중화, 서비스 균일화 등이 있다.

(3) 3S주의(Speed, Service, Standard)를 통해서 효율과 매뉴얼을 중시한다.

3-2 외식 사업의 특성

① 노동 집약적 사업 : 인적 서비스 중심의 사업
② 입지 의존적 사업 : 점포 위치가 매출액에 영향을 줌
③ 체인 사업화 : 전국 단위로 체인화하는 영업 · 판매 시스템 구축이 용이하고 보편화
④ 소비자로부터 영향을 받는 사업 : 소비자 의식 구조, 식생활 패턴 변화, 가처분소득 증대, 소비자 생활 방식과 기호, 소비자의 가족 구성 등
⑤ 다품종 소량의 주문 판매 사업 : 여러 종류의 음식을 주문에 따라 즉시 생산 · 판매
⑥ 고객의 직접 방문 소비가 원칙인 사업 : 고객이 직접 방문하여 소비하는 것이 원칙
⑦ 시 · 공간의 제약이 있는 사업 : 식사 시간대에 매장 공간에서 대부분의 매출이 발생
⑧ 수요 예측이 어려운 사업 : 계절적 제약이 많고, 일기 변화에 민감하며 각종 행사나 정치 및 사회 환경 변화에 따라 수요의 변화가 크다. 즉, 수요가 외부적 요인에 탄력적이다.
⑨ 상품의 부패와 위생 문제가 중요한 사업 : 외부 온도와 상품의 성격에 따라 부패가 유동적이어서 지속적인 관리가 필요하고 음식물 쓰레기 등에 대한 처리가 중요
⑩ 운영 자금의 빠른 회전이 특징인 사업 : 매출이 지속적으로 이루어져서 자금 회전율이 높은 산업
⑪ 낮은 진입 장벽과 과당경쟁으로 인한 수익성이 악화될 가능성이 있는 사업

(1) 국내 외식 사업의 발전 과정

1988년 서울올림픽 이후 국민소득의 증가, 핵가족화, 소비 의식의 변화, 근로시간의 단축, 여성의 사회 참여 증가, 여가 산업의 성장, 해외여행 자유화 등으로 인해 국내 외식업계는 괄목할만한 성장을 이루었고, 1990년대에는 편의점의 등장과 더불어 패밀리 레스토랑이 본격적으로 진출하였다. 2000년대에는 웰빙 문화로 인한 패스트푸드 산업에 변화가 생기고 다양한 소비 패턴(채식, 씨푸드, 한식 뷔페 등)이 등장하였다.

(2) 국내 외식 사업의 발전 요인

① 경제적 요인 : 국민소득 증가, 노동시간 감소, 여가 증대, 국제화, 세계화, 지방화, 수입 자유화, 대기업의 외식 시장 참여, 패스트푸드의 성장, 시장 환경의 세분화, 다양화 등

② 사회적 요인 : 여성의 사회 진출 증가, 대량생산, 대중 소비사회, 생활관·가치관의 변화, 신세대 출현, 핵가족화, 건강식 욕구 증대 등

③ 기술적 요인 : 주방기기의 현대화·과학화, 식당용 컴퓨터 기기의 보급 확산, 해외 브랜드 도입, 포장 기술의 발전, IT 기술의 접목 등

④ 문화적 요인 : 고객의 요구 변화, 식생활 패턴의 변화, 사회 구성원의 가치관 변화, 외식 종사자의 직업의식 개선 등

(3) 외식 사업의 문제점

① 종업원의 낮은 정착률

② 원가 의식 결여

③ 과다한 로열티

④ 메뉴와 품질 수준 문제

⑤ 경영자의 인식과 지식 부족

⑥ 외식 시장의 미성숙

⑦ 프랜차이즈 본부의 능력 부족

⑧ 법적·행정적 문제 : 다양한 종류의 식당 출현에 대처하는 법적 장치가 미흡하고 시대의 변화에 맞는 법률 조항과 세분화된 규제와 통제가 미비하다.

4. 관광쇼핑업

(1) 관광 쇼핑의 중요성

관광 쇼핑은 관광객의 욕구 충족, 만족스러운 관광 활동 보장, 외화 획득을 통해서 국제수지 개선, 경제성장, 수출과 고용 증대 등 국가 경제에 막대한 기여를 한다.

(2) 관광 쇼핑 상품의 기본적 성격

① 자국산 원료 또는 그 지방 특유의 원료로 제조하거나 가공함
② 관광 활동의 증거물 또는 선물로 기능함
③ 생산지의 고유성과 지역성이 반영됨
④ 범위가 넓음

(3) 관광쇼핑업의 정의

① 협의의 관광쇼핑업 : 관광 활동이 일어나는 관광지를 중심으로 공간적 범위를 한정하여 판매하는 1차적 관광사업
② 광의의 관광쇼핑업 : 관광지 이외의 장소까지 포함해 해당 지역민이나 국민들의 일상생활권에 위치한 각종 판매업

> **참고** **한국관광협회가 지정한 관광기념품판매업** : 관광기념품점, 면세판매점, 사후면세점, 기타 관광판매업체 등이 있다.

(4) 관광 쇼핑 상품의 기본 요건

실용성과 소비성, 저렴한 가격, 운송이 용이한 포장, 미적 디자인, 고유성, 관광객의 기호 충족, 예술적 가치, 견고하고 작으며 간편한 휴대 등이 요구된다.

(5) 관광쇼핑업의 특성

① 계절성이 큼(계절에 따른 변화가 극심하다)
② 관광 활동의 하위 서비스로 인식됨
③ 공급 측면의 각 단계에서 과잉 경쟁
④ 과다한 영세업자
⑤ 노동 집약적 산업으로 경영의 과학화, 업무의 효율화가 미진
⑥ 소득 탄력적인 산업으로 외화 가득률과 경제적 부가가치성이 높고 지역 특산물이 주 대상이므로 유휴 노동력을 활용하는 산업

⑦ 판매업체의 전문 업종화

⑧ 상품의 생산과 유통, 판매 등의 과정이 전국적으로 확산

4-2 관광쇼핑업의 현황과 문제점

(1) 관광쇼핑업의 현황

관광 쇼핑 수입은 전체 관광 수입의 28~38%에 이르고 있다.

(2) 관광쇼핑업의 문제점

① 생산업체 측면 : 전근대적이고 낙후된 생산 방식, 영세한 기업 구조 및 생산 시설, 정부의 일관된 정책 부재, 가치관 변화에 따른 수요 감소, 대량생산으로 경쟁력 상실

② 판매업체 측면 : 영세성, 복잡한 유통 과정과 불합리한 가격 체계

4-3 관광쇼핑업의 발전 방향

① 한국적 상징의 관광 쇼핑 상품 개발(인삼 관련 상품, 도자기, 나전칠기 등)

② 관광 쇼핑 상품에 대한 적극적인 광고와 선전(수출 상담 · 알선, 대외적 광고 · 홍보, 우수 상품 상설 전시장 운영)

③ 관광 쇼핑 상품 유통 구조의 현대화

④ 한국 쇼핑 관광의 이미지 제고

⑤ 한류(K-POP, 한국 드라마 등)와 연계된 관광 쇼핑 상품 개발

1 외식 사업에서 효율과 매뉴얼을 중시하는 3S주의에 해당하지 않는 것은?

① Speed   ② Service   ③ Standard   ④ Specialty

2 외식 사업의 특징으로 볼 수 없는 것은?

① 노동 집약적 사업이다.   ② 생산자로부터 영향을 받는 사업이다.

③ 다품종 소량의 주문 판매 사업이다.   ④ 운영 자금의 빠른 회전이 특징이다.

 해설   외식 사업은 일반적으로 소비자로부터 영향을 많이 받는 사업이다.

3 국내 외식 사업의 발전 요인 중 사회적 요인으로 볼 수 없는 것은?

① 여성의 사회 진출 증가   ② 대중 소비사회

③ 국민소득 증가   ④ 핵가족화

 해설   국민소득 증가는 경제적 요인에 속한다.

4 외식 사업의 문제점으로 볼 수 없는 것은?

① 종업원의 낮은 정착률   ② 원가 의식의 명확화

③ 과다한 로열티   ④ 경영자의 인식과 지식 부족

 해설   외식 사업은 일반적으로 원가 의식이 결여되어있다.

5 관광 쇼핑 상품의 기본적인 성격으로 볼 수 없는 것은?

① 자국산 원료, 특히 그 지방 특유의 원료로 제조 · 가공

② 관광 활동의 증거물 또는 선물로 가능

③ 생산지의 고유성과 지역성이 반영

④ 범위가 협소

 해설   관광 쇼핑 상품의 범위는 넓다.

정답   1 ④   2 ②   3 ③   4 ②   5 ④

6 한국관광협회가 지정한 관광기념품판매업이 아닌 것은?

① 대형할인매장   ② 관광기념품점

③ 사후면세점   ④ 면세판매점

7 관광 쇼핑 상품의 기본적인 요건으로 볼 수 없는 것은?

① 실용성과 소비성   ② 저렴한 가격

③ 운송이 용이한 포장   ④ 예술적 가치와는 무관

해설 관광 쇼핑 상품도 어느 정도의 예술적 가치가 있어야 한다.

정답 6 ①   7 ④

5. 오락, 스포츠시설업

5-1 카지노 사업

(1) 카지노업의 정의(관광진흥법)

전문 영업장을 갖추고 주사위, 트럼프, 슬롯머신 등 특정한 기구 등을 이용하여 우연의 결과에 따라 특정인에게 재산상의 이익을 주고 다른 참가자들에게 손실을 주는 행위 등을 하는 업을 말한다.

(2) 카지노업의 특성

① 긍정적 효과 : 외화 획득, 세수 증대, 고용 창출, 호텔 수입 증대, 상품 개발이 용이하고 전천후 영업 가능, 연중 고객 유치 등
② 부정적 효과 : 범죄, 부패, 혼잡, 투기와 사행심 조장, 지하 경제 위험, 경제 파탄 위험 등

(3) 카지노업의 허가 요건

문화체육관광부장관은 카지노업의 허가 신청을 받으면 다음의 어느 하나에 해당하는 경우에만 허가할 수 있다.

① 호텔업시설 또는 국제회의업의 부대시설에서 카지노업을 하려는 경우 다음의 요건에 맞는 경우
 ㈎ 전년도 외래 관광객 유치 실적이 문화체육관광부장관이 공고하는 기준에 맞을 것
 ㈏ 사업 계획서가 적정할 것(외래 관광객 유치 계획 및 장기 수지 전망 등을 포함)
 ㈐ 사업 계획 수행에 필요한 재정 능력이 있을 것
 ㈑ 현금 및 칩의 관리 등 영업 거래에 관한 내부 통제 방안이 수립되어있을 것
 ㈒ 카지노업의 건전한 육성을 위하여 문화체육관광부장관이 공고하는 기준에 맞을 것
② 여객선에서 카지노업을 하려는 경우로서 다음의 요건에 맞는 경우
 ㈎ 여객선이 2만 톤급 이상으로 문화체육관광부장관이 공고하는 총 톤수 이상일 것
 ㈏ 위 ①의 ㈎를 제외한 규정에 적합할 것

(4) 카지노업 시설 기준(관광진흥법 시행규칙)

① 330 m² 이상의 전용 영업장
② 1개 이상의 외국환 환전소
③ 카지노업의 영업 종류 중 네 종류 이상의 영업을 할 수 있는 게임 기구 시설
④ 문화체육관광부장관이 정하여 고시하는 기준에 적합한 카지노 전산 시설

(5) 카지노업 영업 종류(관광진흥법 시행규칙, 20가지)

① 다이사이 : 딜러가 쉬이커 내에 있는 주사위 3개를 흔들어 주사위가 나타내는 숫자의 합 또는 조합을 알아맞히는 참가자에게 소정의 당첨금을 지불하는 방식의 게임

② 블랙잭 : 딜러와 참가자가 함께 카드의 숫자를 겨루는 것. 2장 이상의 카드를 꺼내어 그 합계를 21점에 가깝도록 만들어 딜러의 점수와 승부를 겨루는 카드 게임

③ 바카라 : 트럼프 놀이의 하나로 석 장씩을 가지고 그 합계 숫자의 끝자리 수의 크고 작은 것으로 승부를 가리는 카드 게임으로 카드 합이 9에 가까운 쪽이 승리한다.

④ 룰렛 : 빨간색과 검은색이 번갈아 칠해져 있고 칸마다 숫자가 적혀있는 바퀴를 돌린 후, 작은 구슬을 바퀴와 반대 방향으로 돌려서 구슬이 어느 칸에 멈출 것인가에 돈을 거는 도박 게임

(6) 카지노 사업자(종사자 포함) 등의 준수 사항(관광진흥법)

① 법령에 위반되는 카지노 기구를 설치하거나 사용하는 행위

② 법령에 위반하여 카지노 기구 또는 시설을 변조하거나 변조된 카지노 기구 또는 시설을 사용하는 행위

③ 허가받은 전용 영업장 외에서 영업을 하는 행위

④ 내국인(해외 이주자 제외)을 입장하게 하는 행위

⑤ 지나친 사행심을 유발하는 등 선량한 풍속을 해할 우려가 있는 광고나 선전을 하는 행위

⑥ 카지노 영업 종류에 해당하지 아니하는 영업을 하거나 영업 방법 및 배당금 등에 관한 신고를 하지 아니하고 영업하는 행위

⑦ 총 매출액을 누락시켜 관광진흥개발기금 납부 금액을 감소시키는 행위

⑧ 19세 미만인 자를 입장시키는 행위

⑨ 정당한 이유 없이 그 연도 안에 60일 이상 휴업하는 행위

(7) 카지노업의 운영 조직

이사회, 영업부서, 카지노 총지배인, 안전 관리 부서, 출납 부서, 환전상, 전산 전문 요원 등

참고 ❶ 외국인 전용 카지노는 1967년 인천올림포스호텔 카지노 개관이 최초이다.

❷ 강원랜드는 「폐광지역개발지원에 관한 특별법」에 의거 1998년 6월 설립된 산업통상자원부 산하의 공공 기관(기타 공공 기관), 대한민국에서 유일하게 내국인이 출입 가능한 카지노를 운영하고 있고, 정선군에 있기 때문에 **정선카지노**라고도 불린다.

❸ 카지노업체 중 외국인 대상은 16곳, 내 · 외국인 대상은 1곳으로 총17곳이다.
(서울-3, 인천-1, 강원도-2, 대구-1, 부산-2, 제주도-8)

5-2 유원시설업

(1) 유원시설업의 정의(관광진흥법)

유기 시설이나 유기 기구를 갖추어 이를 관광객에게 이용하게 하는 업을 말한다.

(2) 유원시설업의 종류

① 종합유원시설업 : 대규모의 대지 또는 실내에서 안전성검사 대상 유기 시설 또는 유기 기구 여섯 종류 이상을 설치 · 운영하는 업

② 일반유원시설업 : 안전성검사 대상 유기 시설 또는 유기 기구 한 종류 이상을 설치 · 운영하는 업

③ 기타유원시설업 : 안전성검사 대상이 아닌 유기 시설 또는 유기 기구를 설치 · 운영하는 업

5-3 관광편의시설업

(1) 관광편의시설업의 정의(관광진흥법)

관광사업 외에 관광 진흥에 이바지할 수 있다고 인정되는 사업이나 시설 등을 운영하는 업을 말한다.

(2) 관광편의시설업의 종류(관광진흥법 시행령)

① 관광유흥음식점업 : 한국 전통 분위기의 시설을 갖추어 그 시설을 이용하는 자에게 음식을 제공하고 노래와 춤을 감상하게 하거나 춤을 추게 하는 업

② 관광극장유흥업 : 무도 시설을 갖추어 그 시설을 이용하는 자에게 음식을 제공하고 노래와 춤을 감상하게 하거나 춤을 추게 하는 업

③ 외국인전용 유흥음식점업 : 시설을 갖추어 그 시설을 이용하는 자에게 주류나 음식을 제공하고 노래와 춤을 감상하게 하거나 춤을 추게 하는 업

④ 관광식당업 : 음식 제공 시설을 갖추고 관광객에게 특정 국가의 음식을 전문적으로 제공하는 업

⑤ 관광순환버스업 : 버스를 이용하여 관광객에게 시내 및 그 주변 관광지를 정기적으로 순회하면서 관광할 수 있도록 하는 업

⑥ 관광사진업 : 외국인 관광객과 동행하면서 기념사진을 촬영하여 판매하는 업

⑦ 여객자동차터미널시설업 : 관광객이 이용하기 적합한 여객자동차터미널시설을 갖추고 이들에게 휴게 시설, 안내 시설 등 편익 시설을 제공하는 업

⑧ 관광펜션업 : 숙박 시설을 운영하고 있는 자가 자연 · 문화 체험 관광에 적합한 시설을 갖추어 이를 관광객에게 이용하게 하는 업

⑨ 관광궤도업 : 궤도사업의 허가를 받은 자가 주변 관람과 운송에 적합한 시설을 갖추어 관광객에게 이용하게 하는 업

⑩ 한옥체험업 : 한옥에 숙박 체험에 적합한 시설을 갖추어 관광객에게 이용하게 하는 업

⑪ 관광면세업 : 다음의 어느 하나에 해당하는 자가 판매 시설을 갖추고 관광객에게 면세 물품을 판매하는 업

  ⑦ 관세법에 따른 보세판매장의 특허를 받은 자

  ⑭ 외국인 관광객 등에 대한 부가가치세 및 개별소비세 특례 규정에 따라 면세판매장의 지정을 받은 자

(3) 관광편의시설업의 지정 기준(관광진흥법 시행규칙)

① 관광유흥음식점업

  ⑦ 건물의 연면적이 특별시의 경우에는 330 m² 이상, 그 밖의 지역은 200 m² 이상으로 한국적 분위기를 풍기는 아담하고 우아한 건물일 것

  ⑭ 실내는 한국적 분위기를 풍길 수 있도록 장식할 것

  ⑭ 영업장 내부는 방음장치를 갖출 것

② 관광극장유흥업

  ⑦ 건물 연면적은 1000 m² 이상, 홀 면적은 500 m² 이상으로 할 것

  ⑭ 특수 조명 장치 및 배경을 설치한 50 m² 이상의 무대가 있을 것

  ⑭ 방음장치를 갖출 것

③ 외국인전용 유흥음식점업

  ⑦ 홀 면적은 100 m² 이상으로 할 것

  ⑭ 홀에는 20 m² 이상의 무대를 설치하고 특수 조명 시설 및 방음장치를 갖출 것

④ 관광식당업(인적 요건)

  ⑦ 한국 전통 음식을 제공하는 경우 해당 조리사 자격증 소지자를 둘 것

  ⑭ 특정 외국의 전문 음식을 제공하는 경우 다음 요건 중 1개 이상의 요건을 갖춘 자를 둘 것 : 해당 외국에서 전문조리사 자격을 취득한 자, 해당 조리사 자격증 소지자로서 해당 분야에서의 조리 경력이 3년 이상인 자, 해당 외국에서 6개월 이상의 조리 교육을 이수한 자 등

⑤ 관광순환버스업 : 외국어 안내 서비스를 갖출 것

⑥ 관광사진업

⑦ 여객자동차터미널업 : 안내서 등을 비치, 관광안내판을 설치할 것

⑧ 관광펜션업

  ⑦ 3층 이하의 건축물일 것

㈏ 객실이 30실 이하일 것

㈐ 취사와 숙박에 필요한 설비를 갖출 것

㈑ 환대가 가능한 한 종류 이상의 이용 시설을 갖추고 있을 것(공동 설치 가능)

㈒ 외국어 안내 표기를 할 것

⑨ 관광궤도업

⑩ 한옥체험업 : 한 종류 이상의 전통문화 체험에 적합한 시설을 갖출 것

⑪ 관광면세업

6. 이벤트업

6-1 의 의

　이벤트(Event)는 주최자의 일정한 목적이 존재하고 사람들이 이벤트의 대상이 되는 일과성적인 행사로서 관광 목적지의 매력을 높여준다. 자연 관광자원이 부족한 나라에서 문화적 관광자원을 개발시켜 관광객을 끌어들이고 비수기의 타개책으로 활용하고 있다. 이벤트 관광은 환경에 미치는 영향도 적어 미래의 대안 관광으로 자리 잡아가고 있고, 세계 각국은 관광과 이벤트를 접목시켜 관광 진흥 전략으로 새로운 이벤트를 개발하거나 기존의 이벤트를 적절하게 관광 상품화하고 있다.

6-2 이벤트의 특징

① 현장성 : 생동감

② 체험성 : 직접 참여

③ 상호 교류성 : 신뢰 향상

④ 감동성 : 인간적 감성 자극

⑤ 개방성 : 개인, 지역, 국가, 사회 환경 등으로부터 직접적인 영향을 받고 시·공간을 공유하는 직접 체험 외에 매체를 통한 간접 체험도 가능

⑥ 통합성 : 일정한 기간에 일정한 장소에서 사람과 현장의 정보와 문화와 자연이 동시에 연출하는 무대의 장으로, 지역 주민, 주최자, 참가자 등에 의해 양 방향의 통합적 의사 교류가 이루어지고, 모든 영역을 넘어서 하나의 주제로 통합

(1) 경제적 효과

지역 경제 활성화, 직·간접적인 경제적 파급효과, 연관 산업 발전 촉진, 직접·간접 유발 고용 효과 창출, 세수 증대 및 기술 개발 촉진

(2) 사회적 효과

국민적 에너지 결집, 참여와 유대감 증대, 지역민들의 정체성(Identity) 확립, 역동적 사회생활 형성, 국제 교류 증진

(3) 문화적 효과

지역사회의 고유문화를 계승·발전시키는 계기가 되고 이벤트의 대중화를 통해 누구나 다양한 문화 프로그램을 향유할 수 있는 문화 민주화에 기여

(4) 관광적 효과

관광 매력도 향상 효과(새로운 관광 이미지 창출, 지역 정체성 강화), 관광자원 확충 효과(새로운 관광자원 개발, 관광시설 확충과 활성화, 관광의 지역적 확대), 양질의 관광 수요 확충 효과(양질의 관광객 유치, 방문객 소비, 체재일수 증가, 재방문 유도, 계절성 문제 극복)

(5) 부정적 효과

쾌적성 상실, 행정력 손실, 교통 혼잡, 도시과밀과 인구 증가, 사고 발생 증가

(1) 메가 이벤트(Mega Event)

규모가 아주 커서 개최지의 경제 전반에 걸쳐 영향을 미치고 전 세계의 매체를 통해 알려지는 것으로 세계인들의 이목을 집중시키는 이벤트로 세계적인 전시회나 박람회, 월드컵, 올림픽 등과 같이 국제 관광 시장에서 명백히 표적이 되는 이벤트를 말한다.

(2) 홀마크 이벤트(Hallmark Event)

지역이나 관광지의 매력과 인지도를 높이기 위해 반복적 또는 정례적으로 치러지는 이벤트로, 브라질 리우데자네이루의 삼바 축제, 독일 뮌헨에서 열리는 10월 축제(옥토버페스트), 스코틀랜드의 에든버러 축제 등이 이에 해당한다.

(3) 메이저 이벤트(Major Event)

규모로 볼 때 화제성이 높아서 대중과 매체의 관심을 유도함으로써 상당한 수의 방문객을

유도하고, 개최지의 경제적 이득을 이끌어낼 수 있는 이벤트로 월드컵, 올림픽 등이 이에 해당한다.

참고 **세계 3대 카니발** : 프랑스의 니스 카니발, 이탈리아의 베니스 카니발, 브라질의 리우 카니발 등이 일반적으로 인정된다.

최신기출 **2016. 4. 9 시행**

이벤트의 분류상 홀마크 이벤트(Hallmark Event)가 아닌 것은?

① 세계 육상선수권 대회   ② 브라질 리우 축제

③ 뮌헨 옥토버페스트   ④ 청도 소싸움 축제

 해설 세계 육상선수권 대회는 규모가 아주 커서 개최지의 경제 전반에 걸쳐 영향을 미치고 전 세계의 매체를 통해 알려지며 세계인들의 이목을 집중시키는 이벤트로, 메가 스포츠 이벤트(Mega Sports Event)에 속한다.

정답 ①번

참고 **한국에서 개최되었거나 개최 예정인 메가 스포츠 이벤트와 마스코트**
❶ 1988 서울 올림픽－호돌이
❷ 2002 한일 월드컵－3가지 유형의 마스코트 : 아토(ATO) 코치(노란색), 니크(NIK) 선수(파란색), 케즈(KAZ) 선수(보라색)
❸ 2011 대구 세계육상선수권대회－살비(SARBI)
❹ 2018 평창 동계올림픽－수호랑(Soohorang)

1　**강원랜드에 대한 설명으로 옳지 않은 것은?**

① 「폐광지역 개발지원에 관한 특별법」에 의거하여 1998년 6월 설립되었다.

② 문화체육관광부 산하의 공공 기관이다.

③ 대한민국에서 유일하게 내국인이 출입 가능한 카지노다.

④ 정선군에 있기 때문에 정선카지노라고도 불린다.

 해설　강원랜드는 산업통상자원부 산하의 공공 기관이다.

2　**다음에서 설명하고 있는 게임의 명칭은?**

> 트럼프 놀이의 하나로 석 장씩을 가지고 그 합계 숫자의 끝자리 수의 크고 작은 것으로 승부를 가리는 카드 게임

① 다이사이　　　② 블랙잭　　　③ 바카라　　　④ 룰렛

3　**이벤트의 특징으로 볼 수 없는 것은?**

① 현장성을 통해서 생동감을 불어넣어준다.

② 상호 교류성을 통해서 신뢰 관계를 향상시킨다.

③ 감동성이 있어서 인간적인 감성을 자극한다.

④ 특수성이 있어서 모든 영역들이 각자 하나의 주제를 구성한다.

 해설　이벤트는 모든 영역을 넘어서 하나의 주제로 통합된다.

4　**이벤트의 경제적 효과로 볼 수 없는 것은?**

① 지역 경제 활성화　　　　　　② 국민의 에너지 결집

③ 직접 · 간접 유발 고용 효과 창출　　④ 세수 증대

 해설　국민의 에너지 결집은 이벤트의 사회적 효과에 해당한다.

정답　1 ②　2 ③　3 ④　4 ②

6장 국제회의업

1. 국제회의(Convention)

국제회의의 개념

(1) 정의

고도의 정보를 직접 교환하고 국경을 초월하여 사람과 사람 간의 만남의 기회가 제공되는 사람, 지식, 정보, 상품의 교류장으로서 각종 이벤트나 전시회 등을 개최하는 행위를 말한다.

(2) 국제회의의 조건

① 국제협회연합(UIA) : 국제기구가 주최 또는 후원하는 회의이거나 국제기구에 가입한 국내 단체가 주최하는 국제적인 규모의 회의로서, 참가국 5개국 이상, 회의 참가자 수 300명 이상(외국인 40%), 회의 기간은 3일 이상의 조건을 갖춘 회의

② 우리나라의 국제회의 종류 및 규모(국제회의산업육성에 관한 법률 시행령)

㈎ 국제기구 또는 국제기구에 가입한 기관 또는 법인 또는 단체가 개최하는 회의로서 5개국 이상의 외국인이 참가할 것. 참가자가 300명 이상이고 그중 외국인이 100명 이상, 3일 이상 진행될 것 등의 요건을 모두 갖춘 회의

㈏ 국제기구에 가입하지 아니한 기관 또는 법인 또는 단체가 개최하는 회의로서 회의 참가자 중 외국인이 150명 이상일 것. 2일 이상 진행되는 회의일 것 등의 요건을 모두 갖춘 회의

> 참고 **국제회의 기준의 조건** : 참가국 및 참가자 수, 외국인 참가자 비율, 회의 주체와 회의 기간

(3) 국제회의의 성격

복합성, 경제성과 공익성, 전문성, 시설 서비스성, 파급성 등

(1) 법률적 분류

국제회의란 상당수의 외국인이 참가하는 회의(세미나, 토론회, 전시회 등을 포함)로서 대통령령으로 정하는 종류와 규모에 해당하는 것을 말한다.

(2) 형태별 분류

① 컨벤션(Convention) : 정보 전달을 목적으로 하며, 가장 일반적인 회의

② 미팅(Meeting) : 각종 모임을 총괄적으로 지칭

③ 세미나(Seminar) : 교육 목적을 띤 회의로 단일 주제를 가지고 대면 토의로 진행

④ 워크숍(Workshop) : 전문적인 기술 또는 아이디어를 시험적으로 실시, 검토, 교환하는 교육과 훈련 목적의 소규모 회의

⑤ 컨퍼런스(Conference) : 컨벤션보다 토의 또는 토론회가 많이 열림

⑥ 콩그레스(Congress) : 국제 규모의 회의

⑦ 포럼(Forum) : 청중 앞에서 한 가지 주제에 대해 상반된 견해를 가진 동일 분야의 전문가들이 벌이는 공개 토론 회의. 청중이 자유롭게 참여하고 의견이 사회자에 의해서 종합됨

⑧ 심포지엄(Symposium) : 제시된 안건에 대해 전문가들이 청중 앞에서 벌이는 공개 토론. 포럼에 비해 좀 더 형식적이며 질의 기회가 제한적임

⑨ 패널 토의(Panel Discussion) : 청중이 모인 자리에서 벌이는 제한된 의제에 대한 사회자와 몇 사람의 연사의 공개 토론. 서로 다른 분야의 전문가들이 견해를 발표하고 청중도 자신의 의견을 발표할 수 있음

⑩ 원격 회의(Teleconference) : 통신 회선을 이용하여 회의 참가자가 각기 다른 장소에서 화면을 통해 상대방을 보면서 동시에 회의를 진행

⑪ 클리닉(Clinic) : 소그룹의 전문인이나 특별 분야에 관심을 가진 이들을 위해 특수한 기술을 훈련하고 교육하는 모임

최신기출 **2016. 4. 9 시행**

국제회의의 형태별 분류 중 다음 설명에 해당하는 것은?

> 문제 해결 능력의 일환으로서 참여를 강조하고 소집단(30~35명) 정도의 인원이 특정 문제나 과제에 관한 새로운 지식, 기술, 아이디어 등을 교환하는 회의로서 강력한 교육적 프로그램

① 세미나(Seminar)   ② 컨퍼런스(Conference)

③ 포럼(Forum)   ④ 워크숍(Workshop)   정답 ④번

(1) 컨벤션센터의 시설 구성

① 주 시설 : 회의, 전시, 이벤트의 장

② 지원 시설 : 주 시설의 관리 유지, 식음료 서비스, 공공 서비스 시설 등(반송 센터, 주차 시설 등)

③ 관련 시설 : 숙박 · 쇼핑 · 위락 · 업무 시설 등

(2) 우리나라의 대표적인 컨벤션 시설

① **서울 COEX** : 아시아 최고의 전시, 문화, 관광의 명소로 1979년 3월 개관한 한국 최대의 종합 전시관

② **대구**전시컨벤션센터(EXCO) : 2000년 12월 완공, 2001년 4월 개관

③ 김대중컨벤션센터 : **광주**, 2005년 9월 6일 개관

④ **고양**컨벤션센터(KINTEX) : 정부와 지방자치단체가 공동 출자한 한국국제전시장(주)이 2003년 착공하여 2005년 4월 29일 개관

⑤ **부산**전시컨벤션센터(BEXCO) : 2001년 9월 개관

⑥ **제주**국제컨벤션센터(ICC Jeju) : 복합 공간으로 2003년 3월 22일 개관

⑦ **창원**컨벤션센터(CECO) : 2005년 9월 개관

⑧ **대전무역전시관**(KOTREX) : 대전 유성구, 1995년 5월 개관

⑨ **대전**컨벤션센터(DCC) : 대전 유성구, 2008년 4월 개관

⑩ SETEC : **서울** 학여울, 1999년 설립

⑪ aT center : **서울** 양재동, 2002년 9월 완공

⑫ **송도**컨벤시아 : **인천** 연수구, 2008년 10월 개관

2. 국제회의업

국제회의업의 정의 및 종류

(1) 정의

대규모 관광 수요를 유발하는 국제회의(세미나, 토론회, 전시회 등을 포함)를 개최할 수 있는 시설을 설치, 운영하거나 국제회의의 계획, 준비, 진행 등의 업무를 위탁받아 대행하는 업을 말한다.

(2) 종류

① 국제회의 시설업 : 국제회의를 개최할 수 있는 시설을 설치, 운영하는 업

② 국제회의 기획업 : 국제회의의 계획, 준비, 진행 등의 업무를 대행하는 업

③ 국제회의 전담 기관 : 국제회의의 유치와 운영에 관한 정보를 제공, 자문, 홍보 또는 지원을 전담하기 위해 설치한 조직

※ 국제회의업의 특징 : 전문성, 효율성, 경제성

국제회의업의 등록 기준

(1) 국제회의업을 경영하고자 하는 자는 특별자치도지사, 시장, 군수, 구청장에게 등록하여야 한다.

(2) 국제회의시설업(관광진흥법 시행령)

① 회의 시설 및 전시 시설의 요건을 갖추고 있을 것

② 부대시설로 주차 시설과 쇼핑, 휴식 시설을 갖추고 있을 것

(3) 국제회의기획업(관광진흥법 시행령)

① 자본금 : 5천만 원 이상일 것

② 사무실 : 소유권 또는 사용권이 있을 것

국제회의시설의 종류, 규모(국제회의산업육성에 관한 법률 시행령)

(1) 전문회의시설

① 2,000명 이상을 수용할 수 있는 대회의실

② 30명 이상의 인원을 수용할 수 있는 중 · 소회의실이 10실 이상

③ 옥내와 옥외 전시 면적을 합쳐서 2000 m^2 이상 확보

(2) 준회의시설

① 200명 이상의 인원을 수용할 수 있는 대회의실

② 30명 이상의 인원을 수용할 수 있는 중·소회의실 3실 이상

(3) 전시 시설

① 옥내와 옥외의 전시 면적을 합쳐서 2,000㎡ 이상 확보

② 30명 이상의 인원을 수용할 수 있는 중·소회의실 5실 이상

(4) 부대시설

전문회의시설 및 전시 시설에 부속된 숙박 시설, 주차 시설, 음식점 시설, 휴식 시설, 판매 시설 등

2-4 국제회의업의 주요 업무 내용

기획, 회의 준비, 등록, 숙박, 교통, 의전, 홍보, 출판, 사교 행사, 재정

2-5 국제회의업의 파급효과

(1) 경제적 측면

① 긍정적 효과 : 국제수지 개선, 고용 증대(직·간접 고용, 유발 고용), 지역 경제 활성화, 최신 정보, 기술 입수, 세수 증대, 외화 획득 등

② 부정적 효과 : 물가 상승과 부동산 투기, 유흥 및 향락업소 성행, 참가 비용 낭비 가능성 등

(2) 사회·문화적 측면

① 긍정적 효과 : 국제 친선 도모, 시민 의식 향상, 사회 기반 시설 확충과 정비, 지역 문화의 발전, 지방의 국제화, 도시환경의 개선 등

② 부정적 효과 : 지역의 고유성 훼손, 교통 혼잡 및 공해 유발, 사치·소비 풍조 조장, 지역 문화 자원의 상업화, 행사 기간 중 국민 생활의 불편, 전통적 가치관 상실, 치안 유지 강화 로 경찰 업무 부담 증가 등

(3) 정치적 측면

① 긍정적 효과 : 개최국의 대외 이미지 부각, 민간 외교 기여, 국가 홍보 효과, 국제적 영향 력 증대 등

② 부정적 효과 : 개최국의 정치적 이용, 과다한 경제적 부담과 희생 등

(4) 관광적 측면

① 긍정적 효과 : 대량·양질의 외래 관광객 유치, 지역 이미지 제고, 비수기 타개책, 관광 진흥, 관광 관련 산업의 발전, 국제회의 전문가 양성 등

② 부정적 효과 : 관광 지역 주민의 소외 및 불이익, 관광지의 상업화, 인구 밀집 현상, 관광지 주변의 교통 혼잡, 소음과 공해 발생 등

> **참고** **국제회의 관련 용어**
>
> ❶ CVB(Convention & Visitors Bureau, 컨벤션뷰로, 컨벤션 전담 기구) : 해당 도시나 지역을 대표해서 사업상의 혹은 기타 즐거움 추구의 목적을 가진 방문객을 유치하고, 고객 서비스를 제공하는 조직으로 인센티브 여행, 국제회의, 전시, 이벤트 등의 유치 및 개최 지원, 홍보, 마케팅 등을 효과적으로 수행하는 조직이며, 잠재 방문객과 한 도시 내에 관련 업계 간의 중재 역할을 하기도 한다.
>
> ❷ PCO(Professional Congress Organizer or Professional Convention Organizer, 국제회의 용역업) : 전시회 및 국제회의 등의 개최 관련 업무를 행사 주최 측으로부터 위임받아 부분적 또는 전체적으로 대행하여주는 조직체로서, 보다 효율적인 컨벤션 준비와 운영을 위한 전문 회의 기획자로 국제회의에 대한 각종 전문 용역을 대행해줌으로써 회의 개최에 따른 인력과 예산의 효율적 관리, 시간과 자금의 절약, 세련된 회의 진행을 가능하게 해준다. 우리나라에서도 1987년부터 국제회의용역업(PCO)을 관광사업에 포함해 육성하고 있다.
>
> ❸ ICCA(International Congress & Convention Association) : 컨벤션과 관련 분야 산업의 성장을 목적으로 1963년 일단의 여행사들이 유럽에서 설립한 컨벤션 국제기구이다. 다양한 국제회의 유치 및 편의 제공, 국제회의에 관한 전문적인 서비스 제공 등을 목적으로 한다.

> **최신기출** **2016. 4. 9 시행**
>
> **다음에서 설명하는 용어는?**
>
> 국제회의 개최와 관련한 다양한 업무를 주최 측으로부터 위임받아 부분적 또는 전체적으로 대행해주는 영리업체
>
> ① CVB   ② NTO   ③ TIC   ④ PCO   정답 ④번

2-6 국제회의업의 발전 방안

(1) 국제회의업의 발전 배경

교통기관의 비약적 발전, 관광 및 호텔 사업의 발전, 과학기술의 발전, 컨벤션센터 건립 등

(2) 국제회의업의 기본 방향

① 대국민 인식 제고 및 지방정부와 협력 체제 강화

② 컨벤션 시설 및 기반 시설 확충 유도

③ 국제회의 전문 인력 양성

④ 지방 국제회의 사업 활성화 도모

(3) 국제회의 사업의 발전 방안

① 국제회의 도시 조성

② 국제 컨벤션센터의 건립

③ 전담 기관 설립

④ 전문 인력 양성

⑤ 국제회의 사업 운영 주체에 대한 다양한 지원

2-7 해외 컨벤션 현황

(1) 주요 현황

① 컨벤션 산업은 개최하는 나라나 도시에 큰 경제적 이익을 주는 21세기 고부가가치 산업이다.

② 저비용으로 많은 외화소득 획득이 가능하고 정치·외교적으로도 국가의 위상을 높일 수 있다.

(2) 미국

9·11 테러 이후 전시 컨벤션의 내용 및 규모가 축소되었다.

(3) 일본

적극적으로 컨벤션 유치 활동, 2014년 기준 국제회의 개최 순위 세계 5위를 기록하였다.

(4) 독일

지역별로 특화된 전시 박람회의 강국으로 많은 전시회와 박람회를 유치하여 지역 경제 활성화와 고용을 창출하고 있으며, 세계 최대 규모의 하노버 전시장(466,100제곱미터)을 보유하고 있으며 전문성을 중시한다.

(5) 싱가포르

복합형 컨벤션센터를 건립해 1996년 UIA(국제건축사연맹)로부터 아시아 최우수 국제도시로 선정되었다. 세계국제회의 개최 순위에서 2014년 기준 3위, 항공의 접근성과 시설 등의 부문에서 좋은 평가(2013년도 기준으로는 1위)를 받고 있다.

❶ 2014년도 세계 국제회의 개최 순위에서 한국이 미국, 벨기에, 싱가포르에 이어 4위를, 일본이 5위를 차지했다. 도시의 경우에는 싱가포르 > 브뤼셀(벨기에) > 빈 > 파리 > 서울 > 도쿄 순이다(2015년에는 서울이 3위를 차지했다).

❷ 유엔세계관광기구(UNWTO)가 발표한 2014년 세계 관광 분석에 따르면, 외국인 관광객 유치 실적은 프랑스 > 미국 > 스페인 > 중국 > 이탈리아 > 터키 > 독일 등의 순이고 한국은 세계 20위를 기록하였으며, 관광 수입은 미국 > 스페인 > 중국 > 프랑스 > 마카오 > 이탈리아 > 영국 순이고 한국은 세계 18위를 기록하였다.

❸ 우리나라가 산업 전시회와 관련하여 처음으로 세계 박람회에 참가한 것은 1889년 프랑스 파리 만국박람회이다. 1993년 개최된 대전 엑스포는 BIE(Bureau International desExposition : 국제박람회기구) 전문 박람회로 아시아 국가에서는 일본에 이어 우리나라가 두 번째로 개최한 행사이며, 우리나라는 2012년 BIE 전문 박람회를 여수에 유치 · 개최하였다.

❹ MICE 산업(MICE 産業, 마이스 산업)이라는 용어는 1990년대 후반 싱가포르, 홍콩, 말레이시아와 같은 동남아시아 지역의 국가가 컨벤션 사업을 계기로 경제 도약의 전기를 맞이하면서 등장했다. MICE 산업에서 MICE는 기업회의(Meeting), 인센티브 관광(Incentive), 국제회의(Conference), 전시사업(Exhibition)을 의미하는 영어 단어에서 첫머리를 딴 것이다. 종종 MICE에서 E가 행사(Event)를, C가 컨벤션(Convention)을 지칭하기도 한다. MICE 산업은 그 특성상 21세기 들어 각광을 받고 있는 관광산업이다.

❺ **세계 전시 대국 순위** : 미국 > 중국 > 독일 > 이탈리아 > 프랑스 > 스페인 > 일본 > 영국 > 러시아 > 브라질

❻ **세계 10대 전시장** : 독일하노버국제전시장(1위), 독일프랑크푸르트전시장(2위), 이탈리아피에라밀라노전시장(3위), 중국광저우파저우전시장(4위), 독일쾰른국제전시장(5위), 독일뒤셀도르프국제전시장(6위), 미국시카고매코믹플레이스(7위), 스페인발렌시아전시장(8위), 파리베르사유전시장(9위), 러시아모스크바크로커스국제전시장(10위)

1 국제협회연합(UIA)에 따른 국제회의 조건에 해당하지 않는 것은?

① 참가국이 5개국 이상　　　　② 회의 참가자 수가 300명 이상

③ 외국인이 50% 이상　　　　　④ 회의 기간이 3일 이상

 해설　국제협회연합(UIA)에 따른 국제회의의 조건에서 외국인의 비율은 40% 이상이다.

2 국제회의의 성격으로 볼 수 없는 것은?

① 복합성　　　　　　　　　② 경제성과 사익성

③ 전문성　　　　　　　　　④ 다양한 파급효과

 해설　국제회의의 성격은 복합성, 경제성과 공익성, 전문성, 시설 서비스성, 파급성 등이다.

3 다음 중 교육 목적을 띠고 단일 주제를 가지고 대면 토의로 진행되는 회의는?

① 컨벤션(Convention)　　　　② 미팅(Meeting)

③ 세미나(Seminar)　　　　　④ 워크숍(Workshop)

4 다음 중 전문적인 기술 또는 아이디어를 시험적으로 실시, 검토, 교환하는 교육과 훈련 목적의 소규모 회의를 의미하는 것은?

① 심포지엄(Symposium)　　　② 미팅(Meeting)

③ 세미나(Seminar)　　　　　④ 워크숍(Workshop)

5 다음은 해외 컨벤션의 현황이다. 다음의 내용과 관련된 국가는?

> 지역별로 특화된 전시 박람회의 강국으로 많은 전시회와 박람회를 유치하여 지역 경제 활성화와 고용을 창출, 세계 최대 규모의 하노버 전시장(466,100제곱미터)을 보유하고 있으며 전문성을 중시한다.

① 미국　　　　② 일본　　　　③ 독일　　　　④ 싱가포르

정답　1 ③　2 ②　3 ③　4 ④　5 ③

6 다음은 우리나라의 대표적인 컨벤션 시설이다. 지역과 명칭이 잘못 연결된 것은?

① EXCO – 대구　　　　　　　② BEXCO – 부천

③ KOTREX – 대전　　　　　　④ SETEC – 서울

 해설　BEXCO는 부산전시컨벤션센터를 나타낸다.

7 국제회의 유치의 경제적 효과 중 긍정적 효과로 보기 어려운 것은?

① 물가 상승　　　　　　　　② 국제수지 개선

③ 지역경제 활성화　　　　　④ 세수 증대

 해설　물가 상승은 경제적 측면의 부정적 효과에 속한다.

8 국제회의 유치의 사회 · 문화적 효과로 보기 어려운 것은?

① 국제 친선 도모　　　　　　② 시민 의식 향상

③ 도시환경의 개선　　　　　④ 개최국의 대외 이미지 개선

 해설　개최국의 대외 이미지 개선은 국제회의 유치의 정치적 측면에서의 긍정적 효과에 해당한다.

9 2014년 세계국제회의 개최 순위에서 도시의 경우 1위를 차지한 도시는?

① 싱가포르　　　② 브뤼셀　　　③ 서울　　　④ 빈

10 우리나라의 산업 전시회와 관련하여 옳지 않은 내용은?

① 우리나라가 산업 전시회와 관련하여 처음으로 세계 박람회에 참석한 것은 1889년 프랑스 파리 만국박람회이다.

② 1993년 개최된 대전 엑스포는 BIE(국제박람회기구) 전문 박람회로 아시아 국가 중 최초로 개최한 행사이다.

③ 2012년 BIE(국제박람회기구) 전문 박람회를 유치 · 개최하였다.

④ 2012년 BIE(국제박람회기구) 전문 박람회를 유치 · 개최한 장소는 여수이다.

 해설　1993년 개최된 대전 엑스포는 BIE(국제박람회기구) 전문 박람회로 아시아 국가 중 일본에 이어 두 번째로 개최한 행사이다.

정답　6 ②　7 ①　8 ④　9 ①　10 ②

7장   관광 마케팅

1. 마케팅

1-1   마케팅의 개념

    생산자로부터 소비자 또는 사용자에 이르기까지 소비자 만족과 기업의 목적을 달성하기 위해서 재화와 서비스 유통을 관리하는 기업 활동의 수행(맥카시) 또는 수익성을 주목적으로 하는 기업 활동을 말한다.

> **참고**   ❶ **현대 마케팅의 개념** : 고객 지향, 통합적 기업 노력, 매출보다 이윤 추구
>
>   ❷ **마케팅 수단의 3대 요소**
>   ㉮ 시장 조사(Market Investigation) : 정보 수집 활동
>   ㉯ 시장 계획(Market Planning) : 상품화 활동
>   ㉰ 시장 선전(Market Sale Promotion) : 정보 전달 활동

1-2   마케팅의 발달 과정

(1) 마케팅 발달의 원동력
    시장을 확보하고 새로운 시장을 창조하기 위한 기업 노력

(2) 마케팅의 중요성
    ① 수급 체계 : 판매자 주도 시장에서 구매자 주도 시장으로 변화
    ② 판매 방식 : 강압적 · 고압적 판매에서 저압적 판매로 변화

(3) 마케팅의 발전 과정
    ① 생산 지향 단계 : 산업혁명~1930년대 이전, 정해진 가격으로 단순히 기업의 생산물을 유통(Seller's Market)하였으며, '공급은 그 스스로 수요를 창출한다'는 관념이 지배적이었다.

② 제품 지향 단계 : '흔히 있는 제품은 팔리지 않는다', 품질관리가 기업 경영의 최우선 관심 사이고 소비자들은 같은 값이면 동일 가격으로 판매되는 상품 중 가장 우수한 품질의 상품이나 편익과 효용이 큰 상품을 찾는다는 사고방식이 지배적이었다. 다만, 품질을 생산자 입장에서 판단하였다.

③ 판매 지향 단계 : 1930~1950년대, 생산된 제품을 고객에게 제시하고 설득하여, 구매력을 유발하고 판매를 촉진하는 단계(Buyer's Market)로 고압적이면서 강압적인 마케팅이 주류를 이루었다. '판매 없는 사업은 없다'는 관념이 지배적이었다.

④ 고객 지향 단계 : 1950~1970년대, 기업 간의 경쟁이 심해지자 기업들은 관심을 판매에서 고객 만족과 장기적 이윤으로 전환(Marketing Concept)하였고, 고객 중심의 사고방식을 갖고 표적 시장의 다양한 욕구를 반영한 제품을 다른 경쟁자보다 먼저 만들어 효과적인 방법을 동원하여 잠재 고객에게 알리고 차별화된 판매 기법으로 소비자에게 접근하는 방식의 경영 철학을 펼쳤다.

⑤ 사회 지향 단계 : 1970년대 이후, 인간의 복지를 향상시킬 수 있는 상품만이 시장에 나올 수 있다는 경영 철학이 지배(Social Marketing)적이었다. 그린마케팅, 기업의 사회적 책임, 나눔 경영의 일환, 장기적인 안목에서 기업의 이익, 소비자의 이익과 함께 사회 전체의 이익도 고려하는 것이 일반적이다.

1-3 마케팅의 기능

재화가 생산자에서 소비자로, 공급자에서 수요자로 이전되어가는 과정에서 수행되는 특화된 활동을 의미한다.

> **참고** 기업의 목적은 이윤 추구에 있는 것이 아니라 고객 창조에 있으며, 기업 이익은 고객 만족 과정에서 얻어지는 부산물이다(P. Drucker).

1-4 마케팅믹스

(1) 마케팅믹스의 개념

일정한 시점을 정해놓고 전략적 의사 결정에 의해 선정한 마케팅의 여러 수단을 결합하여 마케팅 계획을 작성하는 것으로, 미국 미시간주립대학교의 교수인 E. 제롬 맥카시 교수가 1960년에 처음 소개하였고, 마케팅 전문가인 필립 코틀러(Philip Kortler)가 세상에 알렸다.

(2) 마케팅믹스의 전략

최소의 비용으로 최대의 반응을 불러일으키게 하는 마케팅 수단, 즉 통제 가능 변수를 통제 불가능 변수에 최적으로 혼합시키는 것이다. 마케팅믹스는 마케팅 계획을 수립하기 위한 전제 조건이다.

① 하워드
  ㈎ 통제 가능 요소(기업의 내적 환경) : 경로, 제품, 입지, 가격, 광고, 인적 판매 등
  ㈏ 통제 불가능 요소(기업이 처해있는 외적 환경) : 경쟁, 법적 규제, 유통 구조, 마케팅 비용, 수요 등
② 맥카시
  ㈎ 통제 가능 요소 : Product(상품), Price(가격), Place(유통), Promotion(촉진) [+People(사람)]
  ㈏ 통제 불가능 요소 : 법률적 규제, 수요, 경쟁, 비마케팅 비용, 유통기구 등

(3) 마케팅믹스와 효과

① 마케팅믹스 요소들의 결합은 시너지 효과를 유발해 더욱 효과적인 마케팅 전략 배합을 가능하게 해준다.
② 상충되는 믹스 요소로 인해 고객이 느끼는 혼란이나 불만이 줄어든다.

(4) 관광 마케팅믹스

① 정의 : 관광 표적 시장에 대한 마케팅 수단의 결합으로 궁극적으로 관광객 욕구 충족을 통한 기업 이윤 창출 활동이다.
② 구성 요소 : 제품. 서비스 믹스(Product), 가격 믹스(Price), 유통 믹스(Place), 커뮤니케이션, 촉진 믹스(Promotion) 등

> **참고** **한국 관광 상품의 문제점** : 관광 상품 다양화를 위한 혁신적 사고의 부족, 여행사에 의해 상품 가치 좌우, 상품과 수요자를 연결시키는 마케팅 부족, 핵심 상품과 보조 상품의 연계 개발 미흡, 대도시 및 수도권 위주의 관광. 해설 기능 미흡(해설판이나 브로슈어 등으로 해설 기능 대신) 등
>
> ※ 관광 상품은 결국 관광객의 욕구를 충족시키기 위해 관광 관련 업계가 생산한 일체의 유 · 무형의 재화와 서비스의 결합물이다.

1 현대 마케팅의 개념으로 옳지 않은 것은?

① 고객 지향적이다.　　　　　　② 개별적인 기업 노력이 일반적이다.

③ 매출보다는 이윤을 추구한다.　④ 통합적인 기업 노력이 필요하다.

 해설　현대 마케팅에서는 통합적인 기업 노력이 일반적이다.

2 마케팅의 발전 과정에서 다음의 설명이 의미하는 단계는?

> 　그린마케팅, 기업의 사회적 책임, 나눔 경영의 일환으로 볼 수 있다. 단기간의 이윤을 극대화하는 것이 아니라 장기적인 안목에서 기업의 이익, 소비자의 이익과 함께 사회 전체의 이익도 고려한다.

① 사회 지향 단계　　　　　　　② 고객 지향 단계

③ 판매 지향 단계　　　　　　　④ 제품 지향 단계

3 다음 중 마케팅믹스 전략에 있어서 맥카시에 의할 때 통제 불가능한 요소는 무엇인가?

① 상품　　　　　　　　　　　　② 가격

③ 유통　　　　　　　　　　　　④ 경쟁

 해설　마케팅믹스 전략에 있어서 맥카시에 의할 때 통제 불가능 요소는 법률적 규제, 수요, 경쟁, 비마케팅 비용, 유통기구 등이다.

정답　1 ②　2 ①　3 ④

2. 관광 마케팅 전략

2-1 관광 마케팅의 정의

(1) 개념

관광 조직이 목표 달성을 위해 관광객 욕구를 충족시키기 위한 각종 마케팅 수단을 강구하는 전략적 활동을 말한다.

(2) 유엔세계관광기구(UNWTO, 1975)

관광 마케팅은 최대의 편익을 얻으려는 관광 조직의 목적에 부합하기 위하여 관광 수요 측면에서 시장 조사, 예측, 선택을 통해 자사의 관광 상품이 시장에서 가장 좋은 위치를 차지할 수 있도록 노력하려는 경영 철학이다.

> **참고** **전략적 마케팅**
>
> 관광 기업이 통제하기 어려운 마케팅 요소를 시장조사의 기초로 하여 STP(Segmenting, Targeting, Positioning) 전략을 수행하는 것을 말한다. 시장 세분화(Market Segmentation)를 통해 표적 시장(Target Market)을 선정하고 포지셔닝(Positioning) 전략을 구사한다.

2-2 관광 마케팅을 구성하는 기본 변수

① 관광 욕구와 욕망
② 관광 수요와 관광 시장
③ 관광 상품과 서비스
④ 관광 기업과 관광산업

> **참고** ❶ **관광 마케팅 수단** : 관광 시장 조사, 관광 시장 계획, 관광 시장 선전
> ❷ **판매 촉진 활성화 방법** : 쿠폰(Coupon, 가격 할인권), 경품 제공, 할인, 샘플링(Sampling : 공짜를 좋아하는 인간의 심리를 이용하는 마케팅) 등

2-3 관광 마케팅의 특성

① 무형성 : 여행은 무형적, 비가시적인 환상을 구입하는 것이다.
② 유형력화 : 고객이 미리 약속된 제품을 사전에 적절히 시험해볼 수 없을 때 은유와 직유 그리고 상징을 이용하여 미리 체험하거나 준비할 수 없는 무형적인 것을 유형력으로 대리하게 해야 한다.

③ 높은 지각 위험성이 존재한다.

④ 동시성 : 생산과 소비 과정이 동시에 이루어진다.

⑤ 소멸성 : 좌석 등이 당일에 판매되지 못하면 해당 서비스가 소멸하여 손실을 보기 때문에 호텔 산업, 항공사 등에서 초과 계약의 관행(Over-booking)이 존재한다.

⑥ 계절성 : 성수기와 비수기 가격 제도를 통해서 평준화 노력이 요구된다.

⑦ 비가격 경쟁 : 소비자의 인식에 근거한 경쟁이 일반화된다. 관광 상품은 유사하기 때문에 상표 충성심 부각 노력이 필요하고 가치 설계는 서비스업인 관광산업에서 더욱 어렵지만 필수적이다.

⑧ 질적 통제와 표준화 : 서비스는 개인적, 비표준적이어서 균질적 통제가 불가능하다.

⑨ 상징성 : 관광 여행의 잉여가치는 경험이나 추억으로 상징성이 강하다.

⑩ 환경 고려

㈎ 휴가 여행자(고부하 환경) : 불확실성, 이질성, 복합성

㈏ 상용 여행자(저부하 환경) : 확실성, 동질성, 단순성

⑪ 규모의 경제 효과와 영업 레버리지(차입 자본 이용률) 효과가 낮다.

⑫ 인적 서비스업에서의 획득은 사람과 그가 지닌 기술이 주요한 구매 항목이고, 이직은 기술도 함께 떠나버리는 위험이 존재한다.

⑬ 한계 효용 체감 법칙이 적용되지 않는다.

참고 **관광 서비스의 특성**

❶ 무형성 : 인식 곤란, 소유권 이전 곤란(사용권, 이용권만 거래 대상), 모방 용이, 측정 곤란(질로 측정)

❷ 동시성 : (시·공간의 제약)특정의 시간과 공간 속에서만 가치가 있고, 수요 조정의 곤란, 계획 생산의 곤란, 현장 거래(효도 관광), 유통과 검수 과정의 부재(생산과 소비가 동시에 이루어지고 소멸. 따라서 충분한 준비와 사전 대비가 필요)

❸ 소멸성 : 저장 불능(예약 제도 필요), 원래 상태로 복구 불가, 일과성(반복 사용 불가능)

❹ 다양성 : 이질성, 요금의 차이(주관적 평가)

❺ 변동성 : 개인의 성향이 다양, 경제·정치·자연 등에 의해 영향, 계절성, 민감성(유행)

❻ 고객의 높은 참여도 : 최상의 고급 서비스 추구

❼ 상호 보완적 결합 상품(이동, 숙박, 오락, 쇼핑, 관광, 접대 등)

❽ 과학화·기계화의 한계(높은 인적 서비스 의존도)

※ 일반적인 서비스와 마찬가지로 관광 서비스는 공급 수량이 제한적이고 시·공간적 제약이 커서 공급은 비탄력적인 데 비하여 수요는 매우 탄력적이다.

(1) 시장 세분화(Market Segmentation)의 개념

목표 시장을 선정하기 위하여 전체 시장을 여러 개의 하위 시장으로 나누는 것, 즉 유사한 필요, 욕구, 선호, 구매 행동을 보이는 소비자들을 여러 개의 소집단으로 나누는 것을 말한다. 세분화된 시장 중 기업이 집중적으로 전략을 세워서 공략할 시장을 '표적 시장'이라 하고 시장 세분화를 통해 목표 시장에 대한 마케팅 전략을 전개하는 활동을 '표적 마케팅(Target Marketing)'이라 한다.

(2) 관광 시장 세분화를 통해서 얻을 수 있는 이점

① 마케팅 기회 파악
② 수요에 부응한 상품 계획
③ 구매력 합리화 : 관광자의 판매 저항 최소화
④ 예산 배분의 지침

(3) 시장 세분화의 요건

① 측정 가능성 : 각 세분 시장의 규모, 구매력, 비용, 이용 등의 정확한 측정 · 비교
② 접근 가능성
③ 실질성 : 충분한 크기의 규모이거나 수익성 확보
④ 집행력 : 마케팅 프로그램 수립, 집행할 능력 · 자질

(4) 시장 세분화의 기준

① 지리적 변수 : 지역 특성, 인구밀도, 도시의 규모, 기후, 행정구역 등
② 인구적 변수 : 성별, 연령, 가족 규모, 수입, 직업, 교육, 종교, 인종 등
③ 심리 분석적 변수 : 계층, 개성, 라이프 스타일, 가치관, 태도 등
④ 행동 분석적 변수 : 구매 횟수, 이용률, 추구하는 편익, 사용량, 상표 충성도 등

(5) 표적 시장 선정

① 관광 시장 표적화
② 표적 시장을 선정할 때 고려해야 할 사항 : 기업의 자원, 제공되는 서비스의 동질성, 서비스 상품의 수명 주기, 시장의 동질성, 경쟁자의 전략 등

2-5 관광 시장 포지셔닝

(1) 포지셔닝(Positioning)의 의의

① 포지셔닝의 개념 : 목표 시장 내의 고객들의 마음에 특정한 위치를 차지하도록 하는 제품
서비스 및 마케팅믹스를 개발하는 것으로, 상품에 대해 어떤 행동을 취하는 것이 아니라
잠재 고객의 마인드에 어떤 행동을 가하는 것을 말한다.

② 관광 포지셔닝의 개념 : 관광 상품과 서비스에 대한 이미지를 경쟁 업체와 차별화시켜
관광객의 마음속에 위치시키는 제반 활동, 즉 이미지를 심어주는 마케팅 전략을 말한다.

(2) 포지셔닝의 유형

① 객관적 포지셔닝 : 상품과 서비스의 물리적·객관적인 속성들과 관련된 측면을 반영하고
서비스 이미지를 창조하는 것을 말한다.

② 주관적 포지셔닝 : 제품이나 상품의 주관적 속성과 관련된 것으로 소비자의 정신 지각에
속하는 인지된 이미지로, 상표 포지셔닝(Brand Positioning) 등이 이에 해당한다.

2-6 관광 마케팅 전략

(1) 마케팅 전략의 개념

기업이 목표 시장에서 달성하려고 기대하는 마케팅 목적을 위한 광범위한 다양한 원리로 마
케팅 비용, 마케팅믹스, 마케팅 자원 할당에 관한 의사 결정으로 구성된다.

> **참고** **마케팅 전략의 핵심 요소** : 기업 목표의 설정, 대체적 행동안 선택, 경쟁 환경 적응 등

(2) 시장 범위에 따른 마케팅 전략

① 비차별적 마케팅 전략 : 단일의 마케팅 전략, 매스 마케팅(Mass Marketing) 전략(여행 패
키지 상품), 규모의 경제를 통한 비교 우위 확보가 가능하다.

② 차별적 마케팅 전략 : 각기 다른 마케팅 전략, 표적 시장별로 차별적으로 구사하는 전략
으로, 다양한 욕구 충족과 고객 기반 확대가 가능하고 비용 증가 등이 수반된다.

　예 남성과 여성이 가진 성향과 특성을 고려하여 서로 다른 관광 상품을 개발하는 전략 등

③ 집중적 마케팅 전략 : 하나 또는 소수의 세분 시장만을 목표 시장으로 선정하여 마케팅
활동을 집중하는 전략으로, 고객의 특성과 욕구를 면밀히 분석할 수 있고 마케팅 비용 절
감이 가능하다.

④ 시장 적소 마케팅 전략 : 단일의 목표 시장을 선정하고 거기에 마케팅 활동을 집중하여 특
화시키는 전략을 말한다.

(3) 업계 지위에 따른 마케팅 전략

① 시장 선도자 전략(높은 시장 점유율)

② 시장 도전자 전략(독자적 전략)

③ 시장 추종자 전략(추종하는 전략)

(4) 상품 수명 주기에 따른 마케팅 전략

① 도입기 : 서비스가 처음 대중에게 소개되는 단계, 이윤이 생기지 않거나 낮은 단계이다.

② 성장기 : 판매가 급속히 증대되고 경쟁자의 진입이 많아지는 단계이다. 서비스의 질 개선, 서비스의 특성·요소 추가, 새로운 목표 시장, 유통 경로 모색, 가격 인하 등이 이루어진다.

③ 성숙기 : 매출액의 성장이 크게 둔화되는 단계이다.

④ 쇠퇴기 : 시장 수요가 격감하고 수요를 반전시킬 기회나 방책이 보이지 않는 단계이다.

> **참고**
> ❶ **관계 마케팅(Relationship Marketing)** : 기업이 거래 당사자인 고객과 지속적으로 유대 관계를 형성·유지하고 대화하면서 관계를 강화하고, 상호 이익을 극대화할 수 있는 다양한 마케팅이 전개된다.
> ❷ **내부 마케팅(Internal Marketing)** : 종업원을 고객으로 생각하고 이들 기업 구성원과 기업 간의 적절한 마케팅 의사 전달 체계를 유지함으로써 외부 고객들에게 보다 양질의 서비스를 제공하려는 기업 활동을 말한다.
> ❸ **직접 마케팅(Direct Marketing)** : 예상되는 고객에 대한 개별적인 촉진 활동으로 공고보다 더 개인적인 형태의 촉진 행위이다. 응답은 직접 개인에게 추적될 수 있는 구매, 문의, 조회 등이 된다.

2-7 관광 마케팅의 과제

① 관광 시장 조사의 과제

② 관광 상품 특성상의 과제(무형성, 만족도)

③ 관광자 보호의 과제

2-8 (관광) 상품의 유형

(1) 핵심 상품(Core Product)

고객이 상품을 구매할 때 추구하는 편익이나 효용을 의미하고 가장 기초적인 차원에서 고객의 욕구를 충족시켜주는 본질적 요소이다. 관광 축제 이벤트의 경우에는 즐거움, 체험, 감동 같은 것이 핵심 상품이 될 수 있다.

(2) 실제 상품(Actual Product, Tangible Product)

실제 상품이란 그 상품에만 내재하고 있는 특징적인 편익을 의미한다. 특정 이벤트만이 지니고 있는 독특한 이벤트 프로그램과 같이 그 관광 축제 이벤트만의 특성과 스타일 등이 이에 해당한다.

(3) 확장 상품(Augmented Product)

상품 자체와 관계없이 추가적으로 제공될 수 있는 부가물로서 접근성, 체험 활동, 물리적 환경, 인적 교류의 기회 등이 포함되고 품질의 보장과 보증 그리고 배달 등도 이에 포함된다고 할 수 있다.

최신기출 2016. 4. 9 시행

관광산업에서 고객에게 직접 서비스를 제공하는 직원을 대상으로 하는 마케팅 용어는?

① 포지셔닝 전략(Positioning Strategy)　② 관계 마케팅(Relationship Marketing)

③ 내부 마케팅(Internal Marketing)　④ 직접 마케팅(Direct Marketing)

정답 ③번

---

3. 관광 선전

3-1　관광 선전의 개념

(1) 관광 선전의 의의

관광지의 선전 또는 지역 마케팅으로서 관광객 유치를 목적으로 그것에 의해 각종 관광 관계 기업의 경제적 이익을 추구하는 것을 말한다.

(2) 관광 선전의 기본 원칙

① 관광 여행의 욕구 원인 파악과 그 욕구 충족을 지향한다.

② 관광 여행의 질, 형태, 동향 등은 사회의 변화와 함께 계속 변화함을 인식한다.

③ 관광 선전은 유효한 기간에 집중적으로 행해져야 한다.

④ 구체적인 정보 제공으로 관광 행동을 유발한다.

⑤ 유효한 광고 지점과 선전 매체의 선정을 충분히 고려한다.

⑥ 여행의 상품화를 추구한다.

3-2 관광 선전의 기능

(1) 고지 기능(Information Function)

관광객과 일반 대중에게 자국의 관광 매력을 알리는 기능, 고지 선전의 의미이다.

(2) 설득 기능(Persuading Function)

국제 관광객을 내방시킬 동기를 제공하는 선전 기능

(3) 반복 기능(Repeating Function)

반복 방문을 촉구하는 선전 기능

(4) 창조 기능(Creating Function)

확고한 이미지를 주어 새로운 수요를 환기하고 창조하는 기능

(5) 국제 관광의 해외 선전 기능

개척 기능(Pioneer Function), 확대 기능(Extension Function), 유지 기능(Maintenance Function)

3-3 관광 선전의 방법

(1) 광고

정보, 메시지를 전달하는 형식으로 언어, 색채, 형상, 기호 등의 수단을 구사하여, 상품이나 서비스 등을 고객이나 일반 대중 또는 여행사 및 여행 알선 기관에 주지시켜 효과를 얻는 것을 말한다.

① 시각 광고 : 신문, 잡지, 팸플릿, 옥외 광고 등

② 청각 광고 : 라디오 등

③ 시청각 광고 : TV, 영화 등

(2) 홍보

상품, 서비스 등에 대한 수요를 비간접적으로 자극하는 활동, 기사 또는 뉴스 보도 등을 말한다.

(3) PR(Public Relations)

매체를 사용하지 않고 선전용 영화나 슬라이드 상영 또는 해외의 여행 대리점에서 여행업자 및 관련 업자를 자국에 초대하여 관광에 대한 인식을 주지시키는 것을 말한다.

> **참고** ❶ 해외 관광의 AIDCA(AIDMA) : Attention(주의), Interest(흥미), Desire(욕망), Confidence(확신)/Memory(기억), Action(행동)
>
> ❷ 관광의 최소 환경의 법칙 : 관광은 생필품이 아니기 때문에 관광산업은 관광 변수(자연적 · 경제적 · 사회적 · 정치적 · 법률적 · 행정적 변수 등) 중 가장 불리한 환경의 영향을 받게 되는 것을 말한다.

1 관광 마케팅의 특성으로 볼 수 없는 것은?

① 무형성   ② 높은 지각 위험성

③ 계절성   ④ 가격 경쟁

 해설   가격 경쟁보다는 소비자의 인식에 근거한 비가격 결정이 일반적이다.

2 관광 서비스의 특징이라고 할 수 없는 것은?

① 인식이 쉽고, 소유권 이전이 쉽다.   ② 저장이 불가능하다.

③ 변동성이 심하다.   ④ 다양성이 존재한다.

 해설   관광 서비스는 무형성이라 인식이 어렵고 소유권 이전이 곤란하다.

3 상품 수명 주기에 따른 마케팅 전략에 있어서 성숙기에 대한 설명으로 옳은 것은?

① 이윤이 생기지 않거나 낮은 단계이다.

② 경쟁자의 진입이 많아지는 단계이다.

③ 시장 수요가 격감하는 단계이다.

④ 매출액의 성장이 크게 둔화되는 단계이다.

 해설   상품 수명 주기에서 성숙기에는 매출액의 성장이 크게 둔화되기 때문에 상품에 대한 수요 증가세가 감소된다.

4 시장 세분화의 요건으로 볼 수 없는 것은?

① 측정 가능성   ② 접근 가능성   ③ 형식성   ④ 집행력

 해설   시장 세분화의 요건은 측정 가능성, 접근 가능성, 실질성, 집행력 등이다.

5 시장 세분화의 기준 중 심리 분석적 변수에 해당하는 것은?

① 지역 특성 및 인구밀도   ② 성별, 연령 및 가족 규모

③ 구매 횟수 및 이용률   ④ 개성 및 가치관

 해설   심리 분석적 변수에는 계층, 개성, 라이프 스타일, 가치관, 태도 등이 속한다.

정답   1 ④   2 ①   3 ④   4 ③   5 ④

6 목표 시장 내의 고객들의 마음에 특정한 위치를 차지하도록 하는 제품 서비스 및 마케팅믹스를 개발하는 것으로, 상품에 대해 어떤 행동을 취하는 것이 아니라 잠재 고객의 마인드에 어떤 행동을 가하는 것을 무엇이라고 하는가?

① 포지셔닝(Positioning)　　　　　　　② 브랜드화(Branding)
③ 세분화(Segmentation)　　　　　　　④ 마케팅(Marketing)

7 다음에서 설명하고 있는 마케팅 전략은 무엇인가?

> 하나 또는 소수의 세분 시장만을 목표 시장으로 선정하여 마케팅 활동을 집중하는 전략으로, 고객의 특성과 욕구를 면밀히 분석할 수 있고 마케팅 비용 절감이 가능하다.

① 비차별적 마케팅 전략　　　　　　　② 차별적 마케팅 전략
③ 집중적 마케팅 전략　　　　　　　　④ 시장 적소 마케팅 전략

8 시장 세분화를 통해 목표 시장에 대한 마케팅 전략을 전개하는 활동을 무엇이라고 하는가?

① 표적 마케팅(Target Marketing)　　　② 세분화(Segmentation)
③ 포지셔닝(Positioning)　　　　　　　④ 목표화(Targeting)

9 관광 선전의 기본적인 원칙으로 옳지 않은 것은?

① 관광 여행의 욕구 충족을 지향한다.
② 관광 선전은 분산적으로 행해져야 한다.
③ 구체적인 정보 제공으로 관광 행동을 유발한다.
④ 여행의 상품화를 추구한다.

 해설　관광 선전은 유효한 기간에 집중적으로 행해져야 한다.

10 해외 관광의 일반적인 단계인 AIDCA(AIDMA)에 속하지 않는 것은?

① 주의　　　　　② 발전　　　　　③ 욕망　　　　　④ 확신

해설　발전(Development)은 AIDCA(AIDMA)에 속하지 않는다.

11 관광산업은 관광 변수(자연적·경제적·사회적·정치적·법적·행정적) 중 가장 불리한 환경의 영향을 받게 된다는 것을 의미하는 것은?

① 규모의 경제　　　　　　　　　　　② 한계 효용 체감의 법칙
③ 가치 공학적 설계　　　　　　　　　④ 관광의 최소 환경의 법칙

정답　6 ①　7 ③　8 ①　9 ②　10 ②　11 ④

8장 국제 관광 및 관광정책

1. 국제 관광

1-1 국제 관광의 개념

(1) 국제 관광의 정의

인종과 성별, 언어, 관습, 종교, 국경을 초월하여 타국의 문물, 제도, 풍속, 경관 등을 두루 관찰하고, 감상 · 유람하는 목적으로 외국을 순방하는 일련의 인간 활동을 말한다.

(2) 국제 관광의 의의

① 국제 간의 인간 및 문화 교류를 통한 문화생활 향상에 이바지한다.

② 국가 상호 간의 이해 증진을 도모하고 국제 친선에 기여한다.

③ 생활수준 또는 경제성장률이 높거나 소득 격차가 상대적으로 적으면서 인구 증가에 따른 도시화와 공업화가 급속히 진행되고 있는 국가에서부터 점차 확대한다.

(3) 국제 관광의 개념

① 일반적 개념 : 관광객의 관광 왕래가 국경이라는 인위적 장벽을 넘어 행해지고 다시 자국에 돌아올 예정으로 외국을 여행하는 것(이주나 장기 체제의 경우 해당하지 않는다)을 말한다.

> **참고** ❶ 일시 체류객(일시 방문객)을 관광객으로 보는 것이 관례이다.
>
> ❷ 이론적으로는 승무원은 관광객이 아니지만, UNWTO 권장안에 따라 관광객에 포함시킨다.

② UNWTO(유엔세계관광기구)의 국제 관광객의 개념

(가) 위안이나 건강상의 이유로 해외여행을 하는 자

(나) 회의 참석이나 경제, 외교, 예술, 문화, 종교, 과학 등 국제 행사의 참가자 및 수행원의 자격으로 외국을 일시적으로 방문하는 자

(다) 상용 또는 견학을 목적으로 외국에 입국하는 자

③ OECD(경제협력개발기구)의 국제 관광객 및 일시 방문객의 개념
　　⑦ 국제 관광객 : 관광, 레크리에이션, 스포츠, 보건, 가사, 연구, 종교적 순례, 상용, 그밖
　　　에 이민 이외의 적법한 목적으로 자기가 거주하는 가맹국 영역 이외의 다른 영역에 상
　　　륙하여, 그 영역 내에서 24시간 이상 6개월 이내의 기간 동안 체재하는 자
　　④ 일시 방문객 : 24시간 이상 3개월 이내의 기간 동안 방문국의 영토 내에 체재하는 자로
　　　서, 이주 이외의 목적으로 체재하면서 체재하는 동안 어떤 직업도 갖지 않는 자

1-2　국제 관광의 구분(UNWTO, 유엔세계관광기구)

(1) 지역 간 관광(Inter-regional Tourism)
어느 지역에 속해있는 국가에서 다른 지역에 있는 국가로 이동하는 형태(프랑스에서 한국으
로의 여행)

(2) 역내 관광(Intra-regional Tourism)
동일 지역 내에 속해있는 여행자가 다른 국가로 여행하는 형태(프랑스에서 독일로의 여행)

1-3　국제 관광의 목적 및 특징

(1) 국제 관광의 목적
① 교양 목적(Cultural Object) : 타국의 문물, 제도, 풍습, 관습, 산업 등을 시찰하고 견문
　을 넓히기 위함
② 위락적 목적(Recreational Object) : 감상, 유람할 목적으로 즐거움을 추구함

(2) 국제 관광의 특징
① 국가의 소득 성향적 행위
② 비교적 수익성 높은 산업
③ 비경제적 요소에 민감
④ 경제의 여러 분야에 직·간접적으로 영향(호텔, 기타 숙박업, 쇼핑점, 레스토랑, 유흥 시
　설 등)
⑤ 비금전적인 편익, 즉 사회적·문화적인 부분을 수반

1-4　국제 관광의 구분

(1) 국제 관광객의 설정 범위에 따른 구분
① 기준 : 국적표준주의, 소비화폐표준주의, 거주지표준주의, 생활양식표준주의

② 국제기관 : 국적표준주의와 소비화폐표준주의를 기준

(2) 경제적 측면의 이익 여부에 따른 구분

국제 관광을 통해서 한 나라의 경제 발전은 다양한 측면에서 영향을 받기 때문에 경제적 측면의 이익 여부에 따른 구분은 필요하다. 또한 지역 경제에 미치는 경제적 파급효과도 고려되어야 한다.

1-5　국제 관광의 발전 방안

(1) 국제 관광의 발달 배경

과학기술과 교통수단의 발달, 경제적인 생활수준의 향상과 여가 시간의 증대로 국제 관광은 더욱 증대되고 있다. 소득 증대와 각국의 개방 정책의 실현으로 해외여행은 일반 대중에게까지 정착되어가고 있다. 초음속 대형 항공기의 출현과 교통수단의 획기적인 발달은 국제 관광의 붐을 일으키고 있다.

> **참고**　1980년 9월 세계관광회의에서는 '마닐라선언'을 채택하여 국제 관광에 대한 방향과 의무를 밝혔다.

(2) 국제 관광의 발전 요인
① 국민소득의 향상
② 여가 시간의 증대
③ 국제 교통수단의 발달

(3) 우리나라 국제 관광객의 유치 방안

단체 관광의 유치, 국외 선전 강화, 극동아시아의 관광 권역화, 관광 상품의 특성화(K-POP, K-뷰티, K-드라마, K-공연 등), 항공 노선과 좌석의 공급 확대, 입국 절차 간소화, 포상 여행(Incentive Tour) 유치 등

> **참고**　**외교부에서 해외여행을 하는 국민에게 제시하는 여행 경보 제도의 단계별 내용**
> ❶ 남색 경보 : 여행 유의(신변 안전 유의)
> ❷ 황색 경보 : 여행 자제(신변 안전 특별 유의/여행 필요성 신중 검토)
> ❸ 적색 경보 : 철수 권고(긴급 용무가 아닌 한 철수/가급적 여행 취소, 연기)
> ❹ 흑색 경보 : 여행 금지(즉시 대피, 철수/여행 금지)

1 다음 중 역내 관광(Intra-regional Tourism)으로 볼 수 없는 것은?

① 이집트에서 중국으로의 여행   ② 홍콩에서 대만으로의 여행

③ 중국에서 한국으로의 여행   ④ 한국에서 일본으로의 여행

 역내 관광(Intra-regional Tourism)이란 동일 지역 내에 있는 여행자가 다른 국가로 여행하는 형태를 말한다.

2 국제 관광의 특징으로 볼 수 없는 것은?

① 국가의 소득 성향적 행위

② 비경제적 요소에 둔감

③ 경제의 여러 분야에 직·간접적으로 영향

④ 비금전적인 편익, 즉 사회적·문화적인 부분을 수반

 국제 관광은 비경제적 요소인 정치·사회·기후 환경 등이 중요하게 고려된다.

3 국제 관광의 발달 배경이나 발전 요인으로 보기 힘든 것은?

① 과학기술과 교통수단의 발달   ② 초음속 대형 항공기의 출현

③ 국민소득의 증대   ④ 출입국 절차의 엄격화

 출입국 절차의 간소화가 국제 관광의 발달 배경이나 발전 요인으로 작용하였다.

4 다음은 외교부에서 해외여행을 하는 국민에게 제시하는 여행 경보 제도의 단계별 내용이다. 적색 경보가 의미하는 것으로 옳은 것은?

① 여행 유의   ② 여행 자제

③ 철수 권고   ④ 여행 금지

정답   1 ①   2 ②   3 ④   4 ③

2. 관광정책

관광정책의 개념

(1) 관광정책과 관광 행정

① 관광정책 : 관광 진흥을 위해 관광 행정의 실행을 종합적으로 조정하고 추진하기 위한 범위와 시정 방향을 제시하는 방침

② 관광 행정 : 관광정책을 구체화시키는 내용과 방법(관광의 장려, 규제, 관광사업의 추진, 조성, 지도, 감독, 단속)

(2) 관광정책의 발달

1차 세계대전 이후 관광이 국가정책 대상이 되었고, 외국인 관광객의 소비가 한 나라의 국가 경제에 이익이 된다는 사실이 인식되면서 적극적으로 관광객을 유치하기 시작하였다.

(3) 관광정책의 기본 목적

국제 관광에 의한 수지 개선, 국민 후생, 국민 관광

> **참고** 관광은 국제수지에 영향을 주는 외화 획득률이 높은 산업이고, 외화 획득률이 높다는 것은 적은 투자로 높은 부가가치를 창출한다는 것이다.

(4) 관광정책의 이념

① 평화 지향 : 국제 친선 교류와 상호 이해 증진으로 세계 평화와 인류 공영에 이바지

② 경제 원조 : 국민 생활의 삶의 질 향상, 사회적 형평성의 실현 및 관광 환경의 개선 등

③ 후생 보건 : 관광으로 심신의 피로를 풀고 긴장과 불안을 해소

최신기출 2016. 4. 9 시행

관광정책 과정을 단계별로 옳게 나열한 것은?

① 정책 의제 설정 → 정책 집행 → 정책 평가 → 정책 결정

② 정책 의제 설정 → 정책 평가 → 정책 집행 → 정책 결정

③ 정책 의제 설정 → 정책 결정 → 정책 집행 → 정책 평가

④ 정책 수요 파악 → 정책 평가 → 정책 집행 → 정책 결정

정답 ③번

① 관광자원의 개발 및 시설의 확충

② 관광자원의 보호 : 관광 개발은 민간에 의해서 실시 가능하고, 보존 · 보호에 대해서는 행정권에 의한 규제가 필요

③ 관광사업의 진흥 : 영리의 대상이 되지 못하는 시설은 공공시설로 설치

④ 관광객의 보호

⑤ 관광 여행의 장려 : 대중 관광의 확대 측면에서 요금의 저렴화, 숙박 시설의 정비와 확대, 유스호스텔 등의 관광정책을 수립

⑥ 외국인 관광객을 위한 정책 : 국가적 차원에서 해외 선전 활동 지원, 입국 절차 간소화, 다양한 고유 관광 상품 개발(K-POP 공연, 드라마 촬영장 관광 상품화 등)

2-3 **국제 관광정책**

(1) 국제 관광정책의 수립에 있어서의 제약

① 정책상의 제약

(가) 국가의 정책상 우선순위와 경제개발 형태 및 방법

(나) 정부 조직상의 관광 행정 조직 형태

(다) 관계 부처의 사업이 관광에 직 · 간접적 영향을 미침

(라) 정부와 민간 부문과의 상호 관계

② 경제상의 제약

(가) 관광 투자의 규모와 자본

(나) 산업화의 수준

(다) 노동력

(라) 물가 수준

(마) 경제 수준

③ 사회적 여건에 의한 제약

(가) 관광에 대한 국민의 태도와 외국인에 대한 접객 태도

(나) 기후 및 지리적 조건

(다) 관광자원 개발 현황

(2) 국제 관광정책의 실시 체계

① 외래 관광객의 유치 및 접대와 관광 시장 개척, 선전, 광고

② 국제 교통 노선의 확보와 공항 및 항만 시설의 정비 강화

4

관광학 개론

③ 숙박 및 국내 교통시설의 확충

④ 출입국 제도의 간소화와 종사원 교육의 실시 등

(3) 우리나라의 국제관광정책

① 인바운드(In-bound) 정책 : 외국인이 자국 내에서 행하는 관광 행위 자체와 그를 다루는 여행 업무

(가) 외래 관광객 유치를 위한 홍보와 선전

(나) 산업 진흥 조성 촉진

(다) 외래 관광객의 접대를 위한 숙식 시설 확대

(라) 출입국 수속 간소화와 국제 관계 시설 정비

(마) 자연보호와 문화재 보존

(바) 민간 조직, 행정 기구 등의 관광 기관 설치 · 정비

② 아웃바운드(Out-bound) 정책 : 내국인의 해외여행 행위 또는 그를 다루는 여행 업무

(가) 경제적 의의 : 국제적인 부의 분배 효과, 관광객 수용국에 대한 간접적인 경제 원조 효과

(나) 사회적 의의 : 국제 친선이나 민간 외교가 촉진되어 상호 이해의 증진, 국민 생활의 다양화, 특히 문화 활동의 확대에 따른 국민 복지 증진

(4) 해외 관광 협력 정책

① 의의 : 해외 투자와 해외 기업 진출, 기술 원조와 국제 관광 기관을 통한 다각적인 협조로 제외국의 관광사업을 발전시켜 사회적 · 경제적으로 공헌하려고 하는 대외 정책

② 효과 : 상대국의 경제 발전을 도모하고 외화 획득 증가와 산업 진흥에 의한 고용을 증대시켜 국민소득의 증대와 생활환경의 개선에 기여

③ 관광사업 원조 내용

(가) 관광 개발에 대한 조사와 계획의 작성, 개발 기술 측면 원조

(나) 관광자원의 개발과 보호 및 관광 루트의 설정 · 정비

(다) 관광제 시설 및 상 · 하수도 등의 공공시설과 환경 정비

(라) 관광 경영 기술 원조와 관광 종사자 교육

(마) 관광 투자와 산업 진흥, 관광 선전

(바) 항공 협정에 의한 항공편과 저운임 제도의 설정 등 관광객 유치에 협력

(사) 국제 관광 기관의 협력을 통한 간접적 원조

2-4　세계 각국의 관광정책

(1) 이탈리아

다른 나라보다 먼저 관광의 경제적 효과에 주목하여 외국인 관광객의 유치를 위한 정책을 추진. 관광정책 최초 도입 국가이다.

(2) 스페인

관광 입국자의 시장층을 다변화하여 외화 수입의 확대에 힘을 기울였다. 계절별 매력에 최대한 역점을 두고 계절성을 고려한 관광 개발을 하였다.

(3) 영국

역사 · 문화 지향형 보존과 개발의 조화로운 관광 개발을 하였다.

(4) 프랑스

역사 · 문화 지향형 개발과 보존으로 국제 관광과 국민 관광의 조화를 목표로 하고 최초로 산업 관광(Industrial Tourism, 1952년경, 산업의 홍보를 위해 자국의 산업 시설, 생산과정 등을 견학하게 함)을 도입하였다.

2-5　우리나라의 관광정책

(1) 관광 기구(개정 내용)

① 관광정책의 컨트롤타워 역할을 수행하는 관광정책실이 신설되고, 외래 관광객 유치 정책을 전담하는 국제 관광정책관이 만들어진다.

② 관광정책실은 교통, 숙박, 쇼핑, 외식, 건설 등의 관련 산업과 관광산업이 점점 융 · 복합화하는 환경 변화에 적극 대응하고, 관광 유관 부처 및 유관 기관 등의 관광정책 컨트롤타워 역할을 수행한다.

③ 국제 관광정책관은 외래 관광객이 급속하게 늘어감에 따라 국제 관광정책 기능을 보강하고, 국제 관광 분야 정책 개발 및 중장기 계획 수립, 쇼핑 관광, 음식 관광, 크루즈 관광 등 관광 콘텐츠 개발 등 외래 관광객 유치와 관련된 제반 정책을 전방위적으로 담당하고, 우리 국민의 해외여행 증가 추세에 맞추어 해외여행 편의 증진 및 안전 확보, 여행업계 공정거래 환경 조성 등을 위한 아웃바운드 관광정책 기능도 담당하게 된다.

㉮ (국제 관광정책 관내)전략 시장과 중국, 일본, 동남아 및 중동 시장을 국가별, 대상별로 차별화된 전략을 수립, 시행할 계획이다.

㉯ (국제 관광정책 관내)국제 관광 서비스가 개별 자유 여행객 및 소그룹 외국인 관광객이 방한 전 또는 방한 시 필요한 관광 정보를 쉽고 편리하게 얻을 수 있도록 외래 관광객에

대한 정보 제공 등 서비스 개선을 담당한다.

④ 개편된 관광정책관은 관광 산업체 경쟁력 제고, 신규 관광사업 발굴·육성, 관광사업 투자 활성화 등을 강화함으로써 산업으로서의 관광 육성에 역량을 집중할 계획이다. 관광정책관 내에 신설된 관광 콘텐츠과는 관광 콘텐츠 관련 기획, 지역 관광 활성화, 창조 관광기업 발굴·육성 업무를 전담함으로써 특색 있는 관광 콘텐츠 육성을 통한 고품격 관광 환경 조성에 기여할 것이다.

(2) 관광 관련 단체

① 한국관광협회중앙회

㉮ 우리나라 관광업계를 대표하여 업계 전반의 의견을 종합 조정, 그 의견을 대표하여 국내외 관련 기관과 상호 협조함으로써 산업의 진흥과 회원의 권익 및 복리 증진에 이바지함을 목적으로 한다.

㉯ 기능(업무) : 관광사업의 발전을 위한 업무, 관광사업 진흥에 필요한 조사·연구 및 홍보, 관광 통계, 관광 종사원의 교육과 사후 관리, 회원의 공제 사업, 국가나 지방자치단체로부터 위탁받은 업무, 관광 안내소의 운영, 위의 규정에 의한 업무에 따르는 수익 사업 등

② 한국관광공사

㉮ 관광 진흥, 관광자원, 국민 관광 진흥 및 개발을 위해 1962년 「국제관광공사법」에 의거하여 '국제관광공사'로 설립되었고 1982년 한국관광공사로 개칭하였다.

㉯ 기능(업무) : 관광 홍보, 마케팅, 컨설팅, 투자, 교육 지원과 국민 관광 의식 제고, 지역 관광자원 개발, 관광 요원의 질적 향상, 판매 사업의 효율적 운영 등

③ 한국문화관광연구원 : 문화·관광 분야의 정책 연구 및 개발과 대안 제시를 위해 1987년 설립된 정책 연구 기관

2-6　관광진흥 5개년 계획[제3차 관광진흥 5개년 계획(2009~2013)]

(1) 계획의 배경

21세기 고부가가치 산업인 관광산업은 외화 획득, 고용 창출, 투자 촉진을 통해 경제성장과 삶의 질 향상, 인적 교류와 문화 교류를 통한 세계화와 지방화, 국제 이해관계의 증진, 세계 평화에 기여 등 다양한 파급효과가 있다.

(2) 계획의 목적

중장기적인 관점에서 국내·외 환경 변화에 능동적, 체계적, 적극적으로 대응하기 위함이다.

(3) 계획의 공간적 범위

대한민국을 중심으로 하되, 일부 사업의 경우 북한, 중국, 일본 등 주변국까지 고려한다.

(4) 부문별 추진 전략

① 신관광산업 육성과 관광 수요 확대를 통한 발전 체계 구축
② 민간 중심의 관광산업 발전 기반 구축
③ 지속 가능한 발전 기반 구축
④ 명품 콘텐츠의 관광자원화
⑤ 관광 한국의 국제적 인지도 제고
⑥ 관광 선진국의 자세 확립

2-7 국민 관광정책(National Tourism Policy)

(1) 개념

사회정책적 차원에서 국가나 지방자치단체가 관광을 활성화하고 일반 국민에게 확대시키는 정책을 말한다.

(2) 국민 관광정책의 내용

① 관광 참여 기회 확대 : 여행 바우처 제도, 다양한 관광 요금 할인 제도 도입, 청소년 및 가족 관광 관련 시설 확충 등
② 관광 시설의 정비와 개선
③ 관광 이용의 편의 제고 : 관광 안내소 간의 네트워크 구축, 지역별 관광 안내 정보 체계 (대한민국 구석구석) 확립, 관광 열차 확충, 관광 유람선 도입 등
④ 관광지의 환경 개선 : 기념품의 정찰제 실시, 우수모범업체의 지정제 도입, 관광지 청결 유지 등
⑤ 관광지역 경제 활성화 : 지역 관광 개발 촉진, 지역 특산물 관광 상품화 등

(3) 국민 관광(National Tourism)

① 국민 관광이란 용어는 1975년 정부가 「관광기본법」을 제정하면서 처음 사용하였다.
② 유엔세계관광기구(UNWTO) : 국적에 관계없이 한 나라에 거주하는 사람이 보수를 받는 이외의 목적으로 24시간 이상 또는 1박 이상 자기의 거주지를 떠나 그 나라 지역 내를 여행하는 것
③ 한국관광공사(1990) : 국민이 일상생활을 벗어나 귀환을 전제로 국내외를 이동하거나 체재하면서 관광하는 행위

④ 국민 관광의 주체는 국민 전체이며, 공간적 범위는 국내외이고 자국민의 국내 관광과 국외 관광을 모두 포함하는 개념이다.

⑤ 국민관광상품권 : 국내 관광과 지역 경제를 활성화시키기 위해 2001년부터 문화체육관광부가 후원하고 한국관광협회중앙회가 주관하여 금융기관에서 판매하고 자금 정산을 하는 다목적 상품권으로 각종 법인이나 단체에서 다양한 용도로 사용되고 있다. 전국 13,000여 개의 가맹점에서 사용이 가능한 국내 최고의 통합 상품권이다.

최신기출 2016. 4. 9 시행

다음 설명에 해당하는 것은?

> 전 국민이 일상생활권을 벗어나 자력 또는 정책적 지원으로 국내외로 여행하거나 체재하면서 관광하는 행위로 그 목적은 국민 삶의 질을 제고하는 데 있다.

① 대안 관광　　　　　　　　② 국민 관광
③ 보전 관광　　　　　　　　④ 국내 관광

정답 ②번

2-8　국민 여행 실태 조사

(1) 관련 내용

① 1976년 한국관광공사에서 '전국민 여행 동태 조사'를 처음으로 작성하였고, 1992년 한국관광공사에서 '국민 해외여행 실태 조사'를 최초로 작성하였다.

② 국민 여행 총량 : 우리나라 국민의 여행 행태를 나타내는 주요 항목(여행 참가자 수, 여행 참가 횟수, 여행 총 경비, 여행 이동 총량)을 수치로 표현한 것

③ 국내 여행 : 여행(관광)은 행정구역상 현 거주지(일일 생활권)를 벗어나 다른 지역을 다녀온 순수 관광 여행을 의미

④ 해외여행 : 관광 여행뿐만 아니라 체류 기간이 1년 미만인 교육이나 어학연수, 비즈니스 및 업무상 여행, 가족 · 친구 방문, 종교 순례, 쇼핑 등 개인적 용무를 위한 여행도 모두 포함

(2) 2013년 국민 여행 실태 조사

① 국내 여행(만 15세 이상 국민의 국내 여행 경험률은 약 86.5%)을 하지 않는 주요 이유 : 여가 시간 및 마음의 여유 부족 > 건강상의 이유 > 경제적 여유 부족

② 해외여행(경험률은 약 12.9%)을 하지 않는 이유 : 여가 시간 및 마음의 여유 부족

③ 여행 목적

　㈎ 국내 여행 : 여가, 위락, 휴가 > 가족, 친척, 친구 방문

　㈏ 해외여행 : 여가, 위락, 휴가 > 사업 및 전문 활동, 업무상 목적

④ 여행 방문지

　㈎ 국내 여행 주요 방문지 : 경기도 > 서울 = 경남

　㈏ 강원도가 2009년 이후 국내 숙박 여행 방문지 1위를 유지하고 있음

(3) 2014년 국민 여행 실태 조사

① 국내 여행(만 15세 이상 국민의 국내 여행 경험률은 약 86.3%)을 하지 않는 주요 이유 : 여가 시간 및 마음의 여유 부족 > 경제적 여유 부족 > 건강상의 이유

　㈎ 참가 횟수는 6~10회 > 2회 > 3회 > 1회 > 4회 순이다.

　㈏ 여행지 선택 시 정보원 : 가구 여행 시 – 가족, 친지 > 과거 방문 경험 > 친구, 동료 개인 여행 시 – 친구, 동료 > 과거 방문 경험 > 가족, 친지

② 해외여행을 하지 않는 이유 : 여가 시간 및 마음의 여유 부족 > 경제적 여유 부족 > 건강상의 이유

③ 여행 목적

　㈎ 국내 여행 : 여가, 위락, 휴가 > 가족, 친척, 친구 방문 > 사업 및 전문 활동 > 업무상 목적

　㈏ 해외여행 : 여가, 위락, 휴가 > 사업 및 전문 활동, 업무상 목적

　　㉮ 국민의 해외여행 방문지는 중국 > 일본 > 미국 > 홍콩 > 태국 순이다.

　　㉯ 15세 이상 전 국민 중 해외여행에 참여한 국민은 약 13.8%(2013년 대비 0.9% 증가), 출국자 수는 2013년 대비 8.3% 증가하였고 해외여행에 참여한 국민들의 1인 평균 여행 횟수는 1회가 가장 많았다.

④ 여행 주요 방문지

　㈎ 국내 여행 주요 방문지 : 경기 > 서울 > 충남

　㈏ 당일 여행 주요 방문지 : 경기 > 서울 > 충남

　㈐ 숙박 여행 주요 방문지 : 강원 > 경기 > 충남

⑤ 관광 여행 방문지 선택 이유 : 여행지 지명도 > 볼거리 제공 > 이동 거리

참고 ❶ 한국관광공사가 발간한 『2014년 관광 불편 신고 종합 분석서』에 따르면 지난해 접수된 관광 불편 신고 1154건 중 '불친절·가격 시비' 등 **쇼핑**과 관련한 불편 사항이 317건(25.7%)으로 가장 많았다. '부당 요금 징수 및 미터기 사용 거부'와 같은 **택시** 문제가 128건(14.4%)이었고, **숙박** 관련 불편 사항이 84건(9.5%), **공항 및 항공** 관련 불편 사항이 64건(7.2%), **여행사** 관련 불편 사항이 47건(5.3%)으로 뒤를 이었다.

❷ 2014년 외래 관광객 실태 조사 보고서(문화체육관광부, 한국문화관광연구원)에 따르면 한국 여행에서 **가장 만족도가 높은 항목은 치안(안전성)**이었고, 불만족이 가장 높은 항목은 **언어소통**이었으며, 중국 관광객의 방한 목적은 **여가, 위락, 휴가**가 가장 높았다.

❸ 한국관광공사에서는 내·외국인 관광객에게 국내 여행에 대한 다양한 정보를 제공하고 있는 관광 안내 전화 1330을 운영하고 있다. 1330은 한국의 구석구석까지 여행을 즐기기 위해 유용한 관광 정보 제공뿐 아니라 외국인 관광객의 언어 불편 해소를 위한 관광 통역 서비스와 관광 불편 상담을 하고 있으며 24시간 연중무휴 서비스다.

❹ 중국 관광객은 한국 여행 선택 시 쇼핑(향수, 화장품)과 자연 풍경이 주요 고려 요인이고, 일본 관광객은 한국 여행 선택 시 음식·미식 탐방과 쇼핑(식료품)이 주요 고려 요인이다.

❺ 중국 관광객은 한국 여행 시 서울 > 제주도 방문 순이고, 일본 관광객은 한국 여행 시 서울 > 경상권 방문 순이다.

❻ 2014년 7월 한·중 정상회담에서 2015년을 중국 관광의 해, 2016년을 한국 관광의 해로 정하였고, 2016~2018년은 한국 방문의 해이다.

❼ 2015년 국적별 방한 주요국별 입국자 수가 많은 순으로 배열하면, 중국 > 일본 > 미국 > 홍콩 > 대만 > 필리핀 순이다.

1 외국인이 자국 내에서 행하는 관광 행위 자체와 그를 다루는 여행 업무를 인바운드 정책이라고 한다. 이에 해당한다고 보기 힘든 것은?

① 외래 관광객 유치를 위한 홍보와 선전

② 국내 · 외 관광객의 접대를 위한 숙식 시설 확대

③ 출입국 수속과 국제 관계 시설 정비

④ 자연보호와 문화재 보존

✎ 해설   외래 관광객의 접대를 위한 숙식 시설의 확대 · 정비 등이 인바운드 정책에 속한다.

2 최초로 산업 관광(Industrial Tourism)을 도입한 국가는?

① 이탈리아   ② 스페인   ③ 영국   ④ 프랑스

3 국민 관광정책의 내용으로 보기 힘든 것은?

① 관광 요금 할증 제도   ② 관광시설의 정비와 개선

③ 지역별 관광 안내 정보 체계 확립   ④ 기념품의 정찰제 실시

✎ 해설   관광 요금 할증 제도가 아닌 관광 요금 할인 제도가 국민 관광정책에 속한다.

4 우리나라 국민의 여행 행태를 나타내는 주요 항목을 수치로 표현한 것이 국민 여행 총량이다. 이때 주요 항목에 포함되지 않는 것은?

① 여행 참가자 수   ② 여행 참가 횟수   ③ 여행 지역   ④ 여행 이동 총량

✎ 해설   국민 여행 총량을 구하는 데 사용되는 주요 항목에는 여행 참가자 수, 여행 참가 횟수, 여행 총 경비, 여행 이동 총량 등이 있다.

5 2009년도 이후 국내 숙박 여행 방문지 1위는 어디인가?

① 경기도   ② 강원도   ③ 충청북도   ④ 제주도

정답   1 ②   2 ④   3 ①   4 ③   5 ②

6 2014년 국내 여행 참가 횟수 중 가장 많은 횟수는 몇 회 정도인가?

① 6회 　　　　② 4회 　　　　③ 3회 　　　　④ 2회

7 2014년 7월 한 · 중 정상회담에서 중국 관광의 해와 한국 관광의 해를 정하였다. 각각 언제인가?

① 중국 관광의 해 – 2016년, 한국 관광의 해 – 2017년
② 중국 관광의 해 – 2016년, 한국 관광의 해 – 2015년
③ 중국 관광의 해 – 2015년, 한국 관광의 해 – 2016년
④ 중국 관광의 해 – 2017년, 한국 관광의 해 – 2016년

8 관광 안내 번호 1330에 대한 설명으로 옳지 않은 것은?

① 국내 여행에 대한 다양한 정보를 제공한다.
② 국내 사정에 어두운 외국인 관광객만을 위한 서비스다.
③ 관광 통역 서비스와 관광 불편 상담을 제공한다.
④ 24시간 연중무휴 서비스다.

 해설 　관광 안내 번호 1330의 대상은 내 · 외국인 관광객이다.

9장 | 관광과 환경

1. 관광과 환경과의 관계

1-1 **환경문제**

자연환경은 인간에게 가장 큰 자원이자 생활의 터전으로 체계적인 계획과 지속적인 관리가 필요하다.

1-2 **관광사업과 환경적 차원**

(1) 관광의 물리적 환경

도시 구조, 공공 기반 시설, 건물, 공간, 도시 풍경 등으로, 주요한 관광 매력물이며 관광자원의 요소이다.

(2) 관광의 사회 · 문화적 환경

전통문화, 예술, 민속 행사, 사회 · 문화적 배경 등이다.

(3) 관광의 정치적 환경

① 국가의 관광정책과 정치철학 그리고 해당 국가의 정치 · 경제적 상태와 개발의 수준, 기존의 관광 개발 시설과 관광자원 및 관광 개발의 정도에 의존한다.

② 개선 조치로는 관광산업진흥자금의 융자 확대, 일정 기간의 법인세와 소득세의 감면 조치 등이 있다.

③ 국가는 「관광진흥법」, 「문화재보호법」, 「자연환경보전법」 등과 같은 법률을 제정하고 관광사업을 지도 · 감독하는 역할을 하며 관광객을 보호한다.

한정된 자원을 보호하고 육성하며 보다 많은 관광객을 유치하기 위한 적극적인 노력으로, 국민 생활의 질 향상, 관광 수요 육성·충족, 지역 경제와 공공 정책과의 조화 등이 필요하다.

① 관광 공간 제공

② 지역 경제 발전

③ 관광자원의 가치 증대

④ 관광자원의 보호, 육성

⑤ 이용자와 지역 주민에게 기여 : 이용자의 경우 부담 감소와 접근성 증대, 지역 주민의 경우는 보건, 정서 함양 등

⑥ 국토 공간의 합리적 이용

> **참고** **올해의 관광도시** : 문화체육관광부가 관광의 잠재력이 큰 중소도시 3곳을 선정하여 3년간의 체계적인 지원과 홍보(Promotion)를 통해 매력적인 관광 목적지로 육성하기 위해 추진하고 있는 관광정책 사업으로, 2014년을 시작으로 2016년까지 매년 3개의 도시가 선정된다.
> ❶ 2016년 올해의 관광도시(2014년 선정) : 무주(전라북도), 통영(경상남도), 제천(충청북도)
> ❷ 2017년 올해의 관광도시(2015년 선정) : 광주광역시 남구(광주광역시), 강릉시(강원도), 고령군(경상북도)

2. 환경 친화적 관광(Environmental Tourism)

사회적 책임을 자각한 책임 있는 관광(Responsible Tourism), 통제된 관광(Controlled Tourism)이고, 삶의 질을 향상시킬 수 있는 인간 중심적인 인간 대 인간의 관광(People to People Tourism)이며, 자연과 조화된 관광(Natural Tourism)이고 녹색 관광(Green Tourism)이다.

2-1 지속 가능한 관광 개발

(1) 지속 가능한 관광 개발의 개념

① 지속 가능한 개발의 개념을 처음 정립한 것은 1987년 세계환경개발위원회의 동경 선언에서 채택한 '브룬트란트 보고서(Brundtland Report/Our Common Future)' 및 유엔환경계획(UNEP)집행위원회(1989년)이다. 지속 가능한 개발 개념은 스톡홀름에서 개최된 유엔

인간환경회의(UNCHE, 1972)에서 처음으로 주장되었다. 113개국 대표가 모인 스톡홀름 회의의 슬로건은 '하나뿐인 지구(Only One Earth)'였다.

② 지속 가능한 개발이란 '후세대의 필요성을 충족시킬 수 있는 능력을 손상시키지 않고 현세대의 필요성을 충족시키는 개발'로, 핵심은 경제성장과 환경 보전은 경제개발 자체의 지속성을 유지시키는 기반임을 명확히 인식하는 것이고 목표는 자연 자원의 보전을 통해서 파괴보다 더 이윤(Profit)이 높은 경제 환경을 조성하는 것이다. 관광 개발과 관련해서는 '환경보호와 보전을 고려하면서 적정 개발을 통해 관광자원의 지속성을 보장하여 관광객에게 관광 경험의 질을 미래에도 지속적으로 제공하며, 관광 개발과 활동으로 지역 주민에게 경제적 이득을 제공하는 것'이라 할 수 있다.

(2) 지속 가능한 관광 개발의 의의

① 방문자 관광 경험의 질, 지역사회 삶의 질, 환경의 질을 향상시키거나 보호한다.

② 관광 경험의 질을 만족시키면서 기본적인 자연 자원의 연속성과 지역사회 문화에 대한 연속성을 보장한다.

③ 관광산업, 환경보호론자, 지역사회의 요구를 균형 있게 수용한다.

(3) 지속적 관광 개발의 방향

① 우리나라 생태 관광의 문제는 보전적인 입장이 개발의 입장보다 우세한 자원에 대해서도 무분별한 개발을 시도하는 데 있다(수용 능력을 넘어서는 과도한 관광 지양).

② 관광 개발은 경제적인 측면만을 강조(경성 관광, Hardware Tourism)하기보다 문화적 · 환경적으로 국가 발전에 기여하는 방향(연성 관광, Software Tourism)을 정립해야 한다.

③ 환경 친화적인 국토 개발로 생태 관광지가 개발 · 관리되어야 할 것이다.

④ 환경의 질을 높이는 동시에 환경적 · 경제적 측면에서 세대 간 균형을 유지해야 한다.

⑤ 교육과 훈련을 통하여 환경의 중요성을 인식해야 한다.

(4) 지속 가능한 관광 개발을 위한 방안

① 환경적 측면 : 기존의 주거 형태 유지, 지형과 산림 등을 보전한 자연적 형태로 개발, 기존의 시설, 자연과 조화를 이루는 개발, 자연환경 보존을 통한 생물 다양성 유지, 생태 관광의 기준(Guide-line)에 따름 등이다.

② 지역사회적 측면 : 보수 · 복원을 통해 기존 환경 최대 유지, 자연 재료 사용, 상수 · 우수 · 지하수 활용, 공동 주차장 설치, 기존 도로 이용 등

③ 관광객의 측면 : 자연 순응형의 관광 시설물 조성, 기존 시설의 관광시설화(민박 활용 등) 등

참고 **❶ 리우 선언(Rio Earth Charter)**

　　1992년 6월 3일부터 14일까지 브라질 리우데자네이루에서 '지구를 건강하게, 미래를 풍요롭게' 라는 슬로건 아래 개최된 지구 정상회담에서 환경과 개발에 관한 기본 원칙을 담은 선언문으로 법적 구속력은 없지만, 지구 환경 보전과 관련된 국제적 합의나 협약의 기본 지침이 된다.

❷ 마닐라 선언

　　UNWTO(유엔세계관광기구) 소집으로 필리핀 마닐라에서 107개 회원국의 대표단과 91개 옵서버 대표단이 참가한 가운데 1980년 필리핀 마닐라에서 세계 관광 대회가 개최되었는데, 이때 채택한 선언이다. 세계 관광은 그 경제적·사회적 체제에 구애받지 않고 모든 회원국 간의 형평과 주권 평등, 내정 불간섭, 협력의 기초 위에서 인간의 존엄성에 상응하는 생활의 질적 개선과 모든 인류의 보다 나은 생활 조건의 창출을 그 궁극 목표로 할 때 번영할 수 있음을 인식하며 다음을 결의하였다. 관광 발전은 국가의 경제적인 발전과 결부되어있으며, 국민이 지극히 인간적인 자유 시간과 여가의 범위 내에서 창조적 휴식과 휴가를 갖고 여행의 자유를 향유할 때에만 가능하다. 관광의 존속과 발전은 전적으로 지속적인 평화 상태에 의존하고 있으며, 관광은 또한 지속적인 평화 상태의 구현에 기여하여야 한다.

❸ 슬로시티(Slow City)

　　이탈리아(국제 슬로시티 본부가 위치)에서 시작된 자연환경과 전통문화를 보호하고 여유와 느림을 추구하며 살아가는 국제 운동으로, 느리고 작은 지속 가능한 발전 추구를 목표로 한다. 완도군 청산면은 2007년 12월에 아시아 최초로 슬로시티로 지정되었다. 2016년 기준으로 30개국 192개 도시로 확산되었으며, 한국은 담양, 완도, 신안, 하동, 예산, 남양주, 전주, 상주, 청송, 영월, 제천 등의 도시가 슬로시티에 가입하였다.

(5) 지속 가능한 관광 개발과 관련된 주요 정책

① 통합적인 관광자원 관리 구축 : 정부, 관광자, 지역 주민, 투자자, 관광업체 등의 입장을 고려한 통합적인 방법 요구

② 체계적·과학적인 관리 운영 계획 수립 : 관광 목적지의 강점과 취약점, 관광 개발과 관련된 지역 주민의 태도, 지역 구조의 변화, 관광 사업자의 참여 여부 등을 평가하는 피드백 과정을 포함해야 함

③ 의사 결정에서 지역 주민의 적극적 참여 유도 : 지역의 사회 문화 자원의 주체는 지역 주민이므로, 지역의 수공예품, 풍습, 지역 축제, 건축물, 예술과 음악, 역사 유적지 등의 개발에 지역 주민의 참여가 꼭 필요

④ 지역 주민의 관광사업에 관한 교육 프로그램 개발·교육

⑤ 관광사업을 이끌 지도자 발굴·선발

⑥ 관광객에 대한 적절한 해설

⑦ 지역 차원의 자율적인 의견 조정 기구 및 협의체 구성

⑧ 경험의 질 향상을 위해 관광객에게 적절한 해설 프로그램 구비

⑨ 관광사업자용의 교육, 운영 지침, 매뉴얼 작성 필요

⑩ 국민적 차원에서의 필요성 인식 확산

⑪ 여성의 관광 개발 참여 활동 유도

⑫ 청소년층을 위한 관광 프로그램 개발·교육

⑬ 관광 분야의 사회적 수용력 : 경제적 효과와 관광객 만족도를 극대화하고 부정적인 사회적 파급효과와 환경 훼손을 최소화하는 것이 이상적임

⑭ 주기적인 경제적 영향 평가

최신기출 **2016. 4. 9 시행**

다음 설명에 해당하는 것은?

> 1980년 유엔세계관광기구(UNWTO) 107개 회원국 대표단이 참석한 가운데 개최된 세계 관광 대회(WTC)에서 관광 활동은 인간 존엄성의 정신에 입각하여 보장되어야 하며 세계 평화에 기여해야 함을 결의하였다.

① 마닐라 선언   ② 시카고 선언

③ 교토 협약   ④ 리우 회의

정답 ①번

2-2 대안 관광(Alternative Tourism)

(1) 개념

관광자의 대량 이동과 활동으로 야기되는 사회 환경의 부정적 영향을 최소화시키고자 하는 관광의 한 형태를 말한다.

(2) 대안 관광의 특징

① 지역 주민과 제한된 접촉을 하며 장기 체재와 생활 관찰을 한다.

② 개별적이며 비교적 먼 지역으로의 지역 특성에 맞는 적정화된 소규모 관광이다.

③ 분산적 공간 이용이 가능하다.

④ 비수기에도 다양한 관광 동기 유발이 가능하다.

⑤ 환경적·사회적 수용력에 대한 깊은 관심이 있다.

생태 관광(Eco Tourism)

(1) 개념

보존을 우선하면서 인간의 관광 욕구를 충족시킬 수 있는 관광 활동으로, 자연 자원을 절약하고 미래를 대비하여 일부 자원을 보전, 예비 자원으로 남겨두고 현재의 자원을 과용하지 않는다는 것을 전제로 한다.

(2) 생태 관광의 특징

① 자연의 피해를 최소화하는 것에 바탕을 둔 관광이다.

② 지역 주민이 개발을 주도하고 지역 산업을 우선 고려하는 방식의 관광이다.

③ 인간과 자연의 조화와 자연이 수용 능력을 인식하는 내에서의 적절한 운영을 도모하는 관광이다.

(3) 생태 관광의 필요성

① 관광객의 경험적 측면 : 생태 관광은 관광 경험의 질적 측면을 중시

② 환경 보전적 측면 : 생태 관광은 자연의 재생과 회복 기능을 중시하는 소극적인 개발로서 최소한의 환경 파괴만을 용인

③ 생명 존중 측면 : 생태 관광을 통해 동식물을 비롯한 생명체와 생명체 간의 연관 관계에 대해 이해

(4) 우리나라의 생태 관광

① 선진국에 비해 생태 관광에 대한 관심이 부족하여 생태 관광에 대한 인식이 확산되지 못한 실정으로, 관광자원 개발과 관광 수요 촉진과 지역사회에 대한 관심이 요망된다.

② 생태 관광 개발은 경제 · 문화 · 자연보호 · 여가활동 등을 동시에 달성할 수 있도록 해야 한다.

③ 북부 국경 지대(DMZ ; 비무장지대)에 생태 관광 활성화에 도움을 주는 관광자원이 많다. 이 지역에 대한 공동 개발이 필요하다.

(5) 생태 관광의 바람직한 접근 방법

① 생태 관광은 21세기를 주도할 차세대 관광 형식으로 각광받고 있다.

② 우리나라에서도 지역 활성화 수단으로 활용하고 있으며 기대 또한 크다.

③ 선진국 개발 수법의 단순한 모방이나 맹목적인 도입으로 시행착오를 겪지 말아야 한다.

2-4 관광의 역효과를 최소화하기 위한 대안

① 환경정보제도 확립, 정비 및 환경 보전관리지침 확립 시행 : 환경정보시스템 구축, 환경
   영향평가제도, 환경비용 분담, 전문 인력 양성, 자연환경 보존지역의 지정 및 확대
② 최적 수용력의 평가 및 유지 관리(최적 수용력 : 환경 훼손이나 파괴 없이 관광시설의 최
   대한의 이용과 만족을 얻을 수 있는 최대 관광객의 수)
③ 구획제 시행(Strict Control of Land Use by Zoning) : 관광 활동의 집중과 분산의 조정을
   위하여 특정 토지의 이용을 공간적으로 제한하거나 이용 행위를 시간적으로 제한하는 것
   (보호 지역 지정, 완충 지대 설정)
④ 꿀벌통 개발 방식(Honey-pot System) : 환경적으로 보다 민감한 지역에 대한 압력을 경
   감시키기 위하여 환경적으로 덜 민감한 지역에 관광시설의 개발을 촉진함으로써 관광의
   부정적 영향을 최소화시키는 방법(특정 지역에 집중되는 환경적 영향을 분산)
⑤ 이용 강도의 배분(Rationing Use Intensity) : 윤번제나 휴식년제를 도입하거나 예약제나
   선착순 이용제를 도입
⑥ 접근성의 조절(Controlling of Accessibility) : 한정된 접근로만 이용하도록 규제하고 교
   통수단의 접근을 억제하고 도보로만 이용하도록 제한
⑦ 숙박 이용의 최소화

2-5 습지 보전 활동

(1) 습지의 정의

담수나 민물과 바닷물이 만나는 수역 또는 그 물 또는 염수가 영구적 또는 일시적으로 그 표
면을 덮고 있는 지역으로, 내륙 습지와 연안 습지 등이 있다.

(2) 람사르 협약(Ramsar Convention)

1971년 이란의 람사르에서 모여 18개국이 체결, 1975년 정부 간 협약으로 발효된 습지의 보
호와 지속 가능한 이용에 관한 국제조약이다. 정식 명칭은 '물새 서식지로서 특히 국제적으로
중요한 습지에 관한 협약'으로 옮겨 다니는 철새를 보호하려는 것에서 출발하여 깨끗한 습지를
만든다는 취지로 확대되었다. 대한민국은 101번째로 람사르 협약에 가입하였으며 2008년 경
남 창원에서 '제10차 람사르 협약 총회'를 개최하였다.

(3) 습지의 역할

① 물을 지하수층으로 송수
② 유기물 등을 축적·운반

③ 가뭄과 홍수 완화

④ 영양소 보호·유지

(4) 우리나라의 습지 보전 지역

① 강원도 철원 평야 : 철새 서식지로서 주요한 곳

② 우포 늪 : 낙동강 하류에 있는 우리나라 유일의 원시적인 자연 늪의 모습을 간직한 지역

③ 서해안의 갯벌 : 세계 5대 갯벌 중의 하나이지만 습지 파괴 문제가 심각하며 시화호로 인하여 그 심각성이 부각되었음

④ 주남 저수지 : 경남 창원군에 있는 세계적인 철새 도래지

3. 지역개발과 환경 보전

3-1　지역개발과 환경 보전의 관계

(1) 지역개발과 환경 보전의 중요성

환경 친화적인 지역개발을 달성하기 위해서는 자연환경의 훼손을 수반하는 개발을 지양하고 환경 용량이 허용하는 범위 내에서 생태계를 파괴시키지 않고 환경과 조화될 수 있도록 해야 한다.

(2) 환경 친화적인 지역개발

① 자연환경 보전을 위한 자연 생태계 보전 지역으로 지정하여 보호·관리한다.

② 관련 정책의 협의와 조정을 강화하고 사전 환경성을 충분히 검토한다.

③ 개발과 환경을 조화시킬 수 있는 개발 모형을 보급한다.

④ 지방자치단체의 책임과 의무를 강화한다.

⑤ 환경 단체들과 지역 주민들의 지속적인 감시 체제를 유지한다.

3-2　환경 보전 정책 사례

(1) 순천만(전남)

순천시는 2003년 주민과 시민 단체와 손잡고 순천만협의회를 구성해 습지 보존 계획을 세웠다. 개발보다는 보존을 통해 생태 관광지 조성으로 정책 방향을 잡았다. 이런 노력에 힘입어 순천만 갈대숲과 갯벌이 정부의 습지 보호 구역으로 지정되었고 2006년엔 국제습지보호협약인 '람사르 협약'에 등록되었다. 순천시에 따르면 순천만의 연간 입장료 수입은 100억 원이 넘고 관광객 덕분에 파생되는 지역 경제 간접 효과는 연간 1200억 원에 달한다고 한다.

(2) 베이타운 자연 센터(Baytown Nature Center)

베이타운은 미국 텍사스주의 남부 갤버스턴만에 면해있는 도시로 환경 복원을 통해 버려진 공간을 새로운 생태 공간으로 재창조하여 훌륭한 생태 관광지로 변화시켜 지역 경제에 이익을 주었다.

(3) 일본의 쿠시로 국립공원

북해도(홋카이도)에 있는 국립공원으로, 주민들에 의해 습지 보존의 필요성을 강조한 결의안이 채택되어 1987년 국립공원으로 지정되었고 1980년 람사르 협약 가입에 많은 지역 주민의 참여를 유도시켜 지역 주민이 환경 보전을 인식하고 지역사회에 자부심을 갖게 되었다. 일본에서 가장 큰 습지이고 습지 보존이 지역 경제에도 많은 이익을 가져다주었다.

> 참고 UN은 1993년부터 매년 3월 22일을 '세계 물의 날'로 기념하고 있는데, 2016년 물의 날 주제는 '물과 일자리'이다.

1 지속 가능한 관광 개발과 관련이 없는 내용은?

① 브룬트란트 보고서(Our Common Future)   ② 환경 보호와 보존을 고려한다.

③ 경성 관광의 측면이 강하다.   ④ 자연적 형태로의 개발을 중시한다.

 해설   지속 가능한 관광 개발은 연성 관광의 측면이 강하다.

2 지속 가능한 관광 개발을 위한 방안에서 지역사회적 측면과 무관한 것은?

① 생태 관광의 가이드라인에 따른다.   ② 상수 · 우수 · 지하수 등을 활용한다.

③ 공동 주차장을 설치한다.   ④ 기존 도로를 최대한 이용한다.

 해설   생태 관광의 기준(Guide-line)에 따르는 것은 환경적 측면에 해당한다.

3 리우 선언(Rio Earth Charter)에 대한 설명으로 옳지 않은 것은?

① 1992년 브라질 리우데자네이루에서 개최되었다.

② '지구를 건강하게, 미래를 풍요롭게'라는 슬로건을 제시했다.

③ 지구 환경 보전과 관련된 국제적 합의나 협약의 지침이 된다.

④ 서명 국가들 사이에서 법적 구속력이 있다.

 해설   리우 선언은 법적 구속력은 없지만, 지구 환경 보전과 관련된 국제적 합의나 협약의 기본 지침이 된다.

4 대안 관광(Alternative Tourism)의 특징으로 볼 수 없는 것은?

① 지역 주민과 제한된 접촉을 하며 장기 체재와 생활 관찰을 한다.

② 집단적이며 비교적 먼 지역으로의 지역 특성에 맞는 적정화된 대규모 관광이다.

③ 분산적 공간 이용이 가능하다.

④ 비수기에도 다양한 관광 동기 유발이 가능하다.

 해설   대안 관광은 지역 특성에 맞는 적정화된 소규모 관광이다.

정답   1 ③   2 ①   3 ④   4 ②

5 생태 관광(Eco Tourism)에 대한 설명으로 옳지 않은 것은?

① 보존을 우선하면서 인간의 관광 욕구를 충족시킬 수 있는 관광 활동이다.

② 자연의 피해를 최소화하는 것에 바탕을 둔 관광이라 할 수 있다.

③ 중앙정부가 개발을 주도한다.

④ 관광 경험의 질적인 측면을 중시한다.

 해설 생태 관광은 지역 주민이 개발을 주도하고 지역 산업을 우선 고려하는 방식의 관광 형태이다.

6 관광의 역효과를 최소화하기 위한 방안 중 윤번제나 휴식년제의 도입, 예약제나 선착순 이용제 등을 무엇이라고 하는가?

① 이용 강도의 배분   ② 접근성의 조절

③ 꿀벌통 개발 방식   ④ 구획제 시행

정답 5 ③ 6 ①

관광 관련 용어 핵심정리

다크투어(Dark Tour/Tourism) : 전쟁, 학살 등 잔혹한 참상이 벌어졌던 역사적 장소나 재난과 재해가 일어났던 현장을 돌아보며 교훈을 얻기 위해 떠나는 여행을 말한다. 유태인 학살의 장소인 폴란드의 아우슈비츠 수용소, 9·11 테러의 장소인 그라운드 제로, 서대문 형무소 등이 이에 해당한다.

복지 관광(Social Tourism) : 정부 또는 기업이 금액의 일부를 부담하여 소외 계층을 위해 여행을 지원하는 관광이다.

특별 관심 여행(SIT : Special Interest Tour) : 특별한 목적을 가진 관광으로 단순히 명소를 관람하는 것에서 그치지 않고 특별한 관심을 충족시키는 여행이다.

프린시펄(Principal) : 여행업자에 의해 대리되는 회사 또는 개인 영업자로서 항공 회사, 기선 회사, 철도, 버스 회사, 호텔, 그밖에 관광객을 대상으로 영업하는 모든 관광 관련 업체들을 말한다.

가스트로노미아(Gastronomia) : 포도주를 마시면서 식사를 즐기는 식도락 관광(미식가식 여행)이다.

기항지 상륙 여행(Shore Excursion) : 선박 혹은 항공기가 항구나 도시에 도착한 후 출발할 때까지의 기간을 이용하여 일시 상륙 허가를 얻은 승객이 그 부근 도시와 명승지 등을 관광하는 여행, 우리나라는 72시간을 한계로 정해놓고 있다.

생태 관광(Eco Tour/Tourism) : 환경을 고려하지 않는 무분별한 관광 개발을 지양하고 환경 보전을 우선시하면서 관광 욕구를 충족시킬 수 있는 관광 활동을 지향하는 관광으로, 제2차 세계대전이 끝난 후 프랑스에서 처음 시작되었다.

팸 투어(Familization Tour) : 항공사나 여행업체가 관광 상품이나 특정 관광지를 홍보하기 위하여 여행업자나 보도 관계자 등을 초청하여 실시하는 일종의 사전 답사 여행을 말한다.

사회 지향적 마케팅(Social Oriented Marketing) : 적정 이윤의 확보라는 관광 조직 목표의 틀 안에서 자연적·생태적·사회적 영향을 고려하면서 관광객 욕구에 의거한 관광 마케팅의 여러 수단들을 유기적으로 수행하는 활동을 말한다.

관광 포지셔닝(Tour/Tourism Positioning) : 관광 사업에서 제공하는 관광 상품과 서비스에 대한 이미지를 경쟁 업체와 차별화시켜 관광객의 마음속에 위치시키는 노력 등의 제반 활동〈포지셔닝(Positioning) : 시장에서 소비자의 마음속에 자사 제품이나 기업을 관련 시장, 경쟁, 기업의 능력과 관련하여 유리한 위치에 있도록 노력하는 과정〉

PATA(Pacific Asia Travel Association : 아시아 태평양관광협회) : 아메리카에서 태평양 지역으로의 관광객 유치를 목적으로 1951년 정부 관광 기관과 항공 회사가 중심이 되어 미국 하와이에서 설립된 국제 단체로, 한동안 유럽과 미국으로부터 이 지역에 관광객을 유치하는 것이 주된 사업이었으나, 아시아 태평양 지역 내의 상호 교류 촉진이 중요한 사업으로 되고 있다.

유엔세계관광기구(UNWTO : UN World Tourism Organization) : 유엔의 전문 기구로 스페인 마드리드에 본부를 두고 있는 관광에 대한 국제기구로, 1975년 Tourism(관광)이란 용어를 공식적으로 통일했고, 국경 통근자, 유목민, 군인, 외교관, 일시적 및 영구적 이주자 등을 비관광객으로 보았다. 관광객은 방문국에서 1박 이상 체재하는 사람(비거주자, 해외 교포, 항공기 승무원 포함)이다.

포괄 여행/패키지 여행/일괄 알선 여행(Package Tour) : 여행사가 항공, 숙박, 음식점 등을 사전에 대량으로 예약하여 여행 일정 및 가격을 책정하여 여행객을 모집하는 형태의 여행을 말한다.

교육 여행/교육 관광(Educational Tourism) : 관광객의 교양이나 자기 계발을 주목적으로 하는 관광으로 그랜드 투어나 수학여행 등을 포함하는 형태의 관광을 말한다.

Unit Products : 여행사 간 거래 상품으로 대형 여행사가 항공, 숙박, 관광시설 등을 묶어서 중소 여행사에 판 뒤 중소 여행사에서 부족한 부분을 채워 판매하는 것을 말한다.

대중 관광(Mass Tourism) : 교통수단의 발달, 노동시간의 단축에 따른 자유 시간 증대, 관광에 대한 인식 변화, 소득 증대, 대중매체의 발달에 따른 풍부한 정보 등을 배경으로 대중이 참여하는 대규모 관광을 말한다.

대안 관광(Alternative Tourism) : 대량 관광 행위로 인해 환경에 미치는 영향과 사회·문화적 영향을 최소화하려는 것으로 사회적으로 책임성 있고 환경을 인식하는 새로운 형태의 관광이다.

국제통화기금(IMF) : 여행 자유화를 추진하였다.

국제연합(UN) : 1967년을 '국제 관광의 해'로 지정하고 세계 통일 관광마크(월계수로 싼 비둘기)와 '관광은 평화의 여권'이라는 표어를 채택하였다.

인투어리스트(Intourist) : 러시아의 국영 여행사이다.

IIT(Inclusive Independent Tour) : 안내원이 관광지 안내만 서비스하고 그 외의 부분은 여행자가 단독으로 여행하는 방식이다.

ICT(Inclusive Conducted Tour) : 안내원이 전체 여행 기간을 책임지고 안내하는 방식으로 단체 여행에서 일반적으로 활용하는 방식이다.

FIT(Foreign Independent Tour) : 여행 안내원 없이 외국인이 개인적으로 여행하는 형태로 개인 여행에서 일반적이다.

FCT(Foreign Conducted Tour) : 여행 시작부터 완료까지 여행 안내원(Tour Conductor)이 동행하는 행태로 단체 여행에서 일반적이다.

통과 상륙 여행(Over Land Tour) : 동일 국가 내의 어느 기항지로부터 타 기항지까지 항해할 동안 통과 상륙의 허가를 얻어 행하는 3~7일 정도의 여행, 동일 선박에 재승선할 때에 한한다.

국제항공운송협회(IATA) : 여객의 안전과 경제적인 운송의 촉진과 국제항공운송업자 간의 제휴, 운송 회의, 여객 및 화물의 운임 및 요율 문제 등을 심의·조정, 민간 항공 사업자들로 구성되어있다.

지역 간 관광(Inter-regional Tourism) : 여행자가 어느 지역에 속해있는 국가에서 다른 지역에 속하는 국가로 이동하는 형태의 여행이다.

역내 관광(Intra-regional Tourism) : 여행자가 동일 지역 내에 속해있는 국가에서 다른 국가로 이동하는 형태의 여행이다.

인바운드 정책(In-bound Policy) : 외국인이 자국 내에서 행하는 관광 행위 자체와 그를 다루는 여행 업무를 말한다.

아웃바운드 정책(Out-bound Policy) : 내국인의 해외여행 행위 또는 그를 다루는 여행 업무를 말한다.

MICE 산업(Business 관광) : Meeting(기업 회의), Incentives(포상 관광), Conference/Convention(국제회의), Events & Exhibition(이벤트와 행사) 등을 의미한다.

TC(Tour Conductor) : 항공권부터 숙박, 음식까지 여행 일정의 전 관리를 맡고 있는 사람을 말한다.

U-Tourpia : IT 기술을 활용해 지역 관광 안내 체계의 다양한 정보를 제공하는 선진형 관광 안내 서비스를 말한다.

사증(VISA) : 여행하고자 하는 나라로부터 받는 '입국을 허가한다'는 공문서를 말한다.

Itinerary : 여행 일정표를 의미한다.

Economic Coupon : 출발부터 도착 시까지 필요한 철도 승차권, 숙박권, 관광지 관람권 등이 세트로 되어있어서 비수기에 대폭 할인 혜택이 주어지는 우대권을 말한다.

호텔 관련 용어 핵심정리

Turn Away Service : 초과 예약으로 객실이 부족한 경우 예약 손님을 다른 호텔로 안내하는 서비스를 의미한다.

Walk In Guest : 사전에 예약하지 않고 당일에 직접 호텔에 와서 투숙하는 손님을 말한다.

No Show(Guest) : 예약을 하고 항공권도 구입한 여객이 사전 예고 없이 예약한 좌석을 이용하지 않는 것 또는 호텔의 예약객이 사전 연락 없이 방을 사용하지 않는 경우-(의 고객)를 의미한다.

에어텔(Airtel) : 항공편과 숙박권을 묶어서 판매하는 패키지 상품이나 공항 근처의 호텔을 의미한다.

House Keeping : 객실의 관리 및 객실 부문에서 제공되는 서비스의 모든 것으로 객실 청소와 객실의 설비, 가구, 비품류의 정비 그리고 객실용의 린넨류, 소모품류의 관리와 공공장소의 청소와 정비 등을 포함한다.

Turn Down Service : 이미 투숙한 고객의 취침 직전에 제공하는 서비스로 간단한 객실의 청소, 정리 정돈과 잠자리를 돌보아주는 것 등을 포함한다.

European Plan : 객실료와 식사 요금을 분리하여 각각 별도의 계산을 하는 방식으로, 고객에게 식사를 강요하지 않고 고객의 의사에 따라 식사는 별도 제공한다.

초과 요금(Over Charge/Late Departure Charge) : 호텔이 정하는 퇴숙 시간을 넘겨 객실을 사용할 경우에 부과되는 요금으로, 퇴실 시간 및 호텔 규정에 따라 차등적으로 부과된다.

Hold Room Charge : 고객이 항공기 지연이나 개인의 업무상 사정으로 호텔 도착이 늦어질 때, 객실을 예약하고 호텔에 도착하지 않을 때, 그 객실을 타인에게 판매하지 않고 보류시킨 경우로서 당초 예약대로 요금을 징수하는 것을 말한다.

Adjoining Room : 인접 객실로 객실이 같은 방향으로 복도로 나란히 있지만, 객실과 객실 사이에 연결된 문이 없이 이어져 있는 객실을 의미한다.

On Change Room : 정리 정돈을 요하는 객실을 의미한다.

컨시어지(Concierge) : 호텔에 관한 정보나 호텔 외부의 레스토랑, 관광 정보, 극장, 교통편 등의 각종 안내를 담당하며 포괄적인 서비스를 고객에게 제공하는 안내원을 말한다.

BENIKEA : 문화체육관광부 지원하에 한국관광공사가 사업을 하는 한국형 비즈니스호텔 체인브랜드를 의미한다.

House Use Room : 호텔 임원의 숙소로 사용되거나 호텔 사무실이 부족하여 사무실로 사용하는 객실을 의미한다.

커머셜 호텔(상용 호텔 : Commercial Hotel) : 사업상의 목적을 가진 투숙객을 대상으로 하는 비즈니스호텔로 그 특성상 도심지 및 상업 지구에 위치, 스타틀러의 1908년 버펄로 스타틀러호텔 건설이 그 시작이며 스타틀러는 '일반 서민이 부담할 수 있는 가격으로 세계 최고의 서비스를 제공할 것'을 호텔 경영의 이념으로 삼았다.

레퍼럴 조직 호텔(Referral Organization Hotel) : 단독 경영 호텔들이 외국의 호텔들과 상호 협력하여 공동 선전, 판매 전략 및 예약 서비스 등의 획일화를 위한 조직으로 동업자 결합에 의한 경영 방식을 채택한 경우의 호텔을 의미한다.

프랜차이징 호텔(Franchising Hotel) : 일반 호텔과 다를 바 없지만 재무 구조 면에서 차이가 있다. 독립적으로 호텔 기업을 소유하면서 운영할 수 있고 경영 지식, 교육 훈련, 마케팅, 시장조사, 이미지, 예약, 설계 및 실내 장식(Interior), 운영 방식(Operation System), 비용 절감 등에 대하여 충분한 자문을 얻을 수 있다. 다만, 일정 정도의 가맹비(Royalty) 및 기타 비용을 지급하여야 한다.

위탁 경영(계약) 호텔(Management Contract Hotel) : 소유주(소유 회사)와 경영 회사 간의 계약을 통하여 경영 회사 측이 호텔의 총 경영을 책임지고 운영하는 것으로 완전히 소유와 경영이 분리되는 전문 경영 체제 형태이다. 자산 소유주(소유 회사)는 호텔 상품의 판매를 직접 하지 않고 위탁료를 지불하는 조건으로 경영 회사(제3자)에게 판매를 위임하고 일정의 경영 대가인 위탁료(수수료)를 지불한다.

Executive Floor Room : 비즈니스 고객을 위한 특별 전용층에 위치한 객실로 다양한 편의 설비를 구비하고 있다.

Trunk Room : 손님의 화물을 장기간 보관할 수 있는 곳을 의미한다.

Tariff : 호텔요금표(Hotel Tariff), 관세, (식당 등의) 요금(가격)표 등을 의미한다.

Room Service : 고객의 요청으로 호텔 객실에 음료, 식사 등을 보내주는 종사원 또는 호텔의 객실에서 이루어지는 음료, 식사 등의 서비스를 말한다.

Add Charge : 고객에게 부과되는 추가 요금을 의미한다.

Average Rate Per Guest : 숙박객 평균 객실료, 당일 객실 판매 금액을 호텔의 투숙객 수로 나눈 것으로 고객 수에 대한 평균 객실 요금을 의미한다.

Commercial Rate : 상용 요금, 특정한 기업체나 사업을 목적으로 하는 비즈니스 고객에게 할인해 주는 요금 제도를 의미한다.

Day Use Charge(Part Day Use, Day Rate) : 분할 요금, 호텔에서 객실 점유율을 높이기 위해 고객이 주간에 객실을 이용한 요금을 할인하여 받는 요금 방식으로 당일 도착하여 퇴실하는 고객에게 적용된다.

Midnight Charge : 야간 요금, 예약을 한 고객이 당일 영업을 마감한 이후 한밤중이나 다음 날 새벽에 도착했을 때 호텔이 청구하는 요금을 의미한다.

Block Room : 특정 관광 단체, 국제회의 참석자, VIP 등을 위해서 호텔 한 구역의 객실을 사전에 지정해놓은 것을 의미한다.

Out of Order Room : 고장 난 객실을 뜻한다.

Pre−registration : 사전 등록을 의미한다.

Information Clerk : 호텔 내의 전반적인 안내와 관광 안내와 여행, 관광자원, 명소, 도시 등에 관해 소상하고 정확한 정보 및 공항, 열차 등의 교통수단에 관한 지식을 갖고 고객의 요청에 대해 응답해주는 일을 전담하는 종사원을 말한다.

Night Clerk(Graveyard Shift) : 야간 업무 종사자, 주간 근무의 연장으로 미결된 업무를 인계받아 정리하고 마감한다. 프런트 데스크에서 야간에 근무하면서 주로 업무 일지를 작성하고 객실 영업 보고서를 작성하는 것이 주요 업무이다.

Complimentary(Rate) : 호텔이 특별히 접대가 필요한 고객이나 판매 촉진을 목적으로 초청한 고객에 대하여 요금을 무료로 하는 것을 의미한다.
① Comp. on Room : 객실 요금만 무료
② Comp. Room & Meal : 객실 요금과 식사료가 무료
③ Comp. : 호텔 내에서 모든 것이 무료

무사증 통과(TWOV) : 승객이 일정한 조건을 갖추었다면 정식으로 입국 허가(Visa)를 받지 않았더라도 일정 기간을 단기 체류할 수 있는 제도를 의미한다.

No Record Passenger : 예약이 확인된 항공권을 소지하고 있으나 해당 항공사에는 그 좌석에 대해 확인된 기록이 없거나 예약을 접속한 기록이 없는 승객을 말한다.

ETA(Estimated Time of Arrival) : 항공사의 Time Table에서 항공기의 도착 예정 시간을 뜻한다.

운임 후불제(Fly Now Pay Later System) : 팬 아메리카 항공에서 실시하였다.

QIC(입국 절차의 순서) : 검역(Quarantine) – 입국 심사(Immigration) – 세관 검사(Customs)를 의미한다.

Open Ticket : 정상 요금을 지불하고 구입하였으나 출발일자가 명시되지 않은 1년 이내에 사용 가능한 항공권을 의미한다.

Go-show : 사전에 좌석을 확보하지 못한 사람이 공항에 나가서 만약 공석이 있으면 그 좌석을 이용하고 싶다고 희망하는 상태를 의미하는데, 국내선에서는 빈번하다.

Transit : 물건이나 물자의 수송, 운송, 통과, 비행기 쉬는 시간으로 승객이 타 비행편으로 바꾸어 타지 않은 채 동일 비행편이 중간 지점에 착륙하였다가 계속 운송을 하는 상태를 의미한다.

Transfer : 항공기 탑승 시 타고 왔던 비행기가 아닌 동일 항공사 또는 다른 항공사의 다른 비행기로 제한된 시간 내에 갈아타는 환승으로 비행편의 편명이 달라진다.

Stop-over : 중간 기착, 잠시 머무름, 도중 하차를 의미하는데 환승 계획을 24시간 이상으로 조정하여 환승 시간 중 현지 관광을 할 수 있도록 하는 것을 말한다.

Code Share : 공동 운항, 좌석 공유, 비행기 한 대를 가지고 두 항공사가 좌석을 공유 판매하는 것을 의미한다.

Traveler's Check : 여행자수표, 여행자들이 현금을 휴대함으로써 발생하는 분실이나 도난의 위험을 방지하기 위하여 고안된 수표로서, 매장에서 현금처럼 사용하거나 은행이나 환전소에서 현금으로 교환이 가능하다. 1990년 이후 신용카드, 직불카드, 현금인출기 등이 많아지면서 점차 사용이 줄어들고 있는 상태이다.

Security Check : 보안 검사, 공중 납치 예방을 위한 수하물 및 신체검사를 의미한다.

포럼(Forum) : 한 주제에 대해 상반된 견해를 가진 동일 분야의 전문가들이 사회자의 주도하에 청중 앞에서 벌이는 공개 토론회로 청중이 자유롭게 질의에 참여할 수 있으며, 사회자가 의견을 종합한다.

컨벤션(Convention) : 정보 전달을 목적으로 하며 가장 일반적인 회의를 의미한다.

워크숍(Workshop) : 전문적인 기술 또는 아이디어 등을 시험적으로 실시, 검토, 논의하는 회의를 의미한다.

심포지엄(Symposium) : 제안된 안건에 대해 전문가들이 청중 앞에서 벌이는 공개 토론이다.

패널 토의(Panel Discussion) : 제한된 의제에 대한 사회자와 몇 사람의 연사의 공개 토론, 서로 다른 분야의 전문가들이 자신의 견해를 발표하고 청중도 자신의 의견을 발표하는 것이 가능하다.

Russian Service : 미리 준비된 코스요리를 큰 접시(Platter)에 담아 고객에게 보여준 후 서빙포크와 스푼으로 덜어 고객의 작은 접시에 직접 제공하는 서비스 방식을 의미한다.

French Service : 고객 앞에서 직접 음식을 만들어 주거나 미리 만든 음식을 보여준 뒤 접시에 담아 제공하는 호화로운 방식으로 종업원의 숙련된 솜씨가 요구되는 서비스이다.

Table D'hote Restaurant : 정식 식당, 풀코스를 제공하는 식당을 의미한다.

A la Carte Restaurant : 일품요리 식당, 손님의 요구에 따라 각 코스별로 주문이 가능하다.

Hors D'oeuvre(오르되브르) : 전채 요리, 제일 먼저 제공되는 식욕 촉진제, 식사 전에 제공되는 식욕 촉진의 역할을 하는 모든 요리를 총칭한다.

Entrée(앙트레) : 메인 코스, 풍성하고 양이 많은 육류 등이 제공되는 식당이나 만찬에서의 주요리를 의미한다.

Beverage : 식사 후에 마시는 음료, 술, 차 따위의 액체의 총칭을 의미한다.

Brunch : 아침 식사와 점심 식사의 합성어로 아침과 점심 중간에 먹는 병용 식사를 뜻한다.

Marketing Mix : 마케팅 관리자가 마케팅 목표를 달성하기 위하여 마케팅을 구성하는 활동, 즉 마케팅과 관련된 수단들을 최적 상태로 조합한 상태를 의미한다.

최근 출제 문제

2016년 9월 3일 시행

1 부여에 있었던 4조목의 법에 관한 내용으로 옳지 않은 것은?

① 간음을 한 자는 사형에 처한다.

② 남에게 상해를 입힌 자는 곡물로써 배상한다.

③ 살인자는 사형에 처하고 그 가족은 노비로 삼는다.

④ 남의 물건을 훔쳤을 때에는 물건 값의 12배를 배상한다.

 해설　부여의 법으로는 4조목이 전해지고 있다. 1) 살인자는 사형에 처하고 그 가족은 노비로 삼고, 2) 남의 물건을 훔쳤을 때에는 물건 값의 12배를 배상하게 하며(1책12법), 3) 간음한 자와 4) 투기가 심한 부인은 사형에 처한다는 것이다. ②는 고조선의 8조법의 내용이다.

2 다음 시를 지은 고구려의 인물과 관련된 사건으로 옳은 것은?

> 신묘한 계책은 천문을 꿰뚫어 볼 만하고 / 오묘한 전술은 땅의 이치를 다 알았도다.
> 전쟁에서 이겨 공이 이미 높아졌으니 / 만족함을 알거든 그만두기를 바라노라.

① 안시성에서 당나라 군대를 격퇴하였다. 　② 살수에서 수나라 군대를 물리쳤다.

③ 아차산성 전투에서 전사하였다. 　④ 천리장성을 축조하였다.

 해설　「여수장우중문시(與隋將于仲文詩)」는 을지문덕이 살수대첩 직전에 적장 우중문에게 조롱조로 지어 보낸 오언고시로 『삼국사기』에 전한다. 시기 순으로 배열하면 ③ 온달(590), ② 을지문덕(612), ④ 연개소문(631-축조 시작), ① 양만춘(645) 순이다.

3 신라에 있었던 사건을 시기 순으로 바르게 나열한 것은?

> ㉠ 율령의 반포　　　　　　　㉡ 국호를 '신라'로 변경
> ㉢ 고령의 대가야 정복　　　　㉣ 황룡사 9층탑 건립

① ㉠ → ㉡ → ㉢ → ㉣ 　　　　② ㉡ → ㉠ → ㉢ → ㉣

③ ㉢ → ㉣ → ㉠ → ㉡ 　　　　④ ㉣ → ㉢ → ㉡ → ㉠

 해설　시기 순으로 배열하면 ㉡ 지증왕(500~514), ㉠ 법흥왕(514~540), ㉢ 진흥왕(540~576), ㉣ 선덕여왕(632~647) 순이다.

정답　1 ②　2 ②　3 ②

4 밑줄 친 그의 업적으로 옳은 것은?

> 그는 고구려의 내정이 불안한 틈을 타서 신라와 연합하여 일시적으로 한강 유역을 부분적으로 수복하였지만, 곧 신라에게 빼앗기고 자신도 신라를 공격하다가 관산성에서 전사하고 말았다.

① 웅진으로 천도하였다.　　　　　　② 미륵사를 창건하였다.

③ 지방의 22담로에 왕족을 파견하였다.　④ 중앙관청을 22부로 확대 정비하였다.

 해설　시기 순으로 배열하면 ① 문주왕(475), ③ 무령왕, ④ 성왕, ② 무왕 순이다. 무령왕은 지방의 22담로에 왕족을 파견하였다. 성왕은 중앙에 22부의 실무 관청을 설치하였고, 관산성 전투에서 전사하였다(554).

5 다음 (　　)에 들어갈 내용으로 옳은 것은?

> 처음으로 (　　)를/을 제정하였다. 삼한을 통합할 때 조정의 관료들과 군사들에게 그 관계(官階)의 높고 낮음은 논하지 않고, 그 사람의 성품과 행동이 착하고 악함과 공로가 크고 작은가를 참작하여 차등 있게 주었다.　　　－『고려사』

① 역분전　　　　② 구분전　　　　③ 공음전　　　　④ 시정 전시과

 해설　고려의 토지 분급 제도

역분전(태조, 940)	개국공신(논공행상적 성격) : 인품
시정 전시과(경종, 976)	전직 + 현직 관료 : 관품 + 인품
개정 전시과(목종, 998)	전직 + 현직 관료 : 관품
경정 전시과(문종, 1076)	현직 관료 : 관품 → 무신의 처우 개선

6 다음 ㉠, ㉡에 들어갈 내용이 바르게 짝지어진 것은?

> 묘청 등이 아뢰기를 "(　㉠　)의 임원역 땅을 보니 음양가가 말하는 대화세(大華勢)입니다. 만약 궁궐을 세워 여기에 임하시면 천하를 합병할 수 있을 것이요, (　㉡　)가 폐백을 가지고 스스로 항복할 것이며 36국이 다 신하의 나라가 될 것입니다."하였다.　　　－『고려사』

	㉠	㉡		㉠	㉡
①	서경	금나라	②	서경	요나라
③	남경	요나라	④	남경	송나라

 해설　묘청 등 서경파의 주장 : 풍수지리설을 기반으로 한 서경 천도, 황제국 칭호와 독자적 연호의 사용, 금국 정벌

정답　4 ④　5 ①　6 ①

7 고려시대의 사회 상황으로 옳지 <u>않은</u> 것은?

① 궁궐의 잡무를 맡는 남반이 있었다.

② 도살업에 종사하는 계층을 백정이라 하였다.

③ 물가 조절을 위한 상평창이라는 기관이 있었다.

④ 죄지은 자를 본관지로 보내는 귀향이라는 형벌이 있었다.

 해설 고려의 백정이 일반 농민을 의미했던 반면에 조선의 백정(白丁)은 천민으로서 소나 돼지를 도살하는 도살업자를 의미했다.

8 고조선에 대한 설명으로 옳은 것은?

① 상, 대부, 장군 등의 관직이 있었다.

② 신지, 읍차 등의 족장 세력이 있었다.

③ 사자, 조의, 선인 등의 관리가 있었다.

④ 마가, 우가, 저가, 구가 등의 관리가 있었다.

 해설 ② 삼한, ③ 고구려, ④ 부여

9 삼국시대의 문화에 대한 설명으로 옳은 것을 모두 고른 것은?

> ㉠ 백제에서는 지방에 경당을 세워 청소년에게 한학을 가르쳤다.
> ㉡ 고구려에서는 수도에 태학을 세워 유교 경전과 역사서를 가르쳤다.
> ㉢ 신라에서는 청소년이 유교 경전을 공부했음을 임신서기석을 통해 알 수 있다.
> ㉣ 신라에서는 5경박사와 의박사, 역박사 등을 두어 유교 경전과 기술학을 가르쳤다.

① ㉠, ㉡   ② ㉠, ㉣   ③ ㉡, ㉢   ④ ㉢, ㉣

 해설 ㉠ 고구려는 수도에 태학(국립대학)을, 지방에 경당(사립학교)을 설립하였다. ㉣ 백제는 오경박사·의박사·역박사를 설치하였다.

10 고려시대의 대장경에 관한 설명으로 옳지 <u>않은</u> 것은?

① 현종 때 대장경을 처음으로 만들기 시작하였다.

② 대장경은 경·율·논 삼장의 불교 경전을 총칭하는 것이다.

③ 초조대장경은 부인사에 보관하였는데 몽고 침입 때 불에 탔다.

④ 여진의 침입으로부터 왕실을 보호하기 위해 명종 때부터 대장경을 다시 조판하기 시작하였다.

 해설 ④ 몽골 침입의 격퇴 목적으로 대장도감을 설치하여 16년 만에 팔만대장경을 완성하였다.

 정답 | 7 ② 8 ① 9 ③ 10 ④

11 다음 사건을 시기 순으로 바르게 나열한 것은?

> ㉠ 고려의 건국　　　㉡ 발해의 멸망
> ㉢ 후백제의 건국　　　㉣ 경순왕의 고려 귀순

① ㉠ → ㉡ → ㉢ → ㉣
② ㉡ → ㉢ → ㉠ → ㉣
③ ㉢ → ㉠ → ㉡ → ㉣
④ ㉣ → ㉢ → ㉠ → ㉡

 해설　후백제 건국(900) → 후고구려 건국(901) → 고려 건국(918) → 고려 천도(919) → 발해 멸망(926) → 신라 항복(935) → 경순왕 귀순(935) → 후백제 멸망(936)

12 밑줄 친 이 시대의 생활상으로 옳은 것은?

> 　이 시대의 사람들은 돌을 가는 기술을 터득하면서 도구의 형태와 쓰임새가 다양해졌다. 또 진흙으로 그릇을 빚어 불에 구워서 만든 토기를 사용하여 음식물을 조리하거나 저장할 수 있게 되었다.

① 농경을 시작하였다.
② 세형동검을 제작하였다.
③ 거친무늬거울을 사용하였다.
④ 불을 사용하는 방법을 처음으로 알게 되었다.

 해설　②는 철기시대, ③은 청동기시대, ④는 구석기시대이다. ① 신석기시대에 농경과 목축의 시작으로 정착 생활을 시작하였고, 토기를 제작하여 음식을 조리하거나 저장하였다.

13 통일신라의 통치 제도에 관한 설명으로 옳지 않은 것은?

① 감찰 기구인 사정부를 두었다.
② 국자감이라는 교육기관을 설치하였다.
③ 관리 채용을 위하여 독서삼품과를 실시하였다.
④ 집사부에는 시중이라는 관직이 설치되어있었다.

 해설　시대별 국립대학 : 태학(고구려), 국학(통일신라), 주자감(발해), 국자감(고려), 성균관(조선)

정답　**11** ③　**12** ①　**13** ②

14 다음 (   )에 들어갈 내용으로 옳은 것은?

> 일제는 (   )를 탄압하기 위해 총독 암살 음모를 꾀하였다고 사건을 조작하여 민족 지도자 수백 명을 체포, 투옥하고 그중에서 105인을 재판에 회부하였다.

① 근우회　　　　② 신간회　　　　③ 신민회　　　　④ 대한자강회

 해설　일제가 데라우치 총독을 암살하려 했다고 조작한 105인 사건으로 신민회 조직의 실체가 드러나면서 강제로 해체되었다(1911).

15 조선 후기 경제의 모습으로 옳지 않은 것은?

① 공납의 전세화　　② 영정법의 실시　　③ 삼림령의 공포　　④ 상품작물의 재배

 해설　조선총독부는 삼림령(1911)과 임야조사령(1918)을 제정하여 막대한 임야를 국유림으로 만들었다.

16 다음 사건을 시기 순으로 바르게 나열한 것은?

> ㉠ 만민공동회 개최　　　　㉡ 임오군란
> ㉢ 우정국 신설　　　　㉣ 아관파천

① ㉠ → ㉣ → ㉢ → ㉡　　　　② ㉡ → ㉢ → ㉣ → ㉠
③ ㉢ → ㉡ → ㉠ → ㉣　　　　④ ㉣ → ㉠ → ㉡ → ㉢

 해설　시기 순으로 배열하면 ㉡ 임오군란(1882), ㉢ 우정국 신설(1884), ㉣ 아관파천(1896), ㉠ 독립협회의 만민공동회(1898) 순이다.

17 조선 전기에 관한 설명으로 옳은 것을 모두 고른 것은?

> ㉠ 상정고금예문을 강화도에서 금속활자로 인쇄하였다.
> ㉡ 사상의학을 확립한 동의수세보원을 간행하였다.
> ㉢ 주자소를 설치하고 구리로 계미자를 주조하였다.
> ㉣ 소리의 장단과 높낮이를 표현할 수 있는 정간보를 창안하였다.

① ㉠, ㉡　　　② ㉠, ㉣　　　③ ㉡, ㉢　　　④ ㉢, ㉣

 해설　㉠ 고려 인종 때(1234년) 강화도에서 금속활자로 상정고금예문 28부를 인쇄하였다. ㉡ 사상의학을 확립한 이제마의 동의수세보원은 조선 후기에 간행되었다. ㉢은 태종, ㉣은 세종 때의 일이다.

정답 14 ③　15 ③　16 ②　17 ④

18 조선시대 정치기구와 그 기능의 연결이 옳지 않은 것은?

① 중추원 – 관리 비행 감찰

② 승문원 – 외교문서 작성

③ 춘추관 – 역사 편찬 및 보관

④ 한성부 – 수도 치안 담당

 해설 중추원은 군사 기밀(추밀)과 왕명의 출납(승선)을 담당한 고려의 중앙 통치 기구이다. 조선의 사헌부는 관리의 비리 감찰 기구이다.

19 조선 전기에 제작된 역사서로 옳은 것은?

① 삼국유사

② 금석과안록

③ 고려사절요

④ 오주연문장전산고

 해설 ② 고려사절요는 문종 때에 김종서 등이 왕명으로 완성한 것으로 기전체 역사서인 고려사를 축약한 편년체 사서이다. ③ 금석과안록에는 추사 김정희의 금석학 연구가 집대성되어있다. ④ 이덕무의 손자인 이규경(오주)이 쓴, '문장을 부연하여(연문) 긴 부전지를 붙인(장전) 이런저런 글(산고)'이란 뜻의 방대한 주제의 백과사전이다.

20 다음의 내용과 관련된 것으로 옳은 것은?

> 조선시대 서리, 잡학인, 신량역천인, 노비 등이 소속되어 유사시에 대비하게 한 예비군의 일종이다.

① 갑사

② 삼수병

③ 신보군

④ 잡색군

 해설 ① 갑사는 간단한 시험을 통해 선발한 직업군인으로 근무 기간에 따라 품계와 녹봉을 받았다. ② 훈련도감은 임진왜란 중에 포수 · 사수 · 살수의 삼수병 중심으로 구성되었다. ③ 여진족을 정벌하기 위한 윤관의 별무반은 신기군(기병) · 신보군(보병) · 항마군(승병)으로 편성되었다.

21 조선 전기 문화에 관한 설명으로 옳은 것은?

① 유득공은 발해고에서 발해의 역사를 본격적으로 다루었다.

② 이중환은 택리지에서 지리적 환경 및 풍속을 자세히 조사하였다.

③ 김정호는 대동여지도에서 산맥, 하천과 함께 도로망을 자세히 표시하였다.

④ 정초는 농사직설에서 우리나라 농토와 현실에 알맞은 농사짓는 법을 소개하였다.

 해설 1429년 세종 때 정초가 편찬한 농사직설은 현존하는 가장 오래된 농서로, 우리나라 최초의 종합 농업기술서이다. 발해고, 택리지, 대동여지도는 조선 후기의 성취이다.

정답 18 ① 19 ③ 20 ④ 21 ④

22 조선시대 통신사에 관한 설명으로 옳은 것을 모두 고른 것은?

> ㉠ 매년 정기적으로 파견하였다. ㉡ 일본의 요청에 의해 파견이 이루어졌다.
> ㉢ 조선의 선진 문화를 전파하는 역할을 하였다.

① ㉠ ② ㉠, ㉡ ③ ㉠, ㉢ ④ ㉡, ㉢

 해설 조선 통신사는 17세기부터 19세기의 근대화 이전까지 에도 막부의 여러 차례에 걸친 간절한 요청에 따라 조선에서 일본으로 파견되어 양국 문화 교류의 중심 역할을 했던 외교 사절단이다. 1607년(선조 40)부터 1811년(순조 11)까지 약 200여 년간 총 12차례 파견되었다.

23 조선시대 유향소에 관한 설명으로 옳은 것을 모두 고른 것은?

> ㉠ 향촌 자치를 위하여 설치한 기구이다. ㉡ 소과 합격자를 입학 대상으로 하였다.
> ㉢ 백성을 교화하고 수령의 자문에 응하였다.
> ㉣ 중등교육기관으로 성현에 대한 제사를 담당하였다.

① ㉠, ㉢ ② ㉠, ㉣ ③ ㉡, ㉢ ④ ㉡, ㉣

 해설 유향소(향청)는 지방 양반들의 향촌 자치 기구로 수령에게 자문을 제공하고, 향리를 감찰하며 여론을 형성하고 풍속을 교정하였다. ㉡ 소과의 합격자들은 성균관에 입학하거나 대과에 응시할 수 있었다. ㉣ 조선시대 중등교육기관으로 향교(지방)와 사부학당(한양)이 있었다.

24 다음의 내용과 관련된 것으로 옳은 것은?

> 영국인 베델이 발행인으로 참여하여 통감부의 극심한 통제에도 불구하고 일본의 침략에 반대하는 논설을 실어, 민족의 여론을 불러일으키는 데 커다란 공헌을 하였다.

① 독립신문 ② 제국신문 ③ 황성신문 ④ 대한매일신보

 해설 대한매일신보는 발행인이 영국인인 베델(배설)이었기에 통감부의 검열을 피할 수 있었으며 국한문·한글·영문판 등 3종을 합해 발행 부수가 1만 부에 달하는, 당시 최대의 신문이었다.

25 다음의 업적과 관련된 왕으로 옳은 것은?

> • 속대전을 편찬하였다. • 지나친 형벌이나 악형을 금지하였다.
> • 백성의 부담을 줄여주기 위해 균역법을 시행하였다.

① 성종 ② 숙종 ③ 영조 ④ 정조

 해설 영조의 탕평정치 : 서원 정리, 이조전랑의 권한 약화, 균역법 시행, 가혹한 형벌 폐지, 사형수에 대한 삼심제 시행, 속대전 편찬 등

정답 22 ④ 23 ① 24 ④ 25 ③

관광자원해설

26 조선 태조 이성계의 어진(御眞)을 모신 곳은?

① 안동 고산서원　　　　　　　　② 영주 소수서원

③ 전주 경기전　　　　　　　　　④ 경주 옥산서원

 태조 이성계의 어진(국보 제317호)을 모신 전주 경기전(사적 제339호)은 조경묘, 전주사고, 태실 등의 유적
이 있다. 경내에 너른 대나무 숲길과 울창한 나무들이 많아 산책하기에 좋고, 시설이 잘 보존되어있어 역사
드라마와 영화 등의 촬영지로도 유명한 곳이다. 전북 전주시 완산구 풍남동에 있다.

27 다음에서 설명하는 유적지는?

> 　조선 인조부터 철종에 이르기까지 임금이 이궁(離宮)으로 사용하였으며, 서궐(西闕)이
> 라고도 불렸다.

① 경복궁　　　　　　　　　　　② 경희궁

③ 창덕궁　　　　　　　　　　　④ 덕수궁

 경희궁은 1617년(광해군 9)부터 짓기 시작하여 1623년(광해군 15)에 완성한 조선 후기의 이궁이었다. 처
음 명칭은 경덕궁이었으나 원종의 시호인 경덕(敬德)과 같은 발음이라 하여 1760년(영조 36) 경희궁으로
바꾸었다. 도성의 서쪽에 있다고 하여 서궐이라고도 불렸는데, 이는 창덕궁과 창경궁을 합하여 동궐이라
고 불렸던 것과 대비되는 명칭이다. 인조 이후 철종에 이르기까지 10대에 걸쳐 임금들이 경희궁에 머물
렀는데, 특히 영조는 치세의 절반을 이곳에서 보냈다. 일제강점기인 1910년 일본인 학교였던 경성중학교
가 들어서면서 대부분의 궁궐 건물이 헐려 나갔고, 그 면적도 절반 이하로 축소되어 궁궐의 본모습을 잃
어버렸다.

28 국내에서 '람사르 습지'로 가장 먼저 지정된 고층습원 지역은?

① 순천 동천하구　　　　　　　② 고창 · 부안갯벌

③ 두웅습지　　　　　　　　　④ 대암산용늪

 강원도 인제군 서화면 대암산의 큰용늪과 작은용늪 일원의 대암산용늪은 국내 유일의 고층습원이다. 1997
년 3월 28일 우리나라 최초의 람사르 습지로 등록되었다.

정답　26 ③　27 ②　28 ④

29 농림축산식품부가 지정한 국가 중요 농업 유산을 모두 고른 것은?

> ㉠ 제주 흑룡만리 돌담 밭　　　　㉡ 거제 대나무밭
> ㉢ 구례 모시농업　　　　　　　　㉣ 전남 청산도 구들장 논

① ㉠, ㉡　　　　② ㉠, ㉣　　　　③ ㉡, ㉢　　　　④ ㉢, ㉣

 국가 중요 농업 유산(2015. 3. 기준) : 전남 완도 청산도 구들장 논, 제주도의 흑룡만리 돌담 밭, 전남 구례 산수유농업, 전남 담양대나무밭, 충남 금산 인삼농업, 경남 하동 전통 차농업

30 관광자원에 관한 설명으로 옳지 않은 것은?

① 관광자원의 매력성은 시대 등의 변화에도 불변한다.
② 관광자원은 보호와 보존, 개발 등의 조화가 필요하다.
③ 관광자원의 범위는 다양하게 확대되고 있다.
④ 관광객의 관광 욕구나 동기 유발의 유인성을 지녀야 한다.

 관광자원은 기술 발달, 시대 변화, 사회적 조건 등에 따라 달라지는 가변성을 갖는다.

31 자연 호수와 지명의 연결이 옳지 않은 것은?

① 송지호 – 강원도 원주시　　　　② 경포호 – 강원도 강릉시
③ 화진포호 – 강원도 고성군　　　④ 영랑호 – 강원도 속초시

 석호(潟湖)는 후빙기 해수면 상승으로 만이 형성된 후, 사주가 만을 가로막아 형성된 해안지형이다. 원주는 신라의 북원경, 조선의 강원감영이 있던 내륙 지역이다.

32 다음 설명에 해당하는 해수욕장을 순서대로 나열한 것은?

> ㉠ 서해안에 위치하고, 머드축제가 열리며 패각모래가 특징이다.
> ㉡ 제주도에 위치하고 있는 활처럼 굽은 해수욕장으로, 흑 · 백 · 적 · 회색 등의 모래가 특징이다.

① 대천해수욕장, 중문해수욕장　　② 함덕해수욕장, 일광해수욕장
③ 구룡포해수욕장, 중문해수욕장　④ 대천해수욕장, 구룡포해수욕장

 ㉠ 길이 3.5 km, 폭 100 m에 달하는 대형의 백사장에서 매년 7월에 열리는 보령머드축제는 국내외의 관심을 끌고 있다. ㉡ 길이 560 m, 폭 50 m의 활처럼 굽은 긴 백사장과 흑 · 백 · 적 · 회색 등의 4가지 색을 띤 '진모살'이라는 모래가 특이하다.

정답　29 ②　30 ①　31 ①　32 ①

33 단양8경에 해당하는 지역을 모두 고른 것은?

> ㉠ 을밀대 ㉡ 구담봉 ㉢ 옥순봉
> ㉣ 가의도 ㉤ 삼일포 ㉥ 하선암

① ㉠, ㉡, ㉢ ② ㉡, ㉣

③ ㉡, ㉢, ㉥ ④ ㉢, ㉤, ㉥

단양8경은 도담삼봉, 석문, 구담봉, 옥순봉, 상선암, 중선암, 하선암, 사인암이다. ㉠ 평양8경은 을밀대의 봄맞이, 부벽루의 달구경, 영명사를 찾아드는 중들, 보통강 나루의 나그네 배웅, 거문 앞 대동강의 뱃놀이, 애련당의 빗물소리, 용악산의 늦가을 푸른 숲, 마탄여울의 눈석이(이른 봄 눈이 녹는 것)이다. ㉣ 태안8경은 백화산, 안흥성, 안면송림, 만리포, 신두사구, 가의도, 몽산포, 할미·할아비 바위이다. ㉤ 관동8경은 통천 총석정, 고성 삼일포, 고성 청간정, 양양 낙산사, 강릉 경포대, 삼척 죽서루, 울진 망양정, 울진 월송정이다.

34 죽은 사람의 영혼을 극락으로 보내기 위해 치르는 불교 의식은?

① 연등회 ② 처용무

③ 천도재 ④ 팔관회

천도재는 죽은 이의 영혼을 극락으로 보내기 위해 치르는 불교 의식이다. ④ 팔관회는 삼국시대에 시작해 고려시대에는 때로 중단된 적도 있었으나, 고려 멸망 때까지 지속되었던 가장 큰 국가 행사로서 연등회와 쌍벽을 이루었다. 불교적 성격과 함께 토속적·도교적 성격이 포함된 것으로 개경에서는 11월 15일, 서경에서는 10월에 개최하는 것을 원칙으로 하였다. 송·거란·여진·일본·동남아시아·아라비아 등지의 많은 상인들이 와서 참관 및 교역을 하였다.

35 2012 여수세계박람회에 관한 설명으로 옳지 않은 것은?

① 박람회의 주제는 '살아있는 바다, 숨 쉬는 연안'이다.

② 박람회 마스코트로는 '여니'와 '수니'가 있다.

③ 박람회 성과를 기념하고, 효율적 시설 활용을 위해 박람회재단이 조직되었다.

④ 한·중·일 연합컨벤션뷰로(CVB)가 공동 개최한 박람회이다.

2012 여수세계박람회는 1993년 대전엑스포 이후 19년 만에 개최된 국제박람회기구(BIE) 인정박람회로, 2012년 5월 12부터 8월 12일까지 93일간 여수신항 일대에서 열렸다.

정답 33 ③ 34 ③ 35 ④

36 다음에서 설명하는 문화 유적지는?

> • 1907년 일본인이 설계한 목조건물로 경성감옥이라 불렸다.
> • 1987년까지 민주화 운동 관련 인사들이 수감되는 등 한국 근현대사의 상징적 장소이다.
> • 1988년에는 사적 제324호로 지정, 2007년에는 제1종 전문박물관으로 등록되었다.

① 제주 항일기념관   ② 거제도 포로수용소

③ 서울 구(舊) 서대문형무소   ④ 천안 독립기념관

 서대문형무소역사관은 근현대 우리 민족의 수난과 고통을 상징하였던 서대문형무소를 보존·전시하고 있는 박물관이다. 일제강점기에는 조국의 독립을 쟁취하고자 일본제국주의에 맞서 싸웠던 독립운동가들이, 해방 이후 독재 정권기에는 민주화를 이루고자 독재 정권에 맞서 싸웠던 민주화 운동가들이 옥고를 치르고 희생당하였던 현장이다.

37 개최지와 지역문화축제의 연결이 옳지 않은 것은?

① 산청 – 지리산한방약초축제   ② 일산 – 약령시한방문화축제

③ 화천 – 산천어축제   ④ 풍기 – 인삼축제

 대구약령시 한방문화축제는 조선시대 약령시 개장 행사를 현대적으로 승화시켜 1978년 제1회 달구벌 축제 행사의 일환으로 개장 행사가 개최된 것을 기점으로 매년 5월 초 전통 한의약 축제로 대구 약전골목 일원에서 개최된다.

38 다음에서 설명하는 것은?

> 마을 어귀의 고갯마루 등에 있는 고목이나 돌무더기를 마을의 수호신으로 상징하고 숭배하며, 옆에 당(堂)을 짓기도 하였다.

① 성주신   ② 지신   ③ 조왕신   ④ 성황신

 옛사람들은 집안의 장소마다 그곳을 관장하는 신이 있다고 믿었다. 집안의 모든 일을 관장하는 최고신인 마루에 성주신과 안방에 삼신, 부엌에 조왕신, 장독에 철륭신, 측간에 측신 등이 그것이다.

39 우리나라 국립공원에 관한 설명으로 옳지 않은 것은?

① 현재 우리나라 국립공원은 모두 21개소이다.

② 태백산국립공원은 2016년 8월에 공식 지정되었다.

③ 우리나라 해상 국립공원은 모두 4개소이다.

④ 국립공원은 사적(도시)형, 해안형, 산악형으로 구분 가능하다.

 2016년 8월에 태백산 도립공원이 국립공원으로 승격, 지정됨에 따라 우리나라의 국립공원은 모두 22개소가 되었다.

정답   36 ③   37 ②   38 ④   39 ①

40 **다음에서 설명하는 문화 유적지는?**

- 사적 제116호로 지정된 조선시대의 읍성으로, 왜구 침입에 효율적으로 방어하기 위한 거점성이었다.
- 성(城)내에는 천주교인들이 갇혀있던 감옥터와 고문을 받았던 회화나무가 있어, 오늘날 천주교인들의 순례지가 되고 있다.
- 충무공 이순신이 군관으로 근무하기도 하였다.

① 동래읍성　　　② 낙안읍성　　　③ 해미읍성　　　④ 고창읍성

 해설　① 임진왜란 때 부산진성과 함께 왜군의 1차 공격 목표가 되어, 동래부사 송상현이 전사하였다. ② 현존하는 조선시대의 읍성들 가운데 원형이 잘 보존된 순천 낙안읍성(사적 제302호)은 2011년 유네스코 세계문화유산 잠정 목록으로 등재되어있다. ④ 고창읍성(사적 제145호)은 나지막한 야산을 이용해 높이 4~6 m의 성곽을 1.7 km 정도로 동그랗게 둘러친 형태로 쌓은 전략적 요충지였다.

41 **다음에서 설명하는 문화 생태 탐방로는?**

- 2013년 문화체육관광부가 지정한 문화 생태 탐방로의 하나이다.
- 부산 오륙도에서 강원도 고성의 통일전망대에 이르는 광역 탐방로이다.
- 떠오르는 해와 푸른 바다를 바라보며, 파도 소리를 벗 삼아 함께 걷는 길이라는 의미이다.

① 아리랑길　　　② 무돌길　　　③ 슬로길　　　④ 해파랑길

 해설　진도 아리랑길, 무등산자락 무돌길, 청산도 슬로길, 부산 · 울산 · 경주 · 포항 · 영덕 · 울진 · 삼척 · 동해 · 강릉 · 양양 · 속초 · 고성을 연결하는 해파랑길 등 48개의 문화 생태 탐방로가 개발되어있다.

42 **다음에서 설명하는 불상은?**

- 국보 제78호, 의자 위에 앉아 오른발을 왼쪽다리 위에 올려놓고, 오른쪽 팔꿈치를 무릎 위에 올린 채 손가락을 뺨에 댄 모습의 보살상으로 높이는 80 cm이다.
- 상체는 당당하면서도 곧고 늘씬한 모습이며, 하체에서는 우아한 곡선미를 엿볼 수 있다.

① 서산 용현리 마애여래삼존상　　　② 부석사 소조여래좌상
③ 금동미륵보살반가사유상　　　④ 도피안사 철조비로자나불좌상

 해설　의자에 앉아 다리를 꼬고, 손으로 턱을 괴며 명상을 하는 형상의 반가사유상은 불상 가운데 제작하기가 가장 어려우며 주로 미륵보살상으로 일컬어진다.

정답　40 ③　41 ④　42 ③

43 유네스코에 등재된 인류무형문화유산이 아닌 것은?

① 그네뛰기   ② 강강술래

③ 아리랑   ④ 김장문화

 해설 한국의 유네스코 인류무형문화유산(18건) : 종묘제례 및 종묘제례악(2001), 판소리(2003), 강릉단오제(2005), 강강술래(2009), 남사당놀이(2009), 영산재(2009), 제주칠머리당 영등굿(2009), 처용무(2009), 가곡(2010), 대목장(2010), 매사냥(2010), 줄타기(2011), 택견(2011), 한산모시짜기(2011), 아리랑(2012), 김장문화(2013), 농악(2014), 줄다리기(2015)

44 다음에서 설명하는 조선시대의 화가는?

> 조선 전기 화단을 대표하는 산수화의 대가로서, 대표 작품은 '몽유도원도(夢遊桃源圖)' 등이 있다.

① 신윤복   ② 안견

③ 정선   ④ 김홍도

 해설 안평대군의 꿈에 나온 무릉도원을 안견이 화폭에 옮겨 담은 몽유도원도는 현재 일본의 중요문화재 1152호로 지정되어있다.

45 방과 방 사이, 방과 마루 사이에 칸을 막아 끼우는 문(門)은?

① 장지문   ② 일주문

③ 판문   ④ 홍살문

 해설 ② 사찰에서 일주문(一柱門)은 산문에 들어서는 첫 번째 문이다. ③ 판문(板門)은 문의 울거미를 짜고, 그 안에 널을 붙인 문 또는 띠장을 가로 대고 널을 그 한 면에 붙여 댄 문이다. ④ 홍살문(紅─門)은 붉은색을 한 길쭉한 2개의 나무 기둥 사이 위쪽에 화살 모양의 나무가 나란히 꽂혀있고 중앙에는 태극 문양이 그려진 지붕 없는 문으로 신성한 공간이 시작됨을 알리는 표시이다.

46 왕이 군사 및 행정상 중요한 지역에 가서 임시로 머무는 성(城)은?

① 읍성   ② 행재성

③ 궁성   ④ 도성

 해설 ① 읍성은 지방의 주요 거점에 군사적 · 행정적인 목적으로 축조한 성곽으로 성 안에 관청과 민가를 함께 수용하였다. ③ 궁성은 왕이 거처하며 통치하는 궁궐을 중심으로 한 왕성이다. ④ 도성은 왕궁이 있는 도읍지에 수도를 방어하기 위해 쌓은 성곽이다.

 정답   43 ①   44 ②   45 ①   46 ②

47 서울특별시에 소재한 왕릉이 아닌 것은?

① 장릉 ② 태릉 ③ 정릉 ④ 헌릉

 해설 서울의 왕릉은 정릉(貞陵–태조의 계비 신덕왕후 강씨), 헌릉(3대 정종과 원경왕후 민씨), 인릉(23대 순조와 순원왕후 김씨), 선릉(9대 성종과 계비 정현왕후 윤씨), 정릉(靖陵–11대 중종), 태릉(11대 중종의 2계비 문정왕후 윤씨), 강릉(13대 명종과 인순왕후 심씨), 의릉(20대 경종과 계비 선의왕후 어씨)이다. ① 장릉(6대 단종)은 도성에서 가장 먼 강원도 영월에 있다.

48 한국 전통 건물에 붙는 명칭으로 가장 격조가 높은 것은?

① 재(齋) ② 각(閣) ③ 당(堂) ④ 전(展)

 해설 건물 규모에 따라, 현판의 끝 글자를 전당합각재헌루정(殿堂閤閣齋軒樓亭)으로 구분하였다.

49 유네스코 세계유산으로 등재된 경주역사유적지구 중 첨성대, 동궁, 계림 등이 산재한 지구는?

① 대릉원지구 ② 월성지구 ③ 남산지구 ④ 황룡사지구

 해설 2000년 12월 세계유산으로 등재된 경주역사유적지구는 유적의 성격에 따라 모두 5개 지구로 나누어져 있다. 남산지구에는 나정, 포석정과 미륵곡 석불좌상, 배리 석불입상, 칠불암 마애석불 등 수많은 불교 유적이 산재해있다. 월성지구에는 월성, 계림, 임해전지, 첨성대 등이 있다. 대릉원지구는 구획에 따라 황남리 고분군, 노동리 고분군, 노서리 고분군 등으로 부르고 있다. 신라 문화의 정수를 보여주는 금관, 천마도, 유리잔, 각종 토기 등 당시의 생활상을 파악할 수 있는 귀중한 유물들이 출토되었다. 황룡사지구에는 황룡사지와 분황사가 있으며, 산성지구에는 명활산성이 있다.

50 다음에서 설명하는 민속놀이는?

> • 음력 정월대보름에 여자들이 하는 민속놀이이다.
> • 공주로 뽑힌 소녀가 한 줄로 늘어선 여자들의 등을 밟고 걸어간다.
> • 공민왕과 노국공주의 피난에서 유래되었다는 설이 전해진다.

① 밀양백중놀이 ② 송파산대놀이 ③ 송파다리밟기 ④ 안동놋다리밟기

 해설 고려 공민왕이 홍건적의 난을 피해 안동으로 몽진을 와 소야천에 다다랐을 때, 안동의 부녀자들이 왕후인 노국공주의 발이 물에 젖지 않도록 허리를 굽혀 사람다리를 만들어 강을 건너게 했다는 이야기가 전해진다.

정답 **47** ① **48** ④ **49** ② **50** ④

1 관광진흥법령상 특별자치도지사 · 시장 · 군수 · 구청장의 허가를 받아야 하는 관광사업은?

① 종합유원시설업

② 국제회의업

③ 카지노업

④ 휴양콘도미니엄업

2 관광진흥법령상 식품위생법령에 따른 유흥주점 영업의 허가를 받은 자가 관광객이 이용하기 적합한 한국 전통 분위기의 시설을 갖추어 그 시설을 이용하는 자에게 음식을 제공하고 노래와 춤을 감상하게 하거나 춤을 추게 하는 관광사업은?

① 관광극장유흥업

② 관광유흥음식점업

③ 외국인전용 유흥음식점업

④ 관광공연장업

3 관광진흥법령상 지역별 관광협회에 지정 신청을 해야 하는 관광편의시설업은?

① 관광순환버스업

② 여객자동차터미널시설업

③ 관광궤도업

④ 관광면세업

4 관광진흥법령상 관광사업자가 아닌 자가 상호에 포함하여 사용할 수 없는 명칭을 모두 고른 것은?

> ㉠ 관광숙박업과 유사한 영업의 경우 : 관광호텔과 휴양콘도미니엄
> ㉡ 관광공연장업과 유사한 영업의 경우 : 관광공연
> ㉢ 관광펜션업과 유사한 영업의 경우 : 관광펜션
> ㉣ 관광면세업과 유사한 영업의 경우 : 관광면세

① ㉠, ㉢

② ㉡, ㉣

③ ㉠, ㉡, ㉣

④ ㉠, ㉡, ㉢, ㉣

정답 1 ① 2 ② 3 ② 4 ④

5 관광진흥법상 관광시설의 타인 경영 및 처분과 위탁 경영에 관한 설명으로 옳지 않은 것은?

① 관광진흥법에 따른 안전성검사를 받아야 하는 유기 시설 및 유기 기구는 타인에게 경영
하도록 할 수 없다.

② 카지노업의 허가를 받는 데 필요한 시설과 기구는 그 용도로 계속하여 사용하는 것을 조
건으로 타인에게 처분할 수 없다.

③ 관광사업자가 관광숙박업의 객실을 타인에게 위탁하여 경영하게 하는 경우, 해당 시설
의 경영은 관광사업자의 명의로 하여야 한다.

④ 관광사업자가 관광숙박업의 객실을 타인에게 위탁하여 경영하게 하는 경우, 이용자 또
는 제3자와의 거래 행위에 따른 대외적 책임은 위탁받은 자가 부담하여야 한다.

6 관광진흥법령상 관광숙박업 등의 등급 결정에 관한 설명으로 옳지 않은 것은?

① 호텔업 등급 결정의 유효기간은 등급 결정을 받은 날부터 3년으로 한다.

② 관광호텔업 등급 결정 보류의 통지를 받은 신청인은 그 보류의 통지를 받은 날부터 60
일 이내에 신청한 등급과 동일한 등급 또는 낮은 등급으로 호텔업 등급 결정의 재신청을
하여야 한다.

③ 관광펜션업을 신규 등록한 경우 희망하는 등급을 정하여 등급 결정을 신청하여야 한다.

④ 등급 결정 수탁 기관은 평가의 공정성을 위하여 필요하다고 인정하는 경우에는 평가를
마칠 때까지 평가의 일정 등을 신청인에게 알리지 아니할 수 있다.

7 관광진흥법령상 손익계산서에 표시된 직전 사업연도의 매출액이 2천억 원인 일반여행업자가
기획여행을 실시하려는 경우 추가로 가입하거나 예치하고 유지하여야 할 보증보험 등의 가입
금액 또는 영업보증금의 예치 금액은?

① 2억 원   ② 3억 원   ③ 5억 원   ④ 7억 원

8 관광진흥법령상 폐광 지역 카지노 사업자의 영업 준칙에 관한 설명으로 옳지 않은 것은?

① 매일 오전 6시부터 오전 10시까지는 영업을 하여서는 아니 된다.

② 머신게임의 게임기 전체 수량 중 2분의 1 이상은 그 머신게임기에 거는 금액의 단위가
100원 이하인 기기를 설치하여 운영하여야 한다.

③ 카지노 이용자에게 자금을 대여하여서는 아니 된다.

④ 모든 카지노 영업장에서는 주류를 판매하거나 제공하여서는 아니 된다.

🖉 해설   카지노 영업소는 회원용 영업장과 일반 영업장으로 구분하여 운영하는데, 일반 영업장에서는 주류를 판매
하거나 제공하여서는 아니 된다.

정답   5 ④   6 ③   7 ④   8 ④

9 관광진흥법령에 따른 행정처분 시 법령에 명시된 처분 감경 사유가 아닌 것은?

① 위반 행위가 고의나 중대한 과실이 아닌 사소한 부주의나 오류로 인한 것으로 인정되는 경우
② 위반 행위를 즉시 시정하고 소비자 피해를 보상한 경우
③ 위반의 내용·정도가 경미하여 소비자에게 미치는 피해가 적다고 인정되는 경우
④ 위반 행위자가 처음 해당 위반 행위를 한 경우로서, 5년 이상 관광사업을 모범적으로 해 온 사실이 인정되는 경우

10 관광진흥법상 관할 등록기관 등의 장이 관광사업의 등록 등을 취소할 수 있는 사유가 아닌 것은?

① 등록 기준에 적합하지 아니하게 된 경우
② 관광진흥법을 위반하여 관광사업의 시설을 타인에게 처분하거나 타인에게 경영하도록 한 경우
③ 지나친 사행심 유발을 방지하기 위한 문화체육관광부장관의 지도와 명령을 카지노 사업자가 이행하지 아니한 경우
④ 관광진흥법에 따른 보험 또는 공제에 가입하지 아니하거나 영업보증금을 예치하지 아니한 경우

11 관광진흥법상 관할 등록기관 등의 장이 영업소를 폐쇄하기 위하여 취할 수 있는 조치로서 명시되지 않은 것은?

① 해당 영업소의 간판이나 그 밖의 영업 표지물의 제거 또는 삭제
② 영업에 사용되는 시설물 또는 기구 등에 대한 압류
③ 해당 영업소가 적법한 영업소가 아니라는 것을 알리는 게시물 등의 부착
④ 영업을 위하여 꼭 필요한 시설물 또는 기구 등을 사용할 수 없게 하는 봉인

12 관광진흥법상 (   )에 들어갈 내용이 순서대로 옳은 것은?

> 관할 등록기관 등의 장은 관광사업자에게 사업 정지를 명하여야 하는 경우로서 그 사업의 정지가 그 이용자 등에게 심한 불편을 주거나 그밖에 공익을 해칠 우려가 있으면 사업 정지 처분을 갈음하여 (   ) 이하의 (   )을/를 부과할 수 있다.

① 1천만 원, 벌금 ② 1천만 원, 과태료
③ 2천만 원, 과징금 ④ 3천만 원, 이행강제금

정답 9 ② 10 ③ 11 ② 12 ③

13 관광진흥법령상 관할 등록기관 등의 장이 4성급 이상의 관광호텔업의 총괄 관리 및 경영 업무에 종사하도록 해당 관광사업자에게 권고할 수 있는 관광 종사원의 자격은?

① 호텔경영사

② 호텔관리사

③ 관광통역안내사

④ 호텔서비스사

14 관광진흥법령상 관광숙박업에 해당하는 것을 모두 고른 것은?

㉠ 한옥체험업	㉡ 호스텔업
㉢ 의료관광호텔업	㉣ 외국인관광 도시민박업

① ㉠, ㉡

② ㉡, ㉢

③ ㉠, ㉢, ㉣

④ ㉡, ㉢, ㉣

15 관광진흥법령상 여행 계약 등에 관한 설명으로 옳지 않은 것은?

① 여행업자는 여행자와 계약을 체결할 때에는 여행자를 보호하기 위하여 해당 여행지에 대한 안전 정보를 서면으로 제공하여야 한다.

② 여행업자는 해당 여행지에 대한 안전 정보가 변경된 경우에는 여행자에게 이를 서면으로 제공하지 않아도 된다.

③ 여행업자는 여행자와 여행 계약을 체결하였을 때에는 그 서비스에 관한 내용을 적은 여행 계약서 및 보험 가입 등을 증명할 수 있는 서류를 여행자에게 내주어야 한다.

④ 여행업자는 천재지변, 사고, 납치 등 긴급한 사유가 발생하여 여행자로부터 사전에 일정 변경 동의를 받기 어렵다고 인정되는 경우에는 사전에 일정 변경 동의서를 받지 아니할 수 있다.

 해설 여행업자는 여행자와 계약을 체결할 때에는 여행자를 보호하기 위하여 문화체육관광부령으로 정하는 바에 따라 해당 여행지에 대한 안전 정보를 제공하여야 한다. 해당 여행지에 대한 안전 정보가 변경된 경우에도 또한 같다.

정답 13 ① 14 ② 15 ②

16 관광진흥법령상 유기 시설 또는 유기 기구로 인하여 중대한 사고가 발생한 경우 특별자치도지사·시장·군수·구청장이 자료 및 현장 조사 결과에 따라 유원시설업자에게 명할 수 있는 조치에 해당하지 않는 것은?

① 배상 명령

② 개선 명령

③ 철거 명령

④ 사용 중지 명령

 해설 특별자치도지사·시장·군수·구청장은 자료 및 현장 조사 결과에 따라 유원시설업자에게 개선 명령, 철거 명령, 사용 중지 명령 등의 조치를 취할 수 있다.

17 관광진흥법령상 관광특구에 관한 설명으로 옳은 것은?

① 국가나 지방자치단체는 관광특구를 방문하는 외국인 관광객의 관광 활동을 위한 편의 증진 등 관광특구 진흥을 위하여 필요한 지원을 할 수 있다.

② 문화체육관광부장관은 관광특구를 방문하는 외국인 관광객의 유치 촉진 등을 위하여 관광특구진흥계획을 수립하고 시행하여야 한다.

③ 문화체육관광부장관은 수립된 진흥계획에 대하여 5년마다 그 타당성을 검토하고 진흥계획의 변경 등 필요한 조치를 하여야 한다.

④ 관광특구는 시·도지사의 신청에 따라 문화체육관광부장관이 지정한다.

18 관광진흥법령상 관광개발계획에 관한 설명으로 옳지 않은 것은?

① 문화체육관광부장관은 관광자원을 효율적으로 개발하고 관리하기 위하여 전국을 대상으로 관광개발기본계획을 수립하여야 한다.

② 시·도지사(특별자치도지사 제외)는 관광개발기본계획에 따라 구분된 권역을 대상으로 권역별 관광개발계획을 수립하여야 한다.

③ 관광개발기본계획은 10년마다, 권역별 관광개발계획은 5년마다 수립한다.

④ 둘 이상의 시·도에 걸치는 지역이 하나의 권역계획에 포함되는 경우에는 문화체육관광부장관이 권역별 관광개발계획을 수립하여야 한다.

정답 16 ① 17 ① 18 ④

19 국제회의산업육성에 관한 법령상 국제회의전담조직의 업무로 옳지 않은 것은?

① 국제회의의 유치 및 개최 지원

② 국제회의 전문 인력의 교육 및 수급

③ 국제회의산업육성 기본계획의 수립

④ 지방자치단체의 장이 설치한 전담조직에 대한 지원 및 상호 협력

 해설 국제회의산업육성 기본계획은 문화체육관광부장관이 수립·시행하여야 한다.

20 국제회의산업육성에 관한 법령상 (   )에 들어갈 내용이 순서대로 옳은 것은?

> 국제회의시설 중 준회의시설은 국제회의 개최에 필요한 회의실로 활용할 수 있는 호텔 연회장·공연장·체육관 등의 시설로서 다음의 요건을 모두 갖추어야 한다.
> - (   )명 이상의 인원을 수용할 수 있는 대회의실이 있을 것
> - (   )명 이상의 인원을 수용할 수 있는 중·소회의실이 (   )실 이상 있을 것

① 2천, 30, 5   ② 2천, 10, 5   ③ 200, 30, 3   ④ 200, 10, 3

21 국제회의산업 육성에 관한 법령상 국제회의 집적 시설의 종류와 규모에 대한 설명 중 (   )에 들어갈 내용이 순서대로 옳은 것은?

> - 관광진흥법에 따른 관광숙박업의 시설로서 (   )실 이상의 객실을 보유한 시설
> - 유통산업발전법에 따른 대규모 점포
> - 공연법에 따른 공연장으로서 (   )석 이상의 객석을 보유한 공연장

① 30, 300   ② 30, 500   ③ 100, 300   ④ 100, 500

22 관광진흥개발기금법상 민간 자본의 유치를 위하여 관광진흥개발기금을 출자할 수 있는 경우가 아닌 것은?

① 장애인 등 소외 계층에 대한 국민 관광 복지사업

② 국제회의산업육성에 관한 법률에 따른 국제 회의시설의 건립 및 확충 사업

③ 관광사업에 투자하는 것을 목적으로 하는 투자 조합

④ 관광진흥법에 따른 관광지 및 관광단지의 조성 사업

정답 19 ③   20 ③   21 ④   22 ①

23 관광진흥개발기금법상 관광진흥개발기금의 재원으로 옳은 것은?

① 한국관광공사로부터 받은 출연금

② 카지노 사업자의 과태료

③ 관광복권사업자의 납부금

④ 기금의 운용에 따라 생기는 수익금

24 관광진흥개발기금법령상 국내 공항과 항만을 통하여 출국하는 자로서 출국 납부금의 면제 대상이 아닌 자는?

① 국제선 항공기의 승무 교대를 위하여 출국하는 승무원

② 대한민국에 주둔하는 외국의 군인 및 군무원

③ 관용여권을 소지하고 있는 공무원

④ 입국이 거부되어 출국하는 자

25 관광기본법의 목적으로 명시되지 않은 것은?

① 관광자원과 시설의 확충

② 국민경제와 국민 복지의 향상

③ 건전한 국민 관광의 발전 도모

④ 국제 친선의 증진

정답 23 ④ 24 ③ 25 ①

관광학개론

26 쉥겐(Schengen)협약에 가입하지 않은 국가는?

① 오스트리아   ② 프랑스   ③ 스페인   ④ 터키

 터키는 아시아와 유럽을 잇는 아나톨리아 반도에 있는 나라로, 쉥겐협약에 가입되어있지 않다.

27 컨벤션과 관련 분야 산업의 성장을 목적으로 1963년 유럽에서 설립된 컨벤션 국제기구는?

① WTTC   ② ICAO   ③ ICCA   ④ IHA

 ① WTTC(World Travel and Tourism Council) : 세계여행관광협회, ② ICAO(International Civil Aviation Organization) : 국제민간항공기구, ④ IHA(International Hotel Association) : 국제호텔협회

28 인천공항에 취항하는 외국 항공사가 아닌 것은?

① 에티오피아 항공(ET)   ② 체코 항공(OK)

③ 사우스웨스트 항공(WN)   ④ 알리탈리아 항공(AZ)

 사우스웨스트 항공은 미국 내 중소 도시를 연결하는 저가 항공사이다.

29 호텔에서 판매 촉진 등을 목적으로 고객에게 무료로 객실을 제공하는 요금제는?

① Tariff Rack Rate   ② Complimentary Rate

③ FIT Rate   ④ Commercial Rate

30 국제 슬로시티(Slow City)에 가입된 지역이 아닌 곳은?

① 제천 수산   ② 하동 악양

③ 담양 창평   ④ 제주 우도

정답   26 ④   27 ③   28 ③   29 ②   30 ④

31 Banker와 Player 중 카드 합이 9에 가까운 쪽이 승리하는 카지노 게임은?

① 바카라   ② 블랙잭   ③ 다이사이   ④ 빅휠

32 국내 입국 시 소액 물품 자가 사용 인정 기준(면세 통관 범위)을 초과하는 것은?

① 인삼 3 kg   ② 더덕 3 kg   ③ 고사리 5 kg   ④ 참깨 5 kg

 해설　국내 입국 시 소액 물품 자가 사용 인정 기준
- 농림 축산물 – 잣(1 kg)/소 · 돼지고기(각 10 kg)/육포(각 5 kg)/수산물(각 5 kg)/농산물(각 5 kg)/기타(각 5 kg)
- 한약재 – 인삼(수삼, 백삼, 홍삼 등)(합 300 g)/상황버섯(300 g)/녹용(검역 후 150 g)/기타 한약재(각 3 kg)
- 건강 기능 식품 – 총 6병
- 의약품 – 총 6병
- 기호 식품 – 주류 1병(1리터 이하)/권련 200개비/엽권련 50개비/전자담배 니코틴 용액 20 mL/향수 60 mL

33 국내 크루즈업에 관한 설명으로 옳은 것은?

① 크루즈로 기항할 수 있는 부두는 제주항이 유일하다.

② 1970년대부터 정기 취항을 시작하였다.

③ 법령상 관광객 이용시설업에 속한다.

④ 2010년 이후 입항 외래 관광객이 꾸준한 하락세를 보이고 있다.

34 해외 주요 도시 공항 코드의 연결이 옳은 것은?

① 두바이(Dubai Int'l) – DUB   ② 로스앤젤레스(Los Angeles Int'l) – LAS

③ 홍콩(Hong Kong Int'l) – HGK   ④ 시드니(Sydney Kingsford) – SYD

 해설　① 두바이 – DXB, ② 로스앤젤레스 – LAX, ③ 홍콩 – HKG

35 문화체육관광부가 선정한 2016년 대한민국 문화관광축제가 아닌 것은?

① 광주비엔날레   ② 봉화은어축제

③ 강진청자축제   ④ 자라섬국제재즈페스티벌

 해설　광주비엔날레는 1994년 11월 4일 창설된 연례행사이고, 봉화은어축제는 우수축제에 해당한다.

36 한국관광공사가 인증한 우수 외국인관광 도시민박 브랜드는?

① 굿스테이(GOOD STAY)   ② 베스트스테이(BEST STAY)

③ 코리아스테이(KOREA STAY)   ④ 베니키아(BENIKEA)

정답　31 ①　32 ①　33 ③　34 ④　35 ①　36 ③

37 한국 일반여권 소지자가 무비자로 90일까지 체류할 수 있는 국가는?

① 필리핀　　　　　② 캄보디아　　　　　③ 대만　　　　　④ 베트남

🖊️해설　무비자로 한국에서 체류할 수 있는 아시아 지역 국가와 체류 기간 : 필리핀(30일), 베트남(15일), 대만(90일), 일본(90일), 뉴질랜드(90일), 라오스(15일), 몽골(30일), 싱가포르(90일), 인도네시아(30일), 마카오(90일), 홍콩(90일), 태국(90일) 다만, 캄보디아의 경우 비자 발급이 필요하다.

38 한국에서 개최되었거나 개최 예정인 메가 스포츠 이벤트와 마스코트 연결이 옳은 것은?

① 1988 서울 올림픽 – 곰돌이　　　　　② 2002 한일 월드컵 – 살비
③ 2011 대구 세계육상선수권대회 – 아토　　　　　④ 2018 평창 동계올림픽 – 수호랑

39 관광 구성 요소에 관한 설명으로 옳지 않은 것은?

① 관광 객체는 관광 매력물인 관광자원, 관광시설 등을 포함한다.
② 관광 객체는 관광 대상인 국립공원, 테마파크 등을 포함한다.
③ 관광 매체는 관광사업인 여행업, 교통업 등을 포함한다.
④ 관광 매체는 관광 매력물인 관광 목적지, 관광 명소 등을 포함한다.

🖊️해설　관광 매력물인 관광 목적지, 관광 명소 등은 관광 객체(관광 대상)에 포함된다.

40 세계관광기구(UNWTO)의 국제관광객 분류상 관광 통계에 포함되는 자는?

① 승무원　　　　　② 이민자　　　　　③ 국경 통근자　　　　　④ 군 주둔자

41 2015년 국적별 방한 외래객 수가 많은 순으로 바르게 나열한 것은?

① 중국 – 일본 – 미국 – 대만 – 필리핀　　　　　② 중국 – 일본 – 미국 – 싱가포르 – 대만
③ 중국 – 일본 – 대만 – 태국 – 싱가포르　　　　　④ 중국 – 일본 – 미국 – 필리핀 – 대만

42 서양의 관광 역사 중 Mass Tourism 시대에 관한 설명으로 옳은 것을 모두 고른 것은?

> ㉠ 역사 교육, 예술 문화 학습 등을 목적으로 하는 그랜드 투어가 성행했다.
> ㉡ 생산성 향상, 노동시간 감축, 노동운동 확산 등으로 여가 시간이 증가하기 시작했다.
> ㉢ 과학기술 발달로 인한 이동과 접근성이 편리해져 여행 수요 증가가 가능해졌다.
> ㉣ 자유 개별 여행, 대안 관광, 공정 여행 등 새로운 관광의 개념이 등장했다.

① ㉠, ㉡　　　　　② ㉠, ㉣　　　　　③ ㉡, ㉢　　　　　④ ㉢, ㉣

정답　37 ③　38 ④　39 ④　40 ①　41 ①　42 ③

43 유네스코(UNESCO) 세계기록유산 등재 목록에 해당하지 않는 것은?

① 조선왕조의궤   ② 새마을운동기록물

③ 난중일기   ④ 징비록

 해설 유네스코에 등재된 한국의 세계기록문화유산으로는 훈민정음(해례본), 조선왕조실록, 승정원일기, 직지심체요절(프랑스 국립도서관 소장), 조선왕조의궤, 팔만대장경, 동의보감, 일성록, 난중일기, 5 · 18광주민주화운동기록물, 새마을운동기록물 등이 있다.

44 관광 유형의 설명으로 옳지 않은 것은?

① S.I.T : 특별 목적 관광   ② Dark Tourism : 야간 관광

③ Fair Travel : 공정 여행   ④ Incentive Travel : 포상 여행

45 비수기 수요의 개발, 예약 시스템의 도입 등은 관광 서비스 특징 중 어떤 문제점을 극복하기 위한 마케팅 전략인가?

① 무형성(Intangibility)   ② 비분리성(Inseparability)

③ 소멸성(Perishability)   ④ 이질성(Heterogeneity)

46 우리나라 인바운드 관광 수요에 부정적 영향을 미치는 요인을 모두 고른 것은?

> ㉠ 일본 아베 정부의 엔저 정책 추진
> ㉡ 미국의 기준 금리 인상으로 인한 달러 가치 상승
> ㉢ 중동 위기 해소로 인한 국제 유가 하락
> ㉣ 북한의 핵미사일 위협 확대

① ㉠, ㉡   ② ㉠, ㉣   ③ ㉢, ㉣   ④ ㉡, ㉢, ㉣

 해설 엔저 정책은 일본에서의 관광 비용 감소를 가져와 일본 관광 수요를 증대시킨다. 국제 유가 하락은 항공 요금 인하로 이어질 가능성이 크다.

47 국민의 국내 관광 활성화 차원에서 추진한 정책이 아닌 것은?

① 의료관광   ② 구석구석캠페인   ③ 여행 주간   ④ 여행 바우처

해설 의료관광은 외국인의 국내 관광을 위한 정책이다.

정답   43 ④   44 ②   45 ③   46 ②   47 ①

48 관광(觀光)이라는 단어가 언급되어있는 문헌과 그 내용의 연결이 옳지 않은 것은?

① 삼국사기 – 관광육년(觀光六年)

② 고려사절요 – 관광상국(觀光上國) 진손숙습(盡損宿習)

③ 조선왕조실록 – 관광방(觀光坊)

④ 열하일기 – 위관광지상국래(爲觀光之上國來)

49 우리나라에서 최초로 제정된 관광법규는?

① 관광기본법　　　　　　　　　② 관광사업진흥법

③ 관광사업법　　　　　　　　　④ 관광진흥개발기금법

50 한국관광공사의 사업에 해당하는 것은?

① 국민관광상품권 발행　　　　　② 국민관광 진흥사업

③ 관광경찰조직 운영　　　　　　④ 관광진흥개발기금 관리

 해설 ① 국민관광상품권은 문화체육관광부가 후원하고 한국관광협회중앙회가 주관한다. ③ 관광경찰은 경찰청과 문화체육관광부가 외국인을 대상으로 하는 불법행위로 인해 한국관광을 주저하는 상황을 확인하고 이를 막기 위해 '친절한 관광경찰, 행복한 한국관광'을 목표로 2013년 10월 출범했다. 한국을 관광하는 모든 사람들의 불편을 개선하고 다양한 관광 서비스를 제공하는 업무를 수행한다. ④ 관광진흥개발기금은 문화체육관광부장관이 관리한다.

정답 | 48 ① 　49 ② 　50 ②

참고 사이트 – 인용 자료 출처

- 공공데이터포털   https://www.data.go.kr/
- 관광지식정보시스템   http://www.tour.go.kr/
- 국가기록원   http://www.archives.go.kr/
- 국가보훈처   http://www.mpva.go.kr/
- 국립공원관리공단   http://www.knps.or.kr/
- 국립농산물품질관리원   http://www.naqs.go.kr/
- 국립수산물품질관리원   http://www.nfqs.go.kr/
- 국사편찬위원회   http://www.history.go.kr/
- 국토교통부   http://www.molit.go.kr/
- 국토환경정보센터   http://www.neins.go.kr/
- 농림축산식품부   http://www.mafra.go.kr/
- 농촌진흥청   http://www.rda.go.kr/
- 독도연구소   http://www.dokdohistory.com/
- 동북아역사재단   http://www.nahf.or.kr/
- 람사르 협약   http://www.ramsar.org/
- 문화재청   http://www.cha.go.kr/
- 문화체육관광부   http://www.mcst.go.kr/
- 민족문제연구소   http://www.minjok.or.kr/
- 바다여행   http://www.seantour.com/
- 사이버 독도   http://www.dokdo.go.kr/
- 사행산업통합감독위원회   http://www.ngcc.go.kr/
- 산림청 http://www.forest.go.kr/
- 서울역사박물관   http://www.museum.seoul.kr/
- 세계자연보전연맹   http://www.iucn.org/
- 유네스코 한국위원회   http://www.unesco.or.kr/
- 테마엔터테인먼트협회   http://www.teaconnect.org/
- 통계청   http://www.kostat.go.kr/
- 통일부   http://www.unikorea.go.kr/
- 한국관광공사   http://www.visitkorea.or.kr/
- 한국농촌경제연구원   http://www.krei.re.kr/
- 한국박물관협회   http://www.museum.or.kr/
- 한국지질자원연구원   http://www.kigam.re.kr/
- 한국학중앙연구원   http://www.aks.ac.kr/
- 한국항만협회   https://www.koreaports.or.kr/
- 해양수산부   http://www.mof.go.kr/
- 환경부   http://www.me.go.kr/

670

한 권이면 OK! 관광통역안내사

2017년 1월 10일 인쇄
2017년 1월 15일 발행

저자 : 박현우 · 변자형
펴낸이 : 이정일

펴낸곳 : 도서출판 **일진사**
www.iljinsa.com

04317 서울시 용산구 효창원로 64길 6
대표전화 : 704-1616, 팩스 : 715-3536
등록번호 : 제1979-000009호(1979.4.2)

값 32,000원

ISBN : 978-89-429-1504-0